GNU/Linux
임베디드 프로그래밍

GNU/Linux
쾌속 임베디드 프로그래밍

보드를 활용한 임베디드 시스템 개요 및
주변 장치 사용법

로돌포 지오메티 지음

정병혁 옮김

Packt> 에이콘

| 지은이 소개 |

로돌포 지오메티^{Rodolfo Giornetti}

엔지니어이자 IT 전문가, GNU/리눅스 전문가, 자유 소프트웨어 전도자다. 팩트 출판사에서 출간한 『BeagleBone Essentials』(2015)와 『BeagleBone Home Automation Blueprints』(2016)의 저자며, Linux PPS^{Linux Pulse Per Second subsystem} 프로젝트 관리자로서 리눅스 소스 코드에 많은 패치를 올리고 있고, 산업 애플리케이션 디바이스를 위한 디바이스 드라이버에 기여하고 있다. x86과 ARM, MIPS, PowerPC 기반 플랫폼에서 20년 넘게 일해왔다.

HCE Engineering S.r.l의 공동 수석^{co-chief}이고, 산업 환경과 제어 자동화, 원격 모니터링 분야에서 프로토타이핑을 빨리 만들어낼 수 있는 새로운 하드웨어 및 소프트웨어와 관련된 Cosino 프로젝트의 공동 설립자다.

이 책을 쓰는 동안 고생한 나의 아내 발렌티나^{Valentina}와 아이들 로미나^{Romina}, 라파엘^{Raffaele}에게 고마움을 표합니다. 그리고 이 책을 쓸 기회를 준 팩트출판사의 비벡 안데르만^{Vivek Anantharaman}과 이 책을 끝낼 수 있도록 지원해준 러시미 수베르나^{Rashmi Suvarna}에게 깊은 감사를 드립니다. 특히, 이 책의 레이아웃을 수정해준 줄리아나 나이르^{Juliana Nair}에게도 감사드립니다. 루카 줄베르티^{Luca Zulberti}와 크리스 시몬즈^{Chris Simmonds}는 이 책의 자세한 부분을 담당했습니다(루카 줄베르티는 제 영어와 코드, 모든 전기 회로를 재확인했습니다). 이 책의 마지막 리뷰에 수정 사항을 추가할 수 있게 해준 모드 리안 칸^{Mohd Riyan Khan}에게 깊은 감사를 드립니다.

마지막으로 부모님께 깊은 감사를 드립니다. 어렸던 저에게 첫 컴퓨터를 사주고, 오늘날 제 일을 할 수 있게 허락해주셔서 감사합니다.

| 기술 감수자 소개 |

루카 줄베르티 Luca Zulberti

2015년에 이탈리아 리보르노Livorno에 있는 IT IS G. Galiei에서 전자공학과를 졸업했고, 피사Pisa 대학에서 전자공학을 공부하고 있다. 시간이 날 때마다 다양한 프로그래밍 테크닉과 언어를 공부하고 있다. 여러 임베디드 시스템, 임베디드 OS 개발, GNU/리눅스 프로그래밍에 관심이 많다.

Cosino 프로젝트의 멤버며, 프로젝트 관련 기사를 쓰고 있다.

| 옮긴이 소개 |

정병혁(coreatiger@gmail.com)

고려대 컴퓨터학과와 동 대학원을 졸업했다. 지금은 임베디
드 환경에서 와이파이 드라이버와 임베디드 애플리케이션 개
발 및 유지보수를 하고 있다. LG 전자에서 DLNA 및 미디어
프레임워크를 개발했고, 브로드컴Broadcom에서 와이파이 엔
지니어WiFi engineer로 활동했다. 임베디드 환경에서의 RTOS,
Media, WiFi, Driver에 관심이 많다.

| 옮긴이의 말 |

요즘 소프트웨어 업계의 화두는 사물 인터넷[IoT]과 오토모티브[Automotive]다. 관련 업계를 살펴보면, 대기업들은 기존 핸드폰이나 TV 혹은 가전 사업에서 사물 인터넷 사업이나 오토모티브 관련 전장 사업을 전략적 차세대 사업으로 중점 육성 중이며, 각종 반도체 하드웨어 업체들도 사물 인터넷에 대응할 목적으로 임베디드 소프트웨어 SDK를 개발해 반도체와 함께 판매하고 있다. 이를 반영하듯 기존에는 강력한 시스템 성능을 가진 하드웨어가 뒷받침되는 일반적인 리눅스 시스템 관련 책들이 많이 출간됐지만, 요즘에는 임베디드 관련 책들이 많이 출간되고 있다.

이 책은 현재 트렌드를 반영하는 임베디드 시스템과 관련돼 있다. 임베디드 컴퓨터는 최근 몇 년간 매우 복잡해져서 좋은 주변 장치를 찾거나 관리하는 데 시간을 소비하지 않고 문제 해결법에만 집중해야 빠른 개발이 가능하다. 이 책은 업계에서 많이 사용하는 비글본 블랙과 SAMA5D3 Xplain, Wandboard를 사용해 주변 장치를 쉽고 빠르게 관리하는 실제 예제를 담고 있으며, GNU/리눅스 임베디드 시스템을 신속하게 프로그래밍 및 관리하도록 도와주는 안내서다. 임베디드에 경험이 많지 않은 프로그래머라도 이 책에서 설명하는 보드들의 실제 예제를 통해 임베디드 주변 장치 사용법을 빠르게 익힐 수 있고, 보드마다 비슷하지만 조금씩 다른 사용법을 비교해 가면서 배울 수 있다. 예제들은 임베디드 환경에서 최신 리눅스 커널 버전과 데비안/우분투 배포판을 사용하고 있으며, C나 Bash, 파이썬 등을 사용해 주변 장치를 다루는 방법을 쉽게 설명하고 있다.

번역하는 도중 이해가 안 되는 부분이나 잘못된 부분들은 저자와 수차례 메일을 통해 논의하면서 수정했다. 아무쪼록 독자들이 임베디드 시스템을 쉽게 다루는 데 도움이 되길 바란다.

한창 크고 있는 아들 민우가 이 책을 보면서 엄마 은정을 위한 사물 인터넷 기기를 만들어줄 수 있는 날을 기다려본다.

| 차례 |

2장 시스템 콘솔 관리   123

5장　임베디드 OS 설치　　　　　　　　　　　　327

들어가며

임베디드 컴퓨터는 최근 몇 년간 매우 복잡해졌기 때문에 개발자는 좋은 주변 장치를 찾거나 주변 장치 관리 방법을 배우는 데 시간을 허비하지 말고, 문제 해결법에 집중해 임베디드 컴퓨터를 쉽게 관리해야 한다. 경험 있는 임베디드 프로그래머와 엔지니어의 주요 과제는 아이디어를 구현하는 데 걸리는 시간이며, 이 책은 이 과제를 어떻게 수행할 수 있는지를 설명한다.

이 책은 업계에서 사용하는 특정 주변 장치를 외부 환경과 연동하는 방법을 설명하며, 최신 리눅스 커널 버전인 4.x와 데비안, 우분투 배포판을 사용한다(OpenWrt와 yocto 임베디드 배포판도 함께 사용한다).

이 책에서는 많이 사용하고, 부품 시장에서 쉽게 구할 수 있으며, 다른 전문적인 보드 제조사에서도 이용할 수 있는 CPU를 기반으로 한 인기 있는 보드를 설명한다. 각 보드에 대해 간단하게 소개한 후, GNU/리눅스가 동작하고, 시스템 콘솔에 접근하게 하는 보드 설정법을 설명한다. 이후 개발자 프로그램을 추가할 수 있도록 각 보드의 개발 시스템 설치법을 다룬다.

독자는 이 책을 통해 외부 주변 장치 사용 시 C나 Bash, 파이썬/PHP 언어를 사용해 임베디드 플랫폼을 프로그래밍하는 첫걸음을 뗄 수 있을 것이다. 튼튼한 토대를 만들기 위해 디바이스 드라이버를 프로그래밍하거나 사용하고, 주변 장치에 접근하는 방법도 배우게 된다. 독자는 C 프로그램과 스크립팅 언어(Bash/파이썬)를 사용해 외부 환경에 데이터를 읽고 쓰는 방법과 특정 하드웨어용 디바이스 드라이버를 설정하는 방법도 배울 것이다.

임베디드 보드 작업을 할 때 겪을 수 있는 모든 가능한 연결을 다룰 수 있도록 이 책은 I^2C와 SPI, USB, 1-wire, 시리얼^{serial}, 디지털, 아날로그 디바이스 등과 같은 하드웨어 디바이스를 설명한다.

이 책은 문제를 해결하는 가장 빠르고 쉬운 해결책을 찾기 위해 Bash와 C, PHP, 파이썬 프로그래밍 언어를 사용해 예제 코드를 작성했다.

데몬^{daemon} 또는 커널 모듈을 사용하거나 전체 커널을 다시 컴파일해야 하는 장에서는 독자기 무엇을 해야 하는지, 사용된 도구에 괸한 정보를 이디서 얻을 수 있는지에 대한 짧은 설명을 추가해 놓았지만, 기본적으로 GNU/리눅스 시스템이나 커널 모듈 혹은 커널 자체를 관리하기 위한 간단한 스킬은 필요하다.

▌ 이 책의 구성

이 책은 크게 두 부분으로 나눌 수 있다. 첫 번째 부분은 두 번째 부분에 대한 소개로, 개발 시스템 및 호스트 시스템을 설치하는 방법과 시리얼 콘솔에 접근하는 방법을 설명한다. 기본 부트로더^{bootloader}의 명령어에서 C 컴파일러$^{C\ compiler}$와 크로스 컴파일러$^{cross\ compiler}$에 이르기까지 간단히 설명하며, 커널 모듈과 디바이스 드라이버, 네트워크 파일 시스템을 포함한 몇 가지 파일 시스템 내부 사항을 소개한다. 호스트^{host} PC에서 타깃 머신의 데비안 배포판을 실행하기 위해 머신^{machine} 에뮬레이터^{emulator} 사용법도 설명하고 있고, bash와 php, 파이썬과 같은 스크립트 프로그래밍과 시스템 데몬도 살펴본다. 플래시^{flash} 메모리와 리눅스 메모리 기술 장치$^{MTD-Memory\ Technology\ Device}$에서 JFFS2와 UBIFS 파일 시스템과 최근 가장 유명한 임베디드 배포판인 Yocto와 OpenWrt도 소개한다.

첫 번째 부분과 관련된 각 장의 소개를 간단히 살펴보자.

1장, 개발 시스템 설치에서는 산업용 애플리케이션으로 가장 많이 사용하는 개발 도구인 비글본 블랙과 SAMA5D3 Xplain, Wandboard를 설명한다. 각 보드를 간단히 소개한 후 GNU/리눅스 배포판이 동작하려면 이 보드를 어떻게 설정해야 하는지를 살펴본다. 각 보드와 호스트 시스템(심지어 가상 머신상에도)에 모든 개발 시스템을 설치하는 방법도 설명한다.

2장, 시스템 콘솔 관리에서는 개발자 도구와 호스트 PC 설치법을 설명하고, 시리얼 콘솔과 이 콘솔에서 동작하는 셸shell에 대해 좀 더 자세히 살펴본다. 2장의 끝부분에서는 부트로 더 명령어도 다룬다.

3장, C 컴파일러와 디바이스 드라이버, 유용한 개발 테크닉에서는 C 컴파일러(이와 함께 크로스 컴파일러까지)를 다룬다. 그리고 커널 모듈과 디바이스 드라이버, 네트워크 파일 시스템에 대한 설명과 함께 파일 시스템 내부에 대해 살펴본다. 마지막으로 호스트 PC에서 타깃 머신의 데비안 배포판을 실행하기 위해 개발자가 어떻게 에뮬레이터를 사용하는지를 다룬다.

4장, 스크립트와 시스템 데몬을 사용한 빠른 프로그래밍에서는 시스템 데몬이 무엇인지와 가장 유명하고 유용한 데몬 사용법을 살펴본다. 그리고 Bash와 PHP, 파이썬 언어를 사용하는 스크립트 프로그래밍을 다룬다.

5장, 임베디드 OS 설치에서는 플래시 메모리와 이 메모리를 관리할 때 사용하는 소프트 웨어를 설명하고, 리눅스의 메모리 기술 디바이스MTD와 MTD상에서 동작하는 두 가지 주요 파일 시스템인 JFFS2와 UBIFS를 다룬다. 최근에 가장 유명한 임베디드 배포판인 Yocto, Openwrt를 살펴보고, 임베디드 개발자가 애플리케이션을 작성하는 방법과 이들 배포판에 추가하는 방법을 설명한다.

두 번째 파트는 임베디드 개발자가 마주하게 될 모든 유형의 주변 장치에 대해 자세히 설명한다. 각 주변 장치마다 이 책에서 지원하는 각 임베디드 도구가 어디에서 사용할 수 있는지와 어떻게 접근하고 사용하는지를 설명할 것이다. 각 디바이스별 실례를 통해 디바이스를 쉽게 관리하는 방법도 배운다.

두 번째 부분과 관련된 각 장의 소개를 간단히 살펴보자.

6장, 범용 입출력 신호 – GPIO에서는 GPIO 회선에 대해 간단하게 소개하고, 이 회선이 물리적으로 임베디드 머신의 어디에 위치하는지 살펴본다. 그리고 간단한(그러나 효율적이지는 않은) 방식과 더 효율적인(하지만 좀 더 복잡한) 방식으로 GPIO 회선을 사용하는 방법을 자세히 살펴본다. 마지막으로 커널 내부에서 GPIO 관리하는 방식에 대한 소개와 IRQ 관리, LED 디바이스 지원을 다룬다.

7장, 시리얼 포트와 TTY 디바이스 – TTY에서는 컴퓨터(적어도 제어 자동화 분야에서 사용하는 컴퓨터)의 가장 중요한 주변 장치 중 하나인 시리얼 포트를 소개한다. 시리얼 포트나 시리얼 디바이스가 무엇인지 간단히 설명한 후, 실제 시리얼 디바이스를 사용하기 위해 GNU/리눅스에서 시리얼 포트와 디바이스를 관리하는 방법을 살펴본다. 그리고 두 임베디드 시스템이 이더넷 케이블로 연결된 것처럼, 시리얼 선을 사용해 두 임베디드 시스템이 통신할 수 있는 유용한 커널 트릭을 살펴본다.

8장, 범용 직렬 버스 – USB에서는 다용도로 쓰이고, 최근 PC에서 많이 사용하는 USB 버스를 소개한다. 이 버스는 전자 장치를 컴퓨터에 꽂을 수 있게 해준다. 예를 들어, 하드 디스크나 키보드, 시리얼 디바이스는 같은 USB 포트를 통해 한 컴퓨터에 모두 연결될 수 있다.

9장, I²C에서는 같은 보드상에 있는 디바이스를 가진 메인 컴퓨터인 온보드^{on-board} 장치를 연결할 때 사용하는 I^2C를 소개한다. 여러 디바이스는 I^2C를 사용해 CPU와 통신하며, 9장에서는 이런 장치를 가능한 한 많이 소개한다. 이 버스가 제공하는 많은 조합을 다루기 위해 각기 다른 장치와 다른 설정을 살펴본다.

10장, 시리얼 주변 장치 인터페이스 – SPI에서는 I^2C처럼 온보드 디바이스를 연결할 때 일반적으로 사용하는 SPI 버스를 소개한다. 이 버스는 I^2C와 달리, I^2C보다 높은 속도로 데이터를 전송할 수 있다. 버스가 양방향 통신이기 때문에 데이터 전송이 동시에 양방향으로 일어날 수 있다. 이런 SPI의 특성 때문에 이 버스는 보통 멀티미디어 애플리케이션이나 디지털 신호 처리 혹은 원격 통신 장치, SD 카드용으로 효율적인 데이터 스트림 등을 구현할 때 사용된다.

11장, 1-Wire − W1에서는 속도는 느리지만, 단 하나의 선을 사용해 원격에 있는 디바이스와 통신할 수 있는 1-Wire 버스를 소개한다. 이 버스는 CPU와 주변 장치 간 연결을 간단하게 만들어 식별과 인증, 보정 데이터나 제조 정보 전송을 위한 전자 장치를 컴퓨터 보드에 추가할 수 있는 가장 경제적인 방법을 제공한다.

12장, 이더넷 네트워크 디바이스 − ETH에서는 매우 먼 거리에 있는 다른 디바이스와 통신이 가능한 이더넷 디바이스를 소개한다. GNU/리눅스 기반 시스템은 이더넷 디바이스와 관련 네트워킹networking 프로토콜에 대한 지원이 훌륭하므로 전 세계 대부분의 네트워킹 디바이스는 이더넷 기술을 기반으로 한다.

13장, 무선 네트워크 디바이스 − WLAN에서는 유선을 사용하지 않고도 여러 컴퓨터 간 통신이 가능한 무선 네트워크 디바이스를 소개한다. 흥미로운 점은 이더넷 인터페이스에서 사용하는 대부분의 통신 프로토콜이 무선 네트워크 장치에서도 동작한다는 것이다.

14장, 제어기 영역 네트워크에서는 마이크로 컨트롤러와 컴퓨터, 디바이스가 호스트 컴퓨터 없이도 메시지 기반의 프로토콜을 사용해 애플리케이션 간에 서로 통신할 수 있도록 해주는 CAN 버스를 소개한다. CAN 버스는 이더넷이나 와이파이WiFi처럼 유명하지는 않지만, 임베디드 세계에서는 이 버스를 디폴트로 지원하는 SoC도 어렵지 않게 볼 수 있다.

15장, 사운드 디바이스 − SND에서는 사운드 디바이스를 소개하고, 독자가 오디오를 생성하기 위한 사운드 디바이스 사용법과 간단하고 저가인 오실로스코프oscilloscope 구현법을 소개하기 위한 예제를 제공한다.

16장, 비디오 디바이스 − V4L에서는 일반적인 비디오 획득 장치를 소개하고, 책에서 소개하는 임베디드 도구를 독자가 감시 카메라나 원격 이미지 레코더로 바꿀 수 있는 몇 가지 예제를 제공한다.

17장, 아날로그−디지털 변환기 − ADC에서는 실제 환경에서 아날로그 신호를 얻기 위해 사용하는 ADC를 소개한다. 또한 ADC 사용법과 특정 시점 혹은 어떤 이벤트가 발생했을 때 변환을 시작하기 위한 특별한 소프트웨어와 하드웨어 트리거^{trigger} 사용법을 설명한다.

18장, 펄스 폭 변조 - PWM에서는 디지털 소스로 아날로그 신호를 만들기 위해 메시지를 펄싱^{pulsing} 신호(보통 구형파$^{squre\ waveform}$)로 인코딩할 수 있는 PWM을 소개한다. 이런 메시지는 전기 모터나 다른 전자 장치에 공급되는 전원을 제어하거나 서보^{servo} 모터의 위치를 제어하기 위해 사용한다.

19장, 기타 장치에서는 18장과 연관돼 있지만, 가독성을 위해 언급하시 않았년 주변 장치를 소개한다. 또한 RFID와 스마트카드 리더, 디지털/아날로그 센서 GSM/GPRS 모뎀, Z-wave와 같은 모니터링 혹은 제어 시스템에서 마주하게 될 부가적인 병렬 장치를 소개한다.

▍준비 사항

이 책을 효과적으로 사용하기 위해서는 아래와 같은 준비 사항들이 필요하다.

소프트웨어 관련 준비 사항

vi나 emacs, nano와 같은 그래픽이 없는 텍스트 에디터에 관한 약간의 지식이 있어야 한다. LCD 디스플레이와 키보드, 마우스를 임베디드 키트^{kit}에 직접 연결하고, 그래픽 인터페이스를 사용할 수 있더라도 이 책에서는 독자가 그래픽이 없는 텍스트 에디터를 사용해 텍스트 파일을 수정할 수 있다고 가정한다.

그리고 코드를 크로스 컴파일하거나 임베디드 시스템을 관리하기 위해 사용하는 호스트 컴퓨터는 GNU/리눅스 기반 배포판을 사용하고 있다고 가정한다. 저자의 호스트 PC는 우분투^{Ubuntu} 15.10을 사용하지만, 독자는 더 최신의 우분투 Long Term Support(LTS)나 데비안 기반의 시스템을 사용할 수도 있다. 다른 GNU/리눅스 배포판을 사용할 수도 있지만, 크로스 컴파일 툴 설치와 라이브러리 의존성, 패키지 관리 측면에서 좀 더 수고가 필요할 것이다. 첨단 기술 시스템용 코드를 개발하는 데 있어 낮은 기술의 시스템을 사용하지 않기 위해 이 책에서는 윈도우나 맥OS와 같은 시스템을 다루지 않는다.

C 컴파일러 동작 방식과 makefile을 관리하는 방법도 알아야 한다.

이 책은 약간의 커널 프로그래밍 기법도 소개하지만, 이 소개가 커널 프로그래밍 수업을 대신할 수 없다는 것을 기억하자. 커널 프로그래밍 주제는 다른 책을 읽어보길 추천한다. 각 예제는 문서화가 잘돼 있고, 추천하는 자료들도 있으므로 참고하자. 이 책은 4.4.x 커널 버전을 사용한다. 마지막으로 패키지나 일반 파일을 다운로드하기 위해 GNU/리눅스 기반 보드를 인터넷에 연결하는 방법을 독자가 알고 있다고 가정한다.

하드웨어 관련 준비 사항

이 책의 모든 코드는 비글본 블랙 보드 리비전^{revision} C용과 SAMA5D3 Xplained 리비전 A용, Wandboard 리비전 C1(사용된 보드에 따라 다름)용으로 개발됐지만, 더 오래된 리비전에서도 문제 없이 동작한다. 이는 코드가 이식 가능하고 다른 시스템에서도 동작해야 하기 때문이다(그러나 DTS 파일은 시스템마다 다시 고려해야 한다).

각 장에서 이 책에서 사용된 컴퓨터 주변 장치에 대해 어디에서 하드웨어를 구하고 그 장치를 살 수 있는지를 설명한다. 물론 인터넷을 통해 더 좋고 싼 제품을 알아볼 수도 있다. 그리고 데이터 시트^{datasheet}위치도 각 장에 언급돼 있다.

이 책에서 설명한 하드웨어를 임베디드 보드로 연결하는 것은 연결 자체가 간단하고 문서화가 잘돼 있어 별 어려움이 없을 것이다. 약간의 전자공학 관련 정보가 있으면 도움은 되겠지만, 하드웨어를 실행하기 위한 특별한 능력은 필요하지 않다.

▌ 이 책의 대상 독자

이 책은 임베디드 머신 러닝 기능 사용법을 배우거나, 주변 장치로부터 데이터를 모으거나, 디바이스를 제어하기 위해 GNU/리눅스 디바이스 드라이버를 사용하길 원하는 독자에게 적합하다.

산업 애플리케이션용 GNU/리눅스 기반의 시스템을 모니터링하거나 기능 제어 구현을 위해 다른 컴퓨터 주변 장치에 쉽고 빠르게 접근하는 방법에 관심이 있는 독자에게도 적합하다.

하드웨어나 전자 공학 경험이 있고, 유닉스Unix 환경에서 C와 Bash, 파이썬, PHP 프로그래밍에 관한 기본 지식을 갖고 있으며, 이런 경험과 지식을 임베디드 시스템에서 사용해보고 싶은 독자들에게 적합하다.

▌ 편집 규약

이 책에서는 다양한 종류의 정보를 구별하는 많은 텍스트 스타일이 있다. 다음은 이러한 스타일의 예와 그 의미에 대한 설명이다.

텍스트와 데이터베이스 테이블명, 폴더명, 파일명, 파일 확장자, 경로명, 더미dummy URL, 사용자 입력 내의 코드는 아래와 같이 표시한다.

"이전 커널 메시지를 보기 위해 dmesg와 tail −f /var/log/kern.log 명령어를 사용할 수 있다."

코드 블록은 아래와 같이 표시한다.

```
# include <stdio.h>
int main(int argc, char *argv[])
{
```

```
    printf("Hello World!\n");
    return 0;
}
```

이 책의 대부분의 코드는 4칸 들여쓰기를 사용하며, 깃허브[Github]나 팩트출판사 웹 사이트에서 제공하는 예제 파일은 8칸 들여쓰기를 사용한다.

```
# include <stdio.h>
int main(int argc, char *argv[])
{
    printf("Hello World!\n");
    return 0;
}
```

당연히 두 코드는 완벽하게 똑같다.

이 책에서 사용하는 임베디드 키트상의 모든 명령어 라인 입력이나 출력은 아래와 같이 표시한다.

```
root@bbb:~# make CFLAGS="-Wall -O2" helloworld
cc -Wall -O2 helloworld.c -o helloworld
```

위 프롬프트 문자열을 보면 어떤 보드를 사용하고 있는지를 알 수 있다. 비글본 블랙은 bbb, SAMA5D3 Xplained는 a5d3, Wandboard는 wb로 표시한다. 일반적인 임베디드 보드를 의미할 때는 arm이라는 일반 문자열을 사용한다. 그리고 지면의 제약상 매우 긴 명령어 라인이 아래와 같이 표시되고 있다는 점에 유의하자.

```
$ make ARCH=arm CROSS_COMPILE=arm-linux-gnueabihf-
               sama5d3_ xplained_nandflash_defconfig
```

그렇지 않으면 명령어 줄을 나눠야 했다. 그러나 몇몇 특별한 경우에는 아래와 같이 깨진 출력 라인(특히 커널 메시지 표시하는 경우)도 있다.

```
cdc_ether 2-1.1:1.0 usb0: register 'cdc_ether' at usb-0000:00:1d.0-1.1
, CDC Ethernet Device, 62:1e:f6:88:9b:42
```

이런 라인은 종이로 출판되는 책에서 다시 맞추기가 쉽지 않기 때문에 그냥 하나의 라인으로 생각하기 바란다.

슈퍼 사용자가 아닌 경우^{non-privileged user} 호스트 컴퓨터상에서의 모든 입출력은 아래와 같이 표시된다.

```
$ tail -f /var/log/kern.log
```

호스트 컴퓨터에서 루트 권한으로 명령어를 실행해야 하는 경우, 명령어 라인 입출력은 아래와 같이 표시된다.

```
# /etc/init.d/apache2 restart
```

모든 루트 권한 명령어는 sudo 명령어를 사용해 아래와 같이 일반 사용자가 실행할 수 있어야 한다.

```
$ sudo <command>
```

따라서 일반 사용자는 이전 명령어를 아래와 같이 사용할 수 있다.

```
$ sudo /etc/init.d/apache2 restart
```

■ 커널과 로그 메시지

커널 메시지는 대부분의 GNU/리눅스 배포판에서 아래와 같은 형태를 가진다.

```
Oct 27 10:41:56 hulk kernel: [46692.664196] usb 2-1.1: new high-speed USB
device number 12 using ehci-pci
```

이 형태는 이 책에서 표시하기에 꽤 긴 라인이므로 이 책에서는 라인의 처음부터 실제 중요 정보가 시작되는 부분까지의 문자열은 생략한다. 따라서 이전 예제는 아래와 같이 표시될 것이다.

```
usb 2-1.1: new high-speed USB device number 12 using ehci-pci
```

그럼에도 라인이 너무 길면 라인은 깨질 것이다. 아래 예제처럼 출력이 길면서 터미널에서 반복되거나 덜 중요한 라인은 점 3개(...)를 사용해 표시한다.

```
output begin
output line 1
output line 2
...
output line 10
output end
```

점 3개가 끝에 있으면, 출력은 계속되지만 지면 관계상 생략한다는 의미다.

▌ 파일 수정

텍스트 파일을 수정해야 할 때는 텍스트 수정 사항을 표시하기에 효과적이고 간결한 unified context diff 포맷을 사용한다. Diff의 -u 옵션을 사용하면 이 포맷을 얻을 수 있다.

간단한 예로 file1.old 파일의 아래 텍스트를 살펴보자.

```
This is first line
This is the second line
This is the third line
...
...
This is the last line
```

그리고 아래 스니펫snippet에 나타난 것처럼 세 번째 라인을 수정해야 한다고 가정해보자.

```
This is first line
This is the second line
This is the new third line modified by me
...
...
This is the last line
```

간단한 수정 사항이 생길 때마다 전체 파일을 표시하는 것은 매우 불편하다. 하지만 unified context diff 포맷을 사용하면 아래와 같이 간단히 표시할 수 있다.

```
$ diff -u file1.old file1.new
--- file1.old 2015-03-23 14:49:04.354377460 +0100
+++ file1.new 2015-03-23 14:51:57.450373836 +0100
@@ -1,6 +1,6 @@
  This is first line
```

```
 This is the second line
-This is the third line
+This is the new third line modified by me
 ...
 ...
 This is the last line
```

이제 수정 사항이 명확하고 간결한 형태로 표시됐다. 이 포맷은 원본 파일 앞에 ---가 붙고, 새로운 파일 앞에 +++가 붙은 두 줄의 헤더로 시작한다. 그리고 파일 내 라인 차이를 포함하는 1개 이상의 텍스트가 뒤따른다. 위 예제는 변경이 없는 라인이 먼저 나오고 새로 추가된 라인은 +, 삭제된 라인은 -가 앞에 붙는다.

지면 제약상 이 책의 대부분의 패치는 들여쓰기가 삭제됐지만 완전하게 읽을 수 있을 것이다. 실제 패치는 깃허브이나 팩트출판사 웹 사이트에 제공된 파일을 참고하자.

▌ 시리얼과 네트워크 연결

이 책에서는 임베디드 보드와 통신하기 위해 시리얼 콘솔과 SSH 터미널, 이더넷 연결을 사용한다.

시리얼 콘솔은 보드에 전원을 넣기 위해 사용하는 USB를 함께 사용하며, 시스템을 명령어 라인으로 관리하기 위해 사용한다. 시리얼 콘솔은 시스템 모니터링을 위해 사용하고, 특히 커널 메시지를 제어할 때도 사용한다.

SSH 터미널은 시리얼 콘솔과 똑같지는 않지만, 거의 비슷하다(예를 들어, 커널 메시지가 자동으로 터미널에 나타나지 않는다). 따라서 시리얼 콘솔과 똑같은 방식으로 명령어 라인을 사용해 파일을 수정하거나 명령어를 내릴 수 있다.

시리얼 콘솔이나 SSH 연결상에서 터미널을 사용해 이 책에서 설명하는 모든 프로토타입을 구현하는 데 필요한 대부분의 명령어와 설정을 내릴 것이다.

호스트 PC에서 시리얼 콘솔에 접근하려면 아래와 같이 minicom을 사용해야 한다.

```
$ minicom -o -D /dev/ttyACM0
```

보드나 사용된 USB-to-Serial에 따라 아래와 같은 명령어를 사용할 수도 있다.

```
$ minicom -o -D /dev/ttyUSB0
```

1장, '개발 시스템 설치'에서 이 부분을 설명할 예정이므로 잘 모른다고 해서 걱정하지 않아도 된다. 시스템에 따라 /dev/ttyACM0 디바이스에 접근하기 위한 루트 권한이 필요한 경우도 있다. 이 경우에는 sudo 명령어를 사용하면 되고, 아래와 같은 명령어를 사용해 사용자를 해당 그룹에 넣을 수도 있다.

```
$ sudo adduser $LOGNAME dialout
```

이후 로그아웃하고 다시 로그인하면 아무 문제 없이 시리얼 디바이스에 접근할 수 있다.

SSH 터미널을 사용하려면 시리얼 콘솔에서 사용한 USB 케이블로 에뮬레이팅된emulated 이더넷 연결을 사용해야 한다. 호스트 PC 설정이 올바르게 돼 있을 경우, USB 케이블을 꽂고 잠시 기다리면 새 케이블 연결에 IP 주소가 할당될 것이다(비글본 블랙의 경우 192.168.7.1, SAMA5D3 Xplained의 경우 192.168.8.1, Wandboard의 경우 192.168.9.1이 할당된다. 1장을 참고하자). 예를 들어, 아래와 같은 명령어를 사용하면 비글본 블랙에 접근할 수 있다.

```
$ ssh root@192.168.7.2
```

마지막 통신 방법은 이더넷이다. 호스트 PC나 인터넷으로부터 파일을 다운로드할 때 사용하며, 이더넷 케이블을 각 임베디드 보드의 이더넷 포트에 연결하고, 포트를 독자의

LAN 설정에 따라 설정하면 된다.

위에서 설명한 USB상에서 에뮬레이팅된 이더넷 연결을 사용해 인터넷을 연결할 수 있다는 것을 기억하자. 실제로 호스트 PC(GNU/리눅스 기반의)에서 아래와 같은 명령어를 통해 임베디드 보드가 실제 이더넷 포트에 연결된 것처럼 인터넷을 사용할 수 있다.

```
# iptables --table nat --append POSTROUTING --out-interface eth1
                    -j MASQUERADE
# iptables --append FORWARD --in-interface eth4 -j ACCEPT
# echo 1 >> /proc/sys/net/ipv4/ip_forward
```

그리고 저자의 경우 비글본 블랙에서 아래와 같은 명령어를 사용해 게이트웨이를 USB 케이블로 설정해야 했다.

```
root@bbb:~# route add default gw 192.168.7.1
```

저자의 호스트 시스템에서는 eth1 디바이스를 사용해 기본 인터넷 연결을 하고, eth4는 비글본 블랙의 디바이스라는 점에 유의하자.

▌ 다른 관례

새로운 용어나 중요한 단어는 굵게 표시한다. 메뉴나 다이얼로그 박스에서 보이는 단어는 아래와 같이 표시한다.

"Clicking the **Next** button moves you to the next screen"

 경고나 중요한 노트는 이 박스로 표기한다.

팁이나 트릭은 이 박스로 표기한다.

▋ 독자 의견

독자들의 피드백은 언제나 환영이다. 이 책의 좋았던 점과 나빴던 점에 관한 솔직한 생각을 알려주길 바란다. 독자들의 피드백은 우리가 독자들이 가장 얻고자 하는 책을 개발하는 데 있어 매우 소중하다.

일반적인 의견은 이 책을 메일 제목으로 해서 feedback@packtpub.com으로 보내면 된다. 특정 분야의 책을 쓰거나 기여하는 데 관심이 있다면 www.packtpub.com/authors에 있는 저자 가이드를 참고하기 바란다.

▋ 고객 지원

팩트출판사의 고객이 된 것에 감사드리며, 몇 가지 도움이 되는 사항을 알려 구매와 동시에 최대한의 편의를 제공해드리고자 한다.

예제 코드 다운로드

책에 사용된 모든 예제는 http://www.packtpub.com에서 다운로드할 수 있다. 다른 곳에서 책을 구매했을 경우에는 http://www.packtpub.com/support에 방문해 등록한 후 이메일을 통해 직접 받아볼 수 있다. 다음 단계를 통해 예제 파일을 다운로드할 수 있다.

1. 이메일 주소와 비밀번호를 이용해 웹 사이트에 등록한다.
2. 마우스 커서를 상단의 SUPPORT 탭으로 옮긴다.
3. Code Downloads & Errata를 클릭한다.
4. Search 박스에 책 제목을 입력한다.
5. 코드 파일을 다운로드하려는 책을 선택한다.
6. 책을 구매한 경로를 드롭 박스 메뉴에서 선택한다.
7. Code Download를 클릭한다.

파일을 다운로드하면 최신 버전의 프로그램을 사용해 폴더의 압축을 해제한다.

- **윈도우용**: WinRAR / 7-Zip
- **맥용**: Zipeg / iZip / UnRarX
- **리눅스용**: 7-Zip / PeaZip

아래 깃허브 저장소^{repository}에서도 동일한 코드를 다운로드할 수 있다.

https://github.com/PacktPublishing/GNU-Linux-Rapid-Embedded-Programming/

또한 https://github.com/PacktPublishing/에서도 다양한 종류의 책에 대한 코드와 비디오를 제공하고 있다.

저자의 깃허브 저장소에서도 이 책의 예제를 다운로드할 수 있다.

https://github.com/giometti/gnu_linux_rapid_embedded_programming

코드를 처음 다운로드할 때는 아래와 같은 명령어를 사용하자.

```
$ git clone
  https://github.com/giometti/gnu_linux_rapid_embedded_programming.git
```

예제는 장 이름으로 그룹핑돼 있으므로 책을 읽는 동안 코드를 쉽게 찾을 수 있을 것이다.

에이콘출판사의 도서 정보 페이지 http://www.acornpub.co.kr/book/gnu-linux-embedded에서도 예제 코드를 다운로드할 수 있다.

▌ 컬러 이미지 다운로드

책에서 사용된 스크린샷/도면의 컬러 이미지를 PDF 파일로 제공한다. 컬러 이미지는 출력 변화를 좀 더 쉽게 이해하는 데 도움을 줄 것이다. 파일은 아래 주소에 접속해 다운로드할 수 있다.

https://www.packtpub.com/sites/default/files/downloads/GNULinuxRapidEmbeddedProgramming.pdf

컬러 이미지는 에이콘출판사의 http://www.acornpub.co.kr/book/gnu-linux-embedded에서도 찾아볼 수 있다.

▌ 오탈자

책 내용의 정확성에 만전을 기하지만 실수는 늘 생기는 법이다. 책을 읽다가 문장이나 소스 코드에서 실수가 발견되면 즉시 알려주길 바란다. 이런 협조를 통해 다른 독자들이 겪을 혼란을 줄일 수 있고, 이 책의 다음 버전을 개선하는 데 큰 도움이 될 것이다.

오탈자를 발견하면 http://www.packtpub.com/submit-errata에 접속해 책을 선택하고 Errata Submission Form 링크를 클릭해 오탈자에 관한 상세 사항을 입력하면 된다. 오류 내용이 확인되면 팩트 출판사 웹 사이트에 올려지거나 책의 정오표 섹션에 있는 정오표 목록에 추가된다. 이전에 제출된 정오표를 확인하려면 https://www.packtpub.com/books/content/support 페이지의 검색 필드에 책명을 입력해야 한다.

한국어판은 에이콘출판사의 도서 정보 페이지 http://www.acornpub.co.kr/book/gnu-linux-embedded에서 찾아볼 수 있다.

▌ 저작권 침해

인터넷상의 저작권 침해는 모든 매체에 걸쳐 계속 진행되고 있는 문제다. 팩트출판사는 저작권과 라이선스 보호를 매우 심각하게 인식하고 있다. 인터넷에서 팩트출판사 발간물의 불법 복제를 발견하면 이에 관한 조치를 취할 수 있도록 해당 웹 사이트의 주소와 이름을 즉시 알려주기 바란다. 의심되는 불법 복제본의 링크와 함께 copyright@packtpub.com으로 연락하면 된다.

가치 있는 콘텐츠를 제공하려는 저자와 팩트출판사를 보호하기 위한 독자의 도움에 깊이 감사드린다.

▌ 문의 사항

이 책에 관한 질문은 questions@packtpub.com으로 문의하기 바라며, 팩트출판사는 문제 해결을 위해 최선을 다할 것이다. 한국어판에 관한 질문은 이 책의 옮긴이나 에이콘출판사 편집 팀(editor@acornpub.co.kr)로 문의해주길 바란다.

01

개발 시스템 설치

1장에서는 산업용 애플리케이션에 가장 많이 사용하는 개발 도구 중 세 가지를 소개한다. 먼저 가장 유명한 라즈베리 파이에 존경을 표하면서, 앞으로 소개할 보드는 산업 환경의 사용자 맞춤형 보드에 널리 사용하는 CPU를 기반으로 한다. 사실, 라즈베리 파이의 CPU는 부품 시장에서 쉽게 구할 수 없는 반면, 아래에 소개되는 보드의 CPU는 다른 전문적인 보드 제조사에서 쉽게 구할 수 있다.

앞으로 설명할 절에서는, 가장 먼저 각 보드를 간단히 소개하고, GNU 리눅스 배포판이 동작하도록 하기 위해 보드를 설정하는 방법과 시스템 콘솔을 사용하는 방법을 설명할 것이다. 마지막으로 프로그램을 추가할 수 있도록 각 보드에 모든 개발 시스템을 설치할 것이다.

호스트 시스템을 구성하는 방법에 대한 간단한 설명도 제시돼 있으므로 GNU 리눅스 기반의 머신이나 전용 가상 머신을 구성할 때 유용할 것이다.

이미 호스트 PC와 연동하는 임베디드 시스템이 동작하도록 할 수 있다면 1장은 넘어가도 된다. 그러나 이 책에서 사용할 임베디드 디바이스를 1장에서 개괄적으로 설명하고 있으므로 가능하면 읽어보는 것이 좋다. 1장에서는 이 책에서 사용하는 몇 가지 공통 용어를 살펴보고, 보드에 동작하는 시스템을 설치하기 위한 다른 방법을 배운다. 마지막으로, 여러분의 보드에서 이미 동작하고 있는 시스템은 이 책과 다를 수도 있는데, 이는 예제를 동작하도록 하기 위해 이 책에 나온 몇 가지 명령어를 바꿔야 할 수도 있다는 것을 의미한다.

▌ 임베디드 용어

새로운 보드를 만지기 전에, 몇 가지 용어를 숙지하는 것이 좋다. GNU 리눅스나 임베디드 시스템을 경험해본 사람들은 이 부분을 넘어가도 된다. 여기에 제시된 개발 도구는 디바이스에 내장할 수 있는 작은 단일 보드 컴퓨터다. 따라서 사용자들은 임베디드 프로그래밍의 세계에서 사용하는 몇 가지 용어와 친숙해질 필요가 있다.

용어	설명
타깃(Target)	타깃 시스템은 우리가 관리하려는 임베디드 컴퓨터다. 보통 ARM 플랫폼이지만, 모두가 그런 것은 아니다. 사실 PowerPC와 MIPS 역시 많이 사용하는 다른(비록 적게 사용하지만) 플랫폼이다. X86 컴퓨터(일반 PC)도 임베디드 컴퓨터가 될 수 있다.
호스트(Host)	호스트 시스템은 우리가 타깃 시스템을 관리하기 위해 사용하는 컴퓨터다. 보통 일반 PC(x86 플랫폼이나 MAC)지만, 다른 플랫폼들도 사용할 수 있다(예를 들면, 수년 전 저자는 호스트 PC로 PowerPC 기반의 컴퓨터를 사용했다). 실행이 오래 걸리는 작업이나 타깃이 수행하기 힘든 컴파일 작업 등을 수행하기 때문에 호스트 시스템은 타깃보다 성능이 좋다.

용어	설명
시리얼 콘솔(Serial Console)	시리얼 콘솔은 임베디드 시스템에서 가장 중요한 통신 포트이며, 사용자는 시리얼 콘솔을 사용해 시스템을 완벽하게 제어할 수 있다. 디버깅용으로 필수고, 어쩌다 운영체제 파일들이 뒤죽박죽이 되고 보드가 부팅되지 않을 때 마지막 수단이 된다. 시리얼 콘솔이 없어도 사용자가 시스템을 제어할 수 있지만(만약 올바르게 설정돼 있다면), 개발자나 디버거를 위해 반드시 있어야 하는 도구다.
컴파일러(Compiler) (혹은 네이티브 컴파일러(Native Compiler))	네이티브 컴파일러는 그냥 컴파일러다. 사용하고 있는 머신을 위한 코드를 빌드하는 머신(호스트나 타깃)에서 동작하는 컴파일러다(다시 말해, PC에서 동작하는 컴파일러는 PC용 코드를 빌드하고, ARM 머신에서 동작하는 컴파일러는 ARM용 코드를 빌드한다).
크로스 컴파일러(Cross Compiler)	엄격하게 말해, 크로스 컴파일러는 다른 플랫폼용 코드를 빌드하는 컴파일러다(즉, 크로스 컴파일러는 ARM 플랫폼용 바이너리를 생성하기 위해 PC에서 동작할 수 있다). 하지만 보통 임베디드 개발자는 이 용어를 사용해 컴파일러, 링커, Binutil, libc와 같은 전체 컴파일 도구를 의미하기도 한다.
툴 체인(Toolchain)	툴 체인은 소프트웨어 상품을 만드는 데 사용하는 프로그래밍 도구 집합이다. 즉, 다른 컴퓨터 프로그램이나 관련 프로그램 집합이다. 툴 체인이라는 용어는 툴 체인에 속하는 도구들이 체인처럼 연속적으로 실행되기 때문에 만들어졌고, 각 도구의 결과물은 다음 도구의 입력물이 된다. 그러나 항상 이런 것은 아니다. 사실 툴 체인 도구들은 순서대로 실행될 필요가 없다. 간단한 소프트웨어 개발 툴 체인은 컴파일러, 링커(다른 binutil도 추가됨), 1개 이상의 라이브러리들(운영체제에 인터페이스를 제공함), 디버거(프로그램 디버깅할 때 사용됨)들을 포함하고 있다.
배포(Distribution)	배포(혹은 리눅스 배포판)는 리눅스(커널) 기반의 소프트웨어 컬렉션과 패키지 관리 시스템에 의해 관리되는 여러 소프트웨어 패키지(GNU 프로젝트들이 대부분이고 Libre 소프트웨어 라이선스 기반임)들로 구성된 운영체제다. 여러 배포판이 있고, 임베디드 디바이스(OpenWrt나 Yocto)나 개인 컴퓨터용에서부터 강력한 성능을 가진 슈퍼 컴퓨터용에 이르기까지 다양하다.
루트 파일 시스템(Root file system, rootfs)	루트 파일 시스템은 루트 디렉터리가 위치하는 파티션에 포함된 파일 시스템이다. 이 파일 시스템은 유닉스 시스템에서 가장 중요한 파일 시스템이고, 커널이 가장 먼저 마운트된다. 다른 모든 파일 시스템은 이 파일 시스템 위에 마운트된다.
시스템 온 칩(System on chip, SoC)	SoC는 CPU와 다른 병렬 장치(SATA, SD/MMC 컨트롤러, GPIO, I^2C/SPI/W1 컨트롤러, ADC/DAC 변환기, 오디오/비디오 신호/ 이더넷/ UART 포트 등)를 하나의 칩으로 통합한 집적 회로다. 이 칩들은 임베디드 시스템에서 널리 사용된다.

용어	설명
마이크로 컨트롤러 (Microcontroller, MCU)	마이크로 컨트롤러는 프로세서 코어, 메모리, 프로그래밍 가능한 IO 병렬 장치를 포함하는 단일 집적 회로상의 작은 컴퓨터다. 따라서 SoC와의 주요 차이는 칩 내부에 플래시 메모리(실제 프로그램이 저장된다)와 작은 램(프로그램이 실행된다)을 포함하고 있다는 것이다. 마이크로 컨트롤러는 수행돼야 하는 작업이 너무 복잡하지 않은 임베디드 애플리케이션용으로 설계됐다. 비용을 절감해야 하거나 시간 제약이 있을 때도 사용한다.
플래시 메모리(Flash memory)	플래시 메모리는 비휘발성 컴퓨터 저장 장치며, 전자적으로 지우고 다시 쓸 수 있다. 이런 종류의 메모리는 일반 PC와 달리 큰 저장 장치로 임베디드 애플리케이션에 많이 사용하는데, 이는 이 메모리가 움직이는 부품을 갖고 있지 않고, 나쁜 환경에서 더 잘 견디기 때문이다.

여기까지 중요한 용어들을 정리했다. 이제 다음 절로 넘어가 개발 도구를 살펴보자.

▌ 시스템 개요

지금부터 이 책에서 사용할 개발자 도구를 살펴보자.

첫 번째 도구는 비글본 블랙^{BeagleBone Black}이다. 이 플랫폼은 저가고, 커뮤니티에서 지원하며, 일반 개발자와 취미로 개발하는 사람을 위한 개발 플랫폼이다. 이 보드는 10초 내로 리눅스를 부팅할 수 있고, USB 케이블 하나만 있으면 개발을 금방 시작할 수 있다. 이 보드는 인터넷에 있는 여러 프로토타입이 많이 사용하고 있기 때문에 모든 임베디드 개발자가 반드시 알아야 하는 보드 중 하나다.

두 번째 도구는 SAMA5D3 Xplained다. 이 보드는 풍부한 연결성과 저장 장치, 사용자가 쉽게 정의할 수 있는 확장 헤더^{header}를 갖고 있어 빠른 프로토타이핑과 평가 플랫폼으로 사용한다. USB 디바이스 커넥터^{connector}는 보드의 전원을 공급하는 데 사용하고, 프로그래밍이나 디버깅용으로도 사용된다. 이 보드는 매우 낮은 전력 소모를 가진 CPU를 사용하면서도 좋은 성능을 보이며, 많은 주변 장치와 호환된다.

마지막 도구는 Wandboard다. 다른 보드와 비교했을 때 높은 성능의 멀티미디어 기능과 좋은 주변 장치를 가지며, 사용자가 정의하거나 수정하기 쉽도록 핵심 모듈과 쉬운 인터페이스 보드로 구성돼 있다. 이 보드는 멀티코어 CPU를 장착할 수 있고, 캐리어 보드 carrier board가 연결돼 있어 임베디드 개발자가 쉽게 사용자 맞춤형 하드웨어 장치를 만드는 데 도움을 준다.

비글본 블랙

아래 그림은 신용카드와 비글본 블랙의 크기를 비교한 것이다.

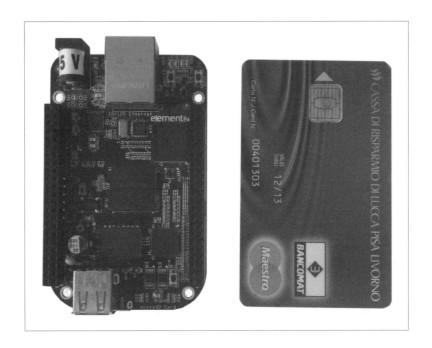

비글본 블랙에 관한 정보가 있는 URL을 참고하자.

- https://beagleboard.org/black

- http://beagleboard.org/static/beaglebone/latest/Docs/Hardware/BONE_ SRM.pdf
- http://beagleboard.org/getting-started
- https://eewiki.net/display/linuxonarm/BeagleBone+Black

저자가 사용하는 비글본 블랙 리비전 C의 주요 하드웨어 기능을 아래 테이블에서 확인해 보자.

부품	사양
메인 프로세서	ARM 프로세서: Cortex-A8 @1Ghz
그래픽 프로세서	PowerVR SGX
SDRAM 메모리	512MB DDR3
온보드 플래시	4GB, 8비트 eMMC
USB 2.0 포트	1 디바이스, 1 호스트
시리얼 포트	6번 핀 3.3V TTL 커넥터를 사용한 UART0
이더넷	RJ45 커넥터를 사용한 1 포트 10/100
SD/MMC	1 슬롯 마이크로 SD
비디오/오디오 출력	마이크로 HDMI
버튼	전원용 1개, 리셋용 1개, 사용자 제어용 1개
LED 표시 장치	전원용 1개, 이더넷 포트당 2개, 사용자 제어용 4개
온보드 와이파이/블루투스	없음
SATA	없음
확장 커넥터(connector)	전원 5V, 3.3V, VDD ADC(1.8V) GPIOs 3.3V SPI, I^2C, LCD, GPMC, MMC0-1, CAN 7 ADC(최대 1.8V) 4 타이머 4 시리얼 포트 3 PWM
J-TAG 커넥터	20핀 J-TAG(미장착)

아래 그림은 비글본 블랙의 상판을 보여주며, 아래의 부품들을 확인할 수 있다.

- 시리얼 콘솔에 접근하기 위해 사용하는 J1 커넥터
- 이더넷 커넥터
- 전원 커넥터
- 전용 확장 보드나 사용자 맞춤형 주변 장치를 연결할 수 있는 2개의 확장 커넥터 P8과 P9(이 커넥터들은 2장에서 자세히 설명할 예정이다)
- 마이크로 SD 슬롯slot
- USB 호스트 포트
- 리셋 버튼은 보드 리셋 용도, 전원 버튼은 보드를 끄거나 켜는 용도다. 사용자 버튼은 탑재된 eMMC 대신 마이크로 SD 카드에서 부팅하는 데 사용할 수 있다.

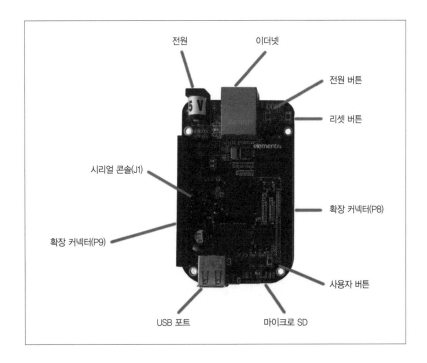

위의 그림에서 볼 수 있듯이 비글본 블랙은 PC처럼 생기지 않았지만, PC처럼 동작한다.

비글본 블랙은 완전한 단일 보드 컴퓨터고, 모니터를 HDMI 포트에 연결하고 USB 키보드와 마우스를 USB 허브를 사용해 붙이면 PC처럼 사용할 수 있다. 하지만 이 보드는 임베디드 보드에 더 적합하고, 보드의 확장 커넥터 때문에 PC보다 더 많은 동작을 할 수 있으며, 여러 목적으로 사용할 수 있는 최대 4개의 확장 보드(capes라 불리는)를 쌓아 여러 목적으로 사용할 수 있다.

이 책에서는 일반 PC처럼(실제로 데비안 ARM 버전과 x86 버전은 같다) 다양한 소프트웨어 패키지를 사용할 수 있는 데비안 배포판을 관리하고 재설치하는 방법을 살펴본다. 그리고 확장 커넥터를 보드에 어떻게 연결하는지도 살펴본다. 외부 환경을 모니터하고 제어하기 위해 다양한 주변 장치들을 사용한다.

SAMA5D3 Xplained

이전 그림처럼 아래 이미지는 SAMA5D3 Xplained를 신용카드와 비교해 보여주며, 비글본 블랙과 비교했을 때 이 보드가 더 큰 것을 알 수 있다. 그 이유는 이 보드가 더 많은 커넥터와 포트를 갖고 있기 때문이다. 보드의 중앙에 있는 확장 커넥터는 Arduino R3와 호환되기 때문에 Arduino의 확장 보드를 이 보드에서 사용할 수 있다.

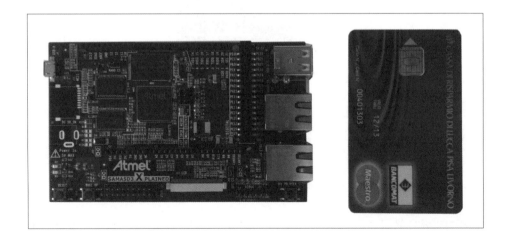

SAMA5D3 Xplained에 관한 흥미로운 자료는 아래를 참고하자.

- http://www.atmel.com/tools/ATSAMA5D3-XPLD.aspx
- http://www.atmel.com/images/atmel-11269-32-bit-cortex-a5-microcontroller-sama5d3-xplained_user-guide.pdf
- http://www.at91.com/linux4sam/bin/view/Linux4SAM/Sama5d3 XplainedMainPage
- https://eewiki.net/display/linuxonarm/ATSAMA5D3+Xplained

CPU 버전에 따라 SAMA5D3 Xplained는 SATSAMA5D31과 SATSAMA5D33, SATSAMA5D34, SATSAMA5D35, ATSAMA5D36 등 여러 버전이 존재한다. 각 CPU 는 같은 코어를 갖고 있지만, 다른 주변 장치를 가진다.

이 책에서는 ATSAMA5D36을 사용하고, 이 버전의 주요 하드웨어 기능은 아래 테이블 을 참고하자.

부품	사양
메인 프로세서	ARM 프로세서: Cortex-A5 @ 536MHz
그래픽 프로세서	그래픽 가속기를 가진 LCD 컨트롤러
SDRAM 메모리	256MB DDR2
온보드 플래시	256MB, NAND 플래시
USB 2.0 포트	1 디바이스, 2 호스트
시리얼 포트	6번 핀 3.3V TTL 커넥터를 사용한 UART0
이더넷	RJ45 커넥터를 사용한 1 포트 10/100/1000 RJ45 커넥터를 사용한 1 포트 10/100
SD/MMC	1 슬롯 SD/MMC 플러스 8비트 1 슬롯 마이크로 SD 4 비트(납땜 안 됨)
비디오/오디오 출력	디지털 인터페이스
버튼	전원용 1개, wake up용 1개, 사용자 제어용 1개

부품	사양
LED 표시 장치	전원용 1개, 이더넷 포트당 2개, 사용자 제어용 1개
온보드 와이파이/블루투스	SDIO 확장을 사용해 옵션으로 와이파이 장착 가능
SATA	없음
확장 커넥터	GPIOs 3.3V SPI, I²C0-1, CAN0-1, VBAT 12 ADC(최대 3.3V) 2 타이머 6 시리얼 포트 2 PWM
J-TAG 커넥터	20핀 J-TAG(장착)

아래 그림은 SAMA5D3 Xplained의 상판을 보여주며, 아래의 부품들을 확인할 수 있다.

- 커넥터 J23은 시리얼 콘솔에 접근할 때 사용한다.
- USB 마이크로 포트는 기본적으로 USB 디바이스 인터페이스로 사용하지만, 전원 공급 포트, SAM-BA USB 디바이스, USB CDC 연결로도 사용된다.
- 2개의 이더넷 커넥터
- LCD 커넥터
- JTAG 커넥터
- 2개의 USB 호스트 포트
- 확장 커넥터(이 커넥터는 Arduino R3와 호환 가능함)
- 리셋 버튼은 보드를 리셋할 때, wake up 버튼은 보드를 끄거나 켤 때 사용한다.

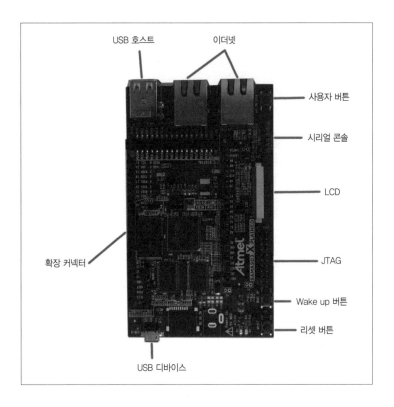

이 보드는 산업용 작업을 위해 설계됐지만 PC로도 사용할 수 있으며 매우 나쁜 환경에서도 견딜 수 있다. 이 보드는 전력 소모가 적으며, 전문적인 애플리케이션에서 사용할 수 있는 유용한 주변 장치를 많이 갖고 있다. 비글본 블랙과 달리 외부 모니터용 HDMI 커넥터는 없지만, 터치 스크린 LCD용 전용 커넥터를 갖고 있다.

이 보드에서도 데비안 배포판을 설치하고 보드를 연결하기 위해 확장 커넥터를 사용하는 방법을 살펴볼 것이다.

Wandboard

이전과 마찬가지로 아래 그림은 Wandboard를 신용카드와 비교한 것이다.

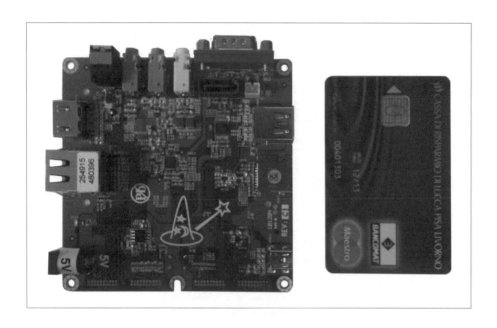

보드는 작아 보이지만 실제로는 두 파트로 구성된다. 코어 모듈은 인터페이스(혹은 캐리어) 모듈의 상부에 있다(아래 이미지 참고).

아래 Wandboard에 관한 유용한 정보가 있는 URL을 참고하자.

- http://www.wandboard.org/
- http://www.wandboard.org/images/downloads/wbquad-revb1-userguide.pdf
- http://wiki.wandboard.org/Main_Page
- https://eewiki.net/display/linuxonarm/Wandboard

CPU 버전에 따라 Wandboard solo와 Wandboard Dual, Wandboard Quad 등 여러 버전의 Wandboard가 존재한다. 각 버전은 코어는 같지만 다른 주변 장치와 코어 개수를 가진 다른 CPU를 가진다. 사실 Wandboard는 1개, 2개, 4개의 코어 CPU를 갖고 있다.

이 책은 Wandboard Quad(리비전 C1)를 사용한다. 이 버전의 주요 하드웨어 기능은 아래를 참고하자.

부품	사양
메인 프로세서	ARM 프로세서: Quad Cortex-A9 @ 1GHz
그래픽 프로세서	Vivante GC 2000 + Vivante GC 355 + Vivante GC 320
SDRAM 메모리	2GB DDR3
온보드 플래시	없음
USB 2.0 포트	1 OTG, 2 호스트
시리얼 포트	표준 RS232 9번 핀 커넥터를 사용한 UART0
이더넷	RJ45 커넥터를 사용한 1 포트 10/100/1000
SD/MMC	2 슬롯 SD/MMC 플러스 8비트
비디오/오디오 출력	HDMI 아날로그 오디오 플러스 광학 S/PDIF 디지털 카메라 커넥터
버튼	리셋용 1개

부품	사양
LED 표시 장치	전원용 1개, 이더넷 포트당 2개
온보드 와이파이/블루투스	802.11n/4.0
SATA	1 커넥터
확장 커넥터(connector)	GPIOs 3.3V SPI, I^2CO-1, CAN0-1, VBAT 12 ADC(최대 3.3V) 2 타이머 6 시리얼 포트 2 PWM
J-TAG 커넥터	8핀 J-TAG(미장착)

아래 두 그림은 Wandboard의 상판과 하부를 보여주며, 보드의 하부에서 아래의 부품들을 확인할 수 있다.

- RS-232 9핀 커넥터 COM1은 시리얼 콘솔에 접근할 때 사용한다.
- USB OTG 커넥터로 사용하는 USB 미니 포트
- USB 호스트 포트
- 세컨더리secondary 마이크로 SD 커넥터
- 전원 커넥터
- 이더넷 커넥터
- 오디오 포트
- SATA 커넥터
- HDMI 커넥터

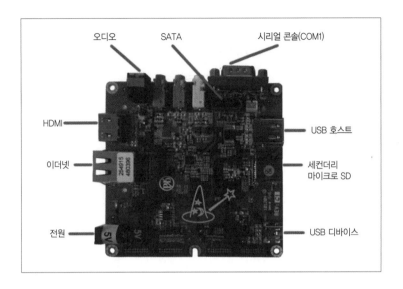

상판에서(왼쪽은 코어 모듈, 오른쪽은 인터페이스 보드임) 아래 부품을 확인할 수 있다.

- 카메라 인터페이스 커넥터
- Primary 마이크로 SD
- 와이파이 칩
- 4개의 확장 커넥터
- 리셋 버튼은 보드를 리셋할 때 사용한다.

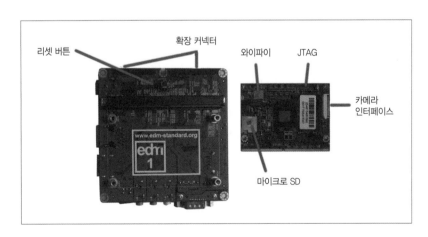

이 보드도 PC로 사용할 수 있기 때문에 데비안 배포판을 보드에 설치할 것이다. 비글본 블랙처럼 이 보드도 외부 모니터용 HDMI 커넥터를 갖고 있다.

▌ 개발 시스템 설치

이 책의 목표는 이 책에 소개된 보드에 있는 주변 장치 접근법과 데이터를 관리하기 위한 빠른 프로그램 작성법을 설명하는 것이다. 이를 위해 좋은 개발 시스템이 필요하므로 이 절에서는 각 보드에 데비안 OS를 설치해본다.

GNU/리눅스 기반의 보드의 큰 장점 중 하나는 사용하는 보드에 관계없이 같은 개발 환경을 가질 수 있다는 것이다. 이 장점을 보여주기 위해 각 보드에 똑같은 OS를 설치해본다(각 보드에 미리 설치된 OS가 있더라도 말이다). 개발용 OS를 저장하기 위해 SD 카드(혹은 마이크로 SD 카드)를 준비하고, 다음 절의 지시 사항을 따라 해보자. 임베디드 보드를 만지기 전에 먼저 호스트 머신을 설정해보자.

호스트 머신 설정

뛰어난 임베디드 개발자들이 모두 알고 있는 한 가지 사실은 임베디드 개발에는 호스트 머신이 꼭 필요하다는 것이다. 최근 임베디드 디바이스의 성능이 더 좋아지고 있지만, 아직도 호스트 머신만이 처리할 수 있는 리소스가 많이 필요한 작업들이 존재한다.

호스트 머신은 일반 PC가 될 수도 있고, 가상 머신이 될 수도 있다. 중요한 것은 GNU/리눅스 기반 OS가 동작한다는 점이다. 이 책에서는 Ubuntu 15.10 기반 시스템을 사용하고 있으므로(저자의 컴퓨터에서 동작하는 버전), 같은 버전을 사용하거나(가상 머신에서 돌릴 수도 있다) 16.04 같은 Ubuntu Long Term Support(LTS) 릴리즈를 큰 문제 없이 사용할 수도 있다. 또한 다른 리눅스 배포판을 사용해도 큰 노력 없이 이 책에서 사용하는 설정 값이나 설치 명령어를 사용할 수 있다.

기본 도구

호스트 머신을 개발용으로 사용한 적이 없다면 먼저 유용한 개발 도구들을 설치해야 한다. 첫 번째 단계로 aptitude를 설치하자. 이 도구는 많이 쓰이는 apt-get과 거의 비슷하지만, 더 똑똑하다(이 도구가 필수는 아니며, apt-get을 사용해도 상관없다). 아래 설치 명령어를 살펴보자.

```
$ sudo apt-get install aptitude
```

이제 aptitude 명령어를 사용해 다른 유용한 기본 도구를 설치해보자.

```
$ sudo aptitude install openssh-server tree git device-tree-compiler
                lzma lzop libncurses5-dev:amd64 minicom
```

모든 패키지를 설치한 후 이제 크로스 컴파일러와 관련 툴 체인을 설치할 수 있다.

크로스 컴파일러

모든 호스트 머신은 작업하고자 하는 타깃 보드용 크로스 컴파일러가 필요하다. 2장에서 살펴보겠지만, 데비안을 사용하면 사용자 공간 애플리케이션을 타깃에서 직접 컴파일할 수 있기 때문에 크로스 컴파일러는 주로 부트로더와 커널^{kernel}을 빌드하는 데 필요하다. 이 밖에도 특정 드라이버나 사용자 영역 애플리케이션 컴파일과 같은 작업을 위해 크로스 컴파일러를 사용한다. 이때 크로스 툴 체인과 타깃이 보조가 서로 같도록 해줘야 한다는 것을 명심하자(호환 가능한 라이브러리 버전과 헤더 파일을 갖도록 해야 한다는 의미다). 그렇지 않으면 때때로 미묘한 문제가 발생한다.

> Yocto나 OpenWrt 같은 임베디드 배포판을 사용하면(5장, '임베디드 OS 설치' 참고), 보드에서 실행되는 원시(native) 컴파일러가 없기 때문에 크로스 컴파일러를 사용해 사용자 영역 애플리케이션을 컴파일해야 한다.

사용하는 배포판에서 제공하는 크로스 컴파일러를 설치하는 것에서부터 미리 만들어진 ^{pre built} 컴파일러를 사용하는 것에 이르기까지 크로스 컴파일러를 설치하는 방법은 다양하다. 우분투는 아래와 같이 자체 크로스 컴파일러를 갖고 있다.

```
$ apt-cache search gcc-[0-9.]*-arm
gcc-5-arm-linux-gnueabihf - GNU C compiler
gcc-5-arm-linux-gnueabihf-base - GCC, the GNU Compiler Collection (base
package)
gcc-4.7-arm-linux-gnueabi - GNU C compiler
gcc-4.7-arm-linux-gnueabi-base - GCC, the GNU Compiler Collection (base
package)
gcc-4.7-arm-linux-gnueabihf - GNU C compiler
gcc-4.7-arm-linux-gnueabihf-base - GCC, the GNU Compiler Collection (base
package)
gcc-4.8-arm-linux-gnueabihf - GNU C compiler
gcc-4.8-arm-linux-gnueabihf-base - GCC, the GNU Compiler Collection (base
package)
gcc-4.9-arm-linux-gnueabi - GNU C compiler
gcc-4.9-arm-linux-gnueabi-base - GCC, the GNU Compiler Collection (base
package)
gcc-4.9-arm-linux-gnueabihf - GNU C compiler
gcc-4.9-arm-linux-gnueabihf-base - GCC, the GNU Compiler Collection (base
package)
gcc-5-arm-linux-gnueabi - GNU C compiler
gcc-5-arm-linux-gnueabi-base - GCC, the GNU Compiler Collection (basepackage)
```

예제코드 다운로드하기

책의 서문에 코드를 다운로드하기 위한 자세한 단계가 언급돼 있다. 이 책의 코드 예제는 깃 허브의 https://github.com/PacktPublishing/GNU-Linux-Rapid-Embedded-Programming/에서도 다운로드할 수 있다. https://github.com/PacktPublishing/에는 다양한 책에서 사용하는 다른 코드들과 비디오들을 볼 수 있다. 해당 링크를 방문해 확인해 보자.

이 책에서는 배포판의 독립적인 설치를 위해 미리 만들어진 크로스 컴파일러와 사실상의 표준인 Linaro 프로젝트(http://www.linaro.org/)의 툴 체인을 사용할 것이다. 이제 어떻게 설치하는지 살펴보자. 먼저 아래와 같은 명령어를 사용해 압축 파일을 다운로드하자.

```
$ wget -c https://releases.linaro.org/components/toolchain/
binaries/5.3-2016.02/arm-linux-gnueabihf/gcc-linaro-5.3-2016.02-x86_64_arm-
linuxgnueabihf.tar.xz
```

다운로드한 후 아래와 같은 명령어로 압축을 푼다.

```
$ tar xf gcc-linaro-5.3-2016.02-x86_64_arm-linux-gnueabihf.tar.xz
```

호스트의 파일 시스템에 언제라도 새로운 툴 체인을 넣을 수 있다. 이 책에서는 /opt/linaro 디렉터리에 넣는다.

이제 크로스 컴파일러와 다른 컴포넌트를 실행하기 위해 환경 변수를 설정해야 한다.

```
$ export PATH=/opt/linaro/gcc-linaro-5.3-2016.02-x86_64_arm-linux-gnueabihf/
bin/:$PATH
```

설치 디렉터리인 /opt/linaro를 여러분 자신의 설치 디렉터리로 바꿔야 한다.

이제 아래와 같은 화면을 볼 수 있을 것이다.

```
$ arm-linux-gnueabihf-gcc --version
arm-linux-gnueabihf-gcc (Linaro GCC 5.3-2016.02) 5.3.1 20160113
Copyright (C) 2015 Free Software Foundation, Inc.
This is free software; see the source for copying conditions. There is
NO warranty; not even for MERCHANTABILITY or FITNESS FOR A PARTICULAR
PURPOSE.
```

 호스트 머신에 로그인할 때마다 위의 export 명령어를 실행해야 한다. 번거로운 이 작업을 피하기 위해 .bashrc 파일(Bash shell을 사용하는 경우임)에 아래 두 줄을 추가하자.

```
# Setup the cross-compiler
export PATH=/opt/linaro/gcc-linaro-5.3-2016.02-x86_
64_arm-linux-gnueabihf/bin/:$PATH
```

호스트 머신 설정은 끝났다. 이제 개발자 키트를 설정해보자.

비글본 블랙 설정

이제 첫 번째 개발자 키트인 비글본 블랙을 만져볼 차례다. 이 보드는 탑재된 eMMC에 데비안 시스템이 설치돼 있다. 그러나 이 책의 모든 개발자 키트에 같은 OS를 설치하기 위해 새 마이크로 SD에 최신의 OS를 설치하고, 부팅해보자.

비글본 블랙에서 시리얼 콘솔 사용

앞에서 살펴봤듯이(혹은 임베디드 디바이스 프로그래머라면 아는), 시리얼 콘솔은 로우 레벨 개발 단계의 필수품이다. 따라서 비글본 블랙에서 시리얼 콘솔에 어떻게 접근하는지 살펴보자.

아래 그림처럼 커넥터 J1은 시리얼 콘솔용 핀으로 사용된다. 적당한 어댑터를 사용해 이 커넥터를 호스트 PC에 연결할 수 있다. 핀이 TTL 레벨의 전기 신호를 갖기 때문에 어댑터 디바이스가 필요한데, 이런 종류의 디바이스를 아래에서 살펴보자.

첫 번째 디바이스는 아래 그림에 나온 표준 RS232-to-TTL 변환기다.

 RS232-to-TTL는 http://www.cosino.io/product/rs-232-serial-adapter나 인터넷 서핑을 통해 구매할 수 있다.

이 디바이스를 사용하려면 표준 RS232 포트가 있는 PC가 필요하다. 최근에는 이런 포트를 가진 컴퓨터가 많지 않은데, 대안은 RS232-to-USB를 사용하거나 아래 그림 같은 USB-to-TTL 케이블을 사용하는 것이다.

이 방법은 자주 사용하는 USB 포트를 이용하게 해준다.

마지막 방법은 USB-to-TTL 변환기를 사용하지만, 이전 방법과 달리 모든 스마트폰에서 사용하는 마이크로 USB가 부착돼 있다. 이 변환기는 아래 그림처럼 생겼다.

> ℹ️ 이 디바이스는 http://www.cosino.io/product/usb-to-serial-converter나 인터넷 서핑을 통해 구매할 수 있다. 이 디바이스의 데이터 시트는 아래에서 확인하자.
> https://www.silabs.com/Support%20Documents/TechnicalDocs/cp2104.pdf.

어떤 솔루션을 사용하더라도 전기 신호를 올바르게 캡처하기 위해서는 J1 커넥터를 위의 보드들에 연결해야 한다. 관련된 핀은 아래 표와 같다. 시리얼 연결을 올바르게 설정하려면 GND(그라운드) 신호를 어댑터의 GND 핀에 연결하고 TxD(송신부)와 RxD(수신부)를 바꿔야 한다.

커넥터 J1	기능
핀 1	GND
핀 4	TxD
핀 5	RxD

아래 저자 환경setup을 참고하자.

모든 것이 올바르게 연결됐다면 시리얼 콘솔 데이터를 확인하기 위해 시리얼 터미널 에 뮬레이터를 실행하면 된다. Minicom을 사용하려면 아래와 같은 명령어를 사용해야 한다.

```
$ minicom -o -D /dev/ttyUSB0
```

사용하는 시리얼 포트가 /dev/ttyUSB0인지 미리 확인해야 한다. 다른 값들은 '115200, 8N1', '하드웨어와 소프트웨어 흐름 제어 없음'으로 설정하자(minicom에서 이 설정값들은 Ctrl + A, O를 누른 후 시리얼 포트 설정 메뉴를 선택해 확인할 수 있다).

시리얼 콘솔을 올바르게 사용하려면 권한이 있어야 한다. 사실 이전 minicom 명령어를 실행할 때는 어떤 출력 메시지도 볼 수 없었다. minicom 명령어는 해당 포트에 대한 충분한 권한이 없으면 조용히 종료되기 때문이다. 간단히 아래와 같은 명령어를 사용해 해당 포트의 권한이 있는지를 확인할 수 있다.

```
$ cat /dev/ttyUSB0
cat: /dev/ttyUSB0: Permission denied
```

cat 명령어는 문제가 무엇인지 보여준다. 이 문제를 해결할 때는 sudo 명령어를 사용해도 되지만, 아래와 같이 현 사용자를 올바른 그룹에 추가해주는 것이 좋다.

```
$ ls -l /dev/ttyUSB0
crw-rw-- 1 root dialout 188, 0 Jan 12 23:06 /dev/
ttyUSB0
$ sudo adduser $LOGNAME dialout
```

로그아웃한 후 다시 로그인하면 아무런 문제 없이 시리얼 디바이스에 접근할 수 있다.

비글본 블랙은 OS가 미리 설치돼 있는 시스템이기 때문에 시스템에 전원을 넣으면 minicom 윈도우에서 부팅 시퀀스를 볼 수 있어야 한다.

이제 비글본 블랙의 동작을 위한 프로그램을 살펴보자.

MLO를 사용한 U-Boot

먼저 소스를 다운로드하고 컴파일하기 위한 올바른 릴리즈를 선택해야 한다. U-Boot 저장소를 클론clone하려면 아래와 같은 명령어를 사용해야 한다.

```
$ git clone https://github.com/u-boot/u-boot
```

위의 명령어를 사용하는 대신, U-Boot 저장소를 전용 디렉터리에 bare 형태로 클론하고(common 디렉터리를 사용한다), 로컬 bare 저장소가 전용 디렉터리(이 디렉터리는 BBB로 사용한다)를 참고하게 만들어 비글본 블랙 파일을 다른 하위 디렉터리에 클론하자.

Bare 저장소를 다운로드하기 위해 아래와 같은 명령어를 사용하자.

```
$ cd common
$ git clone --bare https://github.com/u-boot/u-boot
```

그리고 비글본 블랙 소스를 다운로드하기 위해 아래 새 명령어를 실행하자.

```
$ cd BBB
$ git clone --reference ~/Projects/common/u-boot.git
            https://github.com/u-boot/u-boot
```

이 책에서 소개하는 모든 개발자 키트는 같은 소스를 사용하기 때문에 이 방법을 이용하면 디스크 사용량을 많이 줄일 수 있다.

이제 새로 생성된 디렉터리로 들어가 올바른 U-Boot 릴리즈를 체크아웃^{checkout}하자.

```
$ cd u-boot
$ git checkout v2016.03 -b v2016.03
```

비글본 블랙을 지원하는 데는 몇 가지 패치가 필요하며, 이 패치들은 아래와 같은 명령어로 설치할 수 있다.

```
$ wget -c https://rcn-ee.com/repos/git/u-boot-patches/v2016.03/0001-am
335x_evm-uEnv.txt-bootz-n-fixes.patch
$ patch -p1 < 0001-am335x_evm-uEnv.txt-bootz-n-fixes.patch
```

이제 컴파일 준비가 끝났다. 아래와 같은 명령어로 컴파일해보자.

```
$ make ARCH=arm CROSS_COMPILE=arm-linux-gnueabihfa-
       m335x_evm_defconfig
$ make ARCH=arm CROSS_COMPILE=arm-linux-gnueabihf-
```

컴파일이 완료됐으므로 이제 부트로더를 마이크로 SD에 설치할 단계다. 새 마이크로 SD를 호스트 PC에 꽂고 현재 파티션을 지운 후 새로운 파티션을 설치해야 한다.

 마이크로 SD는 클래스(class) 10과 최소 4GB 크기를 사용해야 한다.

먼저 마이크로 SD 연관 디바이스를 찾아야 한다. 이를 찾는 데는 몇 가지 방법이 있는데, 보통 dmesg 명령어를 사용하면 마이크로 SD를 호스트 머신에 꽂았을 때 아래와 같은 커널 메시지를 볼 수 있다.

```
Attached scsi generic sg3 type 0
[sdd] 7774208 512-byte logical blocks: (3.98 GB/3.71 GiB)
[sdd] Write Protect is off
[sdd] Mode Sense: 0b 00 00 08
[sdd] No Caching mode page found
[sdd] Assuming drive cache: write through sdd: sdd1
[sdd] Attached SCSI removable disk
```

이 메시지를 통해 마이크로 SD가 이 시스템에서 /dev/sdd 장치와 연관돼 있다는 것을 알 수 있다.

설정값은 모두 다를 수 있다. 환경에 따라 /dev/sdb나 /dev/sdc, /dev/sde/ 혹은 /dev/mmcblk0과 같은 디바이스를 사용해야 할 수도 있다. /dev/mmcblk0과 같은 이름은 호스트 PC가 SD나 마이크로 SD 슬롯을 관리하기 위해 USB 어댑터가 아닌 MMC 디바이스를 사용하는 경우에 볼 수 있다. 이 경우 아래와 같은 커널 메시지를 볼 수 있다.

```
mmc0: cannot verify signal voltage switch
mmc0: new ultra high speed SDR50 SDHC card at address 0007
mmcblk0: mmc0:0007 SD4GB 3.70 GiB
mmcblk0: p1
```

현재 시스템에 부착된 블록^{block} 디바이스를 나열해주는 lsblk 명령어를 사용할 수도 있다.

```
$ lsblk
NAME       MAJ:MIN  RM    SIZE  RO  TYPE  MOUNTPOINT
sda          8:0    0   465.8G   0  disk
+-sda1       8:1    0    21.5G   0  part
+-sda2       8:2    0   116.4G   0  part
+-sda3       8:3    0      1K    0  part
\-sda5       8:5    0   327.9G   0  part  /opt
sdb          8:16   0   931.5G   0  disk
\-sdb1       8:17   0   931.5G   0  part  /home
sdc          8:32   0   223.6G   0  disk
\-sdc1       8:33   0   223.6G   0  part  /
sdd          8:48   1     3.7G   0  disk
\-sdd1       8:49   1     3.7G   0  part
```

그리고 아래와 같은 명령어를 사용해 현재 파티션 테이블을 지울 수 있다.

```
$ sudo dd if=/dev/zero of=/dev/sdX bs=1M count=10
```

아래와 같은 사항에 유의하기 바란다. 독자는 /dev/sdX 디바이스 이름을 시스템에 꽂힌 마이크로 SD 디바이스로 변경한 후, 다음 단계를 진행해야 한다. 그렇지 않으면 호스트 시스템이 망가질 수 있다.

이제 새로 컴파일된 부트로더를 설치해보자.

```
$ sudo dd if=MLO of=/dev/sdX count=1 seek=1 bs=128k
$ sudo dd if=u-boot.img of=/dev/sdX count=2 seek=1 bs=384k
```

이번에는 다음 절에서 설치할 루트 파일 시스템용 파티션을 만들기 위해 아래와 같은 명령어를 사용하자.

```
$ echo '1M,,L,*' | sudo sfdisk /dev/sdX
$ sudo mkfs.ext4 -L rootfs /dev/sdX1
```

 mkfs.ext4 버전 1.43부터 metadata_csum과 64비트가 디폴트로 활성화돼 있지만, 우리 시스템에서는 비활성화돼야 한다. 그렇지 않으면 U-Boot는 ex4 파티션에서 부팅되지 않을 것이다. 만약, 이런 경우가 발생하면 위 명령어를 아래와 같은 명령어로 바꿔야 한다.

```
$ sudo mkfs.ext4 -L rootfs
          -O ^metadata_csum,^64bit /dev/sdX1
```

Mkfs.ext4의 현재 버전을 얻으려면 위 명령어에 -V 옵션을 추가해야 한다.

새로 생성된 파티션을 마운트하고 그 안에 부트로더를 복사하자(이 부트로더는 곧 사용할 것이다). 아래와 같은 명령어를 참고하자.

```
$ sudo mkdir /media/rootfs
$ sudo mount /dev/sdX1 /media/rootfs/
$ sudo mkdir -p /media/rootfs/opt/backup/uboot/
$ sudo cp MLO /media/rootfs/opt/backup/uboot/
$ sudo cp u-boot.img /media/rootfs/opt/backup/uboot/
```

커널을 정상적으로 로드하려면 U−Boot의 환경 관련 명령어를 추가해야 한다. 모든 명령어를 roofs 내의 uEnv.txt 파일에 아래와 같이 넣자.

```
$ sudo mkdir /media/rootfs/boot/
$ sudo cp uEnv.txt /media/rootfs/boot/
```

uEnv.txt 파일의 내용은 아래와 같다.

```
loadaddr=0x82000000
fdtaddr=0x88000000
rdaddr=0x88080000

initrd_high=0xffffffff
fdt_high=0xffffffff
mmcroot=/dev/mmcblk0p1

loadximage=load mmc 0:1 ${loadaddr} /boot/vmlinuz-${uname_r}
loadxfdt=load mmc 0:1 ${fdtaddr} /boot/dtbs/${uname_r}/${fdtfile}
loadxrd=load mmc 0:1 ${rdaddr} /boot/initrd.img-${uname_r}; setenv rdsize
${filesize}
loaduEnvtxt=load mmc 0:1 ${loadaddr} /boot/uEnv.txt ; env import -t ${loadaddr}
${filesize};
loadall=run loaduEnvtxt; run loadximage; run loadxfdt;
mmcargs=setenv bootargs console=tty0 console=${console} ${optargs} ${cape_
disable} ${cape_enable} root=${mmcroot} rootfstype=${mmcrootfstype} ${cmdline}

uenvcmd=run loadall; run mmcargs; bootz ${loadaddr} - ${fdtaddr};
```

위 텍스트는 책의 예제 코드 저장소 chapter_01/BBB-uEnv.txt 파일에서 찾을 수 있다.

이제 커널을 컴파일할 차례다.

비글본 블랙용 리눅스 커널

커널소스는 여러 지장소에서 다운로드힐 수 있지만, 이 책에서는 표준 데비안 저장소를 사용하지 않고 Robert C.Nelson 저장소의 소스를 사용할 것이다. 저장소가 잘 만들어져 있고, 사용하기 쉬우며, 이 책에서 소개하는 보드의 커스텀 커널 소스를 잘 지원하기 때문이다.

클론을 위해 아래와 같은 명령어를 사용하자.

```
$ git clone https://github.com/RobertCNelson/bb-kernel
```

새로 생성된 디렉터리로 들어가 어떤 버전의 커널을 사용할지 결정해야 한다. 이 책에서는 커널 버전 4.4를 사용했다(단지 중간 버전의 릴리즈일 뿐, 특별한 이유는 없다. 독자들은 원하는 버전을 사용하면 된다). 아래와 같은 명령어로 체크아웃하자.

```
$ cd bb-kernel
$ git checkout origin/am33x-v4.4 -b am33x-v4.4
```

더 진행하기 전에 U-Boot 설치 시 했던 것과 비슷하게 linux-stable 트리로부터 리눅스 bare 저장소를 common 디렉터리에 미리 다운로드하자.

```
$ cd common
$ git clone —bare
    https://git.kernel.org/pub/scm/linux/kernel/git/stable/linuxstable.git
```

이 다운로드한 데이터를 build_kernel.sh 스크립트에서 사용할 수 있는 형태로 바꾸기 위해 아래와 같은 명령어를 실행하자.

```
$ mkdir linux-stable
$ mv linux-stable.git/ linux-stable/.git
$ cd linux-stable
$ git config --local --bool core.bare false
```

이와 같은 방법을 사용하면 어떤 파일도 체크아웃하지 않고 디스크 사용량을 많이 줄이면서 bare 저장소를 일반 저장소로 바꿀 수 있다.

LINUX_GIT 변수를 system.sh 파일에 설정해 다운로드한 저장소를 참고할 수 있다. System.sh 파일은 아래와 같이 system.sh.sample로부터 복사하면 된다.

```
$ cp system.sh.sample system.sh
```

아래 패치에서 볼 수 있듯이 LINUX_GIT과 CC 변수들(이는 사용할 크로스 컴파일러를 지정하기 위해서다)을 올바르게 설정해야 한다.

```
--- system.sh.sample 2016-04-15 18:04:18.178681406 +0200
+++ system.sh 2016-04-18 17:40:11.229958465 +0200
@@ -16,12 +16,14 @@
 #CC=<enter full path>/bin/arm-none-eabi-
 #CC=<enter full path>/bin/arm-linux-gnueabi-
 #CC=<enter full path>/bin/arm-linux-gnueabihf-
+CC=arm-linux-gnueabihf-
 ###OPTIONAL:
 ###OPTIONAL: LINUX_GIT: specify location of locally cloned git tree.
 #
 #LINUX_GIT=/home/user/linux-stable/
+LINUX_GIT=~/Projects/common/linux-stable
```

```
###OPTIONAL: MMC: (REQUIRED FOR RUNNING: tools/install_kernel.sh)
#Note: This operates on raw disks, NOT PARTITIONS..
```

다음은 새로운 git 저장소에 우리가 누구인지 설정해야 한다. 아래와 같은 명령어를 참고하자.

```
$ git config --global user.name "Rodolfo Giometti"
$ git config --global user.email giometti@hce-engineering.com
```

아래와 같은 명령어를 통해 컴파일을 시작한다.

```
$ ./build_kernel.sh
```

 이 과정과 다음 과정은 시간이 오래 걸리므로 인내가 필요하다.

이 명령어에 대한 출력물로 올바른 크로스 컴파일러가 설정되고, linux-stable 저장소가 올바르게 참고되는지 보여야 한다. 아래는 저자의 컴퓨터에서 위 명령어를 실행한 결과다.

```
$ ./build_kernel.sh
+ Detected build host [Ubuntu 15.10]
+ host: [x86_64]
+ git HEAD commit: [72cf1bea12eea59be6632c9e9582f59e7f63ab3d]
-----------------------------
scripts/gcc: Using: arm-linux-gnueabihf-gcc (Linaro GCC 5.3-2016.02) 5.3.1
20160113
Copyright (C) 2015 Free Software Foundation, Inc.
This is free software; see the source for copying conditions. There is NO
warranty; not even for MERCHANTABILITY or FITNESS FOR A PARTICULAR PURPOSE.
-----------------------------
```

```
CROSS_COMPILE=arm-linux-gnueabihf-
-------------------------------
scripts/git: Debug: LINUX_GIT is setup as: [/home/giometti/Projects/common/
linux-stable].
scripts/git: [url=https://git.kernel.org/pub/scm/linux/kernel/git/stable/linux-
stable.git]
From https://git.kernel.org/pub/scm/linux/kernel/git/stable/linux-stable
* branch HEAD -> FETCH_HEAD
-------------------------------
Cloning into '/home/giometti/Projects/BBB/bb-kernel/KERNEL'...
done.
...
```

잠시 후 클래식한 커널 설정 패널을 보게 될 것이다. 〈Exit〉 메뉴 옵션을 선택해 기본 설정
을 선택하고 계속 진행하자. 모두 끝나면 아래와 같은 메시지를 보게 될 것이다.

```
...
-------------------------------
'arch/arm/boot/zImage' -> '/home/giometti/Projects/BBB/bb-kernel/deploy/4.4.7-
bone9.zImage'
'.config' -> '/home/giometti/Projects/BBB/bb-kernel/deploy/config-4.4.7-bone9'
-rwxrwxr-x 1 giometti giometti 7,1M apr 15 18:54 /home/giometti/Projects/BBB/
bb-kernel/deploy/4.4.7-bone9.zImage
-------------------------------
Building modules archive...
Compressing 4.4.7-bone9-modules.tar.gz...
-rw-rw-r-- 1 giometti giometti 58M apr 15 18:55 /home/giometti/Projects/BBB/bb-
kernel/deploy/4.4.7-bone9-modules.tar.gz
-------------------------------
Building firmware archive...
Compressing 4.4.7-bone9-firmware.tar.gz...
-rw-rw-r-- 1 giometti giometti 1,2M apr 15 18:55 /home/giometti/Projects/BBB/
bb-kernel/deploy/4.4.7-bone9-firmware.tar.gz
-------------------------------
```

```
Building dtbs archive...
Compressing 4.4.7-bone9-dtbs.tar.gz...
-rw-rw-r-- 1 giometti giometti 328K apr 15 18:55 /home/giometti/Projects/BBB/
bb-kernel/deploy/4.4.7-bone9-dtbs.tar.gz
----------------------------
Script Complete
eewiki.net: [user@localhost:~$ export kernel_version=4.4.7-bone9]
```

메시지의 마지막 줄에서 uEnv.txt 파일에 정의된 커널 버전을 볼 수 있다. 이 uEnv.txt 파일은 부트로더를 설치할 때 정의한 것이고, 명령어는 아래와 같다.

```
$ sudo sh -c 'echo "uname_r=4.4.7-bone9" >>
              /media/rootfs/boot/uEnv.txt'
```

 /media/rootfs 디렉터리는 이전 장에서 이미 마운트된 상태다.

커널을 설치하기 전에 필요한 루트 파일 시스템을 다음 절에서 살펴보자.

비글본 블랙용 데비안 8(Jessie)

데비안 OS를 포함하는 Rootfs 디렉터리를 설치하기 위해 미리 만들어진 이미지를 사용하거나 저장 공간을 아끼기 위해 common 디렉터리에 데비안을 다운로드할 수도 있다. 아래와 같은 명령어를 참고하자.

```
$ cd common
$ wget -c https://rcn-ee.com/rootfs/eewiki/minfs/debian-8.4-minimal-
armhf-2016-04-02.tar.xz
```

tar 명령어를 사용해 압축을 풀 수 있다.

```
$ tar xf debian-8.4-minimal-armhf-2016-04-02.tar.xz
```

 이 책을 읽는 시점에는 위 버전이 없어지고 새 버전이 나왔을 수도 있다. 앞에 사용한 rootfs 를 다운로드하는 동안 사용할 수 있는 버전을 확인하자.

압축이 모두 풀리면 debian-8.4-minimal-armhf-2016-04-02 이름의 새로운 디렉 터리가 현재 작업 디렉터리에 생길 것이다. 이 디렉터리를 마이크로 SD 카드에 복사하기 위해 아래와 같은 명령어를 사용하자.

```
$ cd debian-8.4-minimal-armhf-2016-04-02/
$ sudo tar xpf armhf-rootfs-debian-jessie.tar -C /media/rootfs/
```

 마이크로 SD 카드는 /media/rootfs로 마운트돼 있다.

복사가 완료되면 커널 저장소로 다시 바꾸고, 아래와 같은 명령어를 사용해 앞서 컴파일 한 커널 이미지와 관련 파일들을 추가할 수 있다.

```
$ cd BBB/bb-kernel
$ sudo cp deploy/4.4.7-bone9.zImage
          /media/rootfs/boot/vmlinuz-4.4.7-bone9
$ sudo mkdir -p /media/rootfs/boot/dtbs/4.4.7-bone9/
$ sudo tar xf deploy/4.4.7-bone9-dtbs.tar.gz
          -C /media/rootfs/boot/dtbs/4.4.7-bone9/
$ sudo tar xf deploy/4.4.7-bone9-modules.tar.gz
          -C /media/rootfs/
```

마지막으로 아래와 같은 명령어를 사용해 파일 시스템 테이블을 설정해야 한다.

```
$ sudo sh -c "echo '/dev/mmcblk0p1 / auto errors=remount-ro 0 1' >
        /media/rootfs/etc/fstab"
```

그리고 아래와 같은 명령어로 네트워크를 설정해보자.

```
$ sudo sh -c "echo 'allow-hotplug lo\niface lo inet loopback\n' >
        /media/rootfs/etc/network/interfaces"
$ sudo sh -c "echo 'allow-hotplug eth0\niface eth0 inet dhcp\n' >>
        /media/rootfs/etc/network/interfaces
```

이제 새로운 시스템을 부팅시킬 준비가 끝났다. 호스트 PC에서 마이크로 SD를 언마운트 unmount하고, 비글본 블랙에 그 마이크로 SD를 꽂은 후 보드에 전원을 넣자. unmount 명령어는 아래와 같이 사용하면 된다.

```
$ sudo umount /media/rootfs/
```

모든 것이 정상적으로 설정됐다면 시리얼 콘솔에서 아래 로그를 볼 수 있다.

```
U-Boot SPL 2016.03-dirty (Apr 15 2016 - 13:44:25)
Trying to boot from MMC
bad magic
U-Boot 2016.03-dirty (Apr 15 2016 - 13:44:25 +0200)

 Watchdog enabled
I2C: ready
DRAM: 512 MiB
Reset Source: Power-on reset has occurred.
MMC: OMAP SD/MMC: 0, OMAP SD/MMC: 1
Using default environment
```

```
Net: <ethaddr> not set. Validating first E-fuse MAC
cpsw, usb_ether
Press SPACE to abort autoboot in 2 seconds
switch to partitions #0, OK
mmc0 is current device
Scanning mmc 0:1...
...
debug: [console=ttyO0,115200n8 root=/dev/mmcblk0p1 ro rootfstype=ext4
rootwait].
debug: [bootz 0x82000000 - 0x88000000] ...
Kernel image @ 0x82000000 [ 0x000000 - 0x710b38 ]
## Flattened Device Tree blob at 88000000
   Booting using the fdt blob at 0x88000000
   Using Device Tree in place at 88000000, end 88010a19
Starting kernel ...
[  0.000000] Booting Linux on physical CPU 0x0...
[  5.466604] random: systemd urandom read with 17 bits of entropy available
[  5.484996] systemd[1]: systemd 215 running in system mode. (+PAM +AUDIT +SE)
[  5.498711] systemd[1]: Detected architecture 'arm'.
Welcome to Debian GNU/Linux 8 (jessie)!
[  5.535458] systemd[1]: Set hostname to <arm>.
[  5.861405] systemd[1]: Cannot add dependency job for unit displaymanager.s.
...
[ OK ] Started LSB: Apache2 web server.
[ 12.903747] random: nonblocking pool is initialized

Debian GNU/Linux 8 arm ttyS0

default username:password is [debian:temppwd]
arm login:
```

 마이크로 SD에서 부팅하기 위해 비글본 블랙에 전원을 넣은 후, 사용자 버튼을 누른 상태에서 다시 전원을 넣어야 한다. 그렇지 않으면 보드는 탑재된 eMMC를 사용해 부팅된다.

이제 모든 것이 동작하기 시작한다. 이제 사용자 이름과 암호에 root를 입력하면 로그인할 수 있다.

SAMA5D3 Xplained 설정

이제 SAMA5D3 Xplained를 설정할 차례다. 이 보드도 플래시 메모리에 배포판이 설치돼 있지만, 이 책의 목적에 맞지 않기 때문에 비글본 블랙에 했던 것처럼 마이크로 SD 카드에 새로운 데비안 OS를 설치해보자(SAMA5D3 Xplained는 SD 슬롯을 갖고 있어서 SD 어댑터에 마이크로 SD를 꽂아 사용하면 된다).

SAMA5D3 Xplained용 시리얼 콘솔

이전 장에서 살펴봤듯이, 시리얼 콘솔 핀은 J23 커넥터에 있다. 따라서 호스트 PC와 J23 커넥터를 적합한 어댑터를 사용해 연결할 수 있다.

시리얼 콘솔 관련 핀은 아래 테이블을 참고하고, 이전에 했던 것처럼, GND 신호는 어댑터의 GND 핀에 TxD와 RxD를 바꿔 연결해야 올바르게 시리얼 연결이 설정된다.

커넥터 J1	기능
핀 6	GND
핀 2	TxD
핀 3	RxD

아래 그림은 저자의 설정 화면이다.

잘 연결됐다면 minicom을 다시 실행해 시리얼 콘솔의 데이터를 볼 수 있다.

SAMA5D3 Xplained가 미리 설치된 시스템으로 동작한다면 시리얼 콘솔 창에서 부팅 순서를 볼 수 있고, 그렇지 않다면 RomBoot 메시지만 볼 수 있을 것이다. 어떤 경우라도 시리얼 콘솔은 동작해야 한다.

 사용할 시리얼 콘솔 확인을 잊지 않아야 한다. 그리고 115200 속도와 8N1으로 설정하고 하드웨어/소프트웨어 흐름 제어는 '사용 안 함'으로 설정해야 한다. 이전 비글본 블랙 설정을 참고하자.

이제 SAMA5D3 Xplained 보드를 동작하도록 하기 위해 소프트웨어를 설치해보자.

boot.bin을 사용한 U-Boot

부트로더 소스를 얻기 위해 비글본 블랙과 똑같은 방법을 사용할 수 있다. 한 가지 차이는 bare 저장소가 이미 다운로드돼 있어 아래와 같은 명령어를 사용해 새로운 저장소만 클론하면 된다는 것이다(이 보드용으로 A5D3 디렉터리를 생성했다).

```
$ cd A5D3
$ git clone --reference ~/Projects/common/u-boot.git
            https://github.com/u-boot/u-boot
```

새로 생성된 디렉터리로 들어가 적당한 U-Boot 릴리즈를 체크아웃하자. 아래와 같은
명령어를 사용하면 된다.

```
$ cd u-boot
$ git checkout v2016.03 -b v2016.03
```

SAMA5D3 Xplained를 지원하는 데는 몇 가지 패치가 필요하다. 아래와 같은 명령어를
사용해 패치를 적용해보자.

```
$ wget -c https://rcn-ee.com/repos/git/u-boot-patches/v2016.03/0001-sa
ma5d3_xplained-uEnv.txt-bootz-n-fixes.patch
$ patch -p1 < 0001-sama5d3_xplained-uEnv.txt-bootz-n-fixes.patch
```

이제 컴파일해보자.

```
$ make ARCH=arm CROSS_COMPILE=arm-linux-gnueabihf-
        sama5d3_xplained_mmc_defconfig
$ make ARCH=arm CROSS_COMPILE=arm-linux-gnueabihf-
```

다음은 컴파일된 부트로더를 마이크로 SD에 설치할 차례다.

 이전에 했던 것처럼 마이크로 SD에 연관된 디바이스를 찾아야 한다(비글본 블랙 절을 참고
하자).

아래와 같은 명령어를 사용하면 현재 파티션 테이블을 지울 수 있다.

```
$ sudo dd if=/dev/zero of=/dev/sdX bs=1M count=50
```

 device /dev/sdX를 시스템에 꽂은 마이크로 SD 카드와 연관된 디바이스로 바꾼 후, 다음 단계를 따라 해야 한다. 그렇지 않으면 호스트 시스템이 망가질 수 있다.

2장에서 설치할 루트 파일 시스템용 파티션도 준비해 놓자. 아래와 같은 명령어를 사용하자.

```
$ echo -e '1M,48M,0xE,*\n,,,-' | sudo sfdisk /dev/sdX
$ sudo mkfs.vfat -F 16 -n BOOT /dev/sdX1
$ sudo mkfs.ext4 -L rootfs /dev/sdX2
```

 비글본 블랙에 대해 설명할 때 언급한 것처럼 mkfs.ext4 버전 1.43부터 metadata_csum 과 64비트 옵션이 디폴트로 활성화돼 있다. 반드시 이 옵션을 비활성화해야 한다. 그렇지 않으면 U-Boot는 ext4 파티션에서 부팅되지 않는다. 이 경우, 위의 명령어를 아래와 같은 명령어로 바꿔야 한다.

```
sudo mkfs.ext4 -L rootfs
        -O ^metadata_csum,^64bit /dev/sdX2
```

이제 부트로더와 배포판 파일을 해당 파티션에 복사하기 위해 새로 생성된 boot와 rootfs 파티션을 마운트할 수 있다. 아래와 같은 명령어를 사용하자.

```
$ sudo mkdir /media/boot
$ sudo mkdir /media/rootfs
```

```
$ sudo mount /dev/sdX1 /media/boot
$ sudo mount /dev/sdX2 /media/rootfs
```

그리고 새로 컴파일한 부트로더를 설치해보자.

```
$ sudo cp boot.bin /media/boot/
$ sudo cp u-boot.img /media/boot/
```

 이번에는 U-Boot(uEnv.txt 파일)를 위한 어떤 설정도 필요하지 않다.

이제 커널을 컴파일할 차례다.

SAMA5D3 Xplained용 리눅스 커널

커널 소스는 이전과 마찬가지로 Robert C. Nelson 저장소에서 다운로드할 수 있다. 명령어는 아래와 같다.

```
$ git clone https://github.com/RobertCNelson/armv7_devel
```

그리고 새로 생성된 디렉터리에 들어가 사용할 커널의 버전을 선택해야 한다. 물론 아래와 같은 명령어를 사용해 이전에 했던 것과 같은 커널을 선택해보자.

```
$ cd armv7_devel/
$ git checkout origin/v4.4.x-sama5-armv7 -b v4.4.x-sama5-armv7
```

이제 이전 설정을 system.sh 파일에 다시 적용하고, 아래와 같은 명령어를 이용해 커널을 컴파일하자.

```
$ ./build_kernel.sh
```

 이 과정과 다음 과정은 시간이 오래 걸리므로 인내가 필요하다.

올바른 크로스 컴파일러가 설정돼 있고, linux-stable 저장소가 올바르게 참고된다는 로
그가 보여야 한다. 저자의 시스템에서 나온 아래의 로그를 참고하자.

```
$ ./build_kernel.sh
+ Detected build host [Ubuntu 15.10]
+ host: [x86_64]
+ git HEAD commit: [cc996bf444c2fb5f3859c431fbc3b29fe9ba6877]
------------------------------
scripts/gcc: Using: arm-linux-gnueabihf-gcc (Linaro GCC 5.3-2016.02) 5.3.1
20160113
Copyright (C) 2015 Free Software Foundation, Inc.
This is free software; see the source for copying conditions. There is NO
warranty; not even for MERCHANTABILITY or FITNESS FOR A PARTICULAR PURPOSE.
------------------------------
CROSS_COMPILE=arm-linux-gnueabihf-
------------------------------
scripts/git: Debug: LINUX_GIT is setup as: [/home/giometti/Projects/common/
linux-stable].
scripts/git: [url=https://git.kernel.org/pub/scm/linux/kernel/git/stable/linux-
stable.git]
From https://git.kernel.org/pub/scm/linux/kernel/git/stable/linux-stable
* branch HEAD -> FETCH_HEAD
------------------------------
Cloning into '/home/giometti/Projects/A5D3/armv7_devel/KERNEL'...
done.
...
```

잠시 후 클래식한 커널 설정 패널이 나타나며, 기본 설정을 변경해야 한다. 특히 아래 화면screenshot처럼 USB Gadget 설정을 변경해야 한다.

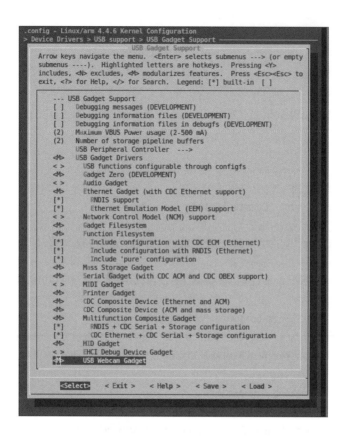

이제 설정을 저장하고 계속 진행하면 된다. 끝날 때쯤 아래와 같은 메시지를 보게 될 것이다.

```
...
----------------------------
'arch/arm/boot/zImage' -> '/home/giometti/Projects/A5D3/armv7_devel/de
ploy/4.4.6-sama5-armv7-r5.zImage'
'.config' -> '/home/giometti/Projects/A5D3/armv7_devel/deploy/config-4
.4.6-sama5-armv7-r5'
```

```
-rwxrwxr-x 1 giometti giometti 3,7M apr 15 20:19 /home/giometti/Projec
ts/A5D3/armv7_devel/deploy/4.4.6-sama5-armv7-r5.zImage
------------------------------
Building modules archive...
Compressing 4.4.6-sama5-armv7-r5-modules.tar.gz...
-rw-rw-r-- 1 giometti giometti 328K apr 15 20:19 /home/giometti/Projects/A5D3/
armv7_devel/deploy/4.4.6-sama5-armv7-r5-modules.tar.gz
------------------------------
Building firmware archive...
Compressing 4.4.6-sama5-armv7-r5-firmware.tar.gz...
-rw-rw-r-- 1 giometti giometti 1,2M apr 15 20:19 /home/giometti/Projects/A5D3/
armv7_devel/deploy/4.4.6-sama5-armv7-r5-firmware.tar.gz
------------------------------
Building dtbs archive...
Compressing 4.4.6-sama5-armv7-r5-dtbs.tar.gz...
-rw-rw-r-- 1 giometti giometti 64K apr 15 20:19 /home/giometti/Projects/A5D3/
armv7_devel/deploy/4.4.6-sama5-armv7-r5-dtbs.tar.gz
------------------------------
Script Complete
eewiki.net: [user@localhost:~$ export kernel_version=4.4.6-sama5-armv7-r5]
------------------------------
```

커널 설치와 루트 파일 시스템을 위해 다음 절로 넘어가자.

SAMA5D3 Xplained용 데비안 8(Jessie)

비글본 블랙용으로 다운로드했던 rootfs를 마이크로 SD로 복사하자.

```
$ cd common/debian-8.4-minimal-armhf-2016-04-02/
$ sudo tar xpf armhf-rootfs-debian-jessie.tar -C /media/rootfs/
```

 마이크로 SD는 이미 /media/rootfs로 마운트돼 있다.

복사가 끝나면 커널 이미지와 관련 파일을 추가할 수 있다.

```
$ cd A5D3/armv7_devel
$ sudo cp deploy/4.4.6-sama5-armv7-r5.zImage /media/boot/zImage
$ sudo mkdir -p /media/boot/dtbs/
$ sudo tar xf deploy/4.4.6-sama5-armv7-r5-dtbs.tar.gz
        -C /media/boot/dtbs/
$ sudo tar xf deploy/4.4.6-sama5-armv7-r5-modules.tar.gz
        -C /media/rootfs/
```

그리고 아래와 같은 명령어를 사용해 파일 시스템 테이블을 설정하자.

```
$ sudo sh -c "echo '/dev/mmcblk0p2 / auto errors=remount-ro 0 1' >
        /media/rootfs/etc/fstab"
$ sudo sh -c "echo '/dev/mmcblk0p1 /boot/uboot auto defaults 0 2' >>
        /media/rootfs/etc/fstab
```

네트워크 설정은 아래와 같은 명령어를 실행하면 된다.

```
$ sudo sh -c "echo 'allow-hotplug lo\niface lo inet loopback\n' >
        /media/rootfs/etc/network/interfaces"
$ sudo sh -c "echo 'allow-hotplug eth0\niface eth0 inet dhcp\n' >>
        /media/rootfs/etc/network/interfaces"
$ sudo sh -c "echo 'allow-hotplug eth1\niface eth1 inet dhcp' >>
        /media/rootfs/etc/network/interfaces"
```

이 설정까지 마치면 이제 새 시스템을 부팅할 준비가 완료된 것이다. 마이크로 SD를 호스트 PC에서 언마운트^{unmount}하고, 이 마이크로 SD를 SAMA5D3 Xplained에 꽂은 후, 보드의 전원을 넣자. ummount 명령어는 아래와 같다.

```
$ sudo umount /media/boot/
$ sudo umount /media/rootfs/
```

모든 것이 잘 설정됐다면 아래와 같은 로그를 볼 수 있다.

RomBOOT

U-Boot SPL 2016.03-dirty (Apr 15 2016 - 19:51:18)
Trying to boot from MMC
reading u-boot.img
reading u-boot.img

U-Boot 2016.03-dirty (Apr 15 2016 - 19:51:18 +0200)

CPU: SAMA5D36
Crystal frequency: 12 MHz
CPU clock : 528 MHz
Master clock : 132 MHz
DRAM: 256 MiB
NAND: 256 MiB
MMC: mci: 0
...
reading /dtbs/at91-sama5d3_xplained.dtb
34694 bytes read in 10 ms (3.3 MiB/s)
reading zImage
3832792 bytes read in 245 ms (14.9 MiB/s)
Kernel image @ 0x22000000 [0x000000 - 0x3a7bd8]
Flattened Device Tree blob at 21000000
  Booting using the fdt blob at 0x21000000
  Loading Device Tree to 2fadc000, end 2fae7785 ... OK

Starting kernel ...

[0.000000] Booting Linux on physical CPU 0x0
...
[2.170000] random: systemd urandom read with 11 bits of entropy available
[2.180000] systemd[1]: systemd 215 running in system mode. (+PAM +
AUDIT +SELINUX +IMA +SYSVINIT +LIBCRYPTSETUP +GCRYPT +ACL +XZ −SECC

```
OMP -APPARMOR)
[ 2.190000] systemd[1]: Detected architecture 'arm'.

Welcome to Debian GNU/Linux 8 (jessie)!

[ 2.240000] systemd[1]: Set hostname to <arm>.
[ 2.790000] systemd[1]: Cannot add dependency job for unit displaymanager. se
...
  Starting Update UTMP about System Runlevel Changes...
[ OK ] Started Update UTMP about System Runlevel Changes.
Debian GNU/Linux 8 arm ttyS0

default username:password is [debian:temppwd]

arm login:
```

이제 모든 것이 동작한다. 사용자 이름과 암호에 root를 입력하면 로그인할 수 있다.

Wandboard 설정

이 보드는 미리 설치된 배포판을 갖고 있지 않다. 따라서 이전 보드에서 했던 것처럼 마이크로 SD 카드에 데비안 OS를 설치하자.

Wandboard용 시리얼 콘솔

다른 보드처럼 Wandboard는 시리얼 콘솔용 핀을 가진 COM1 커넥터를 가진다. 이 보드의 경우, 포트가 표준 RS-232라서 TTL 레벨 신호가 아니다. 따라서 널 모뎀^{null model} 케이블(TxD와 RxD 신호가 뒤바뀐 시리얼 케이블)을 사용해 COM1 포트를 호스트 PC 시리얼 포트로 연결하거나 USB-to-RS232 어댑터를 사용해 이 디바이스를 널 모뎀으로 연결하면 된다.

아래 테이블에서 관련 핀을 참고하자. 이전에 했던 것처럼 GND 신호를 어댑터의 GND 핀에 연결하고 TxD와 RxD를 바꿔 시리얼 연결을 올바르게 설정하자.

COM1	기능
핀 5	GND
핀 2	TXD
핀 3	RXD

표준 RS-232 9개 핀의 핀 출력을 아래 그림에서 확인하자.

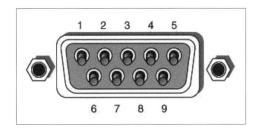

아래는 저자의 셋업 화면이다(2개의 암수 변환기와 1개의 널 모뎀을 사용했다).

이제 소프트웨어를 설치해 Wandboard를 동작시켜보자.

SPL을 사용한 U-Boot

부트로더 소스를 얻기 위해 이전 보드에서 사용했던 방법을 사용할 수 있다. 따라서 아래와 같은 명령어를 사용해 새로운 저장소만 클론하면 된다.

```
$ git clone --reference ~/Projects/common/u-boot.git
         https://github.com/u-boot/u-boot
```

새로 생성된 디렉터리로 들어가 사용하기에 적합한 U-boot 릴리즈를 체크아웃하자. 아래와 같은 명령어를 사용하면 된다.

```
$ cd u-boot
$ git checkout v2016.03 -b v2016.03
```

아래는 Wandboard용 패치를 적용하는 방법이다.

```
$ wget -c https://rcn-ee.com/repos/git/u-boot-patches/v2016.03/0001-wa
ndboard-uEnv.txt-bootz-n-fixes.patch
$ patch -p1 < 0001-wandboard-uEnv.txt-bootz-n-fixes.patch
```

컴파일 준비가 됐으므로 아래와 같은 명령어로 컴파일해보자.

```
$ make ARCH=arm CROSS_COMPILE=arm-linux-
gnueabihfwandboard_defconfig
$ make ARCH=arm CROSS_COMPILE=arm-linux-gnueabihf-
```

이제 마이크로 SD에 부트로더를 설치하자.

이전에 한 것처럼, 마이크로 SD에 연관된 디바이스를 찾아야 한다(비글본 블랙이나 SAMA5D3 Xplained 절을 참고하자). 저자의 시스템에서는 이 디바이스가 /dev/sdd다. 이 보드에 많은 소프트웨어를 설치할 예정이므로 16GB 마이크로 SD를 사용했다.

이제 아래와 같은 명령어를 사용해 현재 파티션 테이블을 지울 수 있다.

```
$ sudo dd if=/dev/zero of=/dev/sdX bs=1M count=10
```

 독자는 /dev/sdX 디바이스 이름을 시스템에 꽂힌 마이크로 SD 디바이스로 변경한 후, 다음 단계를 진행해야 한다. 그렇지 않으면 호스트 시스템이 망가질 수 있다.

이제 새로 컴파일한 부트로더를 설치해보자.

```
$ sudo dd if=SPL of=/dev/sdX seek=1 bs=1k
$ sudo dd if=u-boot.img of=/dev/sdX seek=69 bs=1k
```

이제 다음 절에서 설치할 루트 파일 시스템용 파티션을 아래와 같은 명령어를 사용해 준비해보자.

```
$ echo '1M,,L,*' | sudo sfdisk /dev/sdX
$ sudo mkfs.ext4 -L rootfs /dev/sdX1
```

이제 이전에 한 것처럼 새로 생성한 boot와 rootfs를 아래와 같은 명령어를 사용해 마운트하자.

```
$ sudo mkdir /media/rootfs
$ sudo mount /dev/sdX1 /media/rootfs
```

이제 SAMA5D3 Xplained에서 했던 것처럼 지금은 uEnv.txt 환경 설정 파일을 정의하지 않지만, 이 파일이 필요하기 때문에 나중에 설정할 것이다.

이제 커널을 컴파일할 차례다.

Wandboard용 리눅스 커널

커널 소스는 Robert C. Nelson 저장소에서 다운로드할 수 있다. 명령어는 아래와 같다.

```
$ git clone https://github.com/RobertCNelson/armv7-multiplatform
```

새로 생성한 디렉터리로 들어가 사용할 커널의 버전을 선택해야 한다. 이전에 언급한 것과 같은 커널 릴리즈를 사용할 것이다. 이를 위한 명령어는 아래와 같다.

```
$ cd armv7-multiplatform/
$ git checkout origin/v4.4.x -b v4.4.x
```

이제 이전 설정을 system.sh 파일에 다시 적용하고, 아래와 같은 명령어를 이용해 커널을 컴파일하자.

```
$ ./build_kernel.sh
```

 이 과정과 다음 과정은 시간이 오래 걸리므로 인내가 필요하다.

이 명령어에 대한 출력물로 올바른 크로스 컴파일러가 설정되고, linux−stable 저장소가 올바르게 참고되는지 보여야 한다. 아래는 저자의 컴퓨터에서 위 명령어를 실행한 결과다.

```
$ ./build_kernel.sh
+ Detected build host [Ubuntu 15.10]
+ host: [x86_64]
+ git HEAD commit: [44cd32b5f0ff74d2705541225c0d7cbdfb59bf50]
------------------------------
scripts/gcc: Using: arm-linux-gnueabihf-gcc (Linaro GCC 5.3-2016.02) 5.3.1
20160113
Copyright (C) 2015 Free Software Foundation, Inc.
This is free software; see the source for copying conditions. There is NO
warranty; not even for MERCHANTABILITY or FITNESS FOR A PARTICULAR PURPOSE.
------------------------------
CROSS_COMPILE=arm-linux-gnueabihf-
------------------------------
scripts/git: Debug: LINUX_GIT is setup as: [/home/giometti/Projects/common/
linux-stable].
scripts/git: [url=https://git.kernel.org/pub/scm/linux/kernel/git/stable/linux-
stable.git]
From https://git.kernel.org/pub/scm/linux/kernel/git/stable/linux-stable
* branch HEAD -> FETCH_HEAD
```

```
------------------------------
Cloning into '/home/giometti/Projects/WB/armv7-multiplatform/KERNEL'...
done.
...
```

잠시 후 클래식한 커널 설정 패널을 볼 수 있을 것이다. Exit 메뉴 옵션을 선택해 기본 설
정을 유지하고 계속 진행하자.

설정이 끝나면 아래와 같은 메시지를 볼 수 있어야 한다.

```
...
------------------------------
'arch/arm/boot/zImage' -> '/home/giometti/Projects/WB/armv7-multiplatf
orm/deploy/4.4.7-armv7-x6.zImage'
'.config' -> '/home/giometti/Projects/WB/armv7-multiplatform/deploy/co
nfig-4.4.7-armv7-x6'
-rwxrwxr-x 1 giometti giometti 5,6M apr 17 18:46 /home/giometti/Projec
ts/WB/armv7-multiplatform/deploy/4.4.7-armv7-x6.zImage
------------------------------
Building modules archive...
Compressing 4.4.7-armv7-x6-modules.tar.gz...
-rw-rw-r-- 1 giometti giometti 89M apr 17 18:47 /home/giometti/Projects/WB/
armv7-multiplatform/deploy/4.4.7-armv7-x6-modules.tar.gz
------------------------------
Building firmware archive...
Compressing 4.4.7-armv7-x6-firmware.tar.gz...
-rw-rw-r-- 1 giometti giometti 1,2M apr 17 18:47 /home/giometti/Projects/WB/
armv7-multiplatform/deploy/4.4.7-armv7-x6-firmware.tar.gz
------------------------------
Building dtbs archive...
Compressing 4.4.7-armv7-x6-dtbs.tar.gz...
-rw-rw-r-- 1 giometti giometti 3,1M apr 17 18:47 /home/giometti/Projects/WB/
armv7-multiplatform/deploy/4.4.7-armv7-x6-dtbs.tar.gz
------------------------------
Script Complete
```

```
eewiki.net: [user@localhost:~$ export kernel_version=4.4.7-armv7-x6]
----------------------------
```

마지막 줄은 부트로더를 설치할 때 uEnv.txt 파일에 정의된 커널 버전을 보여준다. 명령어는 아래와 같다.

```
$ sudo sh -c 'echo "uname_r=4.4.7-armv7-x6" >>
            /media/rootfs/boot/uEnv.txt'
```

 /media/rootfs 디렉터리는 이전 절에서 이미 마운트했다.

이제 커널을 설치하기 전에 루트 파일 시스템이 필요하다. 아래 절에서 살펴보자.

Wandboard용 데비안 8(jessie)

비글본 블랙용으로 다운로드한 rootfs를 마이크로 SD로 복사하기 위해 아래와 같은 명령어를 사용하자.

```
$ cd common/debian-8.4-minimal-armhf-2016-04-02/
$ sudo tar xpf armhf-rootfs-debian-jessie.tar -C /media/rootfs/
```

 /media/rootfs/로 마이크로 SD가 마운트돼 있다.

복사가 끝나면 커널 이미지와 관련 파일을 추가하자.

```
$ cd WB/armv7-multiplatform/
$ sudo cp deploy/4.4.7-armv7-x6.zImage
          /media/rootfs/boot/vmlinuz-4.4.7-armv7-x6
$ sudo mkdir -p /media/rootfs/boot/dtbs/4.4.7-armv7-x6/
$ sudo tar xf deploy/4.4.7-armv7-x6-dtbs.tar.gz
          -C /media/rootfs/boot/dtbs/4.4.7-armv7-x6/
$ sudo tar xf deploy/4.4.7-armv7-x6-modules.tar.gz
          -C /media/rootfs/
```

이제 아래와 같은 명령어를 사용해 파일 시스템 테이블을 설정해야 한다.

```
$ sudo sh -c "echo '/dev/mmcblk0p1 / auto errors=remount-ro 0 1' >
          /media/rootfs/etc/fstab"
```

또한 아래와 같은 명령어를 실행해 네트워크 설정을 해야 한다.

```
$ sudo sh -c "echo 'allow-hotplug lo\niface lo inet loopback\n' >
          /media/rootfs/etc/network/interfaces"
$ sudo sh -c "echo 'allow-hotplug eth0\niface eth0 inet dhcp' >>
          /media/rootfs/etc/network/interfaces"
```

이제 새로운 시스템을 부팅할 준비가 됐다. 마이크로 SD를 호스트 PC에서 언마운트하고 이 마이크로 SD를 Wandboard에 꽂아야 한다. umount 명령어는 아래와 같다.

```
$ sudo umount /media/rootfs/
```

모든 것이 올바르게 설정됐다면 아래 로그를 볼 수 있다.

```
U-Boot SPL 2016.03-dirty (Apr 21 2016 - 10:41:24)
Trying to boot from MMC
```

```
U-Boot 2016.03-dirty (Apr 21 2016 - 10:41:24 +0200)

CPU:   Freescale i.MX6Q rev1.5 at 792 MHz
Reset cause: POR
Board: Wandboard rev C1
I2C:   ready
DRAM:  2 GiB
MMC:   FSL_SDHC: 0, FSL_SDHC: 1
*** Warning - bad CRC, using default environment

No panel detected: default to HDMI
Display: HDMI (1024x768)
In:    serial
Out:   serial
Err:   serial
Net:   FEC [PRIME]
Press SPACE to abort autoboot in 2 seconds
switch to partitions #0, OK
mmc0 is current device
SD/MMC found on device 0
...
debug: [console=ttymxc0,115200 root=/dev/mmcblk0p1 ro rootfstype=ext4 rootwait]
...
debug: [bootz 0x12000000 - 0x18000000] ...
Kernel image @ 0x12000000 [ 0x000000 - 0x588ba0 ]
## Flattened Device Tree blob at 18000000
   Booting using the fdt blob at 0x18000000
   Using Device Tree in place at 18000000, end 1800f7f8

Starting kernel ...

[ 0.000000] Booting Linux on physical CPU 0x0
...
[ 5.569385] random: systemd urandom read with 10 bits of entropy av
ailable
[ 5.582907] systemd[1]: systemd 215 running in system mode. (+PAM +
```

```
AUDIT +SELINUX +IMA +SYSVINIT +LIBCRYPTSETUP +GCRYPT +ACL +XZ -SECC
  OMP -APPARMOR)
[ 5.596522] systemd[1]: Detected architecture 'arm'.

Welcome to Debian GNU/Linux 8 (jessie)!

[ 5.637466] systemd[1]: Set hostname to <arm>.
...
[ OK ] Started LSB: Apache2 web server.


Debian GNU/Linux 8 arm ttymxc0

default username:password is [debian:temppwd]

arm login:
```

드디어 모든 것이 동작한다. 사용자 이름과 암호로 root를 사용해 로그인하면 된다.

▌ 개발 시스템 설정

1장을 끝내기 전에, 새로 생성한 운영체제가 이 책에서 사용하는 항목을 모두 갖고 있는
지 확인하기 위해 각 보드를 리뷰해보자.

비글본 블랙 – USB, 네트워크, 오버레이

새로운 시스템에 로그인하면 아래와 같은 프롬프트^{prompt}를 볼 수 있다.

```
root@arm:~#
```

호스트 이름을 바꾸는 커스터마이징을 위해 일반적인 arm 문자열을 좀 더 적당한 bbb(이것은 비글본 블랙을 의미한다)로 바꿔보자. 이를 위해 아래와 같은 명령어를 사용하자.

```
root@arm:~# echo bbb > /etc/hostname
root@arm:~# sed -i -e's/\<arm\>/bbb/g' /etc/hosts
```

이제 reboot 명령어를 사용해 시스템을 재시작하면 다음 번 로그인부터 아래 환경 메시지를 볼 수 있다.

```
Debian GNU/Linux 8 bbb ttyS0
default username:password is [debian:temppwd]
bbb login:
```

로그인을 하고 나면 아래와 같은 프롬프트가 나타난다.

```
root@bbb:~#
```

이제 호스트 머신에서 했던 것처럼, 배포판 저장소를 업데이트하고 aptitude 도구를 설치해보자.

```
root@bbb:~# apt-get update
root@bbb:~# apt-get install aptitude
```

이제 비글본 블랙의 USB 디바이스, 호스트에 연결된 USB 케이블상의 비글본 블랙, 호스트 PC 간 가상 이더넷 연결을 설정하는 기능을 추가해보자. 이를 위해 먼저 아래와 같은 명령어를 사용해 udhcpd 패키지를 설치해야 한다.

```
root@bbb:~# aptitude install udhcpd
```

이후 /etc/network/interfaces 파일에 아래 줄을 추가해야 한다.

```
allow-hotplug usb0
iface usb0 inet static
    address 192.168.7.2
    netmask 255.255.255.252
    network 192.168.7.0
```

 줄 들여쓰기를 위한 탭을 잊지 말자.

이후 아래와 같이 네트워크 시스템을 재시작하자.

```
root@bbb:~# /etc/init.d/networking restart
```

시리얼 콘솔에서 아래와 같은 메시지를 볼 수 있다.

```
g_ether gadget: high-speed config #1: CDC Ethernet (ECM)
IPv6: ADDRCONF(NETDEV_CHANGE): usb0: link becomes ready
```

새 이더넷 디바이스는 아래와 같이 보인다.

```
root@bbb:~# ifconfig usb0
usb0      Link encap:Ethernet HWaddr 78:a5:04:ca:c9:f1
          inet addr:192.168.7.2 Bcast:192.168.7.3 Mask:255.255.255.252
          inet6 addr: fe80::7aa5:4ff:feca:c9f1/64 Scope:Link
          UP BROADCAST RUNNING MULTICAST MTU:1500 Metric:1
          RX packets:46 errors:0 dropped:0 overruns:0 frame:0
          TX packets:32 errors:0 dropped:0 overruns:0 carrier:0
          collisions:0 txqueuelen:1000
```

```
RX bytes:7542 (7.3 KiB) TX bytes:5525 (5.3 KiB)
```

이제 호스트의 새로운 이더넷 디바이스를 설정해야 하고, 아래와 같이 ssh 연결을 시도
해보자.

```
$ ssh root@192.168.7.2
```

 저자의 우분투 기반 호스트 PC에서는 ssh를 실행하기 전에 시스템 설정 메뉴의 Edit
Connections...에서 새로운 네트워크 연결을 추가함으로써 새로운 이더넷 디바이스를 올바
르게 설정해야 했다.

```
The authenticity of host '192.168.7.2 (192.168.7.2)' can't be established.
ECDSA key fingerprint is SHA256:Iu23gb49VFKsFs+HMwjza1OzcpzRL/zxFxjFpFEiDsg.
Are you sure you want to continue connecting (yes/no)? yes
Warning: Permanently added '192.168.7.2' (ECDSA) to the list of known hosts.
root@192.168.7.2's password:
```

이제 root의 암호인 root를 입력해야 하고, 아래의 방법을 이용할 수 있다.

```
The programs included with the Debian GNU/Linux system are free software; the
exact distribution terms for each program are described in the individual files
in /usr/share/doc/*/copyright.

Debian GNU/Linux comes with ABSOLUTELY NO WARRANTY, to the extent permitted by
applicable law.
Last login: Sat Apr 2 18:28:44 2016
root@bbb:~#
```

시스템에 성공적으로 로그인할 수 없다면 ssh 데몬 설정을 변경해야 할 수도 있다. 사실 root 사용자로 로그인하는 것은 보안 문제로 비활성화돼 있다. 이 로그인을 활성화하려면 아래와 같이 /etc/ssh/sshd_config 파일을 수정해야 한다.

```
--- /etc/ssh/sshd_config.orig 2016-04-02 18:40:31.
120000086 +0000
+++ /etc/ssh/sshd_config 2016-04-02 18:40:46.05000
0088 +0000
@@ -25,7 +25,7 @@

 # Authentication:
 LoginGraceTime 120
-PermitRootLogin without-password
+PermitRootLogin yes
 StrictModes yes
 RSAAuthentication yes
```

그리고 아래와 같은 명령어를 사용해 데몬을 재시작해야 한다.

```
root@bbb:~# /etc/init.d/ssh restart
Restarting ssh (via systemctl): ssh.service.
```

이제 보드의 주변 장치에 접근하기 위해 동작 중(run time)에 새로운 디바이스 트리 바이너리의 일부를 로드하고, 커널 설정을 변경할 수 있는 메커니즘인 오버레이overlay 시스템을 설치해보자(이 메커니즘은 2장에서 사용하고, 실제로 사용해보면 더 명확히 이해할 수 있을 것이다).

오버레이 메커니즘을 설치하기 위해 아래와 같이 오버레이 저장소를 비글본 블랙에 클론해야 한다.

```
bbb@arm:~# git clone https://github.com/beagleboard/bb.org-overlays
```

그리고 아래와 같은 명령어처럼 디바이스 트리 컴파일러(dtc 명령어)를 업데이트해야 한다.

```
root@arm:~# cd bb.org-overlays/
root@arm:~/bb.org-overlays# ./dtc-overlay.sh
```

 이 명령어가 끝나려면 시간이 많이 걸린다. 참고 기다리자.

```
Installing: bison build-essential flex
Get:1 http://repos.rcn-ee.com jessie InRelease [4,347 B]
Get:2 http://repos.rcn-ee.com jessie/main armhf Packages [370 kB]
...
Installing into: /usr/local/bin/
      CHK version_gen.h
        INSTALL-BIN
        INSTALL-LIB
        INSTALL-INC
dtc: Version: DTC 1.4.1-g1e75ebc9
```

이제 아래와 같은 명령어를 사용해 dtbo 파일을 설치하자.

```
root@arm:~/bb.org-overlays# ./install.sh
  CLEAN src/arm
  DTC src/arm/BB-BONE-WTHR-01-00B0.dtbo
  DTC src/arm/BB-BONE-LCD3-01-00A2.dtbo
  DTC src/arm/BB-PWM2-00A0.dtbo
...
'src/arm/univ-hdmi-00A0.dtbo' -> '/lib/firmware/univ-hdmi-00A0.dtbo'
```

```
'src/arm/univ-nhdmi-00A0.dtbo' -> '/lib/firmware/univ-nhdmi-00A0.dtbo'
update-initramfs: Generating /boot/initrd.img-4.4.7-bone9
cape overlays have been built and added to /lib/firmware & /boot/initrd.img-
4.4.7-bone9, please reboot
```

이제 테스트를 위해 시스템을 안전하게 재시작할 수 있다.

재시작 후 현재 오버레이 설정을 보기 위해 아래 cat 명령어를 사용할 수 있다.

```
root@arm:~# cat /sys/devices/platform/bone_capemgr/slots
 0: PF---- -1
 1: PF---- -1
 2: PF---- -1
 3: PF---- -1
```

그리고 아래와 같은 명령어를 사용해 두 번째 SPI 버스 문자열 디바이스를 활성화할 수 있다.

```
root@bbb:~# echo BB-SPIDEV1 > /sys/devices/platform/bone_capemgr/slots
bone_capemgr bone_capemgr: part_number 'BB-SPIDEV1', version 'N/A'
bone_capemgr bone_capemgr: slot #4: override
bone_capemgr bone_capemgr: Using override eeprom data at slot 4
bone_capemgr bone_capemgr: slot #4: 'Override Board Name,00A0,Override
  Manuf,BB-SPIDEV1'
bone_capemgr bone_capemgr: slot #4: dtbo 'BB-SPIDEV1-00A0.dtbo'
loaded; overlay id#0
```

이제 2개의 새로운 문자열 디바이스를 /dev 디렉터리에서 볼 수 있다.

```
root@bbb:~# ls -l /dev/spidev*
crw-rw---- 1 root spi 153, 0 Apr 2 19:27 /dev/spidev2.0
crw-rw---- 1 root spi 153, 1 Apr 2 19:27 /dev/spidev2.1
```

또한 sysfs에서 슬롯 파일이 아래와 같이 업데이트될 것이다.

```
root@bbb:~# cat /sys/devices/platform/bone_capemgr/slots
 0: PF---- -1
 1: PF---- -1
 2: PF---- -1
 3: PF---- -1
 4: P-O-L- 0 Override Board Name,00A0,Override Manuf,BB-SPIDEV1
```

이제 모든 것이 설정됐다. 그러나 마지막 단계로 마이크로 SD의 새 시스템을 eMMC로 복사하는 일만 남았다. 이는 탑재된 eMMC 디바이스에서 직접 부팅되도록 함으로써 보드에 전원을 넣을 때마다 사용자 버튼을 누르지 않아도 되도록 해준다.

이를 위해 세 가지 새로운 패키지(initramfs-tools와 dosfstools, rsync)를 설치해야 하고, Robert C. Nelson 저장소에서 받은 스크립트를 사용해야 한다.

```
root@bbb:~# wget https://raw.githubusercontent.com/RobertCNelson/bootscripts/
master/tools/eMMC/bbb-eMMC-flasher-eewiki-ext4.sh
```

마지막으로 아래 두 명령어를 사용해 실행하면 비글본 블랙은 eMMC 내용을 다시 쓰기 시작한다.

```
root@bbb:~# chmod +x bbb-eMMC-flasher-eewiki-ext4.sh
root@bbb:~# /bin/bash ./bbb-eMMC-flasher-eewiki-ext4.sh
```

SAMA5D3 Xplained – USB와 네트워크

SAMA5D3 Xplained도 예쁜 프롬프트를 가질 수 있다. 비글본 블랙처럼 바꿔보자.

```
root@arm:~# echo a5d3 > /etc/hostname
root@arm:~# sed -i -e's/\<arm\>/a5d3/g' /etc/hosts
```

이제 보드를 재시작하면 아래와 같이 새로운 환영 메시지를 볼 수 있다.

```
Debian GNU/Linux 8 a5d3 ttyS0
default username:password is [debian:temppwd]
a5d3 login:
```

이제 배포판 저장소를 업데이트하고 호스트 머신에서 했던 것처럼 aptitude 도구를 설치하자.

```
root@a5d3:~# apt-get update
root@a5d3:~# apt-get install aptitude
```

이제 USB 디바이스 포트를 사용해 ssh 연결이 가능하도록 비글본 블랙 설정을 복사해보자. 이번에는 할 일이 좀 더 있다. USB 케이블을 통해 두 가지 다른 가상 연결인 이더넷과 시리얼 연결을 설치할 것이다.

 이 설정은 비글본 블랙에서도 할 수 있다.

이를 위해 CDC 콤포지트 디바이스(이더넷과 ACM)라는 이름의 USB gadget 드라이버가 필요하다(이더넷과 ACM, 앞서 SAMA5D3 Xplained를 위해 설정한 커널 설정값을 참고하자).

```
root@a5d3:~# modprobe g_cdc host_addr=78:A5:04:CA:CB:01
```

시리얼 콘솔에서 아래와 같은 커널 메시지를 볼 수 있고, 2개의 새로운 디바이스가 추가됐음을 확인할 수 있다.

```
using random self ethernet address
using random host ethernet address
using host ethernet address: 78:A5:04:CA:CB:01
usb0: HOST MAC 78:a5:04:ca:cb:01
usb0: MAC 22:6c:23:f0:10:62
g_cdc gadget: CDC Composite Gadget, version: King Kamemeha Day 2008
g_cdc gadget: g_cdc ready
g_cdc gadget: high-speed config #1: CDC Composite (ECM + ACM)
```

usb0라는 이름의 새로운 이더넷 디바이스가 아래와 같이 보일 것이다.

```
root@a5d3:~# ifconfig usb0
usb0      Link encap:Ethernet HWaddr da:a0:89:f9:a6:1d
          BROADCAST MULTICAST MTU:1500 Metric:1
          RX packets:0 errors:0 dropped:0 overruns:0 frame:0
          TX packets:0 errors:0 dropped:0 overruns:0 carrier:0
          collisions:0 txqueuelen:1000
          RX bytes:0 (0.0 B) TX bytes:0 (0.0 B)
```

그리고 또 하나의 새로운 시리얼 포트도 볼 수 있다.

```
root@a5d3:~# ls -l /dev/ttyGS0
crw-rw---- 1 root dialout 250, 0 Apr 2 18:28 /dev/ttyGS0
```

매 부팅 시 이 설정을 유지하기 위해 커널 모듈 이름을 자동 로딩 모듈 시스템에 아래와 같이 추가할 수 있다.

```
root@a5d3:~# echo "g_cdc" >> /etc/modules-load.d/modules.conf
root@a5d3:~# echo "options g_cdc host_addr=78:A5:04:CA:CB:01" >>
                    /etc/modprobe.d/modules.conf
```

 host_addr 파라미터는 호스트 PC가 이 디바이스를 인식하고 보드를 시작할 때마다 알려진
이 MAC 주소를 설정할 때 필요하다.

이제 보드를 재시작하면 USB gadget 커널 드라이버 모듈이 로딩돼 있을 것이다.

```
root@a5d3:~# lsmod
Module                  Size    Used by
usb_f_acm               3680    1
u_serial                6214     3   usb_f_acm
usb_f_ecm               4430    1
g_cdc                   2165    0
u_ether                 6869    2   g_cdc,usb_f_ecm
libcomposite           26527    3   g_cdc,usb_f_acm,usb_f_ecm
```

설정을 계속해보자.

이더넷 디바이스 설정은 비글본 블랙에서 했던 것처럼 아래 줄을 /etc/network/
interfaces 파일에 추가하면 된다.

```
allow-hotplug usb0
iface usb0 inet static
      address 192.168.8.2
      netmask 255.255.255.252
      network 192.168.8.0
```

이제 아래와 같이 네트워크 시스템을 재시작해야 한다.

```
root@a5d3:~# /etc/init.d/networking restart
```

udhcpd 데몬도 설치한 후 아래와 같이 /etc/udhcpd.conf 파일에 현재 설정을 변경해야 한다.

```
start        192.168.8.1
end          192.168.8.1
interface    usb0
max_leases   1
option subnet 255.255.255.252
```

그리고 /etc/default/udhcpd 파일에 DHCPD_ENABLED 변수를 yes로 설정해 dhcpd를 활성화해야 한다. 그리고 데몬을 아래와 같이 재시작하자.

```
root@a5d3:~# /etc/init.d/udhcpd restart
```

시리얼 연결을 위해 아래와 같이 새로운 getty 서비스를 활성화해 시리얼 로그인이 가능
하도록 할 수 있다.

```
root@a5d3:~# systemctl enable getty@ttyGS0.service
Created symlink from /etc/systemd/system/getty.target.wants/getty@ttyG
S0.service to /lib/systemd/system/getty@.service.
root@a5d3:~# systemctl start getty@ttyGS0.service
```

이제 root 사용자가 이 새로운 통신 채널을 사용해 로그인할 수 있도록 /etc/securetty
파일에 아래 라인을 추가만 하면 된다.

```
# USB gadget
ttyGS0
```

이제 호스트 PC의 커널 메시지를 보면 아래와 같다.

```
usb 1-1: new high-speed USB device number 3 using ehci-pci
usb 1-1: New USB device found, idVendor=0525, idProduct=a4aa
usb 1-1: New USB device strings: Mfr=1, Product=2, SerialNumber=0
usb 1-1: Product: CDC Composite Gadget
usb 1-1: Manufacturer: Linux 4.4.6-sama5-armv7-r5 with atmel_usba_udc
cdc_ether 1-1:1.0 eth0: register 'cdc_ether' at usb-0000:00:0b.0-1,
CDC Ethernet Device, 78:a5:04:ca:cb:01
cdc_acm 1-1:1.2: ttyACM0: USB ACM device
```

호스트 PC에서 아래와 같은 명령어를 통해 ssh 명령어로 네트워크 연결을 테스트해볼
수 있다.

```
$ ssh root@192.168.8.2
The authenticity of host '192.168.8.2 (192.168.8.2)' can't be established.
ECDSA key fingerprint is SHA256:OduXLAPIYgNR7Xxh8XbhSum+zOKHBbgv/tnbeDj2030.
Are you sure you want to continue connecting (yes/no)? yes
Warning: Permanently added '192.168.8.2' (ECDSA) to the list of known
hosts.
root@192.168.8.2's password:
```

이제 root의 암호를 root로 입력하면 된다.

```
The programs included with the Debian GNU/Linux system are free
software; the exact distribution terms for each program are
described in the individual files in /usr/share/doc/*/copyright.
Debian GNU/Linux comes with ABSOLUTELY NO WARRANTY, to the
extent permitted by applicable law.
Last login: Sat Apr 2 18:02:23 2016
root@a5d3:~#
```

아래처럼 시리얼 연결은 minicom 명령어를 사용해 테스트할 수 있다.

```
$ sudo minicom -o -D /dev/ttyACM0
Debian GNU/Linux 8 a5d3 ttyGS0
default username:password is [debian:temppwd]
a5d3 login:
```

이제 SAMA5D3 Xplained는 준비가 끝났으므로 Wandboard를 준비해보자.

Wandboard – USB와 네트워킹(유/무선)

비글본 블랙에서 했던 것처럼 Wandboard를 위해 예쁜 프롬프트로 변경해보자.

```
root@arm:~# echo wb > /etc/hostname
root@arm:~# sed -i -e's/\<wb\>/a5d3/g' /etc/hosts
```

시스템을 재시작하면 아래와 같이 새 환영 메시지가 나타날 것이다.

```
Debian GNU/Linux 8 wb ttymxc0
default username:password is [debian:temppwd]
wb login:
```

배포판 저장소를 업데이트하고 호스트 머신에 했던 것처럼 aptitude 도구를 설치하자.

```
root@wb:~# apt-get update
root@wb:~# apt-get install aptitude
```

이제 USB 디바이스 포트를 사용해 ssh 연결이 가능하도록 비글본 블랙 설정을 복사해보자. 그리고 aptitude 명령어를 사용해 udhcpd 패키지를 설치하자.

```
root@wb:~# aptitude install udhcpd
```

이제 /etc/network/interfaces 파일에 아래 줄을 추가하자.

```
allow-hotplug usb0
iface usb0 inet static
      address 192.168.9.2
      netmask 255.255.255.252
      network 192.168.9.0
```

비글본 블랙과 SAMA5D3 Xplained의 설정과 충돌을 피하기 위해 비글본 블랙용 192.168.7.X와 SAMA5D3 Xplained용 192.168.8.X 대신 192.168.9.X를 사용했다.

이제 네트워크 시스템을 재시작하자.

```
root@wb:~# /etc/init.d/networking restart
```

 이전에 했던 것처럼 ssh에서 root로 로그인하기 위해 /etc/ssh/sshd_config 파일에 PermitRootLogin 설정을 변경한 후 데몬을 재시작해야 할 수도 있다.

udhcpd 데몬도 설치하고 아래 설정과 같이 /etc/udhcpd.conf 파일에 현재 설정을 변경해야 한다.

```
start      192.168.9.1
end        192.168.9.1
interface  usb0
max_leases 1
option subnet 255.255.255.252
```

 아래와 같은 명령어를 사용하면 데몬의 이전 설정값을 저장할 수 있다.

```
root@wb:~# mv /etc/udhcpd.conf /etc/udhcpd.conf.orig
```

그리고 /etc/default/udhcpd 파일에 DHCPD_ENABLED 변수를 yes로 설정해 dhcpd를 활성화해야 한다. 그리고 데몬을 아래와 같이 재시작하자.

```
root@wb:~# /etc/init.d/udhcpd restart
```

이제 호스트 PC와 Wandboard를 연결하면 시리얼 콘솔에 아래와 같은 메시지가 보일 것이다.

```
g_ether gadget: high-speed config #1: CDC Ethernet (ECM)
IPv6: ADDRCONF(NETDEV_CHANGE): usb0: link becomes ready
```

새 이더넷 디바이스는 아래와 같이 보인다.

```
root@wb:~# ifconfig usb0
usb0      Link encap:Ethernet HWaddr 62:1e:f6:88:9b:42
          inet addr:192.168.9.2 Bcast:192.168.9.3 Mask:255.255.255.252
          inet6 addr: fe80::601e:f6ff:fe88:9b42/64 Scope:Link
          UP BROADCAST RUNNING MULTICAST MTU:1500 Metric:1
          RX packets:0 errors:0 dropped:0 overruns:0 frame:0
          TX packets:30 errors:0 dropped:0 overruns:0 carrier:0
          collisions:0 txqueuelen:1000
          RX bytes:0 (0.0 B) TX bytes:5912 (5.7 KiB)
```

이제 호스트의 새 이더넷 디바이스를 설정해야 한다. 아래 보이는 것처럼 ssh 연결을 시도할 수 있다.

```
$ ssh root@192.168.9.2
```

 저자의 우분투 기반 호스트 PC에서는 ssh를 실행하기 전에 시스템 설정 메뉴의 Edit Connections...에서 새로운 네트워크 연결을 추가함으로써 새로운 이더넷 디바이스를 올바르게 설정해야만 했다.

```
The authenticity of host '192.168.9.2 (192.168.9.2)' can't be established.
ECDSA key fingerprint is SHA256:Xp2Bf+YOWL0kDSm00GxXw9CY5wH+ECnPzp0EHp3+GM8.
Are you sure you want to continue connecting (yes/no)? yes
Warning: Permanently added '192.168.9.2' (ECDSA) to the list of knownhosts.
root@192.168.9.2's password:
```

이제 root의 암호를 root로 입력하면 된다.

```
The programs included with the Debian GNU/Linux system are free software; the
exact distribution terms for each program are described in the individual files
in /usr/share/doc/*/copyright.
Debian GNU/Linux comes with ABSOLUTELY NO WARRANTY, to the extent permitted by
applicable law.
Last login: Sat Apr 2 17:45:31 2016
root@wb:~#
```

마지막 단계로 탑재된 와이파이 칩을 설정해야 한다. 이를 위해 펌웨어firmware를 다운로드해야 한다. 아래와 같은 명령어를 사용하자.

```
root@wb:~# mkdir -p /lib/firmware/brcm/
root@wb:~# cd /lib/firmware/brcm/
root@wb:/lib/firmware/brcm# wget —c
        https://git.kernel.org/cgit/linux/kernel/git/firmware/linux-fi rmware.
git/plain/brcm/brcmfmac4329-sdio.bin
root@wb:/lib/firmware/brcm# wget —c
        https://git.kernel.org/cgit/linux/kernel/git/firmware/linux-fi
rmware.git/plain/brcm/brcmfmac4330-sdio.bin
root@wb:/lib/firmware/brcm# wget —c
        https://rcn-ee.com/repos/git/meta-fsl-arm-extra/recipes-bsp/broadcom-
nvram-config/files/wandboard/brcmfmac4329-sdio.txt
root@wb:/lib/firmware/brcm# wget —c
         https://rcn-ee.com/repos/git/meta-fsl-arm-extra/recipes-bsp/broadcom-
nvram-config/files/wandboard/brcmfmac4330-sdio.txt
```

reboot 명령어로 재시작하고 모든 것이 정상 동작한다면 아래와 같이 wlan0라는 이름의 새로운 인터페이스를 볼 수 있다.

```
root@wb:~# ifconfig wlan0
wlan0     Link encap:Ethernet HWaddr 44:39:c4:9a:96:24
          BROADCAST MULTICAST MTU:1500 Metric:1
          RX packets:0 errors:0 dropped:0 overruns:0 frame:0
          TX packets:0 errors:0 dropped:0 overruns:0 carrier:0
          collisions:0 txqueuelen:1000
          RX bytes:0 (0.0 B) TX bytes:0 (0.0 B)
```

이제 동작하는지 확인해보자. 첫 번째 단계로 무선 네트워크 스캔^{scan}을 해보자.

```
root@wb:~# ifconfig wlan0 0.0.0.0
root@wb:~# iwlist wlan0 scan | grep ESSID
                    ESSID:"EnneEnne"
```

저자의 집에 있는 네트워크를 훌륭하게 인식했다.

 외부 안테나를 연결해야만 주변에 있는 모든 무선 네트워크를 올바르게 찾아낼 수도 있다. 외부 안테나 커넥터는 와이파이 칩 근처에 ANT로 표시돼 있다.

지금은 와이파이 설정을 멈추고 이 책에서 실제로 사용할 때 다시 재설정할 것이다.

일반 설정

1장을 마치기 전에 이 책에서 사용할 기본적이고 자주 사용하는 도구를 설치하길 권장한다. 이 도구들은 지금 설치하거나 나중에 설치해도 된다.

지금 설치한다면 보드와 이더넷 케이블을 연결하고 알맞은 네트워크를 설정해 인터넷이 가능하도록 해야 한다.

사용하는 개발 도구가 자동으로 네트워크 설정을 해주지 않고 LAN 내에 DHCP 서버가 있다면 dhclient 명령어를 통해 네트워크를 설정할 수 있다.

```
# dhclient eth0
```

DHCP 서비스가 동작하지 않는다면 ifconfig와 route 명령어를 사용해 수동으로 네트워크 설정을 할 수도 있다.

```
# ifconfig eth0 <LOCAL-IP-ADDR>
# route add default gw <GATEWAY-IP-ADDR>
```

도구를 설치할 준비가 됐으므로 다시 aptitude 명령어를 사용해보고, 설치가 끝날 때까지 기다리면 된다.

```
# aptitude install autoconf git subversion make gcc libtool pkg-config
                bison build-essential flex
                strace php5-cli python-pip libpython-dev
```

▌요약

1장에서는 책에서 사용할 새로운 임베디드 개발자 도구들을 살펴봤다. 모든 시스템을 훑어보고 새로운 데비안 OS를 재설치하는 방법과 각 보드의 시리얼 콘솔에 접근하는 방법을 설명했다.

2장에서는 부트로더 내부의 초기 부팅 단계에서부터 일반 시스템 설정과 관리 단계에 이르기까지 발생 가능한 모든 문제 상황에서 시리얼 콘솔을 어떻게 사용할 수 있는지 좀 더 살펴본다.

02

시스템 콘솔 관리

1장에서 개발자 도구와 호스트 PC 설정법을 살펴봤다. 각 보드에 시리얼(혹은 USB-to-Serial) 어댑터 연결법을 설명할 때 시리얼 콘솔을 사용해 이미 로그인해봤지만, 2장에서는 시리얼 콘솔과 시리얼 콘솔상에서 동작하는 셸shell에 대해 더 자세히 알아본다.

이 절에서는 파일 처리에 유용한 명령어 도구와 배포판 패키지 관리법을 배운다. 이들 명령어는 이 책 전체에서 사용하고 있으므로 이미 알고 있더라도 간단히 살펴보길 권장한다.

마지막으로 부트로더 명령어를 설명하는 특별한 절이 있어(이 책의 경우, U-boot를 의미한다) 시스템의 중요한 부분인 부트로더 관리에 대한 자신감을 갖도록 만들어줄 것이다. 사실 시리얼 콘솔은 동작하는 시스템(동작하는 배포판)을 셋업하는 데 많이 사용하지만, 부팅 단계나 전체 시스템 업데이트 셋업을 위해서도 사용한다.

경험이 많은 개발자는 2장을 건너뛰어도 되지만, 개발 단계에 도움을 줄 수 있는 유용한 팁과 방법을 발견할 수 있으므로 읽어보길 권장한다.

▌ 기본 OS 관리

이제 다음 절에서 자주 사용할 기본 시스템 관리 명령어에 대해 간단히 알아볼 차례다.

아래와 같은 명령어들은 호스트 PC나 다른 GNU/리눅스 기반 OS에서와 마찬가지로 이 책에 나온 각 보드에 모두 사용할 수 있다는 것을 기억하자. 이 점이 바로 개발자가 실제로 동작하는 머신의 명령어를 임베디드 디바이스에서도 똑같이 사용할 수 있게 하는 GNU/리눅스 시스템의 중요한 기능이다.

간단히 설명하기 위해 아래 예제는 호스트 PC에서 실행했다.

파일 처리와 관련 도구

유닉스 시스템의 기본 철학 중 하나는 "모든 것이 파일이다"다. 이 말은 유닉스 시스템에서는 (거의) 모든 것에 파일로 접근할 수 있다는 의미다. 그래서 시스템에 연결된 모든 주변 장치(디스크와 터미널, 시리얼 포트 등) 파일에 읽거나 쓸 때 같은 명령어를 사용할 수 있다.

이 책의 주요 목적은 시스템의 주변 장치에 접근하는 방법을 설명하는 것이므로 이 명령어를 아는 것은 매우 중요하다. 또한 3장에서 여러 명령어 도구를 사용해 각 보드와 부착된 주변 장치를 설정하기 때문에 이 절에서는 몇 가지 중요 명령어를 살펴본다.

 아래 튜토리얼(tutorial)은 파일 처리 명령어와 도구, 각 명령어의 사용법 등 모든 것을 다루지는 않는다. 따라서 인터넷을 통해 더 많은 정보를 얻길 바란다. 참고하기 좋은 자료는 http://en.wikipedia.org/wiki/List_of_Unix_commands다.

지면 관계상 간략히 설명한 각 명령어에 대한 자세한 사항은 man 페이지를 확인해보길 바란다. 경험이 많은 개발자들도 man 페이지를 수시로 확인해 많은 것을 배우고 있다.

일반적인 명령어의 man 페이지를 보려면 아래와 같은 명령어를 사용해야 한다.

```
$ man <command>
```

여기서 <command>는 확인하고자 하는 명령어로 바꿔야 한다. 해당 command에 대한 정보를 얻기 위해 다른 명령어를 사용해야 한다면 이에 대해 명시할 것이다.

echo와 cat

파일을 처리하기 위해 처음 살펴볼 명령어는 echo와 cat다. echo는 텍스트를 파일에 쓸 때, cat는 파일 내용을 읽을 때 사용한다.

```
$ echo 'Some text' > /tmp/foo
$ cat /tmp/foo
Some text
```

텍스트를 다시 쓰지 않고 파일 뒤에 덧붙일 때는 아래와 같이 위의 명령어에서 > 문자를 >> 문자로 바꾸면 된다.

```
$ echo 'Another line' >> /tmp/foo
$ cat /tmp/foo
Some text
Another line
```

echo 명령어는 man 페이지에 "문자열을 표준 출력으로 보여준다(echo)"라고 설명돼 있다. 그래서 echo에 bash 리다이렉션redirection 동작(>와 >>)을 사용해 일반 파일에 쓸 수 있는 것이다. 이는 파일도 표준 출력에 포함되기 때문이다.

Man에서 cat 명령어는 "파일을 연결하고, 표준 출력으로 표시한다"라고 설명돼 있다. echo 명령어에서 언급한 것이 다시 cat에도 적용된다. 그리고 cat의 경우 2개 이상의 파일을 연결할 수 있는 모드가 있다. 아래와 같은 명령어를 살펴보자.

```
$ ls -lh /bin/bash
-rwxr-xr-x 1 root root 664K Nov 12 2014 /bin/bash
$ split -b 100K /bin/bash bash_
$ ls -lh bash_*
-rw-r--r-- 1 root root 100K Apr 2 17:55 bash_aa
-rw-r--r-- 1 root root 100K Apr 2 17:55 bash_ab
-rw-r--r-- 1 root root 100K Apr 2 17:55 bash_ac
-rw-r--r-- 1 root root 100K Apr 2 17:55 bash_ad
-rw-r--r-- 1 root root 100K Apr 2 17:55 bash_ae
-rw-r--r-- 1 root root 100K Apr 2 17:55 bash_af
-rw-r--r-- 1 root root  64K Apr 2 17:55 bash_ag
```

여기서 /bin/bash 프로그램(사용하는 셸)을 100KB 6개 조각과 나머지 64KB 1개 조각으로 나눴다. 그리고 cat를 사용해 아래와 같이 원본 파일을 다시 만들 수 있다.

```
$ cat bash_* > bash_rebuilded
```

bash_rebuilded과 원본 파일을 md5sum를 사용해 확인해보면 아래와 같다.

```
$ md5sum /bin/bash bash_rebuilded
4ad446acf57184b795fe5c1de5b810c4 /bin/bash
4ad446acf57184b795fe5c1de5b810c4 bash_rebuilded
```

두 파일은 같은 해시[hash]와 내용을 갖고 있다는 것을 확인할 수 있다.

dd

dd 명령어는 다용도로 사용할 수 있는 강력한 도구다. 1장, '개발 시스템 설치'의 'MLO를 사용한 U-Boot' 절과 다른 절에서도 이미 아래와 같이 사용했다.

```
$ sudo dd if=u-boot.img of=/dev/sdb count=2 seek=1 bs=384k
```

if 옵션 인자는 데이터를 읽을 **입력 파일**을 정의하고, of 옵션 인자는 데이터를 쓸 **출력 파일**을 정의한다(위 명령어줄에서 입력 파일은 일반 파일이지만 출력 파일은 블록 디바이스고, 반대로도 가능하다는 것을 기억하자). 그리고 bs 옵션은 한 번에 얼마나 읽고 쓸지를 결정하며, 위 명령어줄에서는 384KB 블록 크기를 지정하고 있다. 마지막으로 count=2와 seek=1을 지정해 dd 명령어로 출력의 시작에서 한 블록을 건너뛴 지점에 2개의 입력 블록을 복사하고 있다. 이 명령어는 특정 오프셋offset에 있는 파일을 블록 디바이스에 위치한다. 이 명령어 동작에 대한 그래픽 표현은 아래 그림을 참고하자.

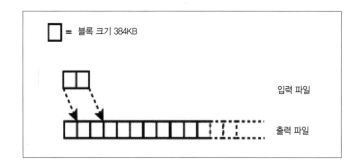

dd 명령어의 man 페이지를 보면 seek 옵션은 출력 파일에서 N 블록을 뛰어넘도록 돼 있고, skip 옵션은 입력 파일에서 N 블록을 뛰어넘도록 돼 있다. lds와 obs 옵션을 사용해 출력 블록 크기와 입력 블록 크기를 다르게 설정할 수도 있다.

아래와 같이 dd는 또 다른 용법도 있다.

```
$ dd if=/dev/sda of=/dev/sdb
```

이 경우는 입출력 파일이 일반 파일이 아니라 블록 디바이스다. 위의 명령어를 사용해 if로 지정된 하드 디스크의 전체 내용을 of로 복사할 수 있다.

아래와 같은 명령어를 사용해 첫 번째 하드 디스크의 이미지를 sda_image 파일로 생성할 수 있다.

```
$ dd if=/dev/sda of=sda_image
```

반대로 아래와 같이 디스크에 모두 0으로 써서 디스크를 지울 수 있다.

```
$ dd if=/dev/zero of=/dev/sda
```

또한 하드 디스크에 랜덤 데이터를 써서 안전하게 하드 디스크의 내용을 지울 수도 있다.

```
$ dd if=/dev/urandom of=/dev/sda
```

 dev/zero와 /dev/urandom 파일은 데이터를 읽을 수 있는 커널이 만든 특별한 파일이다. /dev/zero에서는 0을 읽고, /dev/urandom에서는 커널 내부에 생성된 랜덤 데이터를 읽는다.
좀 더 자세한 정보를 보려면 아래와 같은 명령어를 사용함으로써 각 명령어의 man 페이지를 참고할 수 있다.

```
$ man zero
$ man urandom
```

마지막으로 dd는 출력 파일로 쓰기 전에 입력 파일에서 읽은 데이터를 변형할 수 있다. 아래 예제에서는 표준 입력에서 얻은 데이터를 각 워드^{word} 단위의 바이트로 스왑^{swap}한 후 표준 출력에 표시한다.

```
$ echo 1234 | dd conv=swab
2143
```

입력으로 들어온 모든 문자를 대문자로 바꿀 수도 있다.

```
$ echo "test string" | dd conv=ucase
TEST STRING
```

 dd가 지원하는 변환 옵션에는 몇 가지가 있다. 전체 리스트를 man에서 확인하자.

grep와 egrep

많이 사용하는 명령어 중 하나인 grep(이 명령어의 변형인 egrep)은 파일에서 특정 텍스트를 선택할 때 사용한다. echo 명령어로 생성된 파일은 아래와 같이 실행할 수 있다.

```
$ grep "Another" /tmp/foo
Another line
```

출력은 Another 단어가 있는 줄을 표시하고 있다.

grep 명령어의 man 페이지를 살펴보면 이 명령어와 관련된 엄청나게 많은 옵션 인자를 볼 수 있다. 그러나 지면 관계상 이 책에서 사용하는 옵션만 설명한다.

첫 번째 옵션 인자는 -r이고, 특정 디렉터리 밑에 있는 모든 파일을 리커시브하게^{recursively} 읽을 때 사용한다. 아래 예제는 저자 PC의 /etc/ 폴더 밑에서 우분투 릴리즈 번호를 가진 파일을 찾고 있다.

```
$ rgrep -r '15\.10' /etc/ 2>/dev/null
/etc/issue.net:Ubuntu 15.10
/etc/os-release:VERSION="15.10 (Wily Werewolf)"
/etc/os-release:PRETTY_NAME="Ubuntu 15.10"
/etc/os-release:VERSION_ID="15.10"
/etc/apt/sources.list:#deb cdrom:[Ubuntu 15.10 _Wily Werewolf_ - Relea
se amd64 (20151021)]/ wily main restricted
/etc/lsb-release:DISTRIB_RELEASE=15.10
/etc/lsb-release:DISTRIB_DESCRIPTION="Ubuntu 15.10"
/etc/issue:Ubuntu 15.10 \n \l
```

> 2>/dev/null 설정은 유효하지 않은 읽기 권한으로 발생하는 에러 메시지를 /dev/null 파일로 넣기 위해 사용한다. 아래와 같은 명령어를 사용하면 /dev/null의 man 페이지를 확인할 수 있다.
>
> ```
> $ man null
> ```

또 다른 유용한 옵션인 -i는 대소 문자를 무시할 때 사용하고, 아래 예제는 대소 문자를 무시하면서 Ubuntu 15.10 문자열을 찾고 있다.

```
$ grep -r -i 'ubuntu 15\.10' /etc/ 2>/dev/null
/etc/issue.net:Ubuntu 15.10
```

```
/etc/os-release:PRETTY_NAME="Ubuntu 15.10"
/etc/apt/sources.list:#deb cdrom:[Ubuntu 15.10 _Wily Werewolf_ - Release amd64
(20151021)]/ wily main restricted
/etc/lsb-release:DISTRIB_DESCRIPTION="Ubuntu 15.10"
/etc/issue:Ubuntu 15.10 \n \l
```

 TIP 대부분의 배포판(우분투나 데비안)에서 grep –r은 rgrep로 에일리어싱(aliasing)돼 있다. 따라서 위 명령어는 아래와 같이 사용할 수 있다.

```
$ rgrep -i 'ubuntu 15\.10' /etc/ 2>/dev/null
```

이 명령어는 이 책에서 다루지 않는 정규 표현식에 기반을 두고 있으므로 이 강력한 명령어의 좀 더 자세한 정보는 man 페이지를 참고하자.

```
$ man 7 regex
```

tr과 sed

텍스트나 바이너리 파일을 신속하게 변경해야 할 때(보통 바이너리 파일을 위해 이 명령어를 사용하지 않지만, 가끔은 사용하는 것을 볼 수 있다) 이 명령어를 사용한다.

tr 명령어는 문자를 바꾸거나 삭제할 때 사용한다. 가장 간단한 사용법은 아래와 같다.

```
$ echo 'this is a testing string' | tr 'a-z' 'A-Z'
THIS IS A TESTING STRING
```

위 예제는 모든 소문자를 대문자로 바꾸고 있다.

좀 더 아리송하지만, 위 명령어와 같은 형태는 아래와 같다.

```
$ echo 'this is a testing string' | \
      tr '[:lower:]' '[:upper:]'
```

이 명령어의 또 다른 사용법은 문자를 없애는 것이다. 예를 들어, 바이너리 파일에서 출력할 수 없는 모든 문자를 아래와 같이 지울 수 있다.

```
$ tr -d -c '[:print:]' < /bin/ls
```

-d 옵션 인자는 tr이 명령어에 지정된 문자를 지우는 것을 의미하고, -c 옵션은 어떤 집합의 보수를 의미한다. 위의 예제에서 집합이 '[:print:]'로 지정돼 있으므로 -c는 모든 출력 가능한 문자의 보수인 출력 불가능한 문자를 가리킨다. 아래에서 명령어의 출력값을 확인해보자.

```
$ tr -d -c '[:print:]' < /bin/ls
ELF>I@@8@8@@@@@@88@8@@@ aah aaTT@T@DDPtdTTATAQtdRtdaa/lib64/ld-linux-x86-64.
so.2GNU GNUL7=K"q2rH?(rstvy{|~Pv2|qX|,cr<OBE9L>bA1 >[ju`=9)F^1=+Um_
{j}?p*$vD(NfKN- q<*6UH8< ]u=|nP |6ZZa<Aaj"@F@#@! aahae a`)A&na'Aa5@a=(Aj!a#@
(A0#aJ'A['A'@alibsel
```

출력값이 길어 앞쪽 몇 줄만 표시한다.

마지막으로 tr은 바이너리 데이터를 바꿀 수 있다. \NNN 형태를(NNN 숫자는 8진수로 표시된다는 것을 나타낸다) 사용해 모든 아스키ASCII 코드를 표현할 수 있다. 이 기능은 고정된 값으로 파일이나 디바이스를 채워야 할 경우에 유용하다. dd를 사용할 때 아래와 같은 명령어로 하드 디스크를 0으로 채웠다.

```
$ dd if=/dev/zero of=/dev/sda
```

그러나 255로 채워야 한다면(즉, 16진수로는 0xff, 8진수로는 0377) 아래와 같은 명령어를 사용할 수 있다.

```
$ dd if=/dev/zero | tr '\000' '\377' | dd of=/dev/sda
```

sed 명령어는 텍스트 편집기를 열지 않고도 한 줄의 명령어만으로 일반 텍스트를 가진 파일을 변경할 때 사용한다. 1장, '개발 시스템 설치'의 '비글본 블랙 – USB, 네트워크, 오버레이' 절에서 PermitRootLogin without-password 줄을 PermitRootLogin yes 로 변경해 /etc/ssh/sshd_config 파일에 이 설정을 저장한 것을 다시 예로 들어보자. 이를 위해 대부분 텍스트 편집기를 사용했지만, 이제 아래와 같이 sed 명령어를 사용할 수 있다.

```
$ sed -i -e 's/^PermitRootLogin without-password$/PermitRootLogin yes/' /etc/
ssh/sshd_config
```

-i 옵션은 seq가 해당 파일을 수정하도록 알려주고, -e 옵션으로는 실행할 스크립트를 지정할 수 있다.

sed의 다른 사용 형태로는 주석 처리하고 싶은 줄의 시작에 # 문자를 추가해 해당 문자열을 주석 처리하는 것이다. 예를 들어, RhostsRSAAuthentication에 대해 ~/.ssh/ known_hosts 파일을 믿지 않도록 설정하려면 /etc/ssh/sshd_config 파일에서 아래 줄을 주석 처리하지 않아야 한다.

```
#IgnoreUserKnownHosts yes
```

이를 위해 아래와 같은 명령어를 사용하면 된다.

```
root@bbb:~# sed -i -e 's/^#IgnoreUserKnownHosts yes$/IgnoreUserKnownHo
sts yes/' /etc/ssh/sshd_config
root@bbb:~# grep IgnoreUserKnownHosts /etc/ssh/sshd_config
IgnoreUserKnownHosts yes
```

 이번에는 호스트 PC 대신 비글본 블랙에서 이 명령어를 실행했지만, 결과는 둘 다 똑같아야
한다.

또한 이 명령어를 사용해 코드를 가진 파일에서 8개의 연속적인 스페이스space를 1개의
tab으로 바꿔 들여쓰기를 할 수 있다. 아래 sed 명령어를 사용하면 된다.

```
$ sed -i -e 's/        /\t/g' code.c
```

head와 tail

이 명령어는 파일의 시작이나 끝을 볼 때 사용한다. 아래의 간단한 예를 살펴보자.

```
$ echo -e '1\n2\n\3\n4\n5\n6\n7\n8\n9\n10' > /tmp/bar
$ head -2 /tmp/bar
1
2
$ tail -2 /tmp/bar
9
10
```

이 예제에서 echo 명령어를 사용해 1부터 10까지의 숫자를 갖는 총 10개의 라인을 /tmp/bar 파일에 쓰고 head와 tail을 사용해 파일의 첫 두 줄과 끝 두 줄을 보여준다.

이 명령어는 다른 방식으로도 사용할 수 있지만, 이 책에서는 tail 명령어에 -f 옵션 인자를 사용해 점점 늘어나는 파일을 출력할 것이다. 점점 늘어나는 이런 종류의 파일은 보통 로그 파일이고, 로그 파일이 업데이트될 때마다 시스템의 로그 메시지를 표시하기 위해 아래와 같은 명령어를 사용할 수 있다.

```
$ tail -f /var/log/syslog
```

이 명령어는 파일의 마지막 열 줄을 시작으로 /var/log/syslog에 추가되는 줄들을 표시할 것이다.

od와 hexdump

많이 사용하는 다른 도구로는 od와 hexdump가 있고, 한 번에 한 바이트씩(혹은 좀 더 복잡한 형태로) 파일 내용을 검사할 때 사용한다. 예를 들어, 앞 예제의 /tmp/foo 텍스트 파일을 한 번에 한 바이트씩 바이너리 형태로 읽을 수 있다.

```
$ od -Ax -tx1 < /tmp/foo
000000 53 6f 6d 65 20 74 65 78 74 0a 41 6e 6f 74 68 65
000010 72 20 6c 69 6e 65 0a
000017
```

hexdump는 od와 거의 비슷한 명령어로 아래와 같이 실행한다.

```
$ hexdump -C < /tmp/foo
00000000 53 6f 6d 65 20 74 65 78 74 0a 41 6e 74 68 65  |some text .Anothe|
00000010 72 20 6c 69 6e 65 0a                          |r line.|
00000017
```

hexdump의 출력에는 각 바이트에 대한 아스키 코드도 표시된다.

file

file 명령어는 파일의 종류를 검사할 때 사용한다.

```
$ file /tmp/foo
/tmp/foo: ASCII text
$ file /dev/urandom
/dev/urandom: character special
$ file /usr/bin/file
/usr/bin/file: ELF 64-bit LSB executable, x86-64, version 1 (SYSV), dynamically
linked, interpreter /lib64/ld-linux-x86-64.so.2, for GNU/Linux 2.6.32, BuildID[
sha1]=ec8d8159accf4c85fde8985a784638f62e10b4e9, stripped
```

위 결과를 보면 앞 예제에서 생성한 /tmp/foo 파일은 아스키 텍스트 파일이고, /dev/urandom 파일은 특별한 문자 파일이며, /usr/bin/file 파일(file 명령어가 저장된 곳)은 x86-64 플랫폼용 실행 파일임을 알 수 있다.

strings

strings 명령어는 바이너리 파일에서 문자열을 찾을 때 사용한다. 예를 들어, 아래와 같이 file 바이너리에서 file 명령어의 사용법을 뽑아낼 수 있다.

```
root@beaglebone:~# strings /usr/bin/file | grep Usage
Usage: %s [-bchikLlNnprsvz0] [--apple] [--mime-encoding] [--mime-type]
Usage: file [OPTION...] [FILE...]
```

strace

이 명령어는 GNU/리눅스 기반 시스템에서 사용할 수 있는 가장 강력한 디버깅 명령어다. 이 명령어를 사용해 한 프로세스가 실행 중에 호출하는 모든 시스템 콜system call을 추적할 수 있다.

엄밀히 말하면, 이 명령어는 파일 처리와 관련이 없지만, 프로그램 디버깅 시 쉽게 사용하고 추가 코드 작성 없이도 프로그램이 관리하는 파일을 볼 수 있으므로 여기서 설명한다. 이 명령어의 강점은 디버깅 심벌 없이 컴파일된 프로그램에서도 동작한다는 것이다. 예를 들어, cat 프로그램이 어떻게 동작하는지 알고 싶을 경우에는 아래와 같이 호출하면 된다.

```
$ strace cat /tmp/foo
execve("/bin/cat", ["cat", "/tmp/foo"], [/* 29 vars */]) = 0
brk(0)                                  = 0x2409000
...
open("/tmp/foo", O_RDONLY)              = 3
fstat(3, {st_mode=S_IFREG|0664, st_size=23, ...}) = 0
fadvise64(3, 0, 0, POSIX_FADV_SEQUENTIAL) = 0
mmap(NULL, 139264, PROT_READ|PROT_WRITE,
MAP_PRIVATE|MAP_ANONYMOUS, -1, 0) = 0x7f80dc009000
read(3, "Some text\nAnother line\n", 131072)      = 23
write(1, "Some text\nAnother line\n", 23Some text
Another line)                          = 23
read(3, "", 131072)                    = 0
munmap(0x7f80dc009000, 139264)         = 0
close(3)                               = 0
close(1)                               = 0
close(2)                               = 0
exit_group(0)                          = ?
+++ exited with 0 +++
```

위 출력에서 프롤로그^{prologue} (지면 관계상 출력에서 삭제) 다음으로 프로그램은 /tmp/foo 파일(cat의 인자로 넘겨준 파일)에 open( )을 실행하고, 파일 디스크립터^{descriptor}로 3을 리턴 받는다. 이후 해당 디스크립터에 read( )를 실행하고 파일 내용을 리턴받는다. 마지막으로 전에 읽은 버퍼를 파일 디스크립터 1(표준 출력)에 넘기고 write( ) 시스템 콜을 실행한다. 이 프로그램이 read( )를 실행하고 0을 리턴받을 때(파일의 끝이라는 것을 나타냄), 프로그램이 끝나고 열린 모든 파일 디스크립터는 닫힌다. 마지막으로 strace는 프로그램의 종료 코드를 반환한다.

패키지 관리

1장에서 데비안 배포판에 패키지 설치법을 살펴봤다. 그러나 시스템 패키지를 관리하려면 몇 가지를 더 알아야 한다.

아래에 설명하는 명령어는 호스트 PC나 타깃 보드에 상관없이 똑같이 실행된다(아래 예제는 비글본 블랙을 사용했다).

소프트웨어 패키지 검색

vim(개선된 VI - Vi Improved) 패키지를 설치하기 위해 간단히 아래와 같은 명령어를 사용할 수 있다.

```
root@bbb:~# aptitude install vim
```

위 명령어에서 vim을 포함하는 패키지는 소프트웨어 도구와 같은 이름을 갖고 있다. 하지만 항상 그렇지는 않다. PHP 명령어 라인 인터페이스(명령어 라인에서 PHP 스크립트를 실행할 때 사용하는 도구)를 설치할 때 패키지 이름이 php-cli라고 생각하고, 설치를 위해 아래와 같은 명령어를 내릴 수 있다.

```
root@bbb:~# aptitude install php-cli
```

하지만 이 경우, 아래와 같은 에러 메시지를 보게 될 것이다.

```
Couldn't find package "php-cli". However, the following
packages contain "php-cli" in their name:
  php-google-api-php-client
No packages will be installed, upgraded, or removed.
0 packages upgraded, 0 newly installed, 0 to remove and 3 not upgraded
Need to get 0 B of archives. After unpacking 0 B will be used.
```

그렇다면 올바른 패키지 이름은 어떻게 찾을 수 있을까? 바로 apt-cache를 사용하면 된다. 아래와 같은 명령어를 콘솔에서 타이핑해보자.

```
root@bbb:~# apt-cache search php cli
```

이 명령어로 php와 cli에 관련된 긴 패키지 리스트를 볼 수 있다(사실 이 두 가지 단어가 패키지 이름이나 패키지 설명에 있을 것이라고 가정했다). 이제 어떤 패키지가 적합한지 찾고, 아래와 같이 grep 명령어를 사용해 리스트를 필터링할 수 있다.

```
root@bbb:~# apt-cache search php cli | grep '^php[^ ]*cli'
php-google-api-php-client - Google APIs client library for PHP
php-horde-cli - Horde Command Line Interface API
php-horde-imap-client - Horde IMAP Client
php-horde-socket-client - Horde Socket Client
php5-cli - command-line interpreter for the php5 scripting language
php-seclib - implementations of an arbitrary-precision integer arithmetic
library
```

이제 출력 결과가 더 짧아졌고, php5-cli라는 이름의 패키지를 볼 수 있다.

다른 유용한 명령어는 apt-file이며, 이 명령어는 시스템에 설치돼 있지 않더라도 특정 파일을 갖고 있는 패키지를 찾을 때 사용한다. 이 명령어는 디폴트로 각 보드의 기본 배포판에 설치돼 있지 않기 때문에 직접 설치해야 한다.

```
root@bbb:~# aptitude install apt-file
```

설치가 끝나면 아래와 같은 명령어로 apt-file 데이터를 업데이트해야 한다.

```
root@bbb:~# apt-file update
```

libcurses.so와 같은 파일이 없어 컴파일이 실패한다면 아래와 같이 apt-file 명령어를 사용해 없는 파일을 가진 패키지 이름을 찾을 수 있다.

```
root@bbb:~# apt-file search libncurses.so
libncurses-gst: /usr/lib/gnu-smalltalk/libncurses.so
libncurses5: /lib/arm-linux-gnueabihf/libncurses.so.5
libncurses5: /lib/arm-linux-gnueabihf/libncurses.so.5.9
libncurses5-dbg: /usr/lib/debug/lib/arm-linux-gnueabihf/libncurses.so.5.9
libncurses5-dbg: /usr/lib/debug/libncurses.so.5
libncurses5-dbg: /usr/lib/debug/libncurses.so.5.9
libncurses5-dev: /usr/lib/arm-linux-gnueabihf/libncurses.so
```

위 메시지는 설치해야 할 패키지 이름이 libncurses5-dev라고 알려준다.

패키지 설치

새로운 패키지 설치 시 몇 가지 잠재적인 위험 요소를 알고 있어야 한다. apt-get과 aptitude 명령어를 사용해 아래와 같이 패키지를 설치하는 방법은 이미 살펴봤다.

```
root@arm:~# apt-get install evtest
root@arm:~# aptitude install evtest
```

이 명령어는 몇 가지 차이가 있지만, 서로 바꿔가며 사용할 수 있다. 그리고 두 명령어 모두 아래와 같은 에러를 볼 수도 있다.

```
root@arm:~# aptitude install evtest
The following NEW packages will be installed:
  evtest libxml2{a} sgml-base{a} xml-core{a}
0 packages upgraded, 4 newly installed, 0 to remove and 29 not upgraded.
Need to get 846 kB of archives. After unpacking 1658 kB will be used.
Do you want to continue? [Y/n/?]
Err http://ftp.us.debian.org/debian/ wheezy/main libxml2 armhf 2.8.0+dfsg1-7
  404 Not Found [IP: 64.50.233.100 80]
Err http://ftp.us.debian.org/debian/ wheezy/main sgml-base all 1.26+nmu3
  404 Not Found [IP: 64.50.233.100 80]
...
```

이 에러는 사용할 수 있는 패키지 리스트가 최신 버전으로 업데이트되지 않아 발생하는 것으로, 아래와 같은 명령어를 사용해 해당 리스트를 업데이트해야 한다.

```
root@arm:~# apt-get update
root@arm:~# aptitude update
```

위의 명령어는 install과 비슷하게 동작한다.

```
root@arm:~# aptitude update
Ign http://ftp.us.debian.org wheezy InRelease
Get: 1 http://ftp.us.debian.org wheezy Release.gpg [2373 B]
Get: 2 http://ftp.us.debian.org wheezy Release [191 kB]
Get: 3 http://ftp.us.debian.org wheezy/main Sources [5984 kB]
...
```

이제 설치는 에러 없이 끝날 것이다.

```
root@arm:~# aptitude install evtest
The following NEW packages will be installed:
  evtest libxml2{a} sgml-base{a} xml-core{a}
0 packages upgraded, 4 newly installed, 0 to remove and 111 not upgraded.
Need to get 803 kB/848 kB of archives. After unpacking 1621 kB will beused.
Do you want to continue? [Y/n/?]
Get: 1 http://ftp.us.debian.org/debian/ wheezy/main libxml2 armhf 2.8.
0+dfsg1-7+wheezy5 [788 kB]
Get: 2 http://ftp.us.debian.org/debian/ wheezy/main sgml-base all 1.26
+nmu4 [14.6 kB]
...
```

마지막으로 아래 두 명령어는 모든 패키지를 가장 최신 버전으로 업그레이드할 때 사용
한다.

```
root@arm:~# apt-get dist-upgrade
root@arm:~# aptitude safe-upgrade
```

 모든 패키지를 업그레이드하며, 다른 동작도 하는 명령어들도 있지만, 여기서는 언급하지 않
았다. 이 명령어들은 man 페이지를 참고하라.

apt-get과 친구들 vs. aptitude

1장부터 호스트 PC나 타깃 보드에서 사용할 우분투나 데비안 패키지 관리를 위해 aptitude 설치를 권장했고, aptitude가 apt-get보다 더 똑똑하다고 강조했다. 이제 그 이유를 살펴보자.

apt-get man 페이지를 살펴보면 이 명령어는 패키지 처리를 위해 명령어 라인 인터페이스를 갖고 있고, 패키지 관리 시스템의 로우 레벨 도구를 위한 백엔드^{backend}로 간주된다. apt-get를 사용해 패키지와 패키지 의존성이 있는 라이브러리들을 쉽게 설치 혹은 제거할 수 있으며, 패키지나 전체 시스템을 업데이트할 수 있다.

aptitude man에서도 이와 비슷한 내용을 찾을 수 있다. 이 명령어는 패키지 관리를 위한 하이 레벨 인터페이스를 갖고 있고, apt-get보다 똑똑하다. apt-get이나 apt-cache, 비슷한 종류의 다른 명령어로 처리하는 작업을 aptitude로 처리할 수 있다.

- **쉬운 패키지 설치와 제거**: 단 하나의 명령어로 패키지 설치/제거를 할 수 있다. 예를 들면, 아래와 같은 명령어는 packageA는 설치하고, packageB는 제거하고 packageC는 패키지 제거 및 환경 파일까지 제거한다.

```
$ aptitude install packageA packageB- packageC_
```

- 1개 이상의 패키지를 보류 상태로 만들 수 있다. 즉, 시스템에게 실행 중인 설치, 업그레이드, 제거를 취소하라고 알려주고, 이 패키지가 앞으로 자동으로 업그레이드되는 것을 막는다. 이를 위해 패키지 이름 뒤에 =를 붙인다(packageD=).
- 1개 이상의 패키지에 대한 자세한 정보를 볼 수 있다.

```
$ aptitude show vim
Package: vim
State: installed
Automatically installed: no
Version: 2:7.4.1689-3ubuntu1
```

```
Priority: optional
Section: editors
Maintainer: Ubuntu Developers
<ubuntu-devel-discuss@lists.ubuntu.com>
Architecture: amd64
Uncompressed Size: 2377 k
Depends: vim-common (= 2:7.4.1689-3ubuntu1),
         vim-runtime (= 2:7.4.1689-3ubuntu1),
         libacl1 (>= 2.2.51-8),libc6 (>= 2.15),
         libgpm2 (>= 1.20.4),
libselinux1 (>= 1.32), libtinfo5 (>= 6)
Suggests: ctags, vim-doc, vim-scripts
Conflicts: vim:i386
Provides: editor
Provided by: vim-athena (2:7.4.1689-3ubuntu1), vim-athena-py2
            (2:7.4.1689-3ubuntu1),
            vim-gnome (2:7.4.16893ubuntu1),
...
Description: Vi IMproved - enhanced vi editor
  Vim is an almost compatible version of UNIX editor Vi.
  Many new features have been added: multi level undo, syntax
highlighting,
  command-line history, online help, filename completion, block
operations,
  folding, Unicode support, and so on.
  This package contains a version of vim compiled with a rather
  standard
  set of features. This package does not provide a GUI version of Vim.
  Refer to the other vim-* packages if you need more (or less).
Homepage: http://www.vim.org/
```

- 매우 강력한 패키지 검색 엔진이 있다. 아래와 같은 명령어를 사용해 패키지 설
  명 필드에 editor라는 문자열을 갖고 있는 설치된 모든 패키지 리스트를 보여
  준다.

```
$ aptitude search '~i?description(editor)'
i   dia                   - Diagram editor
i A dia-common            - Diagram editor (common files)
i A dia-libs              - Diagram editor (library files)
i A dia-shapes            - Diagram editor
i A docbook-xml           - standard XML documentation system
                            for soft
i   ed                    - classic UNIX line editor
i   emacs                 - GNU Emacs editor (metapackage)
...
i   nano                  - small, friendly text editor
                            inspired by Pi
i   sed                   - The GNU sed stream editor
i   vim                   - Vi IMproved - enhanced vi
i   vim-common            - Vi IMproved - Common files
i A vim-runtime           - Vi IMproved - Runtime files
i   vim-tiny              - Vi IMproved - enhanced vi
i A x11-apps              - X applications
```

- 불리언^{boolean} 표현을 사용할 수도 있다. 아래와 같은 명령어를 사용해 name 필
  드에 firmware 문자열을 갖고, description에 wireless 문자열을 가진 모든 패
  키지를 검색한다.

```
$ aptitude search '?and(?name(firmware),?description(wireless))'
p atmel-firmware              - Firmware for Atmel at76c50x
p firmware-b43-installer      - firmware installer for the b43
p firmware-b43legacy-installer - firmware installer for the b43l
```

- 특정 패키지를 시스템에 설치해야 하는 혹은 설치할 수 없는 이유를 알고 싶거
  나 타깃 패키지와 충돌을 야기하는 의존성을 찾기 위해 aptitude를 사용할 수
  있다. 설치할 패키지를 선택해 아래와 같은 명령어를 실행하면 관련된 정보를
  모두 볼 수 있다.

```
$ aptitude why xvile
i   vim               Suggests     vim-scripts
p   vim-scripts       Suggests     exuberant-ctags
p   exuberant-ctags   Suggests     vim | nvi | vile | emacsen
p   vile              Depends      vile-common (= 9.8q-1build1)
p   vile-common       Recommends   vile | xvile
```

- 설치된 모든 패키지 이름과 의존성 때문에 필수가 아니고 자동으로 설치된 것도 아닌 모든 패키지 이름을 볼 수 있다.

```
$ aptitude search '~i!(~E|~M)' -F '%p'
```

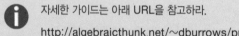

자세한 가이드는 아래 URL을 참고하라.

http://algebraicthunk.net/~dburrows/projects/aptitude/doc/en/ch02s03s05.html#tableSearchTermQuickGuide

- 마지막으로 aptitude는 모든 패키지 관리를 위해 텍스트 기반 메뉴 인터페이스를 가진다. 어떤 인자도 없이 aptitude를 실행하면 아래 그림처럼 비주얼 인터페이스로 시작한다.

```
Actions  Undo  Package  Resolver  Search  Options  Views  Help
C-T: Menu  ?: Help  q: Quit  u: Update  g: Preview/Download/Install/Remove Pkgs
aptitude 0.7.4
--- New Packages (23459)
--- Installed Packages (2294)
--- Not Installed Packages (57315)
--- Obsolete and Locally Created Packages (79)
--- Virtual Packages (10950)
--- Tasks (53360)




These packages have been added to Ubuntu since the last time you cleared the
list of "new" packages (choose "Forget new packages" from the Actions menu to
empty this list).

This group contains 23459 packages.
```

deb 파일

다음으로 소개할 패키지는 dpkg다. 이는 패키지 관리를 위한 기본적인 명령어로 잘못 사용하면 시스템을 망가뜨리기 때문에 숙련자만 사용해야 한다.

deb 파일로 만들어진 패키지를 설치해야 할 때는 아래와 같이 사용한다.

```
root@bbb:~# dpkg -i <package.deb>
```

〈package.deb〉는 패키지 이름이다.

커널 메시지 관리

이전에 언급했듯이 시리얼 콘솔은 처음 시스템 셋업을 할 때부터 매우 유용하며, 커널 메시지가 만들어지는 순간을 보고자 할 때 유용하다. 간단한 트릭을 이용하면 일반 SSH 연결을 사용해 터미널 에뮬레이터에서 이 커널 메시지를 볼 수 있다. 이때 tail을 아래와 같이 사용하면 된다.

```
root@bbb:~# tail -f /var/log/kern.log
```

-f 옵션으로 실행되는 tail 명령어는 목적 파일을 열고 해당 파일에 새로 추가되는 줄을 보여준다. 이 방식은 시리얼 콘솔이 동작하는 방식과 매우 비슷하지만, 아래와 같은 차이가 있다.

1. 시스템이 아직 완전히 설정되지 않았다면 SSH 연결을 위한 네트워크 다바이스가 없을 수도 있다.
2. tail 명령어만 사용하면 웁스[Oops] 메시지와 같은 중요한 커널 메시지를 놓칠 수도 있다. 그 이유는 커널 버그로 인해 시스템이 불안정해질 수 있기 때문이다. 이러한 상황에서는 에러가 발생하는 즉시 에러를 표시해야 하는데 tail 명령어는 이런 기능을 안전하게 수행하지 못할 수 있다.

웁스는 커널의 정상 동작에서 벗어난 행동인 에러며, 커널 패닉 조건을 만들어 동작은 계속되지만 신뢰성은 확보하지 못한다.

이 에러로 생성된 출력을 보통 '웁스 메시지'라고 한다. 이 메시지는 시스템을 멈추게 하는 인터럽트 처리 중에 발생하는 특별한 커널 디버깅 메시지므로 특정 상황에서 tail 명령어가 기대한 것처럼 동작하지 않을 수 있다. 이때는 시리얼 콘솔만이 개발자를 도와주는 유일한 디버깅 도구다.

이와 반대로 시리얼 콘솔을 사용하면 웁스 메시지가 발생하는 즉시 표시되기 때문에 바로 캡처할 수 있다.

이 동작은 디폴트로 비활성화할 수 있고, 다시 활성화하려면 procfs 파일 시스템 내의 /proc/sys/kernel/printk 파일을 사용해야 한다. 이 파일의 내용을 읽으려면 아래와 같은 명령어를 사용해야 한다.

```
root@bbb:~# cat /proc/sys/kernel/printk
4       4       1       7
```

이해하기 힘든 이 숫자들은 잘 정의된 의미를 갖고 있다. 특히, 첫 번째 숫자는 시리얼 콘솔에서 보여야 하는 에러 메시지 레벨을 나타낸다.

커널 메시지는 linux/include/linux/kern_levels.h 파일에 정의돼 있다.

procfs(proc 파일 시스템)는 리눅스 기반 시스템에서 가장 중요한 파일 시스템 중 하나이므로 알아야 할 필요가 있다. 공부하기 위한 좋은 시작점은 https://en.wikipedia.org/wiki/Procfs다.

이 파일은 리눅스 소스 트리에 있다. 3장에서 어떻게 얻을 수 있는지 살펴볼 예정이다.

아래 정의를 참고하자.

```
#define  KERN_EMERG      KERN_SOH "0" /* system is unusable */
#define  KERN_ALERT      KERN_SOH "1" /* action must be taken immediat. */
#define  KERN_CRIT       KERN_SOH "2" /* critical conditions */
#define  KERN_ERR        KERN_SOH "3" /* error conditions */
#define  KERN_WARNING    KERN_SOH "4" /* warning conditions */
#define  KERN_NOTICE     KERN_SOH "5" /* normal but significant condit. */
#define  KERN_INFO       KERN_SOH "6" /* informational */
#define  KERN_DEBUG      KERN_SOH "7" /* debug-level messages */
```

/proc/sys/kernel/printk 파일의 첫 번째 숫자가 4이므로 KERN_EMERG와 KERN_
ALERT, KERN_CRIT, KERN_ERR의 메시지만 표시된다.

모든 커널 메시지를 활성화하려면 7보다 낮은 우선순위가 없기 때문에 첫 번째 숫자인 4
를 8로 바꿔야 한다.

```
root@bbb:~# echo 8 > /proc/sys/kernel/printk
```

 커널 메시지 우선순위는 0(가장 높음)에서 7(가장 낮음)까지다.

이와 반대로 숫자 0을 사용해 모든 커널 메시지를 비활성화할 수도 있다.

```
root@bbb:~# echo 0 > /proc/sys/kernel/printk
```

위의 명령어는 단지 첫 번째 숫자만 바꾸기 때문에 파일을 다시 읽으면 아래와 같이 보일
것이다.

```
root@bbb:~# cat /proc/sys/kernel/printk
0        4       1       7
```

▋ 부트로더 둘러보기

2장의 시작 부분에 언급한 것처럼 시리얼 콘솔을 이용해 부트로더에 접근할 수 있다.

사실 이 책의 모든 개발자 도구는 2개의 부트로더를 갖는다. 첫 번째 부트로더는 비글본 블랙용으로 MLO, SAMA5D3 Xplained용으로 boot.bin, Wandboard용으로 SPL이라 불리는 선행 부트로더pre bootloader 혹은 세컨더리 프로그램 로더SPL며, 이 부트로더는 램이나 다른 저장 장치 같은 하드웨어 부품을 초기화한다. 두 번째 부트로더는 모든 보드에서 사용하는 U-Boot로 모든 주변 장치를 초기화하고 네트워크에서의 부팅이나 기본 명령어를 실행하는 스크립팅 셸을 지원하는 실제 부트로더다. 여기서 나올 수 있는 중요한 질문은 바로 "왜 개발자가 부트로더까지 관리할 수 있어야 하느냐"다.

질문의 답은 여러 가지일 수 있지만, 중요한 내용은 아래와 같다.

- 잘 정형화된 명령어를 커널에 넘겨주면 동작하는 파일 시스템에서 특정 기능을 변경할 수 있다.
- 부트로더에서 공장 복구 모드를 쉽게 관리할 수 있다(이 모드는 보통 시스템 박스의 작은 구멍 안에 숨겨진 버튼으로 나와 있어 시스템에 전원을 넣을 때 꾹 누르고 있으면 사용자가 전체 시스템을 공장 디폴트로 리셋할 수 있다).
- 부트로더로 부팅하기 위해 어떤 디바이스를 사용할지 결정할 수 있다. 예를 들어, 마이크로 SD로부터 혹은 USB 키로부터 부팅되도록 할 수 있다.

이제 보드 중 하나를 사용해 U-Boot 프롬프트 보는 방법을 살펴보자. 모든 보드는 같은 U-Boot를 사용할 수 있고, 아래 메시지는 SAMA5D3 Xplained에서 동작한 것이다.

전원을 넣은 후 시리얼 콘솔에서 아래와 같은 흥미로운 메시지를 볼 수 있다.

```
RomBOOT

U-Boot SPL 2016.03-dirty (Apr 15 2016 - 19:51:18)
Trying to boot from MMC
```

```
reading u-boot.img
U-Boot 2016.03-dirty (Apr 15 2016 - 19:51:18 +0200)

CPU: SAMA5D36
Crystal frequency: 12 MHz
CPU clock : 528 MHz
Master clock : 132 MHz
DRAM: 256 MiB
NAND: 256 MiB
MMC: mci: 0
reading uboot.env
** Unable to read "uboot.env" from mmc0:1 **
Using default environment
In: serial
Out: serial
Err: serial
Net: gmac0
Error: gmac0 address not set.
, macb0
Error: macb0 address not set.

Hit any key to stop autoboot: 1
```

이 시점에 이 카운트다운을 멈추고 아래와 같은 U-Boot 프롬프트를 보기 위해 Enter를 누를 수 있는 시간이 1초도 남지 않았다.

```
=>
```

Help 명령어로 사용할 수 있는 명령어 리스트를 볼 수 있다.

```
=> help
? - alias for 'help'
base      - print or set address offset
```

```
bdinfo     - print Board Info structure
boot       - boot default, i.e., run 'bootcmd'
bootd      - boot default, i.e., run 'bootcmd'
...
usb        - USB sub-system
usbboot    - boot from USB device
version    - print monitor, compiler and linker version
```

리스트가 매우 길다. 지면 관계상 모든 것을 설명하지 않고 중요한 것 위주로 살펴본다.

 U–Boot 부트로더의 자세한 사항은 http://www.denx.de/wiki/DULG/Manual에 있는 사용자 매뉴얼을 참고하라.

help 명령어는 해당 명령어에 대한 자세한 정보를 얻을 때 사용한다.

```
=> help help
help - print command description/usage
Usage:
help
    - print brief description of all commands
help command ...
- print detailed usage of 'command'
```

 대부분의 명령어는 인자 없이 실행될 때 help 메시지를 보여준다. 물론 이 동작은 인자 없이 실행해야 하는 프로그램에는 해당하지 않는다.

환경 변수

각 명령어를 살펴보기 전에 U-Boot의 가장 중요한 기능인 환경 변수environment를 살펴보자. 안전한 시스템 부팅을 위해 필요한 모든 것을 환경 변수에 저장할 수 있다. 변수와 명령어, 완전한 스크립트도 저장할 수 있다.

환경 변수의 내용을 확인하려면 print 명령어를 사용해야 한다.

```
=> print
arch=arm
baudrate=115200
board=sama5d3_xplained
board_name=sama5d3_xplained
bootargs=console=ttyS0,115200 root=/dev/mmcblk0p2 ro rootwait
bootcmd=if test ! -n ${dtb_name}; then setenv dtb_name at91-${board_na
me}.dtb; fi; fatload mmc 0:1 0x21000000 /dtbs/${dtb_name}; fatload mmc
0:1 0x22000000 zImage; bootz 0x22000000 - 0x21000000
bootdelay=1
cpu=armv7
ethact=gmac0
soc=at91
vendor=atmel
Environment size: 412/16380 bytes
```

특정 변수를 검사할 때도 print를 사용할 수 있다.

```
=> print baudrate
baudrate=115200
```

또한 print 명령어를 사용해 전체 스크립트를 검사할 수도 있다.

```
=> print bootcmd
bootcmd=if test ! -n ${dtb_name}; then setenv dtb_name at91-${board_na
```

```
me}.dtb; fi; fatload mmc 0:1 0x21000000 /dtbs/${dtb_name}; fatload mmc 0:1
  0x22000000 zImage; bootz 0x22000000 - 0x21000000
```

 bootcmd 명령어는 시스템이 시작할 때 실행되는 기본 부트 명령어다.

위 명령어 결괏값은 새 줄(\n) 문자가 없기 때문에 보기에 불편하다(U–Boot는 \n이 없어도 해당 스크립트를 올바르게 해석한다). 좀 더 읽기 쉽게 새 줄 문자를 넣은 아래 스크립트를 보자.

```
if test ! -n ${dtb_name}; then
  setenv dtb_name at91-${board_name}.dtb;
fi;
fatload mmc 0:1 0x21000000 /dtbs/${dtb_name};
fatload mmc 0:1 0x22000000 zImage;
bootz 0x22000000 - 0x21000000
```

이 경우에 man 페이지를 사용할 수 없지만, help 명령어를 사용하면 어느 정도 도움을 받을 수 있다.

 print 명령어는 실제 명령어인 printenv의 축약형이다.

환경 변수를 쓰거나 수정하기 위해 setenv 명령어를 사용한다.

```
=> setenv myvar 12345
=> print myvar
myvar=12345
```

변수 내용을 읽으려면 변수 이름 앞에 $ 문자를 붙이면 된다.

```
=> echo "myvar is set to: $myvar"
myvar is set to: 12345
```

비슷한 방식으로 스크립트를 작성하는 방법은 아래와 같다.

```
=> setenv myscript 'while sleep 1 ; do echo "1 second is passed away..." ;
done'
```

 스크립트 명령어 구분을 위해 2개의 ' 문자를 사용해야 한다는 것을 기억하자. 이는 U-Boot 가 스크립트를 저장하기 전에 변수 변환을 막아준다(이 방식은 Bash 셸 변수 대체를 사용할 때와 비슷하다).

위 명령어에서 새 줄을 추가하지 않았지만 스크립트는 잘 정돈되고 읽기 편하게 돼 있다. 실제로 새 줄 문자를 넣어보면 아래와 같이 보일 것이다.

```
while sleep 1 ; do
    echo "1 second is passed away..." ;
done
```

마지막으로 run 명령어를 실행시켜보자.

```
=> run myscript
1 second is passed away...
1 second is passed away...
1 second is passed away...
...
```

Ctrl + C를 눌러 스크립트를 멈출 수 있다.

시스템이 시작할 때마다 환경값은 초기화되지만 마이크로 SD 내의 환경 파일을 수정해 변경할 수 있다(다음 절 참고).

에러가 발생해도 두려워하지 말자. 아래와 같은 명령어로 변수를 수정할 수 있다.

```
=> env edit myscript
edit: while sleep 1 ; do echo "1 second is passed away..." ; done
```

이제 필요한 모든 수정 사항을 스크립트에 넣을 수 있을 것이다.

저장 장치 관리

부트로더의 주요 목적은 커널을 메모리에 로드하고 실행하는 것이다. 따라서 커널이 위치하는 보드의 저장 장치에 접근할 수 있어야 한다. 이 책의 보드는 몇 개의 저장 장치를 갖고 있지만, 그중 MMC(또는 eMMC)와 NAND 플래시^{flash} 메모리를 살펴보자.

MMC

U-Boot의 MMC(멀티미디어 카드) 관리를 살펴보기 위해 보드에 eMMC와 마이크로 SD가 있는 비글본 블랙을 사용하자. 1장에서 언급한 것처럼 사용자 버튼을 사용해 부팅 디바이스를 선택할 수 있으므로 이들 장치 관리법을 아는 것은 매우 중요하다. 일단 비글본 블랙에 전원을 넣고 2초 안에 Spacebar를 눌러 부트로더를 멈추게 하자.

```
U-Boot SPL 2016.03-dirty (Apr 15 2016 - 13:44:25)
Trying to boot from MMC
bad magic
U-Boot 2016.03-dirty (Apr 15 2016 - 13:44:25 +0200)
```

```
        Watchdog enabled
I2C: ready
DRAM: 512 MiB
Reset Source: Global warm SW reset has occurred.
Reset Source: Power-on reset has occurred.
MMC: OMAP SD/MMC: 0, OMAP SD/MMC: 1
Using default environment
Net: <ethaddr> not set. Validating first E-fuse MAC
cpsw, usb_ether
Press SPACE to abort autoboot in 2 seconds
=>
```

SAMA5D3 Xplained에서 한 것처럼 help 명령어를 사용해 MMC 관련 명령어를 볼 수 있고, mmcinfo와 mmc 명령어가 MMC를 지원한다는 것을 알 수 있다. mmcinfo는 선택된 MMC 슬롯에 있는 마이크로 SD/MMC에 대한 유용한 정보들을 보기 위해 사용하고, mmc는 마이크로 SD를 효과적으로 관리하기 위해 사용한다.

몇 가지 예를 살펴보자.

비글본 블랙은 MMC 슬롯 1에 eMMC가 탑재돼 있고, 이 디바이스의 정보를 얻으려면 아래와 같은 명령어를 사용해 정보를 얻기 위한 MMC 슬롯을 선택해야 한다.

```
=> mmc dev 1
switch to partitions #0, OK
mmc1(part 0) is current device
```

이제 mmcinfo 명령어를 사용해 MMC 디바이스 정보를 얻을 수 있다.

```
=> mmcinfo
Device: OMAP SD/MMC
Manufacturer ID: 70
OEM: 100
Name: MMC04
```

```
Tran Speed: 52000000
Rd Block Len: 512
MMC version 4.5
High Capacity: Yes
Capacity: 3.6 GiB
Bus Width: 4-bit
Erase Group Size: 512 KiB
HC WP Group Size: 4 MiB
User Capacity: 3.6 GiB
Boot Capacity: 2 MiB ENH
RPMB Capacity: 128 KiB ENH
```

같은 방식으로 1장, '개발 시스템 설치'에서 만들었던 부팅용 마이크로 SD의 정보도 볼 수 있다. 아래 저자의 시스템에서 나온 출력을 살펴보자.

```
=> mmc dev 0
switch to partitions #0, OK
mmc0 is current device
=> mmcinfo
Device: OMAP SD/MMC
Manufacturer ID: 41
OEM: 3432
Name: SD4GB
Tran Speed: 50000000
Rd Block Len: 512
SD version 3.0
High Capacity: Yes
Capacity: 3.7 GiB
Bus Width: 4-bit
Erase Group Size: 512 Bytes
```

아래와 같은 명령어를 사용하면 마이크로 SD 파티션 테이블도 볼 수 있다.

```
=> mmc part
Partition Map for MMC device 0 --          Partition Type: DOS
Part   Start Sector        Num  Sectors      UUID           Type
  1    2048                7772160           5697a348-01    83 Boot
```

위 출력 메시지에는 데비안 파일 시스템이 위치하는 파티션 1개가 표시되고 있다.

이제 ext4ls라는 다른 명령어를 사용해 /(root) 디렉터리를 검사해보자. 이 명령어는
EXT4 파일 시스템의 내용을 나열한다.

```
=> ext4ls mmc 0:1
<DIR> 4096 .
<DIR> 4096 ..
<DIR> 16384 lost+found
<DIR> 4096 opt
<DIR> 4096 boot
<DIR> 4096 lib
<DIR> 4096 sys
<DIR> 4096 home
<DIR> 4096 mnt
<DIR> 4096 dev
...
<DIR> 4096 sbin
<DIR> 4096 proc
<DIR> 4096 tmp
```

위에서 데비안 OS의 root 디렉터리를 볼 수 있고, 아래와 같은 명령어를 사용해 /boot
디렉터리의 내용도 볼 수 있다.

```
=> ext4ls mmc 0:1 /boot
<DIR> 4096 .
<DIR> 4096 ..
      726 uEnv.txt
```

```
      7408440 vmlinuz-4.4.7-bone9
<DIR> 4096 dtbs
<DIR> 4096 uboot
      9089599 initrd.img-4.4.7-bone9
```

uEnv.txt 파일 내용을 로딩하기 위해 load 명령어를 사용할 수 있다.

```
=> load mmc 0:1 $loadaddr /boot/uEnv.txt
726 bytes read in 28 ms (24.4 KiB/s)
```

 TIP loadaddr 변숫값은 기본 환경 설정에 정의돼 있거나(즉, 컴파일 단계에서 U-Boot 이미지 안에 있음) uEnv.txt 설정 파일에 있다.

이 명령어는 마이크로 SD에 있는 파일을 RAM으로 로드하기 때문에 이 내용을 파싱 parsing하고 데이터를 env 명령어로 환경에 저장할 수 있다.

```
=> env import -t $loadaddr $filesize
```

 TIP filesize 변수는 앞의 loadaddr 변수와 달리, 각 파일 처리 명령어(지금 사용한 load 명령어) 가 실행된 후 동적으로 설정된다.

환경 변수에 변수나 명령어를 저장하기 위해(새로운 값이 다음 번 부팅 시 로딩되도록 하기 위해) U-Boot를 사용할 수도 있지만, 과정이 매우 복잡하다. 저자는 가장 빠르고 간단한 방법이 마이크로 SD 카드를 호스트 PC에 넣은 상태에서 해당 파일을 변경하는 것이라 생각한다.

어떻게 하더라도, md 명령어를 사용해 아래와 같이 데이터를 읽을 수 있다.

```
=> md $loadaddr
82000000:  64616f6c  72646461  3878303d  30303032   loadaddr=0x82000
82000010:  0a303030  61746466  3d726464  38387830   000.fdtaddr=0x88
82000020:  30303030  720a3030  64646164  78303d72   000000.rdaddr=0x
82000030:  38303838  30303030  6e690a0a  64727469   88080000..initrd
82000040:  6769685f  78303d68  66666666  66666666   _high=0xffffffff
82000050:  7464660a  6769685f  78303d68  66666666   .fdt_high=0xffff
82000060:  66666666  636d6d0a  746f6f72  65642f3d   ffff.mmcroot=/de
82000070:  6d6d2f76  6b6c6263  0a317030  616f6c0a   v/mmcblk0p1..loa
82000080:  6d697864  3d656761  64616f6c  636d6d20   dximage=load mmc
82000090:  313a3020  6c7b2420  6164616f  7d726464    0:1 ${loadaddr}
820000a0:  6f622f20  762f746f  6e696c6d  242d7a75   /boot/vmlinuz-$
820000b0:  616e757b  725f656d  6f6c0a7d  66786461   {uname_r}.loadxf
820000c0:  6c3d7464  2064616f  20636d6d  20313a30   dt=load mmc 0:1
820000d0:  64667b24  64646174  2f207d72  746f6f62   ${fdtaddr} /boot
820000e0:  6274642f  7b242f73  6d616e75  7d725f65   /dtbs/${uname_r}
820000f0:  667b242f  69667464  0a7d656c  64616f6c   /${fdtfile}.load
```

이 방식을 사용해 loadaddr 변수가 가리키는 주소의 메모리(/boot/uEnv.txt 파일의 내용이 로드된 곳)를 덤프^{dump}할 수 있다.

플래시 관리

플래시 메모리는 큰 저장 장치가 필요하며, 보드의 단가를 낮출 때 매우 유용하다.

매우 좋지 않은 환경(0℃ 이하나 80℃ 이상의 환경)에서 동작할 수 있고, 움직이는 부품이 없어 시스템 수명을 늘릴 수 있기 때문에 과거에 플래시 메모리는 임베디드 시스템을 위한 신뢰성 있는 대용량 기억 장치로는 유일한 솔루션이었다.

최근에는 eMMC 메모리로 많이 대체됐지만, 아직도 작고 저가인 시스템에는 사용하고 있다. 이 책에서 플래시 메모리를 사용하는 보드는 SAMA5D3 Xplained이므로 이 보드로 다시 교체해 사용하자.

사실 eMMC나 MMC(eMMC의 납땜 안 된 버전)는 플래시 메모리다. 이 메모리들은 칩 안에 플래시 컨트롤러를 갖고 있어 내부 플래시 메모리를 관리한다. 따라서 이 디바이스를 사용하면 플래시를 관리하는 보드의 CPU가 하는 일을 줄일 수 있다.

SAMA5D3 Xplained 보드의 플래시 메모리는 NAND 플래시고, 플로팅 게이트 트랜지스터floating gate transistor를 사용하며(NOR 플래시와 비슷함), NAND 게이트와 비슷한 방식으로 연결된다.

NAND 플래시의 자세한 정보는 https://en.wikipedia.org/wiki/Flash_memory #NAND_flash에서 확인하자.

마운트된 칩의 정보를 보기 위해 nand info 명령어를 사용할 수 있다.

```
=> nand info
Device 0: nand0, sector size 128 KiB
  Page size        2048 b
  OOB size           64 b
  Erase size     131072 b
  subpagesize      2048 b
  options       0x   200
  bbt options 0x    8000
```

위 예제는 1개의 NAND 디바이스만 있어 디바이스 중 1개를 선택하는 nand device를 사용할 필요가 없다.

잘못된 블록(칩에서 깨진 블록)을 확인하려면 아래와 같은 명령어를 사용해야 한다.

```
=> nand bad
Device 0 bad blocks:
```

```
00c80000
00ca0000
```

이 블록들은 데이터를 저장할 때 사용하지 않는다.

이제 플래시 내용을 관리하는 세 가지 명령어를 살펴보자. nand erase 명령어는 두 가지 하위 명령어를 가진다. nand erase.part는 전체 MTD 파티션을 지우고, nand erase.chip는 전체 칩을 지운다.

 플래시 디바이스는 한 블록을 쓰기 전에 반드시 그 블록을 지우는 작업이 필요하므로 erase 명령어가 필요하다. 이 작업에 대한 설명은 https://en.wikipedia.org/wiki/Flash_memory#Limitations를 참고하자.

nand.read와 nand.write은 이름에서 볼 수 있듯이 플래시 블록을 읽고 쓰는 명령이다. 이 시점에서 플래시에 쓸 수 있는 유효한 데이터가 없으므로 이 명령어에 대한 예제는 생략한다. 이 명령어 사용 예제는 5장, '임베디드 OS 설치'의 'MTD 디바이스 관리' 절에서 설명한다.

NAND 플래시도 saveenv 명령어를 사용해 MMC/eMMC에서 했던 것과 비슷한 방식으로 현재 환경 변수를 저장할 수 있다. 하지만 이 명령어는 정상 동작하기 위해 개발자가 작성한 U-Boot 코드 안쪽에서 정확하게 설정돼야 한다.

 이 주제는 지면상의 제약도 있고, 보통 보드 제조사에서 처리하기 때문에 이 책에서 다루지 않는다. 좀 더 자세한 정보는 U-Boot 저장소에서 CONFIG_ENV_OFFSET와 CONFIG_ENV_SIZE, 관련 값들을 정의하는 설정을 확인할 수 있다.

GPIO 관리

범용 입출력GPIO 신호는 특별한 목적이 정의되지 않은 입출력 핀이다. 개발자가 입력이나 출력 핀으로 사용하고자 할 때 필요에 맞게 CPU를 쉽게 재설정할 수 있다(GPIO는 6장, '범용 입출력 신호 – GPIO'에서 자세히 설명한다).

GPIO 관리는 초기 부팅 단계에서 특정 모드의 기능을 선택할 때 유용하다. 예를 들어, 보통 NAND 플래시에서 부팅되는 시스템에서 GPIO가 설정돼 있을 때는 플래시를 지운 후 MMC에서 읽힌 파일을 다시 쓰도록 하고, GPIO가 설정돼 있지 않은 내는 일반 부팅이 실행되도록 할 수 있다.

GPIO 관리 명령어는 gpio고, 이 명령어를 사용해 비글본 블랙에서 사용자 LED를 제어할 수 있다.

비글본 블랙의 다른 GPIO 라인은 아래와 같이 매핑mapping돼 있다.

이름	라벨	GPIO #
USR0	D2	53
USR1	D3	54
USR2	D4	55
USR3	D5	56

따라서 LED USR0을 토글toggle하려면 아래와 같은 명령어를 사용해야 한다.

```
=> gpio toggle 53
gpio: pin 53 (gpio 53) value is 1
=> gpio toggle 53
gpio: pin 53 (gpio 53) value is 0
```

물론 LED를 켜고 끄기 위해 set과 clear 옵션을 사용해도 된다. input 옵션은 연관된 GPIO 라인의 입력 상태를 읽어올 때 사용한다.

비글본 블랙의 LED 용도는 http://beagleboard.org/getting-started에서 확인할 수 있다.

I²C 디바이스 접근

초기 부팅 단계에서 접근할 수 있는 다른 디바이스는 I²C다. 사실 이 디바이스는 CPU의 주변 장치를 확장하는 데 사용하고, 특정 상황에서 부팅 단계에 읽거나 쓰여야 하는 다양한 목적으로 사용하고 있다(I²C는 9장에서 살펴본다).

I²C 디바이스는 i2c 명령어로 관리할 수 있다. 책에서 다루는 보드 중에 I²C를 탑재한 유일한 보드인 비글본 블랙을 사용해 이 명령어를 테스트해보자. 보드에서 I²C 디바이스 리스트를 보려면 간단한 단계를 거치면 된다. 먼저 사용할 수 있는 모든 I²C 버스를 표시해보자.

```
=> i2c bus
Bus 0: omap24_0
Bus 1: omap24_1
Bus 2: omap24_2
```

보드 회로도를 보면 이 디바이스가 연결된 버스는 omap24_0라는 것을 알 수 있으므로 아래와 같은 명령어를 사용해 해당 버스를 설정해보자.

```
=> i2c dev 0
Setting bus to 0
```

이제 시스템이 모든 연결된 디바이스를 검사하도록 아래와 같은 명령어를 사용하자.

```
=> i2c probe
Valid chip addresses: 24 34 50
```

이 명령어는 3개의 디바이스를 훌륭하게 찾아냈고, 이제 이 디바이스로부터 데이터를 읽을 수 있다. 특히, i2c md 명령어를 사용해 주소 0x50번지(16진수 EEPROM번지)에 탑재된 EEPROM 데이터를 읽을 수 있다.

```
=> i2c md 0x50 0x0.2 0x20
0000: aa 55 33 ee 41 33 33 35 42 4e 4c 54 30 30 43 30  .U3.A335BNLT00C0
0010: 33 32 31 34 42 42 42 4b 30 37 31 36 ff ff ff ff  3214BBBK0716....
```

위의 명령어로 0x50번지를 기준으로 0x0번지에서(.2 지징자는 워드로 표시한나는 것을 나타냄) 시작해 0x20바이트의 데이터를 덤프하고 있다.

이 출력값에서 헤더인 0xaa 0x55 0x33 0xee와 보드 버전을 확인할 수 있다.

 비글본 블랙의 EEPROM 내용은 비글본 볼랙 사용자 매뉴얼에서 확인할 수 있다.

네트워크에서 파일 로딩

U-Boot의 또 다른 유용한 기능은 파일을 네트워크 연결에서 로딩하는 것이다. 개발 단계에서 사용하는 이 기능은 개발자가 마이크로 SD 카드를 시스템에 계속 넣었다 빼는 수고를 줄여준다. 1장에서 살펴봤듯이 시스템을 시작하려면 부트로더와 커널 이미지가 필요하고, 이들 컴포넌트 개발 중에 에러가 발생하면 정상 동작할 때까지 이 컴포넌트들을 자주 바꿔야 한다. U-Boot 릴리즈에서 네트워크 기능이 동작하면 네트워크에서 파일 로딩하는 기능을 이용해 시스템 메모리에 새로운 이미지를 로드할 수 있다.

커널 이미지가 정상 동작하지 않은 상태에서 정상 동작하도록 만들려면 U-Boot를 먼저 설정하고 네트워크로부터 커널 이미지를 로딩한 후 부팅해, 필요한 테스트를 해야 한다.

이런 동작을 위한 명령어는 tftp다. 이 명령어는 Trivial File Transfer Protocol(TFTP) 프로토콜로 원격 서버에서 파일을 다운로드할 때 사용한다.

 https://it.wikipedia.org/wiki/Trivial_File_Transfer_Protocol에서 TFTP 프로토콜에 대한 자세한 사항을 확인할 수 있다.

아래와 같은 명령어를 사용해 필요한 패키지를 설치한 호스트 PC는 원격 서버가 될 것이다.

```
$ sudo aptitude install tftpd
```

 tftpd 설치 중 아래와 같은 메시지를 볼 수도 있다.

Note: xinetd currently is not fully supported by update-inetd. Please consult /usr/share/doc/xinetd/README.De bian and itox(8).

이 경우 tftp 이름의 파일을 /etc/xinetd.d에 직접 추가해야 한다. 이 파일은 아래와 같은 코드를 갖고 있어야 한다.

```
# default: yes
# description: The tftp server serves files using
#    the Trivial File Transfer
#    Protocol. The tftp protocol is often used to
#    boot diskless workstations, download
#    configuration files to network-aware
```

```
#     printers, and to start the installation
#     process for some operating systems.
service tftp
{
    disable = no
    socket_type = dgram
    protocol = udp
    wait = yes
    user = root
    server = /usr/sbin/in.tftpd
    server_args = -s /srv/tftpboot
}
```

이제 아래와 같이 /srv/tftpboot 디렉터리를 생성해야 한다.

$ sudo mkdir /srv/tftpboot

마지막으로 아래와 같이 xinetd 데몬을 재시작하자.

$ sudo /etc/init.d/xinetd restart
[ok] Restarting xinetd (via systemctl): xinetd.service.

설치가 끝나면 UDP 69번 포트에서 리스닝^{listening}하는 새로운 프로세스를 볼 수 있다.

```
$ netstat -lnp | grep ':\<69\>'
(Not all processes could be identified, non-owned process info will not be
shown, you would have to be root to see it all.)
udp      0     0 0.0.0.0:69              0.0.0.0:*
```

기본 tftpd 루트 디렉터리는 /srv/tftpboot고, 폴더 안에는 아무것도 없을 것이다.

```
$ ls -l /srv/tftpboot/
total 0
```

이제 1장, '개발 시스템 설치'의 'Wandboard용 데비안 8(Jessie)' 절에서 했던 것처럼 커널 이미지를 복사하자.

```
$ sudo cp deploy/4.4.7-armv7-x6.zImage /srv/tftpboot/vmlinuz-4.4.7-armv7-x6
```

 위 명령어에서 sudo는 모든 시스템에 필요한 것은 아니다. 이전 팁에서 언급했듯이 저자의 호스트 PC에서 데몬이 정상적으로 설치되지 않아 사용한 것이다.

이제 Wandboard에서 호스트 PC에 ping을 보낼 수 있도록 ipaddr 환경 변수를 설정해야 한다. 예를 들어, 저자의 호스트 PC는 아래 네트워크 설정을 가진다.

```
$ ifconfig enp0s3
enp0s3  Link encap:Ethernet HWaddr 08:00:27:22:d2:ed
        inet addr:192.168.32.43 Bcast:192.168.32.255 Mask:255.255.255.0
        inet6 addr: fe80::a00:27ff:fe22:d2ed/64 Scope:Link
        UP BROADCAST RUNNING MULTICAST MTU:1500 Metric:1
        RX packets:986 errors:0 dropped:0 overruns:0 frame:0
        TX packets:687 errors:0 dropped:0 overruns:0 carrier:0 collisions:0
        txqueuelen:1000
        RX bytes:226853 (226.8 KB) TX bytes:100360 (100.3 KB)
```

 독자의 시스템에는 이더넷 카드 이름과 IP 주소 설정이 모두 다를 수 있으므로 값을 독자의 랜(LAN)에 맞게 설정해야 한다.

또한 저자의 DHCP 서버는 임베디드 보드에 192.168.32.10에서 192.168.32.40까지 IP 주소를 대여한다. 따라서 Wandboard는 아래와 같이 설정할 수 있다.

```
=> setenv ipaddr 192.168.32.25
```

이제 모든 것이 정상적으로 설정됐다면 아래와 같이 호스트 PC에 ping을 보낼 수 있다.

```
=> ping 192.168.32.43
Using FEC device
host 192.168.32.43 is alive
```

이제 호스트 PC에서 파일을 불러들여보자. 이를 위해 TFTP 서버의 IP 주소를 serverip 변수에 할당해야 한다.

```
=> setenv serverip 192.168.32.43
```

이제 아래와 같은 명령어를 사용해 커널 이미지를 로딩할 수 있다.

```
=> tftpboot ${loadaddr} vmlinuz-4.4.7-armv7-x6
Using FEC device
TFTP from server 192.168.32.43; our IP address is 192.168.32.25
Filename 'vmlinuz-4.4.7-armv7-x6'.
Load address: 0x12000000
Loading: ##################################################################
         ##################################################################
         ...
         ########################
         688.5 KiB/s
done
Bytes transferred = 5802912 (588ba0 hex)
```

성공했다. 이제 개발을 위해 다운로드한 커널 이미지를 사용할 수 있게 됐다.

 지금은 이 모드를 더 설명하지 않고 3장에서 자세하게 설명할 것이다.

2장을 끝내기 전에 한 가지 더 짚고 넘어갈 것이 있다. Wandboard는 1개의 이더넷 포트를 갖고 있어 U-Boot에서 설정한 모든 것이 이 1개의 이더넷 디바이스와 연관된다. 만약, 이더넷 포트가 2개 이상이면 어떻게 될까? 예를 들어, SAMA5D3 Xplained는 2개의 이더넷 포트를 가진다. 앞에 설명한 tftp 명령어를 사용할 때 이 설정을 어떻게 관리해야 할까?

이 질문에 답하기 위해 보드를 바꿔 SAMA5D3 Xplained에 전원을 넣어보자. 부팅 후 U-Boot를 멈추고 환경 설정값을 살펴보자.

```
=> print
arch=arm
baudrate=115200
board=sama5d3_xplained
board_name=sama5d3_xplained
bootargs=console=ttyS0,115200 root=/dev/mmcblk0p2 ro rootwait
bootcmd=if test ! -n ${dtb_name}; then setenv dtb_name at91-${board_name}.dtb;
fi; fatload mmc 0:1 0x21000000 /dtbs/${dtb_name}; fatload mmc 0:1 0x22000000
zImage; bootz 0x22000000 - 0x21000000
bootdelay=1
cpu=armv7
ethact=gmac0
soc=at91
vendor=atmel
Environment size: 412/16380 bytes
```

정의된 변수를 살펴보면 ethact 변수를 볼 수 있다. 이 변수가 현재 사용하는 이더넷 포트를 지정한다. 시스템은 기가비트^{gigabit} 이더넷 포트인 gmac0를 ethact에 설정하고 있다 (이 포트는 보드에 ETH0/GETH로 표시된다).

위의 설정을 반복하면 이전과 마찬가지로 호스트 PC에 ping을 보낼 수 있다.

```
=> setenv ipaddr 192.168.32.25
=> ping 192.168.32.43
gmac0: PHY present at 7
gmac0: Starting autonegotiation...
gmac0: Autonegotiation complete
gmac0: link up, 100Mbps full-duplex (lpa: 0x45e1)
host 192.168.32.43 is alive
```

 아래와 같은 에러는 이더넷 포트가 디폴트 맥(MAC) 주소를 가질 때 발생한다.

```
*** ERROR: 'ethaddr' not set
ping failed; host 192.168.32.43 is not alive
```

이 경우, 아래와 같은 명령어로 랜덤값을 설정해야 한다.

```
=> setenv ethaddr 3e:36:65:ba:6f:be
```

이제 ping을 다시 실행해보자.

이제 ethact 변수를 변경해 다른 이더넷 포트(보드에 ETH1으로 표시된 포트)로 ping을 실행 해보자.

```
=> setenv ethact macb0
```

이제 ping을 수행해보자.

```
=> ping 192.168.32.43
macb0: PHY present at 0
macb0: Starting autonegotiation...
macb0: Autonegotiation complete
macb0: link up, 100Mbps full-duplex (lpa: 0x45e1)
host 192.168.32.43 is alive
```

마지막으로 U-Boot는 자동 연결 설정이 실패하면 자동으로 사용 중인 포트로 바꾼다. 시스템이 ethact에 gmac0로 설정했지만, 케이블이 ETH1 포트에 꽂혀 있다면, 아래와 같은 메시지를 볼 수 있다.

```
=> ping 192.168.32.25
gmac0: PHY present at 7
gmac0: Starting autonegotiation...
gmac0: Autonegotiation timed out (status=0x7949)
gmac0: link down (status: 0x7949)
macb0: PHY present at 0
```

```
macb0: Starting autonegotiation...
macb0: Autonegotiation complete
macb0: link up, 100Mbps full-duplex (lpa: 0x45e1)
host 192.168.32.43 is alive
```

 SAMA5D3 Xplained 보드 사용 시 이 책에서 사용하는 U-Boot의 네트워크 지원에 문제
가 발생할 수 있다. 이는 이 U-Boot 릴리즈가 Atmel의 공식 버전과 다르기 때문이다. 걱정
할 필요는 없다. 공식 U-Boot release를 http://www.at91.com/linux4sam/bin/view/
Linux4SAM/Sama5d3XplainedMainPage#Build_U_Boot_from_sources에서 사용
할 수 있다. 이 버전은 확실히 동작할 것이다.

커널 명령어 라인

부트로더에 대한 설명을 끝내기 전에 U-Boot가 커널에 명령어를 넘기는 방법을 간단히
살펴보자. 이 데이터는 커널을 설정하고 특정 명령어를 루트 파일 시스템의 사용자 프로
그램에 넘기는 데 사용하기 때문에 매우 중요하다.

이 인자는 bootargs 변수에 저장되고, 이 설정은 사용하는 보드에 따라 다르다. 예를 들
어, Wandboard에 전원을 넣고 bootloader를 멈춘 후 bootargs를 프린트하면 아래와
같은 에러가 발생한다.

```
=> print bootargs
## Error: "bootargs" not defined
```

이는 bootargs 내용이 부팅 스크립트에 의해 설정되는데, 부팅이 멈춰 아직 해당 스크립
트가 실행되지 않았기 때문이다. U-Boot 환경 변수를 자세히 읽어보면 run mmcargs 명
령이 호출된다는 것을 알 수 있다.

174

U-Boot는 bootcmd 변수가 갖고 있는 이 스크립트를 자동으로 실행한다.

이 명령어의 내용은 아래와 같다.

```
=> print mmcargs
mmcargs=setenv bootargs console=${console} ${optargs} root=${mmcroot}
rootfstype=${mmcrootfstype} ${cmdline}
```

이 부분이 커널 명령어 라인이 만들어지는 곳이다. 이전에 사용했던 변수들에 어떤 값이 사용됐는지 살펴보자. 한 가지 덧붙일 사항은 optargs 변수를 사용해 사용자 설정을 추가할 수 있다는 것이다.

예를 들어, loglevel을 커널에 설정한다면(시리얼 콘솔에 보이는 낮은 커널 메시지 우선순위), optargs에 아래와 같이 설정할 수 있다.

```
=> setenv optargs 'loglevel=8'
```

그리고 부팅을 계속 진행해보자.

```
=> boot
```

시스템이 재시작되면, 커널의 부팅 메시지를 통해 새 설정이 적용된다는 것을 확인할 수 있다.

```
Kernel command line: console=ttymxc0,115200 loglevel=8 root=/dev/mmcbl
k0p1 ro rootfstype=ext4 rootwait
```

또한 커널 명령어 라인의 복사본을 갖는 procfs 파일을 보면 확인할 수 있다. 아래와 같이 /proc/cmdline 파일을 보면 된다.

```
root@wb:~# cat /proc/cmdline
console=ttymxc0,115200 loglevel=8 root=/dev/mmcblk0p1 ro rootfstype=ext4
rootwait
```

 커널 명령어 라인과 파라미터에 대한 좀 더 자세한 정보는 Documentation/kernel parameters.txt 내의 커널 트리나 https://www.kernel.org/doc/Documentation/admin-guide/kernel-parameters.txt에서 확인할 수 있다.

▌ 요약

2장에서는 새로운 임베디드 개발자 도구를 살펴봤다. 이 책에서 사용하는 여러 유용한 명령어 라인 도구와 부트로더에 대한 설명, 하드웨어와 탑재된 저장 장치를 관리하기 위한 유용한 명령어도 살펴봤다.

3장에서는 커널과 커널 메커니즘, 커널 재컴파일을 좀 더 자세히 살펴보고, 원시[Native] 형태와 크로스 컴파일 형태의 C 컴파일러도 자세히 설명한다.

03

C 컴파일러와 디바이스 드라이버, 유용한 개발 테크닉

2장에서는 개발 도구 관리와 부트로더 관리를 위한 시리얼 콘솔 사용법을 살펴봤다. 또한 USB 케이블로 호스트와 통신하기 위해 몇 가지 디바이스 드라이버를 소개했고, 임베디드 시스템이 마운트 및 부팅하는 주요 파일 시스템과 파일 시스템의 파일들의 집합인 데비안 OS를 설치했다.

3장에서는 C 컴파일러(크로스 컴파일러와 함께)를 자세히 살펴본다. 그리고 원시 컴파일러와 크로스 컴파일러를 언제 사용하는지와 두 컴파일러의 차이를 설명한다.

4장부터 다른 종류의 컴퓨터 주변 장치를 설명하고 각 디바이스 드라이버가 어떻게 동작하는지 설정 및 컴파일을 하는 방법부터 마지막 단계까지 설명하기 때문에 3장에서는 이 책에서 사용하는 커널 관련 내용(설정과 재컴파일, 디바이스 트리)을 살펴볼 것이며, 디바이스 드라이버를 컴파일하는 방법과 디바이스 드라이버를 커널 모듈(동적으로 로드되는 커널 코드)로 동작하도록 하는 방법도 자세히 살펴본다. 그리고 간단한 드라이버를 구현해 보면서 흥미 있는 부분을 보여주고 커널 프로그래밍(이 책에서는 다루지 않는다)에 대한 간단한 조언을 제공할 것이다.

루트 파일 시스템의 내부 동작과 초기 개발 단계 중 매우 유용하게 사용하는 네트워크 파일 시스템에 대한 설명도 덧붙이고, 마지막으로 에뮬레이터 사용법을 설명하면서 호스트 PC에서 타깃 머신의 전체 데비안 배포판을 실행할 것이다.

3장까지는 이 책의 소개 부분이므로 이런 주제를 이미 알고 있는 숙련된 개발자는 3장을 건너뛰어도 되지만, 이 책에서 사용할 개발 도구와 프로그램을 관리하는 새로운 기술을 배울 수 있으므로 한 번쯤 읽어볼 것을 권한다.

▌ C 컴파일러

C 컴파일러는 C 언어를 CPU가 이해하고 실행할 수 있는 바이너리 포맷으로 바꾸는 프로그램이다. 이는 GNU/리눅스 시스템에서 프로그램을 개발하는 가장 기본적이며 강력한 방법이다.

그럼에도 대부분의 개발자는 C 언어가 가비지 콜렉션[1]이나 객체지향 프로그래밍을 지원하지 않아 C 프로그래밍이 제공하는 실행 속도를 포기하면서 C보다 하이 레벨 언어를 선호한다. 그러나 디바이스 드라이버 개발이나 고성능 애플리케이션 작성을 위해 커널을 재컴파일해야 한다면(리눅스 커널은 C와 어셈블러로 작성된다) C 언어는 반드시 필요하다.

2장에서 컴파일러와 크로스 컴파일러를 설명했고, 이미 크로스 컴파일러를 사용해 커널과 부트로더를 여러 번 컴파일했다. 그러나 때로는 원시 컴파일러를 사용해야 할 수도

---

1   메모리 할당 후 더 이상 필요 없을 때 자동 해제하는 기능으로, 대표적으로 자바에서 지원한다. - 옮긴이

있다. 사실 원시 컴파일이 더 쉽지만 대부분의 경우 시간이 더 걸린다. 따라서 각 컴파일러의 장단점을 아는 것이 매우 중요하다.

임베디드 시스템용 프로그램은 전통적으로 호스트 PC에서 타깃 시스템 구조용 크로스 컴파일러를 사용해 컴파일한다. 다시 말해, 호스트 PC와 다른 CPU 명령어 집합을 갖고 있는 이기종 머신 구조용 코드를 만들 수 있는 컴파일러를 사용한다.

원시/이기종 머신 구조

이 책의 개발 도구는 ARM 머신이고 대부분의 호스트 머신은 x86(일반 PC)이다. 따라서 호스트 머신에서 C 프로그램을 컴파일하면 생성된 코드는 ARM 머신에서 사용할 수 없고, 그 반대도 마찬가지다.

이 말이 맞는지 확인해보자. 아래는 클래식한 Hello World 프로그램이다.

```c
#include <stdio.h>
int main()
{
    printf("Hello World\n");
    return 0;
}
```

이제 아래와 같은 명령어를 사용해 호스트 머신에서 컴파일하자.

```
$ make CFLAGS="-Wall -O2" helloworld
cc  -Wall -O2     helloworld.c   -o helloworld
```

여기서 cc 명령 대신 make 명령어를 사용했다는 것을 기억하자. make 명령어는 makefile 이 없더라도 C 프로그램을 컴파일하는 방법을 이미 알고 있기 때문에 cc 명령어와 동일하게 컴파일러가 실행되도록 할 수 있다.

컴파일된 이 파일이 x86(호스트 PC)용이라는 것을 file 명령어를 사용해 확인할 수 있다.

```
$ file helloworld
helloworld: ELF 64-bit LSB executable, x86-64, version 1 (SYSV), dynamically
linked (uses shared libs), for GNU/Linux 2.6.24, BuildID[sha1]=0f0db5e65e1cd099
57ad06a7c1b7771d949dfc84, not stripped
```

 위 출력값은 사용하는 호스트 머신 플랫폼에 따라 다를 수 있다.

이제 프로그램을 개발 보드(예를 들어, 비글본 블랙)로 복사해 실행해보자.

```
root@bbb:~# ./helloworld
-bash: ./helloworld: cannot execute binary file
```

예상했던 대로 시스템이 다른 구조에서 생성된 코드 실행을 거부한다.

이와 반대로 특정 CPU 구조용 크로스 컴파일러를 사용하면 프로그램은 아주 잘 동작할 것이다. 코드를 크로스 컴파일러를 사용해 재컴파일해보자. rm helloworld 명령어를 사용해 이전에 생성했던 x86용 실행 파일을 삭제하고 크로스 컴파일러를 사용해 재컴파일 하자.

```
$ make CC=arm-linux-gnueabihf-gcc CFLAGS="-Wall -O2" helloworld
arm-linux-gnueabihf-gcc -Wall -O2 helloworld.c -o helloworld
```

 크로스 컴파일러의 파일 이름은 특별한 의미를 지닌다. 파일 이름은 〈구조〉-〈플랫폼〉-〈바이너리 포맷〉-〈도구 이름〉 형태를 가진다. 따라서 arm–linux–gnueabihf–gcc는 ARM 구조와 리눅스 플랫폼, GNU EABI HARD–Float(gnueabihf) 바이너리 포맷, GNU C 컴파일러(gcc) 도구를 의미한다.

180

이제 file 명령어를 사용해 코드가 진짜 ARM 구조용으로 생성됐는지 확인하자.

```
$ file helloworld
helloworld: ELF 32-bit LSB executable, ARM, EABI5 version 1 (SYSV), dynamically
linked (uses shared libs), for GNU/Linux 2.6.32, BuildID[sha1]=31251570b8a17803
b0e0db01fb394a6394de8d2d, not stripped
```

이 파일을 비글본 블랙으로 복사하고 실행하면 아래와 같은 결과가 나타난다.

```
root@bbb:~# ./helloworld
Hello World!
```

따라서 크로스 컴파일러가 실행하고자 하는 구조에 맞는 코드를 생성한다는 것을 확인할 수 있다.

 실제로 완전히 동작하는 바이너리 이미지를 갖기 위해 라이브러리 버전과 헤더 파일(커널과 관련된 헤더도 같이), 크로스 컴파일러 옵션이 타깃과 맞고, 호환 가능해야 한다. 때때로 musl과 libc를 가진 시스템의 glibc로 크로스 컴파일된 코드는 실행되지 않을 수 있다(혹은 이상하게 동작할 수 있다).

이 책에서는 호환 가능한 라이브러리와 컴파일러를 갖고 있지만, 임베디드 개발자는 라이브러리나 컴파일러가 어떻게 동작하는지 알고 있어야 한다. 일반적으로 호환성 이슈를 피하기 위해 정적 컴파일을 사용하지만, 이 경우 바이너리 파일이 엄청 커질 수 있다.

그렇다면 언제 원시 컴파일러를 사용하고, 언제 크로스 컴파일러를 사용해야 할까?

임베디드 시스템에서 원시 컴파일러를 사용하는 경우는 아래와 같다.

- 모든 타깃 라이브러리가 사용 가능해 호환성 이슈가 없다. 호스트 PC에서 ARM 형태의 모든 라이브러리가 필요할 때 크로스 컴파일은 어려울 수 있다. 따라서 프로그램과 프로그램의 의존성까지 해결해야 한다. 임베디드 시스템의 rootfs에

같은 버전의 의존성 라이브러리들이 설치돼 있지 않다면 문제 해결 가이드에 기대는 수밖에 없다.

- 원시 컴파일러를 사용하는 것은 쉽고 빠르다.

크로스 컴파일러를 사용하는 경우는 아래와 같다.

- 프로그램 코드가 커서 타깃에서 프로그램을 컴파일하면 시간이 너무 걸린다. 짧게는 몇 분에서 길게는 몇 시간까지 걸릴 수 있다(심지어 컴파일이 되지 않을 수도 있다). 사실 이 이유가 임베디드 시스템에서 원시 컴파일하는 다른 모든 장점을 뛰어넘을 수 있다.
- 요즘 PC는 멀티코어를 갖고 있으므로 컴파일러는 동시에 여러 파일을 컴파일할 수 있다.
- 전체 리눅스 시스템을 처음부터 빌드하는 경우, 크로스 컴파일러를 사용하는 것이 좋다.

어쨌든 이 책에서는 소프트웨어를 원시 컴파일과 크로스 컴파일하는 예제를 보여주고 두 컴파일 간의 차이를 이해하도록 할 것이다.

C 프로그램 컴파일

첫 번째 단계로 C 프로그램을 컴파일하는 방법을 살펴보자. 간단히 설명하기 위해 다음 절의 사용자 영역 프로그램부터 컴파일하고, 커널 영역도 컴파일할 것이다.

C 프로그램을 컴파일하는 법을 아는 것은 C로 작성된 도구(대부분 C로 작성됨)가 배포판에 없거나 오래된 버전인 경우에 유용하다. 이런 경우, 직접 재컴파일할 수 있기 때문이다.

원시 컴파일과 크로스 컴파일의 차이를 보이기 위해 두 가지 방법을 모두 설명할 것이다. 한 가지 유의 사항은 아래 가이드가 모든 것을 설명하지 않는다는 것이다. 크로스 컴파일 단계는 컴파일해야 하는 소프트웨어 패키지에 따라 다를 수 있다.

앞으로 사용할 패키지는 PicoC 인터프리터다. 경험 많은 프로그래머는 이 C 컴파일러를 알고 있을 것이다. 이 컴파일러는 C 프로그램을 머신 언어로 바꾸는 데 사용하지만, 대부분의 독자는 C 인터프리터가 존재한다는 사실도 모를 것이다.

 사실 많은 C 인터프리터가 있지만 크로스 컴파일을 간단히 하기 위해 PicoC에 집중하자.

인터프리터는 소스 코드를 즉시 실행 코드로 바꿔주는 프로그램이고, 전체 파일을 파싱할 필요가 없으며, 한 번에 코드를 생성한다. 간단한 업무를 해결하기 위해 간단한 프로그램을 작성하는 방법이 필요할 때 유용하다.

인터프리터 사용 시 코드에서 버그를 고치거나 프로그램을 변경하는 경우, 프로그램 소스를 고치고 컴파일 없이 바로 실행하면 된다. 코드를 고치기 위해 단지 편집기만 있으면 되는 것이다.

예를 들어, 파일에서 몇 바이트를 읽을 때는 표준 C 프로그램을 사용할 수 있다. 이 간단한 작업을 위해 인터프리터용 스크립트를 작성할 수 있다. 어떤 인터프리터를 선택할지는 개발자에게 달렸지만, 보통 C 프로그래머가 많기 때문에 PicoC를 선택하는 것도 나쁘지 않을 것 같다.

 PicoC 툴은 모든 C 프로그램을 인터프리팅하지 못한다. 이 툴은 표준 C 컴파일러의 일부만을 구현하기 때문이다. 그러나 몇몇의 흔하고 쉬운 작업은 처리할 수 있다. PicoC는 제품용이 아닌 교육용으로 사용하는 것이 좋다.

원시 컴파일

첫 번째 단계로 저장소 git://github.com/zsaleeba/picoc.git에서 PicoC 소스 코드를 임베디드 시스템으로 다운로드해야 한다(참고로 https://github.com/zsaleeba/picoc에서 소

스 브라우징도 할 수 있다). 이번에는 비글본 블랙을 사용하고, 다운로드 명령어는 아래와 같다.

```
root@bbb:~# git clone git://github.com/zsaleeba/picoc.git
```

 위 저장소의 스크린샷은 이 책의 예제 코드 저장소에 있는 chapter_03/picoc/picoc-git. tgz 파일에서 찾아볼 수 있다.

다운로드가 끝나면 아래와 같은 명령어로 PicoC 소스 코드를 컴파일할 수 있다.

```
root@bbb:~# cd picoc/
root@bbb:~/picoc# make
```

 컴파일 중 아래와 같은 에러가 발생하면 무시해도 된다.

```
/bin/sh: 1: svnversion: not found
```

또한 컴파일 중 아래와 같은 에러가 발생할 수도 있다.

```
platform/platform_unix.c:5:31: fatal error: readline/readline.h: No such file
or directory
#include <readline/readline.h>
                               ^
compilation terminated.
<builtin>: recipe for target 'platform/platform_unix.o' failed
make: *** [platform/platform_unix.o] Error 1
```

이 에러는 실제로 readline 라이브러리가 없어서 발생하는 것이다. 따라서 계속 진행하기 위해서는 해당 라이브러리를 설치해야 한다. 2장, '시스템 콘솔 관리'의 '소프트웨어 패키지 검색' 절에서 언급했듯이, 어떤 패키지 이름이 특정 도구를 갖고 있는지 확인하기 위해 아래와 같은 명령어로 readline 라이브러리를 갖는 패키지를 찾아보자.

```
root@bbb:~# apt-cache search readline
```

이 명령어의 출력은 꽤 길지만, 자세히 살펴보면 아래와 같은 내용을 볼 수 있다.

```
libreadline5 - GNU readline and history libraries, run-time libraries
libreadline5-dbg - GNU readline and history libraries, debugging libraries
libreadline-dev - GNU readline and history libraries, development files
libreadline6 - GNU readline and history libraries, run-time libraries
libreadline6-dbg - GNU readline and history libraries, debugging libraries
libreadline6-dev - GNU readline and history libraries, development files
```

이 패키지들이 바로 위의 에러를 없애기 위해 필요한 도구의 이름이다. 실제로 필요한 패키지는 libreadline−dev다.

데비안 배포판에서 모든 라이브러리 패키지의 앞에는 lib 문자열이 붙는다. −dev가 뒤에 붙는 것은 라이브러리 패키지의 개발용 버전이라는 것을 나타낸다. 여기서 libreadline−dev 패키지를 선택하고, 시스템은 버전 5나 6의 라이브러리를 선택한다.

개발용 버전 라이브러리는 개발자가 소프트웨어를 해당 라이브러리와 컴파일할 때 필요한 모든 파일과 라이브러리 함수에 대한 문서를 갖고 있다.

예를 들어, readline의 개발용 라이브러리 패키지 버전에서 컴파일러가 필요한 헤더와 오브젝트 파일을 찾을 수 있다. 아래와 같은 명령어를 사용하면 이 파일들을 볼 수 있다.

```
root@bbb:~# dpkg -L libreadline6-dev | \
                egrep '\.(so|h)'
```

```
/usr/include/readline/rltypedefs.h
/usr/include/readline/readline.h
/usr/include/readline/history.h
/usr/include/readline/keymaps.h
/usr/include/readline/rlconf.h
/usr/include/readline/tilde.h
/usr/include/readline/rlstdc.h
/usr/include/readline/chardefs.h
/usr/lib/arm-linux-gnueabihf/libreadline.so
/usr/lib/arm-linux-gnueabihf/libhistory.so
```

이제 이 라이브러리를 설치해보자.

```
root@bbb:~# aptitude install libreadline-dev
```

설치가 끝나면 make 명령어를 재실행해 새 C 인터프리터를 컴파일할 수 있다.

```
root@bbb:~/picoc# make
gcc -Wall -pedantic -g -DUNIX_HOST -DVER="`svnversion -n`" -c -o clibrary.o
clibrary.c
...
gcc -Wall -pedantic -g -DUNIX_HOST -DVER="`svnversion -n`" -o picoc picoc.
o table.o lex.o parse.o expression.o heap.o type.o variable.o clibrary.o
platform.o include.o debug.o platform/platform_unix.o platform/library_unix.o
cstdlib/stdio.o cstdlib/math.o cstdlib/string.o cstdl
ib/stdlib.o cstdlib/time.o cstdlib/errno.o cstdlib/ctype.o cstdlib/stdbool.o
cstdlib/unistd.o -lm -lreadline
```

PicoC를 성공적으로 컴파일했다.

이 인터프리터를 테스트하려면 Hello World 프로그램을 약간 수정해야 한다. main( ) 함수는 이전과 같이 정의되지 않는다. PicoC는 함수 정의를 사용하면 에러를 반환하기 때문이다. 아래 코드를 살펴보자.

```
#include <stdio.h>
int main()
{
    printf("Hello World\n");
    return 0;
}
```

이제 새로운 C 인터프리터를 사용해 이 프로그램을 직접 실행할 수 있다(컴파일 없이 실행한다).

```
root@bbb:~/picoc# ./picoc helloworld.c
Hello World
```

PicoC의 재미있는 기능은 C 소스 파일을 스크립트처럼 실행할 수 있다는 것이다. C에서는 필요한 main( ) 함수를 지정할 필요가 없고, 각 명령어는 일반 스크립트 언어처럼 파일의 시작부터 한 줄씩 실행된다.

C와 같은 스크립트(main( ) 함수가 정의되지 않는다)로 Hello World를 구현한 아래 스크립트를 실행해보자.

```
printf("Hello World!\n");
return 0;
```

위 코드를 helloworld.picoc 파일에 넣고, 아래와 같은 명령어를 사용해 실행해보자.

```
root@bbb:~/picoc# ./picoc -s helloworld.picoc
Hello World!
```

위 명령어에서는 PicoC 인터프리터의 스크립트 기능을 사용하기 위해 명령어 라인에 -s
옵션을 추가했다.

크로스 컴파일

이제 PicoC 인터프리터를 호스트 시스템에서 크로스 컴파일해보자. 하지만 아래 컴파
일 예제는 원시 컴파일이 불가능할 때 프로그램을 재컴파일하는, 빠르지만 깔끔하지 않
은 방법을 보여주기 위한 것이라는 사실을 기억하자. 이전에 언급했듯이 크로스 컴파일
은 부트로더와 커널을 완벽하게 컴파일할 수 있고, 사용자 영역 애플리케이션 컴파일 시
에는 크로스 컴파일러가 사용하는 모든 관련된 라이브러리(그리고 헤더 파일)가 타깃 머신
에 설치된 라이브러리와 호환되는지 확인해야 한다. 그렇지 않으면 프로그램이 동작하지
않을 수 있다. 이 책에서는 완벽하게 호환 가능하므로 계속 진행한다.

이전에 했던 것처럼, git 명령어를 사용해 PicoC 소스 코드를 다운로드해야 한다. 그리
고 새로 생성한 picoc 디렉터리에서 아래와 같은 명령어를 입력해야 한다.

```
$ cd picoc/
$ make CC=arm-linux-gnueabihf-gcc
arm-linux-gnueabihf-gcc -Wall -pedantic -g -DUNIX_HOST -DVER="`svnversion -n`"
-c -o picoc.o picoc.c
...
platform/platform_unix.c:5:31: fatal error: readline/readline.h: No such file
or directory
compilation terminated.
<builtin>: recipe for target 'platform/platform_unix.o' failed
make: *** [platform/platform_unix.o] Error 1
```

CC=arm-linux-gnueabihf-gcc 명령어 라인 옵션을 지정해 크로스 컴파일하도록 했다. 하지만 크로스 컴파일 명령어는 단일 소프트웨어 패키지가 사용하는 컴파일 방법에 따라 다를 수 있다.

시스템이 readline 라이브러리가 없다면서 링킹^{linking} 에러를 반환했다. 그러나 이번에는 ARM 버전의 라이브러리가 없기 때문에 이 라이브러리를 설치할 수 없다. 현재 저자의 PC는 이 라이브러리가 없는 일반적인 PC다.

 이기종 패키지를 데비안/우분투 배포판에 설치하는 방법은 쉽지도 않고, 이 책의 범위를 벗어난다. 관심 있는 독자는 데비안/우분투 Multiarch인 https://help.ubuntu.com/community/MultiArch를 참고하자.

이 이슈를 해결하는 데는 두 가지 방법이 있다.

- 없는 패키지를 설치할 방법을 찾는다.
- 없는 패키지 없이 계속 컴파일할 방법을 찾는다.

전자는 readline 라이브러리가 많은 의존성을 갖고 있고, 모든 의존성 있는 라이브러리를 컴파일하려면 시간이 많이 걸리므로 후자로 진행하자.

readline 라이브러리는 강력한 쌍방향 대화 도구를 구현하기 위해 사용한다는 것을 이미 알고 있고, 이 인터프리터는 이 라이브러리의 쌍방향 대화 기능을 사용하지 않을 것이므로 가능하면 readline 라이브러리의 사용을 피하자. 코드를 자세히 살펴보면 USE_READLINE가 정의된 것을 볼 수 있다. 아래와 같이 코드를 변경하면 이 문제를 해결할 수 있고, readline 지원 없이 이 인터프리터를 컴파일할 수 있다.

```
$ git diff
diff --git a/Makefile b/Makefile
```

```
index 6e01a17..c24d09d 100644
--- a/Makefile
+++ b/Makefile
@@ -1,6 +1,6 @@
  CC=gcc
  CFLAGS=-Wall -pedantic -g -DUNIX_HOST -DVER="`svnversion -n`"
-LIBS=-lm -lreadline
+LIBS=-lm
  TARGET = picoc
  SRCS = picoc.c table.c lex.c parse.c expression.c heap.c type.c \
diff --git a/platform.h b/platform.h
index 2d7c8eb..c0b3a9a 100644
--- a/platform.h
+++ b/platform.h
@@ -49,7 +49,6 @@
 # ifndef NO_FP
 # include <math.h>
 # define PICOC_MATH_LIBRARY
-# define USE_READLINE
 # undef BIG_ENDIAN
 # if defined(__powerpc__) || defined(__hppa__) || defined(__sparc__)
 # define BIG_ENDIAN
```

 위 패치는 이 이 책의 예제 코드 저장소에 있는 chapter_03/picoc/picocdrop-readline.patch 파일에서 찾을 수 있다.

위 패치는 unified context diff 포맷이다. 위 코드를 살펴보면, Makefile에서 -lreadline 옵션이 LIBS 변수에서 제거돼야 하고, platform.h에서 USE_READLINE은 주석 처리돼 있다.

모든 변경 사항이 적용된 후 같은 명령어를 사용하면 패키지를 재컴파일할 수 있다.

```
$ make CC=arm-linux-gnueabihf-gcc
arm-linux-gnueabihf-gcc -Wall -pedantic -g -DUNIX_HOST -DVER="`svnversion -n`"
-c -o table.o table.c
...
arm-linux-gnueabihf-gcc -Wall -pedantic -g -DUNIX_HOST -DVER="`svnversion -n`"
-o picoc picoc.o table.o lex.o parse.o expression.o heap.o type.o variable.
o clibrary.o platform.o include.o debug.o platform/platform_unix.o platform/
library_unix.o cstdlib/stdio.o cstdlib/math.o cstdlib/string.o cstdlib/stdlib.
o cstdlib/time.o cstdlib/errno.o cstdlib/ctype.o cstdlib/stdbool.o cstdlib/
unistd.o -lm
```

드디어 컴파일됐다. 이제 잘 동작하는지 확인해보자. picoc 파일을 비글본 블랙으로 복
사하고 이전처럼 테스트해보자.

커널 모듈 컴파일

크로스 컴파일의 특별한 예제로서 리눅스 커널용 더미 모듈을 구현하는 아주 간단한 코
드를 살펴보고, 이 모듈을 크로스 컴파일해보자.

아래 더미 모듈의 커널 C 코드를 살펴보자.

```c
#include <linux/module.h>
#include <linux/init.h>
/* This is the function executed during the module loading */
static int dummy_module_init(void)
{
    printk("dummy_module loaded!\n");
    return 0;
}
/* This is the function executed during the module unloading */
static void dummy_module_exit(void)
{
```

```
    printk("dummy_module unloaded!\n");
    return;
}
module_init(dummy_module_init);
module_exit(dummy_module_exit);
MODULE_AUTHOR("Rodolfo Giometti <giometti@hce-engineering.com>");
MODULE_LICENSE("GPL");
MODULE_VERSION("1.0.0");
```

커널 트리에 관련된 정의를 제외하면 이 파일은 크게 dummy_module_init( ), dummy_module_exit( ) 두 함수와 특별한 정의인 module_init( ), module_exit( )를 가진다. 처음 두 함수는 현재 모듈의 entry와 exit 함수를 의미한다(즉, 모듈이 로딩될 때나 언로딩될 때 불리는 함수다). 이제 아래 Makefile을 살펴보자.

```
ifndef KERNEL_DIR
$(error KERNEL_DIR must be set in the command line)
endif
PWD := $(shell pwd)
CROSS_COMPILE = arm-linux-gnueabihf-
# 아랫부분은 컴파일해야 할 커널 모듈을 지정한다.
obj-m += module.o
# 디폴트 동작
all: modules
# 메인 작업
modules clean:
    make -C $(KERNEL_DIR) ARCH=arm CROSS_COMPILE=arm-linux-gnueabihf- \
        SUBDIRS=$(PWD) $@
```

 더미 모듈의 C 코드(dummy.c)와 Makefile은 이 책의 예제 코드 저장소에 있는 chapter_03/module 디렉터리에서 찾을 수 있다.

192

이제 호스트 PC에서 더미 모듈을 크로스 컴파일하기 위해 아래와 같은 명령어를 사용해보자.

```
$ make KERNEL_DIR=~/A5D3/armv7_devel/KERNEL/
make -C /home/giometti/A5D3/armv7_devel/KERNEL/ \
    SUBDIRS=/home/giometti/github/chapter_03/module modules
make[1]: Entering directory '/home/giometti/A5D3/armv7_devel/KERNEL'
    CC [M] /home/giometti/github/chapter_03/module/dummy.o
    Building modules, stage 2.
    MODPOST 1 modules
    CC /home/giometti/github/chapter_03/module/dummy.mod.o
    LD [M] /home/giometti/github/chapter_03/module/dummy.ko
make[1]: Leaving directory '/home/giometti/A5D3/armv7_devel/KERNEL'
```

 디바이스 드라이버가 분리된 패키지로써 리눅스 파일과 호환되는 makefile과 같이 릴리즈되면 원시 컴파일도 할 수 있다. 하지만 이 경우에도 타깃 머신에 리눅스 소스 트리를 설치해야 한다. 또한 소스는 동작하는 커널과 같은 방식으로 설정돼야 한다. 그렇지 않으면 컴파일된 드라이버는 동작하지 않을 수 있다. 커널 모듈은 컴파일되는 커널과 같은 환경에서만 로딩되고 실행되기 때문이다.

위 크로스 컴파일 결과는 dummy.ko 파일에 저장되므로 아래와 같이 확인해보자.

```
$ file dummy.ko
dummy.ko: ELF 32-bit LSB relocatable, ARM, EABI5 version 1 (SYSV), BuildID[sha1
]=ecfcbb04aae1a5dbc66318479ab9a33fcc2b5dc4, not stripped
```

 이 커널 모듈은 SAMA5D3 Xplained용으로 컴파일됐고, 다른 보드용으로도 비슷한 방식으로 크로스 컴파일할 수 있다.

크로스 컴파일된 새 모듈을 USB 이더넷 연결을 통해 SAMA5D3 Xplained에 복사하기 위해 scp를 사용하자.

```
$ scp dummy.ko root@192.168.8.2:
root@192.168.8.2's password:
dummy.ko                    100% 3228 3.2KB/s 00:00
```

SAMA5D3 Xplained에서 modinfo 명령어를 사용해 해당 커널 모듈에 대한 정보를 볼 수 있다.

```
root@a5d3:~# modinfo dummy.ko
filename:         /root/dummy.ko
version:          1.0.0
license:          GPL
author:           Rodolfo Giometti <giometti@hce-engineering.com>
srcversion:       1B0D8DE7CF5182FAF437083
depends:
vermagic:         4.4.6-sama5-armv7-r5 mod_unload modversions
                  ARMv7 thumb2 p2v8
```

커널에 이 모듈을 로드와 언로드하기 위해 insmod와 rmmod를 사용할 수 있다.

```
root@a5d3:~# insmod dummy.ko
[ 3151.090000] dummy_module loaded!
root@a5d3:~# rmmod dummy.ko
[ 3153.780000] dummy_module unloaded!
```

예상한 대로 더미 모듈의 메시지가 시리얼 콘솔에 표시되고 있다.

 SSH 연결을 사용하면, 커널 메시지를 보기 위해 dmesg나 tail –f /var/log/kern.log 명령어를 사용해야 한다. modinfo와 insmod, rmmod 명령어는 다음 절에서 자세히 설명한다.

▌ 커널과 DTS 파일

이 책의 목적은 임베디드 GNU/리눅스 시스템에서 사용하는 빠른 프로그래밍 기법을 제공하는 것이다. 그러나 모든 개발자의 목적은 주변 장치를 관리하고, 디바이스를 제어 및 모니터링하며, 실세계와 상호작용하기 위한 일들을 처리하기 위한 프로그램을 구현하는 것이다. 따라서 주변 장치의 데이터와 설정에 접근하기 위한 유용한 테크닉을 궁극적으로 알아야 한다.

이것이 바로 커널을 재컴파일하는 방법과 설정하는 방법을 알아야 하는 이유다.

커널 재컴파일

이 책에 나온 개발자 도구는 지원이 잘되기 때문에 커널을 재컴파일해야 하는 경우는 드물다. 그러나 모든 임베디드 개발자는 재컴파일하는 방법을 알아야 한다(외부 주변 장치를 추가하거나 디폴트 설정을 변경해야 할 수도 있기 때문이다).

이 책은 계속 Robert C. Nelson 저장소를 사용하고 있지만, 이런 일반적인 커널 저장소를 사용하더라도 커널 코드 관리에 유용한 몇 가지 기본 명령어는 명확히 알아야 한다.

1장, '개발 시스템 설치'에서 'SAMA5D3 Xplained 설정' 절의 SAMA5D3 Xplained 커널 컴파일에서는 build_kernel.sh 스크립트를 사용해 소스를 관리했다. 하지만 이것은 커널 코드를 관리하는 표준 방법이 아니다. 사실 Robert C. Nelson은 매우 편리한 도구를 잘 만들었지만, 독자들은 이 도구들을 사용하지 않고 커널을 관리하는 방법을 배워야 한다. 따라서 build_kernel.sh 스크립트가 커널 코드 관리를 위해 어떤 일을 하는지 살펴보자.

프로그램이 모두 그러하듯, main 함수가 이 파일의 끝에 위치해 있다. 아래 코드를 자세히 살펴보자.

```
...
. "${DIR}/version.sh"
```

```
export LINUX_GIT

unset FULL_REBUILD
#FULL_REBUILD=1
if [ "${FULL_REBUILD}" ] ; then
    /bin/sh -e "${DIR}/scripts/git.sh" || { exit 1 ; }

    if [ "${RUN_BISECT}" ] ; then
        /bin/sh -e "${DIR}/scripts/bisect.sh" || { exit 1 ; }
    fi

    if [ ! -f "${DIR}/.yakbuild" ] ; then
        patch_kernel
    fi
    copy_defconfig
fi
if [ ! "${AUTO_BUILD}" ] ; then
    make_menuconfig
fi
if [ -f "${DIR}/.yakbuild" ] ; then
    BUILD=$(echo ${kernel_tag} | sed 's/[^-]*//'|| true)
fi
make_kernel
make_modules_pkg
make_firmware_pkg
if grep -q dtbs "${DIR}/KERNEL/arch/${KERNEL_ARCH}/Makefile"; then
    make_dtbs_pkg
fi
echo "----------------------------"
echo "Script Complete"
echo "${KERNEL_UTS}" > kernel_version
echo "eewiki.net: [user@host:~$ export kernel_version=${KERNEL_UTS}]"
echo "----------------------------"
```

이제 아래 단계들이 실행된다.

1. **FULL_REBUILD**: 깃^{Git} 저장소에서 소스 코드를 체크아웃하고 패치를 적용한다.

2. **AUTO_BUILD**: 커널을 설정한다.

3. **make_kernel**: 커널과 커널 컴포넌트(모듈과 펌웨어, 디바이스 트리)를 빌드한다.

4. **make_modules_pkg**와 **make_firmware_pkg**, **make_dtbs_pkg**: 커널 모듈과 펌웨어 바이너리, 디바이스 트리를 포함하는 패키지를 생성한다.

위의 첫 번째 단계는 커널 소스를 얻기 위한 과정이므로 커널 컴파일과 직접적인 관련은 없다.

 스크립트를 실행할 때마다 커널 소스를 다운로드하는 것을 피하기 위해 아래 패치를 사용해 FULL_REBUILD 변수를 설정하지 않도록 해야 한다.

```
--- a/build_kernel.sh
+++ b/build_kernel.sh
@@ -227,8 +227,7 @@ fi
  . "${DIR}/version.sh"
   export LINUX_GIT
-#unset FULL_REBUILD
-FULL_REBUILD=1
+unset FULL_REBUILD
if [ "${FULL_REBUILD}" ] ; then
/bin/sh -e "${DIR}/scripts/git.sh" || { exit 1 ; }
```

네 번째 단계 역시 모듈과 다른 커널 컴포넌트를 패키징하는 것이므로 커널 컴파일과는 관련이 없다. 따라서 두 번째와 세 번째 단계만 자세히 살펴보자. make_menuconfig 함수 는 아래와 같이 구현돼 있다.

```
make_menuconfig () {
    cd "${DIR}/KERNEL" || exit
    make ARCH=${KERNEL_ARCH} CROSS_COMPILE="${CC}" menuconfig
```

```
    if [ ! -f "${DIR}/.yakbuild" ] ; then
      cp -v .config "${DIR}/patches/defconfig"
    fi
    cd "${DIR}/" || exit
}
```

이 중 커널 설정 메뉴를 실행하는 명령어는 아래와 같다.

```
make ARCH=${KERNEL_ARCH} CROSS_COMPILE="${CC}" menuconfig
```

물론 KERNEL_ARCH와 CROSS_COMPILE 변수는 지정돼야 하고, 위의 명령어는 아래와 같이 변경될 것이다.

```
make ARCH=arm CROSS_COMPILE=arm-linux-gnueabihf- menuconfig
```

테스트를 위해 SAMA5D3 Xplained 커널 소스가 위치한 디렉터리(A5D3/armv7_devel/
KERNEL)에 들어가 make를 실행하자.

```
$ cd A5D3/armv7_devel/KERNEL
$ make ARCH=arm CROSS_COMPILE=arm-linux-gnueabihf- menuconfig
```

동작한다. 이것이 바로 모든 상황에서 사용하는 커널 설정 명령어다. make_menuconfig
를 살펴보면 커널 설정의 결과물은 .config에 저장된다는 것을 알 수 있다. 이 파일에 커
널 설정 단계의 모든 설정값이 저장된다.

make_kernel 함수는 좀 더 복잡하지만 주요 코드는 아래와 같다.

```
##uImage, if you really really want a uImage, zreladdr needs to be
##defined on the build line going forward...
##make sure to install your distro's version of mkimage
```

```
#image="uImage"
#address="LOADADDR=${ZRELADDR}"

cd "${DIR}/KERNEL" || exit
echo "---------------------------"
echo "make -j${CORES} ARCH=${KERNEL_ARCH} LOCALVERSION=${BUILD} CROSS_
COMPILE="${CC}" ${address} ${image} modules"
echo "---------------------------"
make -j${CORES} ARCH=${KERNEL_ARCH} LOCALVERSION=${BUILD} CROSS_COMPILE="${CC}"
${address} ${image} modules
echo "---------------------------"

if grep -q dtbs "${DIR}/KERNEL/arch/${KERNEL_ARCH}/Makefile"; then
    echo "make -j${CORES} ARCH=${KERNEL_ARCH} LOCALVERSION=${BUILD} CROSS_
COMPILE="${CC}" dtbs"
    echo "---------------------------"
    make -j${CORES} ARCH=${KERNEL_ARCH} LOCALVERSION=${BUILD} CROSS_
COMPILE="${CC}" dtbs
    echo "---------------------------"
fi
```

위 작업을 위해 make 명령이 다시 사용된 것을 볼 수 있다.

```
make -j${CORES} ARCH=${KERNEL_ARCH} LOCALVERSION=${BUILD} CROSS_COMPILE="${CC}"
${address} ${image} modules
make -j${CORES} ARCH=${KERNEL_ARCH} LOCALVERSION=${BUILD} CROSS_COMPILE="${CC}"
dtbs
```

첫 번째 make는 커널과 커널 모듈을 컴파일하고, 두 번째 make는 디바이스 트리 파일을
생성한다(디바이스 트리에 대한 자세한 정보는 다음 절을 참고하자).

다시 위의 변수들을 적당한 값으로 바꿔야 하지만, 이 일은 좀 번거롭다. 사실 CORES 변
수는 호스트 PC의 코어 개수다. KERNEL_ARCH와 CROSS_COMPILE은 arm과 arm-linuxgnuea

bihf-으로 각각 설정돼야 하고, BUILD는 단지 설명하는 문자열이다. 따라서 원하는 대로 선택할 수 있다. 마지막 변수인 address와 image는 설명이 더 필요하다. 사실 커널은 uImage와 zImage 두 가지로 컴파일할 수 있다. uImage는 load 주소를 지정해야 하고 (LOADADDR 변수), zImage는 지정할 필요가 없다. 이 책에서는 zImage 형태를 사용하므로 위의 두 명령어는 아래와 같이 다시 쓰일 수 있다.

```
make -j8 ARCH=arm LOCALVERSION="dummy" CROSS_COMPILE=arm-linux-gnueabihf-
zImage modules dtbs
```

모든 것이 정상적으로 설정됐는지 확인하기 위해 아래와 같은 명령어로 테스트해보자.

```
$ make -j8 ARCH=arm LOCALVERSION="dummy"
          CROSS_COMPILE=arm-linux-gnueabihf- zImage modules dtbs
  CHK       include/config/kernel.release
  ...
  LD        kernel/built-in.o
  LINK      vmlinux
  LD        vmlinux.o
  MODPOST vmlinux.o
  GEN       .version
  CHK       include/generated/compile.h
  UPD       include/generated/compile.h
  CC        init/version.o
  LD        init/built-in.o
  KSYM      .tmp_kallsyms1.o
  KSYM      .tmp_kallsyms2.o
  LD        vmlinux
  SORTEX  vmlinux
  SYSMAP  System.map
  Building   modules, stage 2.
  OBJCOPY arch/arm/boot/Image
  Kernel: arch/arm/boot/Image is ready
  ...
```

동작한다. 이제 모든 커널 트리를 재컴파일할 준비가 됐다.

디바이스 트리

디바이스 트리는 하드웨어를 기술하는 데이터 구조다. 그게 전부다. 모든 커널 설정을 코드에 하드코딩hard coding하지 않고 잘 정의된 데이터 구조로 기술하고 부팅 시에 커널에 넘겨준다.

디바이스 트리와 커널 설정 파일(.config 파일)의 차이를 살펴보면, .config 파일은 커널의 어떤 부분이 활성화되고 비활성화되는지 알려주고, 디바이스 트리는 이 설정값을 갖고 있다. 따라서 커널 소스에서 드라이버를 시스템에 추가할 때는 해당 드라이버를 .config 파일에 명시해야 한다. 드라이버 설정(메모리 주소, 특별한 설정 등)을 명시하려면 이 값들을 디바이스 트리에 넣어야 한다.

이 책의 모든 개발자 보드는 부팅 단계에서 아래와 같은 U-Boot 시리얼 콘솔의 메시지를 볼 수 있다.

```
...
reading /dtbs/at91-sama5d3_xplained.dtb
34918 bytes read in 11 ms (3 MiB/s)
reading zImage
3810568 bytes read in 244 ms (14.9 MiB/s)
Kernel image @ 0x22000000 [ 0x000000 - 0x3a2508 ]
## Flattened Device Tree blob at 21000000
    Booting using the fdt blob at 0x21000000
    Loading Device Tree to 2fadc000, end 2fae7865 ... OK
Starting kernel ...
...
```

위 메시지에서 U-Boot가 DTB 파일(디바이스 트리의 바이너리 형태)을 로드하고 해당 파일을 커널에 넘기는 것을 볼 수 있다.

이제 디바이스 트리 소스[DTS] 파일이 어떻게 작성되고, 커널에서 사용하기 위해 DTS 파일로부터 디바이스 트리 바이너리[DTB]를 어떻게 만드는지 살펴보자. 매우 간단한 예제로 LED 드라이버(6장, '범용 입출력 신호–GPIO'의 'LED와 트리거' 절에서 좀 더 자세히 살펴본다)를 활성화하는 방법과 디폴트 SAMA5D3 Xplained DTS 파일이 어떻게 정의되는지 살펴보자.

LED 드라이버 컴파일을 활성화하려면 아래와 같이 Kernel Configuration 메뉴를 열어 Device Drivers ➤ LED Support 하위 메뉴를 선택한 후, 적절한 값을 활성화해야 한다.

```
.config - Linux/arm 4.4.6 Kernel Configuration
> Device Drivers > LED Support
┌───────────────────── LED Support ─────────────────────┐
│  Arrow keys navigate the menu.  <Enter> selects submenus ---> (or empty
│  submenus ----).  Highlighted letters are hotkeys.  Pressing <Y>
│  includes, <N> excludes, <M> modularizes features.  Press <Esc><Esc> to
│  exit, <?> for Help, </> for Search.  Legend: [*] built-in  [ ]
│  ┌────────────────────────────────────────────────────┐
│  │ -+- LED Support                                     │
│  │ <*>     LED Class Support                           │
│  │ < >       LED Flash Class Support                   │
│  │ *** LED drivers ***                                 │
│  │ < >     LED Support for Broadcom BCM6328            │
│  │ < >     LED Support for Broadcom BCM6358            │
│  │ < >     LCD Backlight driver for LM3530             │
│  │ < >     LED support for LM3642 Chip                 │
│  │ < >     LED driver for PCA9532 dimmer               │
│  │ <*>     LED Support for GPIO connected LEDs         │
│  │ < >     LED Support for N.S. LP3944 (Fun Light) I2C chip │
│  └────────────────────────────────────────────────────┘
│     <Select>    < Exit >    < Help >    < Save >    < Load >
└────────────────────────────────────────────────────────┘
```

이 값은 .config 파일에 아래와 같이 나타난다.

```
$ grep '^CONFIG_LEDS_' .config
CONFIG_LEDS_CLASS=y
CONFIG_LEDS_GPIO=y
CONFIG_LEDS_PWM=y
CONFIG_LEDS_TRIGGERS=y
CONFIG_LEDS_TRIGGER_TIMER=y
CONFIG_LEDS_TRIGGER_HEARTBEAT=y
CONFIG_LEDS_TRIGGER_GPIO=y
```

이 부분이 사실상 커널 컴파일을 활성화한다. 그러나 SAMA5D3 Xplained의 LED를 효과적으로 정의하기 위해 커널 트리의 arch/arm/boot/dts/at91-sama5d3_xplained. dts 파일에 있는 아래 코드를 사용해야 한다.

```
leds {
    compatible = "gpio-leds";
    d2 {
        label = "d2";
        gpios = <&pioE 23 GPIO_ACTIVE_LOW>;
        linux,default-trigger = "heartbeat";
    };
    d3 {
        label = "d3";
        gpios = <&pioE 24 GPIO_ACTIVE_HIGH>;
    };
};
```

이 책은 디바이스 트리가 동작하는 방법을 다루지 않는다. 하지만 이전 코드를 약간 설명해야 이 책의 여러 곳에서 사용하는 디바이스 트리를 이해할 수 있을 것이다.

 디바이스 트리 프로젝트 홈페이지인 http://www.devicetree.org/에서 좀 더 자세한 정보를 확인할 수 있다.

문자 /*와 */ 사이의 텍스트는 주석이고, 첫 번째 줄의 leds 문자열은 LED 드라이버용 새로운 블록에 대한 라벨label이다. compatible 속성이 있는 다음 줄이 실제 이 드라이버를 지정한다. gpio-leds 문자열은 drivers/leds/leds-gpio.c 파일에 지정된 LED 드라이버를 정의한다.

```
static const struct of_device_id of_gpio_leds_match[] = {
    { .compatible = "gpio-leds", },
```

```
    {},
};
```

그리고 d2와 d3 라벨의 하위 블록은 각각의 이름을 가진 2개의 LED를 정의한다. gpios
로 시작하는 줄은 LED가 물리적으로 연결된 GPIO의 사양을 따른다. 마지막으로 d2 블
록에서 아래의 특별한 설정을 볼 수 있다.

```
linux,default-trigger = "heartbeat";
```

이 설정은 LED에서 사용하는 트리거^{trigger}를 정의한다.

 LED 드라이버와 드라이버의 트리거에 대한 자세한 정보는 리눅스 코드 저장소의 Docu-
mentation/leds/ 디렉터리에서 살펴볼 수 있다.

위 디바이스 트리 코드는 매우 간단하고 모든 디바이스 트리의 내용을 설명하지 않는다.
그러나 걱정하지 말자. 이 책에서 디바이스 트리 설정을 사용할 때마다 가능한 한 자세히
설명할 것이다.

▌ 디바이스 드라이버

디바이스 드라이버는 물리적 디바이스와 시스템을 연결하고, 잘 정의된 API를 사용해 사
용자 영역 프로세스에서 이 디바이스에 접근할 수 있다. 유닉스와 같은 OS는 물리적 디
바이스를 파일로 나타낸다. 그리고 디바이스 드라이버는 프로세스가 파일에서 할 수 있
는 모든 시스템 콜을 구현한다.

이해를 돕기 위해 U-Boot를 설명했던(2장에서 살펴봤던) GPIO 서브 시스템을 예로 들어보자.

리눅스에서 디바이스는 sysfs의 파일을 사용해 쉽게 관리할 수 있다(아래에서 좀 더 자세히 살펴본다). 각 GPIO 라인은 /sys/class/gpio/gpioXX/ 디렉터리의 value와 direction 파일로 표현된다. 커널은 value 파일에 대한 read( ) 시스템 콜을(예를 들어, cat /sys/class/gpio/gpioXX/value를 실행하면) gpio_read( )로 번역하고 gpioXX 상태를 실제로 읽는다.

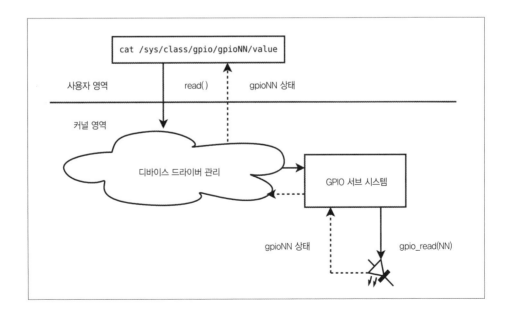

지금은 이 명령어를 실행할 수 없으므로 독자는 이렇게 동작한다는 것만 이해하기 바란다. 실제 동작은 6장, '범용 입출력 신호-GPIO'에서 살펴본다.

/dev 디렉터리의 다른 파일에 read( )를 실행하면 커널은 read( ) 시스템 콜 읽기를 실제로 수행할 디바이스 드라이버 함수로 변환한다.

시스템 콜은 언제나 같지만(read( ) 함수), 커널 내부에서는 각 디바이스 드라이버에 맞는 올바른 함수가 변환돼 호출된다. 이 메커니즘은 객체지향 프로그래밍 언어와 비슷하며, read( )는 넘겨지는 객체(디바이스)에 따라 다르게 동작한다.

 이 복잡한 메커니즘이 정확히 어떻게 동작하는지와 리눅스 디바이스 드라이버에 대한 모든 것을 알고 싶다면 http://lwn.net/Kernel/LDD3/나 서점에서 구매할 수 있는 리눅스 디바이스 드라이버 3판을 참고하자.

문자와 블록 네트워크 디바이스

리눅스 커널에는 크게 아래 세 가지 유형의 디바이스가 있다.

- **문자 디바이스**: 이 유형의 디바이스는 파일(시리얼 포트나 오디오 디바이스 등)과 같은 바이트 스트림으로 접근할 수 있는 주변 장치를 의미한다. 문자 드라이버는 최소 open( )과 close( ), read( ), write( ) 시스템 콜을 구현해, 위 동작을 실행한다. 문자 디바이스 드라이버는 ioctl( ) 시스템 콜을 갖고 있어 개발자가 필요한 어떤 인터페이스도 만들 수 있게 해준다(ioctl( ) 시스템 콜은 범용 함수처럼 동작한다).
- **블록 디바이스**: 이 유형의 디바이스는 파일 시스템을 관리할 수 있어 바이트 블록(보통 512 혹은 더 큰 2의 제곱수) 단위로 접근할 수 있는 주변 장치를 나타낸다.

- **네트워크 디바이스**: 이 유형의 디바이스는 네트워크 트랜잭션^{transaction}을 관리하는 모든 주변 장치를 의미한다. 네트워크 디바이스는 문자나 블록 디바이스와 달리, /dev/ttyACM0나 /dev/sdb1과 같은 관련 파일 시스템 노드가 없다.

문자 디바이스와 연동되는 드라이버는 '문자 드라이버', 블록 디바이스용 드라이버는 '블록 드라이버', 네트워크 디바이스용 드라이버는 '네트워크 드라이버'라고 부른다.

이 세 그룹을 기반으로 하는 여러 다른 서브 그룹의 디바이스 드라이버는 최신 커널 릴리즈에서 볼 수 있다. 이 서브 그룹의 디바이스 드라이버는 특정 디바이스 유형을 관리하는데, 예를 들어 리눅스 소스 트리의 /drivers/rtc 디렉터리에서 정의하는 전용 디바이스 드라이버 클래스로 표현되는 실시간 클럭^{RTC} 디바이스가 있다. 이와 비슷하게 Pulse Per Second 디바이스(PPS)는 /drivers/pps 디렉터리에 정의한 전용 디바이스 드라이버 클래스를 가지며, 입력 디바이스(마우스나 키보드 등)는 /drivers/input 디렉터리 밑에 정의돼 있다. 이런 모든 특정 디바이스 드라이버는 문자 드라이버를 사용해 구현한다.

또 다른 디바이스 연동 방법은 sysfs 파일 시스템(3장의 관련 절 참고)을 사용하는 것이다. 엄밀히 말해 sysfs는 일반 디바이스 드라이버가 아니라서 문자 혹은 블록 네트워크 디바이스로 구현되지 않고, 다른 API를 사용한다. 이 방식은 파일 추상화(모든 것은 파일로 표현된다)를 사용해 간단하고 깔끔한 방식으로 디바이스에 접근하도록 하는 디바이스 내부의 메모리 표현을 사용한다.

모듈 vs. 내장 디바이스

리눅스 커널은 디폴트로 많은 디바이스 드라이버를 갖고 있지만, 여러 이유(드라이버가 매우 최신이거나, 드라이버를 커널에 추가해달라는 요청이 없었거나, 혼자 쓰려고 만든 경우)로 아직 커널 트리에 있지 않은 새로운 드라이버를 설치해야 할 수도 있다. 이런 경우에는 디바이스 드라이버 컴파일 방법을 알아야 한다(디바이스 드라이버에 대한 상세한 사항과 데이터를 주변 장치와 주고받는 방법은 4장에서 자세하게 설명한다).

디바이스 드라이버 컴파일 단계는 여러 가지일 수 있지만, 대부분 아래 두 가지의 경우로 나뉠 수 있다.

1. 드라이버 소스 코드는 커널 트리에 적용돼야 하는 패치다.
2. 드라이버 소스 코드는 리눅스 파일과 호환 가능한 표준 Makefile을 가진다.

첫 번째 경우는 디바이스 드라이버 패치를 커널에 적용한 후 개발자가 커널을 그냥 재컴파일만 하면 되므로 매우 쉽다. 이 경우, 드라이버는 커널 빌드인 혹은 커널 모듈로 컴파일될 수 있다.

 커널 모듈은 특정 기능이 요청될 때 동작 중에(런타임에) 커널로 삽입될 수 있는 특별한 바이너리 파일이다. 이 방식을 사용하면 커널 이미지가 모든 드라이버를 가질 필요가 없다. 부팅 후 어떤 기능이 필요하고 요청에 따라 나중에 로드될 드라이버가 어떤 것인지 결정할 수 있다. 예를 들어, 새로운 디바이스가 시스템에 삽입됐을 때 커널은 해당 디바이스 드라이버를 가진 커널 모듈을 로딩할 수 있다. 그리고 모듈은 커널의 모놀리식 파트(커널 빌트인)로 만들어질 수도 있다.

첫 번째 경우는 일반 커널 재컴파일이고, 두 번째 경우는 약간 복잡한 방식으로 Makefile이 이런 모든 복잡함을 관리한다. 사용자는 Makefile을 적절히 설정해야 하고 make 명령어를 실행해야 한다.

디바이스 드라이버 코드가 커널 소스에 머지되지 않을 때 드라이버는 커널 모듈로서만 컴파일될 수 있다.

간단한 커널 모듈을 작성하는 방법은 위에서 이미 살펴봤으므로 이제 모듈을 효과적으로 관리하는 도구를 살펴보자.

modutils

커널에 모듈을 로드하는 기본 명령어는 insmod다. 그리고 모듈과 모듈의 의존성까지 로드하는 또 다른 명령어는 modprobe다.

사실 커널 모듈을 관리하는 명령어 그룹이 있고, 이 그룹을 modutils라고 부른다. 데비안이나 우분투 시스템에서 modutils은 kmod 패키지에 저장돼 있다.

```
$ apt-cache show kmod
Package: kmod
Priority: important
Section: admin
Installed-Size: 241
Maintainer: Ubuntu Developers <ubuntu-devel-discuss@lists.ubuntu.com>
Original-Maintainer: Marco d'Itri <md@linux.it>
Architecture: amd64
Version: 22-1ubuntu4
Depends: libc6 (>= 2.17), libkmod2 (= 22-1ubuntu4), lsb-base (>=
4.1+Debian11ubuntu7)
Breaks: oss-compat (= 4)
Filename: pool/main/k/kmod/kmod_22-1ubuntu4_amd64.deb
Size: 89122
MD5sum: bcfb58ca2dbc2f77137193b73c61590d
SHA1: 539d2410d0182f212b78a67b649135507c9fd9bb
SHA256: a65398f087ad47192e728ecbffe92e0363c03d229d72dc1d2f8b409880c9d0ea
Description-en: tools for managing Linux kernel modules
 This package contains a set of programs for loading, inserting, and
 removing kernel modules for Linux.
 It replaces module-init-tools.
...
```

위 패키지에서 사용할 수 있는 명령어는 아래와 같다.

```
$ dpkg -L kmod | grep sbin\/
/sbin/insmod/sbin/depmod
/sbin/modprobe
/sbin/rmmod
/sbin/lsmod
/sbin/modinfo
```

이 명령어들을 좀 더 자세히 살펴보자.

- insmod는 모듈을 커널로 로드한다.
- lsmod는 사용자에게 커널에 현재 로드된 모든 모듈을 보여준다. 저자의 PC에서는 이 명령어 실행 시 많은 리스트를 볼 수 있고, 아래는 그중 일부분이다.

```
$ lsmod
Module             Size  Used by
pci_stub          16384  1
vboxpci           24576  0
vboxnetadp        28672  0
vboxnetflt        28672  0
vboxdrv          454656  3 vboxnetadp,vboxnetflt,vboxpci
pl2303            20480  0
ftdi_sio          53248  0
```

첫 번째 줄은 저자의 시스템에 로딩돼 있는 모든 모듈 이름을 보여준다. 두 번째 줄은 바이트 단위의 모듈 크기고, 세 번째 줄은 네 번째 줄의 다른 모듈이나 사용자 영역에서 접근하고 있는 해당 모듈의 사용 횟수다.

- modprobe 명령어는 insmod보다 약간 복잡한데, 이 명령어는 모듈의 의존성까지 처리해준다. 즉, 사용자가 요청한 모듈이 필요로 하는 모든 모듈을 로드한다.
- depmod 명령어는 modprobe 명령어에 적합한 의존성 테이블을 만드는 데 사용할 수 있다.

depmod가 동작하는 방식에 대한 설명은 이 책의 범위를 벗어난다. 상세한 설명은 man depmod 명령어를 사용해 해당 명령어의 man 페이지를 참고하자.

- rmmod 명령어는 시스템에서 모듈을 언로드해 로딩 시 점유했던 램과 다른 자원을 해제한다.

모듈 언로딩은 시스템의 다른 모듈이 이 모듈을 사용하지 않을 때만 할 수 있다. 이는 lsmod 명령어의 출력값으로 나온 Used by 줄의 숫자가 0일 때만 할 수 있다는 의미다.

디바이스 드라이버 작성

이제 GPIO 관리하는 코드를 구현해 1개의 GPIO 라인이 얼마나 많은 상태 트랜잭션을 수행하는지 세보자. 지금 작성하는 코드는 올바른 디바이스 드라이버가 아니지만, 실제 디바이스 드라이버와 유사한 주변 장치를 관리하는 커널 코드를 작성하는 것이다. 간단히 말해, 다음 예제는 커널 기능이 어떻게 파일로 추상화되는지를 보여줄 것이다.

예제를 위해 특정 시간 동안 SAMA5D3 Xplained로 오는 특정 펄스를 세야 한다고 가정해보자. 그리고 각 펄스를 위해 1개의 GPIO를 사용하자.

이 상황은 매우 흔하고 이런 유형의 카운터 디바이스도 실제로 존재한다. 실제로 이런 디바이스는 간단히 양(물이나 기름, 에너지 측정 등)을 세고 주파수 변조된 펄스로서 해당 카운터를 반환한다.

이를 위해 정말 간단한 커널 코드를 사용해 sysfs의 새로운 디바이스 클래스를 구현할 수 있다. 펄스가 빠르게 움직이기 때문에 커널 코드를 사용해야 하고, 보드에서 더 빠른 응답성을 위해 인터럽트[interrupt]를 사용해야 한다. 그리고 특정 GPIO 라인의 상태가 로우에서 하이로 혹은 하이에서 로우로 변경될 때 호출되는 인터럽트 핸들러를 설치할 것이다. 마지막 측정부터 얼마나 많은 펄스가 도착했는지 읽기 위해 전용 파일도 생성하자.

간단히 구현하기 위해 일반 디바이스 드라이버(문자나 블록 네트워크 디바이스)를 작성하는 대신 클래스를 사용할 것이다. 이 솔루션은 디바이스 드라이버 프로그래밍(이 책에서 다루지 않는다)을 자세히 살펴보지 않더라도 간단한 커널 코드가 어떻게 동작하는지 보여준다.

이 새로운 드라이버를 사용해 실제 카운트를 읽을 수 있는 pulse라는 이름의 새로운 클래스와 새로운 디렉터리를 볼 수 있다. 이 드라이버의 최종 결과물은 아래와 같다.

```
root@a5d3:~# tree -l -L 2 /sys/class/pulse/
/sys/class/pulse/
+-- oil -> ../../devices/soc0/pulses/pulse/oil
| +-- counter
| +-- counter_and_reset
| +-- device -> ../../../pulses [recurs., not follow]
| +-- power
| +-- set_to
| +-- subsystem -> ../../../../../class/pulse [recurs., not follow]
| \-- uevent
\-- water -> ../../devices/soc0/pulses/pulse/water
    +-- counter
    +-- counter_and_reset
    +-- device -> ../../../pulses [recurs., not follow]
    +-- power
    +-- set_to
    +-- subsystem -> ../../../../../class/pulse [recurs., not follow]
    \-- uevent
8 directories, 8 files
```

위의 예제에서 oil과 water라는 이름을 가진 2개의 pulse 디바이스가 있고, 이와 같은 이름의 디렉터리로 표현한다. 디바이스마다 counter와 counter_and_reset, set_to라는 이름을 가진 3개의 속성 파일이 있다(power와 subsystem 이름의 파일은 다루지 않는다).

counter 파일을 사용해 카운트 데이터를 읽을 수 있고, counter_and_reset 파일을 사용해 counter 파일과 동일한 동작을 할 수 있지만, 이 파일은 데이터를 읽은 후 카운터를 0으로 자동 리셋한다. set_to 파일을 사용해 카운터를 0이 아닌 다른 값으로 설정할 수도 있다.

드라이버 설명을 계속하기 전에 코드에 대한 간단한 설명이 필요하다. 3개의 파일이 있고, 그중 첫 번째는 아래에 나온 Makefile이다.

```
ifndef KERNEL_DIR
$(error KERNEL_DIR must be set in the command line)
endif
PWD := $(shell pwd)
CROSS_COMPILE = arm-linux-gnueabihfobj-
m = pulse.o
obj-m += pulse-gpio.o
all: modules
modules clean:
    $(MAKE) -C $(KERNEL_DIR) ARCH=arm CROSS_COMPILE=$(CROSS_COMPILE)
SUBDIRS=$(PWD) $@
```

 TIP 이 책의 예제 코드 저장소에 있는 chapter_03/pulse/Makefile 파일을 참고하자.

독자도 이미 알아챘겠지만 이 Makefile은 이전에 나왔던 것과 매우 비슷하다. 한 가지 차이는 **obj-m** 변수다. 이번에는 pulse.o와 pulse-gpio.o 2개의 오브젝트 파일이 선언된다.

pulse-gpio.o 파일은 펄스 GPIO 소스의 정의를 갖고 있는 pulse-gpio.c를 컴파일해 얻은 파일이다. 이는 GPIO 외에도 펄스 소스가 될 수 있기 때문이다.

pulse-gpio.c 파일의 관련 부분은 아래에 표시된 **pulse_gpio_probe( )** 함수다.

```
static int pulse_gpio_probe(struct platform_device *pdev)
{
    struct device *dev = &pdev->dev;
    struct fwnode_handle *child;
    struct pulse_gpio_priv *priv;
    int count, ret;
    struct device_node *np;

    /* 정의된 펄스 소스의 개수를 가져온다. */
    count = device_get_child_node_count(dev);
    if (!count)
        return -ENODEV;

    /* private data를 할당한다. */
    priv = devm_kzalloc(dev, sizeof_pulse_gpio_priv(count), GFP_KERNEL);
    if (!priv)
        return -ENOMEM;

    device_for_each_child_node(dev, child) {
        int irq, flags;
        struct gpio_desc *gpiod;
        const char *label, *trigger;
        struct pulse_device *new_pulse;

        /* GPIO 디스크립터를 얻는다. */
        gpiod = devm_get_gpiod_from_child(dev, NULL, child);
        if (IS_ERR(gpiod)) {
            fwnode_handle_put(child);
            ret = PTR_ERR(gpiod);
            goto error;
        }
        gpiod_direction_input(gpiod);
        np = to_of_node(child);

        /* Get the GPIO 속성을 얻는다. */
```

```c
        if (fwnode_property_present(child, "label")) {
            fwnode_property_read_string(child, "label", &label);
        } else {
            if (IS_ENABLED(CONFIG_OF) && !label && np)
                label = np->name;
            if (!label) {
                ret = -EINVAL;
                goto error;
            }
    }

        flags = 0;
        ret = fwnode_property_read_string(child, "trigger", &trigger);
        if (ret == 0) {
            if (strcmp(trigger, "rising") == 0)
                flags |= IRQF_TRIGGER_RISING;
            else if (strcmp(trigger, "fallng") == 0)
                flags |= IRQF_TRIGGER_FALLING;
            else if (strcmp(trigger, "both") == 0)
                flags |= IRQF_TRIGGER_RISING | IRQF_TRIGGER_FALLING;
            else {
                ret = -EINVAL;
                goto error;
            }
        }

        /* 새로운 펄스 디바이스를 등록한다. */
        new_pulse = pulse_device_register(label, dev);
        if (!new_pulse) {
            fwnode_handle_put(child);
            ret = PTR_ERR(new_pulse);
            goto error;
        }
        /* GPIO 핀이 IRQ가 가능한가? */
        irq = gpiod_to_irq(gpiod);
        if (irq < 0) {
            ret = irq;
```

```
            goto error;
    }

    /* 이제 IRQ를 요청할 수 있다. */
    ret = request_irq(irq, (irq_handler_t) irq_handler, flags, PULSE_
    GPIO_NAME, new_pulse);
    if (ret < 0)
        goto error;
    priv->pulse[priv->num_pulses].dev = new_pulse;
    priv->pulse[priv->num_pulses].irq = irq;
    priv->num_pulses++;
    }
    platform_set_drvdata(pdev, priv);
    return 0;
error:
    /* 에러일 때 모든 것을 등록 해제한다. */
    for (count = priv->num_pulses - 1; count >= 0; count--) {
        if (priv->pulse[count].dev)
            pulse_device_unregister(priv->pulse[count].dev);
        if (priv->pulse[count].irq && priv->pulse[count].dev)
            free_irq(priv->pulse[count].irq, priv->pulse[count].dev);
    }
    return ret;
}
```

이 함수는 디바이스 트리 설정을 파싱하고 이 설정에 따라 새로운 펄스 디바이스를 정의한다. 이전에 언급했던 것처럼 디바이스 트리는 DTS 파일에 정의돼 있다. SAMA5D3 Xplained의 경우, DTS 파일은 KERNEL/arch/arm/boot/dts/at91-sama5d3_ xplained.dts다(1장, '개발 시스템 설치'의 'SAMA5D3 Xplained' 절에서 다운로드한 커널 소스를 참고하자. A5D3/armv7_devel를 보면 된다). 아래 패치처럼 수정하면 gpio17(PA17)과 연결된 oil이라는 이름의 펄스 디바이스와 gpio19(PA19)에 연결된 water라는 이름의 펄스 디바이스를 정의할 수 있다. 두 GPIO 핀은 SAMA5D3 Xplained 확장 커넥터에 있다.

```
--- a/arch/arm/boot/dts/at91-sama5d3_xplained.dts
+++ b/arch/arm/boot/dts/at91-sama5d3_xplained.dts
@@ -332,5 +332,22 @@
        label = "d3";
        gpios = <&pioE 24 GPIO_ACTIVE_HIGH>;
    };
+
+ };
+
+ pulses {
+     compatible = "gpio-pulses";
+
+     oil {
+         label = "oil";
+     gpios = <&pioA 17 GPIO_ACTIVE_HIGH>;
+     trigger = "both";
+ };
+
+ water {
+     label = "water";
+     gpios = <&pioA 19 GPIO_ACTIVE_HIGH>;
+     trigger = "rising";
+ };
};
};
```

 이 책의 예제 코드 저장소에 있는 chapter_03/pulse/pulse-gpio_at91-sama5d3_
xplained.dts.patch를 참고하자.

특히 water 펄스 디바이스는 입력 트랜잭션의 상승 엣지^{edge}에 트리거되고, oil 펄스 디
바이스는 상승과 하강 엣지에서 트리거된다는 것을 기억하자.

pulse_gpio_probe( )는 위 코드를 DTS 파일에 사용해 두 가지 루프를 실행한다. 먼저 각 펄스 소스의 모든 설정을 읽고 새로운 디바이스를 커널에 정의하는 pulse_device_register( ) 함수를 호출한다. 이후 GPIO 상태와 연결된 인터럽트 핸들러(irq_handler( ) 함수)를 정의하는 데 사용하는 request_irq( ) 함수를 호출한다. 이 인터럽트 핸들러는 실제 카운트가 일어나는 곳이며, 아래와 같다.

```
static irqreturn_t irq_handler(int i, void *ptr, struct pt_regs *regs)
{
    struct pulse_device *pulse = (struct pulse_device *) ptr;
    BUG_ON(!ptr);
    pulse_event(pulse);
    return IRQ_HANDLED;
}
```

이 시점에서 세 가지 중요한 사실을 기억해야 한다.

1. 이 커널 모듈은 이전 커널 모듈 예제에서 사용했던 클래식한 module_init( )와 module_exit( )을 사용하지 않는다.

2. pulse_gpio_probe( ) 함수와 반대인 pulse_gpio_remove( ) 함수는 커널로부터 펄스 디바이스를 추가 혹은 제거하기 위해 pulse_device_register( )나 ulse_device_unregister( )를 각각 호출한다.

3. irq_handler( ) 인터럽트 핸들러는 pulse_event( ) 함수를 호출해 시스템에 특정 펄스 이벤트가 도착했다는 시그널을 보낸다.

첫 번째 사실을 살펴보면, include/linux/platform_device.h 커널 파일에 정의된 아래의 module_platform_driver( )가 기존에 사용했던 함수들을 사용한다.

```
#define module_platform_driver(__platform_driver) \
    module_driver(__platform_driver, platform_driver_register, platform_driver_unregister)
```

그리고 아래와 같이 module_driver()은 include/linux/device.h 커널 파일에 정의돼 있고, module_init()와 module_exit()가 호출된다는 것을 알 수 있다.

```
#define module_driver(__driver, __register, __unregister, ...) \
static int __init __driver##_init(void) \
{ \
    return __register(&(__driver) , ##__VA_ARGS__); \
} \
module_init(__driver##_init); \
static void __exit __driver##_exit(void) \
{ \
    __unregister(&(__driver) , ##__VA_ARGS__); \
} \
module_exit(__driver##_exit);
```

pulse_device_register()와 pulse_device_unregister(), and pulse_event() 함수에 관한 두 번째와 세 번째 사실에 대해, 이 함수들이 이 드라이버의 pulse.c 파일에 정의돼 있다는 것을 알 수 있다. 아래 해당 함수들이 정의된 파일의 코드 일부를 참고하자.

```
void pulse_event(struct pulse_device *pulse)
{
    atomic_inc(&pulse->counter);
}
EXPORT_SYMBOL(pulse_event);
struct pulse_device *pulse_device_register(const char *name,
struct device *parent)
{
    struct pulse_device *pulse;
    dev_t devt;
    int ret;

    /* 처음으로 새로운 펄스 디바이스를 할당한다. */
    pulse = kmalloc(sizeof(struct pulse_device), GFP_KERNEL);
```

```c
    if (unlikely(!pulse))
        return ERR_PTR(-ENOMEM);
    mutex_lock(&pulse_idr_lock);

    /*
     * 새 펄스 소스에 대한 새 ID를 얻는다. idr_alloc() 호출 후,
     * 새 소스는 커널에서 자유롭게 사용할 수 있다.
     */
    ret = idr_alloc(&pulse_idr, pulse, 0, PULSE_MAX_SOURCES, GFP_KERNEL);
    if (ret < 0) {
        if (ret == -ENOSPC) {
            pr_err("%s: too many PPS sources in the system\n", name);
            ret = -EBUSY;
        }
        goto error_device_create;
    }
    pulse->id = ret;
    mutex_unlock(&pulse_idr_lock);
    devt = MKDEV(MAJOR(pulse_devt), pulse->id);

    /* 디바이스를 생성하고 디바이스 데이터를 초기화한다. */
    pulse->dev = device_create(pulse_class, parent, devt, pulse, "%s", name);
    if (unlikely(IS_ERR(pulse->dev))) {
        dev_err(pulse->dev, "unable to create device %s\n", name);
        ret = PTR_ERR(pulse->dev);
        goto error_idr_remove;
    }
    dev_set_drvdata(pulse->dev, pulse);
    pulse->dev->release = pulse_device_destruct;

    /* 펄스 데이터 초기화 */
    strncpy(pulse->name, name, PULSE_NAME_LEN);
    atomic_set(&pulse->counter, 0);
    pulse->old_status = -1;
    dev_info(pulse->dev, "pulse %s added\n", pulse->name);
    return pulse;
```

```
error_idr_remove:
    mutex_lock(&pulse_idr_lock);
    idr_remove(&pulse_idr, pulse->id);
    error_device_create:
    mutex_unlock(&pulse_idr_lock);
    kfree(pulse);
    return ERR_PTR(ret);
}
EXPORT_SYMBOL(pulse_device_register);
void pulse_device_unregister(struct pulse_device *pulse)
{
    /* 모든 할당된 자원을 해제한다. */
    device_destroy(pulse_class, pulse->dev->devt);
    dev_info(pulse->dev, "pulse %s removed\n", pulse->name);
}
EXPORT_SYMBOL(pulse_device_unregister);
```

드라이버 데이터 구조를 생성하는 모든 단계는 register 함수, 이와 반대되는 단계는 unregister에서 완료된다. 그리고 pulse_event( ) 함수는 카운터만 증가시킨다.

또한 모든 함수는 export 심벌을 사용해 정의한다.

```
EXPORT_SYMBOL(pulse_event);
EXPORT_SYMBOL(pulse_device_register);
EXPORT_SYMBOL(pulse_device_unregister);
```

이 심벌은 컴파일러에게 이 함수가 다른 커널 모듈에서 사용할 수 있는 특별한 함수라는 것을 알려준다.

모듈 초기화(pulse_init( ) 함수)에서 class_create( ) 함수를 사용해 새로운 pulse 클래스를 생성하고, 모듈 종료(pulse_exit( ) 함수)에는 class_destroy( ) 함수를 호출해 모듈을 종료한다.

이제 pulse_init() 함수의 아래 라인을 살펴보자.

```
pulse_class->dev_groups = pulse_groups;
```

이 할당을 사용해 struct pulse_attrs의 count와 counter_and_reset, set_to 3개의 속성 파일을 정의할 것이다.

```
static struct attribute *pulse_attrs[] = {
    &dev_attr_counter.attr,
    &dev_attr_counter_and_reset.attr,
    &dev_attr_set_to.attr,
    NULL,
};
```

위 구조체의 각 엔트리는 아래와 같이 DEVICE_ATTR_XX() 함수로 생성한다.

```
static ssize_t counter_show(struct device *dev,
                struct device_attribute *attr, char *buf)
{
    struct pulse_device *pulse = dev_get_drvdata(dev);
    return sprintf(buf, "%d\n", atomic_read(&pulse->counter));
}
static DEVICE_ATTR_RO(counter);
```

이 코드는 파일 속성 counter를 읽기 모드로만 선언함으로써 dev_attr_gpio.attr 엔트리의 속성을 지정하고, 함수 counter_show()가 사용자 영역에서 불릴 때마다 해당 파일의 read() 시스템 콜을 수행한다. 파일에 대해 read()와 write() 시스템 콜이 있다면, sysfs 속성에는 show()와 store() 함수가 있다.

두 가지 목적의 예제로서 아래 코드는 파일 속성 set_to를 쓰기 모드로만 정의해 dev_attr_set_to.attr 엔트리의 속성을 정의하고, set_to_store() 함수가 사용자 영역에서

222

불릴 때마다 파일의 write( ) 시스템 콜을 수행한다.

```
static ssize_t set_to_store(struct device *dev,
                    struct device_attribute *attr,
                    const char *buf, size_t count)
{
    struct pulse_device *pulse = dev_get_drvdata(dev);
    int status, ret;

    ret = sscanf(buf, "%d", &status);
    if (ret != 1)
        return -EINVAL;

    atomic_set(&pulse->counter, status);

    return count;
}
static DEVICE_ATTR_WO(set_to);
```

 TIP C 프로그래머에게 매우 익숙한 sprint( )와 sscanf( ) 함수는 libc에 구현된 것이 아니고, 개발자에게 익숙한 함수를 표현해 커널 코드 개발을 간소화하기 위해 커널 영역에 임의로 작성한 동음 이의어 함수다.

show( )와 store( ) 함수에 대해 아래와 같은 사항을 기억해야 한다.

1. 속성 파일은 데이터를 buf 포인터가 가리키는 버퍼에 읽거나 쓰면서 사용자 영역에 읽거나 쓰도록 하는 것이다.

2. 모든 이 함수는 현재 접근하는 디바이스를 나타내는 dev 포인터에서 동작한다. 예를 들어, 사용자가 oil 디바이스에 접근하면 dev 포인터는 이 디바이스를 나타내는 데이터 구조체를 가리킨다. 이 방식은 객체지향 프로그래밍 모델과 유사하고, 개발자가 깨끗하고 간소한 코드를 작성하도록 해준다.

이 시점에서 드라이버의 기능은 명확해야 한다. pulse.c(드라이버의 핵심 부분) 파일은 기본 구조체와 함수를 정의하고, pulse-gpio.c 파일은 디바이스 트리를 읽어 GPIO 기반의 펄스 소스를 정의한다(이 방법은 일반적으로 쓰이고, 개발자가 다른 종류의 소스를 pulse.c에 추가할 수 있도록 해준다).

코드를 테스트하기 전에 드라이버를 컴파일해야 하므로 아래와 같은 명령어를 사용하자.

```
$ make KERNEL_DIR=~/A5D3/armv7_devel/KERNEL/
```

모든 것이 정상 동작한다면 Makefile에서 정의한 pulse.ko와 pulse-gpio.ko를 얻게 된다.

 KERNEL_DIR은 1장, '개발 시스템 설치'의 'SAMA5D3 Xplained' 절에서 다운로드한 커널 소스가 있는 디렉터리를 가리키고 있으므로 시스템 설정에 따라 해당 값을 설정해야 한다.

2개 파일을 scp 명령어로 SAMA5D3 Xplained에 복사해보자.

```
$ scp *.ko root@192.168.8.2:
```

그리고 아래와 같은 명령어로 pulse.ko 모듈을 로드하자.

```
root@a5d3:~# insmod pulse.ko
```

dmesg를 사용해 커널 메시지를 보면 아래와 같이 보일 것이다.

```
Pulse driver support v. 0.80.0 - (C) 2014-2016 Rodolfo Giometti
```

이제 새로운 디바이스 클래스는 커널에 정의했다. 실제로 sysfs 디렉터리인 /sys/class를 살펴보면 새로운 클래스가 동작하고 있다는 것을 알 수 있다.

```
root@a5d3:~# ls -ld /sys/class/pulse/
drwxr-xr-x 2 root root 0 Apr 2 17:45 /sys/class/pulse/
```

이제 디바이스 트리에 정의된 oil과 water 두 디바이스를 추가하고 pulse-gpio.ko 모듈로 활성화해야 한다.

```
root@a5d3:~# insmod pulse-gpio.ko
```

dmesg 명령어를 사용하면 아래 두 커널 메시지를 볼 수 있다.

```
pulse oil: pulse oil added
pulse water: pulse water added
```

우리가 예상했던 결과다. 이제 sysfs에서 아래 두 디바이스를 볼 수 있다.

```
root@a5d3:~# ls /sys/class/pulse/
oil water
```

완벽하다. 이제 시스템은 프로그램된 GPIO의 펄스를 셀 수 있다. 그렇다면 새로운 드라이버를 테스트하기 위해 펄스를 어떻게 생성할 수 있을까? 사실 매우 쉽다. 다른 GPIO를 펄스 생성기로 사용하고 실제 펄스를 생성하기 위해 이 책 예제 저장소의 chapter_03/pulse_gen.sh의 스크립트를 사용할 수 있다. gpio16(PA16)을 gpio17(PA17)로 연결하고, 다른 터미널 창에서 아래와 같은 명령어를 사용해 위의 스크립트를 실행하면 첫 번째 GPIO에서 oil 카운터가 연결된 두 번째 GPIO까지 4Hz pulse 시그널을 생성한다.

```
root@a5d3:~# ./pulse_gen.sh a5d3 A16 4
```

데이터를 읽기 위해 아래와 같은 명령어를 실행해보자.

```
root@a5d3:~# cat /sys/class/pulse/oil/counter
48
```

counter 파일을 읽으면 초당 4개의 펄스 속도로 증가한다는 것을 알 수 있다. 그러나 아래와 같은 명령어를 사용해 카운터를 먼저 리셋하고(set_to 파일을 사용해), counter_and_reset 파일을 사용해 읽은 후, 카운팅을 재시작하면 기능이 더 명확해질 것이다.

```
root@a5d3:~# echo 0 > /sys/class/pulse/oil/set_to ; \
    while sleep 1 ; do \
        cat /sys/class/pulse/oil/counter_and_reset ; \
    done
7
8
8
8
```

 결괏값이 4가 아닌 8인 이유는 펄스 드라이버가 하이에서 로우로 혹은 로우에서 하이로 올라가는 트랜잭션 시 모두 카운트하기 때문이다(gpio16(PA16)을 water 카운터로 연결하면 4를 볼 수 있다). 또한 7은 파형을 생성하기 위해 bash 스크립트를 사용하면서 발생하는 것이기 때문에 데이터를 읽을 때 지연이 생길 수 있다. 따라서 이 스크립트를 사용하는 것이 최상의 솔루션은 아니지만 가장 빠른 방법이긴 하다.

▌ 루트 파일 시스템

루트 파일 시스템^{rootfs}은 유닉스 같은 운영체제의 메인 파일 시스템이다. 이 파일 시스템은 전체 시스템이 동작하는 데 필요한 중요한 파일들을 포함하고 있으므로(예를 들어, init 프로세스와 같은), 루트 파일 시스템이 손상되면 시스템이 전혀 동작하지 않는다.

루트 파일 시스템은 커널이 부팅 시에 처음으로 마운트하는 파일 시스템이고, 절대 언마운트되지 않는다.

rootfs는 여러 종류의 저장 장치(디스크나 플래시 등)에서 사용할 수 있다. 파일 시스템은 램이나 네트워크상에 존재할 수 있고, 파일 시스템이 있는 저장 장치에 따라 다른 포맷을 가질 수 있다. 이는 기본 저장 매체의 특별한 기능을 염두에 두고 있기 때문이다. 일반적인 GNU/리눅스 시스템에서 rootfs는 (대부분) EXT3/EXT4나 JFFS2/UBIFS 유형이다. EXT3/EXT4는 하드 디스크와 USB 저장 장치, 마이크로 SD, 다른 블록 디바이스에서 사용하는 표준 리눅스 파일 시스템이고, JFFS2/UBIFS는 플래시 디바이스(최근에는 NAND 플래시)에서 사용하는 파일 시스템이다.

 위 파일 시스템 간 차이를 알고 싶다면 아래 페이지를 참고하자.
https://en.wikipedia.org/wiki/File_system#Unix_and_Unix-like_operating_systems

이 책의 시스템에서 사용하는 포맷 외에, 같은 파일과 디렉터리를 루트 파일 시스템에서 찾을 수 있다. 아래 저자의 호스트 PC와 이 책의 보드에서 ls 명령어를 내린 결과를 비교해보자(CPU 구조의 차이를 보기 위해 uname 출력값도 확인하자).

```
$ uname -a
Linux ubuntu1510 4.2.0-35-generic #40-Ubuntu SMP Tue Mar 15 22:15:45 UTC 2016
x86_64 x86_64 x86_64 GNU/Linux
$ ls /
```

```
bin dev initrd.img lib64 mnt root srv usr vmlinuz.old
boot etc initrd.img.old lost+found opt run sys var
cdrom home lib media proc sbin tmp vmlinuz

root@wb:~# uname -a
Linux wb 4.4.7-armv7-x6 #1 SMP Sun Apr 17 18:41:21 CEST 2016 armv7l GNU/Linux
root@wb:~# ls /
bin dev home lost+found mnt proc run srv tmp var
boot etc lib media opt root sbin sys usr
```

위에서 볼 수 있듯이 두 시스템 간 파일이 거의 비슷하고, 같은 디렉터리에 쓸 수 있다. 각 디렉터리와 파일들에 대한 자세한 설명은 이 책의 범위를 벗어나기 때문에 생략하지만, 이 책에서 참고하는 디렉터리는 간략하게 설명한다.

 모든 디렉터리와 각 디렉터리의 내용, 설명은 아래 링크를 참고하자.
https://en.wikipedia.org/wiki/Filesystem_Hierarchy_Standard

/dev는 시스템 디바이스나 주변 장치와 관련 있고, /proc와 /sys는 시스템 설정을 읽거나 설정할 수 있는 특별한 가상 파일 시스템과 관련 있다. 그리고 /run과 다른 디렉터리는 임시 파일 시스템과 관련 있다.

/dev 디렉터리

이 디렉터리는 모든 디바이스(네트워크 장치와 별개로)가 매핑돼 있고, 블록이나 문자 파일(시스템에 모든 관련 주변 장치 주소를 지정)이 보통 위치해 있다.

유닉스 초창기에 이 디렉터리는 몇 개의 블록과 문자 파일(시스템에 연결되는 디바이스당 하나)이 있는 표준 디렉터리였다. 유닉스(혹은 리눅스)가 진화하면서 이 방법은 매우 비효율적이 됐다(매우 많은 주변 장치들 때문에). 따라서 리눅스 개발자들은 devtmpfs라는 특별한 임시 파일 시스템을 사용하는 현재의 파일 시스템이 나오기 전까지 이 문제를 해결하기 위해 많은 해법을 구현했다.

devtmpfs 파일 시스템은 그냥 임시 파일 시스템이고, 드라이버 코드 디바이스가 등록되기 전에 커널 초기화 시 커널이 tmpfs 인스턴스instance를 생성한다. 이는 각 디바이스가 관련 드라이버로 활성화되는 순간에 매핑돼야 하기 때문이다.

findmnt 명령어를 사용해 위 설명을 확인할 수 있다.

```
root@wb:~# findmnt /dev
TARGET SOURCE FSTYPE OPTIONS
/dev devtmpfs devtmpfs rw,relatime,size=1016472k,nr_inodes=186701,mode=7555
```

Wandboard의 /dev 디렉터리 파일은 아래와 같다.

```
root@wb:~# ls /dev/
apm_bios          mapper              stdin    tty29    tty51    uhid
ashmem            mem                 stdout   tty3     tty52    uinput
autofs            memory_bandwidth    tty      tty30    tty53    urandom
binder            mmcblk0             tty0     tty31    tty54    vcs
block             mmcblk0p1           tty1     tty32    tty55    vcs1
btrfs-control     mqueue              tty10    tty33    tty56    vcs2
bus               net                 tty11    tty34    tty57    vcs3
char              network_latency     tty12    tty35    tty58    vcs4
console           network_throughput  tty13    tty36    tty59    vcs5
cpu_dma_latency   null                tty14    tty37    tty6     vcs6
cuse              port                tty15    tty38    tty60    vcsa
disk              ppp                 tty16    tty39    tty61    vcsa1
dri               pps0                tty17    tty4     tty62    vcsa2
fb0               psaux               tty18    tty40    tty63    vcsa3
fd                ptmx                tty19    tty41    tty7     vcsa4
full              ptp0                tty2     tty42    tty8     vcsa5
fuse              pts                 tty20    tty43    tty9     vcsa6
```

i2c-0	random	tty21	tty44	ttymxc0	vga_arbiter
i2c-1	rfkill	tty22	tty45	ttymxc2	watchdog
initctl	rtc	tty23	tty46	ttyS0	watchdog0
input	rtc0	tty24	tty47	ttyS1	xconsole
kmem	shm	tty25	tty48	ttyS2	zero
kmsg	snapshot	tty26	tty49	ttyS3	
log	snd	tty27	tty5	ttyS4	
loop-control	stderr	tty28	tty50	ttyS5	

위에서 흔히 볼 수 있는 시리얼 포트(ttyS0와 ttyS1)와 I^2C 버스(i2c-0와 i2c-1), 실시간 클럭(rtc) 등을 볼 수 있다. 다른 디바이스들은 디스크로서 하위 디렉터리에 있다.

```
root@wb:~# tree /dev/disk/
/dev/disk/
+-- by-id
|   +-- mmc-SL16G_0x28a39857 -> ../../mmcblk0
|   \-- mmc-SL16G_0x28a39857-part1 -> ../../mmcblk0p1
+-- by-label
|   \-- rootfs -> ../../mmcblk0p1
+-- by-path
|   +-- platform-2198000.usdhc -> ../../mmcblk0
|   +-- platform-2198000.usdhc-part1 -> ../../mmcblk0p1
\-- by-uuid
    \-- d38a7071-3fbf-4782-b406-ff64478c4266 -> ../../mmcblk0p1
4 directories, 6 files
```

그리고 아래와 같이 사운드 디바이스로도 표현된다.

```
root@wb:~# tree /dev/snd/
/dev/snd/
+-- by-path
|   +-- platform-120000.hdmi -> ../controlC0
|   +-- platform-sound -> ../controlC2
```

```
|    \-- platform-sound-spdif -> ../controlC1
+-- controlC0
+-- controlC1
+-- controlC2
+-- pcmC0D0p
+-- pcmC1D0p
+-- pcmC2D0c
+-- pcmC2D0p
+-- seq
\-- timer
1 directory, 12 files
```

 호스트 PC나 임베디드 디바이스의 /dev를 살펴보면 다른 블록 혹은 문자 디바이스를 발견할 수 있다. ls 명령어와 ―l 옵션을 사용하면 해당 디바이스의 유형을 볼 수 있다.

```
root@wb:~# ls -l /dev/mmcblk0*
brw-rw---- 1 root disk 179, 0 Jan 1 1970 /dev/mmc
blk0
brw-rw---- 1 root disk 179, 1 Jan 1 1970 /dev/mmc
blk0p1
root@wb:~# ls -l /dev/ttyS*
crw-rw---- 1 root dialout 4, 64 Jan 1 1970 /dev/t
tyS0
crw-rw---- 1 root dialout 4, 65 Jan 1 1970 /dev/t
tyS1
crw-rw---- 1 root dialout 4, 66 Jan 1 1970 /dev/t
tyS2
crw-rw---- 1 root dialout 4, 67 Jan 1 1970 /dev/t
tyS3
crw-rw---- 1 root dialout 4, 68 Jan 1 1970 /dev/t
tyS4
crw-rw---- 1 root dialout 4, 69 Jan 1 1970 /dev/t
tyS5
```

블록 디바이스는 ls 출력 첫 번째 줄의 시작 부분에 b 문자가 있고, 문자 디바이스는 c가 있다. 위의 예제에서 /dev/mmcblk0xx는 블록 디바이스고, /dev/ttySx는 문자 디바이스다.

tmpfs

임시 파일 시스템^{tmpfs}은 영구적 저장 장치 대신 휘발성 메모리에 저장되는 파일 시스템이다. 따라서 재시작되면 tmpfs의 모든 내용은 없어진다.

'이렇게 사라지는 시스템이 유용한가?'라는 의문을 가질 수 있지만, 사실 진짜 유용하다. 실제로 부팅 시마다 재생성돼야 하는 여러 파일에 대해, 빠른 읽기와 쓰기, 제거 연산이 필요한 시스템에서 사용된다. 이런 파일은 (대부분) 모든 배포판이 동작하는 서비스(데몬)와 관련된 임시 파일을 저장하는 /run 디렉터리 밑에 위치하고 있다.

Wandboard에서 아래의 tmpfs 파일 시스템을 볼 수 있다.

```
root@wb:~# findmnt tmpfs
TARGET          SOURCE   FSTYPE   OPTIONS
/dev/shm        tmpfs    tmpfs    rw,nosuid,nodev
/run            tmpfs    tmpfs    rw,nosuid,nodev,mode=755
/run/lock       tmpfs    tmpfs    rw,nosuid,nodev,noexec,relatime,size=5120k
/sys/fs/cgroup  tmpfs    tmpfs    ro,nosuid,nodev,noexec,mode=755
```

독자들은 tmpfs를 다른 위치에서 발견할 수도 있을 것이다.

procfs

proc 파일 시스템^{procfs}은 계층적 파일 구조체에 프로세스(혹은 다른 시스템 정보) 관련 정보를 가진 가상 파일 시스템이다. 이 파일 시스템은 모든 정보가 잘 정리돼 있는 시스템의 잘 정의된 지점을 살펴봄으로써 사용자가 빨리 필요한 정보를 찾을 수 있게 해준다.

가상 파일 시스템은 다양한 커널 하위 시스템과 하드웨어 디바이스, 연관된 디바이스 드라이버에 관한 정보를 사용자 영역에 내보내기 위해 사용하는 가상 파일(파일에 접근할 때 즉시 생성된 정보로 채워진 파일)을 포함하는 파일 시스템이다. 이와 더불어, 시스템 설정이나 디바이스 관리를 할 때 이 가상 파일을 사용한다.

이 파일 시스템의 표준 마운트 지점은 아래와 같이 /proc 디렉터리다.

```
root@wb:~# findmnt proc
TARGET SOURCE FSTYPE OPTIONS
/proc proc proc rw,nosuid,nodev,noexec,relatime
```

이 디렉터리에서 모든 프로세스 관련 정보를 찾을 수 있다. 예를 들어, 시스템에서 실행되는 첫 번째 프로세스(프로세스의 PID가 1임)인 init 프로세스에 관한 정보를 보려면 아래와 같이 /proc/1 디렉터리를 살펴봐야 한다.

```
root@wb:~# ls /proc/1
attr             cpuset      limits        net             root         statm
autogroup        cwd         loginuid      ns              sched        status
auxv             environ     map_files     oom_adj         schedstat    syscall
cgroup           exe         maps          oom_score       sessionid    task
clear_refs       fd          mem           oom_score_adj   setgroups    timers
cmdline          fdinfo      mountinfo     pagemap         smaps        uid_map
comm             gid_map     mounts        personality     stack        wchan
coredump_filter  io          mountstats    projid_map      stat
```

이 값들이 init 프로세스에 관한 모든 정보다. 예를 들어, 환경 변수를 보자.

```
root@wb:~# cat /proc/1/environ ; echo
HOME=/TERM=linux
```

TIP echo 명령어는 cat 명령어의 출력값 끝에 새로운 라인(\n)을 넣기 위해 사용한다.

프로세스를 실행하는 데 사용하는 명령어를 검색할 수 있다.

```
/sbin/initroot@wb:~# cat /proc/1/cmdline ; echo
/sbin/init
```

init의 메모리 사용을 볼 수도 있다.

```
root@wb:~# cat /proc/1/maps
00010000-000cb000 r-xp 00000000 b3:01 655091      /lib/systemd/systemd
000db000-000eb000 r--p 000bb000 b3:01 655091      /lib/systemd/systemd
000eb000-000ec000 rw-p 000cb000 b3:01 655091      /lib/systemd/systemd
01da2000-01e67000 rw-p 00000000 00:00 0           [heap]
b6cc3000-b6d05000 rw-p 00000000 00:00 0
```

 TIP 위에서 볼 수 있듯이 실제 init 프로세스는 systemd다. 좀 더 자세한 사항은 https://en.wikipedia.org/wiki/Systemd에서 확인할 수 있다.

프로세스에서 사용하는 파일 디스크립터는 아래와 같다.

```
root@wb:~# ls -l /proc/1/fd
total 0
lrwx------ 1 root root 64 Jan 1 1970 0 -> /dev/null
lrwx------ 1 root root 64 Jan 1 1970 1 -> /dev/null
lr-x------ 1 root root 64 Apr 2 19:04 10 -> /proc/swaps
lrwx------ 1 root root 64 Apr 2 19:04 11 -> socket:[13056]
lrwx------ 1 root root 64 Apr 2 19:04 12 -> socket:[13058]
```

```
lrwx------ 1 root root 64 Apr 2 19:04 13 -> anon_inode:[timerfd]
lr-x------ 1 root root 64 Apr 2 19:04 19 -> anon_inode:inotify
```

위와 같이 시스템에서 동작하는 모든 프로세스의 정보를 볼 수 있다. 예를 들면, Bash 셸에 대한 정보를 얻으려면 먼저 해당 프로세스의 PID를 얻어야 한다.

```
root@wb:~# pidof bash
588
```

 저자의 Wandboard는 1개의 Bash 프로세스가 돌고 있으므로 위 PID가 저자가 찾는 셸이다.

이제 /proc/588 디렉터리를 살펴보자.

```
root@wb:~# ls /proc/588/
attr             cpuset     limits        net            root         statm
autogroup        cwd        loginuid      ns             sched        status
auxv             environ    map_files     oom_adj        schedstat    syscall
cgroup           exe        maps          oom_score      sessionid    task
clear_refs       fd         mem           oom_score_adj  setgroups    timers
cmdline          fdinfo     mountinfo     pagemap        smaps        uid_map
comm             gid_map    mounts        personality    stack        wchan
coredump_filter  io         mountstats    projid_map     stat
```

이번에는 /proc/588/environ 파일을 사용해 셸의 환경 변숫값을 확인하자.

```
root@wb:~# cat /proc/588/environ ; echo
TERM=vt102LANG=en_US.UTF-8HOME=/rootSHELL=/bin/bashUSER=rootLOGNAME=rootPATH=/
ulocal/sbin:/usr/local/bin:/usr/sbin:/usr/bin:/sbin:/binMAIL=/var/mail/
rootHUSHLON=FALSE
```

2장, '시스템 콘솔 관리'의 '커널 메시지 관리' 절에서 커널 콘솔 로깅 레벨을 설정할 때 procfs를 사용했던 것처럼, procfs는 일반적으로 시스템 설정에 대한 정보를 설정하거나 읽을 수도 있다. 예를 들어, /proc/modules 파일을 읽어보면 커널에 현재 로딩된 모듈 리스트를 볼 수 있다.

```
root@wb:~# cat /proc/modules
brcmfmac 254455 0 - Live 0xbf4d0000el
brcmutil 9092 1 brcmfmac, Live 0xbf4c2000
cfg80211 536448 1 brcmfmac, Live 0xbf3e0000
caam_jr 17297 0 - Live 0xbf34a000
snd_soc_fsl_ssi 15476 2 - Live 0xbf342000
...
```

그리고 /proc/interrupts 파일을 통해 부팅 시점부터 각 CPU당 얼마나 많은 인터럽트를 받았는지 볼 수 있다.

```
root@wb:~# cat /proc/interrupts
```

	CPU0	CPU1	CPU2	CPU3			
16:	1589	2441	3120	1370	GIC 29 Edge	t wd
17:	0	0	0	0	GPC 55 Level	i.MX Tk
19:	0	0	0	0	GPC 115 Level	120000i
20:	0	0	0	0	GPC 9 Level	130000u
21:	0	0	0	0	GPC 10 Level	134000u
24:	0	0	0	0	GPC 52 Level	200400f
25:	661	0	0	0	GPC 26 Level	202000l
26:	0	0	0	0	GPC 46 Level	202800i
28:	0	0	0	0	GPC 12 Level	204000u
...						
303:	0	0	0	0	IPU 23 Edge	imx_drm
304:	0	0	0	0	IPU 28 Edge	imx_drm
305:	0	0	0	0	IPU 23 Edge	imx_drm
306:	0	0	0	0	IPU 28 Edge	imx_drm
307:	0	0	0	0	GIC 137 Level	2101000

```
308:          0        0        0        0    GIC 138 Level    2102001
IPI0:         0        0        0        0  CPU wakeup interrupts
IPI1:         0        0        0        0  Timer broadcast interrupts
IPI2:      1370     4505     5119     9684  Rescheduling interrupts
IPI3:        92       69       55       96  Function call interrupts
IPI4:         0        2        2        0  Single function call interr.
IPI5:         0        0        0        0  CPU stop interrupts
IPI6:         0        0        0        0  IRQ work interrupts
IPI7:         0        0        0        0  completion interrupts
Err:          0
```

이 파일은 하드웨어 관련 작업을 할 때 디바이스가 인터럽트를 발생시키는지에 관한 정보를 제공해주기 때문에 매우 중요하다. 그리고 올바른 인터럽트 핸들러 설정에 대한 정보도 얻을 수 있다(주변 장치에 관해 언급하는 4장에서 이 기능을 좀 더 살펴본다).

아래와 같이 /proc/device-tree 디렉터리의 내용을 읽으면 실제 디바이스 트리 설정을 얻을 수도 있다.

```
root@wb:~# ls /proc/device-tree
#address-cells   cpus                        memory      #size-cells
aliases          display-subsystem           model       soc
chosen           gpu-subsystem               name        sound
clocks           interrupt-controller@00a01000  regulators  sound-spdif
compatible       __local_fixups__            rfkill      __symbols__
```

앞의 예제 드라이버를 사용하면, 아래와 같이 /proc/device-tree/pulses/ 디렉터리를 읽어 pulse 디바이스의 트리 설정을 얻을 수 있다(아래는 SAMA5D3 Xplained를 사용한 것이다).

```
root@a5d3:~# tree /proc/device-tree/pulses/
/proc/device-tree/pulses/
+-- compatible
```

```
+-- name
+-- oil
|    +-- gpios
|    +-- label
|    +-- name
|    \-- trigger
\-- water
     +-- gpios
     +-- label
     +-- name
     \-- trigger
2 directories, 10 files
```

다른 파일들도 읽어 데이터를 확인할 수 있다. 아래 트리거 설정값을 살펴보자.

```
root@a5d3:~# cat /proc/device-tree/pulses/oil/trigger ; echo
both
root@a5d3:~# cat /proc/device-tree/pulses/water/trigger ; echo
rising
```

아래는 GPIO 설정값이다(GPIO 번호는 여덟 번째 바이트다).

```
root@a5d3:~# cat /proc/device-tree/pulses/oil/gpios | \
        hexdump -e '16/1 " %3i"' -e '"\n"'
  0   0   0 121   0  0  0 17   0  0  0  0
root@a5d3:~# cat /proc/device-tree/pulses/water/gpios | \
        hexdump -e '16/1 " %3i"' -e '"\n"'
  0   0   0 121   0  0  0 19   0  0  0  0
```

시스템이 이런 기능을 갖는 것은 좋지만, proc 파일 시스템은 프로세스 정보만을 가져야 하기 때문에 이 정보가 procfs에 저장되는 것이 맞느냐는 논쟁이 있다. 이 때문에 아래의 sysfs가 탄생했다(사실 꼭 이 이유 때문만은 아니다).

sysfs

시스템 파일 시스템sysfs은 모든 커널 하위 시스템과 시스템 버스, 하드웨어 디바이스와 관련 디바이스 드라이버에 관한 정보를 내보내는 가상 파일 시스템이다. 이 파일 시스템은 디바이스 트리 개념, 전원 시스템 관리와 밀접한 관련이 있고, 드라이버와 디바이스 관계를 표현하는 하나의 방법을 가져야 하는 문제와 전원 절약 모드로 올바르게 전환하는 방법을 해결해준다.

sysfs를 사용해 대부분의 주변 장치 설정을 할 수 있고, 주변 장치 데이터에 접근할 수 있으므로 sysfs는 매우 중요한 파일 시스템이다. 이 파일 시스템의 디폴트 마운트 지점은 /sys 디렉터리다.

```
root@wb:~# findmnt sysfs
TARGET SOURCE FSTYPE OPTIONS
/sys    sysfs   sysfs   rw,nosuid,nodev,noexec,relatime
```

is를 사용해 디렉터리 내용을 살펴보면 어떤 구조인지 알 수 있다.

```
root@wb:~# ls /sys/
block   bus   class   dev   devices   firmware   fs   kernel   module   power
```

각 디렉터리 이름이 어떤 역할을 하는지 잘 설명하고 있지만, 앞으로 이 책에서 사용하는 디렉터리에 대한 간략한 설명을 추가한다.

인터넷이나 리눅스 소스 트리의 Documentation/filesystems/sysfs.txt 파일을 참고하면 자세한 정보를 확인할 수 있다.

첫 번째로 살펴볼 디렉터리는 /sys/class다.

```
root@wb:~# ls /sys/class/
ata_device    drm          ieee80211   net             rtc           udc
ata_link      dvb          input       pci_bus         scsi_device   uio
ata_port      extcon       iommu       phy             scsi_disk     vc
backlight     firmware     leds        power_supply    scsi_host     video4linux
bdi           gpio         mbox        pps             sound         vtconsole
block         graphics     mdio_bus    ptp             spi_master    watchdog
bsg           hidraw       mem         pwm             switch
devcoredump   hwmon        misc        rc              thermal
devfreq       i2c-adapter  mmc_host    regulator       timed_output
dma           i2c-dev      mtd         rfkill          tty
```

이 디렉터리는 시스템에서 같은 작업을 수행하는 디바이스들의 논리적 집합인 디바이스 클래스로 그룹핑된 모든 디바이스의 정보를 저장한다. 클래스의 종류로는 그래픽 디바이스와 사운드 디바이스, 하드웨어 모니터hwmon 디바이스 등이 있다.

앞의 예제 드라이버를 사용하면, 아래와 같이 /sys/class/pulse/ 디렉터리를 읽어 pulse 클래스 설정값을 얻을 수 있다(SAMA5D3 Xplained을 사용하고 있다는 점에 유의하자).

```
root@a5d3:~# tree -L 2 -l /sys/class/pulse/
/sys/class/pulse/
+-- oil -> ../../devices/soc0/pulses/pulse/oil
|   +-- counter
|   +-- counter_and_reset
|   +-- device -> ../../../pulses
|   +-- power
```

240

```
|   +-- set_to
|   +-- subsystem -> ../../../../../class/pulse [recursive, not followed]
|   \-- uevent
\-- water -> ../../devices/soc0/pulses/pulse/water
    +-- counter
    +-- counter_and_reset
    +-- device -> ../../../pulses [recursive, not followed]
    +-- power
    +-- set_to
    +-- subsystem -> ../../../../../class/pulse [recursive, not followed]
    \-- uevent
8 directories, 8 files
```

/sys/class/graphics/fb0/ 디렉터리를 보면 프레임 버퍼framebuffer(이 디바이스는 이 책에서 설명하지 않지만, 프레임 버퍼는 컴퓨터 디스플레이 장치에 그래픽 데이터를 표현하기 위한 그래픽 하드웨어에 독립적인 추상화 계층이다)에 관한 정보도 얻을 수 있다.

```
root@wb:~# ls /sys/class/graphics/fb0/
bits_per_pixel  console  device  name   rotate  subsystem
blank           cursor   mode    pan    state   uevent
bl_curve        dev      modes   power  stride  virtual_size
```

아래와 같은 명령어를 사용해 유효한 그래픽 모드를 얻을 수도 있다.

```
root@wb:~# cat /sys/class/graphics/fb0/modes
U:1024x768p-0
```

마지막 예제로 Wandboard의 hwmon 디바이스(이 디바이스는 이 책에서 설명하지 않지만, hwmon은 시스템이나 외부 주변 장치 온도와 같은 환경 데이터를 모니터링하기 위해 사용된다)의 정보도 얻을 수 있다.

```
root@wb:~# ls /sys/class/hwmon/hwmon0/
name     power    subsystem    temp1_crit    temp1_input    uevent
```

hwmon 디바이스를 살펴보면 아래와 같은 명령어를 사용해 이름과 중요한 온도, 현재
시스템의 온도 등을 얻을 수 있다.

```
root@wb:~# cat /sys/class/hwmon/hwmon0/{name,temp1_crit,temp1_input}
imx_thermal_zone
95000
28318
```

 반환된 데이터의 단위는 m°C이므로 95°C와 28.318°C를 나타낸다.

다음 절에서 개발자가 임베디드 보드에서 볼 수 있는 여러 디바이스와 이들 디바이스 접
근법을 설명하면서 이 파일 시스템을 자주 사용할 것이다.

▌ 네트워크 파일 시스템

2장, '시스템 콘솔 관리'의 '네트워크에서 파일 로딩' 절에서 이더넷 연결을 사용해 커널
이미지(그리고 DTB 파일)를 로드하는 방법을 살펴봤고, 이 기능은 커널 개발 단계에서 매
우 유용하다고 언급했다. 이 기능은 다른 컴퓨터(보통 호스트 PC)에 있는 파일 시스템을 루
트 파일 시스템으로 사용할 수 있는 커널의 능력 없이는 무의미하다. 로컬 디스크나 플래
시 메모리에 저장된 파일 시스템을 마운팅하는 대신, 시스템이 네트워크를 사용해 원격
파일 시스템을 마운트한다.

개발자는 이 기능을 사용해 대용량 기억 장치에 커널과 커널 드라이버, 전체 루트 파일 시스템을 저장하는 지루한 작업을 하지 않고 다운로드해 테스트할 수 있다(이는 개발자의 시간을 많이 아껴준다).

이런 특별한 유형의 파일 시스템을 네트워크 파일 시스템NFS이라고 한다.

물론 이 기능은 여러 다른 네트워크 연결상에서 사용할 수 있지만, 시스템이 이더넷 연결을 갖고 있고, 커널도 동작하는 드라이버를 포함하고 있어야 한다. NFS는 아래와 같은 이유로 매우 유용하다.

- 커널이 커널의 저장 장치를 아직 지원하지 않더라도 파일 시스템을 로그인할 수 있는 콘솔로 사용할 수 있다.
- 시스템이 작은 저장 장치를 갖고 있더라도 시스템에서 전체 배포판과 사용 준비된 모든 디버깅 도구를 사용할 수 있다. 예를 들어, 플래시가 매우 작아도(64MB나 128MB) 애플리케이션을 개발할 때 필요한 어떤 것이라도 쉽게 설치할 수 있는 데비안 OS를 사용할 수 있다.
- 파일을 변경해야 할 경우, 로컬 플래시나 디스크의 파일 시스템을 재컴파일하지 않고도 간단히 호스트에서 해당 파일을 변경하면 된다.

이 개념을 좀 더 잘 이해하기 위해 이 책의 개발 보드 중 하나에 원격 파일 시스템을 마운트해보자. 이미 언급한 것처럼, 어떤 보드라도 상관없지만, 여기서는 Wandboard를 사용한다.

호스트에서 NFS 내보내기

NFS는 원격 파일 시스템이고, 일반 파일 시스템이 갖고 있는 모든 파일을 갖고 있다. 따라서 1장, '개발 시스템 설치'의 'Wandboard' 절에서 보드의 마이크로 SD를 설정할 때 사용했던 파일 시스템을 이용할 수 있다.

먼저 호스트 PC에 새 디렉터리를 생성하고 모든 파일을 해당 디렉터리로 옮기자.

```
$ sudo mkdir /opt/armhf-rootfs-debian-jessie
$ cd common/debian-8.4-minimal-armhf-2016-04-02/
$ sudo tar xpf armhf-rootfs-debian-jessie.tar -C /opt/armhf-rootfs-debian-
jessie/
```

위의 명령어로 새 NFS의 내용은 /opt/armhf-rootfs-debianjessie 디렉터리에 준비된다.

```
$ ls /opt/armhf-rootfs-debian-jessie/
bin    dev    home    media    opt     root    sbin    sys    usr
boot   etc    lib     mnt      proc    run     srv     tmp    var
```

그러나 이것만으로는 충분하지 않다. 호스트 PC가 네트워크를 통해 이 파일 시스템을 내보낼 수 있도록 해야 한다. 이를 위해 nfs-kernel-server를 사용할 수 있다. 이 패키지는 이름과 달리 NFS를 관리하는 모든 사용자 영역 프로그램을 갖고 있다. kernel 단어가 패키지 이름에 있는 이유는 NFS 커널 기능을 사용하기 때문이다.

이제 aptitude 명령어를 사용해 이 패키지를 설치하자.

```
$ sudo aptitude install nfs-kernel-server
```

설치가 끝나면 /etc/exports 파일을 수정해 새 서비스를 설정해야 한다. 이 파일은 내보낼 디렉터리를 지정하며, 이 파일의 내용을 보면 어떤 것을 해야 할지 추측할 수 있다.

```
$ cat /etc/exports
# /etc/exports: NFS 클라이언트에 노출되는 파일 시스템의 접근 제어 리스트
# export(5)를 참고하자.
#
```

```
# NFSv2와 NFSv3 예제
# /srv/homes       hostname1(rw,sync,no_subtree_check)
#                  hostname2(ro,sync,no_subtree_check)
#
# NFSv4 예제
# /srv/nfs4        gss/krb5i(rw,sync,fsid=0,crossmnt,no_subtree_check)
# /srv/nfs4/homes  gss/krb5i(rw,sync,no_subtree_check)
#
```

NFS용 디렉터리가 /opt/armhf-rootfs-debian-jessie고, 호스트의 IP가 192.168. 32.25이므로 아래와 같이 /etc/exports 파일에 추가하면 된다.

```
/opt/armhf-rootfs-debian-jessie 192.168.32.25(rw,sync,no_subtree_check,no_root_
squash)
```

위 내용을 추가하면 이 파일은 아래와 같다.

```
$ tail -3 /etc/exports
# /srv/nfs4/homes gss/krb5i(rw,sync,no_subtree_check)
#
/opt/armhf-rootfs-debian-jessie 192.168.32.25(rw,sync,no_subtree_check,no_root_
squash)
```

> **TIP**
> /etc/exports 파일은 여러 다른 설정을 지원한다. man export에서 좀 더 자세한 정보를 얻을 수 있다.
>
> ```
> $ man exports
> ```

export man에서 제안한 것처럼 no_root_squash 옵션을 추가한다는 것을 기억하자. 이 옵션은 디스크가 없는 클라이언트(즉, 디스크가 아예 없어서 네트워크를 통해 루트 파일 시스템을 마운트하는 시스템)에 필요하다. 설정을 마치려면 NFS 데몬을 재시작해야 한다.

```
$ sudo /etc/init.d/nfs-kernel-server restart
[ ok ] Restarting nfs-kernel-server (via systemctl): nfs-kernel-server.service.
```

올바르게 설정됐는지 확인하려면 showmount 명령어를 사용해 모든 서버의 내보내기된 디렉터리를 보면 된다.

```
$ showmount -e localhost
Export list for localhost:
/opt/armhf-rootfs-debian-jessie 192.168.32.25
```

호스트는 준비됐으므로 이제 보드를 설정해보자.

NFS 마운트를 위한 커널 설정

이제 Wandboard 커널(혹은 다른 개발자 도구의 커널)이 NFS 마운트 지원을 위해 필요한 모든 컴포넌트를 갖고 있는지 확인해야 한다.

먼저 커널 디렉터리로 들어가 build_kernel.sh를 실행하자.

```
$ cd WB/armv7-multiplatform/
$ ./build_kernel.sh
```

커널 설정 메뉴가 열리면 Networking support ▶ Networking options로 들어가 IP: kernel level autoconfiguration과 이 메뉴의 하위 메뉴를 아래와 같이 체크하자.

246

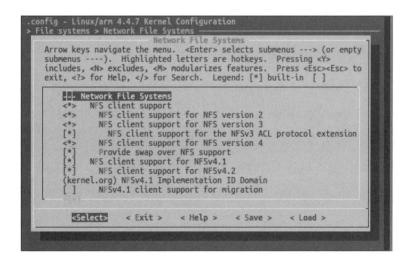

```
.config - Linux/arm 4.4.7 Kernel Configuration
> Networking support > Networking options
                        Networking options
   Arrow keys navigate the menu.  <Enter> selects submenus ---> (or empty
   submenus ----).  Highlighted letters are hotkeys.  Pressing <Y>
   includes, <N> excludes, <M> modularizes features.  Press <Esc><Esc> to
   exit, <?> for Help, </> for Search.  Legend: [*] built-in  [ ]

      [*]      IP: equal cost multipath
      [*]      IP: verbose route monitoring
      [*]    IP: kernel level autoconfiguration
      [*]      IP: DHCP support
      [*]      IP: BOOTP support
      [*]      IP: RARP support
      <M>    IP: tunneling
      <M>    IP: GRE demultiplexer
      <M>    IP: GRE tunnels over IP
      [[*]]      IP: broadcast GRE over IP
      [*]    IP: multicast routing

         <Select>    < Exit >    < Help >    < Save >    < Load >
```

다시 첫 번째 페이지로 돌아가 File systems 메뉴로 들어가자. 여기서 Network File Systems 엔트리를 체크하고, 해당 메뉴로 들어가 다음 스크린샷에 있는 설정을 복사해야 한다.

```
.config - Linux/arm 4.4.7 Kernel Configuration
> File systems > Network File Systems
                        Network File Systems
   Arrow keys navigate the menu.  <Enter> selects submenus ---> (or empty
   submenus ----).  Highlighted letters are hotkeys.  Pressing <Y>
   includes, <N> excludes, <M> modularizes features.  Press <Esc><Esc> to
   exit, <?> for Help, </> for Search.  Legend: [*] built-in  [ ]

      -+- Network File Systems
      <*>   NFS client support
      <*>      NFS client support for NFS version 2
      <*>      NFS client support for NFS version 3
      [*]        NFS client support for the NFSv3 ACL protocol extension
      <*>      NFS client support for NFS version 4
      [*]      Provide swap over NFS support
      [*]    NFS client support for NFSv4.1
      [*]      NFS client support for NFSv4.2
      (kernel.org) NFSv4.1 Implementation ID Domain
      [ ]        NFSv4.1 client support for migration

         <Select>    < Exit >    < Help >    < Save >    < Load >
```

사실 NFS 버전 3만 필요하지만, 다른 옵션을 추가해도 된다.

모든 설정이 완료되면 커널 설정 메뉴를 나가 커널 컴파일을 시작할 수 있다. 커널 컴파일이 끝나면 2장, '시스템 콘솔 관리'의 '네트워크에서 파일 로딩' 절에서 했던 것처럼 이더넷 연결상에 있는 커널 이미지를 U-Boot로 로딩하고 커널 이미지와 DTS를 TFTP 루트 디렉터리로 아래와 같이 복사할 수 있다.

```
$ sudo cp deploy/4.4.7-armv7-x6.zImage /srv/tftpboot/vmlinuz-4.4.7-armv7-x6
$ sudo mkdir -p /srv/tftpboot/dtbs/4.4.7-armv7-x6/
$ sudo tar xf deploy/4.4.7-armv7-x6-dtbs.tar.gz \
        -C /srv/tftpboot/dtbs/4.4.7-armv7-x6/
```

이제 U-Boot로 변경할 수 있다.

NFS 사용을 위한 U-Boot와 커널 명령어

부팅 단계에서 U-Boot를 멈춘 후, 커널 명령어를 사용해 커널이 파일 시스템을 네트워크상의 루트 파일 시스템으로 마운트할 수 있다.

이때 커널 명령어에 추가해야 할 파라미터는 아래와 같다.

- root: 첫 마운트 시 사용돼야 하는 루트 파일 시스템 디바이스를 지정한다. 이 디바이스는 실제 디바이스가 아니라 커널에게 실제 디바이스 대신 NFS를 사용한다고 알려주는 동의어다.
- nfsroot: 루트 파일 시스템의 파일이 실제 어디에 있는지 지정한다. 문법은 아래와 같다.

```
nfsroot=[<server-ip>:]<root-dir>[,<nfs-options>]
```

〈server-ip〉 파라미터는 호스트 PC를 가리켜야 하고(이 책 예제는 192.168.32.25), 〈root-dir〉는 내보내기로 설정된 디렉터리로 바뀌어야 하며(이 책 예제는 /opt/

armhf-rootfs-debian-jessie) 〈nfs-options〉는 이 프로토콜의 버전 3을 지정하기 위해 사용한다.

- ip: 이 책의 임베디드 보드 네트워크 설정을 지정한다. 문법은 아래와 같다.

```
ip=<client-ip>:<server-ip>:<gw-ip>:<netmask>:<hostname>:
<device>:<autoconf>:<dns0-ip>:<dns1-ip>
```

〈client-ip〉는 클라이언트의 IP 주소(이 책 예제는 192.168.32.25), 〈server-ip〉는 호스트 PC(192.168.32.43), 〈gw-ip〉는 LAN의 게이트웨이(저자의 LAN 환경에서는 192.168.32.8), 〈netmask〉는 네트워크의 netmask(저자의 C 클래스 네트워크에서는 255.255.255.0), 〈hostname〉은 각자의 머신을 표현할 수 있는 어떤 이름이라도 설정돼야 하고(이 책에서는 wb), 〈device〉는 이더넷 포트(이 책에서는 eth0), 〈autoconf〉는 정적 IP 할당을 위해 off로 설정해야 한다.

 리눅스 저장소의 Documentation/kernel-parameters.txt 파일과 Documentation/filesystems/nfs/nfsroot.txt 파일은 이 커널 파라미터의 자세한 정보를 보기 위한 좋은 시작점이 될 수 있다.

이제 NFS를 마운트하기 위해 이 새로운 설정값을 U-Boot에 정의해야 한다. 이에는 여러 방법이 있지만 대부분 매우 까다롭다. 그러나 이 책에서는 이 문제를 해결하기 위해 가장 고전적인 방법을 사용해 독자가 다른 보드에서도 사용할 수 있도록 한다.

먼저 일반적으로 사용하는 명령어를 체크하기 위해 표준 부팅을 해야 한다. boot 명령어를 사용해 부팅을 진행하고, 사용하는 명령어를 확인해보자.

```
=> boot
switch to partitions #0, OK
mmc0 is current device
SD/MMC found on device 0
```

```
Checking for: /uEnv.txt ...
Checking for: /boot/uEnv.txt ...
23 bytes read in 127 ms (0 Bytes/s)
Loaded environment from /boot/uEnv.txt
Checking if uname_r is set in /boot/uEnv.txt...
Running uname_boot ...
loading /boot/vmlinuz-4.4.7-armv7-x6 ...
5802912 bytes read in 405 ms (13.7 MiB/s)
loading /boot/dtbs/4.4.7-armv7-x6/imx6q-wandboard.dtb ...
51193 bytes read in 552 ms (89.8 KiB/s)
debug: [console=ttymxc0,115200 root=/dev/mmcblk0p1 ro rootfstype=ext4rootwait]
...
debug: [bootz 0x12000000 - 0x18000000] ...
Kernel image @ 0x12000000 [ 0x000000 - 0x588ba0 ]
## Flattened Device Tree blob at 18000000
    Booting using the fdt blob at 0x18000000
    Using Device Tree in place at 18000000, end 1800f7f8
Starting kernel ...

...

[ 0.000000] PERCPU: Embedded 13 pages/cpu @eed94000 s23936 r8192 d21120 u53248
[ 0.000000] Built 1 zonelists in Zone order, mobility grouping on.
Total pages: 522560
[ 0.000000] Kernel command line: console=ttymxc0,115200 root=/dev/mmcblk0p1 ro
rootfstype=ext4 rootwait

...
```

로그에서 보듯이 사용하는 명령어는 아래와 같다.

```
console=ttymxc0,115200 root=/dev/mmcblk0p1 ro rootfstype=ext4 rootwait
```

따라서 root를 /dev/nfs 옵션으로 바꿔 커널에게 실제 디바이스가 아닌 NFS를 사용할 것이라고 알려줘야 한다. 또한 rootfstype 옵션을 없애고 setenv 명령어로 커널 명령어를 아래와 같이 다시 작성해야 한다.

```
=> setenv bootargs 'console=ttymxc0,115200 root=/dev/nfs rw
nfsroot=192.168.32.43:/opt/armhf-rootfs-debian-jessie,v3,tcp ip=192.168.32.25:1
92.168.32.43:192.168.32.8:255.255.255.0:wb:eth0:off:: rootwait'
```

그리고 커널과 DTS 파일을 로드하도록 설정하자.

```
=> setenv ipaddr 192.168.32.25
=> setenv serverip 192.168.32.43
=> tftpboot ${loadaddr} vmlinuz-4.4.7-armv7-x6
=> tftpboot ${ftd_addr} dtbs/4.4.7-armv7-x6/imx6q-wandboard.dtb
```

이 책에서 사용하는 U-Boot에 버그가 있어 DTB 파일을 알맞은 메모리 위치에 로드하지 못할 수도 있다. 두 번째 tfpboot 명령어를 실행할 때 아래의 로그를 볼 수 있다.

```
=> tftpboot ${ftd_addr} dtbs/4.4.7-armv7-x6/imx6q-wandboard.dtb
  Using FEC device
  TFTP from server 192.168.32.43; our IP address is 192.168.32.25
Filename 'dtbs/4.4.7-armv7-x6/imx6q-wandboard.dtb'.
Load address: 0x12000000
Loading: #########
    756.8 KiB/s
done
Bytes transferred = 51193 (c7f9 hex)
```

로드 주소는 0x18000000번지가 아닌 0x12000000이다. loadaddr과 fdt_addr 변수를
아래와 같은 메모리 주소로 바꿔 위의 두 명령어를 다시 실행해야 한다.

```
=> tftpboot 0x12000000 vmlinuz-4.4.7-armv7-x6
=> tftpboot 0x18000000 dtbs/4.4.7-armv7-x6/imx6q-wandboard.dtb
```

파일 이름은 위 부팅 메시지에 아래처럼 표시된다는 점에 유의하자.

```
loading /boot/vmlinuz-4.4.7-armv7-x6 ...
5802912 bytes read in 405 ms (13.7 MiB/s)
loading /boot/dtbs/4.4.7-armv7-x6/imx6q-wandboard.dtb ...
51193 bytes read in 552 ms (89.8 KiB/s)
```

이제 아래와 같은 명령어를 사용해 부팅할 수 있다.

```
=> bootz ${loadaddr} - ${fdt_addr}
Kernel image @ 0x12000000 [ 0x000000 - 0x588000 ]
## Flattened Device Tree blob at 18000000
   Booting using the fdt blob at 0x18000000
   Using Device Tree in place at 18000000, end 1800f7f8
Starting kernel ...
[ 0.000000] Booting Linux on physical CPU 0x0
[ 0.000000] Initializing cgroup subsys cpuset
...
[ 0.000000] Kernel command line: console=ttymxc0,115200 root=/dev/nfs rw
nfsroot=192.168.32.43:/opt/armhf-rootfs-debian-jessie,v3,tcp ip=192.168.32.25:1
92.168.32.43:192.168.32.8:255.255.255.0:wb:eth0:off:: rootwait
```

커널이 위의 명령어로 시작됐다는 것을 알 수 있다. 아래 로그를 좀 더 살펴보자.

```
[ 5.456756] fec 2188000.ethernet eth0: Freescale FEC PHY driver [Generic PHY]
(mii_bus:phy_addr=2188000.ethernet:01, irq=-1)
[ 5.468079] IPv6: ADDRCONF(NETDEV_UP): eth0: link is not ready
[ 8.456629] fec 2188000.ethernet eth0: Link is Up - 100Mbps/Full - flow control
rx/tx
[ 8.466228] IPv6: ADDRCONF(NETDEV_CHANGE): eth0: link becomes ready
[ 8.486384] IP-Config: Complete:
[ 8.489623] device=eth0, hwaddr=00:1f:7b:b4:1e:97, ipaddr=192.168.32.25,
mask=255.255.255.0, gw=192.168.32.8
[ 8.499920] host=wb, domain=, nis-domain=(none)
```

```
[ 8.504888] bootserver=192.168.32.43, rootserver=192.168.32.43, rootpath=
[ 8.526701] VFS: Mounted root (nfs filesystem) on device 0:17.
[ 8.533312] devtmpfs: mounted
[ 8.537150] Freeing unused kernel memory: 1032K (c1058000 - c115a000)
[ 8.857337] random: systemd urandom read with 53 bits of entropy available
[ 8.875848] systemd[1]: systemd 215 running in system mode. (+PAM +AUDIT
+SELINUX +IMA +SYSVINIT +LIBCRYPTSETUP +GCRYPT +ACL +XZ -SECCOMP-APPARMOR)
[ 8.889511] systemd[1]: Detected architecture 'arm'.
Welcome to Debian GNU/Linux 8 (jessie)!
```

로그에서 볼 수 있듯이 커널이 NFS를 마운트했고, 데비안 OS가 시작됐다.

마지막으로 이전에 한 것처럼 시스템에 로그인할 수 있다.

```
Debian GNU/Linux 8 arm ttymxc0
default username:password is [debian:temppwd]
arm login: root
Password:
Linux arm 4.4.7-armv7-x6 #4 SMP Sat May 14 19:35:00 CEST 2016 armv7l
The programs included with the Debian GNU/Linux system are freesoftware; the
exact distribution terms for each program aredescribed in the individual files
in /usr/share/doc/*/copyright.
Debian GNU/Linux comes with ABSOLUTELY NO WARRANTY, to the extentpermitted by
applicable law.
root@arm:~#
```

NFS에서 개발하기

그렇다면 왜 개발할 때 NFS를 사용해야 할까?

바로 개발 및 테스트 단계를 획기적으로 향상시키기 때문이다. NFS를 사용하면 잘못된
버전의 프로그램이나 디렉터리를 바꿔야 할 때 클라이언트에 복사할 필요 없이 호스트에
서 간단히 처리할 수 있다.

Hello World 프로그램을 크로스 컴파일하는 경우를 생각해보자. 호스트에서 해당 프로그램을 크로스 컴파일하고, 타깃으로 복사해야 한다. 그러나 NFS를 사용하면 복사하는 과정을 줄일 수 있다.

아래와 같은 타깃의 C 프로그램을 볼 수 있다.

```
root@arm:~# ls
helloworld.c
```

호스트에도 위와 같은 프로그램이 있다.

```
# ls /opt/armhf-rootfs-debian-jessie/root/
helloworld.c
```

 TIP /opt/armhf–rootfs–debian–jessie/root/ 디렉터리를 보기 위해서는 루트 권한이 필요하다.

이제 호스트에서 해당 파일을 크로스 컴파일할 수 있다.

```
# cd /opt/armhf-rootfs-debian-jessie/root/
# make CC=arm-linux-gnueabihf-gcc CFLAGS="-Wall -O2" helloworld
arm-linux-gnueabihf-gcc -Wall -O2 helloworld.c -o helloworld
```

이때 클라이언트에서 확인해보면 복사 없이도 해당 파일을 확인할 수 있다.

```
root@arm:~# ls
helloworld helloworld.c
root@arm:~# ./helloworld
Hello World
```

이 간단한 예제는 NFS를 이용해 하나의 파일에 대한 이점을 보여준 것이지만, 많은 파일이 있는 경우에는 훨씬 더 이점이 극대화될 것이다.

■ 에뮬레이터 사용

지금까지 각 개발자 도구의 rootfs를 호스트 PC에서 갖고 있는 것이 얼마나 유용한지 살펴봤다. 만약, 호스트에서 직접 모든 프로그램이 실행되도록 하려면 어떻게 해야 할까? 이전 Hello World 프로그램을 예로 들어보면, 이는 호스트에서 해당 프로그램을 컴파일해 직접 실행되도록 하는 것을 의미한다.

물론 이런 경우의 장점은 크지 않지만, 많은 라이브러리를 사용하는 복잡한 프로그램을 컴파일해야 하는 경우를 고려해보자. 물론 이 방식은 몇 가지 단점도 있다. 먼저 x86 CPU는 ARM 코드를 어떻게 실행해야 하는지 알지 못하기 때문에 x86에서 ARM CPU를 에뮬레이션해주는 프로그램이 필요하다. 이 에뮬레이션은 많은 CPU 자원이 필요하기 때문에 실제 디바이스보다 느리게 돌아갈 수도 있다. 하지만 어떤 경우에는 ARM CPU를 에뮬레이션하는 것이 좋을 때도 있다. 매우 강력한 임베디드 시스템은 보통 2개의 4GB RAM 정도를 갖고 있지만, 좋은 호스트 PC의 경우 보통 32GB를 갖고 있고, 호스트의 디스크는 마이크로 SD나 플래시 메모리보다 10배 정도 빠르다.

이번에는 어떻게 에뮬레이터를 사용하는지 살펴보자.

이 책에서 사용할 에뮬레이터는 QEMU고, 일반적인 머신 에뮬레이터(가상화 장치)다. QEMU wiki 페이지인 http://wiki.qemu.org/Main_Page에는 아래와 같이 소개하고 있다.

> 머신 에뮬레이터로 사용할 때 QEMU는 다른 머신(여러분 자신의 PC)상에서 특정 머신(예: ARM 보드)용으로 만들어진 여러 OS와 프로그램이 동작하도록 할 수 있다. QEMU는 동적 해석^{dynamic translation}을 사용해 매우 좋은 성능을 보여준다.

이 소개를 보면 이 에뮬레이터가 우리에게 필요한 바로 그것임을 알 수 있다.

프로그램 실행

간단한 첫 예제로 호스트에서 Hello World가 어떻게 동작하는지 살펴보자. 이미 크로스 컴파일해 놓았기 때문에 ARM 실행 파일을 갖고 있을 것이다.

```
# file helloworld
helloworld: ELF 32-bit LSB executable, ARM, EABI5 version 1 (SYSV), dynamically
linked, interpreter /lib/ld-linux-armhf.so.3, for GNU/Linux2.6.32, BuildID[sha1
]=9d36da7eb92d0d552bc04a7771f5ebbb14d04497, not stripped
```

이제 여러 패키지로 나뉘져 있는 QEMU 프로그램을 설치해야 한다.

```
$ apt-cache search qemu | grep '^qemu'
qemu-block-extra - extra block backend modules for qemu-system and qemu-utils
qemu-kvm - QEMU Full virtualization
qemu-slof - Slimline Open Firmware -- QEMU PowerPC version
qemu-system - QEMU full system emulation binaries
qemu-system-arm - QEMU full system emulation binaries (arm)
qemu-system-common - QEMU full system emulation binaries (common)
qemu-system-mips - QEMU full system emulation binaries (mips)
qemu-system-misc - QEMU full system emulation binaries (miscelaneous)
qemu-system-ppc - QEMU full system emulation binaries (ppc)
qemu-system-sparc - QEMU full system emulation binaries (sparc)
qemu-system-x86 - QEMU full system emulation binaries (x86)
qemu-utils - QEMU utilities
qemu-efi - UEFI firmware for virtual machines
qemu - fast processor emulator
qemu-guest-agent - Guest-side qemu-system agent
qemu-launcher - GTK+ front-end to QEMU computer emulator
qemu-user - QEMU user mode emulation binaries
```

```
qemu-user-binfmt - QEMU user mode binfmt registration for qemu-user
qemu-user-static - QEMU user mode emulation binaries (static version)
qemubuilder - pbuilder using QEMU as backend
qemuctl - controlling GUI for qemu
qemulator - transitional dummy package to virtualbriks
```

이 중 에뮬레이터와 ARM용 libc 라이브러리를 갖고 있는 qemu-user와 libc6-armhf-cross만 필요하다.

```
$ sudo aptitude install qemu-user libc6-armhf-cross
```

설치가 끝나면 helloworld 프로그램이 있는 곳으로 돌아가 QEMU에서 해당 파일을 실행할 수 있다.

```
# cd /opt/armhf-rootfs-debian-jessie/root/
# qemu-arm -L /usr/arm-linux-gnueabihf/ helloworld
Hello World
```

 TIP QEMU는 루트 권한이 필요 없다. 루트 권한은 프로그램이 위치한 디렉터리가 root 소유일 때만 필요하다.

위에서 볼 수 있듯이, 이 기능은 좋긴 하지만 단지 이 사용법에만 국한된다면 쓸모가 없을 수도 있다. 그러나 지금 보이는 것은 단지 시작일 뿐이고, QEMU는 훨씬 더 많은 기능이 있다. 특히, QEMU는 전체 하드웨어(CPU와 메모리, 주변 장치)를 에뮬레이팅할 수 있고, 호스트 PC 자원을 사용해 일반 CPU처럼 동작할 수도 있다.

이 두 가지 방식의 차이를 살펴보면, 전자는 QEMU의 더 많은 지원이 필요(CPU 외에 다른 장치도 에뮬레이팅해야 하므로)하고, 후자는 CPU와 시스템 콜 에뮬레이션만 필요하다. 이것이 바로 qemu-arm 프로그램이 동작하는 방식이다. 이와 더불어 외부 라이브러리나 다른 종류의 의존성에 대한 특정 경로 지정을 피하는 방법과 ARM CPU에서 동작하는 것처럼 프로그램과 전체 루트 파일 시스템이 동작하도록 하는 방법을 살펴보자.

 이 책에서는 지면상의 제약과 이 책의 목적 때문에 후자에 관한 내용만 다룬다. QEMU 문서를 통해 전자에 대한 내용을 찾아볼 수 있다.

ARM rootfs 트리 들어가기

qemu-user 패키지를 살펴보면 아래 세 가지를 볼 수 있다.

```
$ apt-cache search qemu-user
qemu-user - QEMU user mode emulation binaries
qemu-user-binfmt - QEMU user mode binfmt registration for qemu-user
qemu-user-static - QEMU user mode emulation binaries (static version)
```

가장 흥미로운 패키지는 마지막에 있는 qemu-user-static다. 아래 이 패키지의 설명을 보자.

```
$ apt-cache show qemu-user-static
Package: qemu-user-static
Priority: optional
Section: universe/otherosfs
...
Description-en: QEMU user mode emulation binaries (static version)
QEMU는 빠른 프로세서 에뮬레이터다: 현재 이 패키지는 ARM과 CRIS, i386, M68k (ColdFire),
MicroBlaze, MIPS, PowerPC, SH4, SPARC, x86-64를 지원한다. 동적 번역을 사용하면 새로운 호
스트 CPU에 쉽게 포팅할 수 있으며, 빠른 속도를 얻을 수 있다.
```

이 패키지는 정적으로 빌드된 사용자 모드 에뮬레이션 바이너리를 제공한다. 이 모드에서 QEMU는 다른 CPU상에서 특정 CPU용으로 컴파일된 리눅스 프로세스를 실행할 수 있다.

binfmt-support 패키지가 설치되면, qemu-user-static 패키지는 제공된 에뮬레이터가 처리할 수 있는 바이너리 포맷을 등록하고 이기종 바이너리를 직접 실행할 수 있을 것이다.

...

따라서 이 패키지를 사용하면 QEMU는 다른 CPU상에서 특정 CPU용으로 컴파일된 리눅스 프로세스를 실행할 수 있다. 이 정적 버전을 사용하면 외부 원시(x86) 라이브러리를 사용하지 않아도 된다. 따라서 ARM rootfs에서 chroot를 사용해 마치 ARM CPU에서 동작하는 것처럼 동작하도록 할 수 있다.

 chroot 명령어를 모를 경우 man 페이지를 찾아보길 권한다.

이 개념은 초심자가 이해하기 힘들 수 있으므로 아래 예제를 함께 살펴보자.

먼저 필요한 패키지를 설치하자.

```
$ sudo aptitude install qemu-user-static
```

이제 ARM rootfs 바이너리를 복사해야 한다. ldd 프로그램을 사용해 바이너리가 정적으로 컴파일됐는지 확인할 수 있다.

```
$ ldd /usr/bin/qemu-arm-static
    not a dynamic executable
$ sudo cp /usr/bin/qemu-arm-static
        /opt/armhf-rootfs-debian-jessie/usr/bin/
```

다음으로 chroot를 사용하기 전에 특별한 파일 시스템을 ARM 파일 시스템으로 마운트해야 한다. 특히, 대부분의 리눅스 표준 명령어에서 필요한 /dev와 /proc, /sys 디렉터리가 필요하다. 마운트를 두 번하지 않으면서 해당 디렉터리를 사용하기 위해서는 mount 명령어의 bind 옵션을 사용해야 한다. 이 경우, 한 번에 1개 이상의 위치에서 해당 디렉터리를 사용할 수 있다.

이제 필요한 파일 시스템을 ARM rootfs에 복사하자.

```
$ for fs in dev proc sys ; do \
    sudo mount -o bind /$fs \
            /opt/armhf-rootfs-debian-jessie/$fs ; \
  done
```

이제 tempfs도 추가해야 한다(이는 데비안에만 해당한다).

```
$ sudo mount -t tmpfs -o 'rw,nosuid,nodev,mode=755' tmpfs
            /opt/armhf-rootfs-debian-jessie/run
$ sudo mkdir /opt/armhf-rootfs-debian-jessie/run/lock
$ sudo mount -t tmpfs -o 'rw,nosuid,nodev,noexec,relatime,size=5120k'
            tmpfs /opt/armhf-rootfs-debian-jessie/run/lock
```

아래와 같이 일부 네트워크 설정도 복사해야 한다.

```
$ sudo cp /etc/resolv.conf
          /opt/armhf-rootfs-debian-jessie/etc/resolv.conf
```

마지막으로 ARM rootfs로 넘어가야 한다. 동작하는 플랫폼을 잘 변경했는지 확인하기 위해 ARM rootfs로 넘어가기 직전과 직후에 uname 명령어를 사용했다.

```
giometti@ubuntu1510:~$ uname -a
Linux ubuntu1510 4.2.0-35-generic #40-Ubuntu SMP Tue Mar 15 22:15:45 UTC 2016
```

```
x86_64 x86_64 x86_64 GNU/Linux
giometti@ubuntu1510:~$ sudo chroot /opt/armhf-rootfs-debian-jessie/
root@ubuntu1510:/# uname -a
Linux ubuntu1510 4.2.0-35-generic #40-Ubuntu SMP Tue Mar 15 22:15:45 UTC 2016
armv7l GNU/Linux
```

이제 x86 PC에서 ARM rootfs가 동작하고 있다.

 위의 메시지를 이해하기 쉽도록 호스트 PC에서 모든 명령어를 실행할 때의 프롬프트를 남겨 놓았다. chroot 실행 전에 프롬프트는 giometti@ubuntu1510:~$이고, 나중에는 root@ ubuntu1510:/#이라는 것을 알 수 있다.

아래와 같은 명령어를 통해 이 보드용으로 생성한 모든 파일 시스템이 정상 동작한다는 것을 알 수 있다.

```
root@ubuntu1510:/# mount
udev on /dev type devtmpfs (rw,nosuid,relatime,size=1005904k,nr_
inodes=251476,mode=755)
proc on /proc type proc (rw,nosuid,nodev,noexec,relatime)
sysfs on /sys type sysfs (rw,nosuid,nodev,noexec,relatime)
tmpfs on /run type tmpfs (rw,nosuid,nodev,relatime,mode=755)
tmpfs on /run/lock type tmpfs (rw,nosuid,nodev,noexec,relatime,size=5120k)
```

그리고 Wandboard에서 동작하는 것처럼 helloworld 프로그램을 실행할 수 있다.

```
root@ubuntu1510:/# cd root/
root@ubuntu1510:/root# ls
helloworld helloworld.c
root@ubuntu1510:/root# file helloworld
helloworld: ELF 32-bit LSB executable, ARM, EABI5 version 1 (SYSV), dynamically
linked, interpreter /lib/ld-linux-armhf.so.3,for GNU/Linux 2.6.32, BuildID[sha1
```

```
]=9d36da7eb92d0d552bc04a7771f5ebbb14d04497, not stripped
root@ubuntu1510:/root# ./helloworld
Hello World
```

네트워크가 정상적으로 설정됐다면 ARM 머신에서처럼 새로운 패키지를 설치할 수도 있다. 아래와 같이 현재 저장소를 업데이트할 수 있다.

```
root@ubuntu1510:/root# apt-get update
Get:1 http://security.debian.org jessie/updates InRelease [63.1 kB]
Ign http://httpredir.debian.org jessie InRelease
Get:2 http://repos.rcn-ee.com jessie InRelease [4350 B]
Get:3 http://httpredir.debian.org jessie-updates InRelease [142 kB]
Get:4 http://security.debian.org jessie/updates/main armhf Packages [292 kB]
Get:5 http://repos.rcn-ee.com jessie/main armhf Packages [375 kB]
Get:6 http://httpredir.debian.org jessie Release.gpg [2373 B]
Get:7 http://httpredir.debian.org jessie Release [148 kB]
Get:8 http://httpredir.debian.org jessie-updates/contrib armhf Packages [20 B]
Get:9 http://httpredir.debian.org jessie-updates/main armhf Packages [9276 B]
Get:10 http://security.debian.org jessie/updates/contrib armhf Packages [994 B]
Get:11 http://security.debian.org jessie/updates/non-free armhf Packages [20 B]
Get:12 http://httpredir.debian.org jessie/main armhf Packages [8834 kB]
Get:13 http://httpredir.debian.org jessie-updates/non-free armhf Packages [450
B]
Get:14 http://httpredir.debian.org jessie/contrib armhf Packages [44.6kB]
Get:15 http://httpredir.debian.org jessie/non-free armhf Packages [74.5 kB]
Fetched 9992 kB in 1min 2s (160 kB/s)
Reading package lists... Done
```

 모든 다운로드한 저장소는 x86이 아닌 armhf 플랫폼 기반이라는 점에 유의하자.

이번에는 원시 ARM 컴파일러를 설치하자.

```
root@ubuntu1510:/root# apt-get install make gcc
```

그리고 Hello World 프로그램을 원시 컴파일러를 사용해 재컴파일하자.

```
root@ubuntu1510:/root# make helloworld
cc helloworld.c -o helloworld
root@ubuntu1510:/root# file helloworld
helloworld: ELF 32-bit LSB executable, ARM, EABI5 version 1 (SYSV), dynamically
linked, interpreter /lib/ld-linux-armhf.so.3, for GNU/Linux2.6.32, BuildID[sha1
]=e124a6c84b518908a8c6e25365169fc18890dfde, not stripped
root@ubuntu1510:/root# ./helloworld
Hello World
```

 이 예제는 QEMU를 사용해 무엇을 할 수 있는지와 복잡한 애플리케이션을 개발할 때 QEMU를 어떻게 사용할 수 있는지를 보여주기 위한 예제다. QEMU의 모든 기능을 설명하려면 책 한 권을 다시 써야 할 정도로 분량이 많다.

마지막으로 ARM 루트 파일 시스템을 종료하려면 아래와 같이 exit 프로그램을 실행해야 한다.

```
root@ubuntu1510:/root# exit
exit
giometti@ubuntu1510:~$
```

그리고 이전에 마운트했던 파일 시스템을 언마운트해야 한다.

```
$ for fs in dev proc sys run/lock run ; do \
    sudo umount /opt/armhf-rootfs-debian-jessie/$fs ; \
done
```

▌ 요약

3장에서는 GNU/리눅스 임베디드 프로그래밍에서 중요한 세 가지인 C 컴파일러(그리고 크로스 컴파일러)와 커널(그리고 디바이스 트리와 디바이스 드라이버), 루트 파일 시스템을 살펴봤다. 또한 네트워크상의 원격 루트 파일 시스템을 사용하기 위해 NFS에 대해 설명했고, 호스트 PC에서 이기종 코드를 실행하기 위한 에뮬레이터 사용법도 소개했다.

4장에서는 지금까지 설명한 로우 레벨 도구와 커널 내부에서 하이 레벨 도구와 프로그래밍 테크닉으로 중점을 옮겨 설명할 것이다. Bash나 PHP, 파이썬 프로그래밍을 사용하거나 아파치^{Apache}나 MySQL과 같은 전용 데몬을 사용해 복잡한 작업을 어떻게 수행하는지도 살펴본다.

04

스크립트와 시스템 데몬을 사용한 빠른 프로그래밍

3장에서 원시 컴파일과 크로스 컴파일을 다뤘고, C 언어는 임베디드 개발자가 반드시 알아야 하는 항목이라는 점을 살펴봤다. 그러나 문제를 빨리 해결하기 위해 때로는 스크립트나 이미 짜여 있는 데몬을 사용하는 것이 좋을 수도 있다.

4장에서는 지속적으로 제어나 모니터링을 실행하는 임베디드 시스템에서 사용할 수 있는 유용한 시스템 도구들을 살펴본다. 이런 종류의 소프트웨어를 데몬daemon이라고 한다. 데몬은 유닉스 용어로 사용자의 직접 제어를 받는 프로그램이 아닌 백그라운드 프로세스로 동작하는 컴퓨터 프로그램을 의미하므로 제어나 모니터링 업무에 적합하다. 이런 시나리오에서 반복적이고 공통인 작업을 구현할 때 사용할 수 있는 기존 데몬을 살펴본다.

그리고 이 책의 임베디드 개발자 도구에 스크립팅 언어를 설치하고 사용하는 방법을 살펴보고, 여러 다른 언어(PHP와 파이썬, Bash)로 프로그램을 작성해 기존 시스템 데몬과의 차이점을 살펴보면서 문제를 해결하는 방법을 알아본다.

마지막으로 임베디드 개발자가 C 혹은 PHP와 파이썬, Bash와 같은 스크립팅 언어로 데몬을 작성하는 방법을 설명한다. 경험 있는 개발자들은 4장을 건너뛰어도 되지만, 한 번 읽어보길 권한다.

▋ 시스템 설정

시작하기 전에 코드 테스트를 위해 비글본 블랙이 사용하는 모든 것을 설치해 임베디드 보드를 셋업해야 한다. 이전에 언급했듯이 책에서 사용하는 모든 명령어와 프로그램은 다른 임베디드 보드에도 똑같이 사용할 수 있다.

먼저 PHP 스크립트 언어용 명령어 라인 인터프리터와 아파치^{Apache} 웹 서버 관련 플러그인을 설치해야 한다. 아래와 같이 aptitude 명령어를 사용해 설치해보자.

```
root@bbb:~# aptitude install php5-cli libapache2-mod-php5
```

그리고 파이썬 인터프리터용 패키지는 데몬 생성 시 유용하다.

```
root@bbb:~# aptitude install python-daemon
```

이제 xinetd를 위해 아래 패키지를 설치해야 한다.

```
root@bbb:~# aptitude install xinetd telnet
```

MySQL을 위해 아래 패키지 역시 필요하다.

```
root@bbb:~# aptitude install mysql-client mysql-server
```

위 MySQL 패키지 설치 시 시스템에서 관리자 루트 사용자를 요구한다. 이는 시스템의 루트 사용자가 아닌 MySQL 서버의 루트 사용자이므로 시스템의 루트 사용자 암호와 다른 암호를 넣어야 한다(사실 이를 요구하지 않더라도 말이다).

MySQL 데몬이 C, PHP, 파이썬 언어로 통신하기 위한 몇 가지 라이브러리를 추가하기 위해 아래의 패키지가 더 필요하다.

```
root@bbb:~# aptitude install libmysqlclient-dev php5-mysqlnd python-mysqldb
```

▍ 시스템 데몬

데몬은 백그라운드 프로세스로 동작하는 컴퓨터 프로그램이다. 리처드 스티븐스[Richard Stevens]가 쓴 유닉스 바이블인 『Advanced Programming in the Unix Environment』(Addison-Wesley, 2013)에서는 아래와 같이 언급하고 있다.

> 데몬은 오랜 시간 동안 살아 있는 프로세스다. 이 프로세스는 시스템이 시작될 때 시작되고, 시스템 끝날 때 종료된다. 이 프로세스는 제어하는 터미널을 갖고 있지 않아 백그라운드로 동작한다고 표현한다.

이런 동작은 개발자가 데몬 프로세스를 쉽게 생성할 수 있게 해주는 glibc 라이브러리에 특수 함수가 구현돼 있으므로 매우 중요하다.

이 개념을 확실히 이해하기 위해 아래 daemon 함수 구현부를 살펴보자. 이 함수는 프로세스가 스스로 데몬으로 바뀌기 위해 수행하는 각 단계를 보여준다.

```
int daemon(void)
{
```

```
    int fd;
    /* 데몬 손자 프로세스를 생성한다. */
    switch (fork()) {
        case -1:
        return -1;       /* 에러! */
    case 0:
        break;           /* 자식 프로세스 계속 실행... */
    default:
        exit(0);         /* 부모 프로세스 종료.. 바이바이!! */
    }
    /* 이 코드는 이제 셸의 손자 프로세스에서 실행된다.*/
    if (setsid() < 0)    /* 세션 리더가 된다.*/
        return -1;
    if (chdir("/") < 0) /* 작업 디렉터리 변경 */
        return -1;
    umask(0);            /* 파일모드 생성 마스크를 지운다. */
    /* 마지막으로 모든 열린 디스크립터를 닫는다. */
    for (fd = sysconf(_SC_OPEN_MAX); fd > 0; fd--)
        close(fd);
    return 0;
}
```

데몬 후보 프로세스를 위해 첫 번째로 해야 할 일은 fork( )를 호출한 후에 exit( ) 시스템 콜을 호출하는 것이다. 데몬이 부모 프로세스를 종료시키는 간단한 셸 명령어로 시작된다면, 셸은 명령어 실행이 완료됐고, 사용자에게 프롬프트가 반환될 수 있다고 생각하기 때문이다. 그리고 새로운 세션에서 새로운 데몬 후보 프로세스를 동작시키고 제어하는 터미널이 없도록 하기 위해 setsid( ) 호출이 필요하다.

그리고 데몬 후보 프로세스가 마운트된 파일 시스템에서 실행되고, 언마운트되는 것을 막기 위해 chdir( ) 시스템 콜을 호출해야 한다. 사실 현재 작업 디렉터리는 부모로부터 상속받으므로 이 디렉터리를 root로 바꾸는 것(위 코드에서 슬래시 문자(/)를 사용)은 이 문제를 해결하기 위한 트릭이다. umask( ) 시스템 콜은 새로 생성된 데몬이 제한 없이 특정 권한을 가진 파일을 생성할 수 있도록 한다.

마지막으로 조부모 프로세스(위 예제에서는 셸을 의미함)에서 상속된 모든 열린 파일 디스크립터를 닫는다. 모든 프로세스 통신 채널을 닫으면 사용자가 더 이상 데몬을 관리할 수 없게 된다. 특정 데몬 기능을 변경하기 위해 설정 명령이 호출될 때 전용 채널을 다시 열 수도 있고(보통 유닉스 도메인 소켓), 특정 신호가 도착할 때 설정 파일을 다시 읽게 할 수도 있다.

 데몬 생성이나 동작 방식의 자세한 사항은 이 책의 범위를 벗어난다. http://en.wikipedia.org/wiki/Daemon_%28computing%29 페이지를 참고하거나 리처드 스티븐스의 『Advanced Programming in the Unix Environment』(애디슨 웨슬리, 2013)를 참고하자.

유용하고 즉시 사용할 수 있는 데몬

GNU/리눅스 시스템(그리고 일반적으로 유닉스 시스템)은 실제 공통 작업을 수행하는 즉시 사용할 수 있는 데몬들이 많다. 아래 리스트는 주목해야 할 데몬이다.

- Apache와 uhttpd, lighttpd: HTTP 서버 데몬
- atd와 crond: 작업 스케줄러 데몬
- ftpd와 tftpd: 파일 전송 데몬
- inetd와 xinetd: 인터넷 슈퍼^{super} 서버 데몬
- named/bind와 관련 데몬: DNS 서버 데몬
- nfsd와 lockd, mountd, statd: NFS 데몬과 관련 지원 데몬
- ntpd: NTP 서비스 데몬
- portmap, rpcbind: SunRPC 포트 매퍼^{mapper}.
- mysqld와 postgresql 관련 데몬: 데이터베이스 서버 데몬
- sendmail와 exim, postfix 관련 데몬: 메일 전송 에이전트^{agent} 데몬
- snmpd: Simple Network Management Protocol(SNMP) 데몬

- **syslogd 관련 데몬**: 시스템 로깅 데몬

- **systemd**: 시스템 관리 데몬

- **telnetd와 sshd/dropbear**: 텔넷과 SSH 서버 데몬

- **vsftpd와 관련 데몬**: 파일 전송 프로토콜FTP 서버 데몬

위 데몬 중 몇 개는 3장의 예제에서 이미 사용했다. 따라서 개발자 업무를 간단히 만들어
줄 수 있는 다른 유용한 데몬 몇 개에 대한 사용법과 이 책의 개발자 도구를 사용해 어떻
게 접근할 수 있는지 살펴보자.

이 책에서 설명하지 않는 데몬에 대해서는 인터넷을 통해 알아보기를 권장한다. 아마도
흥미로운 부분을 많이 발견할 수 있을 것이다.

시스템 데몬 관리

각 리눅스 배포판은 각기 다른 방법으로 시스템 데몬을 관리한다. 이 책에서 사용하는 데
비안은 관련 관리 스크립트(/etc/init.d 디렉터리에 있음)를 적절한 옵션과 함께 호출해 데몬
을 관리한다. 이런 방식은 inid 데몬과 관련된 레거시legacy 모드고, 모든 데비안 릴리즈에
서 사용한다. 그러나 3장에서 이 책의 임베디드 보드에 systemd 데몬을 사용하는 최신
버전을 설치했다. 이 새 데몬은 inid와 하위 호환되며, 새로운 서비스 관리 동작도 지원
한다.

 지면 관계상 initd와 systemd가 무엇이며, 서로 어떻게 다른지에 대한 설명은 아래 2개의
URL을 참고하기 바란다.
- https://en.wikipedia.org/wiki/Systemd
- https://en.wikipedia.org/wiki/Init

이 책에서는 두 가지 이유로 기존 레거시(initd) 모드를 사용할 것이다. 새 방식systemd은
최신 버전에만 존재하지만, 레거시 모드는 모든 버전이 갖고 있고, 저자는 아직 레거시

방식의 사용을 선호한다. 그러나 새로운 방식도 간단히 설명할 것이다. 이제 사용할 수 있는 서비스의 리스트를 얻기 위해 /etc/init.d 디렉터리를 살펴보자.

```
root@bbb:~# ls /etc/init.d/
alsa-utils                hostapd                   mysql        sendsigs
apache2                   hostname.sh               netscript    single
avahi-daemon              hwclock.sh                networking   skeleton
bootlogs                  killprocs                 pppd-dns     ssh
bootmisc.sh               kmod                      procps       sudo
checkfs.sh                loadcpufreq               rc           udev
checkroot-bootclean.sh    motd                      rc.local     udhcpd
checkroot.sh              mountall-bootclean.sh     rcS          umountfs
cpufrequtils              mountall.sh               README       umountnfs.sh
cron                      mountdevsubfs.sh          reboot       umountroot
dbus                      mountkernfs.sh            rmnologin    urandom
halt                      mountnfs-bootclean.sh     rsync        xinetd
hdparm                    mountnfs.sh               rsyslog
```

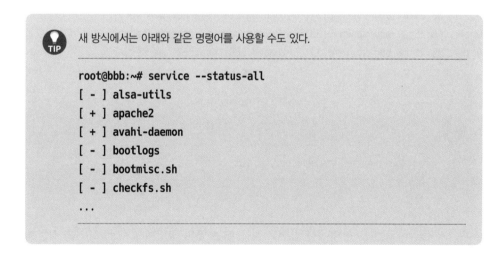

새 방식에서는 아래와 같은 명령어를 사용할 수도 있다.

```
root@bbb:~# service --status-all
[ - ] alsa-utils
[ + ] apache2
[ + ] avahi-daemon
[ - ] bootlogs
[ - ] bootmisc.sh
[ - ] checkfs.sh
...
```

위에서 볼 수 있듯이 사용할 수 있는 서비스는 꽤 많다. 먼저 아파치 서비스의 상태를 검사해보자. 이를 위해 /etc/init.d/apache2를 status 옵션과 함께 실행해야 한다.

```
root@bbb:~# /etc/init.d/apache2 status
. apache2.service - LSB: Apache2 web server
    Loaded: loaded (/etc/init.d/apache2; generated; vendor preset: enabled)
    Active: active (running) since Mon 2016-10-10 12:01:10 UTC; 1 day 10h ago
Docs: man:systemd-sysv-generator(8)
  Process: 3315 ExecReload=/etc/init.d/apache2 reload (code=exited, status=0/
  SUCCESS)
  Process: 1641 ExecStart=/etc/init.d/apache2 start (code=exited, status=0/
  SUCCESS)
  CGroup: /system.slice/apache2.service
          +-1972 /usr/sbin/apache2 -k start
          +-3371 /usr/sbin/apache2 -k start
          +-3372 /usr/sbin/apache2 -k start
          +-3373 /usr/sbin/apache2 -k start
          +-3374 /usr/sbin/apache2 -k start
          \-3375 /usr/sbin/apache2 -k start
Oct 10 12:01:06 bbb systemd[1]: Starting LSB: Apache2 web server...
Oct 10 12:01:10 bbb apache2[1641]: Starting web server: apache2.
Oct 10 12:01:10 bbb systemd[1]: Started LSB: Apache2 web server.
Oct 11 06:25:07 bbb systemd[1]: Reloading LSB: Apache2 web server.
Oct 11 06:25:08 bbb apache2[3315]: Reloading web server: apache2.
Oct 11 06:25:08 bbb systemd[1]: Reloaded LSB: Apache2 web server.
```

 새로운 방식에서는 아래와 같은 명령어로 같은 결과를 볼 수 있다.

```
root@bbb:~# service apache2 status
```

서비스가 동작하고 있는 상태에서 멈추고 싶을 때는 앞의 명령어에 stop 옵션을 지정해
야 한다.

```
root@bbb:~# /etc/init.d/apache2 stop
[ ok ] Stopping apache2 (via systemctl): apache2.service.
```

 새로운 방식에서는 아래와 같은 명령어를 사용해 데몬을 멈출 수 있다.

```
root@bbb:~# service apache2 stop
```

이 명령어는 출력값이 없다.

status 명령어를 사용해 서비스가 멈췄는지 확인할 수 있고, 데몬을 재시작할 때는 아래와 같은 명령어를 사용할 수 있다.

```
root@bbb:~# /etc/init.d/apache2 start
[ ok ] Starting apache2 (via systemctl): apache2.service.
```

 새로운 방식에서는 아래와 같은 명령어로 데몬을 시작한다.

```
root@bbb:~# service apache2 start
```

이 명령도 출력값이 없다.

설정 파일 변경 후 데몬을 멈췄다가 다시 시작할 때 restart 옵션을 사용할 수도 있다.

```
root@bbb:~# /etc/init.d/apache2 restart
[ ok ] Restarting apache2 (via systemctl): apache2.service.
```

새로운 방식에서는 아래와 같은 명령어로 데몬을 재시작한다.

```
root@bbb:~# service apache2 restart
```

이 명령도 출력값이 없다.

이 명령어들은 데비안 OS에 있는 모든 시스템 데몬에 사용할 수 있으므로 아래에 설명하는 데몬에서도 사용할 수 있다.

syslogd

데몬에 대해 이야기할 때 가장 중요한 것 중 하나는 바로 syslogd다. syslogd 데몬은 메시지 로깅용으로 많이 사용하는 표준으로, 메시지를 저장하는 시스템과 메시지를 리포트하고 분석하는 소프트웨어에서 메시지를 생성하는 소프트웨어를 분리해준다.

데몬은 디폴트로 모든 통신 채널이 막혀 있으므로 syslogd을 사용하는 것이 데몬의 활동 사항을 시스템 관리자나 개발자에게 리포트하는 가장 간편하고 효율적인 방식이다.

이 책의 시작부에서 개발 도구에 설치했던 데비안 시스템의 syslogd 서비스는 rsyslogd 데몬을 갖고 있는 rsyslog 패키지에 구현돼 있다. 이 책에서는 이 데몬이 어떻게 동작하는지에 대한 자세한 설명은 하지 않지만, 이 책의 애플리케이션 활동 사항을 추적하거나 디버깅하기 위해 효과적으로 메시지를 로깅하는 방법에 대해서는 간단하게 설명한다. 다음 절에서는 다른 프로그래밍 언어를 사용해 이 데몬을 어떻게 사용하는지 살펴볼 것이다. 그 전에 원격 시스템에 로그를 보내기 위해 이 데몬을 어떻게 설정하는지 살펴보자 (이 기능은 임베디드 시스템으로 작업할 때 매우 유용하다).

비글본 블랙의 로그 메시지를 호스트로 보내려면, 호스트에 있는 rsyslog 패키지의 /etc/rsyslog.conf 설정 파일을 아래와 같이 수정해야 한다.

```
--- /etc/rsyslog.conf.orig 2017-01-14 22:24:59.800606283 +0100
+++ /etc/rsyslog.conf 2017-01-14 22:25:06.208600601 +0100
@@ -15,8 +15,8 @@
 #module(load="immark") # provides --MARK-- message capability
 # provides UDP syslog reception
-#module(load="imudp")
-#input(type="imudp" port="514")
+module(load="imudp")
+input(type="imudp" port="514")
 # provides TCP syslog reception
#module(load="imtcp")
```

이 수정 사항은 UDP를 사용해 원격 머신으로부터 로그를 받을 수 있는 기능을 활성화
한다(TCP를 사용할 수도 있다). 이 새로운 설정을 적용하려면 아래와 같은 명령어를 사용해
호스트의 데몬을 재시작해야 한다.

$ sudo /etc/init.d/rsyslog restart
[ok] Restarting rsyslog (via systemctl): rsyslog.service.

 시스템의 데몬들은 루트 사용자만 관리할 수 있기 때문에 호스트에서 sudo 명령어가 필요하다.

이제 비글본 블랙에서 /etc/rsyslog.conf 파일에 아래 줄을 추가해야 한다(일반적으로 파
일의 끝에 추가한다).

. @192.168.7.1:514

이와 같은 방식으로 rsyslog 데몬이 모든 로그를 IP 주소 192.168.7.1의 514 포트(호스트
가 리스닝하는 포트)로 보낼 수 있다. 타깃에서 새로운 설정을 적용하려면 호스트에서 사용

했던 명령어를 사용해 데몬을 재시작해야 한다.

```
root@bbb:~# /etc/init.d/rsyslog restart
[ ok ] Restarting rsyslog (via systemctl): rsyslog.service.
```

모든 값이 정상적으로 설정됐다면 호스트에서 아래와 같은 비글본 블랙이 보낸 메시지를 볼 수 있다.

```
Jan 14 22:29:01 hulk ntpd[23220]: Soliciting pool server 193.234.225.237
Jan 14 22:29:20 hulk ntpd[23220]: Soliciting pool server 2a00:dcc0:dead:b9ff:fe
de:feed:e39:73d7
Oct 11 22:55:05 bbb rsyslogd: [origin software="rsyslogd" swVersion="8.4.2"
x-pid="5540" x-info="http://www.rsyslog.com"] start
Oct 11 22:55:04 bbb systemd[1]: Stopping System Logging Service...
Oct 11 22:55:04 bbb systemd[1]: Stopped System Logging Service.
Oct 11 22:55:04 bbb systemd[1]: Starting System Logging Service...
Oct 11 22:55:05 bbb systemd[1]: Started System Logging Service.
Oct 11 22:55:14 bbb rsyslogd: [origin software="rsyslogd" swVersion="8.4.2"
x-pid="5540" x-info="http://www.rsyslog.com"] exiting on signal 15.
```

 위 로그에서 먼저 시스템 시간(비글본 블랙의 경우 시간이 잘못 됐음)을 볼 수 있고, 그 옆에서는 시스템 이름을 볼 수 있다. hulk는 저자의 호스트 PC 이름, bbb는 비글본 블랙 이름이다.

Bash에서 syslogd 사용

Bash 셸에서는 아래와 같은 logger 명령어를 사용할 수 있다.

```
root@bbb:~# logger -t mydaemon logging message in bash
```

이 명령어는 /var/log/syslog 파일에 아래와 같은 메시지를 생성한다.

```
root@bbb:~# tail -f /var/log/syslog | grep mydaemon
Apr 2 18:29:03 bbb mydaemon: logging message in bash
```

C에서 syslogd 사용

이 책의 예제 코드 저장소에 있는 chapter_04/syslogd/logger.c 코드를 사용해 C 언어에서 위와 같은 메시지를 생성할 수도 있다. 이 코드에서는 같은 로그를 위해 세 함수를 호출하며, 아래는 코드의 일부다.

```
openlog("mydaemon", LOG_NOWAIT, LOG_USER);
syslog(LOG_INFO, "logging message in C");
closelog();
```

아래와 같은 명령어를 사용해 코드를 컴파일하고 실행해보자.

```
root@bbb:~# make logger
cc -Wall -O2    logger.c    -o logger
root@bbb:~# ./logger
```

그리고 /var/log/syslog 파일에서 아래와 같은 출력값을 볼 수 있다.

```
Apr 2 18:33:11 bbb mydaemon: logging message in C
```

PHP에서 syslogd 사용

이 책의 예제 코드 저장소에 있는 chapter_04/syslogd/logger.php 코드에서 PHP로 syslogd를 사용하고 있으며, 이를 위해 세 함수를 호출하고 있다. 아래는 코드의 일부다.

```php
openlog("mydaemon", LOG_NOWAIT, LOG_USER);
syslog(LOG_INFO, "logging message in PHP");
closelog();
```

아래와 같은 명령어를 통해 위의 예제 프로그램을 실행해보자.

root@bbb:~# php logger.php

그리고 로그 파일에서 생성된 메시지를 확인할 수 있다.

Apr 2 18:43:52 bbb mydaemon: logging message in PHP

 syslog 라이브러리의 모든 문서는 http://php.net/manual/en/function.syslog.php에서 볼 수 있다.

파이썬에서 syslogd 사용

마지막 예제는 파이썬으로, 이 책의 예제 코드 저장소에 있는 chapter_04/syslogd/logger.py 파일에 저장돼 있다. 아래 세 함수를 다시 사용한다.

```python
syslog.openlog("mydaemon", syslog.LOG_NOWAIT, syslog.LOG_USER)
syslog.syslog(syslog.LOG_INFO, "logging message in Python")
syslog.closelog()
```

그리고 아래와 같은 명령어로 이 파일을 실행할 수 있다.

root@bbb:~# python logger.py

실행에 대한 결괏값은 아래와 같다.

Apr 2 18:45:08 bbb mydaemon: logging message in Python

---

 syslog library에 대한 모든 문서는 https://docs.python.org/3.4/library/syslog.html 에서 볼 수 있다.

cron

이 데몬은 간단하고 반복적인 업무를 백그라운드로 실행할 때 매우 유용하다. 사실 이 데 몬은 개발자가 작업을 프로그램할 때 사용할 수 있는 crontab이라 불리는 시간표에 따라 스케줄된 셸 명령어를 실행한다.

crontab은 crontab 명령어를 사용해 접근하고 업데이트해야 하며, cron 데몬 동작 방식 을 좀 더 자세히 알기 위해 아래와 같은 명령어를 사용해 루트 사용자의 현재 crontab을 살펴보자.

---

root@bbb:~# crontab -e

 이때 아래와 같은 메시지를 볼 수 있다.

```
/usr/bin/select-editor: 1: /usr/bin/select-editor: gettext: not
found
'select-editor'.
/usr/bin/select-editor: 1: /usr/bin/select-editor: gettext: not
found
```

```
1. /bin/nano <----
2. /usr/bin/vim.basic
3. /usr/bin/vim.tiny
/usr/bin/select-editor: 32: /usr/bin/select-editor:gettext: not
found
1-3 [1]:
```

이는 디폴트 편집기가 지정되지 않아서 발생한다. 위 리스트 중 하나를 선택하면 이 메시지는 더 이상 나타나시 않는다.

위 명령어를 사용하면 임베디드 보드는 현재의 텍스트 편집기를 사용해 텍스트 파일을 연다. 파일의 내용은 아래와 같다.

```
# cron으로 실행할 작업을 지정하기 위해 이 파일을 수정하자.
#
# 실행할 작업은 한 줄로 정의돼야 하며,
# 작업이 언제 실행될지와 어떤 명령이 실행돼야 하는지 지정해야 한다.
#
# 시간을 지정하기 위해 아래 형식으로 특정 값을 지정하거나 각 필드에 *(모든 값)를 사용할 수 있다.
# 분(m), 시간(h), 한 달의 날짜(dom), 달(mon), 한 주의 날짜(dow)
# 작업은 cron의 시스템 데몬의 시간과 시간대를 기반으로 실행된다는 점에 유의하자.
#
# crontab 작업의 출력은 (에러 포함) crontab 파일이 속한 사용자에게 이메일로 보내진다.
# #
# 예를 들어, 모든 사용자의 계정을 매주 5AM에 백업되도록 하려면 아래와 같이 할 수 있다.
# # 0 5 * * 1 tar -zcf /var/backups/home.tgz /home/
#
# 좀 더 자세한 정보는 crontab(5)과 cron(8)의 매뉴얼 페이지를 참고하자.
#
# m h dom mon dow 명령
```

---

crontab 파일의 주석을 보면 데몬이 동작하는 방식을 쉽게 이해할 수 있다. 한 줄에 한 작업을 가지며, 각 줄의 처음 5개 필드는 명령어를 실행할 시간, 여섯 번째 필드는 실행할 명령어를 정의한다. 위의 주석에 나와 있듯이 비글본 블랙의 사용자 계정을 매주 5AM에 백업하기 위해 아래와 같은 명령어를 사용한다.

```
0 5 * * 1 tar -zcf /var/backups/home.tgz /home/
```

처음 5개 필드가 이 기능을 수행하는데, 첫 번째 필드는 명령어가 0분(m), 두 번째 필드는 명령어 실행 시(hour)를 5시(시간은 0~23까지 지정), 세 번째와 네 번째 필드는 와일드카드인 * 문자를 사용해 달의 매일(dom), 각 달마다(mon) 명령어가 실행돼야 한다는 것을 나타내고, 다섯 번째 필드는 한 주의 첫 번째 요일, 즉 월요일(0이나 7은 일요일)에 명령어가 실행돼야 한다는 것을 나타낸다.

다른 유용한 기능 중 하나는 crontab 파일에서 특정 변수를 설정해 기본 동작을 변경하는 것이다. 예를 들어, PATH 변수의 기본값은 "/usr/bin:/bin"이고, 아래와 같은 명령어를 이용해 사용자의 bin 디렉터리를 추가하도록 수정할 수 있다.

```
PATH=~/bin:/usr/bin/:/bin
```

~ 문자는 셸이 올바르게 인식하지만(디폴트로 SHELL=/bin/bash로 설정되는), 환경 변수를 바꾸는 것이나 변수 교체는 셸이 인식할 수 없으므로 아래 예제는 기대한 것처럼 동작하지 않는다. 즉, 어떤 변환도 일어나지 않는다.

```
PATH = $HOME/bin:$PATH
```

 man 명령어를 사용해 crontab 파일 man 페이지의 더 많은 정보를 확인해보자.

root@bbb:~# man 5 crontab

xinetd

이 도구는 네트워킹 기능을 갖지 않은 프로그램에 네트워크 기능을 추가해주는 네트워크 데몬 프로그램이다(이미 2장, '시스템 콘솔 관리'의 '네트워크에서 파일 로딩' 절에서 호스트용으로 사용했다). 이는 표준 inetd 데몬의 개선된 버전이고, 최근 대부분의 배포판에서 inetd를 대체하고 있다.

xinetd 설정 파일은 /etc/xinetd.conf고, 아래와 같다.

```
# xinetd용 간단한 설정 파일
#
# 일부 기본 설정값과 /etc/xinetd.d/를 포함하는 부분
defaults
{

# log_on_success와 log_on_failure를 사용하기 위해서는 log_type 라인이 필요하다.
# 디폴트는 아래와 같다.
# log_type = SYSLOG daemon info
}
includedir /etc/xinetd.d
```

따라서 실제 설정 파일은 /etc/xinetd.d 디렉터리 안에 존재하며, 서비스당 1개의 파일을 가진다. 비글본 블랙에서는 아래와 같은 파일들을 볼 수 있다.

```
root@bbb:~# ls /etc/xinetd.d/
chargen    daytime discard echo time
```

각 설정 파일은 데몬에게 네트워크 연결을 수신할 때 어떤 프로그램이 실행돼야 하는지를 알려준다. 이런 동작을 하기 전에, 프로그램의 stdin와 stdout, stderr 스트림들을 연결 관리를 위해 사용하는 소켓으로 리다이렉트한다. 이를 통해 표준 유닉스 스트림으로 데이터를 읽고 쓰는 모든 프로그램이 네트워크 연결상에서 원격으로 통신할 수 있다. 간단한 예제를 위해 아래 Bash 스크립트를 살펴보자.

```
/bin/bash
while /bin/true; do
    read line
    line=$(echo $line | tr -d '\n\r')
    [ "$line" == "quit" ] && break;
    echo -e "$line\r"
done
exit 0
```

 이 코드는 이 책의 예제 코드 저장소에 있는 chapter_04/xinetd/echo.sh 파일이다.

이 스크립트를 아래와 같이 실행해보자.

```
root@bbb:~# ./echo.sh
```

이때 Testing request 문자열을 입력하면 스크립트는 stdout(즉, 터미널 윈도우로)로 같은 문자열을 출력할 것이다. 프로그램을 종료하려면 quit 문자열을 입력해야 한다. 아래의 간단한 사용법을 확인해보자.

```
root@bbb:~# ./echo.sh
Testing request
Testing request
quit
root@bbb:~#
```

이제 이 책의 예제 코드 저장소에 있는 chapter_04/xinetd/echo_sh 파일의 아래 코드를 /etc/xinetd.d 디렉터리에 추가하면 xinetd 기능을 테스트해볼 수 있다.

```
service at-echo
{
    disable     = no
    socket_type = stream
    protocol    = tcp
    wait        = no
    user        = root
    server      = /root/echo.sh
}
```

위 코드를 사용해 아래와 같이 /etc/services 파일에 at-echo 이름의 새로운 서비스를 정의한다.

```
root@bbb:~#  grep at-echo  /etc/services
at-echo             204/tcp                 # AppleTalk echo
at-echo             204/udp
```

그리고 TCP 프로토콜과 새로운 연결이 맺어지면 실행할 프로그램을 지정한다. 위의 예제에서 새로운 TCP 연결이 204 포트에서 맺어지면, /root/echo.sh를 루트 사용자로 실행한다. /root/echo.sh 프로그램은 단순히 stdin에서 한 줄을 읽고 stdout 스트림으로 쓰는 역할을 한다.

이제 새로운 설정을 적용하기 위해 데몬을 재시작해야 한다.

```
root@bbb:~# /etc/init.d/xinetd restart
[ ok ] Restarting xinetd (via systemctl): xinetd.service.
```

먼저 데몬이 실제로 204 포트에서 리스닝하는지 아래와 같이 확인할 수 있다.

```
root@bbb:~# netstat -lpn | grep 204
tcp    0    0 0.0.0.0:204    0.0.0.0:*    LISTEN    2724/xinetd
```

그리고 아래와 같이 /var/log/syslog에 있는 시스템 로깅 메시지 확인을 통해서도 설정이 정상적으로 됐는지 확인할 수 있다.

```
root@bbb:~# tail -f /var/log/syslog
Apr 2 20:28:29 bbb xinetd[2655]: Starting internet superserver: xinetd.
Apr 2 20:28:29 bbb systemd[1]: Started LSB: Starts or stops the xinetd daemon..
Apr 2 20:28:30 bbb xinetd[2664]: Reading included configuration file:
/etc/xinetd.d/chargen [file=/etc/xinetd.conf] [line=14]
...
Apr 2 20:28:30 bbb xinetd[2664]: Reading included configuration file:
/etc/xinetd.d/echo_sh [file=/etc/xinetd.d/echo_sh] [line=26]
Apr 2 20:28:30 bbb xinetd[2664]: Reading included configuration file:
/etc/xinetd.d/time [file=/etc/xinetd.d/time] [line=9]
Apr 2 20:28:30 bbb xinetd[2664]: removing chargen
Apr 2 20:28:30 bbb xinetd[2664]: removing chargen
...
Apr 2 20:28:30 bbb xinetd[2664]: removing time
```

```
Apr 2 20:28:30 bbb xinetd[2664]: removing time
Apr 2 20:28:30 bbb xinetd[2664]: xinetd Version 2.3.15 started with libwrap
loadavg options compiled in.
Apr 2 20:28:30 bbb xinetd[2664]: Started working: 1 available service
```

모든 설정 파일이 파싱되고, 활성화된 서비스만 남으며, 최종적으로 위 예제의 새로운 서비스만 동작하고 있다.

이제 호스트 PC에서 텔넷 프로그램을 사용해 이 새로운 네트워크 서비스를 테스트할 수 있다.

```
$ telnet 192.168.7.2 204
Trying 192.168.7.2...
Connected to 192.168.7.2.
Escape character is '^]'.
Testing request
Testing request
quit
Connection closed by foreign host.
```

이번에는 원격 TCP 연결을 통해 echo.sh 스크립트를 실행했음을 기억하자.

 텔넷 프로그램은 xinetd 데몬과 함께 이전 절에서 설치했다.

sshd

이 데몬은 사용자가 원격 머신에 있는 컴퓨터의 터미널을 사용해 암호화된 프로토콜로 통신하는 안전한 셸 서비스SSH를 구현한다. 이 데몬은 많이 쓰이고, 유명해서 어떤 설명이나 사용 예제도 필요치 않다. 하지만 이 책에서 이 데몬을 몇 가지 다른 방식으로 사용할 예정이다.

- 원격 머신으로 혹은 원격 머신로부터 파일을 복사
- 명령어를 원격으로 실행
- X11Forwarding 기능 사용

첫 번째인 원격 머신으로 파일을 복사하는 것은 간단하며, 아래 형태에서는 scp를 사용한다.

```
root@bbb:~# scp local_file giometti@192.168.7.1:/tmp/
```

이 명령어는 local_file 파일을 192.168.7.1 주소를 가진 원격 머신의 /tmp 디렉터리에 복사한다. scp의 다른 용법은 man을 참고하기 바란다.

명령어를 원격으로 실행하는 것은 원격 머신에서 실행된 명령어의 출력값을 로컬 머신에서 볼 수 있는 유용한 동작이다(사실 프로그램의 입력도 관리할 수 있다). 간단한 예제로 아래와 같은 명령어는 호스트 PC에서 비글본 블랙(타깃)에 ls 명령어를 실행하도록 하고, 호스트 터미널에서 결과를 볼 수 있도록 한다.

```
$ ssh root@192.168.7.2 ls /etc/init.d
root@192.168.7.2's password:
alsa-utils
apache2
avahi-daemon
...
```

위 예제에서 루트의 암호를 입력하면 비글본 블랙의 /etc/init.d 디렉터리 콘텐츠를 볼 수 있다. 좀 더 자세한 정보는 man에서 확인할 수 있다.

마지막으로 설명할 용법은 (5장에서 사용하는) X11Forwarding 기능으로, 원격 머신의 X11 애플리케이션을 실행해 로컬 머신에서 해당 애플리케이션 윈도우를 보는 것이다. 엄밀히 말하면, 이 동작은 이전에 살펴봤던 원격 명령어 실행의 확장판이라고 할 수 있다.

 이 책에서 X11 프로토콜에 관한 자세한 사항은 다룰 수 없다. 좀 더 자세한 정보는 https://en.wikipedia.org/wiki/X_Window_System을 참고하기 바란다.

간단한 예제로, 호스트 PC에서 비글본 블랙의 xcalc 그래픽 애플리케이션을 실행하고, 호스트에서 이 애플리케이션의 윈도우를 표시해보자. 먼저 비글본 블랙에 xcalc 애플리케이션과 xauth 유틸리티utility를 설치해야 한다.

```
root@bbb:~# apt-get install x11-apps xauth
```

그리고 xauth 유틸리티를 실행해, 필요한 설정 파일을 구성해야 한다.

```
root@bbb:~# xauth
xauth: file /root/.Xauthority does not exist
Using authority file /root/.Xauthority
xauth>
```

이후 quit 명령어를 사용해 이 프로그램을 종료하고 sshd 데몬에서 X11Forwarding 기능을 활성화할 수 있다. 이를 위해 아래와 같이 /etc/ssh/sshd_config 파일에서 X11Forwarding 옵션을 yes로 설정하면 된다.

```
root@bbb:~# grep X11Forwarding /etc/ssh/sshd_config
X11Forwarding yes
```

위의 경우에는 해당 옵션이 이미 활성화돼 있지만, 그렇지 않은 경우에는 옵션을 활성화한 후 반드시 데몬을 재시작해 해당 옵션이 적용되도록 해야 한다.

이제 실행할 준비가 됐다. 호스트에서 아래와 같은 명령어를 사용해 비글본 블랙으로 로그인할 수 있다.

```
$ ssh -X root@192.168.7.2
```

ssh man 페이지에 설명된 것처럼, 위 명령어에서 -X 옵션은 X11Forwarding을 활성화한다. /usr/bin/xauth: file /root/.Xauthority does not exist 경고 메시지는 무시해도 되고, xcalc 애플리케이션을 실행할 수 있다.

```
root@bbb:~# xcalc
```

모든 것이 잘 동작한다면 xcalc 메인 윈도우가 호스트 디스플레이에 나타날 것이다.

아파치

아파치 HTTP 서버는 (아마도) 세계에서 가장 유명하고, 많이 사용하는 웹 서버다. (거의) 모든 배포판에 디폴트로 설치돼 있고, 월드 와이드 웹World Wide Web에 관련된 수많은 일을 처리할 수 있다.

아파치 서버와 관련된 모든 설정 파일에 대한 설명은 너무 많기 때문에 이 책에서 모두 다룰 수는 없고, 이 책에서 나중에 사용하는 몇 가지 설정만 다룬다.

먼저 서버가 임베디드 시스템에서 정상적으로 가동하는지 검증하기 위해 호스트 PC에서 웹 브라우저를 열고 내부 IP 주소인 192.168.7.2를 입력하자. 만약 정상 동작한다면 아래 그림과 비슷한 화면을 볼 수 있다.

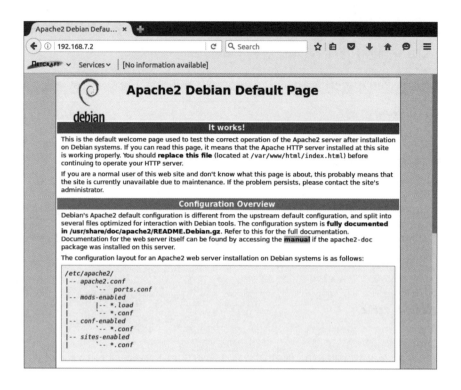

이제 아파치 서버가 PHP 코드를 실행하는 기능인 PHP 지원 여부를 확인하기 위해 아래와 같이 index.php 파일을 생성하고 /var/www/html 디렉터리에 해당 파일을 넣어야 한다.

```php
<?php
    phpinfo();
?>
```

그리고 웹 브라우저에서 http://192.168.7.2/index.php를 입력하면 아래와 같은 화면을 볼 수 있어야 한다.

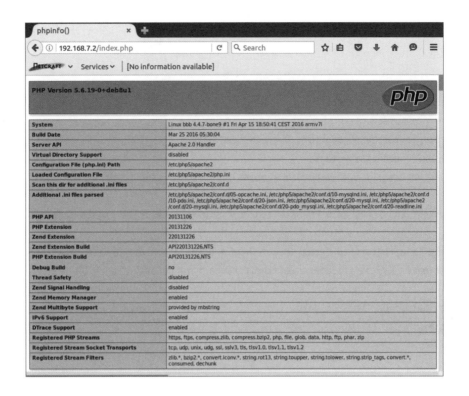

<table>
<tr><td>System</td><td>Linux bbb 4.4.7-bone9 #1 Fri Apr 15 18:50:41 CEST 2016 armv7l</td></tr>
<tr><td>Build Date</td><td>Mar 25 2016 05:30:04</td></tr>
<tr><td>Server API</td><td>Apache 2.0 Handler</td></tr>
<tr><td>Virtual Directory Support</td><td>disabled</td></tr>
<tr><td>Configuration File (php.ini) Path</td><td>/etc/php5/apache2</td></tr>
<tr><td>Loaded Configuration File</td><td>/etc/php5/apache2/php.ini</td></tr>
<tr><td>Scan this dir for additional .ini files</td><td>/etc/php5/apache2/conf.d</td></tr>
<tr><td>Additional .ini files parsed</td><td>/etc/php5/apache2/conf.d/05-opcache.ini, /etc/php5/apache2/conf.d/10-mysqlnd.ini, /etc/php5/apache2/conf.d /10-pdo.ini, /etc/php5/apache2/conf.d/20-json.ini, /etc/php5/apache2/conf.d/20-mysql.ini, /etc/php5/apache2 /conf.d/20-mysqli.ini, /etc/php5/apache2/conf.d/20-pdo_mysql.ini, /etc/php5/apache2/conf.d/20-readline.ini</td></tr>
<tr><td>PHP API</td><td>20131106</td></tr>
<tr><td>PHP Extension</td><td>20131226</td></tr>
<tr><td>Zend Extension</td><td>220131226</td></tr>
<tr><td>Zend Extension Build</td><td>API220131226,NTS</td></tr>
<tr><td>PHP Extension Build</td><td>API20131226,NTS</td></tr>
<tr><td>Debug Build</td><td>no</td></tr>
<tr><td>Thread Safety</td><td>disabled</td></tr>
<tr><td>Zend Signal Handling</td><td>disabled</td></tr>
<tr><td>Zend Memory Manager</td><td>enabled</td></tr>
<tr><td>Zend Multibyte Support</td><td>provided by mbstring</td></tr>
<tr><td>IPv6 Support</td><td>enabled</td></tr>
<tr><td>DTrace Support</td><td>enabled</td></tr>
<tr><td>Registered PHP Streams</td><td>https, ftps, compress.zlib, compress.bzip2, php, file, glob, data, http, ftp, phar, zip</td></tr>
<tr><td>Registered Stream Socket Transports</td><td>tcp, udp, unix, udg, ssl, sslv3, tls, tlsv1.0, tlsv1.1, tlsv1.2</td></tr>
<tr><td>Registered Stream Filters</td><td>zlib.*, bzip2.*, convert.iconv.*, string.rot13, string.toupper, string.tolower, string.strip_tags, convert.*, consumed, dechunk</td></tr>
</table>

 아파치의 PHP 지원은 시스템 설정을 했던 이전 절에서 이미 설치했다. 여기서는 아파치 웹 서버가 제공하는 여러 기능 중 단 한 가지만을 실행했다. 아파치 HTTP 서버 프로젝트인 https://httpd.apache.org/를 참고하자.

MySQL

보통 이 데몬은 큰 서버에서 사용한다고 알고 있지만, 사실 임베디드 시스템에서도 효율적으로 사용할 수 있다. 예를 들어, 많은 프로세스는 설정 데이터나 상태 데이터를 읽고 쓰는 일반 설정 시스템이나 상태 시스템을 구현할 때 사용할 수 있다. 또한 센서로부터 수집된 여러 이벤트와 환경 데이터들을 기록하는 데 효과적으로 사용할 수 있다.

이 데몬은 이미 셋업되고, 동작하고 있어야 하므로 이 데몬에 접속하기 위한 여러 방법을 살펴보자. Bash에서는 아래와 같은 mysql 명령어를 사용할 수 있다.

```
root@bbb:~# mysql -u root -p
Enter password:
Welcome to the MySQL monitor. Commands end with ; or \g.
Your MySQL connection id is 47
Server version: 5.5.47-0+deb8u1 (Debian)

Copyright (c) 2000, 2015, Oracle and/or its affiliates. All rights reserved.

Oracle is a registered trademark of Oracle Corporation and/or its affiliates.
Other names may be trademarks of their respective owners.

Type 'help;' or '\h' for help. Type '\c' to clear the current input statement.
mysql>
```

 비글본 블랙에서 암호를 요청하면 이 데몬 설치 시 설정했던 암호를 사용해야 한다.

Bash에서 MySQL 사용

MySQL은 커스텀 데이터베이스를 생성한 후에 사용해야 한다. 예를 들어, 이 책의 예제 코드 저장소에 있는 chapter_04/mysql/my_init.sh 스크립트 파일을 사용하면 sproject 이름의 커스텀 데이터 베이스를 생성할 수 있다.

코드는 매우 간단하다. 경고 메시지를 표시한 후 <<__EOF__ 트릭을 사용해 명령어 라인 에서 스크립트를 mysql 도구로 넘길 수 있다.

《__EOF__ 트릭을 사용하는 예제는 아래와 같다.

```
mysql -u root -p <<__EOF__
COMMAND 1
COMMAND 2
...
COMMAND n
EOF__
__
```

이 트릭은 1개 이상의 명령어를 표준 입력(stdin)을 통해 직접 프로그램으로 넘길 때 종종 사용된다. 이 문법을 사용해 Bash 셸이 명령어와 __EOF__ 문자열을 가진 라인 사이에 있는 라인들을 실행되는 명령어의 stdin으로 보낸다.

이 스크립트는 먼저 새로운 데이터베이스(모든 기존 데이터를 지우는)를 재생성하고, 시스템의 상태 데이터를 저장하는 새로운 status 테이블을 추가한다. 아래 코드의 일부를 참고하자.

```
# 모든 기존 데이터를 제거!
DROP DATABASE IF EXISTS sproject;

# 새로운 데이터베이스 생성
CREATE DATABASE sproject;

# 권한 부여
GRANT USAGE ON *.* TO user@localhost IDENTIFIED BY 'userpass';
GRANT ALL PRIVILEGES ON sproject.* TO user@localhost;
FLUSH PRIVILEGES;

# 데이터베이스 선택
USE sproject;
```

```
# status 테이블 생성
CREATE TABLE status (
    t DATETIME NOT NULL,
    n VARCHAR(64) NOT NULL,
    v VARCHAR(64) NOT NULL,
    PRIMARY KEY (n),
    INDEX (n)
) ENGINE=MEMORY;
```

테이블이 MEMORY 엔진을 사용해 생성됐다는 점에 유의하자. 이 엔진은 정보를 대용량 메모리 디바이스(즉, 하드 디스크와 마이크로 SD 등) 대신 시스템의 메모리를 사용해 저장한다. 이 트릭은 데이터베이스에 매우 빠른 쿼리^{query}를 할 수 있게 해주지만, 시스템 재시작 시에 데이터가 사라지기 때문에 시스템이 재시작할 때마다 데이터가 동적으로 재생성되는 곳에서 사용된다(또한 데이터베이스의 최대 크기가 설치된 메모리의 총량에 제한된다는 것을 고려해야 한다).

이제 이 책의 예제 코드 저장소에 있는 chapter_04/mysql/my_set.sh 파일의 코드를 사용해 엔트리를 추가할 수 있다. 아래와 같은 명령어를 사용해보자.

```
root@bbb:~# ./my_set.sh T1 23.5
```

이 스크립트는 REPLACE SQL 명령어를 사용해 엔트리를 추가한다. 아래 코드들을 살펴보자.

```
REPLACE INTO status (t, n, v) VALUES(now(), '$name', '$value');
```

이제 데이터베이스에서 데이터가 정상적으로 수집되는지 검증하기 위해 my_init.sh 파일을 사용해 이전에 생성했던 status 테이블을 간단히 덤프^{dump}해보자. 아래와 같은 명령어를 사용해 덤프하자.

```
root@bbb:~# ./my_dump.sh
t            n          v
2016-04-02 18:25:35       T1         23.5
```

위 예제의 경우 덤프는 SELECT SQL 명령어를 사용한다. 아래 코드의 일부분을 참고하자.

```
SELECT * FROM status;
```

 MySQL 내부와 SQL 언어에 대한 자세한 가이드는 MySQL 문서 사이트인 https://dev.mysql.com/doc/에서 찾을 수 있다.

MySQL의 진정한 강점은 다른 언어로도 위의 동작들을 수행한다는 것이다. 비글본 블랙으로 제어/모니터링 시스템을 개발할 때 사용할 수 있도록 C와 PHP, 파이썬 언어를 사용해 sproject 데이터베이스에 접근하는 방법을 살펴보자.

 다른 언어를 사용하는 다음 예제는 다른 예제에서 쉽게 유추할 수 있고, 정말 간단한 예제이므로 my_init.sh를 재작성하지 않는다. 이 스크립트는 단지 데이터베이스를 생성하고, 한 번 사용하고 나면 더 이상 사용하지 않는다.

C에서 MySQL 사용

C 언어에서 my_set 스크립트는 코드 예제 코드 저장소의 chapter_04/mysql/my_set.c 파일처럼 구현될 수 있다. 이 코드는 약간 복잡하지만 Bash와 매우 비슷하다. 주요 함수는 mysql_init( ), mysql_real_connect( ), mysql_query( )이다. 첫 두 함수는 연결을 초기화하고, 세 번째 함수는 쿼리를 실행한다. 아래 코드의 일부분을 살펴보자.

```
/* MySQL 데몬과 연결 */
c = mysql_init(NULL);
if (!c) {
    fprintf(stderr, "unable to init MySQL data struct\n");
    return -1;
}
if (!mysql_real_connect(c, "127.0.0.1", "user", "userpass", "sproject", 0,
NULL, 0)) {
    fprintf(stderr, "unable to connect to MySQL daemon\n");
    ret = -1;
    goto close_db;
}
/* Ok, 쿼리 실행! */
ret = asprintf(&sql, query, name, value);
if (ret < 0) {
    fprintf(stderr, "unable to allocate memory for query\n");
    goto close_db;
}
ret = mysql_query(c, sql);
if (ret < 0)
    fprintf(stderr, "unable to access the database\n");
```

파노라마를 완성하기 위해 MySQL 데몬에서 데이터를 어떻게 뽑아내는지 살펴보자. 이를 위해 이 책의 예제 코드 저장소에 있는 chapter_04/mysql/my_dump.c 파일의 my_dump 구현 사항이 필요하다. 이 예제에서 처음 세 단계는 my_set과 매우 비슷하고, MySQL 데몬에서 받은 쿼리 결과를 관리해야 한다. 이를 위해 mysql_store_result( ) 함수에서 q_res 변수로 받은 데이터를 저장하고, mysql_fetch_field( )와 mysql_num_fields( ), mysql_fetch_row( )를 사용해 필요한 정보를 추출할 수 있다. 관련 코드의 일부분은 아래와 같다.

```
/* 필드 이름을 덤프 */
while ((field = mysql_fetch_field(q_res)))
```

```
    printf("%s\t", field->name);
printf("\n");
/* 한 번에 한 라인씩 덤프 */
n = mysql_num_fields(q_res);
while ((row = mysql_fetch_row(q_res))) {
    for (i = 0; i < n; i++)
        printf("%s\t", row[i] ? row[i] : NULL);
    printf("\n");
}
mysql_free_result(q_res);
```

이제 make를 이용해 위 프로그램들을 컴파일할 준비가 됐다.

```
root@bbb:~# make
cc -Wall -O2 -D_GNU_SOURCE -I/usr/include/mysql my_set.c -lmysqlclient -o my_
set
cc -Wall -O2 -D_GNU_SOURCE -I/usr/include/mysql my_dump.c -lmysqlclient -o my_
dump
```

 이 C 프로그램 컴파일 시 필요한 라이브러리들은 디폴트로 설치돼 있지 않으므로 이전 절에서 설치했다.

이제 Bash에서 했던 것처럼 이 프로그램을 사용할 수 있다.

```
root@bbb:~# ./my_set  T1  20
root@bbb:~# ./my_dump
t  n  v
2016-04-02 18:36:19    T1  20
```

MySQL C API의 전체 가이드 문서는 https://dev.mysql.com/doc/refman/5.7/en/
c-api.html에서 볼 수 있다.

PHP에서 MySQL 사용

이제 PHP 차례다. my_set 프로그램은 코드 예제 코드 저장소의 chapter_04/mysql/
my_set.php에 구현돼 있다. PHP의 경우 C보다 간결하지만 거의 비슷해 보인다. PHP
에서도 연결 단계와 쿼리 실행 단계를 갖고 있고, 이와 관련된 함수는 mysql_connect(),
mysql_select_db(), mysql_query()다. 관련 코드는 아래와 같다.

```
# MySQL 데몬에 연결
$ret = mysql_connect("127.0.0.1", "user", "userpass");
if (!$ret)
    die("unable to connect with MySQL daemon");

$ret = mysql_select_db("sproject");
if (!$ret)
    die("unable to select database");

# Ok, 쿼리 실행!
$query = "REPLACE INTO status (t, n, v) " .
    "VALUES(now(), '$name', '$value');";
$dbres = mysql_query($query);
if (!$dbres)
    die("unable to execute the query");
```

C에서처럼, PHP 버전의 my_dump는 MySQL 데몬의 쿼리 결과를 관리해야 하며, 예제
코드 저장소의 chapter_04/mysql/my_dump.php에 구현돼 있다. 이 경우, 쿼리를 실
행하면 데몬이 데이터를 반환하며 mysql_num_fields()와 mysql_field_name(), mysql_
fetch_array() 함수를 사용해 데이터를 추출할 수 있다. 코드의 일부분은 아래와 같다.

```
# 필드 이름을 덤프
$n = mysql_num_fields($dbres);
for ($i = 0; $i < $n; $i++)
        printf("%s\t", mysql_field_name($dbres, $i));
printf("\n");

# 한 번에 한 줄씩 덤프
while ($row = mysql_fetch_array($dbres)) {
        for ($i = 0; $i < $n; $i++)
                printf("%s\t", $row[$i]);
        printf("\n");
}
```

 이 함수는 기본 PHP 언어에서 지원되지 않기 때문에 디폴트로 설치되지 않은 외부 라이브러리가 필요하다. 이전 절에서 이 설치를 끝냈다.

이 프로그램은 이제 다른 프로그램처럼 아래와 같이 사용할 수 있다.

```
root@bbb:~# ./my_set.php  T1  19.5
root@bbb:~# ./my_dump.php
t n v
2016-04-02 18:42:29  T1  19.5
```

 MySQL PHP API에 대한 전체 가이드는 http://php.net/manual/it/book.mysql.php 에서 찾을 수 있다.

파이썬에서 MySQL 사용

파이썬에서 my_set 프로그램은 이 책의 예제 코드 저장소에 있는 chapter_04/mysql/
my_set.py로 구현될 수 있다. 이 프로그램은 커서^{cursor}를 사용하기 때문에 이전 프로그
램과는 약간 달라 보인다. 그러나 코드를 자세히 살펴보면 큰 차이는 없다. MySQLdb.
connect( ) 함수는 MySQL 데몬 연결을 수행하고, execute( ) 함수는 쿼리를 실행한다.
이 코드의 일부분은 아래와 같다.

```
# MySQL 데몬 연결
db = MySQLdb.connect(host = "localhost", user = "user",
    passwd = "userpass", db = "sproject")

# 쿼리 실행을 위해 커서 객체 생성
c = db.cursor()

# Ok, 쿼리 실행!
query = "REPLACE INTO status (t, n, v) " \
    "VALUES(now(), '%s', '%s');" % (sys.argv[1], sys.argv[2])
c.execute(query)
```

my_dump는 이 책의 예제 코드 저장소에 있는 chapter_04/mysql/my_dump.py 파일
을 사용할 수 있다. 이번에는 쿼리의 데이터를 추출하기 위해 fetchall( ) 함수를 사용
하고, header를 얻기 위해 description 속성을 사용한다. 관련 코드의 일부분은 아래와
같다.

```
# 쿼리 결과 저장
data = c.fetchall()

# 필드의 이름 덤프
for field in c.description:
    print("%s\t" % (field[0])),
print
```

```
# 한 번에 한 줄씩 덤프
n = len(c.description)
for row in data:
    for i in range(0, n):
        print("%s\t" % (row[i])),
    print
```

 이 프로그램 실행 시 필요한 외부 라이브러리는 디폴트로 설치돼 있지 않으므로 이전 절에서 설치했다.

마지막으로 아래와 같은 명령어를 사용해 이 프로그램을 테스트할 수 있다.

```
root@bbb:~# ./my_set.py  T1  18
root@bbb:~# ./my_dump.py
t n v
2016-04-02 18:49:43  T1  18
```

 MySQLdb 사용자 가이드는 http://mysql–python.sourceforge.net/MySQLdb.html 에서 찾을 수 있다.

▌ 스크립팅 언어

임베디드 개발자는 C 언어를 반드시 알아야 하지만, 스크립팅 언어를 사용해 해결할 수 있는 작업도 있다. 사실 PHP나 파이썬, Bash와 같은 스크립팅 언어는 컴퓨터 주변 장치를 관리하는 작업을 구현할 때 사용할 수 있다. 스크립팅 언어가 이런 작업을 위한 몇 가

지 확장 기능을 갖고 있고, 커널이 일반 파일을 사용해 커널의 주변 장치를 관리할 수 있
도록 지원하기 때문이다(3장, 'C 컴파일러와 디바이스 드라이버, 유용한 개발 테크닉'의 '디바이스
드라이버' 절에서 설명한 "모든 것은 파일로 표현된다" 부분 참고).

다음 절에서 스크립팅 언어를 사용해 주변 장치를 관리하는 간단한 예제를 설명할 것
이다. 아직 주변 장치에 대해서는 자세히 다루지 않았기 때문에 지금은 예제를 간단하게
만들 것이다. 하지만 5장에서는 몇 가지 주변 장치를 자세히 다루기 때문에 더 복잡한 예
제를 사용한다. 아직 자세히 설명하지는 않았지만, 지금은 주변 장치 중 약간이라도 관리
법을 볼 수 있는 간단한 GPIO 라인을 사용할 것이다.

데모를 위해 비글본 블랙과 확장 커넥터로 연결된 간단한 LED를 사용한다. 아래 연결 회
로도를 참고하자.

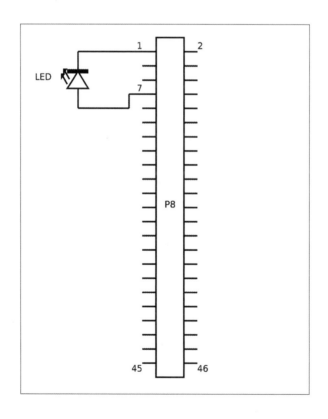

> ⓘ LED 양극은 커넥터 P8의 7번 핀(P8.7), 음극은 GND나 그라운드(같은 커넥터의 1번이나 2번 핀)에 연결해야 한다. LED의 평평한 부분은 음극, 둥근 부분은 양극이라는 것을 기억하자.
>
> 전자 기초 지식이 있는 독자라면 위의 회로도에서 GPIO 핀으로부터 출력 전류를 제한하기 위해 LED에 직렬로 연결해야 할 저항이 없다는 것을 눈치 챘을 것이다. 손상을 피하기 위해 항상 저항을 연결해야 하지만, 연결을 간단히 만들기 위해 사용하지 않았다.

LED를 끄고 켜기 위해, 해당 GPIO 라인인 gpio66을 아래와 같이 내보내기해야 한다.

```
root@bbb:~# echo 66 > /sys/class/gpio/export
root@bbb:~# echo out > /sys/class/gpio/gpio66/direction
```

그리고 /sys/class/gpio/gpio66/value 파일에 1이나 0을 쓰면 된다.

```
root@bbb:~# echo 1 > /sys/class/gpio/gpio66/value
root@bbb:~# echo 0 > /sys/class/gpio/gpio66/value
```

이제 GPIO가 내보내기된 상태에서 단지 스크립팅 언어만으로 웹 브라우저를 통해 LED를 제어하는 일을 구현하는 방법을 살펴보자.

PHP로 LED 관리

이제 PHP를 사용한 LED 관리 방법을 살펴보자. 이에는 LAMP(리눅스 – 아파치 – MySQL – PHP)를 사용하는 방법과 PHP 내장 웹 서버를 사용하는 방법이 있다.

LAMP 사용

이것이 일반적인 웹 애플리케이션을 구현하는 가장 쉽고 클래식한 방법이다. 이 방법을 사용하면 LED를 제어하는 PHP 스크립트만 있으면 된다. 이제 PHP 코드를 작성해보자.

첫 단계로서 비글본 블랙의 /var/www/html 디렉터리에 이 책의 예제 코드 저장소에 있는 chapter_04/webled/php/turn.php 파일을 복사해야 한다.

```php
<?php
  # 첫 번째 파트 – 전역 변수와 함수
  define("value_f", "/sys/class/gpio/gpio66/value");

  function pr_str($val)
  {
    echo $val ? "on" : "off";
  }

  # 두 번째 파트 – 요청된 새로운 상태로 LED 설정
  if (isset($_GET["led"])) {
    $led_new_status = $_GET["led"];
    file_put_contents(value_f, $led_new_status);
  }

  # 세 번째 파트 – 현재 LED 상태 얻기
  $led_status = intval(file_get_contents(value_f));

  # 네 번째 파트 – 다음 호출 시 LED 상태를 변경하기 위한 로직
  $led_new_status = 1 - $led_status;

  # 다섯 번째 파트 – HTML 코드로 LED 상태 출력
?>
<html>
  <head>
    <title>Turning a led on/off using PHP</title>
  </head>
  <body>
    <h1>Turning a led on/off using PHP</h1>
    Current led status is: <? pr_str($led_status) ?>
    <p>
      Press the button to turn the led <? pr_str($led_new_status) ?>
```

```
    <p>
    <form method="get" action="/turn.php">
        <button type="submit" value="<? echo $led_new_status ?>"
        name="led">Turn <? pr_str($led_new_status) ?></button>
    </form>
  </body>
</html>
```

 이 코드는 gpio66 디렉터리를 내보내기(export)하지 않기 때문에 스크립트를 실행하기 전에 이전 절에서 설명한 내보내기(export) 작업을 해야 한다. 이 후 모든 예제는 gpio66이 내보내기된 상태라는 것을 가정한다.

함수 기능은 간단하다. 코드의 첫 번째 파트는 LED 상태를 읽고 led_status 변수에 저장한다. 두 번째 파트는 led_status 변수를 보여 LED 상태를 나타내는 PHP와 HTML 혼합 코드다. 숫자를 on이나 off 문자열로 바꾸는 전용 함수를 사용해 LED 상태를 나타내고, HTML 형태를 사용해 LED가 켜거나 끄는 사용자 요청을 알아내고, 요청대로 실행한다.

사용자 요청은 http://192.168.7.2/turn.php?led=1 형태의 HTML GET 요청으로 실행된다. led=1 문자열은 LED 켜는 것을 요청하는 것이고, 위 코드는 이 값을 얻고, file_put_contents( ) PHP 함수를 사용해 /sys/class/gpio/gpio66/value 파일에 1을 설정해 LED를 켠다.

세 번째 파트는 /sys/class/gpio/gpio66/value 파일의 내용을 읽어 GPIO 상태를 읽고 (모든 것이 파일이라는 사실을 기억하자), 네 번째 파트는 LED 상태를 0에서 1로 혹은 그 반대로 바꾼다. 다섯 번째 파트는 서버가 사용자에게 현재 LED 상태와 이 상태를 바꾸기 위해 필요한 버튼을 갖고 있는 HTML 페이지다.

이 코드가 LED 상태를 바꾸지 못할 수도 있다. 이 경우는 아파치 웹 서버가 에러를 기록하고 있는 /var/log/apache2/error.log 파일을 확인해야 한다.

해당 로그에서 에러 메시지를 확인한다면, 이 문제는 파일 권한 이슈일 것이다.

```
[Sat Apr 02 19:25:07.556803 2016] [:error] [pid 825] [client
file_put_contents(/sys/class/gpio/gpio66/value): failed to open
stream: Permission denied in /var/www/html/turn.php on line 13
```

따라서 /sys/class/gpio/gpio66/value 파일의 권한을 확인해보자.

```
root@bbb:~# ls -l /sys/class/gpio/gpio66/value
-rw-r--r-- 1 root root 4096 Apr 2 18:54 /sys/class/gpio/gpio66/value
```

루트 사용자만 해당 파일을 쓸 수 있는 권한을 갖고 있으므로 문제를 해결하기 위한 임시방책은 아래와 같다.

```
root@bbb:~# chown :www-data /sys/class/gpio/gpio66/value
root@bbb:~# chmod g+rw /sys/class/gpio/gpio66/value
root@bbb:~# ls -l /sys/class/gpio/gpio66/value
-rw-rw-r-- 1 root www-data 4096 Apr 2 18:54 /sys/class/gpio/gpio66/
value
```

그 이유는 아파치 웹 서버가 www-data 사용자와 www-data 그룹과 같은 권한을 갖고 실행하기 때문이다. 위와 같이 변경하면 스크립트는 기대한 것처럼 동작한다.

내장된 서버 사용

PHP 내장 웹 서버는 아래와 같은 명령어로 실행할 수 있다.

```
root@bbb:~# php -S 192.168.7.2:8080 -t /var/www/html/
PHP 5.6.19-0+deb8u1 Development Server started at Sat Apr 2
19:36:01 2016
Listening on http://192.168.7.2:8080
Document root is /var/www/html
Press Ctrl-C to quit.
```

리스닝 주소인 192.168.7.2:8080을 사용하므로 이번에 사용해야 할 웹 주소는 http://192.168.7.2:8080/turn.php라는 점에 유의하자. 그렇지 않으면 아파치 서버에 다시 연결될 것이다.

8080 포트 지정을 피하려면 아래와 같이 아파치 웹 서버를 멈춰야 한다.

```
root@bbb:~# /etc/init.d/apache2 stop
[ ok ] Stopping apache2 (via systemctl): apache2.service.
```

그리고 아래와 같이 PHP 내장 웹 서버를 다시 시작하면 된다.

```
root@bbb:~# php -S 192.168.7.2:80 -t /var/www/html/
PHP 5.6.19-0+deb8u1 Development Server started at Sat Apr 2 19:37:44 2016
Listening on http://192.168.7.2:80
Document root is /var/www/html
Press Ctrl-C to quit.
```

이제 앞에서 했던 것처럼 스크립트를 실행할 수 있다. 이 서버는 동작 중인 터미널에 각 웹 브라우저 요청을 기록할 것이다.

```
[Sat Apr 2 19:38:17 2016] 192.168.7.1:59462 [200]: /turn.php
[Sat Apr 2 19:38:21 2016] 192.168.7.1:59464 [200]: /turn.php?led=0
[Sat Apr 2 19:38:21 2016] 192.168.7.1:59466 [200]: /turn.php?led=1
```

 http://php.net/manual/en/features.commandline.webserver.php의 PHP 내장 웹 서버 매뉴얼에 설명된 것처럼 이 도구는 테스트 목적이지만, 제어되는 환경에서 동작하는 애 플리케이션 데모 목적으로만 사용돼야 한다.

파이썬으로 LED 관리

파이썬 스크립트를 사용해 LED를 관리해보자. 파이썬으로 실행 중인 웹 서버에 접근하는 데는 몇 가지 방법이 있지만, 가장 쉬운 방법은 BaseHTTPServer 라이브러리를 사용하는 것이다. 이 책의 예제 코드 저장소에 있는 chapter_04/webled/python/httpd_show_info.py 데모 스크립트는 이 라이브러리를 사용해 프로그래머가 원하는 대로 사용할 수 있는 모든 필드를 표시해 서버의 핸들러handler가 들어오는 요청을 어떻게 처리하는지 보여준다.

첫 번째 파트는 서버가 리스닝하는 주소를 정의하고, 두 번째 파트는 웹 브라우저가 HTTP GET 요청을 수행할 때마다 불리게 되는 함수인 GET 요청 핸들러를 정의한다.

세 번째 파트와 네 번째 파트가 웹 데이터를 파싱하는 중요한 부분이다. 이 파트에서 웹 요청이 어떻게 관리되고, 어떻게 사용될 수 있는지를 볼 수 있다. 네 번째 파트는 단순히 세 번째 파트에서 만들어진 답변 메시지를 받아 웹 브라우저로 보낸다. 관련 코드의 일부분은 아래와 같다.

```
def do_GET(self):
    parsed_path = urlparse.urlparse(self.path)
```

```python
# 세 번째 파트- 답변 메시지 생성
message_parts = [
    'CLIENT VALUES',
    'client_address -> %s (%s)' % (self.client_address, self.address_string()),
    'command -> %s' % self.command,
    'path -> %s' % self.path,
    'real path -> t%s' % parsed_path.path,
    'query -> %s' % parsed_path.query,
    'request_version -> %s' % self.request_version,
    '',
    'SERVER VALUES',
    'server_version -> %s' % self.server_version,
    'sys_version -> %s' % self.sys_version,
    'protocol_version -> %s' % self.protocol_version,
    '',
    'HEADERS RECEIVED',
]

for name, value in sorted(self.headers.items()):
    message_parts.append('%s -> %s' % (name, value.rstrip()))
message_parts.append('')
message = '\r\n'.join(message_parts)

# 네 번째 파트 — 답변 메시지 웹 브라우저로 전송
self.send_response(200)
self.end_headers()
self.wfile.write(message)
return
```

코드의 마지막 부분이 처음 실행되고, HTTPServer() 함수를 호출해 새로운 서버 객체를 생성한 후 서버를 설정하며, serve_forever() 함수를 호출해 서버를 실행한다.

코드를 테스트하기 위해 아래와 같은 명령어를 사용할 수 있다.

```
root@bbb:~# python httpd_show_info.py
Starting server at 192.168.7.2:8080, use <Ctrl-C> to stop
```

모든 것이 잘 동작한다면, http://192.168.7.2:8080/?led=1 주소를 웹 브라우저에서 실행해 해당 서버를 동작시킬 수 있다.

웹 브라우저의 결과는 아래 그림과 비슷하게 보일 것이다.

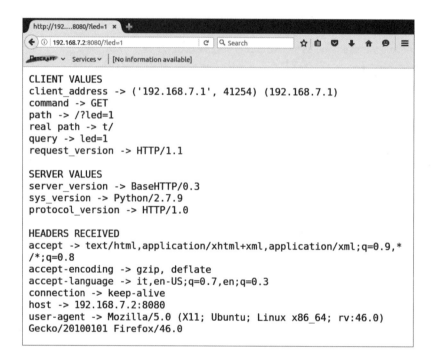

위 그림에서 알 수 있듯이 사용할 수 있는 데이터가 많다. 그러나 LED를 제어하기 위해서는 서버가 HTTP GET 요청 데이터를 저장하는 query 변수만을 사용할 수 있다. 따라서 LED를 관리하는 코드 구현 중 하나는 이 책의 예제 코드 저장소에 있는 chapter_04/webled/python/httpd.py 파일이 될 수 있다.

이번에는 코드가 이전 것보다 조금 더 복잡하다. 먼저, 이 새로운 코드의 첫 번째 파트에서 put_data( )와 get_data( )라는 이름을 가진 2개의 함수를 정의한다. 이 함수들은 gpio66 상태를 얻거나 설정하는 데 사용한다. 두 함수의 일부분은 아래와 같다.

```python
def put_data(file, data):
    f = open(file, "w")
    f.write(data)
    f.close()
def get_data(file):
    f = open(file, "r")
    data = f.read()
    f.close()
    return data
```

두 번째 파트는 이전과 같고, 세 번째 파트는 HTTP GET 쿼리를 추출하고 새로운 gpio66 상태를 설정하기 위해 변경됐다. 네 번째와 다섯 번째 파트는 PHP 예제와 거의 비슷하고, 여섯번째 파트 역시 레이아웃만 약간 바뀌었을 뿐(여기서는 웹 브라우저에 반환할 HTML 코드를 정의한다) 거의 똑같다. 일곱번째 파트는 이전과 같고, 여덟 번째 파트는 서버 정의와 초기화를 구현한다.

이 새로운 스크립트를 실행하면 PHP 버전을 동작하도록 한 것과 같은 결과를 얻을 수 있다.

 BaseHTTPServer 라이브러리의 문서는 https://wiki.python.org/moin/BaseHttp Server에서 찾을 수 있다.

Bash로 LED 관리

파이썬과 PHP 둘 다 매우 강력한 언어고, 많은 복잡한 문제들을 해결하는 데 사용할 수 있다. 그러나 때로는 임베디드 시스템에 두 언어 모두 없을 수도 있다. 이 경우 C 언어를 사용하거나 스크립트를 좋아한다면 Bash를 이용할 수 있다. 사실 Bash 스크립트 언어가 흔히 시스템 관리자 업무를 해결하는 데 사용하지만, 트릭을 사용해 몇 가지 이슈를 해결하는 데도 사용할 수 있다. 따라서 웹 LED 관리 문제를 해결하기 위해 Bash를 어떻게 사용할 수 있는지 살펴보자.

기본적으로 Bash는 네트워크 기능이 없지만, 임시방편으로 이 절의 앞부분에서 사용했던 xinetd 데몬을 사용할 수 있다. 이 트릭의 목적은 웹 LED 관리 문제를 해결하기 위해 xinetd 파일을 올바르게 설정하는 데 있다.

먼저, 웹 브라우저가 웹 서버에 요청하는 것임을 정확히 알아야 한다. 이를 위해 수정된 echo 프로그램을 사용할 수 있다.

```bash
#!/bin/bash
# 웹 브라우저의 요청을 읽는다.
read request
# 메시지 헤더를 읽는다.
while /bin/true; do
    read header
    echo "$header"
    [ "$header" == $'\r' ] && break;
done
# 그리고 답변 메시지를 생성하고, 메시지를 덤프한다.
echo -e "HTTP/1.1 200 OK\r"
echo -e "Content-type: text/html\r"
echo -e "\r"
echo -e "request=$request\r"
exit 0
```

이 코드는 이 책의 예제 코드 저장소에 있는 chapter_04/webled/bash/httpd_echo.sh 파일에 있다.

이 스크립트는 매우 간단하다. 먼저 웹 브라우저 요청을 읽은 후, 메시지 헤더를 읽고 답변 메시지를 생성하고, 해당 메시지를 덤프하므로 웹 브라우저와 서버 간에 통신한 내용을 분석하고 이해할 수 있다.

이제 이 Bash 웹 서버를 실행하기 위해 아래와 같은 새로운 xinetd 설정 파일이 필요하다.

```
service http-alt
{
    disable     = no
    socket_type = stream
    protocol    = tcp
    wait        = no
    user        = root
    server      = /root/httpd.sh
}
```

 이 코드는 이 책의 예제 코드 저장소에 있는 chapter_04/webled/bash/httpd_sh 파일에 있다. 또한 http-alt 서비스는 /etc/services 파일에 8080 포트로 정의돼 있다는 것을 기억하자.

```
root@bbb:~# grep 8080 /etc/services
http-alt 8080/tcp webcache # WWW caching service
http-alt 8080/udp
```

그리고 아래와 같이 이 파일을 xinetd 설정 디렉터리로 복사해야 한다.

```
root@bbb:~# cp httpd_sh /etc/xinetd.d/
```

이제 httpd_echo.sh 파일을 /root/httpd.sh 파일로 복사해야 한다. 이 파일은 8080 포트로 새로운 연결이 시작되면 xinetd에 의해 실행된다.

```
root@bbb:~# cp httpd_echo.sh /root/httpd.sh
```

이제 새로운 웹 서버를 시작하려면 xinetd 데몬을 재시작해야 한다.

```
root@bbb:~# /etc/init.d/xinetd restart
Restarting xinetd (via systemctl): xinetd.service.
```

이제 웹 브라우저에서 http://192.168.7.2:8080/index.html 주소를 지정하면, 아래와 같은 메시지를 볼 수 있다.

```
Host: 192.168.7.2:8080
User-Agent: Mozilla/5.0 (X11; Ubuntu; Linux x86_64; rv:46.0) Gecko/20100101
Firefox/46.0
Accept: text/html,application/xhtml+xml,application/xml;q=0.9,*/*;q=0.8
Accept-Language: it,en-US;q=0.7,en;q=0.3
Accept-Encoding: gzip, deflate
Connection: keep-alive

HTTP/1.1 200 OK
Content-type: text/html

request=GET /index.html HTTP/1.1
```

처음 일곱 줄은 메시지 헤더, 그 뒤 두 줄은 서버의 답변 메시지, 마지막으로 초기 요청을 덤프한 것이다. 웹 브라우저는 /index.html 파일을 요청하는 HTTP GET 버전 1.1을 요청했다. 따라서 Bash 웹 서버는 단순히 웹 브라우저의 요청을 읽고 헤더를 건너뛴 다음, 마지막으로 요청에서 지정한 파일의 내용을 반환해야 한다.

이를 위해 아래와 같은 코드를 구현할 수 있다.

```bash
#!/bin/bash

# 서버의 루트 디렉터리
base=/var/www/html

# 웹 브라우저의 요청을 읽는다.
read request

# 이제 메시지 헤더를 읽는다.
while /bin/true; do
  read header
  [ "$header" == $'\r' ] && break;
done

# GET 요청을 파싱한다.
tmp="${request#GET }"
tmp="${tmp% HTTP/*}"

# 변수 설정을 알기 위해 '?' 문자 이후의 코드를 추출한다.
var="${tmp#*\?}"
[ "$var" == "$tmp" ] && var=""

# URL를 얻고, URL이 "/"인 경우 "/index.html"로 변환한다.
url="${tmp%\?*}"
[ "$url" == "/" ] && url="/index.html"

# 파일 이름을 추출한다.
filename="$base$url"
```

```
extension="${filename##*.}"

# 파일이 있는지 확인한다.
if [ -f "$filename" ]; then
  echo -e "HTTP/1.1 200 OK\r"
  echo -e "Contant-type: text/html\r"
  echo -e "\r"

  # 파일 확장자가 cgi이고 실행 가능하면 실행하고, 그렇지 않으면 내용을 반환한다.
  if [ "$extension" == "cgi" -a -x "$filename" ]; then
    $filename $var
  else
    cat "$filename"
  fi
  echo -e "\r"
else
  # 파일이 없다면 에러를 반환한다.
  echo -e "HTTP/1.1 404 Not Found\r"
  echo -e "Content-Type: text/html\r"
  echo -e "\r"
  echo -e "404 Not Found\r"
  echo -e "The requested resource was not found\r"
  echo -e "\r"
fi
exit 0
```

 이 코드는 이 책의 예제 코드 저장소에 있는 chapter_04/webled/bash/httpd.sh 파일에 있다.

이제 아래와 같이 이 코드로 /root/httpd.sh 파일을 바꾸면 된다.

root@bbb:~# cp httpd.sh /root/httpd.sh

이제 데몬을 재시작한 후 웹 브라우저에 비글본 블랙의 IP 주소를 치면 Bash 언어로 작성된 새로운 웹 서버를 실행할 수 있고, 아파치 웹 서버를 사용했을 경우와 같은 결과를 얻을 수 있다. 멋지지 않은가?

 사실 약간 다른 점이 있다. 데비안 로고가 없을 것이다. 그 이유는 위 스크립트가 바이너리 파일을 이미지로 관리할 수 없기 때문이다. 이 부분은 독자가 연습으로 해결하길 바란다.

더 진행하기 전에 웹 서버가 동작하는 방식을 약간 살펴보자. 웹 브라우저의 요청을 읽은 후, 다음에 진행할 일에 대한 유용한 정보를 뽑기 위해 해당 요청을 파싱해야 한다. 사실 해당 요청이 일반 파일인지 CGI 스크립트인지 확인해야 한다. 후자의 경우, cat 명령어로 해당 파일을 읽는 것 대신 해당 파일을 실행해야 한다. 관련 코드는 아래와 같다.

```
# 파일 확장자가 "cgi"고, 실행 가능하면 실행한다. 그렇지 않으면 파일 내용을 반환한다.
if [ "$extension" == "cgi" -a -x "$filename" ]; then
  $filename $var
else
  cat "$filename"
fi
echo -e "\r"
```

이 코드는 단순히 파일의 내용을 반환하기 위해 cat을 사용하기 전에 파일이 cgi 확장자를 갖고 있고, 실행 가능한지 확인한다. 이 경우 해당 파일을 실행한다. 이를 위해 먼저 ? 문자 뒤의 코드를 추출해 http://192.168.7.2:8080/?led=1 형태의 URL을 사용할 때의 변수 설정을 얻어야 한다. 이 작업은 var="${tmp#*\?}"로 구현된다.

이제 웹 서버의 마지막 버전이 준비됐다. 그러나 서버 측 작업을 완료하려면 CGI 기능을 추가해야 한다. 사용할 수 있는 CGI 구현으로는 이 책의 예제 코드 저장소에 있는 chapter_04/webled/bash/turn.cgi 파일이며, LED 상태를 관리하는 코드의 일부분은 아래와 같다.

```
# 두 번째 파트 – 요청에 따라 새로운 LED 상태 설정
if [ -n "$1" ] ; then
  eval $1 ;# 여기서 쿼리인 'led=0' 를 평가한다.
  led_new_status = $led
  echo $led_new_status > $value_f
fi
led_status=$(cat $value_f)
led_new_status=$((1 - $led_status))
```

이제 모든 부분이 완성됐다. turn.cgi 파일을 /var/www/html 디렉터리에 복사하고,
LED 관리하는 PHP와 파이썬에서 했던 것처럼 웹 브라우저에 해당 URL를 지정하면 이
전과 비슷한 결과를 볼 수 있다.

 여기에 설명한 Bash 웹 서버는 엄격하게 호환되는 웹 서버가 아니고, 안전하지도 않다. 대부
분의 경우, 동작은 하지만 단순히 데모 프로그램이며, 제품 양산 단계에서는 사용하지 않아야
한다.

이 Bash 예제에서는, 특히 초보자들은 이해하기 힘든 특별한 문법을 사용하고 있으므
로 Bash 강좌를 보는 것이 도움이 될 수 있다. http://tldp.org/HOWTO/Bash-Prog-
Intro-HOWTO.html이 강좌를 위한 좋은 시작점이 될 것이다.

▍ 커스텀 데몬 작성

이 절에서는 실제로 복잡한 데몬을 빨리 개발할 때 사용할 수 있는 스켈레톤^{skeleton}을 사
용하는 몇 가지 프로그래밍 언어로 데몬을 작성하는 방법을 설명한다. 지면 관계상 데몬
이 갖는 모든 기능을 추가할 수는 없지만, 여기서 설명하는 스켈레톤은 데몬 생성 시 알
아야 하는 것에 대한 모든 내용을 담고 있다.

모든 예제 코드는 아래와 같은 명령어 라인을 사용해 구현할 것이다.

```
usage: mydaemon [-h] [-d] [-f] [-l]
  -h - show this message
  -d - enable debugging messages
  -f - do not daemonize
  -l - log on stderr
```

-h 옵션은 도움말^{help} 메시지를 보여주고, -d는 디버깅 메시지를 활성화한다. -f 옵션은
데몬이 백그라운드로 동작하지 않도록 하고, -l 옵션은 로그 메시지를 표준 에러 채널로
출력한다. -h 옵션을 제외한 다른 옵션들을 아래와 같은 형태로 사용하면 디버깅 단계에
서 매우 효과적이다.

```
# ./mydaemon -d -f -l
```

개발자는 위와 같은 명령어로 데몬의 디버깅 메시지를 활성화해 현재 터미널 창에 표시
하며, 데몬을 포그라운드로 동작하도록 할 수 있다.

C를 사용한 데몬

C 언어를 사용한 데몬 스켈레톤은 이 책의 예제 코드 저장소에 있는 chapter_04/
mydaemon/my_daemon.c 파일처럼 작성될 수 있다. 여기서 가장 중요한 단계는
openlog() 함수와 daemon_body() 함수부터다. 사실 2개의 signal() 시스템 콜은 시그
널 핸들러를 설정하기 위해 사용하고, 모든 작업은 daemon() 함수에서 처리된다(4장의 도
입부를 참고하자). 아래의 관련 코드를 살펴보자.

```
/* syslogd와 통신 채널 열기 */
loglevel = LOG_PID;
if (logstderr)
  loglevel |= LOG_PERROR;
```

```c
openlog(NAME, loglevel, LOG_USER);

/* 시그널 트랩 설치 */
sig_h = signal(SIGTERM, sig_handler);
if (sig_h == SIG_ERR) {
  fprintf(stderr, "unable to catch SIGTERM");
  exit(-1);
}
sig_h = signal(SIGINT, sig_handler);
if (sig_h == SIG_ERR) {
  fprintf(stderr, "unable to catch SIGINT");
  exit(-1);
}
dbg("signals traps installed");

/* 데몬으로 동작 여부 결정 */
if (daemonize) {
  ret = daemon(!daemonize, 1);
  if (ret) {
    fprintf(stderr, "unable to daemonize the process");
    exit(-1);
  }
}
daemon_body();
```

이제 make를 사용해 코드를 컴파일하고 아래와 같은 명령어로 실행할 수 있다.

```
root@bbb:~# make
cc -Wall -O2 -D_GNU_SOURCE mydaemon.c -o mydaemon
root@bbb:~# ./mydaemon
root@bbb:~#
```

프롬프트prompt가 반환된 후 아무것도 일어나지 않은 것처럼 보일 수 있다. 하지만 시스템 로그 파일을 보면 데몬이 아래와 같이 동작한다는 것을 알 수 있다.

```
root@bbb:~/mydaemon# tail -f /var/log/syslog
Apr 2 22:35:01 bbb mydaemon[3359]: I'm working hard!
Apr 2 22:35:02 bbb mydaemon[3359]: I'm working hard!
Apr 2 22:35:03 bbb mydaemon[3359]: I'm working hard!
```

데몬은 killall 명령어로 멈출 수 있다.

```
root@bbb:~# killall mydaemon
```

PHP를 사용한 데몬

PHP에서의 데몬 생성은 약간 복잡하다. 그 이유는 동작하는 프로세스를 데몬으로 만드는 전용 함수가 없기 때문이다. 그러나 이 작업은 이 책의 예제 코드 저장소에 있는 chapter_04/mydaemon/my_daemon.php 파일에서 볼 수 있듯이 꽤 간단하다. C의 예제와 같이, 중요한 단계는 openlog() 함수 호출 후에 일어난다. pcntl_signal() 함수는 시그널 핸들러를 설치할 때 사용하고, 4장의 도입부에 설명했듯이, pcntl_fork(), exit(), chdir(), fclose() 함수들을 사용해 데몬을 생성한다. 아래 코드의 일부분을 참고하자.

```
openlog(NAME, $loglevel, LOG_USER);
# 시그널 트랩 설치
pcntl_signal(SIGTERM, "sig_handler");
pcntl_signal(SIGINT, "sig_handler");
dbg("signals traps installed");

# 데몬 시작
if ($daemonize) {
        dbg("going in background...");
        $pid = pcntl_fork();
```

```php
        if ($pid < 0) {
                die("unable to daemonize!");
        }
        if ($pid) {
                # 부모 프로세스 종료
                exit(0);
        }
        # ... 반면, 자식 프로세스는 계속 진행!

        # 작업 디렉터리를 /로 설정
        chdir("/");

        # 데몬으로 동작하기 위해 모든 표준 파일 디스크립터 닫기
        fclose(STDIN);
        fclose(STDOUT);
        fclose(STDERR);
}
daemon_body();
```

 pcntl_fork() 함수의 온라인 문서는 http://php.net/manual/en/function.pcntl-fork.php다.

이 경우, 데몬은 아래와 같은 명령어로 실행되며, 이전 예제와 같은 결과를 얻을 수 있다.

```
root@bbb:~# ./mydaemon.php
```

tail 명령어를 사용해 데몬 동작을 확인할 수 있다.

```
root@bbb:~# tail -f /var/log/syslog
Apr 2 22:36:59 bbb mydaemon.php[3365]: I'm working hard!
Apr 2 22:37:00 bbb mydaemon.php[3365]: I'm working hard!
Apr 2 22:37:01 bbb mydaemon.php[3365]: I'm working hard!
```

데몬을 멈추기 위해 killall 도구를 다시 사용한다.

```
root@bbb:~# killall mydaemon.php
```

파이썬을 사용한 데몬

파이썬에서 작업은 C보다 쉽다. 파이썬은 동작하는 프로세스를 데몬으로 만드는 전용 라이브러리가 있기 때문이다.

관련 코드는 이 책의 예제 코드 저장소에 있는 chapter_04/mydaemon/my_daemon.py 파일에서 볼 수 있다. 이전 예제와 마찬가지로 관련 부분은 syslog.openlog() 함수호출 이후다. daemon.DaemonContext() 함수를 사용해 전용 컨텍스트를 생성하고, 이 컨텍스트 내에서 daemon_body() 함수를 실행한다. 관련 코드는 아래와 같다.

```
# syslogd와 통신 채널 열기
loglevel = syslog.LOG_PID
if logstderr:
  loglevel |= syslog.LOG_PERROR
syslog.openlog(NAME, loglevel, syslog.LOG_USER)

# 데몬 컨텍스트 정의 및 시그널 트랩 설치
context = daemon.DaemonContext(
  detach_process = daemonize,
)
context.signal_map = {
  signal.SIGTERM: sig_handler,
  signal.SIGINT: sig_handler,
}
dbg("signals traps installed")

# 데몬 시작
```

```
with context:
    daemon_body()
```

 파이썬 표준 데몬 프로세스 라이브러리의 문서는 https://www.python.org/dev/peps/
pep-3143/에 있다.

데몬은 아래와 같은 명령어로 시작할 수 있다.

```
root@bbb:~# ./mydaemon.py
```

그리고 tail 명령어로 데몬 동작을 확인할 수 있다.

```
root@bbb:~# tail -f /var/log/syslog
Apr 2 22:47:59 bbb mydaemon.py[4339]: I'm working hard!
Apr 2 22:48:00 bbb mydaemon.py[4339]: I'm working hard!
Apr 2 22:48:01 bbb mydaemon.py[4339]: I'm working hard!
```

또한 killall을 사용해 데몬을 멈출 수 있다.

```
root@bbb:~# killall mydaemon.py
```

Bash를 사용한 데몬

마지막 예제로 Bash 스크립트를 사용한 데몬 구현을 설명한다. 이 예제는 이전 예제와
관련이 없을 수 있는데, 그 이유는 Bash 스크립트로 데몬을 구현하는 것은 매우 드문 일
이기 때문이다. 그러나 Bash 스크립트가 얼마나 강력한지 보여주기 위한 예제로는 매우
흥미로울 것이다.

Bash 데몬 코드는 이 책의 예제 코드 저장소에 있는 chapter_04/mydaemon/my_daemon.sh에서 볼 수 있다. 이 경우, 관련 코드는 trap 명령어 이후부터 시작되며, 시그널 핸들러를 설치하고, eval 명령어를 사용해 한 줄에 집중돼 있다. stdin과 stdout 채널은 /dev/null 파일로 리다이렉트되고, stderr은 옵션이 없을 때만 리다이렉트되며, 백그라운드나 포그라운드 실행 모드는 명령어 옵션에 따라 선택되는 방식으로 daemon_body( ) 함수에서 구현된다. 관련 코드는 아래와 같다.

```
# 시그널 트랩 생성
trap sig_handler SIGTERM SIGINT
dbg "signals traps installed"

# 데몬 시작
if [ -n "$daemonize" ] ; then
    dbg "going in background..."

    # 작업 디렉터리를 /로 설정
    cd /
fi
[ -z "$logstderr" ] && tmp="2>&1"
eval daemon_body </dev/null >/dev/null $tmp $daemonize
```

 이 예제에서 사용하는 백그라운드 프로세스 실행과 표준 입출력 리다이렉션, 다른 Bash 관련 내용에 대한 좀 더 자세한 정보는 아래와 같은 명령어를 통해 Bash man 페이지를 참고하면 된다.

```
$ man bash
```

이 경우, 디버깅 모드로 데몬을 실행하고, 터미널로 직접 출력을 볼 수 있다.

```
root@bbb:~# ./mydaemon.sh -d -f -l
mydaemon.sh: signals traps installed
mydaemon.sh: start main loop
mydaemon.sh: I'm working hard!
mydaemon.sh: I'm working hard!
mydaemon.sh: I'm working hard!
```

이번에는 데몬을 멈추기 위해 간단히 Ctrl + C를 누르면 되며, 그 결과는 아래와 같다.

```
^Cmydaemon.sh: signal trapped!
root@bbb:~#
```

▎ 요약

4장에서는 임베디드 개발자가 작업을 간단하게 하기 위한 여러 가지 도구를 살펴봤다. 몇 가지 시스템 데몬을 실제 사용 예제 모드와 함께 살펴봤고, 유명한 몇 가지 스크립트 언어와 시스템 주변 장치 및 연관된 작업을 구현할 때 이 언어를 어떻게 사용하는지에 대해서도 설명했다.

5장에서는 rootfs 메모리 사용을 줄이기 위해 사용할 수 있는 2개의 임베디드 배포판을 소개하면서 사용할 표준 동작 모드를 전환할 것이다. 사실 표준 데비안 배포판은 512MB에서 1GB 혹은 그 이상의 메모리가 필요하다. 반면, 임베디드 배포판은 4MB나 5MB에서 여러 서비스가 동작하더라도 100MB 이하의 메모리만 필요하다.

05

임베디드 OS 설치

개발자에게는 임베디드 컴퓨터에서 동작하는 데비안 OS나 다른 주요 배포판을 사용하는 것이 최선이다. 하지만 최선을 선택할 수 없는 경우도 있다. 사실 비용이나 작은 크기, 다른 여러 작은 이슈들 때문에 rootfs(여기에 부트로더와 커널까지)를 저장하기 위해 가용한 메모리가 매우 제한적일 수 있고, 위의 배포판을 사용할 수 없게 될 수도 있다.

바로 이런 경우에 임베디드 OS가 쓸모가 있다. 임베디드 OS는 합리적으로 사용할 수 있는 수준의 프로그램들과 이미 만들어진 사용자 정의 메커니즘을 사용하면서도 256MB에서 16MB 혹은 그 이하의 메모리를 사용해 동작한다.

5장에서는 플래시^{flash} 메모리(특히, NAND 메모리)와 이 메모리를 관리하는 데 사용하는 소프트웨어를 살펴보고, 이는 개발자가 이러한 저장 장치를 거의 일반 장치로 볼 수 있도록 해준다. 따라서 5장에서는 리눅스의 메모리 기술 장치^{MTD}와 MTD상에서 동작하는 두 가지 주요 파일 시스템인 JFFS2와 UBIFS를 소개한다.

그리고 근래에 가장 유명한 임베디드 배포판인 Yocto와 OpenWrt를 소개하며, 이 배포판을 SAMA5D3 Xplained 보드(책에서 소개하는 보드 중 NAND 플래시를 유일하게 탑재하고 있다)에 다운로드하고 컴파일 및 설치하는 방법을 살펴본다.

마지막으로 각 임베디드 배포판에서 임베디드 개발자가 자신의 애플리케이션 작성하는 방법과 해당 애플리케이션을 Yocto와 OpenWrt에 추가하는 방법을 설명한다.

▌ MTD vs. 블록 디바이스

최근에는 여러 다른 종류의 임베디드 시스템이 있고, 이 시스템들은 저렴하다. 따라서 코딩을 시작하기 전에 어떤 디바이스가 요구 사항에 가장 잘 맞는지 아는 것이 중요하다. 이름에서 알 수 있듯이 임베디드 장치를 제어하거나 모니터링하기 위해 임베디드 컴퓨터가 사용된다. 이런 장치는 산업용 공장(먼지나 진동이 있는)이나 실환경(매우 높거나 낮은 온도나 비), 다양한 트럭, 차, 기차 및 자동차 시스템 등 나쁜 환경에 사용된다.

이런 시나리오를 위해 임베디드 컴퓨터를 구성하는 하드웨어 소자는 신중히 선택해야 한다. 이런 환경에서 데이터를 저장하기 위해 일반 하드 디스크를 사용할 수 없음은 명확하다. 또한 마이크로 SD를 선택할 수도 없다. 사실 이런 종류의 디바이스는 모든 전자제품 가게에서 쉽게 찾을 수 있다. 하지만 이런 디바이스는 진동이 있는 환경이나(땜으로 고정돼 있지 않고, 접촉 시 손상될 수 있다) 매우 높거나 낮은 온도의 환경(이런 디바이스는 보통 표준적인 인간이 사는 환경에 적합하도록 디자인돼 있다)에 적합하지 않다. 또한 디바이스의 수명과 전원 종료 시 발생할 수 있는 손상에 대해 몇 가지 문제가 있다. 따라서 다른 해법을 찾아야 한다.

가능한 해법(상대적으로 저렴한)은 플래시 메모리를 사용하는 것이다. 플래시 메모리는 비휘발성이며, 보드에 납땜이 될 수 있고, 매우 넓은 온도 범위에서도 견딜 수 있는 1개 이상의 칩으로 구성된다. 이 메모리 사용의 단점은 일반 블록 디바이스처럼 접근할 수 없다는 것이다. 따라서 이 메모리는 리눅스 기반의 시스템에서 MTD 디바이스로 불린다.

MTD 디바이스

3장, 'C 컴파일러와 디바이스 드라이버, 유용한 개발 테크닉'의 '문자와 블록 네트워크 디바이스' 절에서 설명했듯이, 이 장치는 데이터를 블록 단위로 접근하며, 파일 시스템을 지원한다. MTD 디바이스는 플래시 메모리 기술을 기반으로(NOR나 NAND 혹은 다른 변형 형태) 블록 디바이스처럼 접근할 수 있어 특별한 파일 시스템에 마운트할 수 있으며, 문자 디바이스로도 접근할 수 있다. 이는 플래시 메모리가 정상 동작하기 위해 특별한 방식으로 관리돼야 하기 때문이다. 복잡해 보이지만 사실은 그렇지 않다. 이 개념에 대해 약간 더 설명하면 모든 것이 더 명확해질 것이다.

이미 1장, '개발 시스템 설치'의 '임베디드 용어' 절에서 플래시 메모리를 소개했지만, 이 메모리가 정상 동작하기 위해 특별한 관리법이 필요하다는 것은 생략했다. 플래시 메모리는 잘못된 블록 감지와 에러 감지 및 복구, 웨어 레벨링wear leveling 시스템 등이 필요하다.

잘못된 블록 감지는 시스템에 플래시의 특정 블록이 손상됐고, 더 이상 사용할 수 없다는 것을 알려주는 메커니즘이다. 플래시 디바이스에서는 블록 손상이 종종 발생하기 때문에 이 메커니즘은 매우 중요하다. 실제로 지우고 쓰기를 반복하면 블록이 손상될 수 있고, 이런 시나리오상에서 새로운 데이터 블록을 쓸 때는 손상된 블록을 무시하고 새로운 블록을 선택해야 한다. 반면, 한 블록을 읽을 때는 이런 상황을 복구하는 방식이 필요하다. 이때 에러 감지 및 복구가 사용된다. 플래시 메모리는 보조 기억 장치를 사용해 에러가 발생할 때 사용할 수 있는 몇 가지 정보를 저장한다(특히 NAND 메모리는 이를 위해 ECC 데이터를 사용한다).

 플래시와 잘못된 블록 감지, 에러 감지 및 복구, NAND 플래시, ECC 데이터에 대한 자세한 정보는 https://en.wikipedia.org/wiki/Flash_memory에서 볼 수 있다.

에러나 잘못된 블록 감지만으로는 플래시 메모리 디바이스를 정상적으로 관리하기가 어렵다. 이런 디바이스는 좋은 웨어 레벨링 시스템이 필요하다. 웨어 레벨링 시스템은 발생할 수 있는 에러를 줄이기 위해 전체 저장 영역에 걸쳐 지우는(그리고 쓰는) 메커니즘을 가진다. 플래시 메모리는 임베디드 시스템이 메모리상의 데이터 블록을 쓰거나 심지어 읽을 때도(NAND 기술의 경우) 손상될 수 있고, 이런 손상 확률은 읽고 쓰는 동작의 빈도가 증가할수록 높아진다. 따라서 웨어 레벨링 시스템은 이런 디바이스의 수명을 늘리기 위해 같은 영역에 빈번한 쓰기나 읽기를 피한다.

 웨어 레벨링 시스템에 대한 자세한 정보는 https://en.wikipedia.org/wiki/Wear_leveling 에서 얻을 수 있다.

이 모든 면은 MTD 디바이스(플래시 디바이스 위에 있는)가 효율적으로 동작하기 위해 몇 가지 메커니즘을 반드시 구현해야 한다는 사실을 제시한다. 따라서 리눅스 커널에서는 리눅스 저장소의 drivers/mtd 디렉터리에 전용 디바이스 클래스가 존재한다. 커널의 설정 메뉴에서 아래를 볼 수 있다.

메모리 기술 디바이스는 플래시와 RAM, 이와 비슷한 칩chip이며, 종종 임베디드 디바이스에서 솔리드 스테이트 파일 시스템으로 사용된다.

따라서 MTD는 솔리스 스테이스 파일 시스템을 지원하기 위해 사용하며, 일반 GNU/리눅스 파일 시스템에서 /dev/mtd0, /dev/mtd1, /dev/mtdblock0, /dev/mtdblock1 등의 파일로 나타난다(곧 이 두 가지 종류의 MTD 디바이스 차이를 살펴본다). 아래 다이어그램에 볼 수 있듯이 MTD 계층은 사용자 수준 애플리케이션으로 다른 플래시 기술들을 추상화한다.

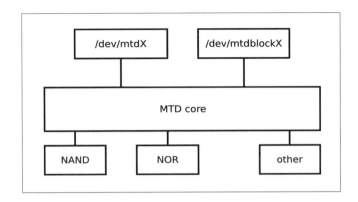

그러나 이 솔리드 스테이트 파일 시스템은 USBkey나 마이크로 SD 혹은 이런 비슷한 디바이스를 나타내지 않는다는 것을 기억하자. 위의 디바이스들은 내부에 플래시 메모리를 갖고 있지만 플래시 번역 계층FTL 덕분에 일반 블록 디바이스로 시스템에 보여지기 때문이다. FTL은 하드웨어로 웨어 레벨링 시스템과 잘못된 블록 감지, 에러 감지 및 복구 시스템을 구현한다. 보통 USBKeys, 마이크로 SD, 이와 비슷한 디바이스는 '관리된 플래시 디바이스managed flash device'라고 불린다.

 FTL에 관한 좀 더 자세한 정보는 https://en.wikipedia.org/wiki/Flash_file_system #FTL에서 확인할 수 있다.

간단히 말해 MTD 디바이스는 소프트웨어로 FTL이 필요하고(이 책의 경우, 리눅스 커널에 구현된), USBKeys와 마이크로 SD 등은 이미 디바이스 안에 FTL 시스템이 있으므로 필요하지 않다는 것이다. 이런 면은 더 안정적인 시스템이 필요할 때 더 중요하다. USBKeys나 마이크로 SD 등은 웨어 레벨링이나 전원 종료 시 손상이 발생할 가능성이 있기 때문이다(마지막 두 가지 측면은 제조사에 따라 다를 수 있다).

MTD 디바이스 관리

이제 파일 시스템을 MTD 디바이스에 올릴 수 있도록 MTD 디바이스 관리 시 필요한 도구를 살펴보자. 이를 위해 이 책에서 소개하는 보드 중 유일하게 플래시 메모리를 탑재하고 있는 SAMA5D3 Xplained를 사용해야 한다(사실 비글본 블랙도 플래시 디바이스를 탑재하고 있지만 관리되는 플래시 디바이스인 eMMC이며, 이 절의 목적과 맞지 않다). 그러나 아래에 설명하는 내용은 플래시 메모리를 탑재하는 모든 GNU/리눅스 시스템에 적용된다(물론 드라이버도 갖고 있어야 한다).

SAMA5D3 Xplained 부팅 시 아래 커널 메시지를 볼 수 있다.

```
atmel_nand 60000000.nand: Use On Flash BBT
atmel_nand 60000000.nand: Using dma0chan4 for DMA transfers.
nand: device found, Manufacturer ID: 0x2c, Chip ID: 0xda
nand: Micron MT29F2G08ABAEAWP
nand: 256 MiB, SLC, erase size: 128 KiB, page size: 2048, OOB si4
atmel_nand 60000000.nand: minimum ECC: 4 bits in 512 bytes
atmel_nand 60000000.nand: Initialize PMECC params, cap: 4, secto2
atmel_nand 60000000.nand: Using NFC Sram read
Bad block table found at page 131008, version 0x01
Bad block table found at page 130944, version 0x01
nand_read_bbt: bad block at 0x000000c80000
nand_read_bbt: bad block at 0x000000ca0000
```

```
6 of part partitions found on MTD device atmel_nand
Creating 6 MTD partitions on "atmel_nand":
0x000000000000-0x000000040000 : "at91bootstrap"
0x000000040000-0x0000000c0000 : "bootloader"
0x0000000c0000-0x000000180000 : "bootloader env"
0x000000180000-0x000000200000 : "device tree"
0x000000200000-0x000000800000 : "kernel"
0x000000800000-0x000010000000 : "rootfs"
```

이 메시지는 플래시와 MTD 지원에 관한 것이다. 특히, 플래시 컨트롤러[controller]용 드라이버와 특별한 플래시 칩에 대한 드라이버(NAND 플래시 사용 시 '오픈 NAND 플래시 인터페이스[ONFI]'라 불리는 드라이버)가 필요하다.

위 메시지의 마지막 부분에서 시스템에 정의된 MTD 파티션이 아래와 같다는 점에 유의하자.

MTD 디바이스	메모리 오프셋(momory offsets)	파티션 이름
mtd0	0x000000000000–0x000000040000	at91bootstrap
mtd1	0x000000040000–0x0000000c0000	부트로더
mtd2	0x0000000c0000–0x000000180000	부트로더
mtd3	0x000000180000–0x000000200000	디바이스 트리
mtd4	0x000000200000–0x000000800000	커널
mtd5	0x000000800000–0x000010000000	rootfs

이 데이터는 procfs 파일 시스템의 /proc/mtd 파일에서도 볼 수 있다.

```
root@a5d3:~# cat /proc/mtd
dev: size erasesize name
mtd0: 00040000 00020000 "at91bootstrap"
mtd1: 00080000 00020000 "bootloader"
```

```
mtd2: 000c0000 00020000 "bootloader env"
mtd3: 00080000 00020000 "device tree"
mtd4: 00600000 00020000 "kernel"
mtd5: 0f800000 00020000 "rootfs"
```

이를 확인하는 또 다른 방법은 리눅스 소스 트리의 SAMA5D3 Xplained DTS 파일인 아래 arch/arm/boot/dts/sama5d3xcm.dtsi를 보는 것이다.

```
nand0: nand@60000000 {
  nand-bus-width = <8>;
  nand-ecc-mode = "hw";
  atmel,has-pmecc;
  atmel,pmecc-cap = <4>;
  atmel,pmecc-sector-size = <512>;
  nand-on-flash-bbt;
  status = "okay";
  at91bootstrap@0 {
    label = "at91bootstrap";
    reg = <0x0 0x40000>;
  };
  bootloader@40000 {
    label = "bootloader";
    reg = <0x40000 0x80000>;
  };
  bootloaderenv@c0000 {
    label = "bootloader env";
    reg = <0xc0000 0xc0000>;
  };
  dtb@180000 {
    label = "device tree";
    reg = <0x180000 0x80000>;
  };
  kernel@200000 {
    label = "kernel";
```

```
    reg = <0x200000 0x600000>;
  };
  rootfs@800000 {
    label = "rootfs";
    reg = <0x800000 0x0f800000>;
  };
};
```

이 설정을 변경하면 SAMA5D3 Xplained 플래서 파티션 변경이 가능하다. 이는 단일 칩을 여러 논리적 파티션으로 분할할 수 있기 때문에 대용량 메모리를 구조화할 때 유용하다.

 MTD 관련 개념에 관한 더 많은 정보는 리눅스 메모리 기술 디바이스 홈페이지인 http://www.linux-mtd.infradead.org에서 볼 수 있다.

그러나 새로운 임베디드 OS가 올라가게 될 rootfs 파티션 설정은 올바르게 돼 있다. 이제 필요한 도구를 모두 갖고 있는 mtd-utils 패키지를 살펴보자. 데비안 OS에는 이미 설치돼 있고(설치돼 있지 않다면 aptitude를 사용하자), 아래와 같은 명령어를 사용해 해당 패키지의 리스트를 볼 수 있다.

```
root@a5d3:~# dpkg -L mtd-utils | grep bin/ | sort
/usr/sbin/docfdisk
/usr/sbin/doc_loadbios
/usr/sbin/flashcp
/usr/sbin/flash_erase
/usr/sbin/flash_eraseall
/usr/sbin/flash_lock
/usr/sbin/flash_otp_dump
/usr/sbin/flash_otp_info
/usr/sbin/flash_otp_lock
/usr/sbin/flash_otp_write
```

```
/usr/sbin/flash_unlock
/usr/sbin/ftl_check
/usr/sbin/ftl_format
/usr/sbin/jffs2dump
/usr/sbin/jffs2reader
/usr/sbin/mkfs.jffs2
/usr/sbin/mkfs.ubifs
/usr/sbin/mtd_debug
/usr/sbin/mtdinfo
/usr/sbin/nanddump
/usr/sbin/nandtest
/usr/sbin/nandwrite
/usr/sbin/nftldump
/usr/sbin/nftl_format
/usr/sbin/recv_image
/usr/sbin/rfddump
/usr/sbin/rfdformat
/usr/sbin/serve_image
/usr/sbin/sumtool
/usr/sbin/ubiattach
/usr/sbin/ubiblock
/usr/sbin/ubicrc32
/usr/sbin/ubidetach
/usr/sbin/ubiformat
/usr/sbin/ubimkvol
/usr/sbin/ubinfo
/usr/sbin/ubinize
/usr/sbin/ubirename
/usr/sbin/ubirmvol
/usr/sbin/ubirsvol
/usr/sbin/ubiupdatevol
```

이 명령어들은 각기 다른 사용법을 가진다. flash 문자열로 시작하는 명령어는 보통
MTD 디바이스, ubi로 시작하는 명령어는 UBIFS, jffs2는 JFFS2 파일 시스템과 밀접하
게 관련돼 있다(다음 절에서 살펴보자).

이 도구는 문서화가 잘돼 있지 않다(심지어 man 페이지도 없다). 따라서 도구에 대해 궁금한 독자는 인터넷 서핑을 통해 유용한 정보를 찾길 바란다. 그러나 5장에서는 처음 사용하기에 충분히 유용한 명령어들을 소개할 것이다.

첫 단계로서 MTD 디바이스를 지우고, 다시 정상적으로 쓰는 명령어를 살펴보자(각 플래시 메모리는 쓰기 전에 반드시 지워야 한다).

SAMA5D3 Xplained 보드에서 mtd0 디바이스를 지우려면 아래와 같은 명령어를 실행해야 한다.

```
root@a5d3:~# flash_erase /dev/mtd0 0 0
Erasing 128 Kibyte @ 20000 -- 100 % complete
```

이제 같은 디바이스에 데이터를 쓰기 위해 해당 디바이스를 구성하는 플래시 기술에 따라 다른 방식을 사용한다. 이는 각 플래시 디바이스가 다른 쓰기 모드를 지원하기 때문이다.

SAMA5D3 Xplained 보드는 NAND 디바이스를 갖고 있으므로 사용할 명령어는 nandwrite다. 따라서 방금 지운 mtd0 디바이스에 데이터를 쓰려면 아래와 같은 명령어를 사용해야 한다.

```
root@a5d3:~# nandwrite -q -m -p /dev/mtd0 boot.bin
```

다음 절에서 해당 명령어를 곧 설명할 것이다. 다른 명령어의 문서를 보려면 -help 옵션을 사용해야 한다.

플래시 메모리용 파일 시스템

GNU/리눅스 시스템에서 플래시 메모리 디바이스를 관리하기 위해 개발된 두 가지 주요 파일 시스템은 JFFS2와 UBIFS다. 이 둘은 서로 매우 다르지만, 좋은 플래시 번역 계층을 구현하는 같은 목표를 가진다.

JFFS2 vs. UBIFS

JFFS2와 UBIFS 파일 시스템은 매우 복잡하기 때문에 이 책에서 이 두 파일 시스템의 모든 차이점을 설명할 수는 없다. 그러나 각 파일 시스템에 대한 간단한 설명을 통해 이 파일 시스템들이 임베디드 개발자에게 어떤 것을 제공하는지 알아보자.

먼저, UBIFS 파일 시스템은 직접 MTD 코어와 직접 통신하지 않고, 아래 그림처럼 미정렬 블록 이미지Unsorted Block Image - UBI라는 중간의 다른 계층을 가진다.

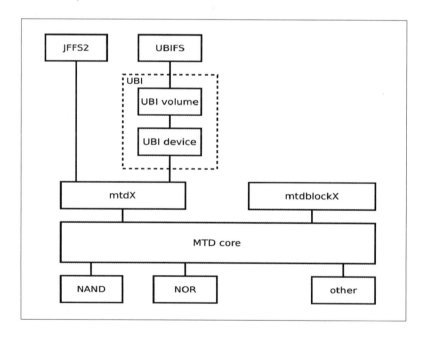

위 다이어그램에서 JFFS2는 /dev/mtdX 블록 디바이스를 사용하는 반면, UBIFS는 UBI 볼륨 개념을 사용한다. 이 UBI 볼륨은 MTD 디바이스의 물리적 erase 블록[PEB]을 논리적 erase 블록[LEB]으로 추상화해 UBI 볼륨이 아래의 장점을 갖도록 한다.

- UBI 볼륨은 잘못된 LEB를 갖지 않는다. 이는 UBI 계층 투명성이 잘못된 PEB를 처리하기 때문이다.
- LEB는 마모되지 않는데, 그 이유는 UBI가 웨어 레벨링 시스템을 구현해 읽기/쓰기/지우기 동작을 전체 플래시 디바이스에 걸쳐 공평하게 수행하기 때문이다.
- UBI 볼륨은 동적이며, 실행 중 생성과 삭제될 수 있고, 크기도 변경될 수 있다.

이 때문에 UBIFS는 이 계층을 사용해 잘못된 NAND 플래시 블록을 더 잘 관리할 수 있고, 웨어 레벨링을 제공할 수 있다. 그러나 JFFS2보다 UBIFS를 사용하는 것이 더 좋은 이유는 사실 UBIFS는 쓰기 캐시를 지원한다는 것과 사용할 수 있는 메모리 계산 시 지나칠 정도로 비관적이라는 것이다.

 UBIFS 쓰기 캐시에 대한 정보는 http://www.linux-mtd.infradead.org/doc/ubifs.html#L_writeback에서 볼 수 있고, 사용할 수 있는 메모리 계산 관련 정보는 http://www.linux-mtd.infradead.org/faq/ubifs.html#L_df_report에서 볼 수 있다.

이외에도 UBIFS가 JFFS2보다 좋은 이유는 UBIFS가 큰 플래시 메모리를 위해 더 잘 확장된다는 것이다. 또한 마운트가 빠르고, 큰 파일에 빠르게 접근할 수 있으며, 쓰기 속도가 개선됐다는 것이 장점이다. 그러나 아직 JFFS2를 사용하는 시스템도 볼 수 있는데, 이는 검증된 안정성과 널리 사용된 점(UBIFS가 나오기 전에) 때문이다. 이 책에서는 두 파일 시스템 모두 살펴보자.

http://www.linux-mtd.infradead.org/doc/general.html에서는 두 파일 시스템에 대한 일반 정보를 볼 수 있고, http://www.linux-mtd.infradead.org/doc/jffs2.html에서는 JFFS2 정보를 볼 수 있으며, http://www.linux-mtd.infradead.org/doc/ubifs.html와 http://www.linux-mtd.infradead.org/doc/ubi.html에서는 UBIFS와 UBI 중간 계층에 대한 정보를 볼 수 있다.

JFFS2 파일 시스템 생성

JFFS2 파일 시스템을 생성하는 데는 크게 타깃 보드에서 직접 빌드하는 방법과 호스트 PC에서 빌드하는 방법으로 나눌 수 있다. 물론 후자를 더 많이 사용하며, 이는 바이너리 이미지를 생성한 후 JTAG를 사용해 플래시 메모리로 직접 쓸 수 있기 때문이다.

JTAG 사용법은 이 책에서 다루지 않는다. 그러나 JTAG을 사용해 임베디드 시스템을 실제 실행하지 않고도 쉽게 설정할 수 있고, 대형 시스템 생산을 간소화할 수 있다. 이 주제에 대한 자세한 정보와 JTAG 시스템 설정법, 임베디드에서 JTAG 사용법 등은 http://openocd.org에서 확인할 수 있다.

아래와 같이 /proc/filesystems을 살펴보면서 시스템이 JFFS2 파일 시스템을 지원하는지 확인해보자.

```
root@a5d3:~# grep jffs2 /proc/filesystems
nodev jffs2
```

어떤 출력도 없다면 이 시스템은 이 파일 시스템에 대한 지원이 없다는 것을 의미하므로 1장, '개발 시스템 설치'의 'SAMA5D3 Xplained용 리눅스 커널' 절에서 설명한 것처럼 File systems > Miscellaneous filesystems > Journalling Flash File System v2 (JFFS2) support로 가서 커널 설정을 수정한 후 커널을 재컴파일해 설치해야 한다.

이제 SAMA5D3 Xplained에서 JFFS2 파일 시스템을 생성하기 위해 먼저 flash_erase 명령어로 플래시 파티션을 지워야 한다. flash_erase 도움말 메시지를 통해 볼 수 있듯이 --jffs2 옵션을 사용하면 플래시를 지움과 동시에 JFFS2 파일 시스템을 생성할 수 있다. 실제 명령어는 아래와 같다.

```
Erasing 128 Kibyte @ 0 -- 0 % complete flash_erase: Cleanmarker written at 0
Erasing 128 Kibyte @ 20000 -- 0 % complete flash_erase: Cleanmarker written at 20000
Erasing 128 Kibyte @ 40000 -- 0 % complete flash_erase: Cleanmarker written at 40000
Erasing 128 Kibyte @ 60000 -- 0 % complete flash_erase: Cleanmarker written at 60000
...
flash_erase: Skipping bad block at 00480000
flash_erase: Skipping bad block at 004a0000
...
flash_erase: Skipping bad block at 0f780000
flash_erase: Skipping bad block at 0f7a0000
flash_erase: Skipping bad block at 0f7c0000
flash_erase: Skipping bad block at 0f7e0000
Erasing 128 Kibyte @ f7e0000 -- 100 % complete
```

 이 명령어는 실행 중 잘못된 블록을 검출하고 신호를 보낸다.

이게 전부다. 이제 새로운 JFFS2 파티션을 mount 명령어와 파티션 타입을 지정하는 -t 옵션을 사용해 마운트하면 된다.

```
root@a5d3:~# mount -t jffs2 /dev/mtdblock5 /mnt/
```

파티션을 지우기 위해 /dev/mtd5 문자 디바이스를 사용했고, 파티션을 마운트하기 위해 /dev/mtdblock5 블록 디바이스를 사용했다. 이 디바이스들은 비록 다른 종류라도 같은 물리적 디바이스 영역을 가리킨다. 지우는 과정은 블록 디바이스로는 가능하지 않으므로 문자 디바이스가 필요하고, mount 명령어는 블록 디바이스에서 동작해야 한다.

이제 /mnt 디렉터리에 파일을 쓸 수 있고, NAND 플래시에 저장되므로 재시작 이후에도 계속 남아 있을 것이다.

```
root@a5d3:~# mount -t jffs2 /dev/mtdblock5 /mnt/
root@a5d3:~# echo "some text" > /mnt/just_a_file
root@a5d3:~# ls -l /mnt/
total 1
-rw-r--r-- 1 root root 10 Apr 2 17:44 just_a_file
root@a5d3:~# umount /mnt/
root@a5d3:~# mount -t jffs2 /dev/mtdblock5 /mnt/
root@a5d3:~# cat /mnt/just_a_file
some text
```

 위 예제에서는 시스템을 재시작하지 않고 단지 파티션을 언마운트한 후 다시 마운트했다.

이제 호스트 PC에서 위의 동작을 어떻게 하는지 살펴보자. 이번에는 mtd-utils 패키지가 호스트 PC에도 설치돼야 한다. 따라서 aptitude 명령어를 사용해 해당 패키지를 설치하고 jFFS2 관련 명령어를 선택하자.

```
$ dpkg -L mtd-utils | grep jffs2
/usr/share/man/man1/mkfs.jffs2.1.gz
/usr/sbin/jffs2dump
/usr/sbin/jffs2reader
```

위 명령어 중 우리가 사용할 것은 mkfs.jffs2다. 이 명령어는 몇 가지 옵션을 갖고 있지만, 대부분 선택 사항이다. 실제로 필요한 것은 아래와 같다(대괄호 안의 2개는 선택 사항이지만, 유용한 옵션이다).

```
mkfs.jffs2 --root=<root_filesystem> \
    --pagesize=<page_size> --eraseblock=<erase_block_size> \
    [--pad] [--little-endian] --output=<output_file>
```

mkfs.jffs2 도움말을 살펴보면 이전 옵션들이 어떤 경우에 유용한지를 알 수 있다. 선택 옵션 중 -pad 옵션은 사실 생략할 수 있지만, 최종 결과 이미지는 섹터의 마지막까지 패딩이 붙어야 한다는 것을 알리기 위해 사용한다(섹터는 플래시 디바이스에서 완전히 다시 쓰여져야 하고, 0xFF로 채워져야 하기 때문이다). -little-endian 옵션은 최종 결과 이미지의 엔디언endianness을 언급하는 것으로, 만약 -little-endian과 -big-endian이 지정되지 않으면 시스템은 호스트와 같은 엔디언의 최종 결과 파일을 생성한다. 따라서 아주 드문 경우, 잘못된 동작을 할 수도 있다(특히 호스트와 타깃이 다른 엔디언을 사용하는 경우).

이제 새 JFFS2 파일 시스템을 생성하기 위해 mkfs.jffs2 명령어를 실행하려면 페이지 크기와 erase 블록 사이즈를 알아야 한다. 이에는 하드웨어 가이에게 물어보는 방법과 커널로부터 이 정보를 얻어내는 방법이 있다. 우리에게 필요한 정보는 커널의 부트 메시지에서 볼 수 있다.

```
nand: 256 MiB, SLC, erase size: 128 KiB, page size: 2048, OOB si4
```

이제 전용 디렉터리를 생성하고, 테스트용으로 이 디렉터리에 파일을 생성하면 된다.

```
$ mkdir mtd5_dir
$ echo "some text" > mtd5_dir/just_a_file
```

파일 시스템을 생성하기 위한 명령어는 아래와 같다.

```
$ mkfs.jffs2 --root=mtd5_dir --pagesize=2048 --eraseblock=128
    --pad --little-endian -output=mtd5.jffs2
```

이제 이 파일을 SAMA5D3 Xplained로 옮기고 /dev/mtd5 플래시 파티션에 써야 한다.

```
root@a5d3:~# flash_erase /dev/mtd5 0 0
Erasing 128 Kibyte @ 460000 -- 1 % complete flash_erase: Skipping bad block at
00480000
flash_erase: Skipping bad block at 004a0000
Erasing 128 Kibyte @ f760000 -- 99 % complete flash_erase: Skipping bad block
at 0f780000
flash_erase: Skipping bad block at 0f7a0000
flash_erase: Skipping bad block at 0f7c0000
flash_erase: Skipping bad block at 0f7e0000
Erasing 128 Kibyte @ f7e0000 -- 100 % complete
root@a5d3:~# nandwrite /dev/mtd5 mtd5.jffs2
Writing data to block 0 at offset 0x0
```

 먼저 /dev/mtd5 파티션의 데이터를 지우고 다시 쓰기 전에 이전 JFFS2 파일 시스템을 언마운트한다는 것을 잊지 말아야 한다. 그리고 사용할 파티션이 이미 JFFS2 파일 시스템으로 포맷돼 있으므로 이번에는 flash_erase 명령어에 -j 옵션을 사용하지 않았다는 것을 기억하자. 마지막으로 파일 시스템 이미지는 매우 작고, 이 이미지가 저장될 파티션만큼 크지 않다는 것도 기억하자. 이는 JFFS2 파일 시스템이 실행되는 즉시 전체 파티션을 점유할 수 있고, 읽기/쓰기가 플래시 디바이스에서 수행되기 때문이다(이는 시스템 양산 시 매우 중요한 기능으로, 설정 시간을 획기적으로 줄이기 때문이다).

이제 파티션을 마운트하고 호스트 PC에서 생성했던 파일이 있는지 확인해보자.

```
root@a5d3:~# mount -t jffs2 /dev/mtdblock5 /mnt/
root@a5d3:~# cat /mnt/just_a_file
some text
```

모든 작업이 정상적으로 수행됐다.

UBIFS 파일 시스템 생성

이제 UBIFS로 이전 절에서 했던 작업을 다시 해보자. 다시 mtd5 파티션을 지우는데(관련된 mtdblock5 디바이스를 언마운트 한 후에), 이번에는 다른 특별한 옵션을 주지 않는다.

```
root@a5d3:~# flash_erase /dev/mtd5 0 0
```

이제 약간 더 복잡한 작업을 해야 한다. 하드 디스크처럼 파티션을 포맷해야 하는데, 포맷 명령어는 블록 디바이스 대신 문자 디바이스를 옵션으로 갖는다(fdisk 명령어처럼). 이 때 사용할 명령어는 ubiformat다. 이 명령어는 몇 가지 옵션 파라미터를 갖는데, 이번에는 --yes만 사용하며, 모든 경우에 yes로 대답해야 하는 몇 가지 질문을 넘어가도록 할 것이다.

```
root@a5d3:~# ubiformat --yes /dev/mtd5
ubiformat: mtd5 (nand), size 260046848 bytes (248.0 MiB),
1984 eraseblocks of 1s
libscan: scanning eraseblock 1983 -- 100 % complete
ubiformat: 1978 eraseblocks are supposedly empty
ubiformat: 6 bad eraseblocks found, numbers: 36, 37, 1980, 1981, 1982, 1983
ubiformat: formatting eraseblock 1983 -- 100 % complete
```

이제 파티션이 포맷됐고, mtd5 디바이스를 UBI 서브 시스템에 붙일 준비가 됐다. 이 점이 UBIFS와 JFFS2의(그리고 다른 일반 파일 시스템들과) 첫 번째 차이점이다. 그 이유는

UBIFS에서의 모든 파티션은 이전에 설명했던 UBI 계층의 제어하에 있어야 하기 때문이다. 이를 위한 명령어는 ubiattach다.

아래는 첫 번째 예제에서의 명령어지만, 가독성을 위해 새로운 UBI 디바이스를 숫자 5(다섯 번째 MTD 디바이스를 사용할 것이므로)로 유지하는 것이 좋다. 따라서 명령어는 아래와 같다.

```
root@a5d3:~# ubiattach --dev-path=/dev/mtd5 --devn=5
ubi5: attaching mtd5
ubi5: scanning is finished
ubi5: attached mtd5 (name "rootfs", size 248 MiB)
ubi5: PEB size: 131072 bytes (128 KiB), LEB size: 126976 bytes
ubi5: min./max. I/O unit sizes: 2048/2048, sub-page size 2048
ubi5: VID header offset: 2048 (aligned 2048), data offset: 4096
ubi5: good PEBs: 1978, bad PEBs: 6, corrupted PEBs: 0
ubi5: user volume: 0, internal volumes: 1, max. volumes count: 18
ubi5: max/mean erase counter: 0/0, WL threshold: 4096, image seq4
ubi5: available PEBs: 1940, total reserved PEBs: 38, PEBs reserv4
ubi5: background thread "ubi_bgt5d" started, PID 2027
UBI device number 5, total 1978 LEBs (251158528 bytes, 239.5 MiB), available 19)
```

 접두어 ubi5가 있는 ubiattach 명령 실행 결과는 명령어 자체가 생성한 것이 아니다. 이 것은 커널 메시지며, 시리얼 콘솔 밖에서 명령어를 실행하면 볼 수 없을 것이다. 이 경우, 이 메시지를 일반 dmesg나 tail -f 명령어로 읽을 수 있다. 문자 디바이스가 없을 경우 --mtdn 옵션을 사용해 MTD 디바이스를 지정할 수도 있다(이 옵션은 udev와 같은 자동 디바이스 노드 생성 지원이 없는 제한된 시스템에서 유용하다). 이 경우, 명령어는 아래와 같다.

```
root@a5d3:~# ubiattach --mtdn=5 --devn=5
```

이제 ubiinfo 명령어를 사용해 UBI 상태를 얻을 수 있다. 명령어 사용법은 매우 쉽다. --all 옵션을 사용하면 필요한 정보를 얻을 수 있다.

```
root@a5d3:~# ubinfo --all
UBI version: 1
Count of UBI devices: 1
UBI control device major/minor: 10:59
Present UBI devices: ubi5

ubi5
Volumes count: 0
Logical eraseblock size: 126976 bytes, 124.0 KiB
Total amount of logical eraseblocks: 1978 (251158528 bytes, 239.5
MiB)
Amount of available logical eraseblocks: 1940 (246333440 bytes, 234.9
MiB)
Maximum count of volumes 128
Count of bad physical eraseblocks: 6
Count of reserved physical eraseblocks: 34
Current maximum erase counter value: 0
Minimum input/output unit size: 2048 bytes
Character device major/minor: 249:0
```

이제 다음 단계로 넘어가자. ubimkvol을 사용해 파티션과 관련된 UBI 볼륨을 생성해야 한다. 명령어는 아래와 같다.

```
root@a5d3:~# ubimkvol /dev/ubi5 --maxavsize -N rootfs
Set volume size to 246333440
Volume ID 0, size 1940 LEBs (246333440 bytes, 234.9 MiB), LEB size 126
976 bytes (124.0 KiB), dynamic, name "rootfs", alignment 1
```

이제 모든 것이 설정됐다. UBIFS 파티션을 적절한 파라미터를 사용해 mount 명령어로 마운트하면 된다.

```
root@a5d3:~# mount -t ubifs ubi5:rootfs /mnt
UBIFS (ubi5:0): default file-system created
UBIFS (ubi5:0): background thread "ubifs_bgt5_0" started, PID 1738
UBIFS (ubi5:0): UBIFS: mounted UBI device 5, volume 0, name "rootfs"
UBIFS (ubi5:0): LEB size: 126976 bytes (124 KiB), min./max. I/O unit s
izes: 2048 bytes/2048 bytes
UBIFS (ubi5:0): FS size: 244682752 bytes (233 MiB, 1927 LEBs), journal size
12316672 bytes (11 MiB, 97 LEBs)
UBIFS (ubi5:0): reserved for root: 4952683 bytes (4836 KiB)
UBIFS (ubi5:0): media format: w4/r0 (latest is w4/r0), UUID 02B4EDD6-18CE-4FFF-
88A4-4350C4126351, small LPT model
```

 위 코드에서 볼 수 있듯이 UBIFS가 접두어가 붙은 메시지는 커널에서 출력한 것이다. 마운트 시 일반적 형태인 /dev/blockdev의 블록 디바이스를 지정하지 않고, volume 이름을 대신 사용한다.

이제 이전에 했던 것처럼 UBIFS 파티션에 파일을 생성해 테스트할 수 있고, 언마운트된 이후에도 해당 파일이 계속 있는지 확인하면 된다.

```
root@a5d3:~# echo "some text" > /mnt/just_a_file
root@a5d3:~# ls /mnt/
just_a_file
root@a5d3:~# umount /mnt/
UBIFS (ubi5:0): un-mount UBI device 5
UBIFS (ubi5:0): background thread "ubifs_bgt5_0" stops
root@a5d3:~# ls /mnt/
root@a5d3:~# mount -t ubifs ubi5:rootfs /mnt
UBIFS (ubi5:0): background thread "ubifs_bgt5_0" started, PID 1749
UBIFS (ubi5:0): UBIFS: mounted UBI device 5, volume 0, name "rootfs"
UBIFS (ubi5:0): LEB size: 126976 bytes (124 KiB), min./max. I/O unit sizes:
2048 bytes/2048 bytes
```

```
UBIFS (ubi5:0): FS size: 244682752 bytes (233 MiB, 1927 LEBs), journal size
12316672 bytes (11 MiB, 97 LEBs)
UBIFS (ubi5:0): reserved for root: 4952683 bytes (4836 KiB)
UBIFS (ubi5:0): media format: w4/r0 (latest is w4/r0), UUID 02B4EDD6-18CE-4FFF-
88A4-4350C4126351, small LPT model
root@a5d3:~# cat /mnt/just_a_file
some text
```

 문서 목적으로 UBIFS 접두어가 있는 모든 커널 메시지를 남겨뒀다. 이 명령이 시리얼 콘솔 밖에서 실행되면 이 메시지는 출력되지 않는다는 점에 유의하자.

이제 JFFS2처럼 호스트 PC에서 UBIFS 파티션을 생성해보자. 이전에 생성했던 mtd5_dir 디렉터리를 사용할 수 있고, 해당 디렉터리는 아래와 같다.

```
$ ls -l mtd5_dir/
total 4
-rw-rw-r-- 1 giometti giometti 10 giu 12 12:04 just_a_file
$ cat mtd5_dir/just_a_file
some text
```

이번에는 mkfs.ubifs 명령어를 사용한다. 이 명령어는 많은 옵션을 갖고 있지만, 책의 목적에 부합하는 명령어는 mkfs.jffs2와 매우 비슷하다.

```
$ mkfs.ubifs --root=mtd5_dir --min-io-size=2048 --leb-size=124KiB
    --max-leb-cnt=2048 --output=mtd5.ubifs
```

이 시점에서 --min-io-size와 --leb-size, --max-leb-cnt 옵션용 값은 어떻게 계산할 수 있는지에 대한 질문을 생각할 수 있다.

사실 이에 대한 정답을 찾기는 쉽지 않은데, 그 이유는 UBIFS가 동작한다는 것을 깊게 알아야 하기 때문이다. 그러나 올바른 방법은 UBIFS 파일 시스템을 타깃 머신에서 생성하고 UBIFS 서브 시스템에서 직접 이 파라미터들을 얻어오는 것이다. 사실 이전 mount 명령어를 살펴보면 커널이 이 값들을 이미 알려주고 있다는 것을 알 수 있다.

```
UBIFS (ubi5:0): background thread "ubifs_bgt5_0" started, PID 1749
UBIFS (ubi5:0): UBIFS: mounted UBI device 5, volume 0, name "rootfs"
UBIFS (ubi5:0): LEB size: 126976 bytes (124 KiB), min./max. I/O unit sizes:
2048 bytes/2048 bytes
UBIFS (ubi5:0): FS size: 244682752 bytes (233 MiB, 1927 LEBs), journal size
12316672 bytes (11 MiB, 97 LEBs)
```

--min-io-size와 --leb-size 값은 위에 나타나 있고, —max-leb-cnt는 최대 파일 시스템 크기(엄격이 말하면 최대 UBI 볼륨 크기)를 정의하고 있다는 것을 고려해야 한다. 따라서 올바른 mtd5 디바이스 매핑을 위해 너무 적은 LEB 할당을 피할 수 있는 정도로 큰 값을 지정해야 한다. 이전 메시지의 마지막 줄은 사용자 데이터용으로 1927 LEB와 저널링 데이터용 97 LEB가 필요하다는 것을 알려주고 있다. 따라서 적어도 2024 LEB는 필요하므로 --max-leb-cnt의 안전한 값은 가장 가까운 2의 승수값인 2048(더 좋은 성능을 위해)이 될 수 있다.

이제 위에서 생성한 UBIFS 파티션에 넣을 MTD 계층에 적합한 UBI 이미지를 생성해야 한다. 이를 위한 명령어는 ubinize다. 이 명령어를 실행하기 전에 UBI 이미지를 나타내는 데 적합한 INI 파일을 생성해야 하며, 이 파일은 아래와 같다.

```
[rootfs-volume]
mode=ubi
image=mtd5.ubifs
vol_id=5
vol_size=233MiB
vol_type=dynamic
```

```
vol_name=rootfs
vol_flags=autoresize
```

mode 파라미터는 현재 ubi로 고정돼 있고, image는 이전에 생성한 UBIFS 이미지를 가리키고 있어야 한다. 그리고 vol_size와 vol_type, vol_flags를 제외한 다른 파라미터는 이름에서 의미를 알 수 있으므로 해당 파라미터들만 약간 설명한다.

vol_type와 vol_flags는 UBI 볼륨이 동적으로 할당될 수 있고, 가용한 공간이 있다면 크기가 커질 수 있다는 것을 나타낸다. 따라서 vol_size에서 최소 볼륨 사이즈를 지정할 수 있고, 시스템에 해당 볼륨을 붙일 때 최대 가용 크기에 도달할 때까지 볼륨 크기가 동적으로 증가하도록 할 것이다(이 절에서 이 기능을 곧 검증할 것이다).

이제 ubinize 명령어를 실행하자.

```
$ ubinize -v --min-io-size=2048 --peb-size=128KiB
        --sub-page-size=2048 --output=mtd5.ubi mtd5.ini
ubinize: LEB size:              126976
ubinize: PEB size:              131072
ubinize: min. I/O size:         2048
ubinize: sub-page size:         2048
ubinize: VID offset:            2048
ubinize: data offset:           4096
ubinize: UBI image sequence number: 949373716
ubinize: loaded the ini-file "mtd5.ini"
ubinize: count of sections: 1
ubinize: parsing section "jffs2-volume"
ubinize: mode=ubi, keep parsing
ubinize: volume type: dynamic
ubinize: volume ID: 5
ubinize: volume size: 251658240 bytes
ubinize: volume name: rootfs
ubinize: volume alignment: 1
ubinize: autoresize flags found
```

```
ubinize: adding volume 5
ubinize: writing volume 5
ubinize: image file: mtd5.ubifs
ubinize: writing layout volume
ubinize: done
```

ubinize 명령어에서 사용한 몇 개의 값을 설명하면, -v 옵션은 자세한^{verbose} 출력용이며, 실제 중요한 파라미터는 mkfs.ubifs 명령어의 동일한 의미를 갖는 --min-io-size와 물리적 erase 블록의 크기를 지정하는 --peb-size(mkfs.ubifs에서는 LEB의 크기를 지정했다), 사용한 NAND 디바이스에 따라 다른 --sub-page-size 등이다(그러나 보통 최소 입출력 크기와 같다).

 UBIFS 이미지는 같은 파일을 파진 JFFS2보다 약간 크다.

```
$ ls -lh mtd5.{jffs2,ubi}
-rw-r--r-- 1 giometti giometti 128K giu 12 12:05 mtd5.jffs2
-rw-rw-r- 1 giometti giometti 2,0M giu 14 16:14 mtd5.ubi
```

이제 JFFS2에서 했던 것처럼 UBIFS 이미지를 SAMA5D3 Xplained에 옮기고 /dev/mtd5 파티션에 넣어야 한다. 그러나 이번에는 UBI 데이터를 쓰기 위해 nandwrite 도구를 사용할 수 없는데, 그 이유는 이 도구가 UBIFS용으로 플래시 파티션을 포맷할 수 없기 때문이다. 따라서 정상적으로 포맷하려면 아래와 같이 ubiformat을 사용해야 한다.

```
root@a5d3:~# flash_erase /dev/mtd5 0 0
root@a5d3:~# ubiformat /dev/mtd5 -s 2048 -O 2048 -f mtd5.ubi
```

이제, 이전에 한 것처럼 UBI 볼륨을 시스템에 붙여야 한다.

```
root@a5d3:~# ubiattach --dev-path=/dev/mtd5 -devn=5
ubi5: attaching mtd5
ubi5: scanning is finished
gluebi (pid 1713): gluebi_resized: got update notification for unknown UBI
device 5 volume 5
ubi5: volume 5 ("rootfs") re-sized from 1925 to 1940 LEBs
ubi5: attached mtd5 (name "rootfs", size 248 MiB)
ubi5: PEB size: 131072 bytes (128 KiB), LEB size: 126976 bytes
ubi5: min./max. I/O unit sizes: 2048/2048, sub-page size 2048
ubi5: VID header offset: 2048 (aligned 2048), data offset: 4096
ubi5: good PEBs: 1978, bad PEBs: 6, corrupted PEBs: 0
ubi5: user volume: 1, internal volumes: 1, max. volumes count: 128
ubi5: max/mean erase counter: 1/0, WL threshold: 4096, image sequence number:
1394936512
ubi5: available PEBs: 0, total reserved PEBs: 1978, PEBs reserved for bad PEB
handling: 34
ubi5: background thread "ubi_bgt5d" started, PID 1717
UBI device number 5, total 1978 LEBs (251158528 bytes, 239.5 MiB), available 0
LEBs (0 bytes), LEB size 126976 bytes (124.0 KiB)
```

 이전에 설명한 것처럼 시스템은 볼륨을 붙이는(attach) 시점에서 해당 볼륨을 1925에서 최대 가용 크기인 1940 LEB까지 확장할 수 있고, 작업을 계속 진행한다.

```
gluebi (pid 1713): gluebi_resized: got update notification for
unknown UBI device 5 volume 5
ubi5: volume 5 ("rootfs") re-sized from 1925 to 1940 LEBs
ubi5: attached mtd5 (name "rootfs", size 248 MiB)
```

ubi5로 시작하는 메시지는 커널이 출력한 것이다.

마지막 단계는 파티션을 마운트하고 모든 데이터가 정상적인 위치에 있는지 검증하는 것이다.

```
root@a5d3:~# mount -t ubifs ubi5:rootfs /mnt
UBIFS (ubi5:5): background thread "ubifs_bgt5_5" started, PID 174
UBIFS (ubi5:5): UBIFS: mounted UBI device 5, volume 5, name "roo"
UBIFS (ubi5:5): LEB size: 126976 bytes (124 KiB), min./max. I/O s
UBIFS (ubi5:5): FS size: 244936704 bytes (233 MiB, 1929 LEBs), j)
UBIFS (ubi5:5): reserved for root: 0 bytes (0 KiB)
UBIFS (ubi5:5): media format: w4/r0 (latest is w4/r0), UUID 8A2Bl
root@a5d3:~# ls /mnt/
just_a_file
root@a5d3:~# cat /mnt/just_a_file
some text
```

 TIP UBIFS로 시작하는 메시지는 커널이 출력한 것이다.

모든 것이 정상 동작하고 있다.

▐ OpenWrt

OpenWrt 홈페이지는 OpenWrt를 아래와 같이 설명한다.

> OpenWrt는 임베디드 디바이스용 리눅스 배포판으로 묘사할 수 있다.

리눅스 커널 기반인 이 배포판은 기본적으로 네트워크 트래픽을 라우팅하기 위한 디바이스에서 사용된다. 이는 Linksys가 WRT54G 시리즈의 무선 라우터용 펌웨어 소스 코드를 GNU/GPL 라이선스로 배포한 데서 OpenWrt가 탄생했기 때문이다(그래서 이름에 WRT가 포함됐다). 그리고 초기 프로젝트를 유효하고 견고한 소프트웨어 제품으로 바꾸기 위해 다른 칩셋과 제조사, 디바이스 종류들이 포함됐다.

OpenWrt의 주요 컴포넌트는 리눅스 커널과 uClibc(이나 musl) C 라이브러리, BusyBox다. 이 컴포넌트들은 매우 작은 메모리 디바이스에서도 동작하도록 크기를 최적화했다(최소 기능을 하는 OpenWrt는 약 4MB 정도다). 이 배포판은 임베디드 네트워킹 디바이스에 최적으로 알려져 있다.

이 배포판은 makefile과 패치 세트 덕분에 빌드 과정을 자동화하는 (수정된) Buildroot 시스템을 기반으로 하는 빌드 시스템을 가진다. 이 배포판을 관리하는 주요 도구는 make다.

 OpenWrt 배포판에 대한 자세한 정보는 배포판의 홈페이지인 https://openwrt.org에서 볼 수 있다.

다음 절에서는 처음부터 시작해 최소한의 이미지를 빌드한 후 배포판을 확장하기 위해 포함된 패키지를 추가하는 방법과 새로운 패키지를 추가하는 방법을 살펴본다.

설정 사용하기

SAMA5D3 Xplained 보드용 기본 시스템을 설치하기 위해 앞으로 살펴볼 OpenWrt 기본 설정을 사용할 수 있다. 그러나 첫 번째 단계로 소스를 다운로드해야 한다. 이는 아래와 같이 git 명령어를 사용할 수 있다.

```
$ git clone git://git.openwrt.org/15.05/openwrt.git
```

그리고 조금 전에 생성한 openwrt 디렉터리로 이동해 아래 설정 메뉴를 실행하자.

```
$ cd openwrt
$ make menuconfig
```

위 명령어로 아래와 같은 에러가 발생할 수도 있다.

```
Build dependency: Please install zlib. (Missing libz.so or zlib.h)
Build dependency: Please install the openssl library (with developmentheaders)
Build dependency: Please install GNU 'awk'
Build dependency: Please install the Subversion client

/home/giometti/A5D3/openwrt/include/prereq.mk:12: recipe for target 'prereq'
failed
Prerequisite check failed. Use FORCE=1 to override.
/home/giometti/A5D3/openwrt/include/toplevel.mk:140: recipe for target'staging_
dir/host/.prereq-build' failed
make: *** [staging_dir/host/.prereq-build] Error 1
```

이 경우, 새로운 OpenWrt 배포판 컴파일을 위해 빠진 의존성 라이브러리나 도구를 모두 수동으로 설치해야 한다. 이전 에러에서 host PC는 몇 가지 빠진 패키지를 알려주고 있다. 이 패키지들은 아래와 같은 명령어로 설치해야 한다.

```
$ sudo aptitude install libz-dev libssl-dev gawk subversion
```

이전 설정 명령어의 출력에서 어떤 패키지가 빠졌는지를 유추하는 것이 마법(magic)은 아니다. 단지 2장, '시스템 콘솔 관리'의 '패지키 관리' 절에서 설명한 우분투/데비안 OS의 패키지 관리 도구를 사용했을 뿐이다.

이제 이 명령어를 다시 실행할 수 있을 것이다. 모든 패키지가 정상적으로 설치돼 있다면 1장, '개발 시스템 설치'의 'SAMA5D3 Xplained' 절에서 커널 설정 시 살펴봤던 설정 메뉴를 볼 수 있을 것이다. 이제 아래 화면과 같이 Target System 엔트리에서 Atmel AT91를 설정하고 Subtarget 엔트리에서 SAMA5D3(Cortex-A5), TargetProfile에서 Atmel AT91SAMA5D3XPLAINED를 선택해야 SAMA5D3 Xplained 보드가 선택된다.

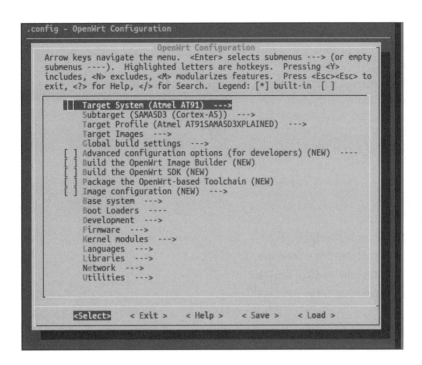

컴파일을 시작하기 전 OpenWrt 소스에 몇 개의 패치를 적용해야 한다. 사실 디폴트로 시스템은 SAMA5D3 Xplained의 커널 이미지와 DTB 설정 파일(DTB 파일은 사실 커널 이미지에 덧붙여진다)용 단일 파일을 생성하지만, 매칭되는 MTD 파티션에 각기 저장하기 위해 2개의 별도 파일로 생성해야 하므로 아래와 같은 패치를 적용해야 한다.

```
--- a/target/linux/at91/image/Makefile
+++ b/target/linux/at91/image/Makefile
@@ -50,7 +50,7 @@ Image/Build/Kernel/AT91SAM9G35EK=$(call MkuImageDtb,9g35ek,
at91sam9g35ek)
Image/Build/Kernel/AT91SAM9M10G45EK=$(call MkuImageDtb,9m10g45ek,
at91sam9m10g45ek)
Image/Build/Kernel/AT91SAM9X25EK=$(call MkuImageDtb,9x25ek, at91sam9x25ek)
Image/Build/Kernel/AT91SAM9X35EK=$(call MkuImageDtb,9x35ek, at91sam9x35ek)
-Image/Build/Kernel/AT91SAMA5D3XPLAINED=$(call MkuImageDtb, sama5, at91-
sama5d3_xplained)
```

```
+Image/Build/Kernel/AT91SAMA5D3XPLAINED=$(call MkOftree, sama5, at91-sama5d3_
xplained)
# CalAmp
Image/Build/Kernel/LMU5000=$(call MkuImageDtb, lmu5000,lmu5000)
# Calao
```

이제 준비가 됐으므로 아래 make 명령어를 사용해 컴파일해보자.

```
$ make
make[1] world
make[2] toolchain/install
make[3] -C toolchain/gdb prepare
make[3] -C toolchain/gdb compile
make[3] -C toolchain/gdb install
...
```

 컴파일은 시간이 많이 걸리므로 좋아하는 커피를 한잔 마시면서 기다리는 것이 좋다. 에러가 발생하면 아래와 같은 명령어를 사용해 모든 컴파일 메시지를 활성화하고 한 태스크(task)만 동작시켜 어떤 부분에 에러가 발생하는지 살펴보자.

```
$ make -j1 V=s
```

어떤 경우라도 V=s 설정만을 사용해 일반적으로 시스템을 컴파일할 수 있지만. 어떤 일이 발생했는지 알아보려면 모든 메시지를 활성화해야 한다.

컴파일이 끝나면 아래와 같은 메시지가 나타난다.

```
...
make[2] package/install
make[3] package/preconfig
make[2] target/install
```

```
make[3] -C target/linux install
make[2] package/index
$
```

이제 아래와 같이 bin/at91 디렉터리에서 컴파일 결과를 볼 수 있다.

```
$ cd bin/at91/
$ ls
md5sums
openwrt-at91-sama5d3-AT91SAMA5D3XPLAINED-rootfs.tar.gz
openwrt-at91-sama5d3-root.ext4
openwrt-at91-sama5d3-root.jffs2-128k
openwrt-at91-sama5d3-root.jffs2-64k
openwrt-at91-sama5d3-root.ubi
openwrt-at91-sama5d3-root.ubifs
openwrt-at91-sama5d3-sama5-oftree.dtb
openwrt-at91-sama5d3-sama5-uImage
openwrt-at91-sama5d3-uImage
openwrt-at91-sama5d3-zImage
packages
sha256sums
```

SAMA5D3 Xplained로 옮겨야 할 파일은 아래와 같다.

- file openwrt-at91-sama5d3-zImage - 커널
- file openwrt-at91-sama5d3-sama5-oftree.dtb - DTB
- file openwrt-at91-sama5d3-root.ubi - rootfs

아래와 같은 명령어는 이 파일들을 임베디드 보드의 전용 디렉터리로 복사한다.

```
$ scp openwrt-at91-sama5d3-zImage
    openwrt-at91-sama5d3-sama5-oftree.dtb
    openwrt-at91-sama5d3-root.ubi root@192.168.8.2:nand/
```

TIP nand 디렉터리는 SAMA5D3 Xplained 루트 사용자 홈 디렉터리에 이미 존재해야 한다.

이제 부트로더를 컴파일해야 한다. OpenWrt는 이 기능을 지원하지만, 해당 옵션이 이 책의 보드용으로는 비활성화돼 있다. 1장, '개발 시스템 설치'의 'SAMA5D3 Xplained' 절에서 SAMA5D3 Xplained용 부트로더를 이미 컴파일했다는 것을 잊지 말자. 이제 같은 단계를 다시 밟으면 되지만, 두 가지 다른 점이 있다.

- sama5d3_xplained_nandflash_defconfig 타깃을 사용해 NAND 플래시용 U-Boot 이미지를 컴파일해야 한다.
- 이미지 결과물을 플래시에 직접 써야 한다.

한 단계씩 살펴보자. 먼저 U-Boot 소스 코드를 다운로드할 때 사용하는 디렉터리로 이동한 후, NAND 플래시용으로 재설정하자.

```
$ cd A5D3/u-boot
$ make ARCH=arm CROSS_COMPILE=arm-linux-gnueabihfsama5d3_xplained_nandflash_
defconfig
#
# configuration written to .config
#
```

이제 아래와 같은 명령어로 재컴파일해야 한다.

```
$ make ARCH=arm CROSS_COMPILE=arm-linux-gnueabihf
```

boot.bin과 u-boot.img 2개의 부트로더 이미지 파일(보드는 2개의 부트로더를 가진다. 1장, '개발 시스템 설치'의 'SAMA5D3 Xplained' 절을 참고하자)이 생성되고, 이번에는 마이크로 SD

대신 NAND에 사용된다. 이제 이 파일들을 SAMA5D3 Xplained의 전용 디렉터리로 복사하자.

```
$ scp boot.bin u-boot.img root@192.168.8.2:nand/
```

이제 SAMA5D3 Xplained의 /root/nand 디렉터리에 모든 필요한 파일이 있어야 하며, 이 파일들을 NAND 플래시로 써서 OpenWrt 시스템이 동작하도록 하면 된다. 그러나 계속 진행하기 전에 커널과 rootfs는 OpenWrt로부터 생성했고, bootloader는 OpenWrt 외부에서 생성했다는 것을 명심해야 한다. 이 사실은 잘못된 설정을 야기해 부팅되지 않는 시스템을 만들어낼 수 있다. 문제가 될 수 있는 부분은 플래시 파티셔닝이다. 따라서 반드시 모든 데이터를 올바른 장소에 써야 한다. 아래에서 살펴보자.

데비안 OS를 사용해 OpenWrt 이미지 파일을 설정하기 때문에 현재 파티션을 확인해야 한다. 이는 아래와 같은 명령어로 할 수 있다.

```
root@a5d3:~# cat /proc/mtd
dev: size erasesize name
mtd0: 00040000 00020000 "at91bootstrap"
mtd1: 00080000 00020000 "bootloader"
mtd2: 000c0000 00020000 "bootloader env"
mtd3: 00080000 00020000 "device tree"
mtd4: 00600000 00020000 "kernel"
mtd5: 0f800000 00020000 "rootfs"
```

아래 표에 나온 것처럼 위의 출력 메시지는 NAND 파티션을 설명한다.

MTD 디바이스	레이블	시작지점	길이
mtd0	at91bootstrap	0x00000000	0x00040000(256KB)
mtd1	부트로더	0x00040000	0x00080000(512KB)

MTD 디바이스	레이블	시작지점	길이
mtd2	부트로더 env	0x000c0000	0x000c0000(768KB)
mtd3	디바이스 트리	0x00180000	0x00080000(512KB)
mtd4	커널	0x00200000	0x00600000(6MB)
mtd5	rootfs	0x00800000	0x0f800000(248MB)

이 시나리오에서 아래와 같은 사항을 확인해야 한다.

- U-Boot는 커널과 DTB를 올바른 위치에 로드할 것이다.
- 커널은 호환 가능한 설정을 가지며, rootfs는 0x00800000 시작 지점과 최대 248MB 길이를 가진 파티션에 위치해야 한다.

이 설정은 U-Boot에서 실행돼야 하므로 현재 U-Boot 설정을 확인하기 위해서는 OpenWrt를 실행하는 첫 번째 시도를 중간에 멈춰야 한다. 반면, boot.bin은 u-boot. img를 안전하게 로드하게 되는데, 이는 올바른 환경을 가진 같은 컴파일 환경에서 생성됐기 때문이다.

U-Boot 저장소의 include/configs/sama5d3_xplained.h 파일 안에 있는 CONFIG_SYS_NAND_U_BOOT_OFFS 값을 살펴보면 U-Boot 이미지의 위치를 알 수 있다.

아무것도 저장되지 않은 상태에서 작업하기 위해 먼저 mtd2 파티션을 지우고, 부트로더를 플래시 메모리에 쓰자.

```
root@a5d3:~# flash_erase -q /dev/mtd0 0 0
root@a5d3:~# flash_erase -q /dev/mtd1 0 0
root@a5d3:~# flash_erase -q /dev/mtd2 0 0
root@a5d3:~# nandwrite -q -m -p /dev/mtd0 nand/boot.bin
root@a5d3:~# nandwrite -q -m -p /dev/mtd1 nand/u-boot.img
```

이제 DTB와 커널 이미지를 플래시에 쓰면 된다.

```
root@a5d3:~/nand# flash_erase -q /dev/mtd3 0 0
root@a5d3:~/nand# flash_erase -q /dev/mtd4 0 0
root@a5d3:~# nandwrite -q -m -p /dev/mtd3 nand/openwrt-at91-sama5d3-sama5-
oftree.dtb
root@a5d3:~# nandwrite -q -m -p /dev/mtd4 nand/openwrt-at91-sama5d3-zImage
```

그리고 마지막 단계는 rootfs 이미지다. 그러나 이번에는 nandwrite 도구를 사용할 수 없다. 이 도구가 UBIFS용으로 플래시 파티션을 포맷할 수 없기 때문이다. 따라서 아래와 같이 ubiformat를 사용해야 한다.

```
root@a5d3:~# flash_erase -q /dev/mtd5 0 0
root@a5d3:~# ubiformat /dev/mtd5 -s 2048 -O 2048
                    -f nand/openwrt-at91-sama5d3-root.ubi
```

이제 halt 명령어로 시스템을 멈추고 마이크로 SD를 제거한 후, 리셋 버튼을 눌러야 한다(1장, '개발 시스템 설치'의 'SAMA5D3 Xplained' 절을 참고하자). 모든 것이 정상 동작한다면 시리얼 콘솔에서 아래와 같은 메시지를 볼 수 있다.

```
RomBOOT
U-Boot SPL 2016.03-dirty (Jun 15 2016 - 16:19:44)
Trying to boot from NAND
U-Boot 2016.03-dirty (Jun 15 2016 - 16:19:44 +0200)
CPU: SAMA5D36
Crystal frequency: 12 MHz
CPU clock : 528 MHz
Master clock : 132 MHz
DRAM: 256 MiB
NAND: 256 MiB
MMC: mci: 0
```

```
*** Warning - bad CRC, using default environment
In: serial
Out: serial
Err: serial
Net: gmac0
Error: gmac0 address not set.
, macb0
Error: macb0 address not set.
Hit any key to stop autoboot: 1
```

키를 눌러 자동 부팅을 빠르게 중지하면 U-Boot 환경값을 볼 수 있다.

```
=> print
arch=arm
baudrate=115200
board=sama5d3_xplained
board_name=sama5d3_xplained
bootargs=console=ttyS0,115200 earlyprintk mtdparts=atmel_nand:256k(bootstrap)
ro,512k(uboot)ro,256K(env),256k(env_redundent),256k(spare),512k(dtb),6M(kernel)
ro,-(rootfs) rootfstype=ubifs ubi.mtd=7 root=ubi0:rootfs
bootcmd=nand read 0x21000000 0x180000 0x80000;nand read 0x22000000 0x200000
0x600000;bootz 0x22000000 - 0x21000000
bootdelay=1
cpu=armv7
ethact=gmac0
soc=at91
vendor=atmel
Environment size: 484/131067 bytes
```

여기서 관련 설정은 bootcmd와 bootargs 변수에 있다. 첫 번째 변수는 커널과 DTB 파일을 로드하기 위한 명령어를 정의하며, bootargs는 UBIFS 설정(ubi.mtd)에 관한 약간 다른 설정과 커널을 위한 플래시 파티션(mtdparts)을 정의하므로 수정돼야 한다. 이전 테이블을 떠올려보면, mtdparts와 ubi.mtd 설정에 대한 올바른 값은 아래에서 볼 수 있다.

```
mtdparts=atmel_nand:256k(at91bootstrap)ro,512k(bootloader)ro,768K(bootloader
env),512k(device tree),6M(kernel)ro,-(rootfs)
ubi.mtd=5
```

따라서 setenv 명령어를 사용하면 해당 작업을 할 수 있다.

```
=> setenv bootargs 'console=ttyS0,115200 earlyprintk mtdparts=atmel_
nand:256k(at91bootstrap)ro,512k(bootloader)ro,768K(bootloader env),512k(device
tree),6M(kernel)ro,-(rootfs) rootfstype=ubifs ubi.mtd=5 root=ubi0:rootfs rw'
```

 ' 문자는 변수 내용을 구분하기 위해 사용된다.

그리고 새로운 환경값은 saveenv 명령어로 저장할 수 있다.

```
=> saveenv
Saving Environment to NAND...
Erasing redundant NAND...
Erasing at 0x100000 -- 100% complete.
Writing to redundant NAND... OK
```

이제 모든 설정을 완료했으므로 시스템을 안전하게 재시작할 수 있다.

```
=> reset
resetting ...
RomBOOT

U-Boot SPL 2016.03-dirty (Jun 15 2016 - 16:19:44)
Trying to boot from NAND
```

```
U-Boot 2016.03-dirty (Jun 15 2016 - 16:19:44 +0200)

CPU: SAMA5D36
Crystal frequency: 12 MHz
CPU clock : 528 MHz
Master clock : 132 MHz
DRAM: 256 MiB
NAND: 256 MiB
MMC: mci: 0
In: serial
Out: serial
Err: serial
Net: gmac0
Error: gmac0 address not set.
, macb0
Error: macb0 address not set.
Hit any key to stop autoboot: 0
NAND read: device 0 offset 0x180000, size 0x80000
524288 bytes read: OK
NAND read: device 0 offset 0x200000, size 0x600000
6291456 bytes read: OK
Kernel image @ 0x22000000 [ 0x000000 - 0x155680 ]
## Flattened Device Tree blob at 21000000
Booting using the fdt blob at 0x21000000
Loading Device Tree to 2fadc000, end 2fae6abc ... OK
Starting kernel ...
Uncompressing Linux... done, booting the kernel.
[ 0.000000] Booting Linux on physical CPU 0x0
[ 0.000000] Linux version 3.18.29 (giometti@ubuntu1510) (gcc version 4.8.3
(OpenWrt/Linaro GCC 4.8-2014.04 r49378) ) #2 Wed Jun 15 16:07:48 CEST 2016
[ 0.000000] CPU: ARMv7 Processor [410fc051] revision 1 (ARMv7), cr=10c53c7d
[ 0.000000] CPU: PIPT / VIPT nonaliasing data cache, VIPT aliasing instruction
cache
[ 0.000000] Machine model: SAMA5D3 Xplained
[ 0.000000] Memory policy: Data cache writeback
[ 0.000000] AT91: Detected soc type: sama5d3
```

```
[ 0.000000] AT91: Detected soc subtype: sama5d36
...
```

커널이 올바르게 로드됐으므로 rootfs가 마운트될 때까지 기다려야 한다.

```
...
[ 1.850000] UBIFS: mounted UBI device 0, volume 0, name "rootfs", R/O mode
[ 1.850000] UBIFS: LEB size: 126976 bytes (124 KiB), min./max. I/O unit sizes:
2048 bytes/2048 bytes
[ 1.860000] UBIFS: FS size: 244936704 bytes (233 MiB, 1929 LEBs), journal size
9023488 bytes (8 MiB, 72 LEBs)
[ 1.870000] UBIFS: reserved for root: 0 bytes (0 KiB)
[ 1.880000] UBIFS: media format: w4/r0 (latest is w4/r0), UUID E598066D-054B-
44EB-BD77-EF8321F5F8A7, small LPT model
[ 1.920000] VFS: Mounted root (ubifs filesystem) readonly on device0:10.
[ 1.920000] Freeing unused kernel memory: 136K (c0396000 - c03b8000)
[ 2.230000] init: Console is alive
...
```

rootfs가 올바르게 마운트됐으므로 콘솔 로그인 메시지를 기다려야 한다.

```
...
[ 3.250000] init: - preinit -
/etc/preinit: .: line 1: can't open '/lib/at91.sh'
[ 3.400000] procd: - early -
[ 4.070000] procd: - ubus -
[ 5.100000] procd: - init -
Please press Enter to activate this console
```

이제 로그인 메시지까지 확인했으므로 Enter를 누르면 아래와 같은 메시지를 볼 수 있다.

```
BusyBox v1.23.2 (2016-06-15 13:48:20 CEST) built-in shell (ash)

 _____                     _____        __
|       |.-----.-----.-----.|  |  |  |.----.|  |_
|   -   ||  _  |  -__|     ||  |  |  ||   _||   _|
|_____||   __|_____|__|__||_____||__|  |____|
         |__| W I R E L E S S   F R E E D O M
-----------------------------------------------------
CHAOS CALMER (Chaos Calmer, r49378)
-----------------------------------------------------
 * 1 1/2 oz Gin          Shake with a glassful
 * 1/4 oz Triple Sec     of broken ice and pour
 * 3/4 oz Lime Juice     unstrained into a goblet.
 * 1 1/2 oz Orange Juice
 * 1 tsp. Grenadine Syrup
-----------------------------------------------------
root@OpenWrt:/#
```

끝마치기 전에 실제 플래시 메모리 점유 상태를 살펴보자.

```
root@OpenWrt:/# df -h
Filesystem           Size      Used      Available      Use%  Mounted on
rootfs              215.4M     2.1M       213.3M         1%   /
ubi0:rootfs         215.4M     2.1M       213.3M         1%   /
tmpfs               124.9M    56.0K       124.8M         0%   /tmp
tmpfs               512.0K       0        512.0K         0%   /dev
```

대략 2MB로 상당히 작다.

(준) LAMP 시스템 추가

이전에 생성한 OpenWrt 배포판을 사용하면 쉽게 알 수 있듯이 OpenWrt 기본 시스템
은 매우 작고, 사실 사용할 수 있는 시스템도 아니다. 따라서 (준) LAMP 시스템을 추가하

는 방법을 설명하고자 한다. 이를 위해 lighttpd 웹 서버(아파치가 아니기 때문에 '준'이라는 단어가 붙었다)와 PHP, MySQL 서버를 설치할 것이다.

OpenWrt는 feeds를 지원한다. feeds는 깃[git] 저장소를 기반으로 하는 외부 저장소로, 주 배포판을 건드리지 않고도 부가적인 패키지를 추가하는 데 유용하다. feeds는 scripts 디렉터리에 위치한 feeds 명령어로 관리된다. 따라서 먼저 아래와 같은 명령어로 모든 feed의 저장소를 업데이트해야 한다.

```
$ ./scripts/feeds update -a
```

그리고 아래와 같은 명령어로 lighttpd 웹 서버를 가진 패키지를 찾을 수 있다.

```
$ ./scripts/feeds search lighttpd
Search results in feed 'packages':
lighttpd                    A flexible and lightweight web server
...
lighttpd-mod-cgi            CGI module
lighttpd-mod-cml            Cache Meta Language module
lighttpd-mod-compress       Compress output module
lighttpd-mod-evasive        Evasive module
lighttpd-mod-evhost         Exnhanced Virtual-Hosting module
lighttpd-mod-expire         Expire module
lighttpd-mod-extforward     Extract client module
lighttpd-mod-fastcgi        FastCGI module
...
```

해당 패키지를 설치하기 위해 아래와 같은 명령어를 사용할 수 있다.

```
$ ./scripts/feeds install lighttpd lighttpd-mod-cgi lighttpd-mod-fastcgi
```

PHP 언어 설치를 위해 위와 동일한 작업을 해보자.

```
$ ./scripts/feeds search php5
Search results in feed 'packages':
php5                   PHP5 Hypertext preprocessor
php5-cgi               PHP5 Hypertext preprocessor (CGI & FastCGI)
php5-cli               PHP5 Hypertext preprocessor (CLI)
php5-fastcgi           FastCGI startup script
...
php5-mod-mysql         MySQL shared module
php5-mod-mysqli        MySQL Improved Extension shared module
php5-mod-opcache       OPcache shared module
php5-mod-openssl       OpenSSL shared module
php5-mod-pcntl         PCNTL shared module
php5-mod-pdo           PHP Data Objects shared module
php5-mod-pdo-mysql     PDO driver for MySQL shared module
php5-mod-pdo-pgsql     PDO driver for PostgreSQL shared module
php5-mod-pdo-sqlite    PDO driver for SQLite 3.x shared module
```

그리고 설치를 위해 아래와 같은 명령어를 사용한다.

```
$ ./scripts/feeds install php5 php5-cgi php5-cli php5-fastcgi
               php5-mod-mysql php5-mod-mysqli php5-mod-pdo-mysql
```

이번에는 MySQL 설치를 위해 아래와 같은 명령어를 사용하자.

```
$ ./scripts/feeds search mysql
Search results in feed 'packages':
freeradius2-mod-sql-mysql     MySQL module
libdbd-mysql                  MySQL database server driver for libdbi
libmysqlclient                MySQL client library
libmysqlclient-r              MySQL client library threadsafe
libzdb                        A thread-safe multi database connection poo
l library
lighttpd-mod-mysql_vhost      Mysql virtual hosting module
```

```
luasql-mysql              Lua SQL binding for MySQL
mysql-server              MySQL Server
php5-mod-mysql            MySQL shared module
php5-mod-mysqli           MySQL Improved Extension shared module
php5-mod-pdo-mysql        PDO driver for MySQL shared module
...
$ ./scripts/feeds install libmysqlclient libmysqlclient-r mysql-server
```

이제 이 새로운 패키지들의 컴파일을 활성화해야 한다. 이를 위해 make menuconfig 명령어를 다시 실행해야 한다. 설정 메뉴가 나타나면 Network 엔트리를 선택하고, Web Servers/Proxies 그리고 lighttpd 엔트리를 활성화해야 한다. 해당 엔트리에서 Enter를 눌러 lighttpd 메뉴로 들어간 후 lighttpd−mod−cgi와 lighttpd−mod−fastcgi를 아래 그림처럼 선택해야 한다.

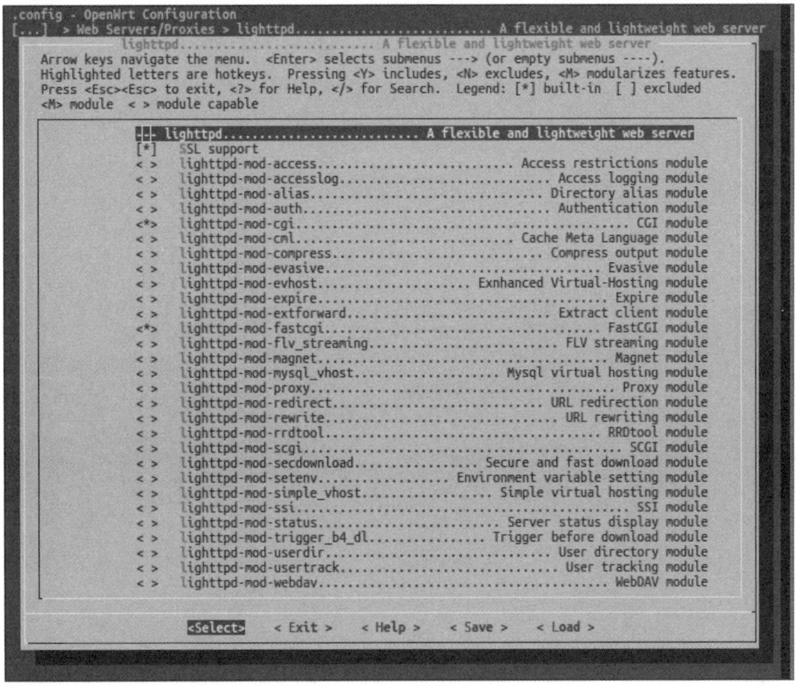

TIP

이 메뉴는 1장, '개발 시스템 설치'의 'SAMA5D3 Xplained용 리눅스 커널' 절에서 살펴봤던 리눅스 설정 메뉴 대신 패키지 선택에 있어 약간 다른 의미가 있다(비록 똑같아 보이더라도). 리눅스 메뉴에서 커널 컴포넌트는 * 문자로 빌트인으로 선택하고, M 문자로 모듈로 선택한다. 그러나 위 메뉴에서는 프로그램을 M 문자를 사용해 컴파일과 패키지용으로만 선택한다. 다시 말해, 프로그램의 패키지를 bin/at91/packages 디렉터리에만 가져오는 반면, * 문자는 최종 rootfs 이미지에도 해당 프로그램이 위치한다는 것을 의미한다.

그리고 PHP 지원을 활성화하기 위해 주메뉴로 돌아가 Languages 엔트리를 선택한 후 PHP 엔트리로 들어가야 한다. 그리고 아래 그림처럼 PHP 언어 지원을 빌트인으로 활성화해야 하고, CGI와 MySQL용 플러그인을 활성화해야 한다.

```
.config - OpenWrt Configuration
> Languages > PHP
                                        PHP
    Arrow keys navigate the menu.  <Enter> selects submenus ---> (or empty submenus ----).
    Highlighted letters are hotkeys.  Pressing <Y> includes, <N> excludes, <M> modularizes features.
    Press <Esc><Esc> to exit, <?> for Help, </> for Search.  Legend: [*] built-in [ ] excluded
    <M> module  < > module capable

            <*> php5.......................................... PHP5 Hypertext preprocessor
            [ ] PHP5 Filter support (NEW)
            [ ] PHP5 LIBXML support (NEW)
            [ ] Use system timezone data instead of php's built-in database (NEW)
            -*- php5-cgi..................... PHP5 Hypertext preprocessor (CGI & FastCGI)
            < > php5-cli........................ PHP5 Hypertext preprocessor (CLI)
            <*> php5-fastcgi...................... FastCGI startup script
            < > php5-fpm....................... PHP5 Hypertext preprocessor (FPM) (NEW)
            < > php5-mod-calendar................... Calendar shared module (NEW)
            < > php5-mod-ctype........................ Ctype shared module (NEW)
            < > php5-mod-curl.......................... cURL shared module (NEW)
            < > php5-mod-dom........................... DOM shared module (NEW)
            < > php5-mod-exif.......................... EXIF shared module (NEW)
            < > php5-mod-fileinfo.................. Fileinfo shared module (NEW)
            < > php5-mod-ftp............................ FTP shared module (NEW)
            < > php5-mod-gd.................... GD graphics shared module (NEW)
            < > php5-mod-gettext................... Gettext shared module (NEW)
            < > php5-mod-gmp........................... GMP shared module (NEW)
            < > php5-mod-hash.......................... Hash shared module (NEW)
            < > php5-mod-iconv........................ iConv shared module (NEW)
            < > php5-mod-json.......................... JSON shared module (NEW)
            < > php5-mod-ldap.......................... LDAP shared module (NEW)
            < > php5-mod-mbstring................. MBString shared module (NEW)
            < > php5-mod-mcrypt...................... Mcrypt shared module (NEW)
            <*> php5-mod-mysql........................ MySQL shared module
            <*> php5-mod-mysqli........... MySQL Improved Extension shared module
            < > php5-mod-opcache..................... OPcache shared module (NEW)
            < > php5-mod-openssl..................... OpenSSL shared module (NEW)
            < > php5-mod-pcntl......................... PCNTL shared module (NEW)
            -*- php5-mod-pdo.................. PHP Data Objects shared module
            <*> php5-mod-pdo-mysql............... PDO driver for MySQL shared module
            <*> php5-mod-pdo-pgsql............ PDO driver for PostgreSQL shared module
            < > php5-mod-pdo-sqlite.......... PDO driver for SQLite 3.x shared module (NEW)
            < > php5-mod-pgsql.................... PostgreSQL shared module (NEW)
            < > php5-mod-session..................... Session shared module (NEW)
            < > php5-mod-shmop................. Shared Memory shared module (NEW)
            < > php5-mod-simplexml................ SimpleXML shared module (NEW)
            < > php5-mod-soap.......................... SOAP shared module (NEW)
            < > php5-mod-sockets.................... Sockets shared module (NEW)
            < > php5-mod-sqlite3..................... SQlite3 shared module (NEW)
            < > php5-mod-sysvmsg........... System V messages shared module (NEW)
            < > php5-mod-sysvsem..... System V shared memory shared module (NEW)
            < > php5-mod-sysvshm......... System V semaphore shared module (NEW)
            < > php5-mod-tokenizer................. Tokenizer shared module (NEW)
            < > php5-mod-xml........................... XML shared module (NEW)
            < > php5-mod-xmlreader................. XMLReader shared module (NEW)
            < > php5-mod-xmlwriter................. XMLWriter shared module (NEW)
            < > php5-mod-zip........................... ZIP shared module (NEW)

               <Select>    < Exit >    < Help >    < Save >    < Load >
```

마지막으로 MySQL 설정을 해야 한다. 따라서 주메뉴로 돌아가 Utilities 엔트리를 선택하고, database를 선택한 후 빌트인으로 mysql—server 엔트리를 활성화하면 된다.

이게 전부다. 이제 make 명령어를 다시 실행하고 컴파일이 끝날 때까지 기다려야 한다. 컴파일이 끝나면 이전에 본 것처럼 플래시에 쓰일 새 커널과 새 이미지를 얻을 수 있다. 그리고 SAMA5D3 Xplained의 데비안을 재시작하고, 아래와 같은 명령어를 사용해 커널과 rootfs 파일 시스템용 파티션을 지우고, 다시 쓰는 작업을 해야 한다.

```
root@a5d3:~# flash_erase -q /dev/mtd3 0 0
root@a5d3:~# flash_erase -q /dev/mtd4 0 0
root@a5d3:~# flash_erase -q /dev/mtd5 0 0
root@a5d3:~# nandwrite -q -m -p /dev/mtd3 nand/openwrt-at91-sama5d3-sama5-
oftree.dtb
root@a5d3:~# nandwrite -q -m -p /dev/mtd4 nand/openwrt-at91-sama5d3-zImage
root@a5d3:~# nandwrite -q -m -p /dev/mtd5 nand/openwrt-at91-sama5d3-root.ubi
```

이제 시스템을 재시작하면 새로운 OpenWrt 이미지가 이전처럼 시작된다는 것을 알 수 있다. 그러나 이번에는 약간 더 큰 이미지를 볼 수 있다(사실 아직도 9MB이하이므로 매우 작다).

```
root@OpenWrt:/# df -h
Filesystem          Size      Used   Available  Use%  Mounted on
rootfs              215.4M    8.7M   206.7M     4%    /
ubi0:rootfs         215.4M    8.7M   206.7M     4%    /
tmpfs               124.9M    64.0K  124.8M     0%    /tmp
tmpfs               512.0K    0      512.0K     0%    /dev
```

내부 웹 서버를 접근하기 위해 네트워크를 설정해야 한다. 디폴트 설정은 /etc/config/network 파일에서 볼 수 있다.

```
root@OpenWrt:/# cat /etc/config/network
config interface loopback
    option ifname lo
    option proto static
    option ipaddr 127.0.0.1
    option netmask 255.0.0.0
config interface lan
    option ifname eth0
    option type none
    option proto static
    option ipaddr 192.168.1.1
    option netmask 255.255.255.0
config interface debug
    option ifname usb0
    option type none
    option proto static
    option ipaddr 172.18.0.18
    option netmask 255.255.255.0
```

단 1개의 이더넷 디바이스가 설정돼 있고, usb0 디바이스가 존재하지만 데비안과는 다른 설정을 갖고 있다는 것을 알 수 있다. 몇 가지 해법을 선택할 수 있지만, eth0 네트워크 디바이스로 DHCP 설정을 할 때와 관련된 설정은 아래와 같다.

```
config interface lan
    option ifname eth0
    option type none
    option proto dhcp
```

네트워크 설정이 모두 잘됐다면, 아래와 같은 명령어로 네트워크 시스템을 재시작해야 한다.

```
root@OpenWrt:/# /etc/init.d/network restart
[ 1225.880000] macb f0028000.ethernet eth0: link down
```

```
[ 1227.490000] IPv6: ADDRCONF(NETDEV_UP): eth0: link is not ready
[ 1227.880000] macb f0028000.ethernet eth0: link up (100/Full)
[ 1227.880000] IPv6: ADDRCONF(NETDEV_CHANGE): eth0: link becomes ready
```

이제 ifconfig 명령어로 새로운 IP 주소를 볼 수 있다.

```
root@OpenWrt:/# ifconfig eth0
eth0    Link encap:Ethernet  HWaddr C6:4C:E4:F8:C4:11
        inet addr:192.168.32.51  Bcast:192.168.32.255  Mask:255.255.2
55.0
        inet6 addr: fe80::c44c:e4ff:fef8:c411/64 Scope:Link
        UP BROADCAST RUNNING MULTICAST  MTU:1500  Metric:1
        RX packets:4212 errors:0 dropped:0 overruns:0 frame:0
        TX packets:4137 errors:0 dropped:0 overruns:0 carrier:0
        collisions:0 txqueuelen:1000
        RX bytes:376053 (367.2 KiB)  TX bytes:424302 (414.3 KiB)
        Interrupt:49 Base address:0x8000
```

이제 아래와 같이 /etc/lighttpd/lighttpd.conf에서 lighttpd 기본 설정을 확인해보자.

```
root@OpenWrt:/# cat /etc/lighttpd/lighttpd.conf
server.modules = (
)
server.document-root        = "/www"
server.upload-dirs          = ( "/tmp" )
server.errorlog             = "/var/log/lighttpd/error.log"
server.pid-file             = "/var/run/lighttpd.pid"
server.username             = "http"
server.groupname            = "www-data"
index-file.names            = ( "index.php", "index.html",
                                "index.htm", "default.htm",
                                "index.lighttpd.html" )
static-file.exclude-extensions = ( ".php", ".pl", ".fcgi" )
...
```

웹 서버는 괜찮은 듯 보인다. 하지만 기본 root 디렉터리가 데비안에서 /var/www가 아닌 /www라는 점에 유의하자. 이제 CGI 지원 설정을 검증해야 한다. 이 설정은 /etc/lighttpd/conf.d/30-cgi.conf 파일에 있다.

```
root@OpenWrt:/# cat /etc/lighttpd/conf.d/30-cgi.conf
#####################################################################
##
## CGI modules
## ---------------
##
## http://www.lighttpd.net/documentation/cgi.html
##
server.modules += ( "mod_cgi" )
##
## Plain old CGI handling
##
## For PHP don't forget to set cgi.fix_pathinfo = 1 in the php.ini.
##
cgi.assign = ( ".pl" => "/usr/bin/perl",
            ".cgi" => "/usr/bin/perl",
          ".rb" => "/usr/bin/ruby",
          ".erb" => "/usr/bin/eruby",
          ".py" => "/usr/bin/python" )
...
```

.php 확장이 cgi.assign 배열에 빠져 있으므로 아래와 같은 패치를 적용해야 한다.

```
--- /etc/lighttpd/conf.d/30-cgi.conf.orig
2016-06-19 11:16:12.930534015 +0200
+++ /etc/lighttpd/conf.d/30-cgi.conf
2016-06-19 11:15:18.686718936 +0200
@@ -16,6 +16,7 @@
            ".cgi" => "/usr/bin/perl",
            ".rb" => "/usr/bin/ruby",
```

```
                ".erb" => "/usr/bin/eruby",
+               ".php" => "/usr/bin/php-cgi",
                ".py" => "/usr/bin/python" )
##
```

수정을 적용한 후, 서버를 재시작하자.

```
root@OpenWrt:/# /etc/init.d/lighttpd restart
```

이제 SAMA5D3 Xplained 보드의 IP 주소를 웹 서버에서 입력하면 아래와 같은 그림을
볼 수 있다.

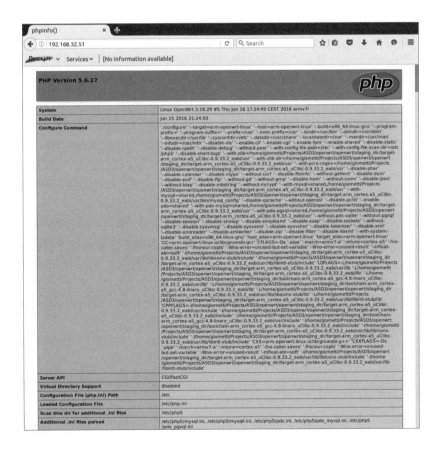

이제 MySQL을 검증할 차례다. 아래와 같은 일반적인 명령어를 사용하면 MySQL root 사용자로 로그인할 수 있다.

```
root@OpenWrt:/# mysql -u root
ERROR 2002 (HY000): Can't connect to local MySQL server through socket '/var/
run/mysqld.sock' (2)
```

 위 명령어와 아래에 나올 명령들은 명령어 라인에서 MySQL 관리에 사용하는 일반적인 명령어다. 4장, '스크립트와 시스템 데몬을 이용한 빠른 프로그래밍'의 'MySQL' 절이나 MySQL 명령어 도구의 온라인 문서 페이지인 http://dev.mysql.com/doc/refman/5.7/en/mysql.html에서 해당 명령어들에 대한 더 많은 정보를 볼 수 있다.

데이터베이스가 동작하지 않으므로 데몬을 재시작해 무엇이 잘못됐는지 살펴보자.

```
root@OpenWrt:/# /etc/init.d/mysqld start
/etc/init.d/mysqld: Error: datadir '/mnt/data/mysql/' in /etc/my.cnf doesn't
exist
```

이는 디폴트로 MySQL이 datadir로서 별도의 파일 시스템에 마운트되는(보통 마이크로 SD 저장 장치) /mnt/data/mysql/ 디렉터리를 갖기 때문에 발생하는 일반적인 에러다. 하지만 문제 없다. 이 설정을 /etc/my.cnf 파일에서 변경할 수 있으므로 아래와 같은 경고가 있는 해당 파일을 살펴보자.

```
[client]
port      = 3306
socket    = /var/run/mysqld.sock

[mysqld]
user      = root
socket    = /var/run/mysqld.sock
```

```
port      = 3306
basedir   = /usr

########### 이 폴더를 NAND에 넣지 말자. ############
# Figure out where I are going to put the databases
# And run mysql_install_db --force
datadir = /mnt/data/mysql/

######### 이 폴더 역시 NAND에 넣지 말아야 한다. ######
tmpdir    = /mnt/data/tmp/
...
```

이 경고는 시스템이 디스크 I/O 활동으로 이 디렉터리를 많이 사용하기 때문이다. 그러나 이 책의 시스템에서는 NAND만 갖고 있으므로 다른 방법이 없다(보통 이 디렉터리는 마이크로 SD나 USB 키상의 외부 파일 시스템을 가리킨다. 그러나 이들 디바이스도 NAND 플래시에 기반을 두고 있다는 것을 잊지 말자). 따라서 이 디렉터리 설정에 대한 합리적인 해법은 아래와 같다.

```
datadir = /var/data/mysql/
tmpdir = /tmp/
```

이제 이전에 언급한 것처럼, 아래와 같이 mysql_install_db를 실행해야 한다.

```
root@OpenWrt:/# mysql_install_db --force
Installing MySQL system tables...
OK
Filling help tables...
OK
To start mysqld at boot time you have to copy
support-files/mysql.server to the right place for your system
PLEASE REMEMBER TO SET A PASSWORD FOR THE MySQL root USER !
To do so, start the server, then issue the following commands:
```

```
/usr/bin/mysqladmin -u root password 'new-password'
/usr/bin/mysqladmin -u root -h OpenWrt password 'new-password'
Alternatively you can run:
/usr/bin/mysql_secure_installation
which will also give you the option of removing the test
databases and anonymous user created by default. This is
strongly recommended for production servers.
See the manual for more instructions.
You can start the MySQL daemon with:
cd /usr ; /usr/bin/mysqld_safe &
You can test the MySQL daemon with mysql-test-run.pl
cd /usr/mysql-test ; perl mysql-test-run.pl
Please report any problems with the /usr/scripts/mysqlbug script!
```

이제 위에서 실패했던 시작 명령어가 에러 없이 실행돼야 한다.

```
root@OpenWrt:/# /etc/init.d/mysqld start
```

그리고 이전에 했던 것처럼 root 로그인을 재시도해보자.

```
root@OpenWrt:/# mysql -u root
Welcome to the MySQL monitor. Commands end with ; or g.
Your MySQL connection id is 1
Server version: 5.1.73 Source distribution
Copyright (c) 2000, 2013, Oracle and/or its affiliates.
All rights reserved.
Oracle is a registered trademark of Oracle Corporation and/or its affiliates.
Other names may be trademarks of their respective owners.
Type 'help;' or 'h' for help. Type 'c' to clear the current input statement.
mysql>
```

이제 정상 동작하므로 새로 설치한 (준) LAMP 시스템으로 데모를 해보자. 시작하기 전 MySQL root 사용자용 암호를 추가하는 것이 좋다. 따라서 quit 명령어를 사용해 이전 도구로부터 빠져나온 후, 아래와 같은 명령어를 실행하자.

```
root@OpenWrt:/# mysqladmin -u root password 'myroot'
```

 위 명령어에서 myroot 암호를 사용했지만, 당연히 독자 스스로 암호를 선택할 수 있다.

지금부터 명령어 라인에서 MySQL를 로그인하려면 아래와 같은 명령어를 사용해야 하고, 암호를 물어볼 때 새로운 암호를 넣어야 한다.

```
root@OpenWrt:/# mysql -u root -p
```

이제 chapter_05/phpdemo/demo_init.sh와 hapter_05/phpdemo/demo_set.sh 파일을 책 예제 코드 저장소에서 SAMA5D3 Xplained의 /root 디렉터리로 복사해야 한다.

```
$ scp demo_init.sh demo_set.sh root@192.168.32.51:/root/
```

그리고 같은 저장소에서 chapter_05/phpdemo/demo_dump.php 파일을 /www 디렉터리로 복사해야 한다.

```
$ scp demo_dump.php root@192.168.32.51:/www/
```

 scp 명령어는 어떤 root 암호도 받아들이지 않고, 파일 복사도 거절할 수 있다. 이 경우, passwd 명령어를 사용해 root의 암호를 바꿔야 한다.

```
root@OpenWrt:/# passwd
Changing password for root
```

```
Enter the new password (minimum of 5, maximum of 8
characters)
Please use a combination of upper and lower case le
tters and numbers.
New password:
Re-enter new password:
passwd: password changed.
```

이후 이전 명령어를 다시 시도해보자.

그리고 demo_init.sh 명령어를 사용해 demo 데이터베이스를 설정하자.

```
root@OpenWrt:~# ./demo_init.sh
Warning, all data will be dropped!!! [Ctrl-C to stop or ENTER to continue]
Enter password:
```

당연히 이전에 설정했던 MySQL root 암호를 여기서 입력해야 한다. 데이터 베이스가 설정되면 데이터를 추가하기 위해 아래와 같은 명령어를 사용할 수 있다.

```
root@OpenWrt:~# ./demo_set.sh temp 21.5
```

 이 명령어는 4장, '스크립트와 시스템 데몬을 사용한 빠른 프로그래밍'의 'Bash에서 MySQL 사용' 절에서 사용했던 것과 매우 비슷하다. 따라서 이 명령어가 어떻게 동작하는지는 해당 페이지를 참고하자.

이제 데이터를 표시하기 위해 웹 브라우저에서 SAMA5D3 Xplained에 할당된 IP 주소의 demo_dump.php 파일에 접근하면 아래와 같은 화면이 나타날 것이다.

물론 새로운 데이터를 추가하고 페이지를 다시 불러들이면 다른 결과를 볼 수 있다.

```
root@OpenWrt:~# ./demo_set.sh lamp on
```

 demo_dump.php 파일을 보면 4장, '스크립트와 시스템 데몬을 사용한 빠른 프로그래밍'의 'PHP의 MySQL' 절에서 사용했던 my_dump.php 파일(표준 PHP의 mysql API를 사용한)과 매우 유사하다는 것을 알 수 있다. 그러나 demo_dump.php에서는 이전 API를 대체하는 최신 mysqli API를 사용하고 있다.

커스텀 패키지 추가

OpenWrt의 마지막 예제로, 새 시스템에 새 패키지를 추가하는 방법을 살펴보자. 유명한 Hello World 예제를 사용하고, 이 예제가 현재 배포판에 어떻게 추가되며, 동작하는 시스템에 어떻게 설치되는지 살펴본다.

새로운 applications 이름의 feed를 생성해 새로운 프로그램을 넣을 것이다. 따라서 아래와 같이 applications 내에 helloworld라는 이름의 새로운 디렉터리를 생성하자.

```
$ cd A5D3/
$ mkdir -p applications/helloworld
$ cd applications/helloworld/
```

그리고 Makefile을 생성해 OpenWrt에 추가될 새로운 애플리케이션을 정의할 것이다.

```
include $(TOPDIR)/rules.mk

# 패키지의 이름과 버전, 릴리즈, 디폴트 패키지 빌드 디렉터리를 정의하자.
PKG_NAME:=helloworld
PKG_VERSION:=1.0.0
PKG_RELEASE:=1
PKG_BUILD_DIR:=$(BUILD_DIR)/$(PKG_NAME)-$(PKG_VERSION)

include $(INCLUDE_DIR)/package.mk

# OpenWRT 시스템 내부의 패키지 섹션과 카테고리를 정의하자.
# 이 정보는 패키지를 관리하고 설정 메뉴에서 패키지를 표시하는 데 사용된다.
define Package/$(PKG_NAME)
  SECTION:=apps
  CATEGORY:=Applications
  TITLE:=The Hello World program
  MAINTAINER:=Rodolfo Giometti <giometti@hce-engineering.com>
endef
```

```
# 패키지 설명을 정의하자( 긴 버전).
define Package/$(PKG_NAME)/description
  This package holds a program that display the "hello world" message
endef

# 컴파일 단계에서 사용하기 위해 빌드 디렉터리를 설정하자.
# 데이터가 이미 "src" 디렉터리에 있기 때문에 원격 사이트에서 다운로드하지 않는다.
# 따라서 이 데이터를 복사하자.
define Build/Prepare
  mkdir -p $(PKG_BUILD_DIR)
  $(CP) ./src/* $(PKG_BUILD_DIR)/
endef

# 컴파일 단계가 끝난 후의 패키지 설치 단계를 정의하자.
define Package/$(PKG_NAME)/install
  $(INSTALL_DIR) $(1)/usr/bin
  $(CP) $(PKG_BUILD_DIR)/$(PKG_NAME) $(1)/usr/bin
endef

# OpenWrt 메인 엔트리
$(eval $(call BuildPackage,$(PKG_NAME)))
```

 위 코드는 이 책의 예제 코드 저장소에 있는 chapter_05/openwrt-helloworld/Makefile
파일에 있다.

이 파일의 내용은 꽤 자명하다. 그러나 독자는 여러 make 매크로를 사용해 모든 것이 정
의된다는 점에 유의해야 한다. OpenWrt 시스템은 이미 주요 빌드 단계(다운로드와 컴파
일, 설치 등)를 위한 디폴트 매크로를 갖고 있다. 배포판에서 새로운 패키지를 빌드하는 올
바른 스텝을 밟기 위해서는 이 디폴트 매크로와 새로 만드는 매크로를 통합해야 한다.

이제 src 디렉터리를 생성해 코드를 넣어야 한다.

```
$ mkdir src/
$ cd src/
$ ls
helloworld.c Makefile
```

Makefile과 helloworld.c 2개의 파일은 일반 helloworld.c C 프로그램을 컴파일하기
위해 사용하는 makefile이다.

위 작업이 끝난 후의 새 feed의 트리 레이아웃은 아래와 같다.

```
$ tree applications
applications
\-- helloworld
    +-- Makefile
    \-- src
        +-- helloworld.c
        \-- Makefile
2 directories, 3 files
```

이제 OpenWrt 디렉터리로 돌아와 아래와 같이 feeds.conf 파일을 수정하자.

```
--- a/feeds.conf.default
+++ b/feeds.conf.default
@@ -12,4 +12,4 @@ src-git management https://github.com/
openwrt-management/packages.git;for-15.05
#src-svn desktop svn://svn.openwrt.org/openwrt/feeds/desktop
#src-svn xfce svn://svn.openwrt.org/openwrt/feeds/xfce
#src-svn lxde svn://svn.openwrt.org/openwrt/feeds/lxde
-#src-link custom /usr/src/openwrt/custom-feed
+src-link applications /home/giometti/A5D3/applications
```

 TIP /home/giometti/A5D3/applications는 저자의 설정이므로 독자의 환경에 맞게 수정해야 한다.

이제 새로운 feed를 추가해 새로운 저장소를 업데이트해야 한다.

```
$ ./scripts/feeds update applications
Updating feed 'applications' from
'/home/giometti/Projects/A5D3/openwrt/applications' ...
Create index file './feeds/applications.index'
Collecting package info: done
Collecting target info: done
```

이제 새 패키지가 새 feed에서 사용할 수 있는지 검증할 수 있다.

```
$ ./scripts/feeds search hello
Search results in feed 'applications':
helloworld                  The Hello World program
```

또한 새로운 helloworld 패키지를 설치하기 위해 아래와 같은 명령어를 사용할 수 있다.

```
$ ./scripts/feeds install -f helloworld
Overriding package 'helloworld'
```

 TIP —f 옵션은 같은 이름의 패키지가 이미 존재할 때 반드시 필요하다.

이제 make menuconfig 명령어를 다시 실행해 Applications 엔트리를 실정 메뉴에서 볼 수 있어야 한다. 해당 메뉴를 선택하고, 새 helloworld 프로그램을 아래 그림처럼 선택하자.

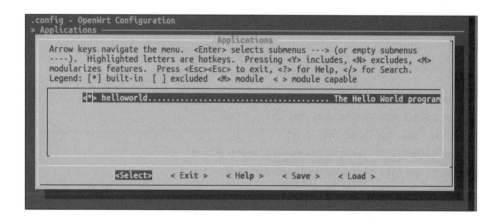

이제 make 명령어를 다시 사용해 새 패키지를 컴파일하거나 오랜 기다림을 피하기 위해 이 명령어로 프로그램을 컴파일하고 설치할 수 있다.

```
$ make package/helloworld/compile
make[1] package/helloworld/compile
make[2] -C package/libs/toolchain compile
make[2] -C /home/giometti/A5D3/applications/helloworld compile
$ make package/helloworld/install
```

```
make[1] package/helloworld/install
make[2] -C /home/giometti/A5D3/applications/helloworld install
```

이제 시스템을 다시 플래시에 쓸 수 있지만, 새로운 패키지를 동작하는 시스템에 설치할 수 있다. 사실 아래와 같이 bin/at91/packages 디렉터리에 Hello World 프로그램과 관련된 새로운 패키지 파일을 찾을 수 있어야 한다.

```
$ tree bin/at91/packages/applications
bin/at91/packages/applications
\-- helloworld_1.0.0-1_at91.ipk
0 directories, 1 file
```

따라서 scp를 사용해 해당 패키지를 SAMA5D3 Xplained에 복사하자.

```
$ scp bin/at91/packages/applications/helloworld_1.0.0-1_at91.ipk
root@192.168.32.51:/root/
```

그리고 해당 패키지를 opkg 명령어(OpenWrt 패키지 관리 명령어)로 설치하자.

```
root@OpenWrt:~# opkg install helloworld_1.0.0-1_at91.ipk
Installing helloworld (1.0.0-1) to root...
Configuring helloworld.
root@OpenWrt:~# helloworld
Hello World
```

▌ Yocto

Yocto 웹 사이트에서는 아래와 같이 설명하고 있다.

Yocto 프로젝트는 오픈소스 협력 프로젝트로서 하드웨어 구조와는 상관없이 임베디드 제품을 위한 커스텀 리눅스 기반 시스템 생성 시 도움을 주는 템플릿과 도구, 방법을 제공한다.

Yocto 프로젝트는 배포판 그 이상이다. 이 프로젝트는 기본 구조와 독립적인 임베디드 디바이스용 리눅스 배포판을 생성할 수 있는 도구나 프로세스를 생성하는 목표를 가진 작업 그룹을 위한 것이다. Yocto 프로젝트는 2010년 리눅스 재단에서 발표했으며, 다음 해에 비슷한 목표를 가진 기존 프레임워그인 오픈 임베디드^{OpenEmbedded}와 제휴를 맺고, 오픈 임베디드 코어^{OpenEmbedded core} 프로젝트를 만들었다.

Yocto의 주요 컴포넌트는 리눅스 커널과 glibc C 라이브러리, BusyBox, matchbox(원도우 시스템을 위한)다. 이 배포판은 대부분의 중요한 시스템 온 칩^{SoC} 제조사들이 기본 배포판으로 사용한다. 이 배포판은 레시피^{recipe}와 패치들 덕분에 빌드 프로세스를 자동화할 수 있는 bitbake를 기반으로 하는 빌드 시스템을 가진다.

 Yocto 프로젝트에 대한 좀 더 자세한 정보는 이 프로젝트 홈페이지인 https://www.yoctoproject.org에서 볼 수 있다.

앞으로 설명할 절에서 처음 시작으로 작은 이미지를 만들고, QT 그래픽 라이브러리를 추가하는 방법과 배포판을 확장하기 위해 새로운(간단한) 패키지를 추가하는 방법을 설명할 것이다.

기본 레시피 사용

SAMA5D3 Xplained 보드에 이 기본 시스템을 설치하려면 아래에서 보게 될 Yocto 기본 레시피를 사용해야 한다. 그러나 먼저 해당 소스를 다운로드해야 한다. 이는 깃 명령어로 할 수 있다.

```
$ git clone git://git.yoctoproject.org/poky -b Jethro
```

이후 meta-openembedded git 저장소를 추가해야 한다.

```
$ git clone git://git.openembedded.org/meta-openembedded -b Jethro
```

이제 meta-qt5 git 저장소를 추가해 QT 라이브러리를 지원해야 한다(첫 번째 단계에서는 이 라이브러리를 사용하지 않지만, 곧 사용하게 되므로 지금 설치하자).

```
$ git clone git://github.com/meta-qt5/meta-qt5.git -b Jethro
```

그리고 마지막 저장소로서 SAMA5D3 Xplained 보드를 지원하기 위해 meta-atmel이 필요하다.

```
$ git clone git://github.com/linux4sam/meta-atmel.git -b Jethro
```

 모든 저장소에 대해 Jethro 브랜치를 선택했지만, 독자의 필요에 맞게 선택해도 된다.

이제 모든 것이 정상 동작한다면 poky 디렉터리로 옮겨 Yocto 빌드 환경을 초기화하자. oe-init-build-env 파일은 컴파일 도구를 실행하는 데 필요한 환경 설정값을 가지며, build-atmel은 코드를 빌드하기 원하는 디렉터리의 이름이다.

```
$ cd poky
$ source oe-init-build-env build-atmel
You had no conf/local.conf file. This configuration file has therefore been
created for you with some default values. You may wish to edit it to use a
```

different MACHINE (target hardware) or enable parallel build options to take
advantage of multiple cores for example. See the file for more information as
common configuration options are commented. You had no conf/bblayers.conf file.
The configuration file has been created for you with some default values. To
add additional metadata
layers into your configuration please add entries to this file.

The Yocto Project has extensive documentation about OE including a reference
manual which can be found at:
    http://yoctoproject.org/documentation
For more information about OpenEmbedded see their website:
    http://www.openembedded.org/
Shell environment set up for builds.
You can now run 'bitbake <target>'
Common targets are:
    core-image-minimal
    core-image-sato
    meta-toolchain
    adt-installer
    meta-ide-support
You can also run generated qemu images with a command like 'runqemuqemux86'

위 메시지에서 볼 수 있듯이 시스템은 2개의 유효한 로컬 설정 파일이 필요하다는 것을
알려주고 있으므로 아래 패치처럼 기존 conf/local.conf 파일을 수정해야 한다.

```
--- ./conf/local.conf.orig 2016-06-15 14:27:11.081528459 +0200
+++ ./conf/local.conf 2016-06-15 14:27:56.653819242 +0200
@@ -34,7 +34,7 @@
#MACHINE ?= "edgerouter"
#
# This sets the default machine to be qemux86 if no other machine is
# selected:
-MACHINE ??= "qemux86"
+MACHINE ??= "sama5d3-xplained"
```

```
#
# Where to place downloads
@@ -47,7 +47,7 @@
#
# The default is a downloads directory under TOPDIR which is the
# build directory.
-#DL_DIR ?= "${TOPDIR}/downloads"
+DL_DIR ?= "${TOPDIR}/downloads"
# Where to place shared-state files
@@ -85,7 +85,7 @@
# Ultimately when creating custom policy, people will likely end up
# subclassing these defaults.
#
-DISTRO ?= "poky"
+DISTRO ?= "poky-atmel"
# As an example of a subclass there is a "bleeding" edge policy
# configuration where many versions are set to the absolute latest
# code from the upstream source control systems. This is just
# mentioned here as an example, its not
@@ -104,7 +104,7 @@
# - 'package_rpm' for rpm style packages
# E.g.: PACKAGE_CLASSES ?= "package_rpm package_deb package_ipk"
# We default to rpm:
-PACKAGE_CLASSES ?= "package_rpm"
+PACKAGE_CLASSES ?= "package_ipk"
#
# SDK/ADT target architecture
@@ -137,7 +137,7 @@
# There are other application targets that can be used here too, see
# meta/classes/image.bbclass and meta/classes/core-image.bbclass for
# more details. We default to enabling the debugging tweaks.
-EXTRA_IMAGE_FEATURES = "debug-tweaks"
+EXTRA_IMAGE_FEATURES = "debug-tweaks ssh-server-openssh package-manag
ement"
#
# Additional image features
```

이런 방식으로 SAMA5D3 Xplained 보드와 아래의 사소한 내용을 설정한다.

- DL_DIR 정의로 다운로드한 파일을 저장할 장소 지정
- DISTRO 정의로 사용한 배포판 버전을 나타냄(이 예제에서는 Yocto 기반의 공식 Atmel 배포판인 poky-atmel로 설정됨).
- opkg 형식을 OpenWrt로 지원하기 위해 PACKAGE_CLASSES가 package_ipk로 설정하는 소프트웨어 패키지 포맷

또한 SSH 서버 지원과 IPK 관리 시스템 지원을 위해 ssh-server-openssh와 package-management 설정을 EXTRA_IMAGE_FEATURES에 추가해야 한다는 점에 유의하자. 그리고 아래와 같이 이전에 다운로드했던 모든 계층을 추가하기 위해 conf/bblayers.conf를 교체(혹은 수정)해야 한다.

```
# LAYER_CONF_VERSION은 build/conf/bblayers.conf가 호환되지 않도록
# 변경될 때마다 증가한다.
LCONF_VERSION = "6"

BBPATH = "${TOPDIR}"
BBFILES ?= ""

BSPDIR := ${@os.path.abspath(os.path.dirname(d.getVar('FILE', True))
+'/../../..')}

BBLAYERS ?= "
  ${BSPDIR}/meta-atmel
  ${BSPDIR}/meta-qt5
  ${BSPDIR}/poky/meta
  ${BSPDIR}/poky/meta-yocto
  ${BSPDIR}/poky/meta-yocto-bsp
  ${BSPDIR}/meta-openembedded/meta-oe
  ${BSPDIR}/meta-openembedded/meta-networking
  ${BSPDIR}/meta-openembedded/meta-python
  ${BSPDIR}/meta-openembedded/meta-ruby
```

```
    ${BSPDIR}/meta-openembedded/meta-multimedia
"
BBLAYERS_NON_REMOVABLE ?= "
    ${BSPDIR}/poky/meta
    ${BSPDIR}/poky/meta-yocto
    "
```

처음 설정을 제외하고, 실제로 중요한 부분은 bitbake 프로그램이 전체 배포판을 빌드하기 위해 순회^{traverse}해야 하는 계층을 정의하는 BBLAYERS와 BBLAYERS_NON_REMOVABLE다. 각 계층은 이 배포판의 특정 부분을 가지며, 이런 계층은 잘 모듈화되고 계층화된 시스템을 갖기 위한 방식으로 다른 계층의 기반이 된다.

 계층에 대한 개념이나 관련 정보는 Yocto 프로젝트 개발 매뉴얼인 http://www.yoctoproject.org/docs/2.1/dev-manual/dev-manual.html에서 볼 수 있다.

이제 source 명령어를 다시 실행하면 에러는 발생하지 않을 것이다.

```
$ source oe-init-build-env build-atmel
### Shell environment set up for builds. ###
You can now run 'bitbake <target>'
Common targets are:
    core-image-minimal
    core-image-sato
    meta-toolchain
    adt-installer
    meta-ide-support
You can also run generated qemu images with a command like 'runqemuqemux86'
```

이제 첫 번째 목표인 core-image-minimal을 컴파일하기 위해 위 메시지에서 알려주는 것처럼 아래와 같은 명령어를 실행해야 한다.

```
$ bitbake core-image-minimal
WARNING: Unable to get checksum for linux-at91 SRC_URI entry defconfig: file
could not be found
Parsing recipes: 3% |#                                              | ETA: 00:04:52
```

 아래와 같은 에러를 볼 수도 있다.

```
$ bitbake core-image-minimal
ERROR: OE-core's config sanity checker detected apotential
misconfiguration.
Either fix the cause of this error or at your own risk disable the
checker (see sanity.conf).
Following is the list of potential problems / advisories:
Please install the following missing utilities:
  makeinfo, chrpath
Summary: There was 1 ERROR message shown, returning a non-zero exit
code.
```

OpenWrt에서 몇몇 의존성 패키지가 없는 경우에 발생하는 에러다. 위 예제에서 aptitude
나 apt-get 명령어를 사용해 makeinfo chrpath를 설치하면 에러를 수정할 수 있다.

모든 것이 정상 동작한다면, 파싱 단계 이후 아래와 같은 메시지를 볼 수 있다.

```
Parsing of 1924 .bb files complete (0 cached, 1924 parsed). 2470 targe ts, 377
skipped, 0 masked, 0 errors.
NOTE: Resolving any missing task queue dependencies
Build Configuration:
BB_VERSION = "1.28.0"
BUILD_SYS = "x86_64-linux"
NATIVELSBSTRING = "Ubuntu-15.10"
TARGET_SYS = "arm-poky-linux-gnueabi"
MACHINE = "sama5d3-xplained"
```

```
DISTRO = "poky-atmel"
DISTRO_VERSION = "2.0.2"
TUNE_FEATURES = "arm armv7a vfp thumb callconvention-hard cortexa5
"
TARGET_FPU = "vfp"
meta-atmel = "jethro:4765d7064e4916784c15095347eda21cc10aabb4"
meta-qt5 = "jethro:ea37a0bc987aa9484937ad68f762b4657c198617"
meta
meta-yocto
meta-yocto-bsp = "jethro:ddbc13155f4db5d98976dc93b586c0be4fc740d1"
meta-oe
meta-networking
meta-python
meta-ruby
meta-multimedia = "jethro:cb7e68f2a39fa6f24add48fc7b8d38fb7291bb44"
```

그리고 가용한 CPU 중 하나의 스레드^{thread}를 사용해 컴파일이 시작될 것이다.

```
NOTE: Preparing RunQueue
NOTE: Executing SetScene Tasks
NOTE: Executing RunQueue Tasks
Currently 2 running tasks (42 of 1634):
0: xz-native-5.2.1-r0 do_fetch (pid 19217)
1: m4-native-1.4.17-r0 do_configure (pid 19305)
...
```

 컴파일은 시간이 꽤 걸리므로 인내가 필요하다.

컴파일이 끝나면, 아래와 같이 tmp/deploy/images/sama5d3-xplained/ 디렉터리에서 컴파일 결과를 볼 수 있다.

```
$ ls tmp/deploy/images/sama5d3-xplained/
at91bootstrap.bin
at91bootstrap-sama5d3_xplained.bin
BOOT.BIN
core-image-minimal-sama5d3-xplained-20160618162845.rootfs.manifest
core-image-minimal-sama5d3-xplained-20160618162845.rootfs.tar.gz
core-image-minimal-sama5d3-xplained-20160618162845.rootfs.ubi
core-image-minimal-sama5d3-xplained-20160618162845.rootfs.ubifs
core-image-minimal-sama5d3-xplained.manifest
core-image-minimal-sama5d3-xplained.tar.gz
core-image-minimal-sama5d3-xplained.ubi
modules--4.1+git0+6546e3c770-r0-sama5d3-xplained-20160618162845.tgz
modules-sama5d3-xplained.tgz
README_-_DO_NOT_DELETE_FILES_IN_THIS_DIRECTORY.txt
sama5d3_xplained-nandflashboot-uboot-3.8.4.bin
ubinize.cfg
u-boot.bin
u-boot-sama5d3-xplained.bin
u-boot-sama5d3-xplained-v2015.01-at91-r0.bin
zImage
zImage--4.1+git0+6546e3c770-r0-at91-sama5d3_xplained-20160618162845.dtb
zImage--4.1+git0+6546e3c770-r0-at91-sama5d3_xplained_pda4-20160618162845.dtb
zImage--4.1+git0+6546e3c770-r0-at91-sama5d3_xplained_pda7-20160618162845.dtb
zImage--4.1+git0+6546e3c770-r0-at91-sama5d3_xplained_pda7b-20160618162845.dtb
zImage--4.1+git0+6546e3c770-r0-sama5d3-xplained-20160618162845.bin
zImage-at91-sama5d3_xplained.dtb
zImage-at91-sama5d3_xplained_pda4.dtb
zImage-at91-sama5d3_xplained_pda7b.dtb
zImage-at91-sama5d3_xplained_pda7.dtb
zImage-sama5d3-xplained.bin
```

위 파일은 꽤 많아 보이지만, 위 파일들의 대부분은 아래 나열된 실제 이미지 파일의 심
볼릭 링크다.

```
$ find . -type f
./zImage--4.1+git0+6546e3c770-r0-sama5d3-xplained-20160618162845.bin
./zImage--4.1+git0+6546e3c770-r0-at91-sama5d3_xplained-20160618162845.dtb
./zImage--4.1+git0+6546e3c770-r0-at91-sama5d3_xplained_pda4-20160618162845.dtb
./ubinize.cfg
./zImage--4.1+git0+6546e3c770-r0-at91-sama5d3_xplained_pda7b-20160618162845.dtb
./core-image-minimal-sama5d3-xplained-20160618162845.rootfs.ubifs
./modules--4.1+git0+6546e3c770-r0-sama5d3-xplained-20160618162845.tgz
./README_-_DO_NOT_DELETE_FILES_IN_THIS_DIRECTORY.txt
./zImage--4.1+git0+6546e3c770-r0-at91-sama5d3_xplained_pda7-20160618162845.dtb
./u-boot-sama5d3-xplained-v2015.01-at91-r0.bin
./core-image-minimal-sama5d3-xplained-20160618162845.rootfs.tar.gz
./sama5d3_xplained-nandflashboot-uboot-3.8.4.bin
./core-image-minimal-sama5d3-xplained-20160618162845.rootfs.ubi
./core-image-minimal-sama5d3-xplained-20160618162845.rootfs.manifest
```

실제 필요한 파일은 아래와 같다.

- sama5d3_xplained-nandflashboot-uboot-3.8.4.bin은 1장, '개발 시스템 설치'의 'U-Boot' 절에 사용했던 사전 부트로더pre bootloader인 boot.bin 파일이다.

- u-boot-sama5d3-xplained-v2015.01-at91-r0.bin은 U-Boot 이미지다.

- zImage-at91-sama5d3_xplained.dtb는 DTB 파일이다.

- zImage-sama5d3-xplained.bin은 커널 이미지다.

- core-image-minimal-sama5d3-xplained.ubi는 Yocto 배포판의 rootfs다 (UBIFS 포맷).

 TIP 이번에는 임베디드 배포판이 부트로더도 컴파일했다.

이제 OpenWrt에서 이전에 한 것처럼, 이 파일들을 데비안 OS가 동작하는 SAMA5D3 Xplained에 옮기고(마이크로 SD를 다시 넣고, 시스템을 재시작해야 한다), NAND 메모리 영역을 다시 플래시에 써야 한다. 따라서 가장 먼저 SAMA5D3 Xplained 보드에 이미지를 복사하자.

```
$ scp sama5d3_xplained-nandflashboot-uboot-3.8.4.bin
    u-boot-sama5d3-xplained-v2015.01-at91-r0.bin
    zImage-at91-sama5d3_xplained.dtb
    zImage-sama5d3-xplained.bin
    core-image-minimal-sama5d3-xplained.ubi
        root@192.168.8.2:nand/
```

이제 이전에 한 것처럼 SAMA5D3 Xplained에서 플래시를 지우고 Yocto 파일을 다시 써야 한다.

```
root@a5d3:~# flash_erase -q /dev/mtd0 0 0
root@a5d3:~# flash_erase -q /dev/mtd1 0 0
root@a5d3:~# flash_erase -q /dev/mtd2 0 0
root@a5d3:~# flash_erase -q /dev/mtd3 0 0
root@a5d3:~# flash_erase -q /dev/mtd4 0 0
root@a5d3:~# flash_erase -q /dev/mtd5 0 0
root@a5d3:~# nandwrite -q -m -p /dev/mtd0 nand/sama5d3_xplained-nandflashboot-
uboot-3.8.4.bin
root@a5d3:~# nandwrite -q -m -p /dev/mtd1 nand/u-boot-sama5d3-xplained-
v2015.01-at91-r0.bin
root@a5d3:~# nandwrite -q -m -p /dev/mtd3 nand/zImage-at91-sama5d3_xplained.dtb
root@a5d3:~# nandwrite -q -m -p /dev/mtd4 nand/zImage-sama5d3-xplained.bin
root@a5d3:~# nandwrite -q -m -p /dev/mtd5 nand/core-image-minimal-sama5d3-
xplained.ubi
```

쓰기 작업까지 끝나면, OpenWrt에서 했던 단계를 다시 수행해야 한다. 즉, 시스템을 멈추고 다시 설정한 후, 마이크로 SD 없이 재부팅해야 한다.

리셋 후 정상 동작한다면 아래와 같은 출력을 볼 수 있다.

```
U-Boot SPL 2016.03-dirty (Jun 15 2016 - 16:19:44)
Trying to boot from NAND

U-Boot 2015.01-linux4sam_5.2-00004-g0bb0194 (Jun 18 2016 - 17:53:07)

CPU: SAMA5D36
Crystal frequency: 12 MHz
CPU clock : 528 MHz
Master clock : 132 MHz
I2C: ready
DRAM: 256 MiB
NAND: 256 MiB
MMC: mci: 0
*** Warning - bad CRC, using default environment

In: serial
Out: serial
Err: serial
Read from EEPROM @ 0x58 failed
Read from EEPROM @ 0x59 failed
Net: gmac0
Error: gmac0 address not set.
```

```
, macb0
Error: macb0 address not set.

Hit any key to stop autoboot: 0

NAND read: device 0 offset 0x180000, size 0x80000
524288 bytes read: OK

NAND read: device 0 offset 0x200000, size 0x600000
6291456 bytes read: OK
Kernel image @ 0x22000000 [ 0x000000 - 0x363c18 ]
## Flattened Device Tree blob at 21000000
  Booting using the fdt blob at 0x21000000
  Loading Device Tree to 2fb32000, end 2fb3d83f ... OK
Starting kernel ...
Booting Linux on physical CPU 0x0
Linux version 4.1.0-linux4sam_5.3-00050-g6546e3c (giometti@ubuntu1510)
(gcc vers
ion 5.2.0 (GCC) ) #1 Sat Jun 18 18:40:31 CEST 2016
CPU: ARMv7 Processor [410fc051] revision 1 (ARMv7), cr=10c53c7d
CPU: PIPT / VIPT nonaliasing data cache, VIPT aliasing instruction cache
Machine model: SAMA5D3 Xplained
...
```

로그에서 볼 수 있듯이 Yocto는 4.1 버전 커널을 가지며, OpenWrt는 3.18 버전 커널을
가진다. 그리고 플래시가 데비안의 파티션과 비교할 때 호환되는 파티션을 가진다는 것
을 확인할 수 있다.

```
...
8 cmdlinepart partitions found on MTD device atmel_nand
Creating 8 MTD partitions on "atmel_nand":
0x000000000000-0x000000040000 : "bootstrap"
0x000000040000-0x0000000c0000 : "uboot"
0x0000000c0000-0x000000100000 : "env"
```

```
0x000000100000-0x000000140000 : "env_redundent"
0x000000140000-0x000000180000 : "spare"
0x000000180000-0x000000200000 : "dtb"
0x000000200000-0x000000800000 : "kernel"
0x000000800000-0x000010000000 : "rootfs"
...
```

모든 주요 파티션(커널과 DTB, rootfs)이 정확한 자신의 위치에 있으므로 완벽히 호환된다는 것을 알 수 있다. 아래와 같은 메시지에서 UBIFS가 올바르게 마운트됐다는 것을 알 수 있다.

```
ubi0: attaching mtd7
ubi0: scanning is finished
gluebi (pid 1): gluebi_resized: got update notification for unknown UBI device
0 volume 0
ubi0: volume 0 ("rootfs") re-sized from 38 to 1940 LEBs
ubi0: attached mtd7 (name "rootfs", size 248 MiB)
ubi0: PEB size: 131072 bytes (128 KiB), LEB size: 126976 bytes
ubi0: min./max. I/O unit sizes: 2048/2048, sub-page size 2048
ubi0: VID header offset: 2048 (aligned 2048), data offset: 4096
ubi0: good PEBs: 1978, bad PEBs: 6, corrupted PEBs: 0
ubi0: user volume: 1, internal volumes: 1, max. volumes count: 128
ubi0: max/mean erase counter: 1/0, WL threshold: 4096, image sequence
number: 607988663
ubi0: available PEBs: 0, total reserved PEBs: 1978, PEBs reserved for
bad PEB handling: 34
ubi0: background thread "ubi_bgt0d" started, PID 645
...
UBIFS (ubi0:0): UBIFS: mounted UBI device 0, volume 0, name "rootfs",
R/O mode
UBIFS (ubi0:0): LEB size: 126976 bytes (124 KiB), min./max. I/O unit sizes:
2048 bytes/2048 bytes
UBIFS (ubi0:0): FS size: 244936704 bytes (233 MiB, 1929 LEBs), journal
size 9023488 bytes (8 MiB, 72 LEBs)
```

```
UBIFS (ubi0:0): reserved for root: 0 bytes (0 KiB)
UBIFS (ubi0:0): media format: w4/r0 (latest is w4/r0), UUID 4F641563-5
796-4C7F-A57B-5D78E29FE530, small LPT model
VFS: Mounted root (ubifs filesystem) readonly on device 0:13.
devtmpfs: mounted
Freeing unused kernel memory: 188K (c068b000 - c06ba000)
random: nonblocking pool is initialized
INIT: version 2.88 booting
Starting udev
udevd[677]: starting version 182
```

이제 부팅 단계의 마지막으로 로그인 프롬프트를 볼 수 있다.

```
...
INIT: Entering runlevel: 5
Configuring network interfaces... udhcpc (v1.23.2) started
Sending discover...
macb f0028000.ethernet eth0: link up (100/Full)
Sending discover...
Sending select for 192.168.32.57...
Lease of 192.168.32.57 obtained, lease time 268435455
/etc/udhcpc.d/50default: Adding DNS 192.168.32.8
done.
Starting OpenBSD Secure Shell server: sshd
  generating ssh RSA key...
  generating ssh ECDSA key...
  generating ssh DSA key...
  generating ssh ED25519 key...
done.
Starting syslogd/klogd: done
Poky (Yocto Project Reference Distro) 2.0.2 sama5d3-xplained /dev/ttyS0
sama5d3-xplained login:
```

여기서 root 사용자를 입력해야 하며, 어떤 암호를 넣지 않아도 프롬프트를 볼 수 있다.

```
sama5d3-xplained login: root
root@sama5d3-xplained:~#
```

이제 OpenWrt에서 한 것처럼 플래시 저장 장치가 어떻게 점유되는지 볼 수 있다.

```
root@sama5d3-xplained:~# df -h
Filesystem       Size     Used   Available   Use%  Mounted on
ubi0:rootfs     215.4M    2.9M     212.5M      1%   /
devtmpfs         91.2M      0       91.2M      0%   /dev
tmpfs           123.3M   96.0K     123.2M      0%   /run
tmpfs           123.3M   92.0K     123.2M      0%   /var/volatile
```

메모리 사용량이 3MB 이하로 매우 작다는 것을 알 수 있다.

더 진행하기 전에 네트워크 지원을 검증해보기 위해 이더넷 케이블을 꽂고, ifconfig 명령어를 실행하자.

```
root@sama5d3-xplained:~# ifconfig
eth0  Link encap:Ethernet HWaddr BA:A0:13:9E:7A:99
      inet addr:192.168.32.57 Bcast:192.168.32.255 Mask:255.255.255.0
      UP BROADCAST RUNNING MULTICAST MTU:1500 Metric:1
      RX packets:190 errors:0 dropped:0 overruns:0 frame:0
      TX packets:2 errors:0 dropped:0 overruns:0 carrier:0
      collisions:0 txqueuelen:1000
      RX bytes:46940 (45.8 KiB) TX bytes:684 (684.0 B)
      Interrupt:51 Base address:0x8000
```

네트워크 설정은 DHCP로 설정한다. 이 시점에 현 설정으로 놓아두거나 /etc/network/interfaces 파일을 수정해 현재 설정을 수정하고, 아래와 같은 명령어로 네트워크 시스템을 재시작할 수 있다.

```
root@sama5d3-xplained:~# /etc/init.d/networking restart
```

DHCP 설정과 정적 주소를 볼 수 있는 /etc/network/interfaces 파일의 디폴트 버전을
아래에서 살펴보자.

```
# Wired or wireless interfaces
auto eth0
iface eth0 inet dhcp
iface eth1 inet dhcp

# Ethernet/RNDIS gadget (g_ether)
# ... or on host side, usbnet and random hwaddr
iface usb0 inet static
address 192.168.7.2
netmask 255.255.255.0
network 192.168.7.0
gateway 192.168.7.1
```

그래픽 지원 추가

Yocto 배포판을 사용하는 장점 중 하나는 이 배포판이 기본적으로 QT 그래픽 라이브러
리를 지원하기 때문에 매우 훌륭한 GUI를 빠르고 쉽게 추가할 수 있다는 것이다.

 QT 그래픽 라이브러리에 대한 좀 더 자세한 정보는 해당 프로젝트 홈페이지인 https://
www.qt.io에서 볼 수 있다.

이 절에서 조금 전에 다운로드한, 같은 Yocto 코드를 사용해 SAMA5D3 Xplained에
서 이 그래픽 지원을 추가하는 방법을 살펴본다. 한 가지 더 해야 할 일은 아래 설정을
conf/local.conf 파일에 추가해 이미지에서 자유 소프트웨어만 컴파일되도록 하는 것

이다. 이 데모를 위해 LCD가 보드에 연결돼야 한다는 것은 명백하고, 이는 SAMA5D3 Xplained 구입처에서 살 수 있다.

conf/local.conf 파일의 수정은 아래와 같다.

```
--- conf/local.conf.orig 2016-06-05 19:04:17.788202448 +0200
+++ conf/local.conf 2016-06-19 10:36:50.574587468 +0200
@@ -237,3 +237,6 @@
# track the version of this file when it was generated.
# This can safely be ignored if this doesn't mean anything to you.
CONF_VERSION = "1"
+
+LICENSE_FLAGS_WHITELIST += "commercial"
+SYSVINIT_ENABLED_GETTYS = ""
```

 이 데모와 관련된 소프트웨어 라이선스에 관련된 더 많은 정보는 Atmel을 참고하자. 저자는 프로그래머이지 변호사가 아니다.

수정 사항이 정상적으로 적용되면, bitbake를 atmel-qt5-demo-image 타깃과 같이 실행해 QT 컴파일을 시작해야 한다.

```
$ bitbake atmel-qt5-demo-image
```

 이전 Yocto 이미지 컴파일보다 더 많은 시간이 걸린다.

tmp/deploy/images/sama5d3-xplained/ 디렉터리에 컴파일 결과가 있지만, 이번에는 rootfs 이미지 파일이 atmel-qt5-demoimage-sama5d3-xplained 접두어가 붙은 이름으로 변경돼 있다.

```
$ cd tmp/deploy/images/sama5d3-xplained/
$ ls atmel-qt5-demo-image-sama5d3-xplained*
atmel-qt5-demo-image-sama5d3-xplained-20160619195155.rootfs.manifest
atmel-qt5-demo-image-sama5d3-xplained-20160619195155.rootfs.tar.gz
atmel-qt5-demo-image-sama5d3-xplained-20160619195155.rootfs.ubi
atmel-qt5-demo-image-sama5d3-xplained-20160619195155.rootfs.ubifs
atmel-qt5-demo-image-sama5d3-xplained.manifest
atmel-qt5-demo-image-sama5d3-xplained.tar.gz
atmel-qt5-demo-image-sama5d3-xplained.ubi
```

이제 새로운 DTB 파일과 커널 이미지, rootfs를 플래시에 써야 하며, SAMA5D3 Xplained에 새로운 이미지들을 전송하기 위해 scp를 사용한다.

```
$ scp zImage-at91-sama5d3_xplained_pda7.dtb
    zImage-sama5d3-xplained.bin
    atmel-qt5-demo-image-sama5d3-xplained.ubi
        root@192.168.8.2:nand/
```

 몇 개의 DTB 파일이 존재하므로 독자의 LCD 하드웨어에 맞는 파일을 선택해야 한다.

그리고 SAMA5D3 Xplained에서 아래와 같은 명령어를 실행해야 한다.

```
root@a5d3:~# flash_erase -q /dev/mtd3 0 0
root@a5d3:~# flash_erase -q /dev/mtd4 0 0
root@a5d3:~# flash_erase -q /dev/mtd5 0 0
root@a5d3:~# nandwrite -q -m -p /dev/mtd3 nand/zImage-at91-sama5d3_xplained_
pda7.dtb
root@a5d3:~# nandwrite -q -m -p /dev/mtd4 nand/zImage-sama5d3-xplained.bin
root@a5d3:~# nandwrite -q -m -p /dev/mtd5 nand/atmel-qt5-demo-image-sama5d3-
xplained.ubi
```

마지막 명령어가 매우 느린 이유는 새로운 이미지가 이전 것보다 크기 때문이다. 그래픽 라이 브러리는 많은 공간이 필요하다.

모든 것이 정상 동작하면, LCD의 재시작 시점에서 아래 이미지와 비슷한 화면을 볼 수 있다.

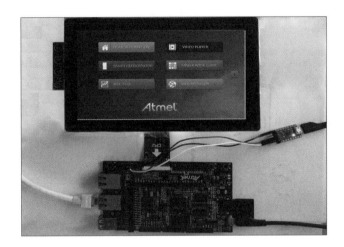

저자의 시스템에서 NAND 사용량에 대한 그래픽을 지원할 때와 지원하지 않을 때의 차 이를 살펴보자.

```
root@sama5d3-xplained:~# df -h
Filesystem      Size    Used   Avail   Use%  Mounted on
ubi0:rootfs     216M    176M    40M    82%   /
devtmpfs         92M       0    92M     0%   /dev
tmpfs           124M    124K   124M     1%   /run
tmpfs           124M    160K   124M     1%   /var/volatile
```

이전에는 16MB 정도였지만, 이번에는 NAND 사용량이 170MB 이상이다.

커스텀 레시피 추가

이제 마지막 단계로서 새 Yocto 배포판에 커스텀 프로그램을 추가하기 위해 OpenWrt에서 한 것처럼 Hello World 예제를 추가해보자. 이번에는 Yocto가 이미 Hello World 프로그램을 가진 새로운 계층을 추가하는 강력한 도구를 제공하므로 매우 쉽게 할 수 있다.

이전에 설명했듯이, Yocto는 몇 개의 계층으로 구성돼 있으며, 새로운 커스텀 애플리케이션을 추가하기 위해 새로운 계층을 생성하는 것이 좋다. 이를 위해 yocto-layer 스크립트를 사용하면 개발자의 일을 획기적으로 줄일 수 있다. 아래 해당 스크립트의 create 명령어의 도움말을 살펴보자(도움말은 ./scripts/yocto-layer help create 명령어로 생성된다).

이제 모든 Yocto의 저장소를 다운로드한 poky 디렉터리로 가서 아래와 같이 스크립트를 실행하자.

```
$ cd ..
$ ./poky/scripts/yocto-layer create applications
Please enter the layer priority you'd like to use for the layer: [default: 6]
Would you like to have an example recipe created? (y/n) [default: n] y
Please enter the name you'd like to use for your example recipe: [default:
example] helloworld
Would you like to have an example bbappend file created? (y/n) [default: n] y
Please enter the name you'd like to use for your bbappend file: [default:
```

```
example] helloworld
Please enter the version number you'd like to use for your bbappend file (this
should match the recipe you're appending to): [default: 0.1]

New layer created in meta-applications.

Don't forget to add it to your BBLAYERS (for details see meta-applications\
README).
```

위 메시지에서 하이라이트된 문자는 명령어의 질문에 대한 저자의 응답이다. 예제 레시피의 이름과 bbappend 파일을 모두 helloworld로 설정한다는 점에 유의하자.

이제 meta-applications 디렉터리가 생성되며, 새로운 레시피 트리가 이 디렉터리 안에 아래와 같이 생성된다.

```
$ ls
meta-applications/ meta-atmel/ meta-openembedded/ meta-qt5/ poky/
$ tree meta-applications/
meta-applications/
+-- conf
|   \-- layer.conf
+-- COPYING.MIT
+-- README
+-- recipes-example
|   +-- example
|   +-- helloworld-0.1
|   |   |   +-- example.patch
|   |   |   \-- helloworld.c
|   |       \-- helloworld_0.1.bb
\-- recipes-example-bbappend
    \-- example-bbappend
        +-- helloworld-0.1
        |   \-- example.patch
        \-- helloworld_0.1.bbappend
7 directories, 8 files
```

이제 새 파일들을 살펴보자. 특히, helloworld_0.1.bb 파일은 아래와 같이 새로운 패키지의 컴파일 단계를 정의하는 레시피를 가진다.

```
#
# This file was derived from the 'Hello World!' example recipe in the
# Yocto Project Development Manual.
#
SUMMARY = "Simple helloworld application"
SECTION = "examples"
LICENSE = "MIT"
LIC_FILES_CHKSUM = "file://${COMMON_LICENSE_DIR}/MIT;md5=0835ade698e0bcf8506ecd
a2f7b4f302"
SRC_URI = "file://helloworld.c"
S = "${WORKDIR}"

do_compile() {
    ${CC} helloworld.c -o helloworld
}
do_install() {
    install -d ${D}${bindir}
    install -m 0755 helloworld ${D}${bindir}
}
```

이 경우에도 레시피 파일이 OpenWrt makefile과 비슷한 구조를 갖고 있다는 점에 유의하자. 독자의 요청 사항에 따라 재정의할 수 있는 여러 디폴트 동작(다운로드와 컴파일, 설치 등)이 존재한다.

 새로운 레시피를 작성하는 방법에 대한 자세한 정보는(혹은 추가하고자 하는 어떤 것에 대한 것이라도) http://www.yoctoproject.org/docs/2.1/dev-manual/dev-manual. html#new-recipe-writing-a-new-recipe에서 볼 수 있다.

이제 새로운 메타meta 디렉터리를 아래와 같이 conf/bblayers.conf 파일에 추가해야 한다.

```
--- conf/bblayers.conf.orig 2016-06-19 19:13:52.380757585 +0200
+++ conf/bblayers.conf 2016-06-19 19:14:07.476705872 +0200
@@ -18,6 +18,7 @@
    ${BSPDIR}/meta-openembedded/meta-python
    ${BSPDIR}/meta-openembedded/meta-ruby
    ${BSPDIR}/meta-openembedded/meta-multimedia
 + ${BSPDIR}/meta-applications
      "
    BBLAYERS_NON_REMOVABLE ?= "
```

모든 것이 정상적이라면, 아래와 같이 bitbake 명령어를 실행해 새로운 패키지를 컴파일할 수 있다.

```
$ bitbake helloworld
Loading cache: 100% |###################################| ETA:00:00:00
Loaded 2464 entries from dependency cache.
Parsing recipes: 100% |##################################| Time:
00:00:02
Parsing of 1925 .bb files complete (1917 cached, 8 parsed). 2471 targets, 353
skipped, 0 masked, 0 errors.
NOTE: Resolving any missing task queue dependencies
Build Configuration:
BB_VERSION = "1.28.0"
BUILD_SYS = "x86_64-linux"
NATIVELSBSTRING = "Ubuntu-15.10"
TARGET_SYS = "arm-poky-linux-gnueabi"
MACHINE = "sama5d3-xplained"
DISTRO = "poky-atmel"
DISTRO_VERSION = "2.0.2"
TUNE_FEATURES = "arm armv7a vfp thumb callconvention-hard cortexa5"
```

```
TARGET_FPU = "vfp"
meta-atmel = "jethro:4765d7064e4916784c15095347eda21cc10aabb4"
meta-qt5 = "jethro:ea37a0bc987aa9484937ad68f762b4657c198617"
meta
meta-yocto
meta-yocto-bsp = "<unknown>:<unknown>"
meta-oe
meta-networking
meta-python
meta-ruby
meta-multimedia = "jethro:cb7e68f2a39fa6f24add48fc7b8d38fb7291bb44"
meta-applications = "<unknown>:<unknown>"
NOTE: Preparing RunQueue
NOTE: Executing SetScene Tasks
NOTE: Executing RunQueue Tasks
NOTE: Tasks Summary: Attempted 378 tasks of which 365 didn't need to be rerun
and all succeeded.
```

 bitbake는 이제 추가한 새로운 계층을 볼 수 있다.

컴파일이 끝나면 새로운 패키지는 tmp/deploy/ipk/ 디렉터리에 설치될 준비가 된다.

```
$ ls tmp/deploy/ipk/cortexa5hf-vfp/helloworld*.ipk
tmp/deploy/ipk/cortexa5hf-vfp/helloworld_0.1-r0_cortexa5hf-vfp.ipk
tmp/deploy/ipk/cortexa5hf-vfp/helloworld-dbg_0.1-r0_cortexa5hf-vfp.ipk
tmp/deploy/ipk/cortexa5hf-vfp/helloworld-dev_0.1-r0_cortexa5hf-vfp.ipk
```

이제 이 파일들을 scp 명령어를 사용해 SAMA5D3 Xplained로 복사하자.

```
$ scp tmp/deploy/ipk/cortexa5hf-vfp/helloworld_0.1-r0_cortexa5hf-vfp.ipk
root@192.168.32.57:/tmp/
```

이제 SAMA5D3 Xplained에서 opkg 명령어를 사용해 해당 패키지를 설치해야 한다. 아래와 같이 실행할 수 있다.

```
root@sama5d3-xplained:~# opkg install /tmp/helloworld_0.1-r0_cortexa5hf-vfp.ipk
Installing helloworld (0.1-r0) on root.
Configuring helloworld.
root@sama5d3-xplained:~# helloworld
Hello World!
```

▌ 요약

5장에서는 리눅스의 MTD 디바이스를 사용해 플래시 디바이스를 관리하는 방법을 살펴보고, 플래시 디바이스에 JFFS2와 UBIFS 파일 시스템을 올리는 방법을 설명했다. 파일 시스템은 보드와 호스트 PC에서 각기 다른 방식으로 생성했다.

그리고 처음부터 시작해 임베디드 배포판을 다운로드하고, 컴파일하고, 설치하는 방법까지 배웠다. 특히, 현재 임베디드 배포판으로 널리 사용하는 OpenWrt와 Yocto도 살펴봤다.

6장에서는 몇 가지 컴퓨터 주변 장치에 대해 설명하며, 임베디드 보드를 사용해 주변 장치들에 접근하는 방법을 살펴본다.

06

범용 입출력 신호 - GPIO

6장부터는 임베디드 머신에서 사용할 수 있는 모든 컴퓨터 주변 장치를 심도 있게 살펴본다. 6장에서는 그중 가장 중요하고 많이 사용하는 GPIO부터 설명한다.

GPIO 신호는 다양한 용도로 사용된다. 사실 5장에서도 임베디드 컴퓨터 프로그래밍의 기본 개념을 설명하기 위해 GPIO를 쓸 수밖에 없었다. 그러나 이전에는 가볍게 사용하는 정도였고, 이제 GPIO의 사용법을 좀 더 자세히 살펴보자.

먼저, GPIO 라인에 대해 간단히 소개하고, 이 책의 임베디드 보드에서 물리적으로 어디에 위치하는지 살펴본다. 그리고 간단한 방식(효율적임)과 똑똑한 방식(좀 더 복잡한)으로 GPIO 라인에 접근하는 방법을 자세히 살펴본다.

마지막으로 커널 내의 GPIO 관리에 대해 빠르게 소개할 것이다. 컴퓨터 주변 장치들을 간단한 GPIO로서 혹은 LED 디바이스와 같은 좀 더 구체적인 방식으로 요청하고 관리하는 방법을 살펴본다. 첫 번째 파트에서는 GPIO 관련 IRQ 관리를 살펴보고, LED 디바이스와 관련해서는 트리거^{trigger} 개념에 대해 자세히 설명할 것이다.

▎ GPIO 라인

범용 입출력^{GPIO} 라인은 동작 중에 사용자에 의해 동작이 제어되는 마이크로 컨트롤러, CPU 혹은 나른 집적 회로의 핀이다. 따라서 GPIO 핀은 미리 정의된 사용법을 갖지 않으며, 개발자는 입출력 혹은 IRQ 소스나 다른 기능으로 GPIO 핀을 설정할 수 있다.

일반적으로 GPIO 라인은

- 활성화/비활성화될 수 있다.
- 입력이나 출력으로 설정될 수 있다.
- 읽기/쓰기 출력값을 가질 수 있다(일반적으로 high는 1, low는 0이다).
- 읽기 입력값을 가질 수 있다(보통 high는 1, low는 0이다).
- 디폴트 풀업$^{pull\ up}$이나 풀다운$^{pull\ down}$ 입력값을 가질 수 있다.
- IRQ 소스로서 사용하는 입력값을 가질 수 있다.

GPIO 라인은 매우 범용적이므로 전용 프로그램에서 적절히 사용하면 다른 디지털 인터페이스 제어기를 에뮬레이션하는 데 사용할 수 있다. 사실 리눅스 커널 내부에서 GPIO로 에뮬레이션된 여러 종류의 주변 장치 제어기를 찾아볼 수 있다(가장 많이 사용하는 것은 키보드와 I^{2}C, W1 제어기 등이다. 특히 W1 제어기는 11장, '1-Wire – W1'의 'GPIO 인터페이스 사용' 절에서 설명한다).

 이 기술을 비트 뱅잉(bit banging)이라고 하며, 여러 리눅스 디바이스 드라이버를 구현하기 위해 사용된다. 이 기술의 장점은 하드웨어의 일부를 에뮬레이션할 수 있다는 것이고, 단점은 이 기술은 명백하게 CPU를 소비하기 때문에 해당 인터페이스의 최대 처리량(Throughput)에 제한이 있다는 것이다.

이외에도 GPIO 라인은 신호 제어(리셋, 전원 활성화, 중지, 카드 인식 등)와 릴레이(relay), LED, 스위치, 버튼 등을 제어하는 데 주로 사용된다. 다시 말해, high나 low 혹은 열거나 닫는 혹은 0 이나 1과 같은 두 가지 상태를 읽고 써야 하는 모든 곳에 사용된다.

GPIO는 pinmux 기능과도 관련이 있다. pinmux 기능은 CPU의 물리적 I/O 핀을 제어하고 개발자가 신호의 방향과 입력/드라이브 특성을 바꿀 수도 있으며, 핀 주변의 멀티플렉서 선택을 설정한다. 실제로 이 책의 임베디드 보드는 많은 주변 장치를 탑재했지만, 제한된 개수의 핀이 있는 Soc를 갖고 있다. 따라서 탑재된 대부분의 주변 장치들은 몇 개의 핀을 공유해야 하므로 개발자는 주변 장치들을 동시에 사용할 수 없다. 이 경우, GPIO 서브 시스템은 핀을 다른 장치와 공유할 수 있는 일반적인 주변 장치로 여겨진다. 따라서 pinmux 기능과 이 기능의 자식인 pinctrl을 다뤄야 한다.

/sys/kernel/debug/pinctrl 디렉터리 밑의 pinctrl을 사용할 수 있으며, SAMA5D3 Xplained 보드에서 아래와 같이 동작함을 볼 수 있다.

```
root@a5d3:~# ls /sys/kernel/debug/pinctrl/
ahb:apb:pinctrl@fffff200 pinctrl-devices pinctrl-handles
pinctrl-maps
```

여기서 관련 파일은 ahb:apb:pinctrl@fffff200 디렉터리고, SAMA5D3 Xplained의 pinmux 시스템 상태를 갖고 있다. 파일을 자세히 살펴보면, 아래와 같은 파일을 볼 수 있다.

```
root@a5d3:~# cat /sys/kernel/debug/pinctrl/ahb\:apb\:pinctrl\@fffff200/
gpio-ranges       pinconf-groups    pingroups        pinmux-pins
pinconf-config    pinconf-pins      pinmux-functions pins
```

gpio-ranges 파일에서 gpiochip으로 나뉜 시스템에 정의된 모든 GPIO를 찾을 수 있고, SAMA5D3 Xplained는 5개의 gpiochips를 가진다.

```
root@a5d3:~# cat /sys/kernel/debug/pinctrl/ahb\:apb\:pinctrl\@fffff200/gpio-
ranges
GPIO ranges handled:
0: fffff200.gpio GPIOS [0 - 31] PINS [0 - 31]
1: fffff400.gpio GPIOS [32 - 63] PINS [32 - 63]
2: fffff600.gpio GPIOS [64 - 95] PINS [64 - 95]
3: fffff800.gpio GPIOS [96 - 127] PINS [96 - 127]
4: fffffa00.gpio GPIOS [128 - 159] PINS [128 - 159]
```

pins 파일에서 정의된 핀 리스트, 각 핀의 식별 번호, 이름 문자열을 모두 볼 수 있다.

```
root@a5d3:~# cat /sys/kernel/debug/pinctrl/ahb:apb:pinctrl@fffff200/pins
registered pins: 160
pin 0 (pioA0) ahb:apb:pinctrl@fffff200
pin 1 (pioA1) ahb:apb:pinctrl@fffff200
pin 2 (pioA2) ahb:apb:pinctrl@fffff200
pin 3 (pioA3) ahb:apb:pinctrl@fffff200
...
```

SAMA5D3 Xplained는 일반적인 이름인 gpio0, gpio1, gpio2 대신 pioA0, pioA1 등을 사용한다. pioA 접두어는 핀이 붙어 있는 포트 이름을 의미한다. SAMA5D3 Xplained는 A 부터 E까지 5개의 포트를 가지므로 pioB0, pioB1, …, pioC0, pioC1, …, pioD0, pioD1, …, pioE0, pioE1, …, pioE31을 볼 수 있다.

각 핀은 특정 기능과 연관될 수 있고, pingroups에서 해당 리스트를 볼 수 있다. 아래는 SAMA5D3 Xplained에서 얻은 결과로, pioB0는 두 가지 기능으로 연관돼 있다는 것을 알 수 있다.

```
root@a5d3:~# cat /sys/kernel/debug/pinctrl/ahb\:apb\:pinctrl\@fffff200/
pingroups
```

```
...
group: pwm0_pwmh0-1
pin 32 (pioB0)
...
group: macb0_data_rgmii
pin 32 (pioB0)
pin 33 (pioB1)
pin 34 (pioB2)
pin 35 (pioB3)
pin 36 (pioB4)
pin 37 (pioB5)
pin 38 (pioB6)
pin 39 (pioB7)
...
```

현재 pinmux가 어떻게 설정돼 있는지 알려면 pinmux-pins 파일을 살펴봐야 한다. SAMA5D3 Xplained는 아래와 같은 pinmux-pins를 가진다(아래는 지면 제약상 축약한 것이다).

```
root@a5d3:~# cat /sys/kernel/debug/pinctrl/ahb\:apb\:pinctrl\@ffff200/pinmux-
pins
Pinmux settings per pin
Format: pin (name): mux_owner gpio_owner hog?
pin 0 (pioA0): (MUX UNCLAIMED) (GPIO UNCLAIMED)
pin 1 (pioA1): (MUX UNCLAIMED) (GPIO UNCLAIMED)
...
pin 17 (pioA17): (MUX UNCLAIMED) (GPIO UNCLAIMED)
pin 18 (pioA18): f801c000.i2c (GPIO UNCLAIMED) function board group i2c2_pu
pin 19 (pioA19): f801c000.i2c (GPIO UNCLAIMED) function board group i2c2_pu
pin 20 (pioA20): f002c000.pwm (GPIO UNCLAIMED) function pwm0 group pwm0_pwmh0-0
pin 21 (pioA21): (MUX UNCLAIMED) (GPIO UNCLAIMED)
pin 22 (pioA22): f002c000.pwm (GPIO UNCLAIMED) function pwm0 group pwm0_pwmh1-0
...
```

여기서 어떤 핀이 아직 설정되지 않았는지, GPIO로 설정됐는지, 다른 기능으로 설정됐는지를 알 수 있다.

 pinmux와 pinctrl에 대한 자세한 정보는 https://www.kernel.org/doc/Documentation/pinctrl.txt에서 확인할 수 있다.

비글본 블랙의 GPIO 라인

1장, '개발 시스템 설치'의 '시스템 개요' 절에서 설명했듯이, 비글본 블랙은 몇 개 신호를 노출하는 2개의 확장 커넥터를 갖고 있으며, 아래 표와 같은 몇 개의 GPIO 핀도 있다.

P8 커넥터의 GPIO 핀				P9 커넥터의 GPIO 핀			
핀	GPIO 번호	핀	GPIO 번호	핀	GPIO 번호	핀	GPIO 번호
7	66	14	26	12	60	41	20
8	67	15	47	15	48		
9	69	16	46	23	49		
10	68	17	27	25	117		
11	45	18	65	27	115		
12	44	26	61	30	112		

실제로 노출된 핀들은 거의 모든 물리적인 CPU의 핀을 다른 내부 주변 장치로 연결할 수 있는 pinmux(핀 멀티플렉서) 덕분에 GPIO 기능으로 프로그램될 수 있다. 그러나 이런 설정은 보통 필요하지 않고, 설정은 각 디바이스에 의존한다. 따라서 개발자는 CPU가 어떻게 구성돼 있고, pinmux를 올바르게 설정하기 위해 CPU가 어떻게 프로그램돼 있는지 자세히 알아야 한다.

비글본 블랙의 커넥터에 대한 자세한 설명과 다른 목적을 위해 핀을 설정하는 가이드는 http://elinux.org/Beagleboard:Cape_Expansion_Headers에서 볼 수 있다.

SAMA5D3 Xplained의 GPIO 라인

1장, '개발 시스템 설치'의 'SAMA5D3 Xplained' 절에서 설명했듯이 SAMA5D3 Xplained에서 GPIO는 확장 커넥터에서 노출돼 있고, 각 핀은 PA1, PA2, …, PB1, … PC1 형태로 이름지어져 있으며, GPIO 라인으로 사용할 수 있다.

 SAMA5D3 Xplained도 거의 모든 핀은 pinmux를 올바르게 설정해 다른 용도로 다시 프로그램할 수 있다.

핀 이름과 GPIO 이름의 관계는 아래 표와 같다.

핀	GPIO 번호	핀	GPIO 번호	핀	GPIO 번호	핀	GPIO 번호
PA16	16	PB15	47	PE9	137	PE17	145
PA17	17	PB25	57	PE10	138	PE20	148
PA18	18	PB26	58	PE11	139	PE24	152
PA19	19	PB27	59	PE12	140	PE25	153
PA20	20	PC16	80	PE13	141	PE26	154
PA21	21	PC17	81	PE14	142	PE29	157
PA22	22	PC26	90	PE15	143	PE31	159
PA23	23	PD30	126	PE16	144		

핀 이름을 GPIO 번호로 빨리 번역하기 위해 문자 A를 0, B를 1로 하는 L2V( ) 함수를 생각해보자. 핀 이름을 해당하는 GPIO 번호로 바꾸는 공식은 아래와 같다.

$$GPIO_{num} = L2V(PIN_{letter}) * 32 + PIN_{num}$$

예를 들어, PE17핀은 PIN_{letter} = E, PIN_{num} = 17, L2V(E)=4이므로

$$GPIO_{num} = 4 * 32 + 17 = 145$$

PE17핀은 GPIO145번이 된다.

 좀 더 자세한 정보는 http://www.atmel.com/Images/Atmel-11269-32-bit Cortex-A5-Microcontroller-SAMA5D3-Xplained_User-Guide.pdf 페이지의 SAMA5D3 Xplained 사용자 매뉴얼을 참고하자.

Wandboard의 GPIO 라인

Wandboard는 10개의 GPIO를 가지며, 이들 중 8개만 JP4 확장 커넥터에 노출돼 있고, 핀 이름과 GPIO 번호는 아래와 같이 연관돼 있다.

핀	GPIO 번호	핀	GPIO 번호
4	75	12	200
6	91	14	90
8	191	16	72
10	24	18	100

 Wandboard의 GPIO 관련 사항은 보드의 위키 페이지인 http://wiki.wandboard.org/index.php/External_gpios와 Wandboard 사용자 가이드인 http://wandboard.org/images/downloads/wandboard-user-guide-20130208.pdf에서 볼 수 있다. Wandboard도 거의 모든 핀이 pinmux를 올바르게 설정하면 다른 용도로 프로그램될 수 있다.

▌리눅스의 GPIO

리눅스 시스템에서 GPIO 라인은 간단한 Bash 명령어를 사용해 sysfs로 관리될 수 있다. 이것이 GPIO 주변 장치에 접근하는 데 사용하는 가장 쉬운 방법이다. 아래 예제에서 Wandboard를 사용할 것이다. 다른 보드를 사용할 수 있지만, 이 경우 다른 GPIO 라인을 사용해야 한다.

GPIO 관리를 위한 sysfs 인터페이스는 /sys/class/gpio/ 디렉터리에 있고, 디렉터리 안을 살펴보면 아래와 같은 파일을 볼 수 있다.

```
root@wb:~# ls /sys/class/gpio/
export gpiochip128 gpiochip192 gpiochip64 unexport
gpiochip0 gpiochip160 gpiochip32 gpiochip96
```

gpiochip0, gpiochip32와 같은 파일 이름은 실제 GPIO 그룹을 관리하는 엔티티인 GPIO 제어 칩과 관련이 있다. 이 예제에서 Wandboard는 GPIO를 32개 그룹으로 나누며, 각 gpiochip은 첫 번째 관리되는 GPIO 번호에 따라 이름을 지정한다. 따라서 gpiochip0는 GPIO 0부터 31까지 관리하며, gpiochip32는 32부터 63까지 관리한다.

gpiochip64 디렉터리를 살펴보면 아래와 같은 파일 리스트를 볼 수 있다.

```
root@wb:~# ls /sys/class/gpio/gpiochip64/
base device label ngpio power subsystem uevent
```

ngpio 파일은 관리하는 GPIO 파일 개수를 가진다.

```
root@wb:~# cat /sys/class/gpio/gpiochip64/ngpio
32
```

base 파일은 첫 번째 관리되는 GPIO 번호를 가지며, gpiochip64는 64가 된다.

```
root@wb:~# cat /sys/class/gpio/gpiochip64/base
64
```

 GPIO 제어 칩은 GPIO 라인과 물리적으로 연결돼 있으며, GPIO 라인의 상태를 제어하는 회로다. 이는 I²C, SPI 제어기, 각 제어기와 연결된 디바이스의 관계와 비슷하다.

여기서 가장 중요한 파일은 export와 unexport다. 이 파일들은 각 파일에 GPIO 번호를 써서 GPIO 제어를 사용자 영역에 내보낼 것인지를 결정할 때 사용한다.

예를 들어, Wandboard의 gpio91을 사용하려면 아래와 같은 명령어를 사용해야 한다.

```
root@wb:~# echo 91 > /sys/class/gpio/export
root@wb:~# ls /sys/class/gpio/
export      gpiochip0      gpiochip160    gpiochip32     gpiochip96
gpio91      gpiochip128    gpiochip192    gpiochip64     unexport
```

gpio91 엔트리가 /sys/class/gpio/에 생성된다는 것을 알 수 있다. gpio91이 더 이상 필요 없다면 아래와 같은 명령어로 엔트리를 제거해야 한다.

```
root@wb:~# echo 91 > /sys/class/gpio/unexport
root@wb:~# ls /sys/class/gpio/
export      gpiochip128    gpiochip192    gpiochip64     unexport
gpiochip0   gpiochip160    gpiochip32     gpiochip96
```

다른 용도로 GPIO가 예약돼 있는 상태에서 내보내기를 하면 아래와 같은 에러를 보게 된다는 점에 유의하자.

```
root@wb:~# echo 70 > /sys/class/gpio/export
-bash: echo: write error: Invalid argument
```

이 에러는 GPIO가 이미 내보내기돼 있거나, 커널이 점유하고 있거나, 특별한 pinmux 설정 때문에 사용하지 못할 경우에 발생한다. /sys/kernel/debug/gpio 파일에서 어떤 GPIO가 이미 사용하고 있고, 사용하고 있지 않은지 알 수 있다. Wandboard에서는 아래와 같다.

```
root@wb:~# cat /sys/kernel/debug/gpio
GPIOs 0-31, platform/209c000.gpio, 209c000.gpio:
gpio-2   (            |cd            ) in hi
gpio-26  (            |wl_reg_on     ) out hi
gpio-29  (            |wl_host_wake  ) in hi
gpio-30  (            |wl_wake       ) out hi
GPIOs 32-63, platform/20a0000.gpio, 20a0000.gpio:
gpio-62  (            |spi_imx       ) out hi
GPIOs 64-95, platform/20a4000.gpio, 20a4000.gpio:
gpio-73  (            |cd            ) in lo
gpio-93  (            |phy-reset     ) out hi
GPIOs 96-127, platform/20a8000.gpio, 20a8000.gpio:
GPIOs 128-159, platform/20ac000.gpio, 20ac000.gpio:
gpio-148 (            |bt_host_wake  ) in hi
gpio-149 (            |bt_on         ) out hi
gpio-158 (            |bt_wake       ) out hi
gpio-159 (            |wl_ref_on     ) out hi
GPIOs 160-191, platform/20b0000.gpio, 20b0000.gpio:
gpio-160 (            |wl_rst_n      ) out hi
GPIOs 192-223, platform/20b4000.gpio, 20b4000.gpio:
```

이제 gpio91을 내보내기하고, 해당 제어 파일을 확인해보자. 사실 새로 생성된 gpio91 엔트리는 디렉터리고, 아래와 같은 파일을 가진다.

```
root@wb:~# echo 91 > /sys/class/gpio/export
root@wb:~# ls /sys/class/gpio/gpio91/
active_low device direction edge power subsystem uevent value
```

여기서 중요한 파일은 direction, value, edge, active_low고, 아래와 같은 의미를 갖는다.

- **direction**: GPIO 라인의 방향을 in 혹은 out으로 지정한다. 읽기의 경우, in 혹은 out 문자열을 반환하고, out으로 쓰기를 할 경우 디폴트로 low 값을 설정한다(low와 high 문자열은 GPIO를 원하는 상태로 설정할 때 결함 없는 동작을 보장하기 위해 사용한다).
- **value**: 입력으로 설정되면 GPIO 라인 입력 상태를 반환하고, 출력으로 설정되면 GPIO 라인 상태를 0(low 상태를 위해) 혹은 1(high 상태를 위해)로 설정한다. 핀이 IRQ 라인으로 설정되고 핀이 인터럽트를 생성하도록 설정되면(edge 설명 참고), 해당 파일에 poll( )을 사용해 인터럽트가 발생했다는 것을 알 수 있다(아래 참고).
- **edge**: none이나 rising, falling, both 중 하나로 읽힌다. 이 문자열을 쓰면 신호 edge를 선택할 수 있고, value 파일 반환값을 poll( )로 얻어올 수 있다.
- **active_low**: 0(false) 혹은 1(true)로 반환되며, 0이 아닌 값을 사용해 읽고 쓸 때 값 속성을 반전할 수 있다.

▌ GPIO 사용하기

이제 명령어 라인(Bash 사용)과 C 언어로 GPIO를 사용하는 방법을 살펴보자.

Bash

이제 GPIO 예제를 살펴볼 차례다. 아래는 아주 간단한 사용 예로서 Wandboard의 gpio91을 사용해 LED를 끄거나 켤 수 있다. 회로는 아래와 같다.

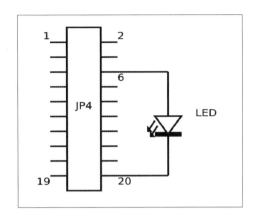

GPIO 라인은 LED를 제어하기 위해 출력으로 설정해야 하므로 /sys/class/gpio/
gpio91/direction 파일에 out을 써야 한다. 그러나 LED의 디폴트 상태를 정확히 지정하
기 원한다면 아래와 같이 low로 쓰는 것이 좋다.

```
root@wb:~# echo low > /sys/class/gpio/gpio91/direction
```

 low 값이 out 설정의 디폴트라는 것을 알아챘을 것이다. 그러나 위처럼 명시적인 설정은 개
발자의 의도를 명확히 말해주기 때문에 코드의 가독성을 높여준다.

LED는 아직 꺼져 있는 상태고, 아래와 같이 value 파일에 1이나 0을 쓰면 LED를 켜거나
켤 수 있다.

```
root@wb:~# echo 1 > /sys/class/gpio/gpio91/value
root@wb:~# echo 0 > /sys/class/gpio/gpio91/value
```

위 명령어를 실행한 후 LED는 다시 꺼지게 되고, /sys/class/gpio/gpio91/active_low
파일을 보면 아래와 같다.

```
root@wb:~# cat /sys/class/gpio/gpio91/active_low
0
```

이는 GPIO가 active low가 아니라는 의미고, 이 동작을 수정하면 모든 것이 변한다.

```
root@wb:~# echo 1 > /sys/class/gpio/gpio91/active_low
```

이제 LED는 아직 꺼져 있지만 value 파일의 동작은 LED를 켤 때 0, LED를 끌 때 1을 쓰는 방식으로 바뀌어 있다(위와 반대).

```
root@wb:~# echo 0 > /sys/class/gpio/gpio91/value
```

위에서 LED는 켜지고, 아래와 같은 명령어로 끌 수 있다.

```
root@wb:~# echo 1 > /sys/class/gpio/gpio91/value
```

이제 외부 신호에 의해 GPIO가 설정될 때 GPIO의 상태를 읽어보자. 입력 상태를 0(GND)에서 1(VCC)로 바꾸기 위해 아래 그림처럼 스위치를 gpio24에 연결할 수 있다.

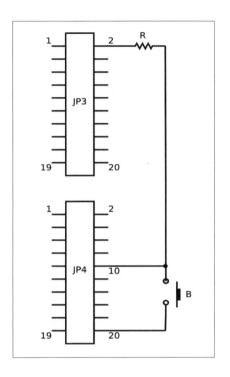

 Vcc 핀은 5V(JP4 커넥터에 있는)가 아니라 3.3V(JP3 커넥터에 있는)에 연결돼야 한다는 점에 유의해야 한다. 또한 10KΩ을 가진 R 저항을 붙이는 것도 고려하자.

B 버튼이 눌리지 않으면 GPIO 입력은 Vcc로 설정되고 논리적으로 1이 되며, 눌리면 GPIO 입력은 GND로 설정되고 논리적으로 0이 된다. 이제 GPIO를 입력으로 설정한 후, 버튼이 눌리지 않았을 때 논리적으로 1이 되는지 검증하기 위해 GPIO의 상태를 읽어보자.

```
root@wb:~# echo 24 > /sys/class/gpio/export
root@wb:~# echo in > /sys/class/gpio/gpio24/direction
root@wb:~# cat /sys/class/gpio/gpio24/value
1
```

이제 버튼을 누르고 GPIO 상태를 다시 읽어보자.

```
root@wb:~# cat /sys/class/gpio/gpio24/value
0
```

만약, 현재의 반대 회로보다 직접 회로를 원한다면 아래와 같이 active_low 파일을 1로 설정해야 한다.

```
root@wb:~# echo 1 > /sys/class/gpio/gpio24/active_low
```

이제 버튼이 눌리지 않았을 때 GPIO를 읽어보면 아래와 같다.

```
root@wb:~# cat /sys/class/gpio/gpio24/value
0
```

버튼이 눌렸을 때의 결과는 아래와 같다.

```
root@wb:~# cat /sys/class/gpio/gpio24/value
1
```

이 절을 끝내기 전, 이 절의 처음에 언급했던 SAMA5D3 Xplained 보드의 GPIO 이름에 대해 짚고 넘어갈 부분이 있다. 그 이유는 GPIO를 내보내기한 후 SAMA5D3 Xplained 의 GPIO 이름이 이전과는 약간 다르기 때문이다. 차이를 간단히 보기 위해 SAMA5D3 Xplained 보드로 바꾸고, PA22 핀으로 연결된 gpio22를 내보내기한 후 해당 GPIO와 관련된 새로운 엔트리 이름을 살펴보자.

```
root@a5d3:~# echo 22 > /sys/class/gpio/export
root@a5d3:~# ls /sys/class/gpio/
export gpiochip128 gpiochip64 pioA22
```

```
gpiochip0 gpiochip32 gpiochip96 unexport
```

위에서 확인할 수 있듯이 새로운 엔트리는 Wandboard에서의 gpio22가 아니라 핀 이름을 반영한 pioA22다. 이 작은 차이와는 별개로 GPIO 제어 디렉터리에 있는 파일들은 모두 유효하다. 이전과 동일한 파일들을 볼 수 있다.

```
root@a5d3:~# ls /sys/class/gpio/pioA22/
active_low device direction edge power subsystem uevent value
```

C

이제 좀 더 깊게 들어가기 위해 C 프로그램에서 GPIO를 관리하는 방법에 대한 예제를 살펴보자. 이 프로그램은 poll() 시스템 콜을 사용해 어떤 GPIO의 내부 상태가 변했는지 알아낸다. 개발자는 C 언어를 사용해 Bash 스크립트보다 빠르게 GPIO를 읽고 쓰는 동작의 응답성을 얻을 수 있다. 최상의 성능을 위해서는 커널 영역으로 스위치해야 하지만(다음 절 참고) C 프로그래밍을 사용하면 다양한 공통 작업을 해결할 수 있다.

이 예제에서 GPIO 상태를 변경하기 위해 몇 가지 기법을 사용할 수 있다. 그러나 가장 쉽고 빠른 방법은 이전과 같이 버튼을 사용하는 것이다. 두 버튼을 이전 연결과 똑같이 만들고, 이 책의 예제 코드 저장소에 있는 chapter_05/gpio-poll/gpio-poll.c 파일을 사용해 버튼이 눌리는 것을 알 수 있다.

테스트를 시작하기 전에 코드를 간략히 살펴보자. 먼저 아래를 보자.

```
#define NAME              program_invocation_short_name
#define SYSFS_GPIO_DIR    "/sys/class/gpio"
#define POLL_TIMEOUT      (1 * 1000) /* in ms */
/* Some useful GPIO defines */
#define GPIO_IN               0
```

```
#define GPIO_OUT           1
#define GPIO_NONE          "none"
#define GPIO_RISING        "rising"
#define GPIO_FALLING       "falling"
#define GPIO_BOTH          "both"
```

첫 번째 그룹에서는 일반적인 정의를 볼 수 있다. SYSFS_GPIO_DIR은 GPIO 관리를 위한 일반적인 sysfs 디렉터리를 가리킨다. 그리고 두 번째 그룹에서는 리눅스 GPIO 서브시스템에서 사용하는 유용한 상수들을 볼 수 있다.

그리고 GPIO 이름 변환 함수를 위한 GPIO 번호가 있다. 이는 Atmel 비표준 이름을 유지하는 데 필요하다.

```
#ifdef _ATMEL_GPIOS
char *lut[] = {
    [57] = "pioB25",
    [58] = "pioB26",
    [59] = "pioB27",
};
#else /* ! _ATMEL_GPIOS */
char *lut[] = {
    [24] = "gpio24",
    [91] = "gpio91",
    [191] = "gpio191",
    [200] = "gpio200",
};
#endif /* _ATMEL_GPIOS */
char *gpio2name(int gpio)
{
    BUG_ON(gpio < 0);
    /* gpio 인덱스가 범위를 넘었는지와 luxp[ ] 배열에 해당하는 엔트리가 정의됐는지 확인하자.
    */
    if (gpio >= ARRAY_SIZE(lut) || lut[gpio] == NULL) {
        err("unable to get GPIO%d name! "
```

```
        "Consider to fix up the lut[] array", gpio);
        BUG();
    }
    return lut[gpio];
}
```

lut[] 룩업 테이블^{look-up-table}은 _ATMEL_GPIOS 정의에 따라 다르게 정의되며, 이 정의는 아래 코드와 같이 Makefile의 컴파일러 CFLAGS 옵션에 자동으로 추가(혹은 삭제)된다.

```
MACHINE = $(shell awk '/Hardware/ { print $$3 }' < /proc/cpuinfo)
ifeq ($(MACHINE),Atmel)
    CFLAGS += -D_ATMEL_GPIOS
endif
```

 위 코드는 이 책의 예제 코드 저장소에 있는 chapter_05/gpio-poll/Makefile 파일에 있다.

/proc/cpuinfo 파일에서 하드웨어 제조사 이름을 얻기 때문에 코드는 간단하다. 사실 Wandboard에서 해당 정보는 아래와 같다.

```
root@wb:~# cat /proc/cpuinfo | tail -3
Hardware        : Freescale i.MX6 Quad/DualLite (Device Tree)
Revision        : 0000
Serial          : 0000000000000000
```

SAMA5D3 Xplained에서는 아래와 같다.

```
root@a5d3:~# cat /proc/cpuinfo | tail -3
Hardware     : Atmel SAMA5
Revision     : 0000
Serial       : 0000000000000000
```

이 시나리오에서 gpio2name( ) 함수는 머신의 종류에 따라 올바른 룩업 테이블 설정을 갖게 될 것이다.

룩업 테이블은 완벽하지 않을 수 있고, 가장 효율적인 해법이 아닐 수 있다. 하지만 룩업 테이블을 이용하면 사용할 수 있는 GPIO 라인들에 제약을 걸 수 있기 때문에 다른 GPIO에 의도하지 않은 접근을 막을 때 유용하다. 이를 위해 이 함수는 gpio 인덱스가 범위를 벗어났거나 lut[ ] 배열의 해당 엔트리가 NULL인 경우, BUG( ) 조건을 반환한다.

GPIO 변환 함수 다음으로 GPIO 관리 함수가 뒤따른다. 예제로서 GPIO 관리 함수에 대한 설명을 덧붙인다. gpio_export( ) 함수는 GPIO 라인을 내보내기 위해 사용하며, 이는 아래와 같다.

```
int gpio_export(unsigned int gpio)
{
    int fd, len;
    char *buf;
    fd = open(SYSFS_GPIO_DIR "/export", O_WRONLY);
    if (fd < 0)
        return fd;
    len = asprintf(&buf, "%d", gpio);
    BUG_ON(len < 0);
    write(fd, buf, len);
    close(fd);
    free(buf);
    return 0;
}
```

436

위 코드에서 볼 수 있듯이, 해당 함수는 간단히 echo 명령어를 통해 했던 것처럼 /sys/class/gpio/export 파일에 쓰는 역할을 한다. 아래 gpio_set_dir() 함수는 GPIO의 방향을 설정하는 데 사용된다.

```c
int gpio_set_dir(unsigned int gpio, unsigned int out_flag)
{
    int fd, len;
    char *buf;
    len = asprintf(&buf, SYSFS_GPIO_DIR "/%s/direction",
    gpio2name(gpio));
    BUG_ON(len < 0);
    fd = open(buf, O_WRONLY);
    if (fd < 0) {
        free(buf);
        return fd;
    }
    if (out_flag)
        write(fd, "out", 4);
    else
        write(fd, "in", 3);
    free(buf);
    close(fd);
    return 0;
}
```

이 함수 역시 이전에 /sys/class/gpio/gpioXX/direction 파일에 했던 것과 동일한 역할을 한다. 그리고 마지막 예제로서 gpio_get_value() 함수는 /sys/class/gpio/gpioXX/value 파일에 했던 방식과 동일하게 GPIO의 상태를 읽는 데 사용된다.

```c
int gpio_get_value(unsigned int gpio, unsigned int *value)
{
    int fd, len, n;
    char *buf;
```

```
        char ch;
        len = asprintf(&buf, SYSFS_GPIO_DIR "/%s/value", gpio2name(gpio));
        BUG_ON(len < 0);
        fd = open(buf, O_RDONLY);
        if (fd < 0)
            return fd;
        n = read(fd, &ch, 1);
        *value = ch != '0' ? 1 : 0;
        free(buf);
        close(fd);
        return n;
}
```

그리고 나머지 GPIO 함수인 gpio_fd_open( )은 GPIO value 파일을 열고 해당 파일 디스크립터를 반환한다. 이 함수는 poll( ) 시스템 콜의 데이터 구조를 설정할 때 사용한다.

usage( ) 함수는 명령어의 사용법과 lut[ ] 배열에 추가한 지원 GPIO 리스트를 출력한다.

그리고 main( ) 함수가 뒤따른다. 먼저 모든 신호 핸들러와 cleanup 함수를 등록해 종료시 정리될 수 있도록 하며(cleanup 함수와 SIGTERM, SIGINT 핸들러는 /sys/class/gpio 디렉터리의 GPIO 설정을 복구하는 데 사용하며, 내보내진 GPIO 라인들을 모두 취소한다), 이후 명령어 옵션을 확인한다.

```
/* 깔끔한 종료를 위해 시그널 핸들러를 등록한다.
*/
atexit(cleanup);
sig_h = signal(SIGTERM, sighand_exit); /* clean up on SIGTERM */ if
(sig_h == SIG_ERR) {
    err("unable to catch SIGTERM");
    exit(EXIT_FAILURE);
}
sig_h = signal(SIGINT, sighand_exit);
if (sig_h == SIG_ERR) {
```

```
        err("unable to catch SIGINT");
        exit(EXIT_FAILURE);
    }
    /* 명령어를 확인하자. */
    while (1) {
        /* 'getopt_long'은 여기서 옵션 인덱스를 저장한다. */
        int option_index = 0;
        c = getopt_long(argc, argv, "hd",
            long_options, &option_index);
        /* 옵션의 끝을 찾는다. */
        if (c == -1)
            break;
        switch (c) {
        case 0:
            /* 이 옵션이 플래그를 설정하면 지금은 아무런 작업도 하지 않는다. */
            BUG_ON(long_options[option_index].flag == NULL);
            break;
        case 'h': /* --도움말 */
            usage();
        case 'd': /* --디버그 */
            enable_debug++;
            break;
        case ':':
            /* "getopt_long"은 이미 에러 메시지를 출력했다. */
            exit(EXIT_FAILURE);
        case '?':
            /* "getopt_long"은 이미 에러 메시지를 출력했다. */
            err("unrecognized option \"%s\"", argv[optind - 1]);
            exit(EXIT_FAILURE);
        default:
            BUG();
        }
    }
    dbg("debug is on (level=%d)", enable_debug);
```

명령어 옵션을 확인한 후 테스트 시 사용할 2개의 GPIO 라인을 읽어야 한다.

```
/* 남은 명령어 아규먼트(옵션 아님)를 파싱한다. */
argc -= optind;
argv += optind;
if (argc < 2)
    usage();
for (i = 0; i < 2; i++) {
    ret = sscanf(argv[i], "%d", &gpio[i]);
    if (ret != 1) {
        err("invalid entry "%s"", argv[i]);
        exit(EXIT_FAILURE);
    }
    info("got GPIO%d named as %s", gpio[i],
    gpio2name(gpio[i]));
}
```

이제 gpio[] 배열에서 테스트 시 사용할 GPIO 개수가 있고, 각 GPIO를 입력 파형의 하강 에지falling edge를 감지할 수 있는 입력 핀으로 프로그램하기 위해 관련 설정을 해야 한다. 아래는 이를 위한 코드다.

```
for (i = 0; i < 2; i++) {
    ret = gpio_export(gpio[i]);
    if (ret < 0) {
        err("unable to export GPIO%d", gpio[i]);
        exit(EXIT_FAILURE);
    }
    ret = gpio_set_dir(gpio[i], GPIO_IN);
    if (ret < 0) {
        err("unable to set direction for GPIO%d", gpio[i]);
        exit(EXIT_FAILURE);
    }
    ret = gpio_set_edge(gpio[i], GPIO_FALLING);
```

```
    if (ret < 0) {
        err("unable to set edge for GPIO%d", gpio[i]);
        exit(EXIT_FAILURE);
    }
    ret = gpio_fd_open(gpio[i]);
    if (ret < 0) {
        err("unable to open GPIO%d", gpio[i]);
        exit(EXIT_FAILURE);
    }
    gpio_fd[i] = ret;
}
```

위 코드는 Bash 명령어로, 이전 예제에서 했던 똑같은 단계를 볼 수 있으며, poll( )과 같이 사용할 /sys/class/gpio/gpioXX/value 파일 중 2개 파일의 디스크립터를 얻는 데 필요한 gpio_fd_open( ) 함수를 마지막으로 호출한다.

이제 main 루프를 분석해보자.

```
while (1) {
    /* fdset 데이터 구조를 설정한다. */
    memset((void*) fdset, 0, sizeof(fdset));
    for (i = 0; i < 2; i++) {
        fdset[i].fd = gpio_fd[i];
        fdset[i].events = POLLPRI;
    }
    /* 타임아웃 값과 함께 poll( )을 수행한다. */
    ret = poll(fdset, 2, POLL_TIMEOUT);
    BUG_ON(ret < 0);
    if (ret == 0) {
        /* IRQ를 받은 것이 없다.
         * 디버그가 활성화되면 GPIO 상태를 출력한다.
         * 그렇지 않다면 "."을 출력한다.
         */
        if (enable_debug) {
```

```
        for (i = 0; i < 2; i++) {
            ret = gpio_get_value(gpio[i], &val);
            BUG_ON(ret < 0);
            dbg("read() GPIO%d=%d", gpio[i], val);
        }
    } else {
        printf(".");
        fflush(stdout);
    }
} else {
    /* IRQ 받음! 새로운 GPIO 상태를 출력한다. */
    for (i = 0; i < 2; i++) {
        if (fdset[i].revents & (POLLPRI | POLLERR)) {
            ret = lseek(fdset[i].fd, SEEK_SET, 0);
            BUG_ON(ret < 0);
            ret = read(fdset[i].fd, &v, 1);
            BUG_ON(ret < 1);
            if (ret == 1) {
                info("poll() GPIO%d=%c", gpio[i], v);
            }
        }
    }
}
}
```

코드는 꽤 간단하다. 먼저 poll( ) man에서 요구하는 것처럼, poll( ) 데이터 구조를 설정한다(스크린샷screenshot이 여기에 첨부된다). 그리고 poll( ) 시스템 콜을 호출하고 반환값을 검사한다. 타임아웃의 경우 인터럽트를 받지 않고 점(.)을 찍고, 인터럽트의 경우 poll( )은 갖고 있는 GPIO를 반환하고 해당 GPIO 상태를 찍는다. 상태를 올바르게 읽으려면 lseek( )을 먼저 호출한 후 데이터를 읽기 위해 read( ) 시스템 콜을 호출해야 한다는 점에 유의하자.

이제 코드를 실행해보자. 먼저 Wandboard에서 직접 make를 호출해 컴파일해야 하고, 사용법 메시지를 호출해 테스트를 시작하자.

```
root@wb:~/gpio-poll# ./gpio-poll -h
usage: gpio-poll [--help|-h] [--debug|-d] gpio1# gpio2#
    Supported GPIOs are:
        GPIO24 named as gpio24
        GPIO91 named as gpio91
        GPIO191 named as gpio191
        GPIO200 named as gpio200
```

the SAMA5D3 Xplained에서 같은 프로그램을 컴파일하고 실행하면 아래와 같은 메시지를 볼 수 있다.

```
root@a5d3:~/gpio-poll# ./gpio-poll -h
usage: gpio-poll [--help|-h] [--debug|-d] gpio1# gpio2#
    Supported GPIOs are:
        GPIO57 named as pioB25
        GPIO58 named as pioB26
        GPIO59 named as pioB27
```

그리고 gpio91과 gpio24에 2개의 버튼이 연결돼 있다고 가정하면(위 회로 사용), 아래와 같은 명령어를 실행해야 한다.

```
root@wb:~/gpio-poll# ./gpio-poll 91 24
gpio-poll: got GPIO91 named as gpio91
gpio-poll: got GPIO24 named as gpio24
gpio-poll: poll() GPIO91=1
gpio-poll: poll() GPIO24=1
...
```

그리고 프로그램은 버튼을 누를 때까지 점(.) 문자를 계속 찍을 것이다. 버튼이 눌리면 아래와 같은 메시지를 볼 수 있다.

```
......gpio-poll: poll() GPIO91=0
..gpio-poll: poll() GPIO24=0
```

GPIO 상태가 0으로 변경됐고, 이는 버튼이 눌렸다는 것을 의미한다.

흥미로운 부분은 프로그램 동작 중에 다른 터미널 윈도우를 사용해 /sys/class/gpio 디렉터리를 살펴보면, 디렉터리의 내용이 사용하는 GPIO에 따라 변하는 것을 알 수 있다.

```
root@wb:~# ls /sys/class/gpio/
export gpio91 gpiochip128 gpiochip192 gpiochip64 unexport
gpio24 gpiochip0 gpiochip160 gpiochip32 gpiochip96
root@wb:~# cat /sys/class/gpio/gpio*/direction
in
in
root@wb:~# cat /sys/class/gpio/gpio*/value
1
1
```

그러나 Ctrl + C를 눌러 프로그램을 중지시키면 모든 값들은 초기 상태로 돌아온다.

■ 스크립트 언어에서 GPIO 사용하기

스크립트 언어에서 쉬운 방식으로 GPIO 라인을 관리할 수 있다는 것은 이 주변 장치와 관련된 간단한 작업을 빠르게 처리할 수 있는 강력한 도구를 제공한다는 것을 의미한다. 따라서 이번 절에서는 PHP와 파이썬 스크립트 언어를 사용해 C에서 처리했던 것과 비슷한 방식으로 GPIO 라인을 관리하는 방법을 살펴본다.

그러나 코드를 간단하게 만들기 위해 gpio24와 gpio91 2개의 GPIO 라인은 이미 내보내기돼 있다고 가정한다. 예를 들어, 아래와 같은 명령어로 2개의 GPIO를 올바르게 설정할 수 있다.

```
root@wb:~# echo 24 > /sys/class/gpio/export
root@wb:~# echo in > /sys/class/gpio/gpio24/direction
root@wb:~# echo falling > /sys/class/gpio/gpio24/edge
root@wb:~# echo 91 > /sys/class/gpio/export
root@wb:~# echo in > /sys/class/gpio/gpio91/direction
root@wb:~# echo falling > /sys/class/gpio/gpio91/edge
```

이제 GPIO 라인은 poll( )에 비슷한 함수를 수행하는 아래 2개의 프로그램에서 사용할 준비가 됐다. PHP와 파이썬 함수는 poll( )과 비슷한 select( ) 시스템 콜을 기반으로 한다. C 언어와 연관돼 있지만, PHP와 파이썬 버전은 거의 비슷하다.

PHP

GPIO 라인이 입력으로 설정되고 하강 에지를 감지하도록 설정되면, select( ) 시스템 콜을 사용한 GPIO를 관리하는 PHP는 아래와 같이 작성된다.

```php
#!/usr/bin/php
<?php
    define("gpio24", "/sys/class/gpio/gpio24/value");
    define("gpio91", "/sys/class/gpio/gpio91/value");
    # Get the GPIOs streams
    $stream24 = fopen(gpio24, 'r');
    $stream91 = fopen(gpio91, 'r');
    while (true) {
        # Set up stream sets for the select()
        $read = NULL;
        $write = NULL;
        $exept = array($stream24, $stream91);
        # IRQ를 기다림(타임아웃 없이)...
        $ret = stream_select($read, $write, $exept, NULL);
        if ($ret < 0)
            die("stream_select: error");
```

```
        foreach ($exept as $input => $stream) {
            # GPIO 상태 읽기
            fseek($stream, 0, SEEK_SET);
            $status = intval(fgets($stream));
            # "/sys/class/gpio/gpioXX/value"에서 파일 이름 읽기
            $meta_data = stream_get_meta_data($stream);
            $gpio = basename(dirname($meta_data["uri"]));
            printf("$gpio status=$statusn");
        }
    }
?>
```

 이 코드는 이 책의 예제 코드 저장소에 있는 chapter_05/gpio-poll.php 파일에 있다.

코드는 간단하다. 먼저 fopen( ) 함수를 사용해 2개의 GPIO 관련 스트림을 얻는다. 그리고 간단히 내부적으로 select( )를 사용해 동작하는 stream_select( ) 함수를 호출한다 (이 함수는 C에서의 함수와 상당히 비슷하다). stream_select( )에서 어떤 GPIO가 IRQ를 생성하는지 보기 위해 $exept 스트림들을 반복한다.

 타임아웃 파라미터를 NULL로 설정해 타임아웃을 비활성화하고 가능한 한 코드를 간단히 만들었다.

코드를 테스트하면 아래와 같다.

```
root@wb:~# ./gpio-poll.php
gpio24 status=1
gpio91 status=1
```

그리고 버튼을 누르면 아래와 같은 메시지를 볼 수 있다.

```
gpio24 status=0
gpio91 status=0
```

 위 예제에서 버튼을 한 번만 눌러도 여러 출력 메시지를 볼 수 있는데, 이는 이전에 설명했듯이 시그널 바운스(signal bounce) 현상 때문이다.

```
gpio24 status=1
gpio91 status=1
```

파이썬

파이썬 언어로 select( ) 시스템 콜을 사용해 GPIO 라인을 관리하는 코드는 아래와 같다.

```python
# !/usr/bin/python
from __future__ import print_function
import os
import sys
import select
gpio24 = "/sys/class/gpio/gpio24/value"
gpio91 = "/sys/class/gpio/gpio91/value"
# GPIO 스트림 얻기
stream24 = open(gpio24, 'r');
stream91 = open(gpio91, 'r');
while True :
    # select( )를 위한 스트림 집합 설정
    read = []
```

```
write = []
exept = [stream24, stream91]
# IRQ 기다림(타임아웃 없이)...
r, w, e = select.select(read, write, exept)
for i, input in enumerate(e) :
    # GPIO 상태 읽기
    input.seek(0, 0)
    status = input.read().rstrip("n")
    # "/sys/class/gpio/gpioXX/value"에서 파일 이름 읽기
    path = os.path.dirname(inpul.name)
    gpio = os.path.basename(path)
    print("%s status=%s" % (gpio, status))
```

 이 코드는 이 책의 예제 코드 저장소에 있는 chapter_05/gpio-poll.py 파일에 있다.

이 코드 역시 간단하다. open() 함수를 사용해 2개의 스트림을 얻은 후, 이전과 비슷한 방식으로 select.select() 함수로 넘겨준다. 1개 이상의 exept 스트림이 새로운 IRQ를 받으면 관련 GPIO 상태를 보여주며, exept 스트림을 반복한다.

 타임아웃을 비활성화하고 코드를 간단히 하기 위해 이번에도 타임아웃을 생략했다.

파이썬의 select.select() 함수는 C의 관련 함수와 매우 유사하다.

이제 프로그램을 시작하면 아래와 같은 메시지를 볼 수 있다.

```
root@wb:~# ./gpio-poll.py
gpio24 status=1
gpio91 status=1
```

그리고 버튼을 누르면 아래와 같은 메시지를 볼 수 있다.

```
gpio91 status=0
gpio24 status=0
```

 이 경우에도 역시 이전에 언급했던 바운싱 현상을 볼 수 있다.

■ 커널에서 GPIO 관리

사용자 영역에서 1개 이상의 GPIO 라인을 관리할 수 있다는 것은 매우 중요하다. 이는 개발자 업무를 획기적으로 줄여주기 때문이다. 그러나 어떤 상황에서는 사용자 영역에서 처리하는 것이 좋지 않을 수도 있다. 3장, 'C 컴파일러와 디바이스 드라이버, 유용한 개발 테크닉'의 '디바이스 드라이버 작성' 절에서 2개의 GPIO 라인을 사용하는 커널 드라이버를 소개할 때 이미 살펴봤듯이, 펄스 이벤트가 특정 주파수 이상으로 올라가면 사용자 영역 애플리케이션은 더 이상 적합하지 않고, GPIO 관리는 커널 내에서 해야 한다.

그러나 커널 영역 내에서 처리해야 하는 것이 꼭 속도 때문만은 아니다. 또 다른 이유는 커널이 개발자에게 제공하는 추상화 레벨이다. 사실 이미 살펴봤듯이 간단한 GPIO 라인은 몇 가지 트리거로 관리되는 능력을 가진 LED 디바이스로 추상화될 수 있다(간단한 예제는 3장, 'C 컴파일러와 디바이스 드라이버, 유용한 개발 테크닉'의 '디바이스 트리' 절을 참고하고, 좀 더 자세한 설명은 다음 절을 참고하자). 또한 GPIO 라인은 입력 디바이스(즉, 키보드)나 더 복잡한 디바이스로 추상화될 수도 있다. 입력 디바이스로서 GPIO 예제는 6장에서 살펴보고, 복잡한 디바이스로서의 GPIO는 11장, '1 Wire – W1'의 'GPIO 인터페이스 사용' 절에서 GPIO를 사용해 단선(W1) 제어기를 구현하는 것을 살펴보자.

GPIO를 사용한 입력 디바이스

이 절은 gpio-poll.c 프로그램 동작과 특별한 동작(키보드 이벤트 생성)을 커널 영역에서 에뮬레이션하는 커널 코드를 제공한다. 이는 커널에서 GPIO 상태 이벤트를 캡처^{capture}하는 것이 얼마나 쉬운지 보여준다. 사실 이 환경에서는 poll( ) 시스템 콜을 사용할 필요가 없고, 메인 루프도 구현할 필요가 없다. 단지 IRQ 핸들러만 등록하면 나머지는 커널이 처리해줄 것이다.

입력 디바이스는 이 이벤트들을 생성하고 관리하며, 이 디바이스는 키보드와 마우스, 터치 스크린, 다른 사용자 입력 디바이스로부터 이벤트를 생성하는 모든 주변 장치 전용 디바이스 클래스다.

 좀 더 자세한 정보는 https://www.kernel.org/doc/Documentation/input/input.txt를 참고하자.

여기서 사용하는 코드는 이 책의 예제 코드 저장소에 있는 chapter_06/gpio-irq/gpio-irq.c 파일에 있고, 3장, 'C 컴파일러와 디바이스 드라이버, 유용한 개발 테크닉'의 '디바이스 드라이버 작성' 절의 pulse 커널 모듈을 만들 때 했던 것과 동일한 방식으로 컴파일할 수 있다.

```
$ make KERNEL_DIR=~/WB/armv7-multiplatform/KERNEL/
```

모든 것이 정상 동작한다면, 새 커널 모듈인 gpio-irq.ko를 얻을 수 있다. 이 모듈을 테스트하기 전에 모듈이 어떻게 동작하는지 이해하기 위해 코드를 살펴보자.

첫 번째로 3장, 'C 컴파일러와 디바이스 드라이버, 유용한 개발 테크닉'의 '디바이스 드라이버 작성' 절에서처럼 이번에는 DTS 파일을 사용하지 않았고, 사용할 GPIO 라인을 선언하기 위해 gpios 이름의 모듈 파라미터를 사용했다는 점에 유의하자. 아래 코드에서

gpio 파라미터를 2차 배열로 선언하는 방법을 배울 수 있고, 디버깅 레벨을 설정하기 위한 추가 파라미터(debug) 정의를 볼 수 있다. 이런 방식으로 이전의 사용자 영역 프로그램에서 했던 것처럼 명령어 라인으로 테스트에 사용할 GPIO를 선언할 수 있다.

```
static int debug;
module_param(debug, int, S_IRUSR | S_IWUSR | S_IRGRP | S_IWGRP);
MODULE_PARM_DESC(int, "Set to 1 to enable debugging messages");

static int ngpios;
static int gpios[2] = { -1 , -1 };
module_param_array(gpios, int, &ngpios,
                   S_IRUSR | S_IWUSR | S_IRGRP | S_IWGRP);
MODULE_PARM_DESC(gpios, "Defines the GPIOs number to be used as a "
                       "list of numbers separated by commas.");
```

이 코드는 커널 모듈에 modinfo 유틸리티를 사용할 때 아래와 같은 메시지를 생성한다.

```
$ modinfo gpio-irq.ko
filename:        /home/giometti/github/chapter_06/gpio-irq/gpio-irq.ko
version:         0.0.1
license:         GPL
description:     GPIO IRQ module
author:          Rodolfo Giometti <giometti@hce-engineering.com>
srcversion:      F23DF96F9CCBAE41BEE6F59
depends:
vermagic:        4.4.7-armv7-x6 SMP mod_unload modversions ARMv7 p2v8
parm:            debug:int
parm:            int:Set to 1 to enable debugging messages
parm:            gpios:Defines the GPIOs number to be used as a list of numbers
separated by commas. (array of int)
```

그리고 마지막까지 모든 코드를 넘어가면(곧 다시 돌아와 살펴본다) module_init( )와 module_exit( ) 함수를 찾을 수 있다.

```
static int __init gpioirq_init(void)
{
    int i;
    int ret;
    /* 제공된 GPIO 개수 확인 */
    if (ngpios != 2) {
        usage();
        ret = -EINVAL;
        goto exit;
    }
    /* GPIO 요청하고 필요하면 해당 GPIO 설정 */
    for (i = 0; i < 2; i++) {
        dbg("got GPIO%d", gpios[i]);
        /* GPIO 회선이 사용 가능한가? */
        ret = gpio_request(gpios[i], NAME);
        if (ret) {
            err("unable to request GPIO%dn", gpios[i]);
            goto free_gpios;
        }
        keys[i].gpio = gpios[i];
        /* 사용 가능하면 해당 라인 입력으로 설정 */
        gpio_direction_input(gpios[i]);
        /* IRQ가 가능한 GPIO인가? */
        ret = gpio_to_irq(gpios[i]);
        if (ret < 0) {
            err("GPIO%d is not IRQ capablen", gpios[i]);
            ret = -EINVAL;
            goto free_gpios;
        }
        keys[i].irq = ret;
        /* 그렇다면 IRQ 요청 */
        ret = request_irq(keys[i].irq, (irq_handler_t) irq_handler,
        IRQF_TRIGGER_RISING | IRQF_TRIGGER_FALLING,
        NAME, &keys[i]);
        if (ret < 0) {
```

```c
        err("unable to request IRQ%d for GPIO%dn",
        keys[i].irq, keys[i].gpio);
        ret = -EINVAL;
        goto free_gpios;
    }
    dbg("GPIO%d (key=\"%s\") mapped on IRQ %d",
    keys[i].gpio, keys[i].name, keys[i].irq);
}
/* 입력 디바이스 할당 */
b_dev = input_allocate_device();
if (!b_dev) {
    err("cannot allocate memory");
    ret = -ENOMEM;
    goto free_gpios;
}
b_dev->evbit[0] = BIT_MASK(EV_KEY);
b_dev->name = NAME;
b_dev->dev.parent = NULL;
b_dev->id.bustype = BUS_HOST;
b_dev->id.vendor = 0x0001;
b_dev->id.product = 0x0001;
b_dev->id.version = 0x0001;
/* 키 매핑 정의 */
for (i = 0; i < 2; i++)
    set_bit(keys[i].btn, b_dev->keybit);
/* 입력 디바이스 등록 */
ret = input_register_device(b_dev);
if (ret) {
    err("cannot register input device");
    goto free_dev;
}
info("input GPIO IRQ module loaded");
return 0;
free_dev:
input_free_device(b_dev);
free_gpios:
```

```
    for ( ; i >= 0; i--) {
        if (keys[i].irq >= 0)
        free_irq(keys[i].irq, &keys[i]);
        if (keys[i].gpio >= 0)
        gpio_free(keys[i].gpio);
    }
    exit:
    return ret;
}
static void __exit gpioirq_exit(void)
{
    int i;
    input_unregister_device(b_dev);
    for (i = 0; i < 2; i++) {
        dbg("freeing IRQ %d for GPIO%d...", keys[i].irq,
        keys[i].gpio);
        free_irq(keys[i].irq, &keys[i]);
        gpio_free(keys[i].gpio);
    }
    info("input GPIO IRQ module released");
}
module_init(gpioirq_init);
module_exit(gpioirq_exit);
```

module_exit() 함수는 module_init() 함수에서 요청한 모든 커널 자원을 해제하고, 기본적으로 input_unregister_device()와 free_irq(), gpio_free() 함수를 호출한다. 코드의 핵심은 module_init() 함수에 있으며, 이 함수는 몇 가지 명령어 라인 파라미터를 확인한 후, 네 가지 주요 함수를 호출한다.

- gpio_request(): 이 함수는 누군가의 사용을 피하기 위해 커널 내부에서 GPIO 라인을 요청한다.

- gpio_direction_input(): 이 함수는 GPIO 방향을 설정한다(예제에서는 입력으로 설정).

- request_irq( ): 이 함수는 GPIO와 관련된 IRQ를 처리하는 핸들러를 요청한다 (해당하는 GPIO 라인의 IRQ 번호를 얻기 위해 사용하는 함수는 gpio_to_irq( )다).

- input_register_device( ): 이 함수는 새 입력 디바이스를 시스템에 등록한다 (input_allocate_device( )는 요청한 데이터 구조를 할당하기만 한다).

 TIP 커널 코드에서 요청한 어떤 자원이라도 해제하는 것이 매우 중요하다는 점에 유의하자. 만약, 해제하지 않으면 다음 재시작 때까지 해당 자원을 사용하지 못할 것이다. 이 문제는 모든 자원이 프로그램이 끝날 때 해제되는 사용자 영역 프로그램에서 발생하지 않는다.

간단히 말해 module_init( ) 함수에서 GPIO를 요청하고 입력 방향으로 설정한 후, IRQ 핸들러를 요청한다. 이후 새로운 입력 디바이스를 할당하고 키 매핑 정의로 기본 데이터(이름과 버전 등)를 설정한다. 마지막으로 새로운 키보드 코드를 활성화하기 위해 입력 디바이스를 등록한다.

이런 설정 외에 다른 흥미로운 부분은 모든 마법이 일어나는 IRQ 핸들러며, 핸들러는 아래와 같다.

```
static irqreturn_t irq_handler(int i, void *ptr, struct pt_regs *regs)
{
    struct keys_s *key = (struct keys_s *) ptr;
    int status;
    /* gpio 상태 읽기 */
    status = !!gpio_get_value(key->gpio);
    dbg("IRQ on GPIO%d status=%d", key->gpio, status);
    /* 버튼 이벤트 리포트 */
    input_report_key(b_dev, key->btn, status);
    input_sync(b_dev);
    return IRQ_HANDLED;
}
```

IRQ 등록 시 request_irq( ) 함수의 포인터를 현재 요청한 IRQ와 관련된 GPIO 데이터를 가진 keys 배열 구조의 특별한 셀에 넘겨줬기 때문에 IRQ 시점에서 IRQ 이벤트에 책임이 있는 GPIO 번호를 되돌려받을 수 있다. struct keys_s는 아래와 같이 정의되고, 적당한 값으로 채워져 있으며, 필요한 정보를 모두 얻기 위해 사용된다.

```
static struct keys_s keys[2] = {
    [0] = {
        .name = "0",
        .btn = KEY_0,
        .gpio = -1,
        .irq = -1,
    },
    [1] = {
        .name = "1",
        .btn = KEY_1,
        .gpio = -1,
        .irq = -1,
    },
};
```

이 구조체는 버튼 KEY_0(키보드 버튼 0), 버튼 KEY_1(키보드 버튼 1)과 관련 있는 이벤트를 생성하는 0과 1의 이름을 가진 2개의 키를 정의한다. 이 키를 사용해 0번 키가 눌리거나 눌리지 않았다는 것을 커널에 알려줄 수 있다.

따라서 버튼이 눌리면 IRQ를 생성하고, 커널이 해당 IRQ를 캡처하게 되며, 적절한 데이터와 앞의 keys 배열의 한 엘리먼트 포인터와 함께 irq_handler( ) 인터럽트 핸들러를 수행한다. 이때 GPIO 라인 상태는 gpio_get_value( ) 함수를 사용해 얻을 수 있고, input_report_key( )/input_sync 함수를 사용해 상위 계층으로 버튼 상태를 알려줄 수 있다.

이제 테스트해보자. 이전처럼 버튼 2개가 있는 회로를 갖고 있다면, 아래와 같은 명령어를 사용해 커널 모듈을 로드할 수 있다.

```
root@wb:~# insmod gpio-irq.ko debug=1 gpios=91,24
gpio_irq: got GPIO91
gpio_irq: got GPIO24
gpio_irq: GPIO24 (key="1") mapped on IRQ 56
input: gpio_irq as /devices/virtual/input/input0
gpio_irq: input GPIO IRQ module loaded
```

 위 메시지는 시리얼 콘솔에서만 볼 수 있다. SSH 터미널에서 코드를 실행하면 메시지를 dmesg나 tail −f /var/log/kern.log 명령어를 통해서만 볼 수 있다. 또한 시리얼 콘솔이라 하더라도 마지막 input GPIO IRQ module loaded 메시지만 볼 수 있다. 이 경우 2장, '시스템 콘솔 관리'의 '커널 메시지 관리' 절에서 설명한 것처럼 아래와 같은 명령어를 통해 커널 로깅 레벨을 높여줘야 한다.

```
root@wb:~# echo 8 > /proc/sys/kernel/printk
```

이번에는 위의 모듈이 실제로 GPIO를 요청했는지 검증해보기 위해 아래와 같이 /sys/kernel/debug/gpio를 살펴보자.

```
root@wb:~# grep gpio_irq /sys/kernel/debug/gpio
gpio-24    (              |gpio_irq              ) in    hi
gpio-91    (              |gpio_irq              ) in    hi
```

그리고 해당 IRQ 라인이 예약됐는지 검증하기 위해 /proc/interrupts 파일을 볼 수도 있다.

```
root@wb:~# grep gpio_irq /proc/interrupts
 56:      0     0     0     0 gpio-mxc 24 Edge  gpio_irq
127:      0     0     0     0 gpio-mxc 27 Edge  gpio_irq
```

그리고 새로운 입력 디바이스인 /sys/devices/virtual/input/input0가 존재하는지 검증하기 위해 /sys/class/input/ 디렉터리를 먼저 볼 수도 있다.

```
root@wb:~# ls /sys/class/input/
event0 input0 mice
root@wb:~# ls /sys/class/input/input0/
capabilities    id          name  power       subsystem    uniq
event0          modalias    phys  properties  uevent
```

실제 위에서 추가한 디바이스인지를 확인하기 위해 디바이스 이름을 보자.

```
root@wb:~# cat /sys/class/input/input0/name
gpio_irq
```

 입력으로 연결된 이벤트 디바이스 이름은 event0고, /dev 디렉터리 내의 해당 디바이스 파일은 같은 이름을 가진다는 사실에 유의하자.

```
root@wb:~# ls /dev/input/
event0 mice
```

모든 것이 정상적으로 설정됐다. 그러나 IRQ를 생성하기 위해 버튼을 누르기 전에 /sys/class/gpio/에는 어떤 변경 사항도 없다는 사실을 기억하자.

```
root@wb:~# ls /sys/class/gpio/
export      gpiochip128 gpiochip192    gpiochip64    unexport
gpiochip0   gpiochip160 gpiochip32     gpiochip96
```

그러나 GPIO 91번과 24번을 내보내기하려고 하면, 이들 자원이 위의 모듈에 의해 예약돼 실행된다.

```
root@wb:~# echo 91 > /sys/class/gpio/export
-bash: echo: write error: Device or resource busy
```

이제 버튼을 눌러보면 이전 커널 메시지와 비슷한 메시지를 보게 된다.

```
gpio_irq: IRQ on GPIO91 status=0
gpio_irq: IRQ on GPIO91 status=1
gpio_irq: IRQ on GPIO24 status=0
gpio_irq: IRQ on GPIO24 status=1
```

새 키보드의 생성된 키를 보기 위해 디스플레이 / LCD를 연결하거나 evtest 도구를 사용해 일반 입력 디바이스가 생성한 이벤트를 볼 수 있다. SSH 터미널이나 시리얼 콘솔은 원격 호스트에 연결돼 있기 때문에 임베디드 보드의 입력 이벤트를 관리할 수 없다.

새 키보드 관련 이벤트 디바이스는 event0이므로 아래와 같은 명령어를 사용할 수 있다.

```
root@wb:~# evtest /dev/input/event0
Input driver version is 1.0.1
Input device ID: bus 0x19 vendor 0x1 product 0x1 version 0x1
Input device name: "gpio_irq"
Supported events:
    Event type 0 (EV_SYN)
    Event type 1 (EV_KEY)
        Event code 2 (KEY_1)
        Event code 11 (KEY_0)
Properties:
Testing ... (interrupt to exit)
```

위 메시지에서 커널 모듈에 설정한 모든 정보를 볼 수 있다.

이제 버튼을 다시 누르면 아래와 같은 메시지를 볼 수 있다.

```
gpio_irq: IRQ on GPIO91 status=0
gpio_irq: IRQ on GPIO91 status=1
Event: time 1459622898.213967, type 1 (EV_KEY), code 11 (KEY_0), value 1
Event: time 1459622898.213967, -------------- EV_SYN ------------
gpio_irq: IRQ on GPIO24 status=0
gpio_irq: IRQ on GPIO24 status=1
Event: time 1459622900.972430, type 1 (EV_KEY), code 2 (KEY_1), value 1
Event: time 1459622900.972430, -------------- EV_SYN ------------
```

gpio_irq: 문자열로 시작하는 줄은 커널에서 출력한 것이고 Event: 문자열로 시작하는 줄은 evtest 명령어가 생성한 것이라는 사실을 잊지 말자.

버튼을 누르거나 놓으면 기대한 키 이벤트를 볼 수 있다.

LED와 트리거

5장에서 살펴봤듯이, 리눅스 기반 시스템에서 LED를 관리하는 데에는 GPIO를 사용하는 방법과 GPIO를 사용하지만 해당 GPIO를 LED 디바이스로 정의하는 방법이 있다. 첫 번째 방법은 이전에 살펴봤던 방식을 사용해 구현할 수 있으며 쉽고 빠르지만, 단지 LED를 끄거나 켜는 용도로만 사용할 수 있다. 좀 더 복잡한 관리를 해야 한다면 첫 번째 방법이 최선은 아니며, 두 번째 방법을 사용해야 한다.

460

LED 디바이스는 명백하게 GPIO를 사용해 구현되며, 사용자 설정에 따라 커널이 이 디바이스를 직접 관리한다. 사실 이 디바이스들은 간단히 *끄*거나 켤 수 있지만, 트리거에 연결해 여러 특별한 방식으로 관리할 수도 있다.

LED 서브 시스템을 간단히 설명하기 위해 비글본 블랙 보드를 사용해 시스템의 모든 LED가 정의돼 있는 /sys/class/leds/ 디렉터리를 살펴보자.

```
root@bbb:~# ls /sys/class/leds/
beaglebone:green:usr0 beaglebone:green:usr2
beaglebone:green:usr1 beaglebone:green:usr3
```

기본적으로 비글본 블랙 보드가 탑재한 4개의 사용자 LED를 볼 수 있다. 어떤 트리거를 이용할 수 있는지 확인해보기 위해 위 디렉터리 중 하나의 트리거 파일을 읽어보자(/sys/class/leds/의 엔트리가 이전에 봤던 /sys/class/gpios/ 디렉터리의 엔트리다).

```
root@bbb:~# cat /sys/class/leds/beaglebone:green:usr0/trigger
none rc-feedback kbd-scrollock kbd-numlock kbd-capslock kbd-kanalock k
bd-shiftlock kbd-altgrlock kbd-ctrllock kbd-altlock kbd-shiftllock kbd
-shiftrlock kbd-ctrlllock kbd-ctrlrlock nand-disk usb-gadget usb-host
mmc0 mmc1 timer oneshot [heartbeat] backlight gpio cpu0 default-on
```

실제 수행되는 트리거는 대괄호 사이에 있는 것으로, 위의 beaglebone:green:usr0 LED는 heartbeat 트리거로 관리된다.

LED와 LED의 트리거를 관리하는 방법을 배우기 전에 가장 많이 사용하는 커널에 정의된 트리거를 살펴보자.

- none: 트리거를 정의하지 않는다.
- kbd*: 특정 키보드 키 이벤트를 알려준다.
- usb–gadget과 usb–host: USB 가젯이나 호스트 활동을 알려준다.
- mmc*: MMC 활동을 알려준다.

- **timer**: LED를 특정 타이밍에 켜거나 끈다.
- **oneshot**: 이벤트가 발생했다는 것을 알려준다.
- **heartbeat**: 현재(1분) 로드에 따라 적절한 길이의 심장 박동 펄스를 만들어낸다.
- **backlight**: blank와 unblank 스크린 이벤트를 알려준다.
- **gpio**: GPIO의 상태를 알려준다.
- **cpu***: CPU의 상태를 알려준다.
- **default-on**: 디폴트로 LED 자신의 상태를 설정한다.

 LEDs 드라이버와 트리거에 관한 좀 더 자세한 정보는 리눅스 코드 저장소의 Documentation/leds/ 디렉터리에서 찾을 수 있다.

현재 트리거를 변경하려면 이전의 같은 트리거 파일에 트리거 이름을 쓰면 된다. 탑재된 비글본 블랙의 LED 설정을 변경하는 대신, 아래 DTS 오버레이를 사용해 2개의 새로운 LED를 정의하자. 이 기법을 사용하면 현재 개발자의 필요에 따라 변경할 수 있는 동적인 커널 설정을 가질 수 있는 방식으로써 현재 커널 설정의 일부를 다른 설정으로 변경하거나 추가할 수 있다.

```
fragment@1 {
    arget = <&ocp>;
    __overlay__ {
        c6_leds {
            compatible = "gpio-leds";
            pinctrl-names = "default";
            pinctrl-0 = <&bb_led_pins>;
            yellow_led {
                label = "c6:yellow";
                gpios = <&gpio2 5 0>;
                linux,default-trigger = "none";
                default-state = "off";
```

```
        };
        red_led {
            label = "c6:red";
            gpios = <&gpio2 4 0>;
            linux,default-trigger = "none";
            default-state = "off";
        };
    };
  };
};
```

 완전한 DTS 파일은 이 책의 예제 코드 저장소에 있는 chapter_06/BB-LEDSC6-00A0. dts 파일을 참고하자.

위 코드에서 P8.9와 P8.10핀은 2개의 LED 디바이스로 정의하며, 디폴트로 none 트리거를 가진다. 이제 아래와 같은 명령어로 DTS를 컴파일하면 새로운 설정을 활성화할 수 있다.

```
root@bbb:~# dtc -O dtb -o /lib/firmware/BB-LEDS-C6-00A0.dtbo
            -b 0 -@ BB-LEDS-C6-00A0.dts
```

 다른 보드에서 테스트하고 싶다면 보드의 올바른 DTS 파일에 c6_leds DTS 일부를 넣고 커널 트리에서 다시 컴파일해야 한다.

이제 새로운 오버레이를 활성화하면, 아래와 같은 메시지를 볼 수 있다.

```
root@bbb:~# echo BB-LEDS-C6 > /sys/devices/platform/bone_capemgr/slots
bone_capemgr: part_number 'BB-LEDS-C6', version 'N/A'
```

```
bone_capemgr: slot #4: override
bone_capemgr: Using override eeprom data at slot 4
bone_capemgr: slot #4: 'Override Board Name,00A0,Override Manuf,BB-LEDS-C6'
bone_capemgr: slot #4: dtbo 'BB-LEDS-C6-00A0.dtbo' loaded; overlay id#0
```

이제 /sys/class/leds/디렉터리는 아래와 같이 변경된다.

```
root@bbb:~# ls /sys/class/leds/
beaglebone:green:usr0 beaglebone:green:usr2 c6:red
beaglebone:green:usr1 beaglebone:green:usr3 c6:yellow
```

이제 디폴트 트리거를 살펴보면 none로 설정돼 있고, 예로써 c6:red 디렉터리를 살펴보면 아래와 같다.

```
root@bbb:~# ls /sys/class/leds/c6:red/
brightness device max_brightness power subsystem trigger uevent
```

이제 LED를 켜거나 *끄*기 위해, GPIO에서 했던 것과 비슷한 방식으로 255나 0 값을 /sys/class/leds/c6:red/brightness 파일에 써보자. 여기서 흥미로운 점은 트리거를 사용할 수 있다는 것이다. 예를 들어, 1Hz 50%의 듀티 사이클$^{duty\ cycle}$로 깜빡이길 원한다면 timer 트리거를 사용할 수 있다.

```
root@bbb:~# echo timer > /sys/class/leds/c6:red/trigger
```

디렉터리를 살펴보면 파일이 아래와 같이 변경된 것을 알 수 있다.

```
root@bbb:~# ls /sys/class/leds/c6:red/
brightness    delay_on    max_brightness    subsystem    uevent
delay_off     device      power             trigger
```

그리고 delay_on과 delay_off만 설정하면 된다(숫자는 밀리세컨드 단위다).

```
root@bbb:~# echo 500 > /sys/class/leds/c6:red/delay_on
root@bbb:~# echo 500 > /sys/class/leds/c6:red/delay_off
```

CPU의 활동을 보기 위해 cpu0 트리거도 사용할 수 있다.

```
root@bbb:~# echo cpu0 > /sys/class/leds/c6:red/trigger
```

이제 LED는 약하게 깜빡일 것이다. 하지만 CPU가 동작하기 시작하면 LED의 상태는 급격히 변한다. 아래와 같은 명령어를 실행해보자.

```
root@bbb:~# while true ; do echo test ; done
```

이제 LED는 항상 켜 있을 것이다.

다른 재미있는 트리거는 oneshot이다. 이 트리거는 이벤트를 보낼 때 매우 유용하다. 예를 들어, 이벤트가 발생하면 200ms에 한 번 깜박이고, 1초 머무는 상황을 가정해보자. 이를 위해 해당 트리거를 활성화하고 지연^{delay}을 설정해보자.

```
root@bbb:~# echo oneshot > /sys/class/leds/c6:red/trigger
root@bbb:~# echo 200 > /sys/class/leds/c6:red/delay_on
root@bbb:~# echo 1000 > /sys/class/leds/c6:red/delay_off
```

이제 /sys/class/leds/c6:red/에서 shot이라는 새로운 파일이 있음을 볼 수 있다.

```
root@bbb:~# ls /sys/class/leds/c6:red/
brightness      delay_on      invert          power       subsystem      uevent
delay_off       device        max_brightness  shot        trigger
```

해당 파일에 값을 쓰면 새로운 이벤트가 도착했다는 신호를 주는 것이다.

```
root@bbb:~# echo 1 > /sys/class/leds/c6:red/shot
```

위의 쓰기 동작을 계속하더라도 LED는 빠르게 한 번 깜빡이고, 1초 동안 깜빡이지 않을 것이다.

노란색 LED에 이 명령어를 실행해보고, 두 LED에 설정을 섞어 실행해보면, 트리거에 대해 좀 더 자세히 이해하게 될 것이다.

▌요약

GPIO 라인은 매우 중요하고 다재다능한 컴퓨터 주변 장치며, 모든 임베디드 컴퓨터에 반드시 필요하다. 6장에서는 사용자 영역과 커널 영역에서 GPIO 디바이스를 관리하는 여러 가지 방법과 GPIO를 사용하는 여러 다른 기법을 소개했다.

7장에서는 중요한 다른 임베디드 컴퓨터 주변 장치인 시리얼 라인을 소개한다. 지금까지는 커널(과 부트로더) 시리얼 콘솔을 지원하기 위해 시리얼 라인을 사용했지만, 다른 용도로 사용할 수도 있다. 시리얼 라인(혹은 시리얼 포트)은 아주 오래됐지만(이 디바이스는 컴퓨터 시대의 초창기부터 살아남은 거의 유일한 디바이스다) 아직도 존재하며, 특히 산업용 애플리케이션용 디바이스에 많이 사용된다.

07

시리얼 포트와 TTY 디바이스 - TTY

6장에서는 sysfs API를 사용해 커널에서 LED나 일반 GPIO 라인을 관리하는 방법을 살펴봤다. 그러나 지금까지는 디바이스 드라이버가 얼마나 간단히 구현될 수 있는지를 보여주기 위한 매우 간단한 커널 프로그래밍에 불과하다. 불행하게도 주변 장치의 복잡성에 따라 이 기법 역시 빠르게 복잡해진다.

7장부터는 몇몇 컴퓨터 주변 장치들이 어떻게 임베디드 컴퓨터에 연결되는지와 실제 환경에서 동작하기 위해 어떻게 주변 장치를 관리하는지를 깊이 있게 알아보며, 올바른 드라이버를 활성화하고 설정해 몇몇 주변 장치에 접근하는 방법을 설명할 것이다. 그리고 이미 작성된 드라이버를 사용해 드라이버를 작성하지 않고도 동작 방식을 알 수 있도록 한다.

7장에서는 컴퓨터(적어도 제어 자동화 분야에서 사용하는 컴퓨터)가 가진 가장 중요한 주변 장치 클래스 중 하나인 시리얼 포트에 대해 설명할 것이다. 시리얼 포트나 시리얼 디바이스가 무엇인지에 대한 간략한 설명과 함께, 실제 시리얼 디바이스를 사용하기 위해 GNU/리눅스 시스템에서 어떻게 해당 디바이스를 관리하는지 살펴본다. 그리고 두 임베디드 시스템 간에 이더넷 케이블로 연결한 후 시리얼 라인으로 통신할 때 유용한 커널 트릭을 살펴본다.

■ TTY와 시리얼, UART 라인

시리얼 라인을 통해 컴퓨터로 연결된 초창기 사용자 터미널은 전기식 타자기나 전신 타자기$^{\text{TeleTYprewriter, TTY}}$였고, 그 이후 TTY는 문자용 콘솔이나 관련 시리얼 포트용 이름으로 사용하고 있다. 사실 GNU/리눅스 시스템에서 시리얼 포트는 /dev 디렉터리에서 /dev/ttyS0나 /dev/ttyS1로 표현되며, 특히 USB가 에뮬레이션된 디바이스는 /dev/ttyUSB0나 /dev/ttyUSB1로 표현된다.

따라서 시리얼 포트는 주변 장치가 아니라 단지 어떤 정보가 한 번에 한 비트씩 입력 혹은 출력되는 시리얼 통신 인터페이스다. 이 통신은 근래의 컴퓨터에서 범용 비동기화 송수신기(UART) 디바이스로 구현된다. 이 디바이스의 한쪽은 메인 CPU와 연결돼 있고, 한쪽은 전송에 적합한 형태의 전기 신호로 변환해주는 물리 인터페이스(아래 다이어그램의 Phy)인 회로와 연결돼 있다.

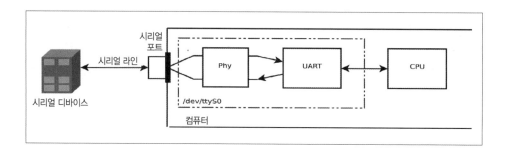

이 시나리오에서 TTY와 시리얼, UART는 모두 같은 인터페이스를 의미하며, 이 인터페이스는 임베디드 디바이스의 가장 중요한 통신 수단 중 하나다. 사실 1장에서부터 이 시리얼 콘솔(이 책에서 사용하는 임베디드 보드에서는 USB 디바이스로 에뮬레이션되긴 했지만, 보통 시리얼 포트상에서 동작한다)을 통해서만 임베디드 시스템을 완전히 제어할 수 있다는 것을 알고 있다.

산업용 시장에서는 시리얼 포트를 사용해 CPU와 통신하는 수많은 주변 장치를 볼 수 있다. 따라서 이 통신 인터페이스가 어떻게 동작하고, 데이터 전송을 위해 이 인터페이스에 연결된 디바이스에 어떻게 접근할 수 있는지를 알아야 한다.

CPU와 통신하기 위해 시리얼 포트를 사용하는 주변 장치는 보통 '시리얼 주변 장치' 혹은 '시리얼 디바이스'라고 부른다.

전기선

시리얼 포트 라인들은 아래와 같다.

이름	설명
TxD(Transmitted Data)	데이터를 DTE에서 DCE로 전송한다.
RxD(Received Data)	데이터를 DCE에서 DTE로 전송한다.
DTR(Data Terminal Ready)	DTE가 존재한다는 것을 DCE에 알린다.
DCD(Data Carrier Detect)	DCE가 전화선에 연결된다.
DSR(Data Set Ready)	DCE가 명령이나 데이터를 받을 준비가 됐다.
RI(Ring Indicator)	DCE가 전화선에서 수신된 링 신호를 감지한다.
RTS(Request To Send)	DTE가 DCE에게 데이터를 받을 준비를 요청한다.
CTS(Clear To Send)	DCE가 데이터를 받을 준비가 됐다.
GND	일반적인 그라운드

위의 선들은 제어용이며, 간단한 통신 채널에는 필요하지 않기 때문에 연결이 안 돼 있을 수도 있다(1장, '개발 시스템 설치'의 '개발 시스템 설정' 절에서 시리얼 어댑터를 비글본 블랙과 SAMA5D3 Xplained, Wandboard에 연결해 각 보드의 시리얼 콘솔에 접근했던 것을 상기해보자).

꼭 필요한 신호는 TxD와 RxD, GND다. 따라서 다음 예제에서는 이 3개의 신호만을 사용할 것이다.

 데이터 단말 장치(DTE)는 수 커넥터(male connector)를 가진 장치로 PC를 의미하고, 데이터 통신 장치(DCE)는 암 커넥터(female connector)을 가진 디바이스로 제어당하는 디바이스를 의미한다.

이 제어 라인에 대한 더 많은 정보는 인터넷에서 얻을 수 있고, http://en.wikipedia.org/wiki/Flow_control_%28data%29#Hardware_flow_control 페이지가 좋은 시작점이 될 것이다.

비글본 블랙의 TTY

1장, '개발 시스템 설치'의 '비글본 블랙' 절에서 언급했듯이, 비글본 블랙은 여러 신호가 노출되며, 아래 테이블처럼 4.5 시리얼 UART가 있는 2개의 확장 커넥터를 갖고 있다.

P8 커넥터의 GPIO 핀				P9 커넥터의 GPIO 핀			
핀	신호	핀	신호	핀	신호	핀	신호
31	UART5_CTS	32	UART5_RTS	11	UART4_RxD	20	UART1_CTS
33	UART4_RTS	34	UART3_RTS	13	UART4_TxD	22	UART2_RxD
35	UART4_CTS	36	UART3_CTS	19	UART1_RTS	24	UART1_TxD

UART0는 시리얼 콘솔용으로 예약돼 있고, 이미 알고 있듯이 전용 커넥터를 갖고 있다. 그리고 UART3이 확장 헤더에 단방향으로만 나오기 때문에 4.5 시리얼 UART가 된다.

 다른 용도의 핀 설정에 대한 비글본 블랙 커넥터의 완벽한 설명과 빠른 소개는 http://elinux.org/Beagleboard:Cape_Expansion_Headers에서 볼 수 있다.

보통 (특히 오래된 커널 릴리즈에서) 시리얼 포트는 비글본 블랙에서 /dev/ttyO0나 /dev/ttyO1 등의 이름을 가지며, 이 시리얼 라인은 디폴트로 비활성화돼 있다(UART0, 즉 /dev/ttyO0만 제외). 따라서 사용하려면 반드시 활성화가 필요하다. 그러나 이 책의 커널은 모든 시리얼 포트의 /dev/ttyO 접두어가 더 표준인 /dev/ttyS로 바뀌었기 때문에 약간 다른 상황이다. 따라서 이제부터 이 시리얼 포트의 이름을 /dev/ttyS0, /dev/ttyS1 등으로 부른다.

 부팅 시 아래와 같은 커널 메시지는 이름이 변경됐다는 것을 알려준다.

WARNING: Your 'console=ttyO0' has been replaced by 'ttyS0'

시스템에 로그인 시, 모든 시리얼 디바이스의 리스트를 볼 수 있는 명령어는 아래와 같다.

```
root@bbb:~# ls -l /dev/ttyS*
crw-------  1 root  tty      4,  64 Apr  2 17:53 /dev/ttyS0
crw-rw----  1 root  dialout  4,  65 Apr  2 17:42 /dev/ttyS1
crw-rw----  1 root  dialout  4,  66 Apr  2 17:42 /dev/ttyS2
crw-rw----  1 root  dialout  4,  67 Apr  2 17:42 /dev/ttyS3
crw-rw----  1 root  dialout  4,  68 Apr  2 17:42 /dev/ttyS4
crw-rw----  1 root  dialout  4,  69 Apr  2 17:42 /dev/ttyS5
```

모든 시리얼 포트가 활성화된 것처럼 보이지만, 사실 이들 중 하나에 접근하려고 하면 첫 번째 디바이스를 제외하고 아래와 같은 에러 메시지가 나타난다.

```
root@bbb:~# stty -F /dev/ttyS2
stty: /dev/ttyS2: Input/output error
```

실제로 첫 번째 디바이스를 제외한 다른 디바이스는 정의되지 않았고, 따라서 비활성화 돼 있다는 것을 검증해볼 수 있다.

```
root@bbb:~# grep '0x' /sys/class/tty/ttyS*/iomem_base
/sys/class/tty/ttyS0/iomem_base:0x44E09000
/sys/class/tty/ttyS1/iomem_base:0x0
/sys/class/tty/ttyS2/iomem_base:0x0
/sys/class/tty/ttyS3/iomem_base:0x0
/sys/class/tty/ttyS4/iomem_base:0x0
/sys/class/tty/ttyS5/iomem_base:0x0
```

예상한 것처럼, /dev/ttyS0만 활성화돼 있다.

다른 시리얼 포트를 활성화하기 위해, 사용하고자 하는 시리얼 포트를 활성화하는 커널 설정을 변경해야 한다. 활성화할 핀은 디바이스를 연결하는 데 사용할 핀에 의해 결정되며, 아래 표는 핀을 선택하는 데 도움을 준다.

디바이스	TxD	RxD	RTS	CTS	이름
ttyS1	P9.24	P9.26			UART1
ttyS2	P9.21	P9.22	P8.38	P8.37	UART2
ttyS4	P9.13	P9.11	P8.33	P8.35	UART4
ttyS5	P8.37	P8.38			UART5

시리얼 포트와 관련된 오버레이는 아래와 같이 /lib/firmware/ 디렉터리에서 사용할 수 있다.

```
root@BeagleBone:~# ls /lib/firmware/BB-UART*.dtbo
/lib/firmware/BB-UART1-00A0.dtbo
/lib/firmware/BB-UART2-00A0.dtbo
/lib/firmware/BB-UART2-RTSCTS-00A0.dtbo
/lib/firmware/BB-UART4-00A0.dtbo
/lib/firmware/BB-UART4-RTSCTS-00A0.dtbo
/lib/firmware/BB-UART5-00A0.dtbo
```

이 책의 예제로 모든 장치를 사용할 수 있으며, 여기서는 /dev/ttyS2 디바이스를 사용할 것이다. 이 디바이스를 활성화하려면 아래와 같은 명령어를 사용해야 한다.

```
root@bbb:~# echo BB-UART2 > /sys/devices/platform/bone_capemgr/slots
```

커널 메시지에서는 아래와 같은 동작을 볼 수 있다.

```
bone_capemgr: part_number 'BB-UART2', version 'N/A'
bone_capemgr: slot #4: override
bone_capemgr: Using override eeprom data at slot 4
bone_capemgr: slot #4: 'Override Board Name,00A0,Override Manuf,BB-UART2'
48024000.serial: ttyS2 at MMIO 0x48024000 (irq = 188, base_baud = 3000000) is a
8250
bone_capemgr: slot #4: dtbo 'BB-UART2-00A0.dtbo' loaded; overlay id #0
```

이제 /dev/ttyS2 디바이스를 사용할 수 있다. 아래와 같은 명령어로 다시 검증해볼 수도 있다.

```
root@bbb:~# grep '0x' /sys/class/tty/ttyS*/iomem_base
/sys/class/tty/ttyS0/iomem_base:0x44E09000
```

```
/sys/class/tty/ttyS1/iomem_base:0x0
/sys/class/tty/ttyS2/iomem_base:0x48024000
/sys/class/tty/ttyS3/iomem_base:0x0
/sys/class/tty/ttyS4/iomem_base:0x0
/sys/class/tty/ttyS5/iomem_base:0x0
```

그리고 이제 해당 시리얼 포트는 에러 없이 접근할 수 있다.

```
root@bbb:~# stty -F /dev/ttyS2
speed 9600 baud; line = 0;
-brkint -imaxbel
```

SAMA5D3 Xplained의 TTY

1장, '개발 시스템 설치'의 'SAMA5D3 Xplained' 절에서 언급했듯이 SAMA5D3 Xplained의 TTY는 확장 커넥터에 노출돼 있다. 그러나 이 신호는 보통 표준 GPIO 함수와 같이 멀티플렉싱돼 있다. 이런 동작을 대체 기능alternate function이라고 하며, 다른 용도로 해당 핀을 사용할 때마다 반드시 고려해야 한다.

 이런 대체 기능은 비글본 블랙, Wandboard와 같은 거의 모든 임베디드 시스템에서 볼 수 있다.

SAMA5D3 Xplained 보드는 3 UART(1개는 BDGU라는 이름을 가진 디버깅 포트고, 다른 2개는 일반 UART용이다)와 4 USART(범용 동기/비동기 송·수신기)를 가진다. 핀 이름과 UART 신호의 이름 관계는 아래 표와 같다.

핀	신호	핀	신호	핀	신호	핀	신호
PA30	UART1_RxD	PB30	DBGU_RxD	PD17	USART0_RxD	PE23	USART2_CTS
PA31	UART1_TxD	PB31	DBGU_TxD	PD18	USART0_TxD	PE24	USART2_RTS
PB26	USART1_CTS	PC29	UART0_RxD	PE16	USART3_CTS	PE25	USART2_RxD
PB27	USART1_RTS	PC30	UART0_TxD	PE17	USART3_RTS	PE26	USART2_TxD
PB28	USART1_RxD	PD15	USART0_CTS	PE18	USART3_RxD		
PB29	USART1_TxD	PD16	USART0_RTS	PE19	USART3_TxD		

 USART 제어기는 비동기 혹은 동기적으로 통신하기 위해 프로그램될 수 있는 시리얼 인터페이스 디바이스의 한 종류다. 좀 더 자세한 정보는 https://en.wikipedia.org/wiki/Universal_Synchronous/Asynchronous_Receiver/Transmitter를 참고하기 바란다.

아래 표와 같이 SAMA5D3 Xplained의 1개 UART(시리얼 콘솔용으로 사용하는 UART 제외)와 2개 USART만이 디폴트로 활성화된다.

디바이스	TxD	RxD	이름
/dev/ttyS0	J23.2	J23.3	DBGU
/dev/ttyS1	J20.5	J20.6	USART0
/dev/ttyS2	J20.3	J20.4	USART1
/dev/ttyS3	P18.7	P18.8	UART0

좀 더 자세한 정보는 SAMA5D3 Xplained 사용자 매뉴얼인 http://www.atmel. com/Images/Atmel-11269-32-bit-Cortex-A5-Microcontroller-SAMA5D3-Xplained_User-Guide.pdf를 참고하기 바란다.

Wandboard의 TTY

Wandboard는 여러 개의 TTY를 갖고 있지만, 모든 TTY는 특정 목적으로 예약돼 있어 사용할 수 없다. 단 1개만 사용할 수 있지만(UART2), 안타깝게도 확장 커넥터로 연결돼 있지 않아 아래 표처럼 보드의 테스트 포인트TP로만 접근할 수 있다.

핀	신호	핀	신호
TP63	UART2_CDC	TP121	UART2_CTS
TP65	UART2_DSR	TP123	UART2_TxD
TP66	UART2_DTR	TP125	UART2_RxD
TP68	UART2_RI	TP126	UART2_RTS

 Wandboard의 TTY에 관한 좀 더 자세한 정보는 사용자 가이드인 http://wandboard. org/images/downloads/wandboard-user-guide-20130208.pdf에서 볼 수 있다.

이 신호를 사용하려면 테스트 포인트에 선을 물리적으로 납땜해야 한다. 비숙련자의 경우에는 쉽지 않으므로 이 책에서는 Wandboard의 탑재된 시리얼 포트를 사용하지 않는다.

▌ 시리얼 포트 구현

이더넷, USB와 같은 인터페이스는 데이터를 시리얼 스트림으로 보내지만, 시리얼 포트라는 용어는 보통 RS-232나 RS-422/RS-485 표준을 따르는 하드웨어를 식별한다.

최신 컴퓨터에서는 전용 USB 디바이스가 쉽게 RS-232포트를 에뮬레이션할 수 있기 때문에 시리얼 포트는 USB-to-serial 디바이스로 대체됐다. 그러나 표준 시리얼 포트 하드웨어는 아직까지 임베디드와 산업용으로 사용하고 있다. 이유는 간단하다. 시리얼 포트는 사용하거나 구현하기가 쉽기 때문이다(시리얼 포트는 CPU의 소프트웨어 지원이 거의 필요 없다). 따라서 시리얼 포트는 아직까지 산업용 자동화 시스템이나 원격 모니터링, 일부 학문 도구용 애플리케이션으로 사용된다. 다른 시스템과 통신하기 위해 1개 이상의 시리얼 포트를 사용하는 산업용 디바이스(일반 주변 장치와 더불어 완전한 시스템으로도)를 쉽게 볼 수 있다.

이미 언급했듯이, 가장 많이 사용하는 시리얼 포트 구현은 RS-232와 RS-422, RS-485다. RS-232는 USB 디바이스가 나오기 전까지 모든 PC에서 사용됐다. 하지만 임베디드 컴퓨터에서는 아직도 표준 RS-232 포트를 사용하고 있다.

RS-422와 RS-485는 RS-232와 비슷한 시리얼 인터페이스고, 장거리 통신과 큰 노이즈 처리, 여러 슬레이브slave 통신 지원을 위해 일부 전기적 차이를 갖고 있다.

 모든 시리얼 포트를 설명하는 것은 이 책의 범위를 벗어난다. http://en.wikipedia.org/wiki/Serial_port를 찾아보길 권장한다. 이 책에서는 RS-232 구현만 고려한다.

이전에 살펴봤듯이, 임베디드 컴퓨터에서 볼 수 있는 시리얼 포트의 특별한 케이스는 TTL UART(범용 비동기 송·수신기)나 USART(범용 동기/비동기 송·수신기)다. 이 디바이스는 PC와 임베디드 컴퓨터의 시리얼 포트용 인터페이스 구현을 위해 디자인된 집적 회로고, 올바른 하드웨어를 사용해 RS-232(혹은 442/448) 인터페이스로 연결된다. 또한 이 디바이스는 TTL 인터페이스와의 원시raw 연결도 할 수 있다. 시리얼 통신은 트랜지스터-트랜지스터 로직TTL 레벨로 항상 GND와 Vcc 사이에 있게 된다(보통 5V나 3.3V다). 로직 하이(high, 보통 1로 표현됨)는 Vcc로 표현되고, 로직 로우(low, 보통 0으로 표현됨)는 GND다.

이 특별한 시리얼 포트는 보통 CPU가 GPRS/GPS 모뎀이나 몇몇 RFID 리더reader 등과 통신하는 탑재된 시리얼 통신용으로 사용하고, 일부는 외부 보조 프로세서나 DSP와 데이터를 교환할 때 사용된다.

█ 리눅스의 시리얼 포트

앞에서 살펴봤던 모든 시리얼 포트의 이름과 달리, GNU/리눅스 시스템에서의 모든 시리얼 포트는 /dev/ttyXXX라는 디바이스로 표현되고(실제로는 일부 차이가 있지만, 이는 특이한 경우다), XXX 문자열은 특정 시리얼 포트 구현에 따라 달라질 수 있다. 예를 들어, PC의 UART 시리얼 포트라는 이름은 /dev/ttyS0, /dev/ttyS1이지만, 6장에서 볼 수 있었듯이 USB-to-serial 어댑터는 /dev/ttyUSB0, /dev/ttyUSB1이나 /dev/ttyACM0, /dev/ttyACM1이라는 이름을 가진다.

앞에서 살펴봤듯이 tty 접두사는 teletypewrite의 매우 오래된 축약형에서 기인하며, 유닉스 시스템과의 물리적 연결에만 연관돼 있었다. 이제 이 이름은 시리얼 포트와 USB-to-serial 변환기, tty 가상 디바이스 등 어느 시리얼 포트 스타일 디바이스도 나타낸다.

리눅스 tty 드라이버 코어(문자 드라이버를 사용해 구현된)는 tty 디바이스상의 데이터 흐름과 데이터 포맷을 제어하는 역할을 한다. 이는 상위 계층(사용자 영역에서 볼 수 있는 디바이스)과 데이터가 어떻게 처리해야 할지를 지정하는 하위 하드웨어 드라이버(하드웨어와 통신하는 코드) 사이의 중간 계층인 LDISC(회선 규범)를 사용해 처리된다. 예를 들어, 표준 회선 규범은 받은 데이터를 유닉스 터미널의 요청 사항에 따라 처리한다. 따라서 입력의 경우, 인터럽트 문자(일반적으로 Ctrl + C)와 erase, kill과 같은 특별한 문자를 처리하며, 출력의 경우 모든 LF 문자를 CR/LF로 바꾼다.

이런 이유로 tty 디바이스를 간단히 열고 데이터를 읽거나 쓸 수 없다. 사실 읽고 쓰는 데이터는 현재 회선 규범에 의해 수정되며, 올바른 데이터 흐름을 얻기 위해서는 정확한 tty 디바이스 설정이 필요하다. 일반적으로 깨끗한 데이터 흐름을 원하므로 포트를 원시^{raw} 모드로 설정하면 된다.

예제에서 이런 상황을 어떻게 관리할 수 있는지 살펴본다.

▋ 통신 파라미터

외부 시리얼 디바이스와 통신하기 위해 시리얼 포트를 사용하기 전에, 시리얼 포트가 사용하는 통신 파라미터를 알아야 한다. 통신 파라미터는 전송하고자 하는 시리얼 데이터의 특정 설정값이다. 따라서 속도와 데이터 비트, 패리티, 스톱 비트 설정을 알아야 한다.

속도는 고정된 값만 허용된다. 75와 110, 300, 1200, 2400, 4800, 9600, 19200, 38400, 57600, 115200 bit/s 중에서 선택해야 한다.

 실제로 다른 속도도 설정할 수 있다. 허용된 보레이트(baud rate)를 확인하기 위해서는 시리얼 디바이스의 데이터 시트를 자세히 살펴봐야 한다.

데이터 비트는 일반적으로 8로 설정된다(즉, 8비트가 정보 전송을 위해 사용된다). 물론 6(거의 사용하지 않음)이나 7(ASCII용), 8, 9(거의 사용하지 않음) 중에서 선택할 수 있다. 다음 예제에서는 데이터 비트 설정을 위해 8을 사용할 것이다.

패리티 비트와 스톱 비트는 여기서 언급하지 않는 시리얼 통신 프로토콜과 밀접한 관련이 있다. 이 책에서는 해당 속성에 대한 설명이 없다는 것을 양해해주기 바란다. 다음 예제에서 패리티 비트는 None 값, 스톱 비트는 1을 사용할 것이다.

시리얼 통신 설정을 표시하는 간단한 방법은 115200,8N1이며, 115200bit/s와 8 데이터 비트, No 패리티 비트, 1 스톱 비트를 의미한다. 이 통신 설정은 다음 예제에서 사용할 값과 동일하다.

▮ TTY 사용

GNU/리눅스 시스템에서 시리얼 포트를 사용하는 데에는 호스트 PC에서 시스템의 시리얼 콘솔과 연동하기 위해 사용하는 minicom을 비롯해 여러 가지 방법이 있다. 그런 유닉스 시스템에서는 모든 것이 파일이므로 echo나 cat과 같은 일반적인 도구도 사용할 수 있다. 그러나 데이터 전송을 시작하기 전, 몇 가지 통신 설정을 해야 하므로 이 일반적인 도구로는 충분하지 않다. 이를 위해 이미 소개했던 stty를 사용할 수 있고, 이 명령어는 모든 tty 디바이스의 파라미터를 설정할 수 있게 해준다.

stty 사용은 생각만큼 까다롭지 않다. 첫 번째 접근 후 모든 것은 점점 쉬워질 것이다. 예를 들어, 현재 시리얼 포트 설정을 표시할 때 동작하는 디바이스를 지정하기 위해 −F 옵션을 이용하는 아래와 같은 명령어를 실행할 수 있다.

```
root@bbb:~# stty -F /dev/ttyS2
speed 9600 baud; line = 0;
-brkint -imaxbel
```

그리고 아래와 같은 명령어를 사용해 통신 속도를 변경할 수 있다.

```
root@bbb:~# stty -F /dev/ttyS2 115200
root@bbb:~# stty -F /dev/ttyS2
speed 115200 baud; line = 0;
-brkint -imaxbel
```

또한 아래와 같은 명령어를 통해 원시 모드로 설정할 수도 있다.

```
root@bbb:~# stty -F /dev/ttyS2 raw
root@bbb:~# stty -F /dev/ttyS2
speed 115200 baud; line = 0;
min = 1; time = 0;
-brkint -icrnl -imaxbel
-opost
-isig -icanon
```

 TIP stty 명령어 사용법에 대한 자세한 정보는 http://www.tldp.org/LDP/nag2/x-087-2-serial-configuration.html의 리눅스 네트워크 관리자 가이드를 참고하자.

거리 센서

stty 명령어를 사용해 통신 파라미터를 설정할 수도 있지만, 지금부터는 bash의 명령어를 사용해 시리얼 디바이스와 어떻게 통신하는지 살펴보자. 이를 위해 아래와 같은 음파 탐지 거리 측정기(혹은 초음파 거리 센서)와 SAMA5D3 Xplained 보드를 사용해보자.

이 디바이스는 http://www.cosino.io/product/ultrasonic-distance-sensor나 인터넷 서핑을 통해 구입할 수 있다. 이 디바이스의 데이터 시트는 http://www.maxbotix.com/documents/XL-MaxSonar-EZ_Datasheet.pdf에서 찾을 수 있다.

이 디바이스는 측정된 거리를 얻을 때 몇 가지 유용한 출력 채널을 갖고 있어 매우 흥미롭다. 특히, 아날로그 전압 채널이나 시리얼 포트를 통해 측정값을 줄 수 있다. 전자의 통신 채널은 여기서 사용하지 않고 후자를 사용할 것이다. 이 센서의 출력 기능이 설명된 데이터 시트의 절을 살펴보자. 특히 아래를 보자.

… 전압이 0-Vcc인 것을 제외하면, 5번 핀 출력은 RS232 포맷으로 비동기 시리얼을 제공한다. 이 출력은 아스키 대문자 "R"이고, 최대 765까지 센티미터 단위의 3개의 아스키 숫자가 뒤따르며, 이후 캐리지 리턴(ASCII 13)으로 끝난다. 보레이트는 9600, 데이터 비트는 8, 패리티 비트 없음, 스톱 비트는 1이다. 0-Vcc의 전압이 RS232 표준 밖이지만 대부분의 RS232 디바이스는 0-Vcc 시리얼 데이터를 읽을 충분한 마진을 가진다. 만약, 표준 전압 레벨 RS232가 필요하면 반전하고, RS232 커넥터를 연결하라. …

따라서 이 센서의 TX 신호 TTL 레벨을 반전하는 회로를 사용하면 RS-232 라인으로 정보를 보낼 수 있다. SAMA5D3 Xplained 보드와의 연결은 아래 다이어그램에 표시돼 있다.

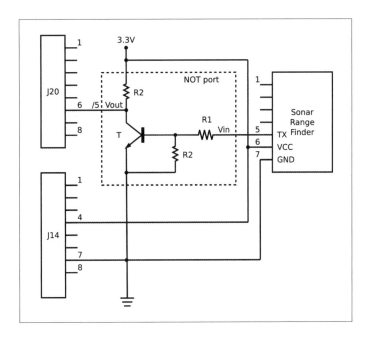

 저자는 R1-2와 2KΩ , R2=10KΩ, BC546 트랜지스터(T)를 사용했다.

회로의 기능은 꽤 간단하다. 논리 NOT 포트인 반전 회로다. 논리 0(0V 근처의 전압)이 V_{in}에 적용되면 트랜지스터(T)는 전류 흐름을 금지하므로 전류가 통과할 수 없다. 따라서 R2 저항에 전압 손실이 없고, V_{out}는 3.3V(논리 1)다. 반면, 논리 1(3.3V 근처의 전압)이 V_{in}에 적용되면 트랜지스터(T)는 켜지고, 전류는 흐를 수 있다. 따라서 V_{out}는 0V 근처로 떨어진다(논리 0).

이 설정을 거리 센서용으로 사용하면 소프트웨어 측면에서 해야 할 일은 더 간단해진다.

이 센서가 디지털 포맷으로 거리를 반환하므로 보정이 필요 없기 때문이다. 사실 아래의 stty 명령어를 사용해 올바른 통신 속도를 설정했을 때 /dev/ttyS1 시리얼 포트를 읽기만 하면 거리를 간단히 얻을 수 있다.

```
root@a5d3:~# stty -F /dev/ttyS1 9600
```

데이터를 실시간으로 읽을 수 있는 명령어는 아래와 같다.

```
root@a5d3:~# cat /dev/ttyS1
R123
R123
...
```

 Ctrl + C를 누르면 읽기를 멈출 수 있다.

이 예제에서 측정된 거리는 123cm다.

Bash에서 시리얼 포트로 접근하는 것이 매우 유용하더라도 최상의 성능을 위해 C 언어를 사용하는 것이 필요하다. 다른 문자 디바이스처럼 ioctl( ) 시스템 콜을 사용하면 시리얼 포트를 설정할 수 있다(3장, 'C 컴파일러와 드라이버, 유용한 개발 테크닉'의 '문자와 블록 네트워크 디바이스' 절을 참고하자).

libc는 개발자의 일을 줄이기 위해 시리얼 포트 설정을 관리하는 데 유용한 특정 함수를 제공한다. 이 중 가장 많이 사용하는 함수는 tcgetattr( ), cfsetispeed( ), cfsetospeed( ), cfmakeraw( )다. 첫 번째 함수는 현재 설정을 보기 위해 사용하고, 두 번째와 세 번째 함수는 통신 속도를 설정할 때 사용한다. 네 번째 함수는 현재 시리얼 포트를 원시 모드로 설정해 현재 회선 규범이 데이터를 처리하지 않도록 한다(이전에 논의했던 것처럼).

이 함수들의 동작 방식을 살펴보고 거리 센서에서 아스키 데이터를 받기 위해 stty와 cat 명령어를 사용한 이전 예제의 과정을 구현하는 코드를 살펴보자.

```c
/* 시리얼 디바이스 열기 */
ret = open_serial(device);
if (ret < 0) {
    err("unable to open the serial device");
    exit(EXIT_FAILURE);
}
fd = ret;
/* 사용자가 정의한 보레이트와 원시 모드로 시리얼 디바이스 설정 */
*/
ret = set_serial(fd, baudrate);
if (ret < 0) {
    err("unable to setup the serial device");
    exit(EXIT_FAILURE);
}
/*
/* 작업 수행 */
*/
while (1) {
    /* 시리얼 포트에서 데이터 읽기 */
    ret = read(fd, buf, ARRAY_SIZE(buf));
    if (ret < 0) {
        err("error reading from the serial port");
        exit(EXIT_FAILURE);
    }
    n = ret;
    /* 파일 끝 조건 검사 */
    if (n == 0)
        break;
    /* 방금 읽은 데이터 중 출력 불가능한 문자를 "."로 바꿔 stdout으로 쓰기 */
    */
    for (i = 0; i < n; i++) {
        if (buf[i] == '\n' || buf[i] == '\r' || isprint((int) buf[i]))
```

```
                ret = printf("%c", buf[i]);
            else
                ret = printf(".");
            if (ret < 0) {
                err("error reading from the serial port");
                exit(EXIT_FAILURE);
            }
        }
        /* 데이터 내보내기 */
        fflush(stdout);
    }
    close_serial(fd);
```

 위 코드의 전체 버전은 이 책의 예제 코드 저장소에 있는 chapter_07/scat/scat.c 파일이다.

위 코드는 open_serial() 함수를 사용해 사용자가 요청한 시리얼 포트를 열고(이 함수는 간단히 open() 시스템 콜을 호출한다), set_serial() 함수 내부에서 cfsetispeed()/cfsetospeed() 함수를 호출해 통신 속도를 설정하며, cfmakeraw() 함수를 호출해 해당 포트를 원시 모드로 설정한다. set_serial() 함수의 코드는 아래와 같다.

```
int set_serial(int fd, int rate)
{
    struct termios term;

    int ret;

    /* 기본 검사 */
    switch (rate) {
    case 9600 :
        rate = B9600;
        break;
```

```
            case 19200 :
                rate = B19200;
                break;
            case 38400 :
                rate = B38400;
                break;
            case 57600 :
                rate = B57600;
                break;
            case 115200 :
                rate = B115200;
                break;
            default : /* error */
                return -1;
            }
            ret = tcgetattr(fd, &term);
            if (ret < 0)
                return ret;
            ret = cfsetispeed(&term, rate);
            if (ret < 0)
                return ret;
            ret = cfsetospeed(&term, rate);
            if (ret < 0)
                return ret;
            cfmakeraw(&term);
            term.c_cc[VTIME] = 0;
            term.c_cc[VMIN] = 1;
            ret = tcsetattr(fd, TCSANOW, &term);
            return 0;
        }
```

그리고 파일처럼 read( )와 write( ) 시스템 콜을 사용해 다음 단계들을 실행한다.

이제 코드를 테스트하기 위해 make 명령어를 사용해 컴파일하면 된다.

```
root@a5d3:~/scat# make
cc -Wall -O2 -D_GNU_SOURCE scat.c -o scat
```

마지막으로 아래와 같은 명령어 라인을 사용해 실행해보자.

```
root@a5d3:~/scat# ./scat -D /dev/ttyS1
R125
```

거리 데이터를 출력으로 볼 수 있을 것이다.

RFID LF Reader

다른 예제로서 아래 RFID LF Reader를 사용해 데이터를 비글본 블랙 보드에서 TTL 3.3V 레벨의 시리얼 포트로 전송해보자.

> ⓘ 이 디바이스는 http://www.cosino.io/product/lf-rfid-low-voltage-reader 페이지나 인터넷 서핑으로 구입할 수 있다. 이 디바이스의 데이터 시트는 http://www.id-innovations.com/httpdocs/ISO11785%20OEM%20module%20serise%20ID2-12-20.pdf에서 찾을 수 있다.

아래 다이어그램과 같이, 이 디바이스는 비글본 블랙의 P9 확장 커넥터 핀으로 직접 연결될 수 있다.

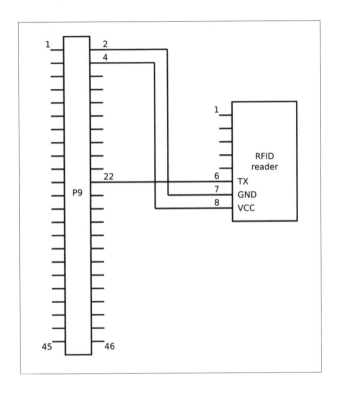

모든 핀이 연결되면 태그 데이터는 /dev/ttyS2 디바이스에서 사용할 수 있고, 빠르게 검증하기 위해 이전처럼 시리얼 포트를 활성화해야 한다. 아래와 같은 명령어를 사용하면 통신 파라미터를 설정하고 데이터를 물리적으로 읽을 수 있다.

```
root@bbb:~# stty -F /dev/ttyS2 9600 raw
root@bbb:~# cat /dev/ttyS2
```

태그를 리더에 가져가면 비프beep 사운드가 들리고, 해당 태그의 ID가 아래와 같이 명령어 라인에 보일 것이다.

```
root@bbb:~# cat /dev/ttyS2
.6F007F4E1E40
```

이 디바이스의 데이터 시트를 보면 출력 데이터 시퀀스는 아래와 같다.

STX(02h)	데이터(10ASCII)	체크섬(2ASCII)	CR	LF	ETX(03h)

따라서 6F007F4E1E 문자열은 데이터고, 40은 체크섬이다.

 이 경우에도 이전의 scat 프로그램을 사용해 RFID 데이터를 읽을 수 있다. 명령어는 아래와 같다.

```
root@bbb:~# ./scat -D /dev/ttyS2
.6F007F4E1E40
```

동일한 단계를 파이썬 언어를 사용해 반복할 수 있으며, 이 책의 예제 코드 저장소에 있는 chapter_07/rfid_lf.py 파일을 사용할 수 있다. 실행하려면 아래와 같은 명령어를 사용해야 한다.

```
root@bbb:~# ./rfid_lf.py /dev/ttyS2
6F007F4E1E40
```

 아래와 같은 에러를 볼 수도 있다.

```
root@bbb:~# ./rfid_lf.py /dev/ttyS2
Traceback (most recent call last):
File "./rfid_lf.py", line 8, in <module>
```

```
import serial
ImportError: No module named serial
```

이 경우, 아래와 같은 명령어로 파이썬 시리얼 지원을 설치하고, 다시 rfid_lf.py 프로그램을
실행해야 한다.

```
root@bbb:~# aptitude install python-serial
```

메인 함수는 reader( )이며, ser 객체를 사용해 RFID 리더에서 데이터를 읽는다.

```
def reader(ser):
    while True:
        line = ser.readline()
        line = filter(lambda x: x in string.printable, line)
        print(line.replace("\n", "")),
```

이 함수는 매우 간단하다. ser.readline( )은 태그 데이터를 가져온다. filter( ) 함수는
사람이 읽을 수 있는 문자를 얻기 위해 필터링 작업을 수행하며, print( ) 함수는 결과를
출력한다.

ser 객체는 아래와 같이 메인 함수에서 초기화된다.

```
ser = serial.Serial(
    port = dev,
    baudrate = 9600,
    bytesize = 8,
    parity = 'N',
    stopbits = 1,
    timeout = None,
    xonxoff = 0,
```

```
    rtscts = 0
)
```

위 코드에서 이전 stty 명령어에서 했던 모든 시리얼 설정값을 볼 수 있다.

▌ SLIP를 사용해 커널에서 TTY 관리하기

앞으로 커널 코드를 살펴보지는 않을 것이다. 대신 시리얼 통신 라인이 마치 이더넷 케이블인 것처럼 사용할 수 있는 멋진 커널 트릭을 살펴보자. 시리얼 포트를 이더넷 인터페이스로 추상화하면 이 트릭을 구현할 수 있다. 즉, 데이터를 보내고 받기 위해 시리얼 케이블을 사용하는 특별한 이더넷 디바이스를 정의하는 것이다. 이 통신은 SLIP 프로토콜로 구현된다.

시리얼 라인 인터넷 프로토콜SLI은 시리얼 포트상에서 동작하기 위해 설계된 인터넷 프로토콜을 캡슐화한 것이다. 성능이 좋은 Point-to-point Protocol(PPP)로 많이 대체되긴 했지만, SLIP는 아직도 매우 작은 오버헤드와 간단한 구현 때문에 IP 패킷을 캡슐화하는 데 사용하고 있다.

 SLIP에 대한 좀 더 자세한 정보는 https://en.wikipedia.org/wiki/Serial_Line_Internet_Protocol을 참고하기 바란다

이를 위해 시리얼 포트로 서로 연결된 2개의 임베디드 디바이스가 필요하다. 따라서 비글본 블랙과 SAMA5D3 Xplained를 아래 다이어그램처럼 각각의 UART 포트 중 1개를 사용해 연결해보자.

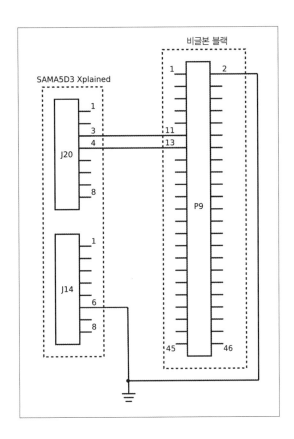

이 시나리오에서 비글본 블랙의 시리얼 통신 포트는 /dev/ttyS4고, SAMA5D3 Xplained
의 포트는 /dev/ttyS2다. 이제 이 연결을 테스트하려면 일반 Bash 명령어를 사용해야
한다. 먼저 비글본 블랙의 포트를 활성화하자.

```
root@bbb:~# echo BB-UART4 > /sys/devices/platform/bone_capemgr/slots
```

그리고 stty 명령어를 사용해 해당 포트를 적합한 통신 속도와 원시 모드로 설정하자.

```
root@bbb:~# stty -F /dev/ttyS4 115200 raw
```

이제 두 포트를 같은 통신으로 설정해야 한다. 따라서 아래와 같이 현재 설정을 SAMA5D3 Xplained에 복사해야 한다. 비글본 블랙에서 실행한 첫 번째 stty 명령어는 두 번째 보드에서 사용할 명령어가 읽을 수 있는 형태로 모든 포트 설정을 가져온다.

```
root@bbb:~# stty -g -F /dev/ttyS4
0:4:1cb2:8a38:3:1c:7f:15:4:0:1:0:11:13:1a:0:12
:f:17:16:0:0:0:0:0:0:0:0:0:0:0:0:0:0:0
```

그리고 SAMA5D3 Xplained 보드에서 아래와 같은 명령어를 이용해 같은 설정 파라미터를 지정할 수 있다.

```
root@a5d3:~# stty -F /dev/ttyS2
0:4:1cb2:8a38:3:1c:7f:15:4:0:1:0:11:13:1a:0:12
:f:17:16:0:0:0:0:0:0:0:0:0:0:0:0:0:0:0
```

이제 비글본 블랙에서 cat 명령어를 사용해 SAMA5D3 Xplained가 보내는 아스키 데이터를 표시할 수 있다. 그리고 SAMA5D3 Xplained에서는 echo 명령어를 사용해 데이터를 비글본 블랙으로 보낼 수 있다.

```
root@bbb:~# cat /dev/ttyS4
root@a5d3:~# echo TEST MESSAGE > /dev/ttyS2
```

비글본 블랙에서는 아래와 같이 라인의 코드를 볼 수 있어야 한다.

```
root@bbb:~# cat /dev/ttyS4
TEST MESSAGE
```

물론 이 통신 방법은 있는 그대로 사용할 수 있지만, 유용하지는 않다. 이 시리얼 채널 상에서 이더넷 통신을 사용할 수 있을 때 비로소 실제 장점이 드러나며, 이를 위해 SLIP

프로토콜을 사용한다.

SLIP 프로토콜의 리눅스 구현부는 리눅스 소스 저장소의 drivers/net/slip/ 디렉터리에 있다. 메인 파일인 slip.c를 살펴보면 모듈 초기화 함수는 slip_init( )며, 아래와 같다.

```
static int __init slip_init(void)
{
    int status;
    if (slip_maxdev < 4)
        slip_maxdev = 4; /* Sanity */
    printk(KERN_INFO "SLIP: version %s (dynamic channels, max=%d)"
#ifdef CONFIG_SLIP_MODE_SLIP6
        " (6 bit encapsulation enabled)"
#endif
        ".\n", SLIP_VERSION, slip_maxdev);
#if defined(SL_INCLUDE_CSLIP)
    printk(KERN_INFO "CSLIP: code copyright 1989 Regents of the University of
California.\n");
#endif
#ifdef CONFIG_SLIP_SMART
    printk(KERN_INFO "SLIP linefill/keepalive option.\n");
#endif
    lip_devs =
    kzalloc(sizeof(struct net_device *)*slip_maxdev, GFP_KERNEL);
    if (!slip_devs)
        return -ENOMEM;
    /* 회선 프로토콜 규범을 채워 등록 */
    status = tty_register_ldisc(N_SLIP, &sl_ldisc);
    if (status != 0) {
        printk(KERN_ERR "SLIP: can't register line discipline    (err = %d)\n",
        status);
        kfree(slip_devs);
    }
    return status;
}
```

함수는 매우 간단하다. 이 함수의 주요 동작은 커널 함수인 `tty_register_ldisc()`를 호출하는 것이다. 이 커널 함수는 커널에 새로운 회선 규범을 등록하기 위해 사용한다. 새 회선 규범이 커널에 성공적으로 정의되면, 디자인된 포트를 통하는 모든 시리얼 데이터가 새 회선 규범으로 관리되고, 시리얼 통신 채널상의 이더넷 트래픽을 캡슐화한다.

 tty 드라이버와 회선 규범, 리눅스의 시리얼 드라이버 관련 사항에 대한 좀 더 자세한 정보는 『Linux Device Drivers, Third Edition』(O'Reilly Media, 2005)를 참고하거나 http://lwn.net/Kernel/LDD3/을 참고하기 바란다.

이제 SLIP 프로토콜을 살펴봤으니 이전에 테스트한 시리얼 포트를 사용해 이더넷 통신을 구성해보자.

먼저 커널이 SLIP를 지원하고 활성화하는지 확인해야 한다. 이를 위해 1장, '개발 시스템 설치'의 '개발 시스템 설정' 절에서 했던 것처럼 커널 메뉴의 Devices Drivers, Network device support, SLIP(serial line) support 엔트리를 차례로 선택해야 하고, CSLIP compressed header와 Keepalive and linefill, Six bit SLIP encapsulation 하위 항목을 활성화해야 한다.

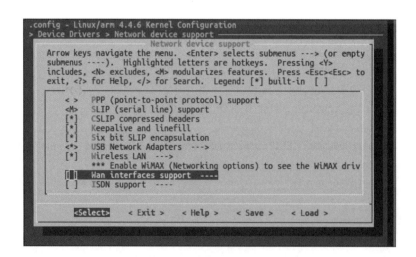

이제 저장, 재컴파일한 후 커널을 재설치하자. 새 커널이 동작하면 slattach 명령어를 사용해 디폴트 함수 규범을 SLIP를 구현하는 함수 규범으로 변경해야 한다.

```
root@bbb:~# slattach -p slip -s 9600 /dev/ttyS4 &
[1] 1193
SLIP: version 0.8.4-NET3.019-NEWTTY (dynamic channel.
CSLIP: code copyright 1989 Regents of the University of Californ.
SLIP linefill/keepalive option.
```

 TIP slattach 명령 실행 후 나타나는 SLIP나 CSLIP가 붙은 출력물은 이 명령이 생성하는 것이 아니라 커널 메시지이므로 시리얼 콘솔 밖에서 명령어를 실행하면 볼 수 없다. 이 경우, dmesg나 tail –f 명령어를 사용해 커널 메시지를 읽을 수 있다.

이제 새로운 이더넷 인터페이스인 sl0를 사용할 수 있다.

```
root@bbb:~# ifconfig sl0
sl0        Link encap:Serial Line IP
           POINTOPOINT NOARP MULTICAST MTU:296 Metric:1
           RX packets:0 errors:0 dropped:0 overruns:0 frame:0
           TX packets:0 errors:0 dropped:0 overruns:0 carrier:0
           collisions:0 txqueuelen:10
           RX bytes:0 (0.0 B) TX bytes:0 (0.0 B)
```

이 시점에 SAMA5D3 Xplained 보드에서도 같은 과정을 반복해야 한다.

```
root@a5d3:~# slattach -p slip -s 9600 /dev/ttyS2 &
[1] 1703
root@a5d3:~# ifconfig sl0
sl0        Link encap:Serial Line IP
           POINTOPOINT NOARP MULTICAST MTU:296 Metric:1
           RX packets:0 errors:0 dropped:0 overruns:0 frame:0
```

```
        TX packets:0 errors:0 dropped:0 overruns:0 carrier:0
        collisions:0 txqueuelen:10
        RX bytes:0 (0.0 B) TX bytes:0 (0.0 B)
```

그리고 같은 서브넷을 갖도록 2개의 새로운 인터페이스를 설정해야 한다. 비글본 블랙에
서는 아래와 같다.

```
root@bbb:~# ifconfig sl0 192.168.100.1 pointopoint 192.168.100.2
```

SAMA5D3 Xplained 보드에서도 같은 설정을 해야 하지만, IP 주소는 바뀌어야 한다.

```
root@a5d3:~# ifconfig sl0 192.168.100.2 pointopoint 192.168.100.1
```

이제 두 보드를 연결하고 새로운 ping을 사용해 시리얼 통신 채널상에서 동작하는 이더
넷을 테스트해보자.

```
root@a5d3:~# ping 192.168.100.2
PING 192.168.100.2 (192.168.100.2) 56(84) bytes of data.
64 bytes from 192.168.100.2: icmp_seq=1 ttl=64 time=0.244 ms
64 bytes from 192.168.100.2: icmp_seq=2 ttl=64 time=0.141 ms
64 bytes from 192.168.100.2: icmp_seq=3 ttl=64 time=0.140 ms
...
```

멋지게 동작한다. 그러나 여기서 끝이 아니다. sl0 인터페이스는 일반적인 이더넷 디바이
스이므로 SAMA5D3 Xplained에서 ssh를 사용해 비글본 블랙에 로그인할 수 있다.

```
root@a5d3:~# ssh root@192.168.100.2
The authenticity of host '192.168.100.2 (192.168.100.2)' can't be
established.
ECDSA key fingerprint is
```

```
73:9a:d3:0b:ce:9c:f2:32:83:ab:a9:9a:11:47:82:68.
Are you sure you want to continue connecting (yes/no)? yes
Warning: Permanently added '192.168.100.2'
(ECDSA) to the list of known hosts.
root@192.168.100.2's password:
The programs included with the Debian GNU/Linux system are free
software; the exact distribution terms for each program are
described in the individual files in /usr/share/doc/*/copyright.
Debian GNU/Linux comes with ABSOLUTELY NO WARRANTY, to the extent
permitted by applicable law.
Last login: Sat Apr 2 17:42:28 2016 from 192.168.8.1
root@a5d3:~#
```

이제 시리얼 채널이 이더넷 채널처럼 동작하고 있다(통신 속도나 일대일 통신만 가능하다는 점을 제외하면).

▌ 요약

시리얼 포트와 시리얼 디바이스는 임베디드 컴퓨터의 가장 중요한 개념이며, 수많은 다른 주변 장치도 존재한다. 7장의 예제 프로그램을 독자의 필요에 따라 수정해보길 권장하며, 새로운 디바이스를 소개할 8장으로 넘어가도 된다.

7장에서는 명령어 라인이나 C 혹은 파이썬 언어로 통신 파라미터 설정하는 방법과 시리얼 디바이스가 데이트 흐름을 관리하는 방법을 살펴봤다. 또한 시리얼 포트상에서 이더넷 통신을 구성하기 위한 SLIP 회선 규범도 살펴봤다.

8장에서는 하드 디스크나 키보드 혹은 7장에서 살펴봤던 시리얼 디바이스 같은 많은 전자 디바이스를 같은 포트를 사용해 컴퓨터에 연결할 수 있는 USB를 살펴본다.

08

범용 직렬 버스 - USB

이제 전자 기기를 컴퓨터에 연결할 수 있게 해주는, 최신 PC에 많이 사용하는 다재다능한 버스인 범용 직렬 버스USB를 살펴볼 차례다. 예를 들어, 하드 디스크나 키보드, 시리얼 디바이스 등을 똑같은 USB 포트를 통해 컴퓨터에 연결할 수 있다.

USB 버스가 무엇인지와 어떻게 동작하는지에 대해 간단하게 소개한 후, 다른 종류의 USB 디바이스와 이 디바이스가 리눅스 커널에서 어떻게 지원되는지를 살펴본다. 그리고 이 책의 임베디드 보드들이 바코드 리더를 관리하기 위해 어떻게 USB 호스트로 동작하는지와 호스트 PC와 데이터를 교환하기 위해 USB 디바이스로 비글본 블랙을 어떻게 사용하는지를 살펴본다. 이를 위해 멀티 가젯과 configFS 가젯을 설명할 것이다. 이 가젯들은 사용자가 동적으로 바꿀 수 있다.

▮ USB

USB는 CPU와 CPU의 주변 장치가 서로 통신하기 위해 사용하는 컴퓨터 버스다. 모든 USB 통신에서 적어도 1개의 USB 호스트와 1개의 USB 디바이스가 존재한다. USB 호스트는 효율적으로 트래픽 데이터를 디바이스로 보내고, USB 디바이스는 모든 호스트의 요청에 응답한다.

실제로 USB 호스트는 주기적으로 모든 USB 디바이스에 쿼리^{query}를 던져 USB 디바이스가 USB 호스트에 메시지를 보내길 원하는지 알아낸다. 따라서 호스트는 사용자가 연결한 주변 장치가 어떤 종류인지를 알아내고, 주변 장치를 올바르게 관리하기 위해 시스템을 재설정할 수 있다. USB 디바이스가 USB 호스트에 처음 연결될 때마다 수행하는 열거^{enumeration} 과정 덕분에 이런 마법이 일어난다.

열거는 리셋 신호를 USB 디바이스로 보내는 것부터 시작해(이 단계에서 USB 디바이스의 데이터 속도가 자동으로 결정된다), 리셋 이후 호스트는 모든 USB 디바이스 정보를 읽고, 주변 장치를 확실하게 인식한다. 이 단계에서 시스템이 주변 장치를 관리하는 적합한 디바이스 드라이버를 갖고 있다면 드라이버를 로드하고 해당 디바이스는 설정된 상태^{configured state}로 변한다. USB 호스트가 재시작하면, 모든 연결된 디바이스를 대상으로 열거 과정이 반복적으로 수행된다.

> **TIP** USB 내부에 대한 자세한 사항은 인터넷에서 찾아볼 수 있고, http://simple.wikipedia.org/wiki/Universal_Serial_Bus가 좋은 출발점이 될 수 있다.

예를 들어, USB 키보드를 Wandboard에 연결하고 커널 메시지를 살펴보면 아래와 같은 메시지를 볼 수 있다.

```
usb 1-1: new low-speed USB device number 2 using ci_hdrc
```

여기서 열거 과정은 디바이스 번호 2가 새로운 디바이스에 할당될 때 끝난다. 그리고 시스템은 새로운 디바이스 정보를 계속 읽는다.

```
usb 1-1: New USB device found, idVendor=046d, idProduct=c312
usb 1-1: New USB device strings: Mfr=1, Product=2, SerialNumber=0
usb 1-1: Product: USB Multimedia Keyboard
usb 1-1: Manufacturer: LITEON Technology
```

이 시점에서 호스트는 모든 정보를 읽고 디바이스를 설정한다. 특히 벤더^{vendor} ID(idVendor)와 제품 ID(idProduct) 번호를 알아야 한다. 이 번호들은 디바이스 기능을 커널에 지정한다.

이제 커널은 적합한 디바이스 드라이버를 로드할 때 필요한 모든 정보를 갖고 있고, 아래와 같은 커널 메시지를 볼 수 있을 것이다.

```
input: LITEON Technology USB Multimedia Keyboard as
/devices/soc0/soc/2100000.aips-bus/2184200.usb/ci_hdrc.1/usb1/1-1/1-
1:1.0/0003:046D:C312.0001/input/input0
hid-generic 0003:046D:C312.0001: input,hidraw0: USB HID v1.10 Keyboard
[LITEON Technology USB Multimedia Keyboard] on usb-ci_hdrc.1-1/input0
```

입력 드라이버인 input0는 이 단계 후 로드된다. 이 드라이버가 키보드를 관리하기 위한 올바른 드라이버다.

전기 회선

USB 포트 선은 아래 표에 설명돼 있다.

이름	설명
D+	정(Positive) 데이터
D−	부정(Negative) 데이터
Vcc	5V 전원선
GND	일반 그라운드

 이 표는 USB1.1과 USB 2.0 표준을 나타낸다. USB 3.x부터는 더 많은 신호가 추가됐다.

USB 버스는 특별한 기능인 Vcc 신호를 갖고 있다. USB는 디바이스의 전원을 USB 버스에서 직접 세공할 수 있기 때문이다.

비글본 블랙의 USB 포트

1장, '개발 시스템 설치'의 '비글본 블랙' 절에서 사용했듯이 비글본 블랙은 2개의 접근할 수 있는 포트, 즉 USB 호스트와 USB 디바이스가 있다. 두 포트 모두 USB2.0 표준을 따른다.

SAMA5D3 Xplained의 USB 포트

1장, '개발 시스템 설치'의 'SAMA5D3 Xplained' 절에서 사용했듯이 SAMA5D3 Xplained는 2개의 USB 호스트 포트와 1개의 USB 디바이스 포트가 있다. 모든 포트는 USB 2.0 표준을 따른다.

Wandboard의 USB 포트

Wandboard는 비글본 블랙과 유사한 설정을 가진다. 1장, '개발 시스템 설치'의 'Wand board' 절에서 사용했듯이, 이 보드는 1개의 USB 호스트 포트와 1개의 USB 디바이스 포트를 가진다(이 포트는 실제로 OTG로 동작할 수 있지만, 이 기능은 이 책에서 다루지 않는다). 두 포트는 USB 2.0 표준을 따른다(USB 호스트 커넥터가 USB 3.0을 따르지만, 이 책에서는 USB 3.0 디바이스를 해당 커넥터에 연결하지 않을 것이다).

▌ 리눅스의 USB 버스

이전에 언급했듯이, USB에는 호스트와 디바이스가 있고, 이 두 종류의 디바이스를 위한 전용 디바이스 드라이버는 리눅스 커널에서 찾을 수 있다. 리눅스에서의 단 한 가지 차이는 디바이스라는 단어의 일반적 의미에서 오는 오해를 줄이기 위해 USB 디바이스를 USB 가젯이라 부르는 것이다.

USB 호스트는 USB 통신에서 마스터^{master}로서 동작하는 모든 디바이스를 나타낸다. 보통 PC나 임베디드 컴퓨터가 마스터로 동작하지만, 임베디드 컴퓨터는 USB 가젯으로도 동작할 수 있다. 이 책의 임베디드 보드 설정하는 법에서 살펴봤던 1장, '개발 시스템 설치'에서 임베디드 보드들은 USB 가젯으로 동작했고, 호스트 PC는 USB 호스트였다는 것을 기억해보자.

USB 통신은 매우 간단하다. 다양한 주변 장치의 정보를 읽어오는 마스터가 있다. 정보를 읽어오는 기능은 호스트 컴퓨터에서 디바이스로(따라서 이 엔드포인트는 OUT 엔드포인트로 불린다), 혹은 디바이스에서 호스트 컴퓨터(따라서 이 엔드포인트는 IN 엔드포인트로 불린다)로만 불리는, 즉 단방향으로만 데이터를 전송하는 엔드포인트^{endpoint}라고 불리는 여러 채널을 사용해 구현된다.

USB 엔드포인트는 방향과 더불어 데이터가 어떻게 전송되는지에 따라서도 분류된다. 아래 네 가지 다른 유형의 엔드포인트를 살펴보자.

- **제어 엔드포인트**: 보통 디바이스를 설정하거나 디바이스 정보를 얻어오는 데 사용한다. 모든 USB 디바이스는 엔드포인트 0라고 불리는 제어 엔드포인트를 가져야 한다. 엔드포인트 0는 USB 디바이스가 시스템에 삽입되는 즉시 USB 하위 시스템이 해당 디바이스를 설정하기 위해 사용된다. 이 엔드포인트는 비동기 데이터 전송을 위해 사용된다.

- **인터럽트 엔드포인트**: 모든 CPU에서 볼 수 있는 인터럽트를 에뮬레이션하기 위해 사용된다. 이 엔드포인트는 USB 호스트가 디바이스에게 데이터를 요청할 때마다 고정된 속도로 약간의 데이터를 전송할 수 있다. 이런 특정 임무 때문에, 인터럽트 전송은 항상 충분한 예약된 대역폭을 USB 프로토콜이 보장한다. 이 엔드포인트는 동기 데이터 전송을 위해 사용된다.

- **벌크 엔드포인트**: 많은 데이터(인터럽트 엔트포인트보다 훨씬 많은)를 전송하기 위해 사용하며, 데이터 손실 없이 데이터를 전송해야 하지만, 흔히 USB 프로토콜이 특정 시간 내에 해당 데이터를 전송한다는 것을 보장하지 않는 디바이스에서 사용된다.

  비동기 데이터 전송을 위해 사용하는 이 엔드포인트는 오디오나 비디오 디바이스와 같은 실시간 데이터 처리에는 적합하지 않고, 프린터나 저장 장치, 네트워크 디바이스를 위해 사용된다.

- **등시성(Isochronous) 엔드포인트**: 벌크 엔드포인트의 약점을 채워주는 역할을 한다. 즉, 실시간으로 많은 데이터를 전송할 수 있다. 데이터 손실은 발생할 수 있지만, 전송 시간이 보장된다. 이 엔드포인트는 보통 동기 데이터 전송과 오디오나 비디오 디바이스에 사용된다.

호스트 동작

이 책의 모든 임베디드 보드는 USB 호스트 포트를 가지며, 호스트로서 동작할 수 있다. 적합한 드라이버가 디폴트 커널 설정에서 이미 동작하기 때문에 특별히 할 일이 없으며,

여러 장치를 연결할 수 있다. 외부 하드 디스크를 USB 키나 저장 장치로 사용할 수 있고, USB-to-시리얼 변환기(1장에서 본 것처럼)나 입력 장치로 USB 키보드나 마우스 그리고 USB 와이파이 동글 등(이외에도 다른 많은 장치)을 사용할 수 있다.

간단하고 현실적이며 교육적인 예제로 Wandboard에 USB 바코드 리더를 연결하는 방법을 살펴보자. 물론 다른 보드에 연결해도 되며, 연결 과정은 거의 비슷하다.

수많은 디바이스 클래스가 있고, 모든 디바이스 클래스는 같은 방식으로 동작한다. 그중 아래의 디바이스를 사용할 것이다.

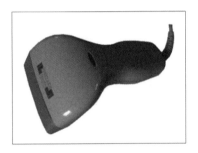

> ⓘ 위 디바이스는 http://www.cosino.io/product/usb-barcode-reader나 인터넷 서핑을 통해 구입할 수 있다.

이 디바이스 클래스는 간단히 일반 USB 키보드로 동작한다. 실제로 이 디바이스를 사용하면 키보드를 통해 삽입될 때 읽은 바코드 ID에 해당하는 문자열을 시스템에 표시한다. 어떻게 동작하는지 살펴보자.

바코드 리더를 Wandboard에 연결하면 커널 메시지에서 아래와 같은 메시지를 볼 수 있다.

```
usb 1-1: new low-speed USB device number 2 using ci_hdrc
usb 1-1: New USB device found, idVendor=0d3d, idProduct=0001
```

```
usb 1-1: New USB device strings: Mfr=0, Product=2, SerialNumber=0
usb 1-1: Product: USBPS2
input: USBPS2 as /devices/soc0/soc/2100000.aipsbus/
2184200.usb/ci_hdrc.1/usb1/1-1/1-1:1.0/0003:0D3D:0001.0001
/input/input0
hid-generic 0003:0D3D:0001.0001: input,hidraw0: USB HID
v1.00 Keyboard [USBPS2] on usb-ci_hdrc.1-1/input0
input: USBPS2 as /devices/soc0/soc/2100000.aipsbus/
2184200.usb/ci_hdrc.1/usb1/1-1/1-1:1.1/0003:0D3D:0001.0002/
input/input1
hid-generic 0003:0D3D:0001.0002: input,hidraw1: USB HID v1.00
Mouse [USBPS2] on usb-ci_hdrc.1-1/input1
```

 TIP 같은 디바이스를 사용하더라도 출력이 다를 수 있다. 같은 바코드 리더지만 여러 버전이 존재 하기 때문이다.

메시지에서 볼 수 있듯이 시스템은 키보드가 연결됐다고 생각하며, 새로운 입력 디바이스인 input1은 /sys/class/input에 나타난다.

```
root@wb:~# ls /sys/class/input/input1/
capabilities    event1 modalias    name    power        subsystem  uniq
device          id     mouse0      phys    properties   uevent
```

디바이스가 동작한다. 테스트를 하는 데는 두 가지 방법이 있다. 첫 번째 방법은 6장, '범용 입출력 신호 – GPIO'의 'GPIO를 사용한 입력 디바이스' 절에서 사용한 evtest 도구를 사용하는 것이다. 이 도구를 동작만 하도록 한 후, 테스트 디바이스를 선택하면 된다.

```
root@wb:~# evtest
No device specified, trying to scan all of /dev/input/event*
Available devices:
```

```
/dev/input/event0:    USBPS2
/dev/input/event1:    USBPS2
Select the device event number [0-1]:
```

테스트하는 디바이스는 /dev/input/event0이므로 0을 입력하면 아래와 같은 메시지를
볼 수 있다.

```
Input driver version is 1.0.1
Input device ID: bus 0x3 vendor 0xd3d product 0x1 version 0x100
Input device name: "USBPS2"
Supported events:
  Event type 0 (EV_SYN)
  Event type 1 (EV_KEY)
    Event code 1 (KEY_ESC)
    Event code 2 (KEY_1)
...
    Event code 240 (KEY_UNKNOWN)
  Event type 4 (EV_MSC)
    Event code 4 (MSC_SCAN)
  Event type 17 (EV_LED)
    Event code 0 (LED_NUML)
    Event code 1 (LED_CAPSL)
    Event code 2 (LED_SCROLLL)
    Event code 3 (LED_COMPOSE)
    Event code 4 (LED_KANA)
  Key repeat handling:
    Repeat type 20 (EV_REP)
      Repeat code 0 (REP_DELAY)
        Value 250
      Repeat code 1 (REP_PERIOD)
        Value 33
Properties:
Testing ... (interrupt to exit)
```

이제 원하는 어떤 것이라도 읽을 수 있다. 그러나 예제로 아래 바코드를 읽어보자.

Test Barcode

이 경우, 아래와 같은 출력을 얻을 수 있다.

```
Event: time 1468839598.795172, type 4 (EV_MSC), code 4 (MSC_SCAN),value 700e1
Event: time 1468839598.795172, type 1 (EV_KEY), code 42(KEY_LEFTSHIFT), value 1
Event: time 1468839598.795172, -------------- EV_SYN ------------
Event: time 1468839598.803175, type 4 (EV_MSC), code 4 (MSC_SCAN),value 70017
Event: time 1468839598.803175, type 1 (EV_KEY), code 20 (KEY_T),value 1
Event: time 1468839598.803175, -------------- EV_SYN ------------
Event: time 1468839598.811160, type 4 (EV_MSC), code 4 (MSC_SCAN),value 70017
Event: time 1468839598.811160, type 1 (EV_KEY), code 20 (KEY_T),value 0
...
Event: time 1468839599.003167, type 4 (EV_MSC), code 4 (MSC_SCAN),value 70008
Event: time 1468839599.003167, type 1 (EV_KEY), code 18 (KEY_E),value 1
Event: time 1468839599.003167, -------------- EV_SYN ------------
Event: time 1468839599.011159, type 4 (EV_MSC), code 4 (MSC_SCAN),value 70008
Event: time 1468839599.011159, type 1 (EV_KEY), code 18 (KEY_E),value 0
Event: time 1468839599.011159, -------------- EV_SYN ------------
Event: time 1468839599.019168, type 4 (EV_MSC), code 4 (MSC_SCAN),value 70028
Event: time 1468839599.019168, type 1 (EV_KEY), code 28 (KEY_ENTER),value 1
Event: time 1468839599.019168, -------------- EV_SYN ------------
Event: time 1468839599.027176, type 4 (EV_MSC), code 4 (MSC_SCAN),value 70028
Event: time 1468839599.027176, type 1 (EV_KEY), code 28 (KEY_ENTER),value 0
Event: time 1468839599.027176, -------------- EV_SYN ------------
```

각 키key의 시퀀스sequence를 읽어보면 입력 디바이스는 test barcode와 Enter 키를 받았음을 알 수 있다. 이 첫 번째가 이 디바이스를 테스트하는 데 좋은 방법이긴 하지만,

이 디바이스를 사용하는 데 최적은 아니다. 이를 위해 이 책의 예제 코드 저장소에 있는 chapter_08/key_read.py의 코드를 사용하는 두 번째 방법을 사용해보자. 이 프로그램은 아래와 같은 명령어로 설치할 수 있는 파이썬의 evdev 라이브러리를 사용한다.

```
root@wb:~# pip install evdev
```

이 프로그램은 매우 간단하고, 데이터를 읽기 위해 evdev 라이브러리를 사용하는 부분이 꽤 흥미롭다. 아래 코드의 일부분을 살펴보자.

```
# 이제 문자와 숫자만 출력하는 입력 디바이스에서 데이터를 읽기
# 입력 디바이스 열기를 시도
try:
    dev = InputDevice(args[0])
except:
    print("invalid input device", args[0], file=sys.stderr)
    sys.exit(1);
# 문자와 숫자만 출력하는 입력 디바이스에서 데이터 읽기
while True:
    r, w, x = select([dev], [], [])
    for event in dev.read():
        # 키가 눌린 이벤트만 출력
        if event.type == ecodes.EV_KEY and
        event.value==1:
            print(keys[event.code], end = "")
        sys.stdout.flush() # needed by print()
```

InputDevice( ) 함수를 사용해 사용자가 넘겨준 디바이스의 입력 디바이스 핸들러를 얻어온다. 그리고 select( )로 입력 이벤트(EV_KEY)를 기다리고, 해당 이벤트가 발생하면 이벤트를 읽고 디코딩한다. 마지막으로 keys 룩업 테이블을 사용해 해당 데이터를 출력한다.

아래 명령어로 이 프로그램을 실행하고 위의 바코드를 다시 스캔^{scan}하면 그 밑의 출력을
볼 수 있다.

```
root@wb:~# ./key_read.py /dev/input/event0
.test..barcode.
```

 TIP 프로세스를 멈추려면 Ctrl + C를 눌러야 한나.

디바이스 동작

USB 호스트 동작은 임베디드 플랫폼을 합리적이고 쉽게 확장할 수 있기 때문에 매우 중
요하다. 그러나 개발자의 관점에서 볼 때 GNU/리눅스 임베디드 시스템이 제공하는 흥
미로운 기능은 USB 가젯 하위 시스템을 사용해 USB 디바이스로 작동할 수 있다는 것
이다. 이 기능은 임베디드 시스템을 완전한 파일 시스템을 저장하는 USB 키나 일반 USB
케이블을 사용해 다른 PC와 시리얼/이더넷 통신을 가능하게 한다.

1장의 'SAMA5D3 Xplained'와 'Wandboard' 절에서 리눅스 시리얼 콘솔을 연결하기
위해 USB 시리얼 통신을 이미 사용했다. 이를 위해 /dev/ttyACM0 시리얼 디바이스와
usb0 이더넷 디바이스인 CDC 가젯의 시리얼 포트와 이더넷 포트를 사용했다. 물론, 여
러 다른 가젯의 디바이스도 임베디드 보드에서 사용할 수 있다. 특히, 이전 스타일(legacy)
가젯과 최신 스타일(function) 가젯을 사용할 수 있다. 전자는 /lib/modules/$(uname
-r)/kernel/drivers/usb/gadget/legacy 디렉터리, 후자는 /lib/modules/$(uname
-r)/kernel/drivers/usb/gadget/function 디렉터리에 위치해 있다.

먼저 커널이 USB 가젯을 지원하는지 검증하고, 활성화해야 한다. 이를 위해 커널 재설정
에 관한 1장, '개발 시스템 설치'의 '개발 시스템 설정'에서 살펴본 USB 가젯 설정을 떠올

512

려보자. 커널 메뉴에서 Device Drivers와 USB support, USB Gadget Support를 선택하고 아래 그림과 같이 모든 하위 옵션을 활성화해야 한다.

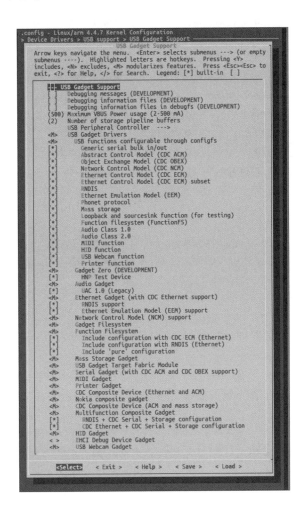

그리고 저장 및 재컴파일, 커널 재설치를 해야 한다. 완료되면 Wandboard의 이 디렉터리에서 아래와 같은 파일을 볼 수 있다.

```
root@wb:~# ls /lib/modules/$(uname-r)/kernel/drivers/usb/gadget/
{function,legacy}
```

```
/lib/modules/4.4.7-armv7-x6/kernel/drivers/usb/gadget/function:
u_ether.ko            usb_f_fs.ko              usb_f_obex.ko
usb_f_ss_lb.ko
usb_f_acm.ko          usb_f_hid.ko            usb_f_phonet.ko      usb_f_uac1.
kousb_f_ecm.ko        usb_f_mass_storage.ko   usb_f_printer.ko     usb_f_uac2.ko
usb_f_ecm_subset.ko   usb_f_midi.ko           usb_f_rndis.ko       usb_f_uvc.ko
usb_f_eem.ko          usb_f_ncm.ko            usb_f_serial.ko      u_serial.ko
/lib/modules/4.4.7-armv7-x6/kernel/drivers/usb/gadget/legacy:
g_acm_ms.ko    g_ether.ko           g_midi.ko      g_printer.ko     tcm_usb_gadget.ko
gadgetfs.ko    g_ffs.ko             g_multi.ko     g_serial.ko
g_audio.ko     g_hid.ko             g_ncm.ko       g_webcam.ko
g_cdc.ko       g_mass_storage.ko    g_nokia.ko     g_zero.ko
```

 http://www.linux-usb.org/gadget/에서 리눅스 USB 가젯 API 프레임워크를 볼 수 있다(이 가이드는 살짝 오래되긴 했지만, 공부를 위한 좋은 출발점이다). 그리고 리눅스 소스 트리의 Documentation/usb로 넘어갈 수도 있다.

Function 가젯을 새로운 애플리케이션에 사용하도록 추천하지만, legacy 가젯도 아직 잘 동작한다.

다음의 두 절에서 아직 쓸 만한 legacy 가젯인 멀티 가젯과 사용자 요청 시 동적으로 가젯의 설정을 변경할 수 있는 흥미로운 function 가젯을 설명한다.

이런 커널 변경 후에는 반드시 커널이 g_cdc 가젯을 자동으로 로드하기 위해 시스템을 재설정해야 한다.

이를 위한 명령어는 아래와 같다.

```
root@wb:~# echo "g_cdc" >> /etc/modules-load.d/modules.conf
root@wb:~# echo "options g_cdc host_addr=62:1e:f6:88:9b:42" >> /etc/modprobe.d/
modules.conf
```

멀티 가젯

멀티 가젯(및 해당 하위 집합, CDC 가젯)은 USB 저장 장치와 시리얼, 이더넷 통신 채널을 동시에 구현한다.

 일부 보드에서 이 가젯은 동작 중인 CPU에 있는 USB 디바이스 제어기의 한정된 엔드포인트 때문에 사용할 수 없다. SAMA5D3 Xplained 보드에서는 아래와 같은 메시지를 볼 수 있다.

```
root@a5d3:~# modprobe -r g_cdc
root@a5d3:~# modprobe g_multi
modprobe: ERROR: could not insert 'g_multi': Invalidargument
```

관련 커널 메시지는 아래와 같다.

```
g_multi 500000.gadget: failed to start g_multi: -22
```

먼저 부팅 시에 로드된 디폴트 가젯 드라이버인 g_cdc를 언로드해야 한다. 현재 로드된 모듈의 모든 리스트를 보기 위해 lsmod 명령어를 사용하면 g_cdc가 동작 중이라는 것을 볼 수 있다.

```
root@wb:~# lsmod | grep g_cdc
g_cdc                   4151  0
u_ether                14413  2  g_cdc,usb_f_ecm
libcomposite           53784  3  g_cdc,usb_f_acm,usb_f_ecm
```

해당 모듈을 언로드하려면 modprobe 명령어와 -r 옵션을 아래와 같이 사용해야 한다.

```
root@wb:~# modprobe -r g_cdc
```

이제 USB 저장 장치를 나타낼 새 파일을 생성하자. 아래와 같은 명령어를 사용해 64MB 크기의 0으로 채워진 파일을 생성한다.

```
root@wb:~# dd if=/dev/zero of=/opt/mass_storage bs=1M count=64
64+0 records in
64+0 records out
67108864 bytes (67 MB) copied, 0.557685 s, 120 MB/s
```

이제 모든 준비가 끝났다. 저장 장치 파일은 방금 생성한 파일이고, g_cdc와 사용했던 디바이스 이더넷 주소를 커널에 지정하는 아래와 같은 명령어를 사용해 g_multi 드라이버를 다시 로드하자.

```
root@wb:~# modprobe g_multi host_addr=62:1e:f6:88:9b:42 file=/opt/mass_storage
ro=0
```

위 명령어를 실행하면 커널 메시지에서 아래와 같은 내용을 볼 수 있다.

```
using random self ethernet address
using random host ethernet address
using host ethernet address: 62:1e:f6:88:9b:42
using random self ethernet address
using random host ethernet address
using host ethernet address: 62:1e:f6:88:9b:42
usb0: HOST MAC 62:1e:f6:88:9b:42
usb0: MAC 8e:b9:5e:db:9c:4b
Mass Storage Function, version: 2009/09/11
LUN: removable file: (no medium)
LUN: file: /opt/mass_storage
Number of LUNs=1
g_multi gadget: Multifunction Composite Gadget
g_multi gadget: userspace failed to provide iSerialNumber
g_multi gadget: g_multi ready
```

```
IPv6: ADDRCONF(NETDEV_UP): usb0: link is not ready
g_multi gadget: high-speed config #2: Multifunction with CDC ECM
IPv6: ADDRCONF(NETDEV_CHANGE): usb0: link becomes ready
```

호스트 PC에서는 아래와 같은 커널 메시지를 볼 수 있다(USB 케이블로 연결했을 경우).

```
usb 2-1.1: new high-speed USB device number 57 using ehci-pci
usb 2-1.1: New USB device found, idVendor=1d6b, idProduct=0104
usb 2-1.1: New USB device strings: Mfr=3, Product=4, SerialNumber=0
usb 2-1.1: Product: Multifunction Composite Gadget
usb 2-1.1: Manufacturer: Linux 4.4.7-armv7-x6 with 2184000.usb
```

위에서 새로운 컴포지트composite 디바이스를 찾았고, 열거 과정을 수행했다는 것을 알 수 있다. 아래는 새로운 이더넷 디바이스 관련 커널 메시지다.

```
cdc_ether 2-1.1:2.0 usb0: register 'cdc_ether' at usb-0000:00:1d.0-1.1, CDC
Ethernet Device, 62:1e:f6:88:9b:42
cdc_acm 2-1.1:2.2: ttyACM0: USB ACM device
```

그리고 대용량 저장 장치도 찾을 수 있다.

```
usb-storage 2-1.1:2.4: USB Mass Storage device detected
scsi host7: usb-storage 2-1.1:2.4
scsi 7:0:0:0: Direct-Access Linux File-Stor Gadget 0404 PQ:0 ANSI: 2
sd 7:0:0:0: Attached scsi generic sg3 type 0
sd 7:0:0:0: [sdd] 131072 512-byte logical blocks: (67.1 MB/64.0 MiB)
sd 7:0:0:0: [sdd] Write Protect is off
sd 7:0:0:0: [sdd] Mode Sense: 0f 00 00 00
sd 7:0:0:0: [sdd] Write cache: enabled, read cache: enabled,doesn't support DPO
or FUA
sd 7:0:0:0: [sdd] Attached SCSI disk
```

위에서 호스트 PC는 64MB 디스크를 찾았지만, 이 디스크는 유효하지 않은 파티션 테이블을 갖고 있다는 것을 알 수 있다. 이는 이 디바이스가 0으로 채워져 있기 때문에 당연한 것이다.

따라서 Wandboard에 FAT 디스크를 생성해 새로운 디스크를 포맷해야 한다.

```
# mkfs.vfat -i WB -I /dev/sdd
mkfs.fat 3.0.28 (2015-05-16)
```

이제 새로운 저장 장치를 테스트하기 위해 해당 디바이스를 마운트하고 테스트 파일을 작성할 수 있다.

```
# mount /dev/sdd /mnt/
# echo TEST_PC > /mnt/file_pc.txt
# ls /mnt/
file_pc.txt*
```

이제 디스크를 언마운트하고 위 파일을 다시 읽기 위해 Wandboard 파일 시스템에 마운트하자.

```
root@wb:~# mount -o loop /opt/mass_storage /mnt/
root@wb:~# ls /mnt/
file_pc.txt
root@wb:~# cat /mnt/file_pc.txt
TEST_PC
```

이제 아래와 같은 명령어로 다른 파일을 Wandboard에서 생성해보자.

```
root@wb:~# echo TEST_WB > /mnt/file_wb.txt
```

이제 이 디스크를 언마운트하고 호스트 PC에서 다시 마운트해보면 새로운 파일이 있는지 검증할 수 있다.

ConfigFS 가젯

초기 가젯 구현에는 사용자 영역 가젯을 구현하는 인터페이스를 제공하는 모놀리식^{monolithic} 커널 드라이버인 GadgetFS가 있다(이 가젯은 아직 legacy 디렉터리에 있다). 이후 USB 컴포지트 가젯으로 결합할 수 있는 사용자 영역 가젯 기능을 지원하기 위해, GadgetFS의 후계자인 FunctionFS가 릴리즈됐다. configFS 가젯이 사용자 가젯 지원의 마지막 버전이다. 이 가젯은 애플리케이션별 USB 컴포지트 디바이스를 사용자 영역에서 정의하기 위해 임의의 기능과 설정을 정의할 수 있게 해주는 인터페이스를 제공한다. 이 트릭은 새로운 파일 시스템이 커널 객체의 사용자 영역 인스턴스를 생성할 수 있게 해주기 때문에 매우 흥미롭다.

멀티 가젯처럼 이 가젯이 어떻게 동작하는지 살펴보자. 먼저 부팅 시 로드된 g_cdc 모듈을 언로드하고 새 파일 시스템을 적당한 디렉터리에 마운트해야 한다. 이 디렉터리는 디폴트로 /sys/kernel/config다.

```
root@wb:~# mount -t configfs none /sys/kernel/config
```

 TIP 아래와 같은 에러가 발생하면 파일 시스템이 이미 마운트돼 있다는 의미이므로 위 명령어를 건너뛰어도 된다.

```
mount: none is already mounted or /sys/kernel/config busy
```

이제 USB 가젯 디바이스와 관련된 configFS 디렉터리로 들어가보자.

```
root@wb:~# cd /sys/kernel/config/usb_gadget/
```

새로운 디렉터리를 생성만 하면 새로운 가젯 디바이스를 생성할 수 있다. 실제로 첫 번째 가젯 디바이스를 생성하기 위해 아래와 같은 명령어를 사용할 수 있다.

```
root@wb:/sys/kernel/config/usb_gadget# mkdir g1
```

이 새 디렉터리나 디바이스의 속성을 보기 위해 해당 디렉터리로 들어가자.

```
root@wb:/sys/kernel/config/usb_gadget# cd g1
root@wb:/sys/kernel/config/usb_gadget/g1# ls
bcdDevice bDeviceClass bDeviceSubClass   configs idProduct os_desc UDC
bcdUSB    bDeviceProtocol bMaxPacketSize0 functions idVendor strings
```

위에서 볼 수 있듯이 몇 개의 파일이 있고, 이 파일들의 이름은 USB 디바이스 속성을 나타낸다. 첫 단계로써, 벤더와 제품 ID를 멀티 가젯과 똑같이 설정할 수 있다.

```
root@wb:/sys/kernel/config/usb_gadget/g1# echo 0x1d6b > idVendor
root@wb:/sys/kernel/config/usb_gadget/g1# echo 0x0104 > idProduct
```

가젯은 시리얼 번호와 제조사, 제품 문자열도 필요하다. 이 값들을 저장하려면 문자열 하위 디렉터리를 각 언어별로 생성해야 한다. 예를 들어, 아래와 같은 명령어는 영어 문자열을 정의한다(코드 0x409).

```
root@wb:/sys/kernel/config/usb_gadget/g1# mkdir strings/0x409
```

그리고 아래 문자열을 설정한다.

```
root@wb:/sys/kernel/config/usb_gadget/g1# echo "0" > strings/0x409/serialnumber
root@wb:/sys/kernel/config/usb_gadget/g1# echo "Linux 4.4.7-armv7-x6 with
2184000.usb" > strings/0x409/manufacturer
root@wb:/sys/kernel/config/usb_gadget/g1# echo "Multifunction Composite Gadget"
> strings/0x409/product
```

이제 이 가젯에 대한 설정을 생성해야 한다. 각 가젯은 문자열과 속성을 사용해 생성되는 디렉터리에 해당하는 여러 설정으로 구성된다.

```
root@wb:/sys/kernel/config/usb_gadget/g1# mkdir configs/multi.1
root@wb:/sys/kernel/config/usb_gadget/g1# mkdir configs/multi.1/strings/0x409
root@wb:/sys/kernel/config/usb_gadget/g1# echo "USB Multi config" > configs/
multi.1/strings/0x409/configuration
root@wb:/sys/kernel/config/usb_gadget/g1# echo 120 > configs/multi.1/MaxPower
```

가젯은 여러 기능을 제공하고, 각 기능마다 이전에 했던 방식으로 해당 디렉터리가 생성 돼야 한다. 또한 각 기능은 특정 집합의 속성을 제공해야 한다. 이 책의 예제에서는 USB 기능에 이더넷을 추가하기 위해 아래와 같은 명령어를 사용해야 한다.

```
root@wb:/sys/kernel/config/usb_gadget/g1# mkdir functions/ecm.usb0
root@wb:/sys/kernel/config/usb_gadget/g1# echo '62:1e:f6:88:9b:42' > functions/
ecm.usb0/host_addr
```

위 명령어는 g_cdc 가젯에서 했던 것처럼 host_addr 속성을 설정한다. 그리고 대용량 저장 장치 기능을 설정한다.

```
root@wb:/sys/kernel/config/usb_gadget/g1# mkdir functions/mass_storage.1
root@wb:/sys/kernel/config/usb_gadget/g1# echo /opt/mass_storage > functions/
mass_storage.1/lun.0/file
```

이 파일 속성은 저장 장치 메모리로 사용할 파일을 가리키도록 설정돼야 한다. 마지막 단계는 디폴트 설정을 남겨 놓기 위해 어떤 속성도 설정하지 않았던 시리얼 채널 차례다.

```
root@wb:/sys/kernel/config/usb_gadget/g1# mkdir functions/acm.1
```

이제 가젯이 생성됐다. 이 가젯에 여러 설정을 지정했고, 사용할 수 있는 여러 기능을 갖게 됐다. 이제 남은 일은 각 가젯에 대해 어떤 기능을 어떤 설정에서 사용할 수 있는지 지정하는 것이다(같은 기능은 여러 설정에서 사용할 수 있다). 이를 위해 아래와 같이 심벌릭 링크를 생성하면 된다.

```
root@wb:/sys/kernel/config/usb_gadget/g1# ln -s functions/ecm.usb0 configs/
multi.1
root@wb:/sys/kernel/config/usb_gadget/g1# ln -s functions/mass_storage.1
configs/multi.1
root@wb:/sys/kernel/config/usb_gadget/g1# ln -s functions/acm.1 configs/multi.1
```

이제 새로운 가젯이 준비됐다. 이 가젯을 활성화하기 위해 USB 디바이스 제어기^{UDC}에 이 가젯을 바운드^{bound}시키면 된다. 사용할 수 있는 제어기의 리스트는 /sys/class/udc/에 있다.

```
root@wb:/sys/kernel/config/usb_gadget/g1# ls /sys/class/udc/
ci_hdrc.0
```

Wandboard에서는 1개의 UDC가 있고, 해당 가젯을 활성화하는 명령어는 아래와 같다.

```
root@wb:/sys/kernel/config/usb_gadget/g1# cd ..
root@wb:/sys/kernel/config/usb_gadget# echo "ci_hdrc.0" > g1/UDC
```

Wandboard의 커널에서 정상 동작하면 아래와 같은 메시지를 볼 수 있다.

```
usb0: HOST MAC 62:1e:f6:88:9b:42
usb0: MAC 9e:4a:8e:06:94:81
IPv6: ADDRCONF(NETDEV_UP): usb0: link is not ready
configfs-gadget gadget: high-speed config #1: multi
IPv6: ADDRCONF(NETDEV_CHANGE): usb0: link becomes ready
```

또한 호스트 PC에서 g_multi의 복사판인 새로운 디바이스를 볼 수 있다.

```
$ lsusb -v -d 1d6b:0104
Bus 002 Device 013: ID 1d6b:0104 Linux Foundation Multifunction
Composite Gadget
Couldn't open device, some information will be missing
Device Descriptor:
  bLength                18
  bDescriptorType         1
  bcdUSB               2.00
  bDeviceClass            0   (Defined at Interface level)
  bDeviceSubClass         0
  bDeviceProtocol         0
  bMaxPacketSize0        64
  idVendor           0x1d6b   Linux Foundation
  idProduct          0x0104   Multifunction Composite Gadget
  bcdDevice            4.04
  iManufacturer           1
  iProduct                2
  iSerial                 3
  bNumConfigurations      1
...
```

아래와 같은 호스트 PC 커널 메시지에서 세 가지 기능이 동작한다는 것을 볼 수 있다.

```
usb 2-1.1: new high-speed USB device number 13 using ehci-pci
usb 2-1.1: New USB device found, idVendor=1d6b, idProduct=0104
```

```
usb 2-1.1: New USB device strings: Mfr=1, Product=2, SerialNumber=3
usb 2-1.1: Product: Multifunction Composite Gadget
usb 2-1.1: Manufacturer: Linux 4.4.7-armv7-x6 with 2184000.usb
usb 2-1.1: SerialNumber: 0
cdc_ether 2-1.1:1.0 usb0: register 'cdc_ether' at
usb-0000:00:1d.0-1.1, CDC Ethernet Device, 62:1e:f6:88:9b:42
usb-storage 2-1.1:1.2: USB Mass Storage device detected
scsi host10: usb-storage 2-1.1:1.2
cdc_acm 2-1.1:1.3: ttyACM0: USB ACM device
cdc_ether 2-1.1:1.0 enp0s29u1u1: renamed from usb0
IPv6: ADDRCONF(NETDEV_UP): enp0s29u1u1: link is not ready
scsi 10:0:0:0: Direct-Access Linux File-Stor Gadget 0404 PQ: 0 ANSI: 2
sd 10:0:0:0: Attached scsi generic sg3 type 0
sd 10:0:0:0: [sdd] 131072 512-byte logical blocks: (67.1 MB/64.0 MiB)
sd 10:0:0:0: [sdd] Write Protect is off
sd 10:0:0:0: [sdd] Mode Sense: 0f 00 00 00
sd 10:0:0:0: [sdd] Write cache: enabled, read cache: enabled, doesn't support
DPO or FUA
sdd:
sd 10:0:0:0: [sdd] Attached SCSI removable disk
FAT-fs (sdd): Volume was not properly unmounted. Some data may be corrupt.
Please run fsck.
```

이제 이전에 테스트한 멀티 가젯처럼 모든 것이 정상 동작하는지 검증할 수 있다. 검증이
완료되면 이 가젯을 UDC에서 언바운드하도록 하는 아래와 같은 명령어를 사용해 새로
운 디바이스를 비활성화할 수 있다.

```
root@wb:/sys/kernel/config/usb_gadget# echo "" > g1/UDC
```

위 명령어를 실행하면 Wandboard의 커널이 아래와 같이 동작한다.

```
configfs-gadget gadget: unbind function 'cdc_ethernet'/ed055ac0
configfs-gadget gadget: unbind function 'Mass Storage Function'/ed20e880
```

```
configfs-gadget gadget: unbind function 'acm'/ed0231c0
```

이 기능은 매우 강력하지만 진짜 강력한 것은 여러 가젯을 정의하고 각 가젯 간에 쉽게 스위치할 수 있는 것이다. 예를 들어, 다음 절에서 사용할 다른 가젯 디바이스를 정의해 보자. 그리고 이 가젯 간 서로 스위치하는 방법을 살펴보자. 새로운 디바이스로서 zero 가젯의 복사판이지만 약간 다른 가젯을 정의하자(g_zero, 다음 절 참고). OUT 엔드포인트로 쓰는 어떤 것이라도 다시 IN 엔드포인트로 들어오는 루프백loopback 기능을 사용할 것이다.

먼저 새 가젯을 생성하고, 이 가젯의 속성을 설정하자.

```
root@wb:/sys/kernel/config/usb_gadget# mkdir g2
root@wb:/sys/kernel/config/usb_gadget# cd g2
root@wb:/sys/kernel/config/usb_gadget/g2# echo 0x1a0a > idVendor
root@wb:/sys/kernel/config/usb_gadget/g2# echo 0xbadd > idProduct
root@wb:/sys/kernel/config/usb_gadget/g2# mkdir strings/0x409
root@wb:/sys/kernel/config/usb_gadget/g2# echo "0" > strings/0x409/serialnumber
root@wb:/sys/kernel/config/usb_gadget/g2# echo "Linux 4.4.7-armv7-x6 with
2184000.usb" > strings/0x409/manufacturer
root@wb:/sys/kernel/config/usb_gadget/g2# echo "Loopback Gadget" >
strings/0x409/product
```

그리고 설정을 정의하자.

```
root@wb:/sys/kernel/config/usb_gadget/g2# mkdir configs/zero.1
root@wb:/sys/kernel/config/usb_gadget/g2# mkdir configs/zero.1/strings/0x409
root@wb:/sys/kernel/config/usb_gadget/g2# echo "USB g_zero config" > configs/
zero.1/strings/0x409/configuration
```

이제 루프백 기능을 추가하고, 가젯 설정에 이 기능을 연결하자.

```
root@wb:/sys/kernel/config/usb_gadget/g2# mkdir functions/Loopback.1
root@wb:/sys/kernel/config/usb_gadget/g2# ln -s functions/Loopback.1
configs/zero.1
```

이제 새 가젯이 정의됐고, 이전에 한 것처럼 이 가젯을 활성화할 수 있다.

```
root@wb:/sys/kernel/config/usb_gadget/g2# cd ..
root@wb:/sys/kernel/config/usb_gadget# echo "ci_hdrc.0" > g2/UDC
```

모든 것이 정상 동작한다면 Wandboard에서 관련 커널 메시지를 볼 수 있다.

```
configfs-gadget gadget: high-speed config #1: zero
```

호스트 PC에서는 아래와 같은 메시지를 볼 수 있다.

```
$ lsusb -v -d 1a0a:badd
Bus 002 Device 034: ID 1a0a:badd USB-IF non-workshop USB
OTG Compliance test device
Couldn't open device, some information will be missing
Device Descriptor:
  bLength                 18
  bDescriptorType          1
  bcdUSB                2.00
  bDeviceClass             0 (Defined at Interface level)
  bDeviceSubClass          0
  bDeviceProtocol          0
  bMaxPacketSize0         64
  idVendor            0x1a0a USB-IF non-workshop
  idProduct           0xbadd USB OTG Compliance test device
  bcdDevice             4.04
  iManufacturer            1
  iProduct                 2
```

```
iSerial                  3
bNumConfigurations       1
Configuration Descriptor:
  bLength                9
  bDescriptorType        2
  wTotalLength          32
  bNumInterfaces         1
  bConfigurationValue    1
  iConfiguration         4
  bmAttributes        0x80
    (Bus Powered)
  MaxPower            500mA
  Interface Descriptor:
    bLength              9
    bDescriptorType      4
    bInterfaceNumber     0
    bAlternateSetting    0
    bNumEndpoints        2
    bInterfaceClass    255 Vendor Specific Class
    bInterfaceSubClass   0
    bInterfaceProtocol   0
    iInterface           5
    Endpoint Descriptor:
      bLength            7
      bDescriptorType    5
      bEndpointAddress 0x81 EP 1 IN
      bmAttributes       2
        Transfer Type        Bulk
        Synch Type           None
        Usage Type           Data
      wMaxPacketSize  0x0200   1x 512 bytes
      bInterval          0
    Endpoint Descriptor:
      bLength            7
      bDescriptorType        5
      bEndpointAddress      0x01  EP 1 OUT
```

```
        bmAttributes              2
            Transfer Type              Bulk
            Synch Type                 None
            Usage Type                 Data
        wMaxPacketSize        0x0200   1x 512 bytes
        bInterval                 0
```

해당 가젯 구조를 가리키는 lsusb 명령어 라인 출력은 zero 가젯처럼 이 가젯이 1개의
OUT 엔드포인트와 1개의 IN 엔드포인트를 갖고 있다는 것을 보여준다.

두 가젯 간 스위칭은 매우 간단하다. 이를 위해 필요한 명령어는 아래와 같다. 각 명령어
의 영향을 보기 위한 관련 커널 메시지도 아래에 있다.

```
root@wb:/sys/kernel/config/usb_gadget# echo "" > g2/UDC
root@wb:/sys/kernel/config/usb_gadget# echo "ci_hdrc.0" > g1/UDC
configfs-gadget gadget: high-speed config #1: multi
root@wb:/sys/kernel/config/usb_gadget# echo "" > g1/UDC
configfs-gadget gadget: unbind function 'cdc_ethernet'/ed204dc0
configfs-gadget gadget: unbind function 'Mass Storage Function'/ed689a00
configfs-gadget gadget: unbind function 'acm'/ed204e80
root@wb:/sys/kernel/config/usb_gadget# echo "ci_hdrc.0" > g2/UDC
configfs-gadget gadget: high-speed config #1: zero
```

▌ USB 도구

usbutils 패키지에 있는 몇 가지 도구를 사용해 보드에 연결된 USB 디바이스 리스트를
보거나 정보를 얻을 수 있다(이 패키지는 이미 설치돼 있어야 하며, 그렇지 않을 경우 일반적인 방
식으로 설치할 수 있다).

연결된 디바이스를 검사하기 위해 이 도구와 함께 sysfs까지 사용한다면 개발자의 일이

더 간단해진다. 예를 들어, 연결된 모든 USB 디바이스 리스트를 얻기 위해 아래와 같은 명령어를 사용할 수 있다.

```
root@bbb:~# lsusb
Bus 001 Device 001: ID 1d6b:0002 Linux Foundation 2.0 root hub
```

위의 비글본 블랙을 사용한 예제에서는 루트 허브만을 얻어온다(루트 허브는 가짜 디바이스며, 시스템의 USB 버스 자체를 나타낸다. 이 디바이스는 언제나 어떤 버스에 있더라도 디바이스 번호 1번을 가지며, Linux Foundation이라는 고정된 제조사와 0x1d6b ID를 가진다). USB 디바이스를 호스트 포트에 꽂으면(예를 들어, USB 키) 아래와 같은 메시지를 볼 수 있다.

```
root@bbb:~# lsusb
Bus 001 Device 003: ID 058f:6387 Alcor Micro Corp. Flash Drive
Bus 001 Device 001: ID 1d6b:0002 Linux Foundation 2.0 root hub
```

벤더:제품 커플 혹은 **버스:디바이스 번호** 커플로 특정 디바이스를 찾는 명령어는 아래와 같다.

```
root@bbb:~# lsusb -d 058f:6387
Bus 001 Device 003: ID 058f:6387 Alcor Micro Corp. Flash Drive
root@bbb:~# lsusb -s 001:003
Bus 001 Device 003: ID 058f:6387 Alcor Micro Corp. Flash Drive
```

그리고 -v 옵션을 사용해 디바이스의 많은 정보를 출력할 수 있다.

```
root@bbb:~# lsusb -v -d 058f:6387
Bus 001 Device 003: ID 058f:6387 Alcor Micro Corp. Flash Drive
Device Descriptor:
  bLength                 18
  bDescriptorType          1
```

```
bcdUSB              2.00
bDeviceClass           0 (Defined at Interface level)
bDeviceSubClass        0
bDeviceProtocol        0
bMaxPacketSize0        64
idVendor            0x058f Alcor Micro Corp.
idProduct           0x6387 Flash Drive
bcdDevice           1.03
iManufacturer          1 Generic
iProduct               2 Miss Storage
iSerial                3 9B4B5BCC
bNumConfigurations     1
Configuration Descriptor:
  bLength              9
  bDescriptorType      2
  wTotalLength         32
  bNumInterfaces       1
  bConfigurationValue  1
  iConfiguration       0
  bmAttributes         0x80
    (Bus Powered)
  MaxPower             100mA
  Interface Descriptor:
    bLength            9
    bDescriptorType    4
    bInterfaceNumber   0
    bAlternateSetting  0
    bNumEndpoints      2
    bInterfaceClass    8 Mass Storage
    bInterfaceSubClass 6 SCSI
    bInterfaceProtocol 80 Bulk-Only
    iInterface         0
    Endpoint Descriptor:
      bLength          7
      bDescriptorType  5
      bEndpointAddress 0x01 EP 1 OUT
```

```
        bmAttributes              2
          Transfer Type             Bulk
          Synch Type                None
          Usage Type                Data
        wMaxPacketSize    0x0200  1x 512 bytes
        bInterval                 0
      Endpoint Descriptor:
        bLength                   7
        bDescriptorType           5
        bEndpointAddress    0x82 EP 2 IN
        bmAttributes              2
          Transfer Type             Bulk
          Synch Type                None
          Usage Type                Data
        wMaxPacketSize    0x0200 1x 512 bytes
        bInterval                 0
Device Qualifier (for other device speed):
  bLength                   10
  bDescriptorType           6
  bcdUSB                    2.00
  bDeviceClass              0 (Defined at Interface level)
  bDeviceSubClass           0
  bDeviceProtocol           0
  bMaxPacketSize0           64
  bNumConfigurations        1
Device Status:    0x0000
  (Bus Powered)
```

위 메시지에서 이 디바이스가 USB 2.0 버전과 호환된다는 것을 알 수 있다. 또한 디바이스 디스크립션 데이터와 전원 소비, 2개의 벌크 엔드포인트를 갖고 있다는 것도 확인할 수 있다.

lsusb와 유사한 도구(임베디드 디바이스에서 덜 유명하지만)는 usb-devices로서 아래와 같이 연결된 디바이스의 간략한 리스트(그럼에도 꽤 자세하다)를 보여준다.

```
root@bbb:~# usb-devices
T: Bus=01 Lev=00 Prnt=00 Port=00 Cnt=00 Dev#= 1 Spd=480 MxCh= 1
D: Ver= 2.00 Cls=09(hub ) Sub=00 Prot=01 MxPS=64 #Cfgs= 1
P: Vendor=1d6b ProdID=0002 Rev=04.04
S: Manufacturer=Linux 4.4.7-bone9 musb-hcd
S: Product=MUSB HDRC host driver
S: SerialNumber=musb-hdrc.1.auto
C: #Ifs= 1 Cfg#= 1 Atr=e0 MxPwr=0mA
I: If#= 0 Alt= 0 #EPs= 1 Cls=09(hub ) Sub=00 Prot=00 Driver=hub
T: Bus=01 Lev=01 Prnt=01 Port=00 Cnt=01 Dev#= 3 Spd=480 MxCh= 0
D: Ver= 2.00 Cls=00(>ifc ) Sub=00 Prot=00 MxPS=64 #Cfgs= 1
P: Vendor=058f ProdID=6387 Rev=01.03
S: Manufacturer=Generic
S: Product=Miss Storage
S: SerialNumber=9B4B5BCC
C: #Ifs= 1 Cfg#= 1 Atr=80 MxPwr=100mA
I: If#= 0 Alt= 0 #EPs= 2 Cls=08(stor.)
Sub=06 Prot=50 Driver=usb-storage
```

이 출력은 이전과 비교했을 때 더 적은 정보지만, 이 디바이스가 시스템에 어떻게 연결되는지와 어떻게 동작하는지를 이해하기에는 충분하다.

■ 원시 USB 버스

어떤 경우에는 USB 디바이스에 전용 디바이스 드라이버가 없을 수 있다. 이 경우, GNU/리눅스 시스템은 이 디바이스를 열거한 후 어떤 드라이버도 로드하지 않는다. 이 때 사용자는 버스에 직접 원시 명령어를 내리는 것을 제외하고는 어떤 방식으로도 이 새로운 USB 디바이스에 접근할 수 없다. 간단히 말해, 이 원시 명령어는 어떤 전용 드라이버 없이도 직접 USB 메시지를 새로운 디바이스에 보내는 것과 응답을 관리하는 것으로 구성된다.

새 디바이스가 사용할 수 있는 드라이버가 없다면 일반 장치(즉, 키보드나 저장 장치 디스크)로서 시스템에서 볼 수 없기 때문에 사용할 /dev/event2나 /dev/sdb 엔트리가 없다. 그러나 이 상황이 매우 이상하고 어렵게 보이더라도, 실제로는 최악이 아니다. 실제로 매우 간단한 디바이스의 경우, 호스트 PC에서 libusb 라이브러리를 사용해 간단한 관리 코드를 구현할 수 있다.

 비글본 블랙을 USB 호스트로 사용하고 디바이스를 비글본 블랙에 붙여 제어하려면 libusb 라이브러리를 사용할 수 있다.

호스트로서 접근

이 기법에 관한 간단한 데모로서 호스트 PC가 USB 호스트로 동작하며, USB 가젯으로 동작하는 Wandboard에서 USB 가젯 드라이버인 g_zero(zero 가젯)를 사용하는 다음 예제를 살펴보자. 이 특별한 디바이스는 2개의 엔드포인트를 가지는데. 하나는 입력용, 하나는 출력용이다. 이 엔드포인트는 요청에 따라 각각 특별한 메시지를 보내거나 받을 수 있다.

사용자 영역에서 이 특별한 가젯을 어떻게 상호 동작할 수 있는지 살펴보자. 이를 위해서는 g_cdc 드라이버를 언로드하고, 아래와 같이 g_zero 드라이버를 로드해야 한다.

```
root@wb:~# modprobe -r g_cdc
root@wb:~# modprobe g_zero
zero gadget: Gadget Zero, version: Cinco de Mayo 2008
zero gadget: zero ready
zero gadget: high-speed config #3: source/sink
```

호스트 PC에서 g_multi 드라이버가 관리하는 모든 USB 디바이스는 이제 없어야 하며, 새 디바이스만 보여야 한다. 실제로 호스트 PC 커널 메시지를 보면 아래와 같은 내용을 볼 수 있다.

```
usb 2-1.1: new high-speed USB device number 58 using ehci-pci
usb 2-1.1: New USB device found, idVendor=1a0a, idProduct=badd
usb 2-1.1: New USB device strings: Mfr=1, Product=2, SerialNumber=3
usb 2-1.1: Product: Gadget Zero
usb 2-1.1: Manufacturer: Linux 4.4.7-armv7-x6 with 2184000.usb
usb 2-1.1: SerialNumber: 0123456789.0123456789.0123456789
```

lsusb 명령어를 사용하면 해당 디바이스의 속성을 아래와 같이 읽을 수 있다.

```
$ lsusb -v -d 1a0a:badd
Bus 002 Device 033: ID 1a0a:badd USB-IF non-workshop
USB OTG Compliance test device
Device Descriptor:
  bLength                18
  bDescriptorType         1
  bcdUSB               2.00
  bDeviceClass          255 Vendor Specific Class
  bDeviceSubClass         0
  bDeviceProtocol         0
  bMaxPacketSize0        64
  idVendor           0x1a0a USB-IF non-workshop
  idProduct          0xbadd USB OTG Compliance test device
bcdDevice            4.04
  iManufacturer           1
  iProduct                2
  iSerial                 3
  bNumConfigurations      2
  Configuration Descriptor:
    bLength                9
    bDescriptorType        2
```

```
wTotalLength              69
bNumInterfaces            1
bConfigurationValue       3
iConfiguration            4
bmAttributes              0xe0
  Self Powered
  Remote Wakeup
MaxPower                  500mA
Interface Descriptor:
  bLength                 9
  bDescriptorType         4
  bInterfaceNumber        0
  bAlternateSetting       0
  bNumEndpoints           2
  bInterfaceClass         255 Vendor Specific Class
  bInterfaceSubClass      0 udev
  bInterfaceProtocol      0
  iInterface              0
  Endpoint Descriptor:
    bLength                 7
    bDescriptorType         5
    bEndpointAddress        0x81 EP 1 IN
    bmAttributes            2
      Transfer Type             Bulk
      Synch Type                None
      Usage Type                Data
    wMaxPacketSize          0x0200 1x 512 bytes
    bInterval               0
  Endpoint Descriptor:
    bLength                 7
    bDescriptorType         5
    bEndpointAddress        0x01 EP 1 OUT
    bmAttributes            2
      Transfer Type             Bulk
      Synch Type                None
      Usage Type                Data
```

```
wMaxPacketSize          0x0200 1x 512 bytes
bInterval               0
```

 실제 출력 메시지는 위에 나온 것보다 길지만, 이 테스트에서 실제로 필요한 데이터는 위의 출력 메시지에 모두 포함돼 있다.

이 가젯이 호스트 PC에 연결됐으므로 다음으로 넘어가 이 책의 예제 코드 저장소에 있는 chapter_08/usb_sendrecv/usb_sendrecv.c 파일을 컴파일해 테스트 코드를 얻자. 이 파일을 컴파일하는 데는 libusb 패키지가 필요하며, 아래와 같은 명령어로 설치할 수 있다.

```
$ sudo aptitude install libusb-1.0-0-dev
```

설치가 끝나면 make를 사용해 코드를 컴파일할 수 있다.

아래 코드를 살펴보면, libusb_init( ) 함수로 라이브러리 초기화한 후 zero 가젯용 벤더 ID(VENDOR_ID)와 제품 ID(PRODUCT_ID)를 libusb_open_device_with_vid_pid( )에 사용해 디바이스를 연다. 이후 디바이스의 0번 인터페이스를 요청한 후, libusb_bulk_transfer( ) 함수를 사용해 벌크 데이터를 전송하기 시작한다.

```
/* Send an all-zeros message to endpoint 0x01 */
ret = libusb_bulk_transfer(handle, 0x01, buffer,
sizeof(buffer), &n, 100);
if (ret) {
    fprintf(stderr,
    "error sending message to device ret=%d\n", ret);
    exit(-1);
}
printf("%d bytes transmitted successfully\n", n);
/* Receive an all-zeros message from endpoint 0x81 */
```

```
ret = libusb_bulk_transfer(handle, 0x81, buffer,
sizeof(buffer), &n, 100);
if (ret) {
    fprintf(stderr,
    "error receiving message from device ret=%d\n", ret);
    exit(-1);
}
if (n != sizeof(buffer)) {
    fprintf(stderr,
    "error receiving %d bytes while expecting %d\n",
    n, sizeof(buffer));
    exit(-1);
}
printf("%d bytes received successfully\n", n);
```

 USB 디바이스 인터페이스는 이 책에서 다루지 않는다(좀 더 자세한 정보는 USB 스펙 (specification)을 참고하자). 그러나 이런 인터페이스를 사용해 Wandboard와 같은 컴포 지트 디바이스를 생성할 수 있고, 이 디바이스는 시리얼 인터페이스와 대용량 저장 장치, 네 트워크 인터페이스를 같은 디바이스에 제공한다.

위 코드에서는 첫 번째 libusb_bulk_transfer() 호출에서 모두 0인 메시지를 비글본 블 랙으로 OUT 엔드포인트인 0x01 엔드포인트를 통해 보낸다. 그리고 같은 함수에서 IN 엔드포인트인 0x81 엔드포인트를 통해 비글본 블랙으로부터 모두 0인 메시지를 받는다. 이제 아래와 같이 프로그램이 동작하도록 해 사용자 영역에서 g_zero 드라이버와의 통 신을 테스트해보자.

```
$ sudo ./usb_sendrecv
usb_sendrecv: g_zero device found
usb_sendrecv: 4096 bytes transmitted successfully
usb_sendrecv: 4096 bytes received successfully
string=
```

일반 사용자는 버스에 원시 접근할 수 없으므로 권한이 있는 사용자로서 이 프로그램을 실행하기 위해 sudo 명령이 필요하다. 사실 udev 규칙을 작성하면 이 동작을 바꿀 수도 있지만, 아쉽게도 이 부분은 이 책의 범위를 벗어난다.

이전에 정의했던 복제 디바이스에서 같은 테스트를 할 수 있다. 이 경우, OUT 엔드포인트로 보내는 데이터가 IN 엔드포인트로 되돌아오는지 볼 수 있어야 한다. 이를 위해 위코드는 데이터 교환을 위해 사용하는 버퍼의 첫 문자열을 출력한다. 실제로 아래와 같이 정의돼 있다.

```
uint8_t buffer[4096] = "TEST STRING\n";
```

Zero 가젯을 사용했을 때 반환되는 스트링은 당연히 모두 0이므로 출력되는 스트링은 void다. 하지만 zero의 복사 가젯에 사용된 루프백 기능은 출력값이 달라야 한다. 실제로 기존 zero 가젯을 제거하고 Wandboard에 복사판 zero 가젯을 활성화하면 아래와 같은 출력을 얻을 수 있다.

```
root@wb:/sys/kernel/config/usb_gadget# modprobe -r g_zero
root@wb:/sys/kernel/config/usb_gadget# echo "ci_hdrc.0" > g2/UDC
configfs-gadget gadget: high-speed config #1: zero
```

그리고 호스트 PC에서는 아래와 같은 결과를 얻는다.

```
$ sudo ./usb_sendrecv
usb_sendrecv: g_zero device found
usb_sendrecv: 4096 bytes transmitted successfully
usb_sendrecv: 4096 bytes received successfully
string=TEST STRING
```

이제 반환되는 데이터는 기대한 대로 TEST STRIN을 가진다.

▌ 요약

USB는 주변 장치에 연결하기 위한 일반적 표준이 됐다. 8장에서는 Wandboard가 1개 이상의 USB 디바이스를 관리하기 위해 USB 호스트로 사용하는 방법과 USB 디바이스로 동작해 USB 주변 장치를 에뮬레이션하는 방법을 살펴봤다. 또한 전용 드라이버가 없을 때 버스에 원시 접근을 통해 USB 주변 장치를 관리하는 방법과 2개의 legacy 가젯 드라이버와 새로운 configFS 메커니즘 사용 방법을 살펴봤다.

9장에서는 일반 PC에서 직접 연결할 수 없어 시리얼 포트나 USB 디바이스만큼 자주 사용하지 않는 몇 가지 주변 장치를 소개한다. 임베디드 디바이스만이 이 주변 장치를 찾거나 관리할 수 있다. 9장에서는 I^2C를 살펴본다.

09

I²C

8장에서는 보통 컴퓨터와 다른 컴퓨터를 연결하거나 메인 컴퓨터의 외부에 있는 주변 장치를 연결하는 시리얼 포트와 USB 버스(관련 디바이스와 함께)를 살펴봤다. 9장부터는 탑재된 디바이스, 즉 메인 컴퓨터와 같은 보드에 올라와 있는 디바이스를 연결하기 위해 일반적으로 사용하는 몇 가지 통신 버스를 설명할 것이다.

가장 중요한 디바이스 클래스 중 하나는 Inter-Intergrated Circuit, 축약해서 I²C(혹은 I2C)다. 여러 디바이스들이 CPU와 통신하기 위해 I²C 버스를 사용하며, 9장에서는 이런 여러 가지 디바이스를 설명할 것이다. 이 버스에 의해 제공되는 가능한 한 많은 조합을 다루기 위해 여러 다른 종류의 디바이스 및 다른 설정들을 살펴본다. 이 디바이스들이 이 책의 임베디드 보드와 어떻게 연결되는지 알아보고, 다른 기법을 사용해 디바이스 데이터 접근에 사용하는 드라이버에 대해 설명할 것이다. 그리고 사용자 영역에서 간단한 디바이스를 관리하기 위해 직접 I²C 버스에 접근하는 방법도 설명한다.

▌ I²C 버스

I^2C는 보드 회로도를 간단하게 만들기 위해 개발된 멀티 마스터이자 멀티 슬레이브, 시리얼 컴퓨터 버스다. 이 버스는 동작하기 위해 단 두 가닥의 선(GND 제외)만 있으면 된다. 따라서 탑재된 센서/액추에이터actuator 칩과 메인 CPU를 연결하기 위해 임베디드 컴퓨터에서 많이 사용된다.

I^2C 버스는 멀티 마스터라는 사실에도 불구하고 일반적인 설정은 USB 버스처럼 마스터가 모든 전송을 지시하는 여러 슬레이브 디바이스(센서나/액추에이터)에 연결되는 단일 마스터 디바이스(CPU)다. 가장 큰 차이점은 I^2C 디바이스는 마스터가 읽어야 할 메시지를 알려주기 위해 사용하는 CPU에 대한 전용 인터럽트 회선을 가질 수 있다는 것이다(USB 버스에서 인터럽트 메시지는 USB 버스상으로 전송된다). 따라서 간단한 I^2C 연결은 단 두 가닥의 회선이 필요하지만, 인터럽트 회선의 경우 셋 혹은 더 많은 회선이 필요하다.

> I^2C 버스의 동작에 대한 좀 더 자세한 사항은 https://en.wikipedia.org/wiki/I%C2%B2C 를 참고하자.

전기 회선

I^2C 버스 회선은 아래 표와 같다.

이름	설명
SCL-시리얼 클럭	버스 클럭 신호
SDA-시리얼 데이터	버스 데이터 신호
GND	일반 그라운드

(최종적으로) 인터럽트 회선은 위 표에 나타내지 않았는데, 그 이유는 엄격히 말해 인터럽트 회선은 I²C 프로토콜의 일부가 아니기 때문이다. 인터럽트 회선은 보통 CPU의 인터럽트가 가능한 핀(GPIO 회선)에 연결된 전용 인터럽트 회선으로 구현된다. 또한 I²C 프로토콜은 SCL과 SDA 신호만을 언급하기 때문에 GND 회선은 전기적electrical인 이유로 추가됐다. 여러 디바이스 연결의 경우, I²C 디바이스는 아래 그림과 같이 병렬로 연결될 수 있다.

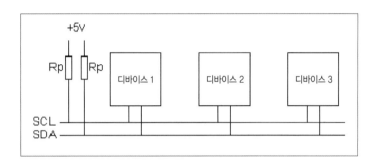

> ⓘ I²C 제어기는 보통 풀업 저항을 SoC 내에 통합하고 디폴트로 활성화하기 때문에 풀업 저항 Rp는 대부분의 경우 제외될 수 있다.

비글본 블랙은 3개의 I²C 버스를 갖지만(각각은 전용 I²C 마스터가 관리한다), 1개는 확장 커넥터에 노출돼 있지 않고, 1개는 케이프capes(비글본 블랙의 도터보드) 애드온add-on 보드의 EEPROM을 읽기 위해 사용하고 있다(따라서 케이프 관리자를 방해하지만 않으면 사용할 수 있다는 것에도 불구하고 I²C는 예약돼 있다고 생각할 수 있다). 이 상황은 아래 표에 요약돼 있다.

이름	SDA	SCL	메모리 번지
I²C0	노출되지 않음		0x44E0B000
I²C1	P9.18 혹은 P9.26	P.9.17 혹은 P9.24	0x4802A000
I²C2	P9.20 혹은 P9.22	P.9.19 혹은 P9.21	0x4819C000

비글본 블랙의 케이프 메커니즘은 이 책에서 다루지 않는다. 따라서 관심 있는 독자는 http://elinux.org/Beagleboard:Cape_Expansion_Headers#Cape_EEPROM_ Contents를 시작으로 더 많은 정보를 인터넷에서 찾아보길 바란다.

이 버스들의 이름은 일부 비글본 블랙의 리눅스 릴리즈에서 열거되는 순서대로 지어 진다. 따라서 이 이름은 실제 물리적인 이름과 아무런 상관이 없을 수 있다. 따라서 위 표의 메모리 번지는 I^2C 제이기가 매핑돼 있는 메모리 번지를 알려주기 위해 추가했다. /sys/bus/i2c/devices의 매핑을 확인하면 각 버스의 올바른 이름을 쉽게 볼 수 있다. 예 를 들어, 1장에서 설치했던 커널(리눅스 4.4.7)이 동작하는 보드에서 i2c0 버스는 /dev/ i2c-0 파일, i2c2는 /dev/i2c-2 파일로 매핑돼 있다.

```
root@bbb:~# ls -l /sys/bus/i2c/devices/i2c-*
lrwxrwxrwx 1 root root 0 Apr 2 19:57 /sys/bus/i2c/devices/i2c-0 ->../../../
devices/platform/ocp/44e0b000.i2c/i2c-0
lrwxrwxrwx 1 root root 0 Apr 2 19:57 /sys/bus/i2c/devices/i2c-2 ->../../../
devices/platform/ocp/4819c000.i2c/i2c-2
```

따라서 이 책의 보드에서는 두 버스가 알맞은 이름을 갖고 있다는 것을 확인할 수 있지 만, 이는 고정된 규칙이 아니므로 항상 I^2C 연결을 확인하자.

다음 예제에서는 버스에 원시 접근raw access하는 실제 디바이스를 관리하기 때문에 사용 할 수 있는 버스가 필요하고, 이를 위해 해당 버스를 활성화해야 한다.

버스를 활성화하는 쉬운 방법은 7장, '시리얼 포트와 TTY 디바이스 – TTY'의 '비글본 블 랙의 TTY' 절에서 비글본 블랙의 시리얼 포트를 위해 살펴봤던 방식과 비슷하다. 이를 위해 아래와 같은 명령어를 사용할 수 있다.

```
root@bbb:~# echo BB-I2C1 > /sys/devices/platform/bone_capemgr/slots
```

이 명령어는 아래와 같은 커널 메시지를 보여줄 것이다.

```
bone_capemgr: part_number 'BB-I2C1', version 'N/A'
bone_capemgr: slot #4: override
bone_capemgr: Using override eeprom data at slot 4
bone_capemgr: slot #4: 'Override Board Name,00A0,Override Manuf,BB-I2C1' omap_
i2c 4802a000.i2c: bus 1 rev0.11 at 100kHz
bone_capemgr bone_capemgr: slot #4: dtbo 'BB-I2C1-00A0.dtbo' loaded; overlay id #0
```

이제 새로운 버스가 보일 것이다.

```
root@bbb:~# ls -l /sys/bus/i2c/devices/i2c-*
lrwxrwxrwx 1 root root 0 Apr 2 19:57 /sys/bus/i2c/devices/i2c-0 ->
../../../devices/platform/ocp/44e0b000.i2c/i2c-0
lrwxrwxrwx 1 root root 0 Apr 2 20:04 /sys/bus/i2c/devices/i2c-1 ->
../../../devices/platform/ocp/4802a000.i2c/i2c-1
lrwxrwxrwx 1 root root 0 Apr 2 19:57 /sys/bus/i2c/devices/i2c-2 ->
../../../devices/platform/ocp/4819c000.i2c/i2c-2
```

SAMA5D3 Xplained의 I²C 포트

SAMA5D3 Xplained는 3개의 I²C 버스를 가지며, 다른 커넥터들에 노출돼 있다. 흥미로운 점은 제조사에서 2선 시리얼 인터페이스TWI라 불리는 수정된(그렇지만 호환 가능한) I²C 버스를 개발해 제공한다는 점이다. 실제로 전용 애플리케이션 노트에서는 아래와 같이 설명하고 있다.

> TWI는 필립스 I²C 프로토콜과 호환된다. 이 버스는 간단하고 견고하며 비용 측면에서 효율적인 집적 회로 간 통신을 가능하게 한다. TWI 버스의 강점은 동일한 버스와 중재arbitration, 해당 버스에 여러 개의 마스터를 가질 수 있는 점을 이용해 최대 128개의 디바이스까지 주소를 지정할 수 있다는 것이다.

따라서 TWI는 I²C에 관한 SAMA5D3 Xplained 제조사 문서를 읽을 때마다 I²C와 관련이 있다는 사실을 기억해야 한다. 사용할 수 있는 회선은 아래 표와 같다.

이름	SDA	SCL
TW0	J15.9 – SDA0	J15.10 – SCL0
TW1	J20.7 – SDA	J15.8 – SCL
TW2	J15.9 – PA18	J15.9 – PA19

Wandboard의 I²C 포트

Wandboard는 디폴트로 2개의 I²C의 버스를 가지며(사용자 매뉴얼에는 3개로 표시돼 있지만, 세 번째 버스는 DTS 파일을 통해 활성화돼야 하며, 이 책에서는 다루지 않는다), 관련 연결은 아래 표에 요약돼 있다.

이름	SDA	SCL
I2c–0	JP2.7 – I2C1_SDA	JP2.9 – I2C1_SCL
I2c–1	JP2.11 – I2C2_SDA	JP2.13 – I2C2_SCL

위의 다른 두 보드의 경우, 제어기는 아래와 같이 sysfs에 나타난다.

```
root@wb:~# ls -l /sys/bus/i2c/devices/i2c-*
lrwxrwxrwx 1 root root 0 Jul 18 16:27 /sys/bus/i2c/devices/i2c-0 ->
../../../devices/soc0/soc/2100000.aips-bus/21a0000.i2c/i2c-0
lrwxrwxrwx 1 root root 0 Jul 18 16:27 /sys/bus/i2c/devices/i2c-1 ->
../../../devices/soc0/soc/2100000.aips-bus/21a4000.i2c/i2c-1
```

리눅스의 I²C 버스

모든 I²C 디바이스는 마스터가 사용해야만 디바이스와 통신하기 위해 사용해야 하는 잘 정의된 7비트 주소를 가질 수 있다. 이 주소는 USB 디바이스처럼 런타임에 할당되지 않고, 보드 디자이너에 의해 칩의 일부 핀을 설정해 할당한다.

 보통 칩 제조사는 3비트 혹은 4비트를 설정하고, 보드 설계자는 필요에 맞게 나머지 비트를 설정할 수 있다. NXP(필립스)가 I²C 버스 사양서(specification)를 관리하며, I²C 디바이스에 주소를 할당할 수 있다.

I²C 버스의 또 다른 특이한 사항은 슬레이브에 메시지를 쓰거나 읽을 때, 각각의 메시지에 마스터가 해당 동작을 지정해야 한다는 것이다. 마지막 비트(최하위 비트)를 슬레이브 주소에 추가하면 이 특별한 동작을 구현할 수 있다. 즉, 마스터는 슬레이브에 데이터를 쓸 때 0, 데이터를 읽을 때 1을 사용한다.

USB 버스처럼, I²C는 마스터와 슬레이브를 가진다. 따라서 커널에서 이 두 가지 디바이스 드라이버를 볼 수 있다.

I²C 마스터 디바이스는 올바른 드라이버가 이 책의 임베디드 보드의 디폴트 커널 설정으로 동작하기 때문에 특별히 처리할 것이 없지만, 마스터와 연결되는 I²C 디바이스의 경우, 외부 메모리와 I/O 확장기, 센서 컨버터 등(이외에도 많다)과 같은 여러 경우를 고려해야 한다.

 일부 임베디드 시스템에서 탑재된 I²C 제어기는 마스터나 슬레이브로 프로그램될 수 있다(물론 이 기능은 특정 드라이버에서 지원해야 한다). 엄밀히 말해, 개발자는 I²C 제어기가 다른 I²C 디바이스와 통신하는 마스터로 사용하거나 I²C 디바이스로서 간단한 슬레이브로 동작하도록 선택할 수 있다. 그러나 간단한 슬레이브로 임베디드 시스템을 사용하는 경우는 흔치 않으므로 이 책에서는 언급하지 않는다.

▌ I²C 도구

I²C 도구는 i2c-tools에 저장되며, 사용자 영역에서 I²C 디바이스를 쉽게 사용하는데 도움을 주는 유틸리티 프로그램의 집합이다. 이 도구는 리눅스 소스 저장소 트리의 drivers/i2c/i2c-dev.c 파일에 저장된 I²C /dev interface 드라이버에 의존한다.

 이 드라이버에 대한 자세한 정보는 커널 저장소의 Documentation/i2c/dev-interface 파일을 참고하자.

커널이 특정 디바이스를 관리하지 않는 경우, 즉 해당 디바이스를 제어할 드라이버가 정의되지 않은 경우에는 해당 디바이스의 레지스터에 접근하기 위해 아래 유틸리티로 위드라이버를 사용할 수 있다.

먼저 i2cdetect 명령어를 사용해 사용할 수 있는 모든 I²C 버스를 얻어올 수 있다. Wandboard에서의 사용 예를 보자.

```
root@wb:~# i2cdetect -l
i2c-0    i2c    21a0000.i2c    I2C adapter
i2c-1    i2c    21a4000.i2c    I2C adapter
```

위 명령어로 특정 버스에 연결된 모든 디바이스 리스트도 얻을 수 있다. Wandboard의 첫 번째 버스인 i2c-0에 연결된 모든 디바이스 리스트를 보기 위해 아래와 같이 실행해 보자.

```
root@wb:~ # i2cdetect -y 0
     0  1  2  3  4  5  6  7  8  9  a  b  c  d  e  f
00:          -- -- -- -- -- -- -- -- -- -- -- -- --
10: -- -- -- -- -- -- -- -- -- -- -- -- -- -- -- --
20: -- -- -- -- -- -- -- -- -- -- -- -- -- -- -- --
```

```
30: -- -- -- -- -- -- -- -- -- -- -- -- -- -- -- --
40: -- -- -- -- -- -- -- -- -- -- -- -- -- -- -- --
50: -- -- -- -- -- -- -- -- -- -- 5a -- -- -- -- --
60: -- -- -- -- -- -- -- -- -- -- -- -- -- -- -- --
70: -- -- -- -- -- -- -- --
```

 위 그림의 경우, 디바이스를 보드에 연결했다. 실제로 I²C 디바이스가 없는 경우, 모든 주소에 -- 문자열을 얻게 된다.

i2cget이나 i2cset 명령어로 디바이스의 데이터를 읽거나 쓸 수 있다. 예를 들어, 디바이스 0x07에 위치한 1 워드^word의 데이터를 읽으려면 아래와 같이 실행해야 한다.

```
root@wb:~# i2cget -y 0 0x5a 0x07 wp
0x3b9e
```

마지막으로 설명할 유용한 도구는 i2cdump로, 각 디바이스 레지스터의 모든 값을 한 번에 덤프^dump할 수 있다. 아래는 0x5a 번지에 있는 같은 디바이스를 덤프한 것이다.

```
root@wb:~# i2cdump -y 0 0x5a w
    0, 8 1, 9 2, a 3, b 4, c 5, d 6, e 7, f
00: 2e33 00b8 4328 1ad6 0015 bbe4 3b45 3b87
08: 0000 0000 0000 0000 053a 0000 432d 0000
10: 000e 1b58 040e 0008 000c 0002 0000 0000
18: 01ff 0000 0551 0005 01ba 013e 0546 01b3
20: 9993 62e3 0201 f71c ffff 9fb4 8d05 8ddd
28: 906f 95b2 a8b7 2200 8643 20a8 be5a 0000
30: 0000 7e0f 460b 800a 0000 1d2d 00d1 3517
38: 0000 0000 1a46 8011 540a 2185 408c b100
40: XXXX XXXX XXXX XXXX XXXX XXXX XXXX XXXX
48: XXXX XXXX XXXX XXXX XXXX XXXX XXXX XXXX
```

```
50: XXXX XXXX XXXX XXXX XXXX XXXX XXXX XXXX
58: XXXX XXXX XXXX XXXX XXXX XXXX XXXX XXXX
60: XXXX XXXX 445e XXXX XXXX 3c82 0000 45cd
68: XXXX XXXX XXXX XXXX XXXX XXXX XXXX XXXX
70: XXXX XXXX XXXX XXXX XXXX XXXX XXXX XXXX
...
d8: XXXX XXXX XXXX XXXX XXXX XXXX XXXX XXXX
e0: XXXX XXXX XXXX XXXX XXXX XXXX XXXX XXXX
e8: XXXX XXXX XXXX XXXX XXXX XXXX XXXX XXXX
f0: 0000 001f 0000 0039 00b3 001f 0000 008a
f8: 00ba 45d1 000f fa10 3b0a 001c 0000 XXXX
```

위에서 알 수 있듯이 일부 레지스터는 데이터가 없기 때문에 이 경우 XXXX 문자열로 표시된다.

▌ I^2C 디바이스에 접근하기

이제 실제 I^2C 디바이스를 관리해보자. 리눅스 커널 트리에는 수많은 I^2C 지원 디바이스가 있고, 이 디바이스들은 특정 동작에 따라 그룹으로 돼 있다. 예를 들어, 모든 I^2C 실시간 클럭 칩은 리눅스 소스 저장소의 drivers/rtc/ 디렉터리에 있고, I^2C EEPROM은 drivers/misc/eeprom/에 있다.

다음 절에서는 I^2C 버스를 사용해 메인 CPU와 연결돼 있는 몇 가지 다른 종류의 디바이스를 살펴본다. 또한 이 디바이스들을 테스트하기 위해 다른 종류의 임베디드 보드를 사용한다. 이전에 언급했듯이, 모든 명령어는 비슷한 설정으로 모든 GNU/리눅스 기반의 보드에서 사용할 수 있다.

EEPROM과 ADC, IO 확장기

첫 예제로 5개의 I^2C 디바이스를 가진 아래 개발 보드를 사용해보자.

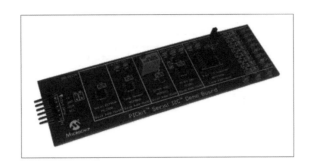

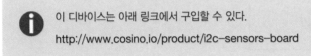

이 디바이스는 아래 링크에서 구입할 수 있다.

http://www.cosino.io/product/i2c-sensors-board

이 보드는 EEPROM과 ADC, DAC, 온도 센서 I/O 확장기까지 있어 I^2C가 어떻게 동작하는지와 위의 디바이스 클래스를 비글본 블랙에서 어떻게 접근할 수 있는지 보여주는데 최적이다.

먼저 이 보드를 연결해야 하는데, 아래 그림은 비글본 블랙의 핀과 I^2C 개발 보드의 핀을 어떻게 연결하는지 보여준다.

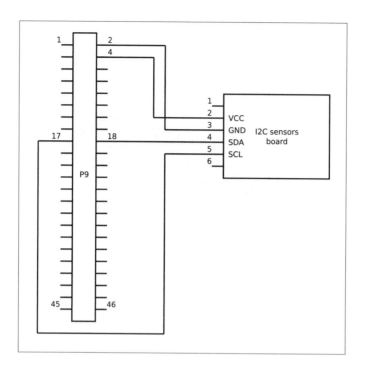

두 보드가 잘 연결됐다면, i2c1 버스를 활성화한 후(비활성화 상태일 경우) i2cdetect 명령어로 연결된 모든 디바이스를 스캔할 수 있다.

```
root@bbb:~# echo BB-I2C1 > /sys/devices/platform/bone_capemgr/slots
root@bbb:~# i2cdetect -y -r 1
     0  1  2  3  4  5  6  7  8  9  a  b  c  d  e  f
00:          -- -- -- -- -- -- -- -- -- -- -- -- --
10: -- -- -- -- -- -- -- -- -- -- -- -- -- -- -- --
20: 20 -- -- -- -- -- -- -- -- -- -- -- -- -- -- --
30: -- -- -- -- -- -- -- -- -- -- -- -- -- -- -- --
40: -- -- -- -- -- -- -- -- 48 49 -- -- -- 4d -- --
50: 50 51 52 53 54 55 56 57 -- -- -- -- -- -- -- --
60: -- -- -- -- -- -- -- -- -- -- -- -- -- -- -- --
70: -- -- -- -- -- -- -- --
```

I^2C 개발 보드를 자세히 살펴보면, 각 디바이스의 I^2C 주소를 찾을 수 있다.

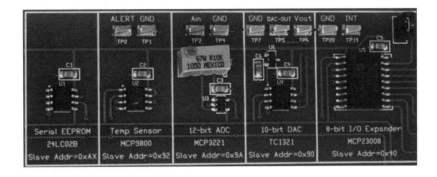

 EEPROM은 최대 7개의 유효한 I^2C 주소를 가진다.

7비트와 8비트 표기상의 차이는 아래 표와 같다.

디바이스	보드의 I^2C 주소	리눅스에서의 I^2C 주소
EEPROM	0xAx	0x5x
온도 센서	0x92	0x49
12비트 ADC	0x9A	0x4d
10비트 DAC	0x90	0x48
8비트 I/O 확장기	0x40	0x20

 8비트 주소 표기는 7비트 주소에 0 값인 1비트를 LSB로 추가한 것이다.

따라서 모든 디바이스가 이제 사용 가능하다는 것을 알 수 있다. 그러나 아직 끝난 것이 아니다. 모든 디바이스를 찾았지만 아직 적합한 디바이스 드라이버를 시스템이 로드하지 못했기 때문에 비글본 블랙의 /dev 디렉터리나 sysfs에서 디바이스 파일로서 찾아진 모든 디바이스를 사용할 수 없다. 일부 이런 디바이스를 위해 먼저 올바른 드라이버를 로드하고 활성화하기 위해 커널에 적합한 설정 파일을 작성해야 한다. 먼저 이미 동작이 가능한 EEPROM를 살펴본 후, 다른 예제를 살펴보자.

EEPROM

I^2C 개발 보드의 EEPROM은 AT24 칩 계열을 기반으로 한다. 비글본 블랙의 케이프cape 관리 시스템이 이 칩을 기반으로 하는 EEPROM을 사용하기 때문에 커널에 드라이버가 이미 정적으로 컴파일돼 있다.

 이 디바이스의 사용자 가이드는 http://www.atmel.com/Images/doc5121.pdf에서 볼 수 있다.

아래와 같은 명령어를 통해 비글본 블랙의 현재 활성화된 AT24 디바이스를 볼 수 있다.

```
root@bbb:~# ls /sys/bus/i2c/drivers/at24/
0-0050 2-0054 2-0055 2-0056 2-0057 bind uevent unbind
```

0x50 주소의 i2c-0 버스에 있는 디바이스를 검사해보자.

```
root@bbb:~# ls /sys/bus/i2c/drivers/at24/0-0050
0-00500 driver eeprom modalias name of_node power subsystem uevent
root@bbb:~# cat /sys/bus/i2c/drivers/at24/0-0050/name
24c256
```

이것이 AT24 계열을 기반으로 하는 EEPROM 디바이스다. 따라서 드라이버는 이미 동작하고 있고, 올바른 DTS 파일을 사용하거나 사용자 영역 명령어를 사용해 커널에서 이 디바이스를 활성화해야 한다.

 실제로는 리눅스 소스 저장소의 Documentation/i2c/instantiating-devices 파일에 나온 모든 I²C 디바이스를 정의하는 몇 가지 방법이 있다. 그러나 다른 방식들은 오래된 방식이거나 실제 사용하기 미흡한 점이 있어 이 책에서는 두 가지 방식만 설명한다.

DTS 방식을 설명하기 위해 이 책의 예제 코드 저장소에 있는 chapter_09/BB-EEPROMA24-00A0.dts 파일을 살펴보자. 아래 주요 설정에 대한 해당 파일의 일부분이 있다.

```
/* Set the desired clock frequency */
clock-frequency = <400000>;
/* Define the EEPROM device as based on at24c256
* and with I2C address 0x50
*/
eeprom: eeprom@50 {
    compatible = "at24,24c02";
    reg = <0x50>;
};
```

위의 특별한 문법은 dtc(디바이스 트리 컴파일러) 명령어를 위한 것이며, 하드웨어 설정에 따라 EEPROM I²C 디바이스를 정의한다. 이제 아래와 같은 명령어로 dts를 컴파일해야 한다.

```
root@bbb:~# dtc -O dtb -o /lib/firmware/BB-EEPROM-A24-00A0.dtbo
              -b 0 -@ BB-EEPROM-A24-00A0.dts
```

이제 새로운 커널 설정을 셋업할 때 사용했던 것과 비슷한 명령어로 이 EEPROM을 활성화할 수 있다.

```
root@bbb:~# echo BB-EEPROM-A24 >
                    /sys/devices/platform/bone_capemgr/slots
```

이제 비글본 블랙의 커널 메시지를 보면 아래와 같은 동작을 확인할 수 있다.

```
bone_capemgr: part_number 'BB-EEPROM-A24', version 'N/A'
bone_capemgr: slot #5: override
bone_capemgr: Using override eeprom data at slot 5
bone_capemgr: slot #5: 'Override Board Name,00A0, Override Manuf, BB-EEPROMA24'
at24 1-0050: 256 byte 24c02 EEPROM, writable, 1 bytes/write
bone_capemgr: slot #5: dtbo 'BB-EEPROM-A24-00A0.dtbo' loaded; overlay id #1
```

이제 이 새로운 EEPROM은 활성화됐다.

```
root@bbb:~# ls /sys/bus/i2c/drivers/at24/
0-0050  1-0050  2-0054  2-0055  2-0056  2-0057  bind  uevent  unbind
```

1-0050은 EEPROM을 나타내는 새로운 디렉터리고, 이 파일 이름에서 이전에 봤던 디
바이스 이름을 읽을 수 있다.

```
root@bbb:~# cat /sys/bus/i2c/drivers/at24/1-0050/name
24c02
```

이제 원하는 데이터를 읽거나 쓸 때 eeprom 파일을 사용할 수 있다. 예를 들어, 문자열
을 쓰고 다시 그 문자열을 읽기 위해 아래와 같은 명령어를 실행해보자.

```
root@bbb:~# echo "Testing message" > /sys/bus/i2c/drivers/at24/1-0050/eeprom
root@bbb:~# strings /sys/bus/i2c/drivers/at24/1-0050/eeprom
Testing message
```

strings 명령어가 사용된 이유는 아스키 문자열이 아닌 문자를 무시하기 위해서다. cat 명령어는 echo로 쓴 문자열 외에도 EEPROM의 모든 데이터를 읽어 들일 것이다.

EEPROM 드라이버를 활성화하는 두 번째 방법은 사용자 영역 방식을 사용하는 것으로, 디바이스 이름과 디바이스의 I²C 주소를 디바이스가 연결된 제어기와 관련된 new_device 파일에 쓰면 된다. 먼저 EEPROM 디바이스를 없애고, 이 방식의 예제를 실행해보자.

```
root@bbb:~# cat /sys/devices/platform/bone_capemgr/slots
0: PF---- -1
1: PF---- -1
2: PF---- -1
3: PF---- -1
4: P-O-L- 0 Override Board Name,00A0,Override Manuf,BB-I2C1
5: P-O-L- 1 Override Board Name,00A0,Override Manuf,BB-EEPROM-A24
root@bbb:~# echo -5 > /sys/devices/platform/bone_capemgr/slots
bone_capemgr: Removed slot #5
```

/sys/bus/i2c/drivers/at24/ 디렉터리의 내용을 보면, 더 이상 EEPROM이 존재하지 않는다는 것을 알 수 있다.

```
root@bbb:~# ls /sys/bus/i2c/drivers/at24/
0-0050 2-0054 2-0055 2-0056 2-0057 bind uevent unbind
```

이제 I²C 디바이스의 이름과 주소(보통 0x로 시작하는 16진수지만, 10진수로도 표현됨)라는 파라미터를 갖고 있는 new_device를 사용할 수 있다. 아래 예제를 참고하자.

```
root@bbb:~# echo 24c02 0x50 > /sys/bus/i2c/devices/i2c-1/new_device
at24 1-0050: 256 byte 24c02 EEPROM, writable, 1 bytes/write
i2c i2c-1: new_device: Instantiated device 24c02 at 0x50
```

이제 1-0050 디바이스를 다시 볼 수 있다.

```
root@bbb:~# ls /sys/bus/i2c/drivers/at24/
0-0050 1-0050 2-0054 2-0055 2-0056 2-0057 bind uevent unbind
root@bbb:~# cat /sys/bus/i2c/drivers/at24/1-0050/name
24c02
```

이제 디바이스가 첫 번째 방식으로 생성한 디바이스와 같은지 확인하기 위해 테스트 문자열을 썼던 eeprom 파일에서 다시 읽어보자.

```
root@bbb:~# strings /sys/bus/i2c/drivers/at24/1-0050/eeprom
Testing message
```

예상한 대로 이 디바이스는 썼던 문자열을 갖고 있다.

이 디바이스를 지우려면 I²C 디바이스 주소를 파라미터로 갖는 delete_device 파일을 사용해야 한다.

```
root@bbb:~# echo 0x50 > /sys/bus/i2c/devices/i2c-1/delete_device
i2c i2c-1: delete_device: Deleting device 24c02 at 0x50
```

 두 디바이스가 같은 버스의 I²C 주소에서 같은 번지에 존재할 수 없기 때문에 이 주소는 정확히 지워져야 할 디바이스를 가리킨다.

ADC

이제 MCP3221 칩을 기반으로 하고, mcp3021.c 드라이버로 관리되는 ADC 칩을 살펴보자. 이 드라이버는 표준 커널 배포판에 포함돼 있으므로 아래의 디렉터리에서 mcp3021.ko 파일을 찾아볼 수 있다.

```
root@bbb:~# find /lib/modules/$(uname -r)/kernel/drivers
             -name mcp3021.ko
/lib/modules/4.4.7-bone9/kernel/drivers/hwmon/mcp3021.ko
```

 이 디바이스의 사용자 가이드는 http://ww1.microchip.com/downloads/en/Device Doc/21732D.pdf에서 찾을 수 있다.

find 명령어로 드라이버를 찾을 수 없다면 1장, '개발 시스템 설치'에서 설명한 것처럼 이 드라이버를 추가하려면 커널을 재컴파일해야 한다. 이런 경우, 드라이버 컴파일을 활성화하기 위해 커널 설정 메뉴의 Device Drivers ❭ Hardware Monitoring support ❭ Microchip MCP3021 and compatibles를 활성화하고 드라이버를 컴파일한 후 커널을 재설치해야 한다.

드라이버를 설치할 때 올바른 커널 설정이 필요하다. 이 책의 예제 코드 저장소에 있는 chapter_09/BB-ADC-MCP322-00A0.dts 파일을 dtc 유틸리티로 컴파일하면 된다. 이 파일은 위에서 살펴봤던 EEPROM dts과 거의 비슷하며, 아래에 중요한 라인들의 일부가 나와 있다.

```
/* Set the desired clock frequency */
clock-frequency = <400000>;
/* Define the ADC device as based on mcp3221
* and with I2C address 0x4d
*/
adc: adc@4d {
    compatible = "mcp3221";
    reg = <0x4d>;
};
```

이제 아래와 같이 컴파일하자.

```
root@bbb:~# dtc -O dtb -o /lib/firmware/BB-ADC-MCP322-00A0.dtbo
              -b 0 -@ BB-ADC-MCP322-00A0.dts
```

그리고 아래와 같은 명령어로 ADC를 활성화할 수 있다.

```
root@bbb:~# echo BB-ADC-MCP322 >
              /sys/devices/platform/bone_capemgr/slots
```

이 경우, 커널 동작을 아래와 같이 확인할 수 있다.

```
bone_capemgr: part_number 'BB-ADC-MCP322', version 'N/A'
bone_capemgr: slot #6: override
bone_capemgr: Using override eeprom data at slot 6
bone_capemgr: slot #6: 'Override Board Name,00A0,Override Manuf,BB-ADCMCP322'
bone_capemgr: slot #6: dtbo 'BB-ADC-MCP322-00A0.dtbo' loaded; overlay id #2
```

모든 것이 정상 동작한다면 ADC 데이터에 아래와 같은 명령어를 사용해 접근할 수 있다.

```
root@bbb:~# cat /sys/bus/i2c/drivers/mcp3021/1-004d/in0_input
125
```

위에서 읽은 데이터는 입력 핀이 플로팅^{floating} 상태이므로 랜덤^{random} 값이다. 잘 정의된 값을 얻기 위해 Ain 핀을 GND에 연결하고, 이후 Vcc에 연결해보자. 그러면 아래와 같은 값을 얻을 수 있다.

```
root@bbb:~# cat /sys/bus/i2c/drivers/mcp3021/1-004d/in0_input
0
root@bbb:~# cat /sys/bus/i2c/drivers/mcp3021/1-004d/in0_input
4095
```

이 출력값은 GND가 0을 나타내고, Vcc가 최대 허용값, 즉 4095(즉, $2^{12} - 1$)를 나타내므로 기대했던 값과 똑같다.

> Ain 핀의 원시 데이터 값과 입력 전압 간 변환을 위해 아래와 같은 식을 사용할 수 있다.
>
> Vout = Vcc * (raw_value / 4096)
>
> Vcc는 시스템이 읽을 수 있는 최대 전압값, raw_value는 현재 읽은 값, Vout는 변환된 전압값이다.

IO 확장기

이제 MCP23008 칩을 기반으로 하고 gpio-mcp23s08.c 드라이버로 관리되는 IO 확장기 칩을 살펴보자. 이 드라이버는 표준 커널 배포판에 포함돼 있으므로 gpio-mcp23s08.ko 파일을 아래 디렉터리에서 찾아볼 수 있다.

```
root@bbb:~# find /lib/modules/$(uname -r)/kernel/drivers-name gpio-mcp23s08.ko
/lib/modules/4.4.7-bone9/kernel/drivers/gpio/gpio-mcp23s08.ko
```

> 이 디바이스의 사용자 가이드는 http://ww1.microchip.com/downloads/en/Device Doc/21919e.pdf에서 볼 수 있다.

find 명령어로 해당 드라이버를 찾지 못하면 1장, '개발 시스템 설치'에서 설명한 것처럼 해당 드라이버를 추가하기 위해 커널을 재컴파일해야 한다. 드라이버 컴파일을 활성화하기 위해 커널 설정 메뉴로 들어가 Device Drivers › GPIO Support › SPI or I2C GPIO expanders › Microchip MCP23xxx I/O expander 설정을 활성화하고, 드라이버 컴파일 후 커널을 재설치해야 한다.

드라이버를 설치할 때 올바른 커널 설정이 필요하다. 이전에 했던 것처럼, 이 책의 예제 코드 저장소에 있는 chapter_09/BB-IOEXP-MCP23-00A0.dts 파일을 dtc 유틸리티로 컴파일하면 된다. 아래는 dts 파일의 주요 부분을 보여준다.

```
/* 요청한 클럭 주파수 설정 */
clock-frequency = <400000>;
/* IO 확장기 디바이스를 mcp23xxx 기반으로 하고, I²C 주소 0x20을 갖도록 정의 */
*/
gpio: gpio@20 {
        compatible = "microchip,mcp23008";
        reg = <0x20>;
        gpio-controller;
        #gpio-cells = <2>;
};
```

이 DTS는 ADC의 DTS와 거의 비슷하지만, 이 DTS의 gpio-로 시작하는 두 엔트리를 주목해야 한다. gpio-controller 문자열은 디바이스 노드를 GPIO 제어기로 지정하고, #gpio-cells는 데이터를 저장하기 위해 2개의 셀이 필요하다는 것을 정의한다. 첫 번째 셀은 핀 번호고, 두 번째 셀은 플래그flag를 지정하기 위해 사용한다(지금은 사용하지 않는다).

이제 컴파일할 차례다.

```
root@bbb:~# dtc -O dtb -o /lib/firmware/BB-IOEXP-MCP23-00A0.dtbo
                -b 0 -@ BB-IOEXP-MCP23-00A0.dts
```

그리고 아래와 같은 명령어로 IO 확장기를 활성화하자.

```
root@bbb:~# echo BB-IOEXP-MCP23 >
                /sys/devices/platform/bone_capemgr/slots
```

활성화하면 아래와 같이 커널 동작을 확인할 수 있다.

```
bone_capemgr: part_number 'BB-IOEXP-MCP23', version 'N/A'
bone_capemgr: slot #7: override
bone_capemgr: Using override eeprom data at slot 7
bone_capemgr: slot #7: 'Override Board Name,00A0,Override Manuf,BB-IOEXPMCP23'
bone_capemgr: slot #7: dtbo 'BB-IOEXP-MCP23-00A0.dtbo' loaded; overlay id #3
```

모든 것이 정상 동작하면, 새로운 gpiochip 디바이스를 sysfs의 GPIO 디렉터리에서 접근할 수 있다(6장, '범용 입출력 신호 – GPIO' 참고).

```
root@bbb:~# ls /sys/class/gpio/
export gpiochip0 gpiochip32 gpiochip504 gpiochip64 gpiochip96 unexport
```

gpiochip504 디렉터리는 아래와 같은 내용을 가진다.

```
root@bbb:~# cat /sys/class/gpio/gpiochip504/label
mcp23008
root@bbb:~# cat /sys/class/gpio/gpiochip504/base
504
root@bbb:~# cat /sys/class/gpio/gpiochip504/ngpio
8
```

label 파일에서 칩의 이름을 볼 수 있고, base와 ngpio 파일에서 base 번호와 새로운 GPIO의 개수를 각각 볼 수 있다. 따라서 MCP23008 칩의 GP1 회선에서 데이터를 읽으려면 아래와 같은 명령어를 사용해야 한다(505는 504+1, 즉 GPIO base 번호에서 GP1 회선 번호를 더한 숫자다).

```
root@bbb:~# echo 505 > /sys/class/gpio/export
root@bbb:~# echo in > /sys/class/gpio/gpio505/direction
```

```
root@bbb:~# cat /sys/class/gpio/gpio505/value
0
```

 이 칩은 인터럽트 제어기로도 동작한다. 실제로 입력 상태에 따라 다른 IRQ를 생성할 수 있다. 그러나 이 부분은 이 책의 범위를 벗어나므로 좀 더 자세한 정보는 커널 소스 트리의 Documentation/devicetree/bindings/gpio/gpiomcp23s08.txt 파일을 참고하자.

온도/습도 및 압력 센서

이제 날씨 정보를 알아내거나, 1개 이상의 I²C 디바이스를 연결하는 방법을 알아보기 위해 다른 2개의 환경 센서를 사용해보자. 첫 번째 디바이스는 온도/습도 센서고, 두 번째 디바이스는 기압 센서다. 이 디바이스들은 SAMA5D3 Xplained를 사용해 테스트할 것이다.

온도 및 습도 센서는 HTU21D 칩을 기반으로 하며, 아래 그림과 같다.

이 디바이스는 http://www.cosino.io/product/humidity-sensor 주소(혹은 인터넷 서 핑으로)에서 구입할 수 있으며, 이 디바이스의 데이터 시트는 http://dlnmh9ip6v2uc. cloudfront.net/datasheets/BreakoutBoards/HTU21D.pdf에서 찾을 수 있다.

기압 센서는 T5403 칩을 기반으로 하며, 아래 그림과 같다.

 이 디바이스는 http://www.cosino.io/product/barometric_sensor 주소에서(혹은 인 터넷 서핑으로) 구입할 수 있고, 이 디바이스의 데이터 시트는 http://www.epcos.com/ inf/57/ds/T5400.pdf에서 볼 수 있다. 유용한 애플리케이션 노트(note)인 http://www. epcos.com/inf/57/ds/T5400.pdf를 참고하자.

이 디바이스들은 매우 간단하며, 두 디바이스와 보드의 연결은 아래와 같다.

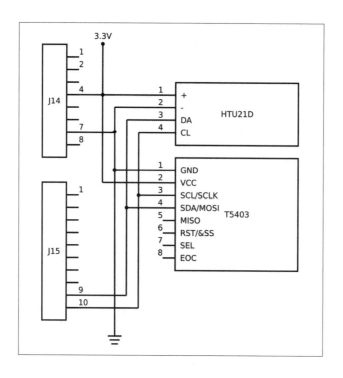

이제 연결 상태를 확인하기 위해 i2cdetect 명령어를 사용해보자.

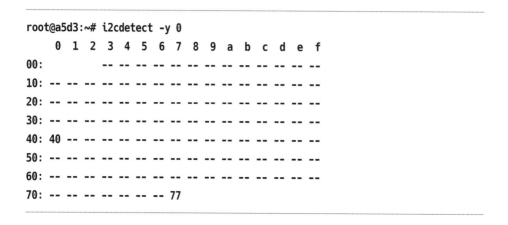

```
root@a5d3:~# i2cdetect -y 0
     0  1  2  3  4  5  6  7  8  9  a  b  c  d  e  f
00:          -- -- -- -- -- -- -- -- -- -- -- -- --
10: -- -- -- -- -- -- -- -- -- -- -- -- -- -- -- --
20: -- -- -- -- -- -- -- -- -- -- -- -- -- -- -- --
30: -- -- -- -- -- -- -- -- -- -- -- -- -- -- -- --
40: 40 -- -- -- -- -- -- -- -- -- -- -- -- -- -- --
50: -- -- -- -- -- -- -- -- -- -- -- -- -- -- -- --
60: -- -- -- -- -- -- -- -- -- -- -- -- -- -- -- --
70: -- -- -- -- -- -- -- 77
```

센서 보드의 납땜된 점퍼(jumper)를 제거해 탑재된 풀업 저항을 비활성화해야 할 수도 있다. 실제로 이 책에서 사용하는 보드의 모든 I²C 제어기는 I²C 버스 사양서에서 요구하는 내부 풀업 저항을 가지며, 특정 상황에서 센서 보드의 풀업 저항이 내부 풀업의 동작을 방해할 수도 있다.

40이나 77 대신 UU 문자열을 얻게 되지만, 디바이스는 여전히 연결돼 있는 경우도 있다. 그러나 첫 번째 디바이스와 관련된 일부 하드웨어 이슈 때문에 40이나 UU 문자열을 아예 얻지 못할 수도 있다. 이 경우에는 아래와 같이 i2cget 명령어를 사용해 디바이스의 I²C가 동작하도록 할 수 있다.

```
root@a5d3:~# i2cget -y 0 0x40 0xe7 b
0x02
```

 디바이스가 연결됐다. 하지만 만약 아래와 같은 결과를 얻으면 연결을 재확인해야 한다.

```
root@a5d3:~# i2cget -y 0 0x40 0xe7 w
Error: Read failed
```

이제 디바이스를 활성화하기 위해 위에서 사용했던 사용자 영역 방법을 사용할 수도 있다. 그러나 버스 클럭도 지정해야 하므로 DTS 설정을 사용하자. 버스 클럭 지정하는 방법은 아래와 같이 이 책의 예제 코드 저장소에 있는 chapter_09/A5D3-IIO-HTU 21D+T5403-dts.patch를 사용할 수 있다.

```
--- a/arch/arm/boot/dts/at91-sama5d3_xplained.dts
+++ b/arch/arm/boot/dts/at91-sama5d3_xplained.dts
@@ -68,6 +68,17 @@
    i2c0: i2c@f0014000 {
```

```
          pinctrl-0 = <&pinctrl_i2c0_pu>;
          status = "okay";
+         clock-frequency = <400000>;
+
+         htu21: htu21@40 {
+             compatible = "htu21";
+             reg = <0x40>;
+         };
+
+         t5403: t5403@77 {
+             compatible = "t5403";
+             reg = <0x77>;
+         };
      };
      i2c1: i2c@f0018000 {
```

위에서 i2c0 블록에 2개의 디바이스를 넣었지만, 더 많은 디바이스를 넣을 수도 있다는 것을 기억하자.

이제 표준 커널 배포판에 포함된 드라이버를 살펴보자. 이 드라이버들은 아래 디렉터리에서 htu21.ko와 t5403.ko로 찾을 수 있다.

```
root@a5d3:~# find /lib/modules/$(uname -r)/kernel/drivers
             -name htu21.ko -o -name t5403.ko
/lib/modules/4.4.6-sama5-armv7-r5/kernel/drivers/iio/pressure/t5403.ko
/lib/modules/4.4.6-sama5-armv7-r5/kernel/drivers/iio/humidity/htu21.ko
```

find로 해당 드라이버를 찾지 못하면 1장, '개발 시스템 설치'에서 설명한 것처럼 커널을 재컴파일해야 한다. 드라이버 컴파일을 활성화하기 위해 커널 설정 메뉴의 Device Drivers ❯ Industrial I/O support로 들어가 첫 번째 디바이스를 위해서는 Humidity sensors ❯ Measurement Specialties HTU21 humidity & temperature sensor 엔트리를 활성화해야 하고, 두 번째 디바이스를 위해서는 Pressure sensors ❯ EPCOS T5403 digital barometric pressure sensor driver 엔트리를 활성화해야 한다. 커널은 드라이버 재컴파일이 끝난 후에 재설치해야 한다.

 산업용 I/O(IIO) 디바이스는 리눅스 센서 디바이스의 사실상 표준으로 여러 다른 종류의 임베디드 센서용 표준과 공통 인터페이스를 정의한다. 이 디바이스들은 지면 관계상 이 책에서는 다루지 않지만(몇몇 예제를 이 책에서 사용한다), 이 디바이스에 관심이 있는 독자는 https://wiki.analog.com/software/linux/docs/iio/iio에서 자세한 정보를 얻을 수 있다.

재시작 후 첫 번째 I^{2}C 버스의 0x40과 0x77번지에서 2개의 디바이스가 추가된 것을 확인할 수 있다.

```
root@a5d3:~# ls /sys/bus/i2c/devices/
0-0040 0-0077 i2c-0 i2c-1 i2c-2
```

그리고 0-0040 디렉터리에서 아래와 같은 내용을 볼 수 있다.

```
root@a5d3:~# ls /sys/bus/i2c/devices/0-0040/
driver iio:device2 modalias name of_node power subsystem uevent
```

이 디바이스는 부팅 시점에 검출되지 않아 드라이버가 로드될 수 없고, 위의 리스트에서 iio:device2가 보이지 않을 수도 있다. 이 경우, 아래와 같이 modprobe 명령어를 사용해 모듈을 로딩할 수 있다.

```
root@a5d3:~# modprobe htu21
[ 239.920000] htu21 0-0040: Serial number : 48540017999f3211
```

 1장, '개발 시스템 설치'에서 했던 것처럼 /etc/modules-load.d/modules.conf 파일에 모듈 이름을 추가해 부팅 시에 모듈을 로딩할 수도 있다.

그리고 0-0077 디렉터리에서도 이와 비슷한 내용을 볼 수 있다.

```
root@a5d3:~# ls /sys/bus/i2c/devices/0-0077/
driver iio:device1 modalias name of_node power subsystem uevent
```

이제 환경 데이터를 얻기 위한 2개의 IIO 디바이스가 생겼다.

 새로운 디바이스 이름이 iio:device1과 iio:device2라는 점에 유의하자. 실제로 iio:device0는 SAMA5D3 Xplained보드의 표준 DTS 파일에 이미 정의된 전압 조정기다.

아래와 같은 명령어로 온도와 습도, 압력 데이터를 읽을 수 있다.

```
root@a5d3:~# cat /sys/bus/iio/devices/iio\:device2/in_temp_input
30638
root@a5d3:~# cat /sys/bus/iio/devices/iio\:device2/in_humidityrelative
_input
58250
root@a5d3:~# cat /sys/bus/iio/devices/iio\:device1/in_pressure_input
101.459000
```

위 값에서 온도는 섭씨 천분의 일(m℃)이고, 습도는 상대 습도 퍼센트(m%RH)며, 기압은 킬로파스칼(kPa)다.

시리얼 포트

이제 SC16IS750 칩을 기반으로 하는 디바이스를 사용해 시스템에 다른 시리얼 포트를 쉽게 추가하는 방법을 살펴보자. 그리고 이 디바이스를 사용해 IRQ 회선을 I²C 디바이스에서 사용하는 방법도 알아보자.

이 디바이스는 http://www.cosino.io/product/i2c-uart-io-expander-board에서(혹은 인터넷 서핑을 통해) 구매할 수 있다. 이 디바이스의 사용자 가이드는 http://www.nxp.com/documents/data_sheet/SC16IS740_750_760.pdf에서 찾을 수 있다.

먼저 아래 그림처럼 SAMA5D3 Xplained의 핀과 I^2C 핀을 서로 연결해야 한다.

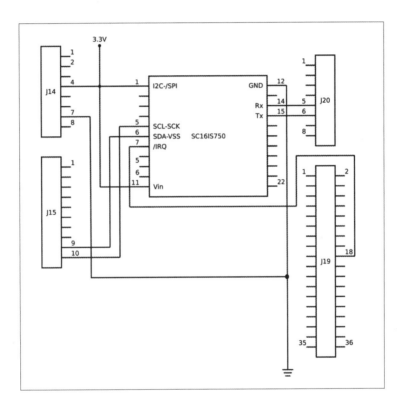

아래와 같은 명령어로 정상적으로 연결됐는지 확인할 수 있다.

```
root@a5d3:~# i2cdetect -y 0
     0  1  2  3  4  5  6  7  8  9  a  b  c  d  e  f
00:          -- -- -- -- -- -- -- -- -- -- -- -- --
10: -- -- -- -- -- -- -- -- -- -- -- -- -- -- -- --
```

```
20: -- -- -- -- -- -- -- -- -- -- -- -- -- -- -- --
30: -- -- -- -- -- -- -- -- -- -- -- -- -- -- -- --
40: -- -- -- -- -- -- -- -- -- -- -- -- -- 4d -- --
50: -- -- -- -- -- -- -- -- -- -- -- -- -- -- -- --
60: -- -- -- -- -- -- -- -- -- -- -- -- -- -- -- --
70: -- -- -- -- -- -- -- --
```

그러나 모든 연결을 확인하려면 IRQ 회선과 같은 I²C 관련 항목뿐 아니라 드라이버를 모두 활성화해야 하고, 이를 위해 DTS 파일을 수정해야 한다. 이 책의 예제 코드 저장소에 있는 chapter_09/A5D3-TTY-SC16IS7-dts.patch를 사용할 수 있으며, 아래 해당 파일의 일부분을 참고하자.

```
--- a/arch/arm/boot/dts/at91-sama5d3_xplained.dts
+++ b/arch/arm/boot/dts/at91-sama5d3_xplained.dts
@@ -29,6 +29,12 @@
        main_xtal {
            clock-frequency = <12000000>;
        };
+
+        sc16is7xx_ck: sc16is7xx_ck {
+            compatible = "fixed-clock";
+            #clock-cells = <0>;
+            clock-frequency = <14745600>;
+        };
    };
    ahb {
@@ -68,6 +74,14 @@
        i2c0: i2c@f0014000 {
            pinctrl-0 = <&pinctrl_i2c0_pu>;
            status = "okay";
+
+            sc16is750: sc16is750@4d {
+                compatible = "nxp,sc16is750";
+                reg = <0x4d>;
```

```
+
+                      clocks = <&sc16is7xx_ck>;
+                      interrupts-extended = <&pioA 22 IRQ_TYPE_EDGE_FALLING>;
+                };
         };
         i2c1: i2c@f0018000 {
```

기본 클럭 설정과 IRQ 소스로 선택한 GPIO 회선을 정의하기 위해 클럭과 interrupts-
extended 엔트리를 정의해야 한다.

이제 표준 커널 배포판에 포함된 드라이버를 살펴보자. 이 드라이버는 아래 디렉터리에
서 sc16is7xx.ko로 찾을 수 있다.

```
root@a5d3:~# find /lib/modules/$(uname -r)/kernel/drivers -name sc16is7xx.ko
/lib/modules/4.4.6-sama5-armv7-r5/kernel/drivers/tty/serial/sc16is7xx.ko
```

find 명령어로 드라이버를 찾을 수 없다면 1장, '개발 시스템 설치'에서 설명한 것처럼 드
라이버를 추가하기 위해 커널을 재컴파일해야 한다. 드라이버 컴파일을 활성화하기 위
해 커널 설정 메뉴에서 Device Drivers ﹥ Character devices ﹥ Serial drivers ﹥ SC16IS7xx
serial support 설정을 활성화하고, I²C 인터페이스 버전을 모듈로서 활성화해야 한다.

 sc16is7xx.ko 드라이버가 있더라도 SPI 버스 전용으로 설정돼 있을 수도 있다. 이 경우에
도 재컴파일해야 한다.

드라이버 재컴파일 후 커널을 재설치해야 한다. 이 단계에서 수정된 DTS를 설치하는데,
동작 중인 커널이 이미 드라이버를 갖고 있다면 DTS를 설치한 후 시스템을 재시작해야
한다. 재시작 후 버스의 0x4d번지에 디바이스가 추가됐다는 것을 확인할 수 있다.

```
root@a5d3:~# ls /sys/bus/i2c/devices/
```

```
0-004d i2c-0 i2c-1 i2c-2
```

0-004d 디렉터리에서는 아래와 같은 내용을 볼 수 있다.

```
root@a5d3:~# ls /sys/bus/i2c/devices/0-004d/
driver gpio modalias name of_node power subsystem tty uevent
```

name 파일에서 사용 중인 칩의 이름을 볼 수 있다.

```
root@a5d3:~# cat /sys/bus/i2c/devices/0-004d/name
sc16is750
```

tty 디렉터리는 새로운 tty 디바이스가 시스템에 존재한다는 것을 알려준다. 실제로 해당 디렉터리를 살펴보면 아래와 같다.

```
root@a5d3:~# ls /sys/bus/i2c/devices/0-004d/tty/
ttySC0
```

위 메시지는 새로운 tty 디바이스가 /dev/ttySC0 파일에서 접근 가능하다는 것을 의미한다.

 위의 /sys/bus/i2c/devices/0-004d 디렉터리의 내용을 자세히 살펴본 독자는 gpio 엔트리도 발견했을 것이다. 이는 이 칩이 GPIO 확장기(위의 같은 디바이스 종류 참고)도 될 수 있고, 이 드라이버가 이 확장기를 지원하기 때문이다.

```
root@a5d3:~# ls /sys/bus/i2c/devices/0-004d/gpio/
gpiochip504
```

이제 이 디바이스가 I²C라는 사실은 커널에 의해 감춰지고, 사용자 영역 프로세스를 위한 새로운 시리얼 포트로 표현되며 7장, '시리얼 포트와 TTY 디바이스 – TTY'에서 했던 모든 것을 실행할 수 있다.

```
root@a5d3:~# stty -F /dev/ttySC0
speed 9600 baud; line = 0;
-brkint -imaxbel
```

위의 연결들을 살펴보면 새로운 시리얼 포트는 시리얼 포트 /dev/ttyS1에 연결돼 있고(7장, '시리얼 포트와 TTY 디바이스 – TTY'의 'SAMA5D3 Xplained' 절을 참고하자), 이 두 포트 사이에 일부 데이터를 교환해 새로운 이 디바이스를 테스트할 수 있다(7장, '시리얼 포트와 TTY 디바이스 – TTY'의 'TTY 사용' 절과 아래를 참고하자).

```
root@a5d3:~# stty -F /dev/ttyS1 115200 raw
root@a5d3:~# stty -F /dev/ttySC0 115200 raw
root@a5d3:~# cat /dev/ttyS1 &
[1] 2085
root@a5d3:~# echo TEST STRING > /dev/ttySC0
TEST STRING
```

위 예제는 매우 기본적인 내용을 가진다. 먼저 두 포트에 같은 설정을 하고, 첫 번째 포트에서 cat 프로세스에 들어오는 입력을 기다리도록 슬립sleep 모드로 변경한다. 두 번째 포트에서는 echo 명령어를 사용해 메시지를 써야 하며, 이 메시지는 터미널에 보여진다. TEST STRING는 백그라운드 프로세스인 cat의 출력물이라는 것을 기억하자.

▌ 원시 I²C 버스

이제 USB 버스에서 했던 것처럼 I²C 버스에 직접 접근하는 방법을 살펴보자. USB 디바이스와 같은 방식으로 I²C 디바이스가 전용 드라이버를 갖고 있지 않다면 사용자 영역에서 직접 관리할 수 있다. I²C 디바이스에서 인터럽트가 발생하는 경우는 문제가 될 수 있는데, 사용자 영역에서 이 인터럽트를 관리할 수 없기 때문에 커널 드라이버를 사용해야 한다. 그러나 이 경우는 매우 드물고, 대부분의 경우에 아래 설명할 기법을 사용할 수 있다.

C에서 데이터 쓰기

첫 번째 예제로서 위에서 비글본 블랙과 연결돼 있는 개발 보드에 탑재돼 있는 TC1321 DAC 칩에 데이터를 써보자.

 이 칩의 데이터 시트는 http://ww1.microchip.com/downloads/en/DeviceDoc/ 21387C.pdf에서 찾을 수 있다.

이 칩의 데이터 시트를 보면 칩의 기능이 매우 간단하다는 것을 볼 수 있다. 이 칩은 0x00 오프셋에서 1개의 16비트 레지스터를 가지며, 이 레지스터에 변경돼야 할 디지털 데이터를 쓸 수 있다. 실제로 이 레지스터는 아래와 같은 포맷을 가진다.

데이터 레지스터 = 첫 번째 바이트								데이터 레지스터 = 두 번째 바이트							
D9	D8	D7	D6	D5	D4	D3	D2	D1	D0	–	–	–	–	–	–
MSB	X	X	X	X	X	X	X	X	LSB	–	–	–	–	–	–

따라서 DAC에 16진수 0x41을 쓰고 싶다면, 16진수 0x0140(이 값은 0x41을 왼쪽으로 6비트 시프트shift한 값이다)을 생성해야 한다.

9장의 시작 부분에 했던 것처럼, 버스에 접근하기 위해 사용해야 할 I²C 버스 디바이스를 생성해야 한다. 이를 위해 아래와 같은 명령어를 사용할 수 있다.

```
root@bbb:~# echo BB-I2C1 > /sys/devices/platform/bone_capemgr/slots
```

이제 /dev/i2c-1 디바이스가 준비됐고, 이 책의 예제 코드 저장소에 있는 chapter_09/ i2c_dac/i2c_dac.c 파일을 사용한 프로그램이 동작하도록 할 수 있다. 이 프로그램은 make 명령어를 사용해 비글본 블랙에서 직접 컴파일할 수 있다.

아래의 reg2value( )와 value2reg( ) 함수는 칩과 주고받는 데이터를 변경하기 위해 사용하며, main( ) 함수는 이 프로그램의 중요 부분이다.

```
static void reg2value (unsigned char b1, unsigned char b2, int *val)
{
    *val = (b1 << 2) | (b2 >> 6);
}
static void value2reg (int val, unsigned char *b1, unsigned char *b2)
{
    *b1 = val >> 2;
    *b2 = val << 6;
}
```

아래의 코드 일부분은 main( ) 함수의 주요 부분을 나타낸 것으로, 사용하고자 하는 I^{2}C 버스를 나타내는 /dev/i2c-2 디바이스를 열고, ioctl( ) 시스템 콜을 사용해 통신하고자 하는 디바이스의 I^{2}C 번지를 지정한다.

```
/* Select the I2C bus to talk with */
ret = ioctl(fd, I2C_SLAVE, I2C_SLAVE_ADDR);
if (ret < 0) {
    fprintf(stderr, "%s: cannot acquire access to address 0x%x\n",
    NAME, I2C_SLAVE_ADDR);
    exit(1);
}
```

이후 main( ) 함수의 코드는 사용한 명령어에 따라 두 가지 다른 동작을 수행한다. 아래와 같은 명령어를 사용하면,

```
root@bbb:~# ./i2c_dac 100
```

이 프로그램은 아래의 코드를 사용해 100을 DAC 레지스터에 쓸 것이다.

```
/* Convert the user's value into a suitable form for the DAC */
value2reg(val, &wbuf[1], &wbuf[2]);

/* Write the data to the device */
ret = write(fd, wbuf, sizeof(wbuf));
if (ret != sizeof(wbuf)) {
    fprintf(stderr, "%s: failed to write: %m\n", NAME);
    exit(1);
}
```

혹은 아래와 같은 명령어를 사용할 수도 있다.

```
root@bbb:~# ./i2c_dac
100
```

이 경우, 이 프로그램은 아래 코드를 사용해 DAC 레지스터를 읽을 것이다.

```
ret = read(fd, rbuf, sizeof(rbuf));
if (ret != sizeof(rbuf)) {
    fprintf(stderr, "%s: failed to read: %m\n", NAME);
    exit(1);
}
/* Convert the just read data to a readable form */
reg2value(rbuf[0], rbuf[1], &val);
```

이제 위 코드들이 정상 동작하는지 확인하려면, ADC의 Ain 핀을 DAC의 Vout 핀에 연결하면 된다(위의 I²C 보드 그림 참고). 이 경우, DAC에 아날로그 전압을 쓰고 ADC를 사용

578

해 다시 그 값을 읽을 수 있다.

```
root@bbb:~# ./i2c_dac 100
root@bbb:~# cat /sys/bus/i2c/drivers/mcp3021/1-004d/in0_input
296
root@bbb:~# ./i2c_dac 500
root@bbb:~# cat /sys/bus/i2c/drivers/mcp3021/1-004d/in0_input
1472
```

ADC에서 읽히고 DAC에 쓰인 디지털 값은 전기적인 이유로 동일하지 않지만, 쓴 값이 100에서 500으로 5배 증가된 것처럼 읽힌 값이 296의 거의 5배인 1472라는 것을 볼 수 있다.

이 절을 끝내기 전에 I²C 디바이스의 ioctl( ) 인터페이스도 살펴보자. 실제로 리눅스 문서의 Documentation/i2c/dev-interface 파일에 설명된 것처럼 ioctl( )는 여러 인자argument를 사용할 수 있다. 특히 I2C_RDWR는 흥미로운 옵션이다. 이 옵션을 사용해 읽고 쓰기를 스톱 비트stop bit 없이 병행할 수 있으며, 이 옵션은 기본 기능이므로 스톱 비트가 존재할 경우, 일부 칩에서 작동을 거부할 수도 있다. 이 비트 모드는 보통 I²C 칩의 내부 레지스터 주소 지정에 사용된다. 실제로 레지스터에 접근하기 위해 먼저 레지스터의 주소에 0으로 구성된 더미 바이트를 써서 해당 레지스터를 선택한 후, 해당 레지스터의 내용을 읽을 수 있다.

좀 더 쉬운 설명을 위해 아래 예제를 통해 일반 레지스터에서 값을 읽어보자.

```
int get_i2c_register(int fd,
        unsigned char addr, unsigned char reg,
        unsigned char *val)
{
    unsigned char inbuf, outbuf;
    struct i2c_rdwr_ioctl_data pkt;
    struct i2c_msg msg[2];
```

```
/* 첫 번째 메시지를 쓰기로 설정 */
outbuf = reg;
msg[0].addr = addr;
msg[0].flags = 0;
msg[0].len = sizeof(outbuf);
msg[0].buf = &outbuf;

/* 두 번째 메시지를 읽기로 설정 */
* Data will get returned here
*/
msg[1].addr = addr;
msg[1].flags = I2C_M_RD/* | I2C_M_NOSTART*/;
msg[1].len = sizeof(inbuf);
msg[1].buf = &inbuf;

/* 요청을 시스템으로 보내고 결과받기 */
pkt.msgs = msg;
pkt.nmsgs = 2;
ret = ioctl(fd, I2C_RDWR, &pkt);
if (ret < 0) {
    perror("Unable to send data");
    return ret;
}
*val = inbuf;
return 0;
}
```

위 예제에서 읽고 쓰기 동작을 위한 2개의 i2c_msg를 사용하며, 이 두 배열을 ioctl( )로 보낸다. I^2C 디바이스가 좀 더 복잡한 동작들을 지원한다면, 필요한 만큼의 배열을 설정해 해당 동작들을 관리할 수도 있다.

파이썬에서 데이터 읽기

두 번째 예제로 적외선 온도 센서인 MLX90614 칩을 사용해 데이터를 읽어보자.

> 이 디바이스는 http://www.cosino.io/product/contactless-temperature-sensor 에서(혹은 인터넷 서핑을 통해) 구입할 수 있다. 이 디바이스의 사용자 가이드는 https://www.sparkfun.com/datasheets/Sensors/Temperature/SEN-09570-datasheet-3901090614M005.pdf에서 찾을 수 있다.

이 디바이스는 사물을 직접 만지지 않고도 온도를 측정할 수 있는 굉장히 재미있는 디바이스다. 실제로 이 디바이스는 주변의 온도를 −40°C부터 85°C, 사물의 온도는 −70°C부터 382.2°C까지 넓은 범위를 측정할 수 있는 17비트 적외선 온도계다.

측정된 값은 센서의 시야에 있는 모든 사물의 평균 온도이므로 주변 환경의 온도를 측정하는 데 사용할 수 있다. 사람의 체온을 측정하려면 해당 센서를 인체 가까이로 가져가기만 하면 된다.

이 센서의 다른 중요한 특징은 디지털 디바이스라는 사실이다. 이는 (상대적으로) 먼 거리에서도 환경의 영향을 덜 받는 디지털 연결을 통해 데이터를 얻을 수 있다는 것을 의미하므로 좀 더 실질적인 사용을 위해 핸드피스^{hand piece}에 넣을 수도 있다.

이 디바이스와 Wandboard와의 회선 연결은 아래 그림을 참고하자.

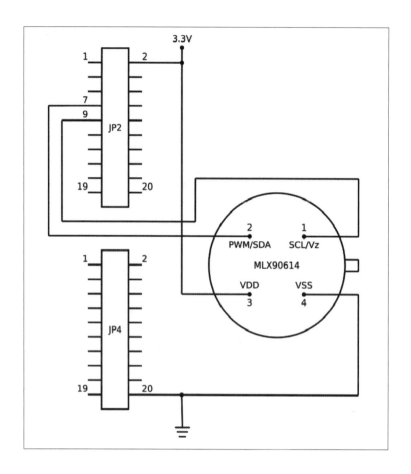

이제 회선이 정상적으로 연결됐다면 i2cdetect 명령어를 사용해 아래와 같은 출력을 볼 수 있다.

```
root@wb:~# i2cdetect -y 0
     0  1  2  3  4  5  6  7  8  9  a  b  c  d  e  f
00:          -- -- -- -- -- -- -- -- -- -- -- -- --
10: -- -- -- -- -- -- -- -- -- -- -- -- -- -- -- --
20: -- -- -- -- -- -- -- -- -- -- -- -- -- -- -- --
30: -- -- -- -- -- -- -- -- -- -- -- -- -- -- -- --
40: -- -- -- -- -- -- -- -- -- -- -- -- -- -- -- --
50: -- -- -- -- -- -- -- -- -- -- 5a -- -- -- -- --
```

```
60: -- -- -- -- -- -- -- -- -- -- -- -- -- -- -- --
70: -- -- -- -- -- -- -- --
```

위 메시지에서 0x5a번지에 디바이스가 있다는 것을 알 수 있다.

 디바이스마다 다른 주소를 사용하므로 독자들은 다른 주소를 볼 수도 있다. 이 경우, 다른 것에 사용하는 명령들은 해당 주소에 맞게 수정돼야 한다.

데이터 시트를 보면 온도는 디바이스의 0x07번지에서 읽을 수 있다고 설명돼 있다. 따라서 i2cget 명령어를 사용해 아래와 같이 데이터를 읽어보자.

```
root@wb:~# i2cget -y 0 0x5a 0x07 wp
0x3b9e
```

출력값은 켈빈 온도(˚K)로 표시되는 16진수이므로 이 값을 10진수로 바꾼 후, 아래 식을 통해 섭씨 온도(˚C)로 바꿀 수 있다.

$$celsius\_degree = raw\_value_{10} * 0.02 - 273.15$$

raw_value_{10}은 레지스터 값의 10진수 값을 의미하므로 아래와 같은 명령어를 사용할 수 있다.

```
# echo "$(printf "ibase=16; %X\n" $(i2cget -y 0 0x5a 0x07 wp) | bc) * 0.02 -
273.15" | bc
32.19
```

bc 명령어가 기본 배포판에 설치돼 있지 않은 경우, 아래와 같은 명령어로 설치할 수 있다.

```
# aptitude install bc
```

 bc 명령어에 대해 좀 더 자세히 알고 싶다면 인터넷 서핑을 통해 사용법을 익히거나 bc의 man 페이지를 보기 위해 man을 사용할 수도 있다.

이제 위의 같은 단계를 빠르게 실행하기 위해 파이썬과 같은 스크립트 언어로 실행해보자. 먼저 aptitude나 apt-get으로 설치할 수 있는 python-smbus 패키지가 필요하다. 그리고 아래에 나온 것처럼 이 책의 예제 코드 저장소에 있는 chapter_09/i2c_temp.py 파일을 사용할 수 있다.

```python
# !/usr/bin/python
from __future__ import print_function
import os
import sys
import smbus

# 정의
BUS = 0
ADDRESS = 0x5a
REG = 0x07

# /dev/i2c-X I2C 버스 열기
bus = smbus.SMBus(BUS)

# 단일 레지스터 읽기
raw_value = bus.read_word_data(ADDRESS, REG)

# 섭씨 온도로 데이터 변환 및 표시
degrees = raw_value * .02 - 273.15
print("%0.2f" % degrees)
```

이 코드는 매우 간단해 어떻게 동작하는지 쉽게 이해할 수 있다. smbus.SMBus() 호출은 Wandboard의 첫 번째 I²C 버스의 새로운 객체를 생성하며, read_word_data() 호출은 i2cget 명령어로 얻었던 데이터를 읽기 위해 사용된다.

 시스템 관리 버스(SMBus)는 I²C 프로토콜 사용을 좀 더 엄격하게 정의하는 I²C의 서브셋이며, 두 프로토콜이 완전히 똑같지 않더라도 종종 서로 호환할 수 있다. 이 버스에 대한 좀 더 자세한 정보는 https://en.wikipedia.org/wiki/System_Management_Bus에서 볼 수 있다.

이 명령어를 실행하면 아래와 같이 온도를 얻을 수 있다.

```
root@wb:~# ./i2c_temp.py
30.79
```

▌ 요약

9장에서는 I²C 버스와 서로 다른 종류의 I²C 디바이스에 접근할 때 사용하는 특정 리눅스 디바이스 드라이버 사용법을 설명했다. DTS 파일 수정하거나 사용자 영역에서 직접 접근해 이 드라이버들을 활성화하는 방법도 살펴봤다. 그리고 C나 파이썬 언어를 사용해 사용자 영역 애플리케이션으로 I²C 드라이버를 작성할 수 있는지도 배웠다.

I²C는 모든 임베디드 컴퓨터에서 널리 사용하고, 수많은 종류의 I²C 주변 장치가 존재하지만, 또 다른 탑재된 버스도 많은 시스템에서 사용하고 있다. 이 버스는 바로 SPI며, 10장에서 자세히 살펴본다.

10

시리얼 주변 장치 인터페이스 - SPI

9장에서 살펴봤던 것처럼 I²C 버스는 탑재된 디바이스와 메인 CPU를 연결하는 데 널리 사용된다. 하지만 비슷한 기능을 가진 또 다른 버스인 시리얼 주변 장치 인터페이스^{SPI}도 존재한다. 이 버스가 I²C와 다른 점은 I²C보다 빠른 속도로 데이터를 전송할 수 있다는 것이다. 그 이유는 전이중^{full duplex} 방식이므로 동시에 양방향으로 데이터를 전송할 수 있기 때문이다. 이 때문에 SPI 버스는 보통 멀티미디어 애플리케이션(LCD/비디오)이나 디지털 신호 처리, 통신 장치(이더넷과 WLAN, CAN, 시리얼 포트 등) 등 효율적인 데이터 스트림을 구현하기 위해 사용된다. 물론 표준 센서나 ADC/DAC 변환기, GPIO 제어기 등과 같은 디바이스와의 통신에도 사용할 수 있다.

SPI 버스의 여러 기능을 설명하기 위해 10장에서는 이 버스로 메인 CPU에 연결되는 여러 다른 종류의 디바이스를 살펴본다.

▌시리얼 주변 장치 인터페이스 버스(SPI)

SPI 버스는 전이중이고, 단일 마스터, 멀티 슬레이브, 동기화 시리얼 데이터 버스며, I^2C 처럼 탑재된 센서 칩과 메인 CPU를 연결하기 위해 사용된다. 이 버스는 최소(GND 시그 널 제외) 세 회선에 보통 슬레이스 선택^{SS} 혹은 칩 선택^{CS}이라 불리는 슬레이브당 1개의 칩 선택 신호가 필요하다. 이 SS는 보통 로우^{low}에서 동작한다(이는 마스터가 슬레이브 칩을 활성 화하기 위해 반드시 0으로 설정돼야 한다는 것을 의미한다).

이 버스의 속성인 아래의 용어를 이해해야 한다.

- **전이중**: 이 버스는 동시에 데이터를 전송 및 수신할 수 있다.
- **동기화**: 클럭이 데이터와 함께 전송된다(이 경우, 클럭은 마스터가 제공한다).
- **단일 마스터와 멀티 슬레이브**: 버스에는 통신을 지시하는 단 1개의 마스터가 존재 하며, 1개 이상의 슬레이브가 이 버스에 연결될 수 있다.
- **시리얼 데이터**: 데이터는 버스에서 한 번에 한 비트씩 전송된다.

SPI 통신은 버스 마스터가 연결된 슬레이브 디바이스가 지원하는 주파수를 사용하는 클 럭을 설정할 때 시작한다. 그리고 마스터가 적합한 선택 회선을 사용해 슬레이브를 선택 한다. 마스터는 각 SPI 클럭 사이클^{cycle}마다 MOSI 회선에 한 비트를 보내고, 슬레이브 는 해당 비트를 읽으며(MOSI 회선은 마스터의 출력 회선을 나타낸다), 슬레이브는 MISO 회 선에 한 비트를 보내고 마스터는 해당 비트를 읽는다(MISO 회선은 마스터의 입력 회선을 나 타낸다). 이 순서는 단방향 데이터 통신의 경우에도 똑같이 적용된다. 중요한 점은 선택 된 슬레이브 출력을 방해하지 않기 위해 데이터 통신이 활성화되지 않은 버스의 모든 슬 레이브는 반드시 입력 클럭과 MOSI 신호를 버려야 하며, MSIO에 데이터를 보내면 안 된다는 것이다. SPI 통신에서 마스터는 반드시 한 번에 한 슬레이브만 선택해야 한다.

여기서 I^2C 버스와의 차이가 드러난다. I^2C 버스는 클럭을 제외하고 요청과 응답이 한 회 선을 공유하지만, SPI 버스는 병렬적으로 두 통신이 모두 발생할 수 있다. 즉, 슬레이브 가 쓰는 동안 마스터도 동시에 쓸 수 있다. 이를 위해 이 버스는 별도의 MOSI/MSIO를 갖는 것이다.

588

보통 SPI는 8비트 통신이며, 다른 사이즈도 사용된다. 16비트는 터치스크린 제어기나 오디오 코덱을 위해 사용하며, 12비트는 많은 DAC나 ADC 변환기에 사용된다.

 SPI 버스가 동작하는 자세한 설명은 이 책의 범위를 벗어난다. 관심 있는 독자는 http://en.wikipedia.org/wiki/Serial_Peripheral_Interface_Bus를 참고하기 바란다.

전기 회선

SPI 버스 회선은 아래 표와 같다.

이름	설명
SCLK(Serial clock)	버스 클럭 신호
MOSI(Mater Out Slave In)	버스 데이터 신호(마스터 출력 슬레이브 입력)
MISO(Master In Slave Out)	버스 데이터 신호(마스터 입력 슬레이브 출력)
SS(Slave Select)	칩 / 슬레이브 선택 신호(슬레이브당 1개)
GND	그라운드

 SPI 제어기는 적은 수의 SS 회선을 갖는 것이 일반적이다(보통 2개 혹은 3개). 따라서 더 많은 SPI 디바이스가 동시에 필요하면 트릭을 사용해야 한다. 이 트릭은 제어기 하드웨어 자체를 사용하는 대신, 드라이버에서 관리되는 GPIO 회선을 사용해 필요한 SS 신호를 생성하는 것이다. 이 트릭을 통해 단일 마스터에 많은 디바이스를 연결할 수 있지만, 전체 버스의 성능은 떨어진다. 이는 신호가 하드웨어가 아닌 소프트웨어로 발생하기 때문이다. 또한 이 기능은 SPI 마스트 제어기의 디바이스 드라이버가 반드시 지원해야 한다.

여러 디바이스는 병렬로 연결되지만, SS 신호는 반드시 한 번에 하나의 슬레이브로 들어가야 한다.

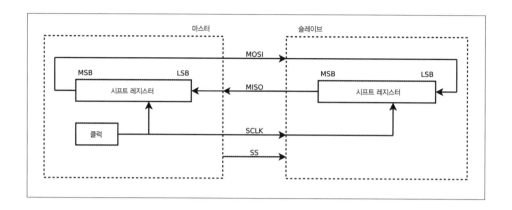

비글본 블랙의 SPI 포트

비글본 블랙은 2개의 SPI 버스를 가지며, 아래 표에 요약돼 있다.

이름	MISO	MOSI	SCLK	SS0	SS1
spi0	P9.21	P9.18	P9.22	P9.17	사용 불가
spi1	P9.29	P9.30	P9.31	P9.20이나 P9.28	P9.19나 P9.42

이 버스들을 활성화하기 위해 9장에서 사용했던 명령어를 사용할 수 있다. 아래와 같은
명령어로 spi0 버스를 활성화할 수 있다.

```
root@bbb:~# echo BB-SPIDEV0 > /sys/devices/platform/bone_capemgr/slots
bone_capemgr bone_capemgr: part_number 'BB-SPIDEV0', version 'N/A'
bone_capemgr bone_capemgr: slot #4: override
bone_capemgr bone_capemgr: Using override eeprom data at slot 4
bone_capemgr bone_capemgr: slot #4: 'Override Board Name,00A0, Override
Manuf,BB-SPIDEV0'
bone_capemgr bone_capemgr: slot #4: dtbo 'BB-SPIDEV0-00A0.dtbo' loaded; overlay
id #0
```

관련 커널 메시지는 명령어 뒤에 바로 나온다. 아래는 spi1 버스를 활성화하는 명령이다.

```
root@bbb:~# echo BB-SPIDEV1 > /sys/devices/platform/bone_capemgr/slots
bone_capemgr bone_capemgr: part_number 'BB-SPIDEV1', version 'N/A'
bone_capemgr bone_capemgr: slot #5: override
bone_capemgr bone_capemgr: Using override eeprom data at slot 5
bone_capemgr bone_capemgr: slot #5:'Override Board Name,00A0,Override Manuf,BB-
SPIDEV1'
bone_capemgr bone_capemgr: slot #5:dtbo 'BB-SPIDEV1-00A0.dtbo' loaded; overlay
id #1
```

비글본 블랙의 기본 설정은 HDMI 지원을 위해 spi1 버스를 예약하고 있다는 점에 유의하자. 따라서 위의 명령어로 spi1을 활성화하려고 하면 아래와 같은 에러 메시지를 볼 수 있다.

```
root@bbb:~# echo BB-SPIDEV1 > /sys/devices/platform/bone_capemgr/slots
-bash: echo: write error: File exists
```

그리고 커널 메시지에서 아래의 에러 이유를 볼 수 있다.

```
bone_capemgr bone_capemgr: slot #5: BB-SPIDEV1 conflict P9.31 (#3:BB-BONELT-
HDMI) bone_capemgr
bone_capemgr: slot #5: Failed verification
```

이 상황을 해결하기 위해 /boot/uEnv.txt 파일의 U-Boot 설정을 수정해 HDMI 지원을 비활성화하고, 아래 줄의 주석을 제거함으로써 활성화해야 한다.

```
optargs=capemgr.disable_partno=BB-BONELT-HDMI,BB-BONELT-HDMIN
```

HDMI 지원을 비활성화하는 capemgr.disable_partno 엔트리가 없다면 U−Boot 설정 파일에 아래 줄을 추가하고, am335x−boneblack−overlay.dtb 디바이스 트리 파일을 강제로 로딩해 같은 결과를 얻을 수 있다.

```
fdtfile=am335x-boneblack-overlay.dtb
```

이제 시스템을 재시작하면 된다. capemgr.disable_partno 엔트리가 없는 경우, 부팅 시 아래의 U−Boot 메시지를 통해 올바른 DTB 파일이 로딩된다는 것을 확인해야 한다.

```
loading /boot/dtbs/4.4.7-bone9/am335x-boneblack-overlay.dtb ...
```

위 방식으로 이 이슈를 해결하면 더 이상 에러는 발생하지 않으며, SPI 디바이스를 사용할 수 있다.

```
root@bbb:~# ls -l /sys/bus/spi/devices/
total 0
lrwxrwxrwx 1 root root 0 Apr 2 20:40 spi1.0 ->../../../devices/platform/
ocp/48030000.spi/spi_master/spi1/spi1.0
lrwxrwxrwx 1 root root 0 Apr 2 20:40 spi1.1 ->../../../devices/platform/
ocp/48030000.spi/spi_master/spi1/spi1.1
lrwxrwxrwx 1 root root 0 Apr 2 20:40 spi2.0 ->../../../devices/platform/
ocp/481a0000.spi/spi_master/spi2/spi2.0
lrwxrwxrwx 1 root root 0 Apr 2 20:40 spi2.1 ->../../../devices/platform/
ocp/481a0000.spi/spi_master/spi2/spi2.1
```

 실제 버스 번호는 1씩 시프트됐다. 따라서 버스 번호 0은 spi1.X, 버스 번호 1은 spi2.x로 이름지어졌다.

이제 관련 문자 디바이스가 /dev 디렉터리에 있다.

```
root@bbb:~# ls -l /dev/spidev*
crw-rw---- 1 root spi 153, 0 Apr 2 20:35 /dev/spidev1.0
crw-rw---- 1 root spi 153, 1 Apr 2 20:35 /dev/spidev1.1
crw-rw---- 1 root spi 153, 2 Apr 2 20:36 /dev/spidev2.0
crw-rw---- 1 root spi 153, 3 Apr 2 20:36 /dev/spidev2.1
```

 10장에서 설명하는 SPI 디바이스를 테스트할 때 이 책에서 사용된 커널 릴리즈에 SPI 오 버레이 버그가 있다는 것을 발견했다. 이로 인해 위의 echo BB-SPIDEV0와 echo BB- SPIDEV0 명령 실행 중 SPI 핀들이 정상적으로 설치되지 않는다.

비글본 블랙의 핀들의 실제 설정이 있는 /sys/kernel/debug/pinctrl/44e10800.pinmux/ pinmux-pins 파일을 살펴보면, 이 잘못된 동작을 볼 수 있다. Echo 명령 후 grep 명령어를 실행하면 정상 동작하는지 확인할 수 있는데, 정상 동작 시 아래와 같은 출력을 볼 수 있다.

```
root@bbb:~# echo BB-SPIDEV0 > /sys/devices/platform/bone_capemgr/
slots
root@bbb:~# grep spi0 /sys/kernel/debug/pinctrl/44e10800.pinmux/
pinmux-pins
pin 84 (44e10950.0): 48030000.spi (GPIO UNCLAIMED)
function pinmux_bb_spi0_pins group pinmux_bb_spi0_pins
pin 85 (44e10954.0): 48030000.spi (GPIO UNCLAIMED)
function pinmux_bb_spi0_pins group pinmux_bb_spi0_pins
pin 86 (44e10958.0): 48030000.spi (GPIO UNCLAIMED)
function pinmux_bb_spi0_pins group pinmux_bb_spi0_pins
pin 87 (44e1095c.0): 48030000.spi (GPIO UNCLAIMED)
function pinmux_bb_spi0_pins group pinmux_bb_spi0_pins
```

grep으로 어떤 출력도 볼 수 없다면 동작 중인 커널에 버그가 있는 것이고, 이 경우 SPI 버 스를 활성화하는 유일한 방법은 U-Boot 설정 파일인 /boot/uEnv.txt에 아래 줄을 추가해 부팅 시 오버레이 파일을 강제로 로딩하는 것이다.

```
cape_enable=bone_capemgr.enable_partno=BB-SPIDEV0
```

/dev/spidev1.0 SPI 디바이스가 I²C 버스처럼 전체 버스를 나타내지 않는다는 점에 유의해야 한다. 이 디바이스는 첫 번째 칩 선택 회선에 연결된 SPI 디바이스를 나타내며, /dev/spidev1.1 디바이스는 두 번째 칩 선택 회선에 연결된 SPI 디바이스를 나타낸다.

또한 사용자가 해당 버스에 원시 접근할 수 있게 해주는 이 설정을 일반적으로 사용하며, 이 원시 접근 모드는 간단한 SPI 디바이스를 관리하는 방법을 설명하는 다음 절에서 사용한다.

SAMA5D3 Xplained의 SPI 포트

SAMA5D3 Xplained 보드는 확장 커넥터에 2개의 SPI 버스를 가진다. 그러나 spi0 버스는 옵션인 NOR 플래시를 접근하기 위해 예약돼 있다. 따라서 이 버스를 사용하려면 SPI 신호의 경로를 변경하기 위해 CPU 내부 핀 멀티플렉서를 다시 프로그램해야 한다(지면 관계상 이 책에서는 이 방법을 자세히 설명하지 않는다. 다만, 이 방법은 spi0 엔트리에 대해 pinctrl-0 속성을 변경하는 것이다).

따라서 이 보드의 가능한 SPI 회선은 아래 표와 같다.

이름	MISO	MOSI	SCLK	SS0
Spi1	J15.12-SPI1_MISO	J15.11-SPI1_MOSI	J15.13- SPI1_SPCK	J15.10-NPCS0

디폴트로 칩 선택[CS] 신호를 1개만 갖고 있지만, SAMA5D3 Xplanied의 DTS 파일인 arch/arm/boot/dts/at91-sama5d3_xplained.dts를 수정하고 재컴파일해 더 많이 추가할 수도 있다. 최대 4개의 GPIO 핀을 4개의 칩 선택 회선으로 동작하도록 추가하기 위해 아래와 같은 부분을 수정해야 한다. 디폴트 설정은 아래와 같다.

```
spi1: spi@f8008000 {
    cs-gpios = <&pioC 25 0>;
```

```
    status = "okay";
};
```

아래와 같은 설정으로 수정해 세 번째 칩 선택 회선으로 A22를 추가할 수 있다.

```
spi1: spi@f8008000 {
    cs-gpios = <&pioC 25 0>, <0>, <&pioA 22 0>;
    status = "okay";
};
```

그리고 비글본 블랙에서 했던 것처럼 spidev 디바이스를 생성하기 위해 spi1 부분을 아래와 같이 수정해야 한다.

```
spi1: spi@f8008000 {
    cs-gpios = <&pioC 25 0>, <0>, <&pioA 22 0>;
    status = "okay";
    spi@0 {
        compatible = "spidev";
        reg = <0>;
        spi-max-frequency = <1000000>;
    };
    spi@2 {
        compatible = "spidev";
        reg = <2>;
        spi-max-frequency = <1000000>;
    };
};
```

새 DTS를 DTB로 변환하고, 보드를 재시작하면 아래와 같이 sysfs에서 새로운 SPI 제어기를 볼 수 있다.

```
root@a5d3:~# ls -l /sys/bus/spi/devices/
total 0
lrwxrwxrwx 1 root root 0 Jan 1 2007 spi32765.0 -> ../../../devices/soc0/ahb/
ahb:apb/f8008000.spi/spi_master/spi32765/spi32765.0
lrwxrwxrwx 1 root root 0 Jan 1 2007 spi32765.2 -> ../../../devices/soc0/ahb/
ahb:apb/f8008000.spi/spi_master/spi32765/spi32765.2
```

이때 SAMA5D3 Xplained 보드에서 spidev 디바이스를 최신 커널 릴리즈의 DTS 파일에 추가하면, 아래와 같은 커널 경고 메시지를 볼 수 있다.

```
spidev spi32765.0: buggy DT: spidev listed directly in DT
------------[ cut here ]------------
WARNING: CPU: 0 PID: 1 at drivers/spi/
spidev.c:719 spidev_probe+0x141/0x154()
Modules linked in:
CPU: 0 PID: 1 Comm: swapper Not tainted 4.4.6-sama5-armv7-r5 #12
Hardware name: Atmel SAMA5
[<c00122bd>] (unwind_backtrace) from [<c0010393>] (show_stack+0xb/0xc)
[<c0010393>] (show_stack) from [<c0018ac7>] (warn_slowpath_common
...
```

이는 이 동작을 언급하는 커밋 메시지에 설명된 것처럼, 커널 개발자가 의도적으로 만들어낸 것이다.

```
spi: spidev: Warn loudly if instantiated from DT as "spidev"

Since spidev is a detail of how Linux controls a device rather than a
description of the hardware in the system we should never have a node described
as "spidev" in DT, any SPI device could be a spidev so this is just not a
useful description.
In order to help prevent users from writing such device trees generate a warning
if spidev is instantiated as a DT node without an ID in the match table.
Signed-off-by: Mark Brown broonie@kernel.org
```

9장, 'I²C'에서 설명한 i2c 문자 디바이스처럼 spidev는 하드웨어와 직접 통신하지 않는다. 따라서 커널 개발자는 특정 디바이스를 호환 가능한 문자열 리스트에 추가해 이 문제를 해결하도록 권장한다(그러나 지면 관계상 이 기법은 이 책에서 다루지 않으며, 이 문제는 사소한 이슈다).

Wandboard의 SPI 포트

Wandboard는 1개의 SPI 버스를 노출하고 있으며(CPU는 4개를 갖고 있더라도), 관련 연결 회선은 아래 표와 같다.

이름	MISO	MOSI	SCLK	SS0	SS1
Spi1	JP4.7–CSPI1_MISO	JP4.7–CSPI1_MOSI	J4.11–CSP1_SPCK	J4.13–CSPI1_CS0	J4.15–CSPI1_CS1

그러나 디폴트로 이 버스는 비활성화돼 있다. 활성화하기 위해 Wandboard에서 리눅스 트리의 arch/arm/boot/dts/imx6qdl–wandboard.dtsi DTS file 파일을 아래와 같이 수정하고, 재컴파일 후 재설치해야 한다.

```
&ecspi1 {
    fsl,spi-num-chipselects = <2>;
    cs-gpios = <&gpio2 30 0>, <&gpio4 10 0>;
    pinctrl-names = "default";
    pinctrl-0 = <&pinctrl_ecspi1_1>;
    status = "okay";
    spidev@0 {
        compatible = "spidev";
        reg = <0>;
        spi-max-frequency = <16000000>;
    };
    spidev@1 {
        compatible = "spidev";
        reg = <1>;
```

```
        spi-max-frequency = <16000000>;
    };
};
```

 또한 pinctrl_ecspi1_1 핀 멀티플렉서 설정이 Wandboard의 DTS 파일에 정의돼야 한다. 전체 패치는 이 책의 예제 코드 저장소에 있는 chapter_10/imx6qdl-wandboard-spidev.dtsi.patch에서 볼 수 있다.

다른 두 보드와 같이, 모든 것이 정상 동작하면 재시작 후 새 SPI 제어기가 아래와 같이 sysfs에 나타난다.

```
root@wb:~# ls -l /sys/bus/spi/devices/
total 0
lrwxrwxrwx 1 root root 0 Jul 22 13:23 spi0.0 -> ../../../devices/soc0/
soc/20000aips-bus/2000000.spba-bus/2008000.ecspi/spi_master/spi0/spi0.0
lrwxrwxrwx 1 root root 0 Jul 22 13:23 spi0.1 -> ../../../devices/soc0/
soc/2000000.aips-bus/2000000.spba-bus/2008000.ecspi/spi_master/spi0/spi0.1
```

▌ 리눅스의 SPI 버스

SPI 버스는 I²C와 비슷하게, 마스터와 슬레이브 디바이스 개념을 가진다. SPI 마스터 디바이스의 경우, 적합한 드라이버가 이미 임베디드 보드의 디폴트 커널 설정으로 동작하기 때문에 특별히 해야 할 일이 없다(이전에 살펴본 것처럼). 마스터와 연결되는 SPI 디바이스의 경우, 외부 메모리와 I/O 확장기, 센서 컨버터 등(이외에도 많다)과 같은 여러 경우를 고려해야 한다.

이전에 살펴본 것처럼 일반적인 spidev 드라이버를 사용해 원시 버스 기능에 접근할 수 있지만, 이를 관리할 미리 빌드된 도구가 없다. 이번에는 실제 프로그램을 작성하며,

spidev 드라이버를 사용해 디바이스를 관리하기 위한 예제로, 커널 트리에 제공된 몇 가지 기본 도구를 사용할 수도 있다.

 리눅스 SPI 관련 API에 대한 자세한 정보는 리눅스 소스 저장소의 Documentation/spi/spidev에서 볼 수 있다.

■ SPI 도구

I²C 경우와 거의 비슷하게 SPI를 관리하기 위한 기본 도구가 있다. 앞서 언급한 것처럼, 이 도구들은 전용 데비안 패키지가 없지만, 리눅스 소스 저장소의 Documentation/spi/ 디렉터리에 저장돼 있다. 사실 이 SPI 도구들은 I²C 도구들보다 지원이 빈약하다. 그러나 기본 동작을 수행하거나 프로그램을 작성하기 위한 예제로는 사용할 만하다.

아래에서 볼 수 있듯이 사용할 수 있는 프로그램은 2개다.

```
$ ls Documentation/spi/*.c
Documentation/spi/spidev_fdx.c
Documentation/spi/spidev_test.c
```

두 프로그램은 아래와 같은 명령어를 통해 호스트 PC(혹은 임베디드 보드에서 직접)에서 컴파일할 수 있다.

```
$ make CC=arm-linux-gnueabihf-gcc CFLAGS="-Wall -O2" spidev_fdx spidev_test
arm-linux-gnueabihf-gcc -Wall -O2 spidev_fdx.c -o spidev_fdx
arm-linux-gnueabihf-gcc -Wall -O2 spidev_test.c -o spidev_test
```

물론, 원시 프로그램으로 컴파일하려면 CC=arm-linuxgnueabihf-gcc 설정을 생략해야 한다.

spidev 접두어는 spidev 디바이스에 사용돼야 한다는 것을 나타내고, 임베디드 보드에서는 아래와 같이 실행할 수 있다. 먼저 spidev_fdx 사용은 아래와 같다.

```
root@bbb:~# ./spidev_fdx -h
usage: ./spidev_fdx [-h] [-m N] [-r N] /dev/spidevB.D
```

그리고 spidev_test의 명령어는 아래와 같다.

```
root@bbb:~# ./spidev_test -h
./spidev_test: invalid option -- 'h'
Usage: ./spidev_test [-DsbdlHOLC3]
    -D --device    device to use (default /dev/spidev1.1)
    -s --speed     max speed (Hz)
    -d --delay     delay (usec)
    -b --bpw       bits per word
    -l --loop      loopback
    -H --cpha      clock phase
    -O --cpol      clock polarity
    -L --lsb       least significant bit first
    -C --cs-high   chip select active high
    -3 --3wire     SI/SO signals shared
    -v --verbose   Verbose (show tx buffer)
    -p             Send data (e.g. "1234\xde\xad")
    -N --no-cs     no chip select
    -R --ready     slave pulls low to pause
    -2 --dual      dual transfer
    -4 --quad      quad transfer
```

spidev_fdx를 사용해 SPI 디바이스에서 간단한 메시지를 보내거나 받을 수 있고, spidev_test는 SPI 버스에서 몇 가지 기능 테스트를 하는 데 사용할 수 있으며, 특히 SPI 제어기가 잘 설정됐는지 검증할 수 있다. 실용적인 예제로서 비글본 블랙의 커널 4.4 릴리즈에서 오류가 있었던 spidev 지원에 대해 살펴보면, 이 프로그램을 사용해 시스템이 올바른 SPI 설정을 갖고 있는지 테스트해볼 수 있다.

spidev1 디바이스를 테스트한다고 가정해보자. 그리고 관련 MOSI와 MISO 핀(즉, 핀 P9.29와 P9.30)을 연결하고 아래와 같이 spidev_test 명령어를 실행해야 한다.

```
root@bbb:~# ./spidev_test --device /dev/spidev2.0
spi mode: 0x0
bits per word: 8
max speed: 500000 Hz (500kHz)
RX | FF FF FF FF FF FF 40 00 00 00 00 95 FF FF FF
FF FF FF FF FF FF FF FF FF FF FF FF FF FF
FF F0 0D | ......@....+.................+.
```

이 명령어의 출력은 데이터 통신이 정상이라는 것을 알려준다. 만약, 아래와 같은 결과를 얻는다면 무엇인가 잘못된 것이다.

```
root@bbb:~# ./spidev_test --device /dev/spidev2.0
spi mode: 0x0
bits per word: 8
max speed: 500000 Hz (500kHz)
RX | 00 00 00 00 00 00 00 00 00 00 00 00 00 00 00 00 00 00
00 00 00 00 00 00 00 00 00 00 00
00 00 | ..............................
```

▌ SPI 디바이스에 접근하기

이제 실제 SPI 디바이스를 관리할 준비가 됐다. 리눅스 트리에서 수많은 SPI 지원 디바이스를 찾을 수 있고, I²C와 거의 비슷하게 특정 동작에 따라 그룹화돼 있다.

다음 절에서는 SPI 버스를 통해 모두 메인 CPU에 연결되는 여러 다른 종류의 디바이스를 살펴본다. 또한 이 디바이스를 테스트하기 위해 다른 임베디드 보드를 사용하지만, 이전에 언급한 것처럼 모든 명령어는 비슷한 설정을 가진 모든 GNU/리눅스 기반의 보드에서 동작한다.

LCD 화면

첫 번째 예제는 아래의 작은 LCD 화면을 사용한다. 이 디바이스는 싸고, 비글본 블랙의 커널이 잘 지원하고 있기 때문에 간단한 애플리케이션에서 사용할 수 있다.

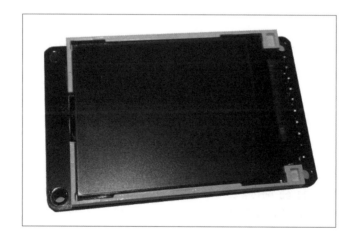

 이 디바이스는 http://www.cosino.io/product/color-tft-lcd-1-8-160×128이나 인터넷 서핑으로 구입할 수 있다. LCD는 ST7735R 칩을 기반으로 하며, 이 칩의 데이터 시트는 https://www.adafruit.com/datasheets/ST7735R_V0.2.pdf에서 볼 수 있다.

먼저 아래와 같이 회선을 연결해야 한다.

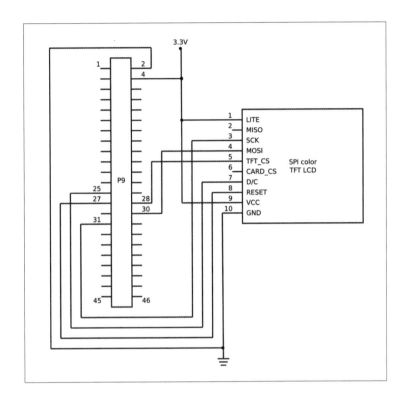

위 그림에서는 SPI 전용 핀과 GPIO 회선을 사용하고 있다. 특정 데이터를 지정하는 데는 추가 회선을 사용하는 것이 더 효율적이므로 이 설정은 SPI 연결에서 매우 흔히 사용된다. 이는 적절한 SPI 메시지를 사용해 이 디바이스를 관리한다는 의미다. 이 LCD에서 D/C(데이터/명령) 회선을 사용해 어떤 데이터가 그래픽 데이터인지와 어떤 데이터가 LCD의 특정 명령인지를 지정한다. RESET 회선의 의미는 이름 그대로며, LITE 회선은 백라이트의 강도를 관리하는 데 사용한다(이 회선은 백라이트 강도를 제어하기 위해 간단한 GPIO가 아니라 PWM 회선이어야 한다. 실제로 일반 GPIO 회선을 사용하면 강도는 항상 최대에 머물거나 완전히 꺼져 있게 된다).

이제 시스템에 올바른 드라이버가 있는지 검증해보자. 이를 위해 아래와 같은 명령어를 사용할 수 있다.

```
root@bbb:~# zcat /proc/config.gz | grep -i st7735
CONFIG_FB_TFT_ST7735R=m
```

커널 설정에서 이 드라이버는 모듈로 존재하고 있지만, 커널에 정적으로 링크돼도 괜찮다. 후자의 경우, 아래와 같은 출력을 보일 것이다.

```
CONFIG_FB_TFT_ST7735R=y
```

이제 아래와 같이 echo 명령어를 사용해 spidev1 디바이스를 활성화해야 한다.

```
root@bbb:~# echo BB-SPIDEV1 > /sys/devices/platform/bone_capemgr/slots
```

커널이 이전에 언급한 버그를 갖고 있다면, SPI 버스를 올바르게 활성화하는 유일한 방법은 /boot/uEnv.txt 파일에 아래 줄을 추가하는 것이다.

cape_enable=bone_capemgr.enable_partno=BB-SPIDEV1

spidev1 디바이스를 사용하려면 HDMI 지원은 항상 비활성화돼야 한다.

이제 모든 것이 정상적으로 설정됐다면 위의 명령어를 에러 없이 실행할 수 있다.

```
root@bbb:~# modprobe fbtft_device busnum=2 name=adafruit18
gpios=dc:117,reset:115
```

그리고 커널 메시지는 아래와 같다.

```
fbtft: module is from the staging directory, the quality is unknown, you have
been warned.
fbtft_device: module is from the staging directory, the quality is unknown, you
have been warned.
```

여기서 2개의 스테이징staging 드라이버를 로드했다는 2개의 경고 메시지를 볼 수 있다. 그리고 아래와 같은 코드의 일부분도 볼 수 있다.

```
spidev spi2.1: spidev spi2.1 16000kHz 8 bits mode=0x00
spidev spi2.0: spidev spi2.0 16000kHz 8 bits mode=0x01
spidev spi2.0: Deleting spi2.0
```

위에서 spidev1 디바이스 선택했다(번호 시프트에 유의하자). 아래는 LCD를 제어하는 데 필요한 GPIO 선택에 관한 것이다.

```
fbtft_device: GPIOS used by 'adafruit18':
fbtft_device: 'dc' = GPIO117
fbtft_device: 'reset' = GPIO115
```

그리고 마지막 메시지는 아래와 같다.

```
spidev spi2.1: spidev spi2.1 16000kHz 8 bits mode=0x00
spi spi2.0: fb_st7735r spi2.0 32000kHz 8 bits mode=0x00
fb_st7735r: module is from the staging directory, the quality is unknown, you
have been warned.
Console: switching to colour frame buffer device 16x20
graphics fb0: fb_st7735r frame buffer, 128x160, 40 KiB video memory, 4KiB DMA
buffer memory, fps=20, spi2.0 at 32 MHz
```

위에서 이 디바이스는 동작 중이고, 비글본 블랙은 128×160픽셀의 새 컬러 프레임 버퍼 디바이스를 가지며, 이 디바이스는 /dev/fb0 디바이스로 사용자 영역에 나타난다는 것을 알 수 있다.

 프레임 버퍼 디바이스는 이 책에서 다루지 않지만, 이 디바이스에 대한 자세한 정보는 커널 저장소의 Documentation/fb/framebuffer.txt에서 찾아볼 수 있다.

또한 Console: switching to colour frame buffer device 16x20 메시지는 16x20 문자열 길이의 콘솔이라는 것을 알려준다. 실제로 LCD는 아래와 같이 일반 로그인 메시지를 보여준다.

시리얼 포트

지금부터는 9장, 'I²C'에서 사용했던 시리얼 포트 제어기인 SC16IS750 칩 디바이스를 사용해 시스템에 시리얼 포트를 쉽게 추가하는 방법을 살펴보자. SAMA5D3 Xplained의 핀과 보드의 핀은 아래와 같이 연결하면 된다.

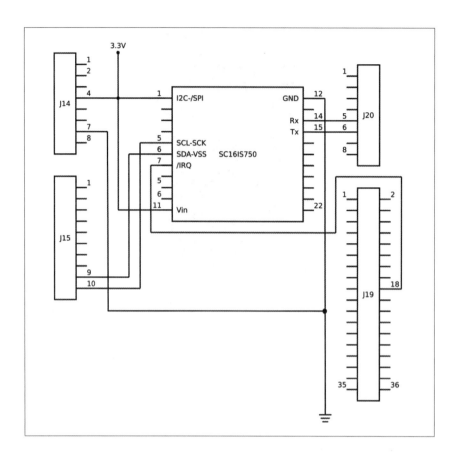

정상적으로 연결됐는지 테스트하는 유일한 방법은 드라이버를 로딩하는 것이다. 이에는 적절한 DTS 파일이 필요한데, 이 파일은 이 책의 예제 코드 저장소에 있는 chapter_10/ A5D3−TTY−SC16IS7−dts.patch를 사용하면 된다. 아래와 같은 코드의 일부분을 살펴보자.

```
main_xtal {
    clock-frequency = <12000000>;
};
+
+   sc16is7xx_ck: sc16is7xx_ck {
+       compatible = "fixed-clock";
```

```
+              #clock-cells = <0>;
+              clock-frequency = <14745600>;
+       };
};
ahb {
@@ -159,6 +165,15 @@
    spi1: spi@f8008000 {
          cs-gpios = <&pioC 25 0>;
          status = "okay";
+
+          sc16is750: sc16is750@0 {
+              compatible = "nxp,sc16is750";
+              reg = <0>;
+              spi-max-frequency = <15000000>;
+
+              clocks = <&sc16is7xx_ck>;
+              interrupts-extended = <&pioA 22 IRQ_TYPE_EDGE_FALLING>;
+          };
    };
    adc0: adc@f8018000 {
```

I^2C처럼 기본 클럭 설정과 IRQ 소스로 선택한 GPIO 회선을 정의하기 위해 clocks와 interrupts−extended 엔트리를 정의해야 한다.

이제 표준 커널 배포판에 포함돼 있는 드라이버를 살펴보자. 아래 디렉터리에서 sc16is7xx.ko 파일을 find를 통해 찾아볼 수 있다.

```
root@a5d3:~# find /lib/modules/$(uname -r)/kernel/drivers -name sc16is7xx.ko
/lib/modules/4.4.6-sama5-armv7-r5/kernel/drivers/tty/serial/sc16is7xx.ko
```

만약 find 명령어의 결과가 없다면 1장, '개발 시스템 설치'의 '개발 시스템 설정' 절에서 설명한 것처럼 커널을 재컴파일해야 한다. 드라이버 컴파일을 활성화하기 위해 커널 설정 메뉴에서 Device Drivers ❭ Character devices ❭ Serial drivers ❭ SC16IS7xx serial

support 설정을 활성화해야 한다. 그리고 SPI 인터페이스 버전을 모듈로 활성화해야
한다.

 sc16is7xx.ko 드라이버가 존재하더라도 I²C 버스용으로 설정돼 있을 수도 있다. 이 경우 역
시 재컴파일이 필요하다.

드라이버 재컴파일 후 수정 사항이 포함된 DTS 파일과 함께 커널을 재설치해야 한다. 동
작 중인 커널이 이미 이 드라이버를 갖고 있다면, DTS를 설치하고 시스템을 재시작해야
한다. 모든 동작이 정상적으로 완료되면 아래와 같이 새로운 SPI 디바이스가 추가된 것
을 확인할 수 있다.

```
root@a5d3:~# ls /sys/bus/spi/devices/
spi32765.0
```

그리고 spi32765.0 디렉터리 안에서 아래의 파일을 찾을 수 있다.

```
root@a5d3:~# ls /sys/bus/spi/devices/spi32765.0
driver gpio modalias of_node power statistics
subsystem tty uevent
```

tty 디렉터리는 새로운 TTY 디바이스가 시스템에 존재한다는 것을 의미한다. 실제로 이
디렉터리 안을 살펴보면, 아래와 같은 출력을 볼 수 있다.

```
root@a5d3:~# ls /sys/bus/spi/devices/spi32765.0/tty/
ttySC0
```

이 디렉터리의 내용은 새로운 TTY 디바이스가 /dev/ttySC0 파일을 통해 접근할 수 있다
는 것을 의미한다.

TIP 9장, 'I²C'의 예제와 같이 /sys/bus/spi/devices/spi32765.0 디렉터리에는 칩이 지원하는 GPIO 확장기 때문에 gpio 엔트리도 있다.

```
root@a5d3:~# ls /sys/bus/spi/devices/spi32765.0/gpio/
gpiochip504
```

디바이스가 SPI라는 사실은 커널이 완전히 감추고 있으므로 사용자 영역 프로세스에서 새로운 시리얼 포트에 접근해 7장, '시리얼 포트와 TTY 디바이스 – TTY'에서 했던 모든 것을 할 수 있다.

```
root@a5d3:~# stty -F /dev/ttySC0
speed 9600 baud; line = 0;
-brkint -imaxbel
```

9장과 마찬가지로 새로운 시리얼 포트는 /dev/ttyS1 포트로 연결되고(7장, '시리얼 포트와 TTY 디바이스 – TTY' 참고), 이 두 포트 사이에 데이터를 교환하는 방식으로 이 새로운 디바이스를 테스트할 수 있다(7장, '시리얼 포트와 TTY 디바이스 – TTY' 참고).

```
root@a5d3:~# stty -F /dev/ttyS1 115200 raw
root@a5d3:~# stty -F /dev/ttySC0 115200 raw
root@a5d3:~# cat /dev/ttyS1 &
[1] 1714
root@a5d3:~# echo TEST STRING > /dev/ttySC0
TEST STRING
```

▌ 원시 SPI 버스

USB나 I^2C 버스와 같이, SPI 버스는 원시 접근을 지원해 SPI 슬레이브에서 직접 메시지를 보내거나 받을 수 있다. Wandboard에서 이 방식을 어떻게 사용하는지 간략히 살펴보자.

다른 원시 접근처럼 인터럽트 관리가 문제다. 이 경우, 사용자 영역에서 이 신호를 관리할 수 없으므로 커널 드라이버를 사용해야 한다.

C로 데이터 교환하기

원시 SPI 버스 관리하는 방법을 설명하기 위해 Wandboard를 사용해 정말 간단한 디바이스인 MAX31855 칩 기반 열전대thermocouple 디바이스를 사용해보자.

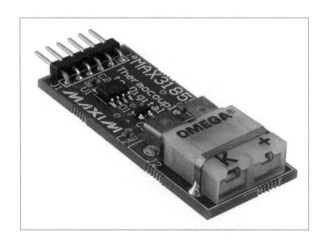

 이 디바이스는 http://www.cosino.io/product/thermocouple–max31855 링크나 인터넷 서핑을 통해 구입할 수 있다.

MAX31855 칩의 데이터 시트는 https://datasheets.maximintegrated.com/en/ds/MAX31855.pdf에서 찾을 수 있다.

전기 회선 연결은 아래와 같다.

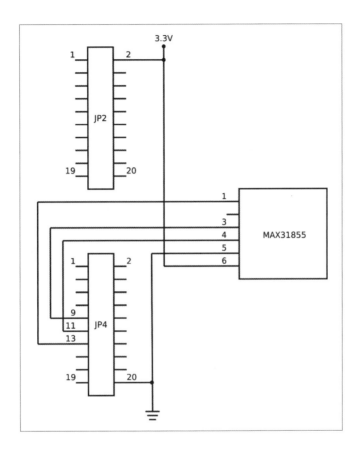

칩 데이터 시트를 보면 이 디바이스의 기능이 정말 간단하다는 것을 볼 수 있다. 이 디바이스는 1개의 32비트 레지스터를 가지며, 이 레지스터를 통해 온도 정보를 읽을 수 있다. 이 레지스터는 아래와 같은 포맷을 가진다.

14비트 열전대 데이터				Res	Fault	12비트 내부 온도			Res	SCV	SCG	OC
D31	D30	..	D18	D17	D16	D15	D14	..	D4	D3	D2	D1	D0
Sign	MSB	X	LSB	–	X	X	MSB	X	LSB	–	X	X	X

따라서 온도 데이터를 읽으려면 위의 레지스터를 읽고 D30–D18 비트의 데이터를 뽑아 내야 한다. D16 비트를 확인하면 이 주변 장치가 잘못된 상태인지를 알 수 있다.

 D30은 2^{10} 값을 나타내고, D18은 2^{-2}를 나타낸다. 따라서 D30–D18 비트의 데이터는 실제 온도를 얻기 위해 4로 나눠야 한다. 이 칩은 더 많은 정보를 줄 수 있지만, 가독성을 위해 간단한 예제를 만들었다. 필요하다면 더 많은 정보를 사용해 독자가 예제를 수정할 수도 있다.

사용하는 SPI 디바이스는 위의 Wandboard 절에서 활성화했던 spidev0.0이다. 그리고 열전대 데이터를 읽는 코드는 이 책의 예제 코드 저장소에 있는 chapter_10/spi_thermo/spi_thermo.c를 사용할 수 있다. 이 프로그램은 단순히 /dev/spidev0.0 SPI 디바이스를 열고, 온도 데이터를 읽는다. 나머지 코드는 단지 읽은 데이터를 디코딩하는 것이다.

```
/* Open the SPI bus device connected to the thermocouple chip */
fd = open(SPI_DEV, O_RDWR);
if (fd < 0) {
    fprintf(stderr, "%s: cannot get access to SPI bus\n", NAME);
    exit(1);
}

/* Read the 32-bit data */
ret = read(fd, &data, 4);
if (ret < 0) {
    fprintf(stderr, "%s: cannot read data from SPI device\n", NAME);
    exit(1);
}
if (ret != 4) {
    fprintf(stderr, "%s: short read\n", NAME);
    exit(1);
}
```

이제 make 명령어를 사용해 코드를 컴파일하면 된다. 모든 것이 정상 동작한다면 아래와 같은 명령어로 주위 온도를 읽을 수 있다.

```
root@wb:~# ./spi_thermo
25.50
```

파이썬으로 데이터 교환하기

원시 SPI 버스를 관리하는 다른 예제로서 2개의 SPI 칩을 기반으로 하는 아래 그림의 보드를 사용해보자. CLT01-38SQ7 칩은 8 회선 보호 입력 종료[8 line protected input termination]를 제공하고, VNI8200XP 칩은 8 회선 모놀리식 출력 드라이버[8 line monolithic output driver]를 제공한다. 이 보드는 Arduino UNO R3 커넥터를 가진 모든 보드에 꽂을 수 있게 디자인됐고, 8개의 아날로그 입력과 출력을 SPI를 통해 관리하는 기능이 필요한 기본 PLC(프로그래밍이 가능한 로직 제어기)를 만드는 데 사용할 수 있다.

이 보드를 관리하기 위해 Arduino UNO R3 커넥터를 가진 SAMA5D3 Xplained 보드를 사용할 것이다. 일부 핀이 이더넷 포트와 충돌할 수 있으므로 이더넷 포트를 비활성화하는 대신 몇 개의 전선을 사용해 보드를 연결할 것이다. 탑재된 SPI 칩과 통신하기 위해 필요한 회선 연결은 아래와 같다.

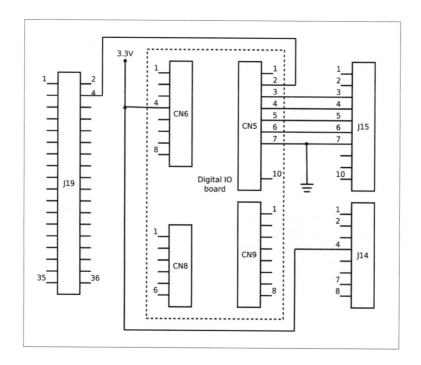

코드를 작성하기 전에 칩 데이터 시트를 통해 칩이 어떻게 동작하는지와 어떤 데이터가 SPI 채널을 통해 전송되는지 알아야 한다. 한 칩은 디지털 입력을 위한 것이고, 다른 칩은 디지털 출력을 위한 것이라는 점에 유의하자. 그러나 항상 두 칩을 사용해 읽고 쓰기를 해야 한다.

이 칩들과 통신하는 방법 중에서 메시지가 16비트 길이고, 메시지는 아래의 표와 같이 정렬돼 있다는 것이 중요하다. CLT01-38SQ7 칩은 아래와 같다.

Bit 0 LSB	Bit 1	Bit 2	Bit 3	Bit 4	Bit 5	Bit 6	Bit 7	Bit 8	Bit 9	Bit 10	Bit 11	Bit 12	Bit 13	Bit 14	Bit 15 MSB
1	0	PC4	PC3	PC2	PC1	/OTA	/UVA	IN1	IN2	IN3	IN4	IN5	IN6	IN7	IN8

여기서 IN1부터 IN8까지의 비트는 디지털 회선의 상태를 나타내고, 다른 비트는 제어 상태를 나타낸다(좀 더 자세한 정보는 데이터 시트를 참고하자). VNI8200XP 칩은 아래와 같다.

Bit 0 LSB	Bit 1	Bit 2	Bit 3	Bit 4	Bit 5	Bit 6	Bit 7	Bit 8	Bit 9	Bit 10	Bit 11	Bit 12	Bit 13	Bit 14	Bit 15 MSB
nP0	P0	P1	P2					IN0	IN1	IN2	IN3	IN4	IN5	IN6	IN7

IN0부터 IN7 비트는 디지털 입력 상태를 나타내고, 다른 비트는 제어 상태를 나타낸다(좀 더 자세한 정보는 '데이터 시트' 참고).

두 경우에서 이 두 칩은 각 데이터 전송에 대한 응답을 주며, 이 응답에서 마지막 동작에 대한 성공 여부와 칩의 상태를 얻을 수 있다(자세한 사항은 데이터 시트를 참고하자).

CPU와 이 칩 간 통신을 활성화하기 위한 DTS 수정은 아래 패치에 설명돼 있고, 이는 spidev1 버스에서 살펴봤던 부분과 비슷하다.

```
    };
    spi1: spi@f8008000 {
```

```
-            cs-gpios = <&pioC 25 0>;
+            cs-gpios = <&pioC 25 0>, <&pioC 16 0>;
         status = "okay";
+
+            vni8200xp@0 {
+                compatible = "spidev";
+                reg = <0>;
+                spi-max-frequency = <1000000>;
+            };
+
+            clt01_38sq7@1 {
+                compatible = "spidev";
+                reg = <1>;
+                spi-max-frequency = <1000000>;
+            };
         };
         adc0: adc@f8018000 {
```

 위의 전체 패치는 이 책의 예제 코드 저장소에 있는 chapter_10/A5D3-digital-IOspi. patch 파일이다.

이제 spidev 디바이스를 관리하기 위해서는 새 파이썬 라이브러리를 설치해야 한다. 그리고 아래와 같은 pip 명령어를 사용할 수 있다.

```
root@a5d3:~# pip search spidev
max7219                  - A library to drive a MAX7219 LED serializer using
hardware spidev
SPIlib                   - A small library to use the SPIdev linux interface
spidev                   - Python bindings for Linux SPI access through spidev
Adafruit-PureIO          - Pure python (i.e. no native extensions) access to
                           Linux IO including I2C and SPI. Drop in replacement
                           for smbus and spidev modules.
```

```
spi                        - Pure Python SPI Interface using spidev
RPimax7219                 - A small library to drive a MAX7219 LED serializer
                             using hardware spidev
```

 pip 명령어를 실행하고, 새로운 파이썬 패키지를 pip로 설치하기 위해서는 python-pip와 libpython-dev 패키지를 먼저 설치해야 한다.

설치할 라이브러리는 spidev고, 아래와 같은 명령어를 사용해 SAMA5D3 Xplained 보드에 해당 라이브러리를 설치할 수 있다.

root@a5d3:~# pip install spidev

 spidev Python 라이브러리 사이트는 https://pypi.python.org/pypi/spidev다.

이 디바이스에 데이터를 읽고 쓰는 코드는 아래와 같다.

```
def do_write(data):
    spi = spidev.SpiDev()
    spi.open(32765, 0) # the SPI device for output

    # 일부 SPI 설정 수행
    spi.max_speed_hz = 1000000
    spi.bits_per_word = 16

    # 체크섬 계산
    p0 = data ^ (data >> 1)
    p0 = p0 ^ (p0 >> 2)
    p0 = p0 ^ (p0 >> 4)
```

```python
        p0 = p0 & 1;
        p1 = data ^ (data >> 2)
        p1 = p1 ^ (p1 >> 4)
        p2 = p1 & 1
        p1 = p1 & 2
        p1 = p1 >> 1
        np0 = not p0
        tmp = (p2 << 3) | (p1 << 2) | (p0 << 1) | np0
        dbg("p2.p1.p0.np0=0x%01x" % (tmp))

        # 쓰기 수행
        dbg("write=0x%04x" % ((data << 8) | tmp))
        data = spi.xfer2([tmp, data])

        # 응답 디코딩
        faults = data[1]
        ok = 1 if data[0] & 0b10000000 else 0
        twarn = 0 if data[0] & 0b01000000 else 1
        pc = 1 if data[0] & 0b00100000 else 0
        pg = 0 if data[0] & 0b00010000 else 1
        p = data[0] & 0b00001111
        dbg("faults=0x%02x ok=%d twarn=%d pc=%d
        pg=%d p2.p1.p0.np0=0x%01x" %
            (faults, ok, twarn, pc, pg, p))
        spi.close()
def do_read():
        spi = spidev.SpiDev()
        spi.open(32765, 1) # the SPI device for input

        # 일부 SPI 설정 수행
        spi.max_speed_hz = 1000000
        spi.bits_per_word = 16
        data = spi.xfer2([0, 0])
        dbg("read=0x%04x" % ((data[1] << 8) | data[0]))
        spi.close()

        # 체크섬 계산
```

```
uva = 1 if data[0] & 0b10000000 else 0
ota = 1 if data[0] & 0b01000000 else 0
pc = (data[0] >> 2) & 0b00001111
ok = 1 if (data[0] & 0b00000011) == 1 else 0
dbg("inputs=0x%02x uva=%d ota=%d pc=0x%x ok=%d" %
    (data[1], uva, ota, pc, ok))
return data[1]
```

 위 코드의 전체 파일은 이 책의 예제 코드 저장소에 있는 chapter_10/digital.py다.

do_write( )와 do_read( ) 함수는 기본적으로 spidev.SpiDev( ) 함수를 호출해 spi 버스를 나타내는 객체를 생성한다. 그리고 open( )과 close( ) 함수를 사용하며, xfer2( ) 함수는 SPI 채널을 통해 데이터를 송수신하기 위해 사용된다. 간단히 요약하면, 위 두 함수의 명령 순서는 아래와 같다.

```
spi = spidev.SpiDev( )        # 객체 생성
spi.open(AA, BB)              # /dev/spidev AA.BB 열기
spi.xxxxxxxx = xxxxxxxx       # 일부 SPI 설정 수행
data_in = spi.xfer2(data_out) # 데이터 전송
spi.close( )                  # 디바이스 닫기
```

특히, 데이터를 읽는 도중 더미 값([0, 0])을 사용하는데, 이는 xfer2( ) 함수를 호출할 때마다 전이중 통신(MOSI와 MISO 채널이 동시에 활성화 된다)을 하기 때문이다. 그러면 동시에 데이터를 읽고 쓰기를 할 수 있다. 입력 상태를 읽기 위해 아래와 같은 명령어를 사용할 수 있다.

```
root@a5d3:~# ./digital.py -d r
digital.py : read=0x00fd
```

```
digital.py : inputs=0x00 uva=1 ota=1 pc=0xf ok=1
0x00
```

출력을 쓰기 위해서는 아래와 같은 명령어를 사용해야 한다.

```
root@a5d3:~# ./digital.py -d w 0x80
digital.py : p2.p1.p0.np0=0x1
digital.py : write=0x8001
digital.py : faults=0x00 ok=1 twarn=1 pc=0
              pg=1 p2.p1.p0.np0=0x5
```

위 두 명령어는 디버깅 메시지가 켜진 상태로 실행됐다(-d 옵션을 사용함). 따라서 이 디바이스를 관리할 때 고려해야 하는 모든 파라미터를 볼 수 있다.

지면 관계상 이 디바이스가 동작하는 자세한 방식은 설명하지 않지만, 칩 데이터 시트를 보면 자세한 정보를 볼 수 있다. 완벽하게 디지털 출력을 활성화하려면 다른 제어 회선도 올바르게 관리해야 한다. 그렇지 않으면 출력은 로우 레벨에 멈춰 있을 것이다. VNI8200XP 칩의 OUT_EN 워치독(watchdog) 신호를 CLT01-38SQ7의 칩 선택 회선에 연결하는 트릭을 사용할 수 있다. 그리고 아래와 같은 명령어로 새로 고칠 수 있다.

```
# while sleep .04 ; do \
    ./spidev_fdx -r 4 /dev/spidev32765.1 > \
    /dev/null; \
done
```

여기서 /dev/spidev32765.1 디바이스는 CLT01-38SQ7 칩을 나타낸다.

▍ 요약

지금까지 살펴본 것처럼, SPI 버스는 효율적인 데이터 전송을 구현하기 때문에 다양한 종류의 각기 다른 슬레이브 디바이스로 쉽게 관리될 수 있어 꽤 강력하다.

11장에서는 단 1개의 선으로 다른 센서와 통신할 수 있는 또 다른 버스를 살펴본다. 이제 11장으로 넘어가 1-Wire 버스에 대해 알아보자.

11

1-Wire - W1

지금까지 개발자가 임베디드 보드에서 볼 수 있고, 가장 많이 사용하는 버스(USB, I²C, SPI)를 살펴봤다. 이제 이전 버스들보다 덜 유명하지만, 중요한 통신 버스인 1-Wire 버스(원-와이어로 발음하고, W1이나 OW로 축약해 사용한다)를 살펴보자.

이 버스는 다른 버스들과 비교했을 때 매우 느리지만, 단 1개의 선을 사용해 원격 디바이스와 통신할 수 있기 때문에 흥미롭다. 이는 CPU와 주변 장치 간 연결을 간단하게 만들어주고, 설계자에게 식별과 인증, 보정 데이터나 제조 정보를 전달하기 위해 전자 장치를 컴퓨터 보드에 추가하는 가장 경제적이고 간단한 방법을 제공한다.

▌ 1-Wire 버스

1-Wire 버스는 반이중^{half-duplex}, 단일 마스터, 멀티 슬레이브, 비동기 시리얼 데이터 버스이며, 단 한 회선을 사용해 동작할 수 있도록 디자인된 버스다. 그러나 실제로는 전기적인 요인으로 회선은 최소 2개가 된다. 한 선은 저속 데이터 신호와 전원을 공급하는 선(데이터/전원 선)이고, 다른 선은 그라운드(GND)다. 그러나 이런 기능에도 불구하고 대부분의 디바이스는 데이터 신호와 GND, 전원 공급(Vcc) 등 총 3개의 선을 가진다.

 TIP 반이중 통신은 버스에서 송수신이 동시에 일어날 수 없고(데이터가 한 방향으로만 흐른다), 비동기는 클럭을 데이터와 같이 보내지 않는다는 것을 의미한다.

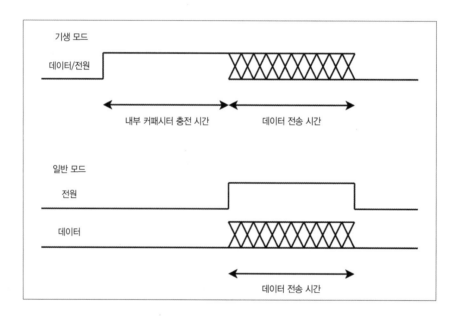

디바이스가 2개의 회선만을 갖는 경우, 디바이스는 데이터가 실제로 교환되는 동안 전원을 충전할 수 있는 내장 에너지 저장 메커니즘을 반드시 포함해야 한다. 이 디바이스는 일반 전원 핀 대신 데이터 핀을 통해 전원을 얻기 때문에 이 방법을 기생 모드^{parasite}

mode라고 한다. 이 모드의 단점은 이런 종류의 디바이스와의 통신이 느리다는 것이다. 실제로 위 그림에서 볼 수 있듯이 기생 모드에서 데이터 회선은 디바이스의 내부 커패시터capacitor를 충전하기에 충분한 시간 동안 데이터 전송 시작 전에 풀 하이pulled high가 돼야 한다. 커패시터가 충전되면, 데이터 교환이 가능하도록 디바이스에 전원을 공급할 수 있다.

1-Wire 버스에서 보통 마이크로 컨트롤러인 1개의 마스터가 항상 있고, 여러 개의 슬레이브가 존재한다. 마스터는 버스에서 모든 통신 동작을 시작하고, 슬레이브는 주소를 지정받을 때만 동작한다. 각 슬레이브는 마스터가 버스에서 잘 정의된 디바이스의 주소를 지정하기 위해 사용하는 고유의 64비트 시리얼 번호를 가진다.

마스터는 슬레이브의 주소를 알 수 없기 때문에 마스터는 열거 프로토콜(특정 브로드캐스트 메시지)을 사용해 (singulation이라 불리는) 모든 연결된 디바이스를 검색한다. 모든 디바이스가 찾아지면 마스터는 특정 디바이스의 주소로 선택 명령어를 보낸다. 선택 명령어를 받은 디바이스만 이후 명령어를 수행한다.

이 버스의 흥미로운 점은 각 슬레이브가 슬레이브와 마스터에 어떤 문제도 일으키지 않고, 연결을 끊고 재연결될 수 있다는 것이다. 실제로 마스터는 새로운 슬레이브를 찾을 수 있고, 슬레이브가 제거된 것도 알아낼 수 있다. 반면, 슬레이브는 자신의 설정을 비휘발성 메모리에 저장할 수 있고, 버스에 재연결되는 순간, 다시 동작할 수 있다.

 1-Wire 버스의 자세한 동작 방식은 이 책의 범위를 벗어난다. 자세한 정보는 http://en.wikipedia.org/wiki/1-Wire를 참고하기 바란다.

전기 회선

1-Wire 버스 회선은 아래 표와 같다.

이름	설명
데이터 – 데이터(Vcc가 없을 때 전원)	버스 데이터 신호
GND	일반 그라운드
Vcc(옵션)	옵션 전원 공급

여러 디바이스는 아래 그림과 같이 병렬로 연결돼야 한다.

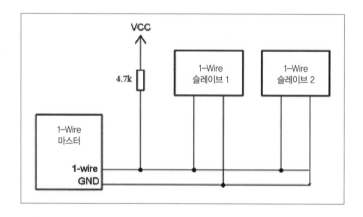

 1-Wire 디바이스가 오픈 드레인(open-drain) 출력을 갖기 때문에 버스가 동작하지 않을 때 풀업 저항은 로직 1로 유지돼야 한다(오픈 드레인 출력을 사용하는 이유는 같은 버스에 여러 디바이스를 사용하기 위해서다). 풀업 저항은 버스가 동작하지 않을 때 로직 1로 유지돼야 한다. 4.7KΩ은 일반 케이블 길이에서 충분히 작은 상승 시간을 보장하기 위해 선택했다(최대 허용 저항값을 결정하는 실제 파라미터는 버스 저항과 커패시턴스로 결정되는 신호의 상승 시간이며, 좋은 성능을 위해 신중히 결정해야 한다).

비글본 블랙의 1-Wire 포트

비글본 블랙은 1-Wire 제어기가 없다. 그러나 1-Wire 제어기를 에뮬레이션하기 위해 일반 GPIO 핀을 사용할 수 있다. 이는 1-Wire 통신이 일반 CPU에서 매우 느리고, 리눅스는 이 프로토콜을 잘 에뮬레이션할 수 있기 때문이다.

예를 들어, 아래 DTS 오버레이 설정을 사용해 GPIO P8.11상에서 에뮬레이션된 1-Wire 제어기를 추가할 수 있다.

```
fragment@0 {
    target = <&am33xx_pinmux>;

    __overlay__ {
        bb_w1_pins: pinmux_bb_w1_pins {
            pinctrl-single,pins = <0x34 0x37>;
        };
    };
};
fragment@1 {
    target = <&ocp>;

    __overlay__ {
        #address-cells = <1>;
        #size-cell = <0>;
        status = "okay";

        /* Setup the pins */
        pinctrl-names = "default";
        pinctrl-0 = <&bb_w1_pins>;

        /* Define the new one-wire master as based on w1-gpio
        * and using GPIO1_13
        */
        onewire@0 {
            compatible = "w1-gpio";
            gpios = <&gpio1 13 0>;
        };
    };
};
```

전체 DTS 설정은 이 책의 예제 코드 저장소에 있는 chapter_11/BBW1-GPIO-00A0. dts 파일에서 볼 수 있다.

위의 첫 번째 부분에서는 GPIO 설정을 정의하고 두 번째 부분은 에뮬레이션된 1-Wire 제어기를 생성할 때 필요한 w1-gpio 드라이버를 초기화한다. DTS 파일은 아래와 같은 명령어로 컴파일하고 설치할 수 있다.

```
root@bbb:~# dtc -O dtb -o /lib/firmware/BB-W1-GPIO-00A0.dtbo -b 0 -@ BB-W1-
GPIO-00A0.dts
root@bbb:~# echo BB-W1-GPIO > /sys/devices/platform/bone_capemgr/slots
bone_capemgr bone_capemgr: part_number 'BB-W1-GPIO', version 'N/A'
bone_capemgr bone_capemgr: slot #5: override
bone_capemgr bone_capemgr: Using override eeprom data at slot 5
bone_capemgr bone_capemgr: slot #5: 'Override Board Name,00A0, Override
Manuf,BB-W1-GPIO'
bone_capemgr bone_capemgr: slot #5: dtbo 'BB-W1-GPIO-00A0.dtbo' loaded; overlay
id #1
```

 위 출력 메시지에서 커널 메시지도 있다.

이제 새로운 1-Wire 제어기는 커널에 존재하며, 아래와 같이 /sys/bus/w1/devices/ 디렉터리에서 볼 수 있어야 한다.

```
root@bbb:~# ls -l /sys/bus/w1/devices/
total 0
lrwxrwxrwx 1 root root 0 Oct 10 12:08 w1_bus_master1 -> ../../../devices/w1_
bus_master1
```

SAMA5D3 Xplained의 1-Wire 포트

SAMA5D3 Xplained는 1-Wire 제어기를 갖지 않지만, 위에서 한 것처럼 에뮬레이션해 추가할 수 있다.

Wandboard의 1-Wire 포트

Wandboard는 1-Wire 제어기를 갖지 않지만, 위에서 한 것처럼 에뮬레이션해 추가할 수 있다.

▌ 리눅스의 1-Wire 버스

리눅스에서 이 디바이스는 특이하게 지원된다. sysfs 인터페이스로는 완벽하게 관리되지만, /dev 디렉터리에는 어떤 특별한 파일도 없다.

 사실 1-Wire 코어와 사용자 영역 간 또 다른 통신 방법이 있지만, 이 책에서는 다루지 않는다. 좀 더 자세한 정보는 커널 저장소의 Documentation/w1/w1.netlink 파일에서 볼 수 있다.

마스터마다 몇 개 파일이 위치해 있는 전용 디렉터리가 존재하고, 이 디렉터리는 제어기를 설정할 때 사용된다. 위에서 에뮬레이션한 제어기가 아래에 나와 있다.

```
root@bbb:~# ls /sys/bus/w1/devices/w1_bus_master1/
00-800000000000   w1_master_attempts          w1_master_search
Driver            w1_master_max_slave_count   w1_master_slave_count
Power             w1_master_name              w1_master_slaves
Subsystem         w1_master_pointer           w1_master_timeout
uevent            w1_master_pullup            w1_master_timeout_us
w1_master_add     w1_master_remove
```

각 파일은 잘 정의된 기능을 가지며, 이 중 중요한 파일은 아래와 같다.

- w1_master_search: 수행해야 할 검색 횟수를 설정한다.
- w1_master_add: 수동으로 슬레이브 디바이스를 등록한다.
- w1_master_remove: 수동으로 슬레이브 디바이스를 제거한다.
- w1_master_timeout: 검색 간 초 단위 지연 시간
- w1_master_timeout_us: 검색 간 마이크로 초 단위의 지연 시간
- w1_master_slave_count: 검색된 슬레이브 개수
- w1_master_slaves: 슬레이브 이름, 각 줄마다 1개

절대 변경되지 않는 1-Wire 버스를 가진다면(즉, 디바이스를 추가하거나 제거하지 않는다면), w1_master_search를 0으로 설정할 수 있고(즉, 검색을 비활성화한다), w1_master_add 디바이스 파일을 사용해 각 슬레이브 디바이스의 시리얼 번호를 수동으로 추가할 수 있다(물론 w1_master_add와 w1_master_remove 디바이스 파일은 검색이 비활성화됐을 때만 동작한다).

 변경할 수 없는 버스의 경우, 또 다른 좋은 트릭은 w1_master_search를 작은 양수로 설정해 모든 슬레이브를 검색하도록 초기에 적은 횟수의 검색을 하도록 하고, 이후 새로운 검색을 하지 않도록 하는 것이다. 이 트릭은 시스템이 자동으로 모든 슬레이브를 찾도록 해서 불필요한 검색을 하지 않도록 해준다.

w1_master_timeout과 w1_master_timeout_us를 사용하면 w1_master_search가 0보다 크거나 -1인 동안 버스 검색 발생 간격을 지정할 수 있다.

 w1_master_search의 -1 값은 계속 검색한다는 의미다.

검색 시도마다 w1_master_search 값은 1씩 줄어들고, 0이 되면 검색을 멈춘다.

> ℹ 1-Wire 디바이스 파일 사용법에 대한 자세한 정보는 커널 저장소의 Documentation/w1/
> w1.generic 파일에서 볼 수 있다.

▌ 1-Wire 디바이스 접근하기

다음 절에서 에뮬레이션된 1-Wire 제어기와 메인 CPU에 I^2C로 연결된 실제 제어기를
사용해 1-Wire 디바이스를 관리해보자.

GPIO 인터페이스 사용

1-Wire 버스 동작법을 설명하기 위해 온도 센서인 DS18B20 칩을 사용해보자. 이 칩에
전원을 공급하는 방법에는 두 회선이 필요한 기생 버전(즉, 기생 모드로 동작하는 버전)과 전
용 전원핀이 있어 세 회선이 필요한 일반 버전이 있다. 이 책의 예제에서는 세 회선을 사
용하며, 방수되는 버전을 사용한다. 이 칩은 나쁜 환경에서 사용할 수 있도록 특별한 패
키징을 가진다(이 칩의 두 가지 패키징 버전은 아래 그림을 참고)

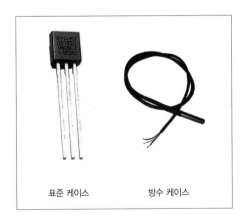

표준 케이스   방수 케이스

이 디바이스는 http://www.cosino.it/product/waterproof–temperature–sensor 사이트나 인터넷 서핑을 통해 구입할 수 있다. 데이터 시트는 http://datasheets. maximintegrated.com/en/ds/DS18B20.pdf에서 볼 수 있다.

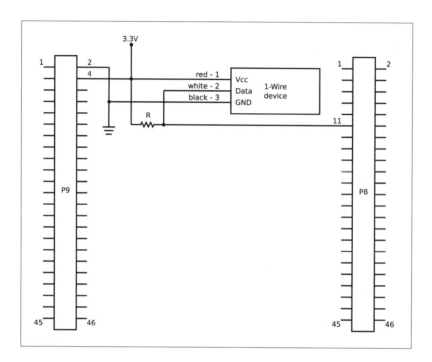

먼저 전기 회선을 연결해야 한다. 위 다이어그램은 비글본 블랙의 핀과 센서의 케이블 (R=4.7KΩ) 연결을 보여준다.

이제 표준 커널 배포판에 포함돼 있는 이 디바이스의 드라이버를 살펴보자. find 명령어를 통해 아래 디렉터리에서 w1_therm.ko 파일을 찾을 수 있다.

```
root@bbb:~# find /lib/modules/$(uname -r)/kernel/drivers -name w1_therm.ko
/lib/modules/4.4.7-bone9/kernel/drivers/w1/slaves/w1_therm.ko
```

만약 find 명령어로 찾을 수 없다면, 1장, '개발 시스템 설치'에서 설명한 것처럼 커널을 재컴파일해야 한다. 드라이버 컴파일을 활성화하려면 커널 설정 메뉴로 들어가 Device Drivers > Dallas's 1-wire support > 1-wire Slaves > Thermal family implementation 설정을 활성화해야 한다. 그리고 모듈로 이 드라이버를 컴파일해야 한다.

컴파일이 완료되고 센서가 연결되면, 센서는 자동으로 감지되고 /sys/bus/w1/devices/ 디렉터리에서 보일 것이다.

```
root@bbb:~# ls -l /sys/bus/w1/devices/
total 0
lrwxrwxrwx 1 root root 0 Oct 10 12:18 28-000004b541e9 -> ../../../devices/w1_
bus_master1/28-000004b541e9
lrwxrwxrwx 1 root root 0 Oct 10 12:08 w1_bus_master1 -> ../../../devices/w1_
bus_master1
```

위 메시지에서 이 센서가 ID 28-000004b541e9의 1-Wire를 갖고 있다는 것을 볼 수 있다. 여러 1-Wire 버스의 경우, 아래와 같이 각 제어기의 디렉터리를 살펴보면 어디에 연결돼 있는지 확인할 수 있다.

```
root@bbb:~# ls -l /sys/bus/w1/devices/w1_bus_master1/
total 0
drwxr-xr-x 3 root root 0       Oct 10 12:18 28-000004b541e9
lrwxrwxrwx 1 root root 0       Oct 10 12:22 driver -> ../../bus/w1/drivers/w1_
master_driver
drwxr-xr-x 2 root root 0       Oct 10 12:22 power
lrwxrwxrwx 1 root root 0       Oct 10 12:08 subsystem -> ../../bus/w1
-rw-r--r-- 1 root root 4096    Oct 10 12:08 uevent
-rw-rw-r-- 1 root root 4096    Oct 10 12:22 w1_master_add
-r--r--r-- 1 root root 4096    Oct 10 12:22 w1_master_attempts
-rw-rw-r-- 1 root root 4096    Oct 10 12:22 w1_master_max_slave_count
-r--r--r-- 1 root root 4096    Oct 10 12:22 w1_master_name
-r--r--r-- 1 root root 4096    Oct 10 12:22 w1_master_pointer
```

```
-rw-rw-r-- 1 root root 4096     Oct 10 12:22 w1_master_pullup
-rw-rw-r-- 1 root root 4096     Oct 10 12:22 w1_master_remove
-rw-rw-r-- 1 root root 4096     Oct 10 12:12 w1_master_search
-r--r--r-- 1 root root 4096     Oct 10 12:22 w1_master_slave_count
-r--r--r-- 1 root root 4096     Oct 10 12:22 w1_master_slaves
-r--r--r-- 1 root root 4096     Oct 10 12:22 w1_master_timeout
-r--r--r-- 1 root root 4096     Oct 10 12:22 w1_master_timeout_us
```

제어기의 이름은 명백하게 w1_bus_master1이고, w1_master_slave_count와 w1_master_slaves와 같은 디렉터리의 파일은 이 제어기와 관련이 있다. 앞서 설명한 것처럼, 이들 파일을 사용해 제어기가 몇 개의 슬레이브를 감지했는지와 관련된 슬레이브 리스트를 볼 수 있다.

```
root@bbb:~# cat /sys/bus/w1/devices/w1_bus_master1/w1_master_slave_count
1
root@bbb:~# cat /sys/bus/w1/devices/w1_bus_master1/w1_master_slaves
28-000004b541e9
```

이제 온도 센서를 사용해보자. 온도 데이터를 얻기 위해 슬레이브 디렉터리를 살펴보자.

```
root@bbb:~# ls -l /sys/bus/w1/devices/28-000004b541e9/
total 0
lrwxrwxrwx 1   root root       0 Oct 10 12:23 driver -> ../../../bus/w1/drivers/
w1_slave_driver
-r--r--r-- 1   root root    4096 Oct 10 12:23 id
-r--r--r-- 1   root root    4096 Oct 10 12:23 name
drwxr-xr-x 2   root root       0 Oct 10 12:23 power
lrwxrwxrwx 1   root root       0 Oct 10 12:23 subsystem -> ../../../bus/w1
-rw-r--r-- 1   root root    4096 Oct 10 12:18 uevent
-r--r--r-- 1   root root    4096 Oct 10 12:23 w1_slave
```

id 파일에서 원시 바이너리 포맷으로 디바이스 ID를 읽을 수 있다.

```
root@bbb:~# od -tx1 /sys/bus/w1/devices/28-000004b541e9/id
0000000 28 e9 41 b5 04 00 00 0b
000001o
```

name 파일에서는 디바이스 ID를 문자열로 읽을 수 있다.

```
root@bbb:~# cat /sys/bus/w1/devices/28-000004b541e9/name
28-000004b541e9
```

실제로 얻고자 하는 온도 데이터는 w1_slave 파일에서 읽을 수 있다. 실제로 이 파일을 읽으면 아래와 같은 값을 얻는다.

```
root@bbb:~# cat /sys/bus/w1/devices/
28-000004b541e9/w1_slave
80 01 00 04 1f ff 10 10 b1 : crc=b1 YES
80 01 00 04 1f ff 10 10 b1 t=24500
```

여기서 온도값은 24,500이며, 단위가 m°C이므로 실제 온도는 24.5°C다.

외부 제어기 사용

이제 I²C 버스를 사용해 메인 CPU에 연결된 실제 1-Wire 제어기를 사용해 위 디바이스를 관리하는 방법을 살펴보자. 이 방식은 GPIO 핀 통해 제어기를 에뮬레이션 중 CPU를 언로드할 때 유용하다. 사용할 제어기는 아래 그림과 같다.

이 디바이스는 전선을 간단히 연결하기 위해 특별한 어댑터에 마운트돼 있다. 그 이유는 이 케이스가 매우 작고, 이 디바이스를 Wandboard에 연결하기가 쉽지 않기 때문이다. 이 디바이스의 데이터 시트는 https://datasheets.maximintegrated.com/en/ds/DS2482-100.pdf에서 볼 수 있다.

온도 센서와 Wandboard의 제어기의 연결은 아래 다이어그램을 참고하자(R=4.7KΩ).

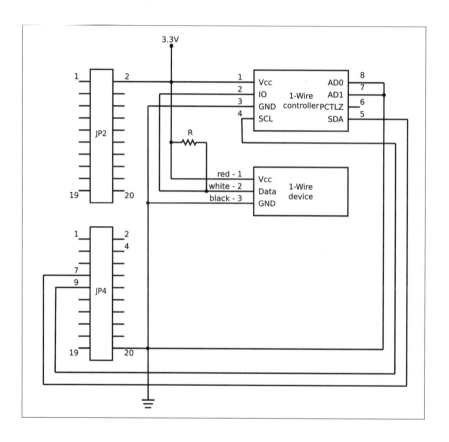

모든 것이 정상 동작한다면 아래 그림과 같이 첫 번째 I^2C 버스에서 제어기 디바이스를 볼 수 있다.

```
root@wb:~# i2cdetect -y 0
     0  1  2  3  4  5  6  7  8  9  a  b  c  d  e  f
00:          -- -- -- -- -- -- -- -- -- -- -- -- --
10: -- -- -- -- -- -- -- -- 18
20: -- -- -- -- -- -- -- -- -- -- -- -- -- -- -- --
30: -- -- -- -- -- -- -- -- -- -- -- -- -- -- -- --
40: -- -- -- -- -- -- -- -- -- -- -- -- -- -- -- --
50: -- -- -- -- -- -- -- -- -- -- -- -- -- -- -- --
60: -- -- -- -- -- -- -- -- -- -- -- -- -- -- -- --
70: -- -- -- -- -- -- -- --
```

이 제어기를 관리하는 드라이버는 표준 커널 배포판에 포함돼 있고, find 명령어를 통해
아래 디렉터리에서 ds2482.ko 파일을 찾아볼 수 있다.

```
root@wb:~# find /lib/modules/$(uname -r)/kernel/drivers -name ds2482.ko
/lib/modules/4.4.7-armv7-x6/kernel/drivers/w1/masters/ds2482.ko
```

find로 해당 드라이버를 찾지 못할 경우, 1장, '개발 시스템 설치'에서 설명한 것처럼 커
널을 재컴파일해야 한다. 드라이버 컴파일을 활성화하기 위해서는 커널 설정 메뉴로 들
어가 Device Drivers ﹥ Dallas's 1-wire support ﹥ 1-wire Bus Masters ﹥ Maxim DS2482 I2C
to 1- Wire bridge 설정을 활성화해야 한다. 그리고 이 드라이버 컴파일을 모듈로서 활성
화해야 한다.

드라이버가 있다면 아래와 같은 명령어로 쉽게 활성화할 수 있다.

```
root@wb:~# echo ds2482 0x18 > /sys/bus/i2c/devices/i2c-0/new_device
i2c i2c-0: new_device: Instantiated device ds2482 at 0x18
```

 이 드라이버는 9장, 'I²C'에서 설명한 것처럼 DTS 파일에 적절한 정의가 추가돼야 정상적으
로 활성화될 수 있다.

이제 모든 것이 정상 동작한다면, 아래와 같이 1-Wire 디바이스를 볼 수 있다.

```
root@wb:~# ls -l /sys/bus/w1/devices/
total 0
lrwxrwxrwx 1 root root 0 Jul 22 19:29 28-000004b541e9 -> ../../../devices/w1_
bus_master1/28-000004b541e9
lrwxrwxrwx 1 root root 0 Jul 22 19:29 w1_bus_master1 -> ../../../devices/w1_
bus_master1
```

이제 1-Wire 디바이스에 접근할 수도 있다.

```
root@wb:~# cat /sys/bus/w1/devices/28-000004b541e9/w1_slave
30 01 00 04 1f ff 10 10 df : crc=df YES
30 01 00 04 1f ff 10 10 df t=19000
```

▌요약

11장에서는 1-Wire 버스와 간단한 온도 센서 디바이스에서 데이터를 얻기 위해 1-Wire 버스를 어떻게 사용하는지 살펴봤다. 이를 위해 GPIO 인터페이스를 사용해 에 뮬레이션된 1-Wire 제어기와 완전한 1-Wire 제어기를 구현하는 좀 더 복잡한 I^2C 디바이스를 사용했다. 이 두 가지의 경우, 모두 디바이스 관리는 거의 비슷하고, 매우 쉽다는 것을 배웠다.

12장에서는 여러 외부 컴퓨터와 데이터를 교환하는 다른 종류의 버스이자 모든 로컬 컴퓨터 네트워크의 근간인 이더넷 디바이스를 살펴본다.

12

이더넷 네트워크 디바이스
- ETH

임베디드 컴퓨터의 여러 기능 중 강력한 기능 한 가지는 다른 디바이스(심지어 장거리에 있는)와 통신할 수 있다는 것이며, 이더넷 디바이스는 이 기능을 쉽고 훌륭하게 처리할 수 있는 방식을 제공한다. GNU/리눅스 기반 시스템은 이더넷 디바이스와 관련 네트워킹 프로토콜에 대한 지원이 잘되고 있다. 이로 인해 이 세상 대부분의 네트워킹 디바이스는 이더넷 기술을 기반으로 만들어진다.

12장에서는 리눅스 커널과 이 책의 임베디드 보드에서의 이더넷 디바이스에 관한 기초 지식을 간단히 살펴본다. 그리고 간단한 TCP/IP 클라이언트/서버 구현과 즉시 사용할 수 있는 도구들로 이 프로토콜 사용법을 살펴본다.

마지막으로 여러 이더넷 카드를 가진 보드에서 브릿지bridge를 설정하는 방법을 설명하는 예제를 간단히 살펴본다.

▌ 이더넷 네트워크 디바이스

컴퓨터 네트워크(간단히 말하면, 네트워크)는 컴퓨터 간 데이터를 교환할 수 있도록 해주는 통신 장비다. 컴퓨터 네트워크에서 여러 컴퓨터는 케이블 매체나 무선 매체로 구성되는 데이터 링크를 사용해 데이터를 서로 교환한다. 좀 더 자세히 살펴보면, 이더넷 네트워크는 로컬 영역 네트워크LAN에서 흔히 사용하는 유선 컴퓨터 네트워킹 기술 계열이다. LAN 상에서 통신하는 모든 디바이스는 데이터 스트림을 프레임frame이라 불리는 작은 조각으로 나누며, 프레임은 출발지와 목적지 주소, 에러 확인 데이터 등 데이터 통신 시 필요한 많은 정보를 갖고 있다. 그리고 당연히 해당 정보가 저장되는 데이터 링크 계층(OSI 모델에 따른)도 존재한다.

GNU/리눅스 시스템에서 이더넷 디바이스는 이더넷 네트워크에 접근해 다른 이더넷 탑재 컴퓨터와 데이터를 교환하는 데 사용하는 컴퓨터 주변 장치다. GNU/리눅스 시스템이서 이 디바이스들은 보통 eth0, eth1 등으로 나타내며, 일부 예외도 존재한다(12장에서 일부 특별한 경우를 설명할 것이다). 이 디바이스는 보통 /dev 디렉터리에 나타나지 않으므로 특별한 장치로 여겨진다.

이더넷 디바이스를 특별하게 만드는 또 다른 특징은 이 디바이스가 메시지를 요청하지 않더라도 메시지를 받을 수 있다는 사실이다. Ping 메시지를 생각해보자. 받는 쪽 호스트는 Ping 메시지를 절대 기다리지 않는다. 그냥 해당 메시지가 도착하는 것이다.

이런 특징들 덕분에 이더넷 디바이스(더 일반적으로 모든 네트워킹 디바이스)는 리눅스 커널에서 net 디바이스라는 이름의 특별한 디바이스 클래스를 가진다(5장, '임베디드 OS 설치'의 '문자와 블록 net 디바이스' 절 참고).

 이더넷 네트워크와 동작 방식에 대한 좀 더 자세한 사항은 https://en.wikipedia.org/wiki/Ethernet에서 볼 수 있다.

전기 회선

이더넷 버스 회선은 이더넷 장착 컴퓨터를 네트워크에 연결하는 것과 관련이 없기 때문에 다른 디바이스처럼 이 책에서 설명하지 않는다. 실제로 이더넷 포트는 보통 컴퓨터에 탑재돼 있기 때문에 케이블만 꽂으면 된다. 이더넷 통신에 관련된 매우 높은 통신 주파수 때문에 직접 손으로 만든 연결은 통신이 전혀 안 될 수 있다. 따라서 이더넷 연결에 대해 잘 알지 못한다면 이런 실험은 하지 않는 것이 좋다.

일반적인 이더넷 포트는 아래 그림과 같다. 이 포트와 이더넷 케이블을 사용해 모든 연결이 이뤄지며, 필요시 중간에 이더넷 스위치를 사용할 수도 있다고 가정하자.

비글본 블랙의 이더넷 포트

비글본 블랙은 1개의 표준 100Mb/s 이더넷 포트가 있다. 아래의 부팅 시 관련 커널 메시지를 확인하자.

```
net eth0: initializing cpsw version 1.12 (0)
net eth0: phy found : id is : 0x7c0f1
IPv6: ADDRCONF(NETDEV_UP): eth0: link is not ready
```

SAMA5D3 Xplained의 이더넷 포트

SAMA5D3 Xplained 보드는 2개의 이더넷 포트가 있다. 첫 번째 포트는 표준 100Mb/s
포트고, 두 번째 포트는 1000Mb/s(gigabit) 포트다. 아래의 부팅 시 관련 커널 메시지를
확인하자.

```
macb f0028000.ethernet: invalid hw address, using random
libphy: MACB_mii_bus: probed
macb f0028000.ethernet eth0: Cadence GEM rev 0x00020119 at 0xf0028000
irq 50 (6e:65:bc:82:d1:b3)
macb f0028000.ethernet eth0: attached PHY driver [Micrel KSZ9031 Gigabit PHY]
(mii_bus:phy_addr=f0028000.etherne:07, irq=-1)
macb f802c000.ethernet: invalid hw address, using random
libphy: MACB_mii_bus: probed
macb f802c000.ethernet eth1: Cadence MACB rev 0x0001010c at 0xf802c000
irq 51 (36:da:fb:48:48:81)
macb f802c000.ethernet eth1: attached PHY driver [Micrel KSZ8081 or KSZ8091]
(mii_bus:phy_addr=f802c000.etherne:01, irq=-1)
IPv6: ADDRCONF(NETDEV_UP): eth0: link is not ready
IPv6: ADDRCONF(NETDEV_UP): eth1: link is not ready
```

Wandboard의 이더넷 포트

Wandboard에는 1개의 1000Mb/s(gigabit) 이더넷 포트가 있다. 아래 부팅 시 관련 커널
메시지를 확인하자.

```
libphy: fec_enet_mii_bus: probed
fec 2188000.ethernet eth0: registered PHC device 0
fec 2188000.ethernet eth0: Freescale FEC PHY driver [Generic PHY] (mii_bus:phy_
addr=2188000.ethernet:01, irq=-1)
IPv6: ADDRCONF(NETDEV_UP): eth0: link is not ready
```

▌ 리눅스의 이더넷 디바이스

이전에 언급한 것처럼, 이더넷 디바이스는 GNU/리눅스 시스템에서 보통 eth0, eth1 등으로 나타나며, 일부 예외도 존재한다. 실제로 1장, '개발 시스템 설치'에서 살펴본 것처럼 가상 이더넷 연결(USB 연결에서 에뮬레이션된 이더넷 포트)은 usb0와 usb1 등으로 나타난다. 또한 7장, '시리얼 포트와 TTY 디바이스 – TTY'의 'SLIP를 사용해 커널에서 TTY 관리하기' 절에서 SLIP 디바이스는 sl0와 sl1 등으로 나타난다는 것을 확인했다.

 다른 예제들은 리눅스 문서화 프로젝트인 http://www.tldp.org/LDP/nag2/x-087-2-hwconfig.tour.html에서 찾을 수 있다.

다른 이름을 갖는 또 다른 예제는 아래 그림과 같이 생긴 USB 이더넷 어댑터를 사용해 만들어질 수 있다.

이 디바이스 중 하나를 호스트 PC에 연결하면, 아래 커널 메시지와 비슷한 출력을 볼 수 있다.

```
New USB device found, idVendor=0b95, idProduct=7720
New USB device strings: Mfr=1, Product=2, SerialNumber=3
Product: AX88772
Manufacturer: ASIX Elec. Corp.
SerialNumber: 000415
asix 2-1.2:1.0 eth1: register 'asix' at usb-0000:00:1d.0-1.2, ASIX AX8
8772 USB 2.0 Ethernet, 00:0e:c6:87:73:9f
asix 2-1.2:1.0 enx000ec687739f: renamed from eth1
IPv6: ADDRCONF(NETDEV_UP): enx000ec687739f: link is not ready
asix 2-1.2:1.0 enx000ec687739f: link down
IPv6: ADDRCONF(NETDEV_UP): enx000ec687739f: link is not ready
```

그리고 새로운 이더넷 디바이스 이름은 ifconfig로 확인할 수 있듯이 enx000ec687
739f다.

```
$ ifconfig enx000ec687739f
enx000ec687739f Link encap:Ethernet HWaddr 00:0e:c6:87:73:9f
          UP BROADCAST MULTICAST MTU:1500 Metric:1
          RX packets:0 errors:0 dropped:0 overruns:0 frame:0
          TX packets:0 errors:0 dropped:0 overruns:0 carrier:0
          collisions:0 txqueuelen:1000
          RX bytes:0 (0.0 B) TX bytes:0 (0.0 B)
```

> ifconfig 명령어는 모든 시스템(특히 임베디드 배포판)에서 아직 사용할 수 있지만, 새로운
> API를 위해 사용하지 않는(deprecated) 명령이다. ifconfig는 ip 명령어(다음 절 참고)로
> 교체해 사용해야 하며, 위와 동일한 ip 명령어는 아래와 같다.
>
> ```
> $ ip link show enx000ec687739f
> 4: enx000ec687739f: <NO-CARRIER,BROADCAST,MULTICAST,UP> mtu 1500
> ```

```
qdisc pfifo_fast state DOWN mode DEFAULT group default qlen 1000
link/ether 00:0e:c6:87:73:9f brd ff:ff:ff:ff:ff:ff
```

그러나 이름과 상관없이 이 디바이스는 /dev 디렉터리에 나타나지 않는다. 이 디바이스들은 open( )이나 close( ) 시스템 콜을 사용해 접근할 수 없으며, 특별한 시스템 콜과 전용 네트워킹 도구(아래의 클라이언트/서버 예제 참고)를 사용해 관리돼야 한다.

▌ net 도구

이 도구는 net-tools 패키지에 저장돼 있으며, 이더넷 디바이스를 쉽게 조작하는 데 사용하는 유틸리티 프로그램의 집합이다. 이 패키지 안에는 여러 프로그램이 있고, 이 중 일부가 이더넷 디바이스와 관련 있다.

가장 중요한 이더넷 관련 네트워킹 도구 중 하나는 ifconfig며, 네트워크 인터페이스를 설정하기 위해 사용한다. 시스템의 사용 가능한 네트워크 인터페이스를 검색하거나 IP 주소를 설정하기 위해 이미 여러 차례 사용했다.

ifconfig 명령이 거의 모든 네트워크 설정을 할 수 있지만, 이 명령어는 더 강력한 도구인 ip 명령(iproute2 패키지에 있음)으로 교체됐다. 이 명령어는 ifconfig로 가능한 모든 작업과 심지어 더 많은 작업을 할 수 있다. 간단한 예제로 ip 명령어를 사용해 SAMA5D3 Xplained 보드에서 동작 중인 네트워크 주소의 리스트를 표시해보자.

```
root@a5d3:~# ip address list
1: lo: <LOOPBACK,UP,LOWER_UP> mtu 65536 qdisc noqueue state UNKNOWN group
default qlen 1
link/loopback 00:00:00:00:00:00 brd 00:00:00:00:00:00
inet 127.0.0.1/8 scope host lo
valid_lft forever preferred_lft forever
```

```
inet6 ::1/128 scope host
valid_lft forever preferred_lft forever
2: can0: <NOARP,ECHO> mtu 16 qdisc noop state DOWN group default qlen 10
link/can
3: eth0: <NO-CARRIER,BROADCAST,MULTICAST,UP> mtu 1500 qdisc pfifo_fast state
DOWN group default qlen 1000
link/ether 6e:65:bc:82:d1:b3 brd ff:ff:ff:ff:ff:ff
inet6 fe80::6c65:bcff:fe82:d1b3/64 scope link
valid_lft forever preferred_lft forever
4: eth1: <NO-CARRIER,BROADCAST,MULTICAST,UP> mtu 1500 qdisc pfifo_fast state
DOWN group default qlen 1000
link/ether 36:da:fb:48:48:81 brd ff:ff:ff:ff:ff:ff
5: sit0@NONE: <NOARP> mtu 1480 qdisc noop state DOWN group default qlen 1
link/sit 0.0.0.0 brd 0.0.0.0
6: usb0: <BROADCAST,MULTICAST,UP,LOWER_UP> mtu 1500 qdisc pfifo_fast state UP
group default qlen 1000
link/ether ba:f7:1b:43:ae:9c brd ff:ff:ff:ff:ff:ff
inet 192.168.8.2/30 brd 192.168.8.3 scope global usb0
valid_lft forever preferred_lft forever
inet6 fe80::b8f7:1bff:fe43:ae9c/64 scope link
valid_lft forever preferred_lft forever
```

 iproute2 도구의 좀 더 자세한 정보는 https://wiki.linuxfoundation.org/networking/iproute2를 참고하자.

또 다른 유용한 도구는 mii-tool 명령어로 이더넷 인터페이스의 상태를 확인할 때 사용할 수 있다. 특히, 대부분의 이더넷 어댑터가 링크 속도와 이중^{duplex} 모드 설정을 자동으로 협상할 때 사용하는 네트워크 인터페이스의 미디어 독립 인터페이스^{MII} 유닛의 상태를 확인할 수 있다.

이 도구를 사용해 케이블이 정상적으로 꽂혀 있는지와 현재 연결 속도 등을 쉽게 확인할 수 있다.

```
root@a5d3:~# mii-tool
eth0: negotiated 1000baseT-HD flow-control, link ok
eth1: no link
```

 TIP mii-tool과 비슷하며, 이더넷 디바이스를 관리할 때 사용하는 도구는 ethtool 명령어로, 같은 패키지에 속해 있다.

▌ 원격 디바이스와 통신

이 책의 범위가 네트워크 프로그래밍의 자세한 사항까지 포함하지 않으므로 여러 통신 프로토콜이나 아래의 예제 코드에 대한 자세한 설명은 다루지 않지만, 네트워크 통신을 빠르게 설정하기 위해 이더넷 포트 사용법을 설명할 것이다.

간단한 TCP 클라이언트/서버 애플리케이션

간단한 네트워크 통신 예제로 TCP/IP 클라이언트와 서버를 구현하는 2개의 간단한 파이썬 프로그램을 사용해보자. 이 예제들은 서버나 클라이언트를 작성하는 방법을 설명하기에는 유용하지 않지만(이런 예제는 인터넷에 수없이 많다), 모든 네트워크 작업 개발 단계의 속도를 높일 수 있고, 즉시 사용할 수 있는 도구를 사용하는 방법을 설명하기에는 유용하다.

첫 번째 프로그램은 tcp_srv.py며, TCP/IP 서버를 구현하고 있다. 아래의 관련 코드를 살펴보자.

```python
# Check the user input
try:
        port = int(args[0])
except ValueError, err:
        error("invalid number for <port>:", args[0])
        sys.exit(1)
if port < 0 or port > 65535:
        error("invalid number for port, must be [0, 65535]:", args[0])
        sys.exit(1)

# TCP/IP 소켓 객체 생성
s = socket.socket(socket.AF_INET, socket.SOCK_STREAM)
s.setsockopt(socket.SOL_SOCKET,
        socket.SO_REUSEADDR, 1) # avoid error: Address already in use
server_address = (host, port)
s.bind(server_address)
info("starting up on %s port %s" % s.getsockname())

# 이제 접속해오는 클라이언트 연결을 리스닝할 수 있다.
s.listen(5)

# 메인 루프
while True:
        info("waiting for new connection...")

        # 클라이언트와 연결 구성
        c, addr = s.accept()
        info("got connection from ", addr)

        # hello 메시지 보내기
        c.send("Thank you for connecting!\n")

        # 연결 닫기
        c.close()
        info("connection closed!")
```

위 코드에서 사용자 입력에 대한 간단한 검사 후 socket.socket( ) 함수를 사용해 TCP/ IP 소켓을 생성하고 setsockopt( )와 bind( ), listen( ) 함수를 사용해 사용하고자 하는 포트에서 대기 중인 TCP/IP 서버를 적절하게 설정한다.

프로그램 실행을 위해 아래와 같은 명령어를 호스트에서(모든 임베디드 보드에서도 같은 명령어를 사용할 수 있다) 사용할 수 있다.

```
$ ./tcp_srv.py 12345
tcp_srv.py : starting up on 0.0.0.0 port 12345
tcp_srv.py : waiting for new connection...
```

이제 서버가 동작하고 새로운 연결을 위해 대기 중이다.

두 번째 프로그램은 tcp_clip.py로 TCP/IP 클라이언트를 구현하고 있다. 아래의 관련 코드를 살펴보자.

```
# 사용자 입력 확인
host = args[0]
try:
    port = int(args[1])
except ValueError, err:
    error("invalid number for <port>:", args[1])
    sys.exit(1)
if port < 0 or port > 65535:
    error("invalid number for port, must be [0, 65535]:", args[0])
    sys.exit(1)

# TCP/IP 소켓 객체 생성
s = socket.socket(socket.AF_INET, socket.SOCK_STREAM)

# 서버와 연결
info("starting new connection...")
s.connect((host, port))
```

```
# 서버의 hello 메시지 출력
info("server says:", s.recv(1024))

# 연결 닫기
s.close()
info("connection closed!")
```

 두 프로그램에 대한 모든 코드는 이 책의 예제 코드 저장소에 있는 chapter_12/tcp_srv.py
와 chapter_12/tcp_cli.py에서 찾을 수 있다.

이번에는 코드가 더 간단하다. socket.socket() 함수를 사용해 s 소켓을 생성하고, 이번
에는 connect() 함수를 사용해 서버와의 연결을 구성한다.

코드 구성도 간단하다. send()와 recv() 함수를 사용해 데이터를 상대방에게 보내거나
받고, 모든 동작이 끝나면 close() 함수로 연결을 끊는다.

새 클라이언트를 사용해 서버에 연결하려면 아래와 같은 명령이 필요하다.

```
$ ./tcp_cli.py localhost 12345
tcp_cli.py : starting new connection...
tcp_cli.py : server says: Thank you for connecting!
tcp_cli.py : connection closed!
```

이때 서버에서는 아래의 출력을 볼 수 있다.

```
tcp_srv.py : starting up on 0.0.0.0 port 12345
tcp_srv.py : waiting for new connection...
tcp_srv.py : got connection from ('127.0.0.1', 46938)
tcp_srv.py : connection closed!
tcp_srv.py : waiting for new connection...
```

즉시 사용할 수 있는 네트워크 도구 사용

네트워크 연결 테스트가 필요할 때는 빠르고 안전하게 테스트하기 위한 도구가 필요하다. 대부분의 경우에 새로운 코드 작성을 피할 수 있거나 전용 도구를 사용해 이 테스트에 필요한 시간을 획기적으로 줄일 수 있다. 예를 들어, 연결을 구성하기 위해 위의 TCP/IP 서버 tcp_srv.py를 사용하고, 클라이언트로 telnet 프로그램을 사용할 수 있다.

```
$ telnet localhost 12345
Trying 127.0.0.1...
Connected to localhost.
Escape character is '^]'.
Thank you for connecting!
Connection closed by foreign host.
```

telnet 프로그램은 TCP/IP 클라이언트이므로 tcp_cli.py 클라이언트와 비슷한 동작을 볼 수 있다.

서버를 테스트하기 위한 또 다른 유용한 도구는 해커들의 네트워크 애플리케이션 맥가이버 칼이라고 불리는 netcat다. netcat의 강력함은 여러 네트워킹 프로토콜을 지원하며, 클라이언트나 서버로 동작한다는 사실을 통해 알 수 있다. 위의 서버와 동작하는 클라이언트로 이 도구를 사용하려면 아래와 같은 명령어를 사용해야 하고, nc는 netcat 프로그램이다.

```
$ nc localhost 12345
Thank you for connecting!
```

tcp_srv.py 대신 이 도구를 사용하려면 아래와 같은 명령어를 사용해야 한다.

```
$ while true ; do \
    echo 'Thank you for connecting!' | nc -p 12345 -l ; \
done
```

그리고 아래와 같이 새로운 클라이언트인 tcp_cli.py를 재사용할 수 있다.

```
$ ./tcp_cli.py localhost 12345
tcp_cli.py : starting new connection...
tcp_cli.py : server says: Thank you for connecting!
tcp_cli.py : connection closed!
```

위 출력 메시지에서 보듯이 기능은 똑같다.

마지막으로 4장, '스크립트와 시스템 데몬을 사용한 빠른 프로그래밍'의 '유용하고 즉시 사용할 수 있는 데몬' 절에서 살펴봤던 xinetd 데몬을 기억해보자. 이 데몬은 위 서버가 한 것처럼 TCP/IP 연결을 열고, telnet이나 nc 프로그램을 사용했던 것과 비슷한 방식으로 접근할 수 있다(직접 확인해보자).

▌ 원시 이더넷 버스

이 책의 USB나 다른 통신 버스처럼, 이더넷 버스도 원시 모드로 접근할 수 있다. 그러나 이 방법은 매우 복잡하고, 정확한 설명을 위해서는 전용 책이 필요하기 때문에 이 책에서 다루지 않는다. 원시 이더넷 프로그래밍을 스터디하려면 https://en.wikipedia.org/wiki/Raw_socket부터 시작하면 될 것이다.

원시 소켓의 간단한 예제는 14장, '제어기 영역 네트워크'의 '원시 CAN 버스' 절에서 두 디바이스 간 간단한 CAN 통신을 구현할 때 설명할 것이다.

▌ 간단한 이더넷 브릿지

SAMA5D3 Xplained 보드가 2개의 이더넷 보트를 갖고 있으므로 2개의 분리된 LAN을 1개로 연결하는 방식으로 네트워크 브릿지 설정하는 방법을 간단한 예제로 만들어보자.

보드를 이더넷 스위치처럼 설정해 2개의 분리된 LAN을 물리적으로 1개가 되도록 만드는 것이다(즉, 특별한 설정 없이 양쪽 LAN의 네트워크 디바이스에 적용할 수 있어야 한다).

 브릿지의 역할에 대한 좀 더 자세한 정보는 https://en.wikipedia.org/wiki/Bridging_(networking)를 참고하기 바란다.

먼저 bridge-utils 패키지가 필요하다. 이 패키지는 브릿지 기능을 활성화하기 위한 명령어를 갖고 있다. 이 패키지는 브릿지를 설정하는 데 사용하는 brctl를 갖고 있다(패키지가 없다면, 일반적인 설치 명령어를 사용해 패키지를 설치할 수도 있다).

브릿지를 생성하는 것은 매우 간단하다. 먼저 브릿지 인터페이스, 즉 커널이 브릿지로 인식하는 가상 네트워크 디바이스를 생성해야 한다.

```
root@a5d3:~# brctl addbr br0
```

 br0는 네트워크 인터페이스 디바이스 클래스의 또 다른 이름이라는 것을 기억하자. 아래와 같은 에러가 발생한다면 브릿지 지원이 커널에서 빠진 것이다. 따라서 Networking support > Networking options > 802.1d Ethernet Bridging를 활성화해 커널을 재컴파일한 후 시스템을 재시작해야 한다.

```
root@a5d3:~# brctl addbr br0
add bridge failed: Package not installed
```

시스템에서 정의된 브릿지를 보기 위해 brctl 명령어를 다시 사용하자.

```
root@a5d3:~# brctl show
bridge name bridge id STP enabled interfaces
br0 8000.000000000000 no
```

이제 새로운 브릿지의 일부분으로 추가하고자 하는 이더넷 디바이스를 추가해야 한다.

```
root@a5d3:~# brctl addif br0 eth0
root@a5d3:~# brctl addif br0 eth1
```

끝났다. 이제 브릿지가 동작한다.

```
root@a5d3:~# brctl show
bridge name bridge id       STP enabled    interfaces
br0         8000.9e3a4f189100   no      eth0    eth1
```

이제 이더넷 케이블을 꽂으면 LAN은 큰 1개로 만들어진다.

br0 인터페이스를 사용해 임베디드 보드에 아직 접근할 수 있다. 일반적인 방법(ifconfig이나 ip 등)으로 IP 주소를 보드에 할당하면 되고, 보드는 일반 이더넷 디바이스로 사용하면 된다.

이 경우 2개의 이더넷 인터페이스는 IP 주소를 갖지 않아야 하고, 이 인터페이스상에서 동작하는 서비스(DHCP나 비슷한 유형의 서비스)가 없어야 한다. 이는 이제 br0 인터페이스만 동작하기 때문이다.

ip 명령어를 사용해 브릿지를 생성할 수도 있다. 명령어는 아래와 같다.

```
root@a5d3:~# ip link add name br0 type bridge
root@a5d3:~# ip link set dev br0 up
root@a5d3:~# ip link set dev eth0 master br0
root@a5d3:~# ip link set dev eth1 master br0ed
```

▌ 요약

이더넷 디바이스는 로컬과 원격 디바이스를 서로 연결하는 수많은 방식을 제공하고, 임베디드 개발자는 여러 사용법을 선택할 수 있다. 실제로 GNU/리눅스 기반 시스템은 하드웨어와 소프트웨어 측면에서 이 디바이스들에 완전한 지원을 제공한다. 따라서 개발자는 저수준 통신 프로토콜 개발에 시간을 낭비하지 말고, 최종 목표물에 집중해야 한다.

13장에서는 이더넷 디바이스와 비슷하면서 또 하나의 중요한 네트워크 디바이스 클래스인 무선 네트워크 디바이스를 살펴본다. 이 디바이스는 흔히 '와이파이'라고도 알려져 있다.

13

무선 네트워크 디바이스
– WLAN

12장에서 설명한 이더넷 연결은 여러 디바이스 간 통신을 가능하게 하며, 이를 위해서는 유선 연결이 필요하다. 13장에서는 여러 디바이스 간 통신을 가능하게 하면서 선이 필요 없는 무선 네트워크 디바이스에 대해 설명한다. 이 네트워크 인터페이스 사용 시 흥미로운 부분은 이더넷 인터페이스에서 사용하는 많은 통신 프로토콜이 무선 네트워크 디바이스에서도 똑같이 사용된다는 점이다.

먼저 리눅스 커널과 이 책의 임베디드 보드에서의 무선 네트워크 디바이스 기초에 대해 간단히 살펴본다. 그리고 임베디드 보드에 있는 무선 디바이스를 사용해 일반 액세스 포인트AP에서 암호화된 연결을 구성하는 방법과 임베디드 보드를 사용해 액세스 포인트를 구현하는 방법을 설명하는 예제를 살펴본다.

무선 네트워크 디바이스

무선 로컬 영역 네트워크^{WLAN}나 무선 네트워크 디바이스는 (더 간단히 와이파이) 제한된 영역(보통 집이나 회사, 학교 등)에서 무선 연결 방식을 사용해 더 많은 디바이스를 연결하는 컴퓨터 네트워크다. 이런 종류의 연결은 사람들이 전파 지역을 돌아다니면서도 네트워크에 연결될 수 있도록 한다. 이런 관점에서 무선 연결은 12장에서 살펴본 이더넷 연결이 진화한 버전이며, 이 경우에도 통신하는 모든 디바이스는 데이터 스트림을 프레임이라고 불리는 더 작은 조각으로 나누며, 프레임은 네이트 통신에 유용한 여러 정보를 포함하고 있다.

이더넷처럼 무선 네트워크 디바이스는 무선 네트워크에 접근하고 다른 무선 네트워크 장착 컴퓨터와 데이터를 교환하는 컴퓨터 주변 장치다. 이 장치들은 보통 GNU/리눅스 시스템에서 wlan0와 wlan1 등으로 나타나며, 일부 예외의 경우도 존재한다(특정 상황에서 eth0, eth1 등으로 나타나는데, 이는 이 두 디바이스의 종류가 사용자의 관점에서 얼마나 비슷한지를 보여준다). 또한 이는 net 디바이스이므로 /dev 디렉터리에 존재하지 않는다(5장, '임베디드 OS 설치'의 '문자와 블록 net 디바이스' 절 참고).

무선 네트워크 디바이스와 이더넷 디바이스의 큰 차이점(물론 작은 차이점도 존재하지만)은 '무선 네트워크에 연결되고 다른 네트워크 컴퓨터와 데이터를 정상적으로 교환하기 위해 시스템에서 어떻게 관리돼야 하는가?'다(이 주제는 다음 절에서 설명한다).

 WLAN과 WLAN 동작 방식은 https://en.wikipedia.org/wiki/Wireless_LAN을 참고하기 바란다.

전기 회선

WLAN 버스 회선은 이더넷과 마찬가지로 12장과 같은 이유로 이 책에서 다루지 않는다.

임베디드 컴퓨터 보드에 무선 네트워크 디바이스가 어떻게 존재하는지 알아보기 위해 아래 Wandboard에 탑재된 무선 칩 그림을 살펴보자.

 위 그림의 칩을 보려면 Wandboard CPU 모듈의 나사로 조여진 방열판을 제거해야 한다.

비글본 블랙의 WLAN 디바이스

비글본 블랙은 탑재된 무선 LAN 디바이스가 없으므로 USB와 SDIO, SPI 등과 같이 사용 가능한 버스를 이용해 추가해야 한다.

SAMA5D3 Xplained의 WLAN 디바이스

비글본 블랙처럼 SAMA5D3 Xplained 보드도 탑재된 무선 LAN 디바이스가 없다. 그러나 무선 디바이스를 제공하는 MMC 슬롯에 삽입되는 전용 확장 보드를 가진다(다음 절 참고).

Wandboard의 WLAN 디바이스

이전에 언급한 것처럼, Wandboard는 1개의 무선 LAN 디바이스를 가지며, 802.11n 지원 포트다. 아래 부팅 시 관련 커널 메시지를 확인할 수 있다.

```
brcmfmac: brcmf_c_preinit_dcmds: Firmware version = wl0: Oct 25 2011 19:34:12
version 5.90.125.104
brcmfmac: brcmf_cfg80211_reg_notifier: not a ISO3166 code
```

 1장, '개발 시스템 설치'의 'Wandboard – USB와 네트워킹(유/무선)' 절에서 Wandboard 무선 디바이스 설정법을 설명했다.

■ 리눅스의 WLAN 디바이스

WLAN 디바이스(혹은 와이파이)는 보통 GNU/리눅스 시스템에서 wlan0, wlan1 등으로 식별되며, 여러 가지 방법으로 기존 시스템에 추가될 수 있다. Wandboard는 와이파이 칩을 탑재하고 있지만, 임베디드 컴퓨터는 와이파이 칩이 없는 경우도 흔하다(보통 비용 문제 때문이다). 이런 경우, USB 버스와 SDIO 혹은 SPI 버스 등 사용할 수 있는 CPU의 통신 버스로 임베디드 보드에 무선 연결을 제공할 수 있다.

장착형(pluggable) 외부 WLAN 디바이스

간단한 예로, USB 호스트 포트를 가진 모든 컴퓨터에 연결 가능한 USB WLAN 디바이스는 아래 그림과 같다.

 이 디바이스는 http://www.cosino.io/product/usb-realtek-wifi-adapter 링크나 인터 넷 서핑을 통해 구입할 수 있다.

이 디바이스를 호스트 PC에 연결하면, 아래와 같은 커널 메시지를 볼 수 있다.

```
usb 2-1.1: new high-speed USB device number 13 using ehci-pci
usb 2-1.1: New USB device found, idVendor=7392, idProduct=7811
usb 2-1.1: New USB device strings: Mfr=1, Product=2, SerialNumber=3
usb 2-1.1: Product: 802.11n WLAN Adapter
usb 2-1.1: Manufacturer: Realtek
usb 2-1.1: SerialNumber: 00e04c000001
rtl8192cu: Chip version 0x10
rtl8192cu: MAC address: 80:1f:02:8f:75:8d
rtl8192cu: Board Type 0
rtl_usb: rx_max_size 15360, rx_urb_num 8, in_ep 1
rtl8192cu: Loading firmware rtlwifi/rtl8192cufw_TMSC.bin
ieee80211 phy1: Selected rate control algorithm 'rtl_rc'
usbcore: registered new interface driver rtl8192cu
usbcore: registered new interface driver rtl8xxxu
rtl8192cu 2-1.1:1.0 wlx801f028f758d: renamed from wlan1
IPv6: ADDRCONF(NETDEV_UP): wlx801f028f758d: link is not ready
rtl8192cu: MAC auto ON okay!
rtl8192cu: Tx queue select: 0x05
IPv6: ADDRCONF(NETDEV_UP): wlx801f028f758d: link is not ready
```

새 무선 디바이스 이름은 iwconfig 명령어를 통해 wlx801f028f758d로 확인할 수 있다.

```
$ iwconfig wlx801f028f758d
wlx801f028f758d IEEE 802.11bgn ESSID:off/any
    Mode:Managed Access Point: Not-Associated Tx-Power=20 dBm
    Retry short limit:7 RTS thr=2347 B Fragment thr:off
    Power Management:off
```

또 다른 WLAN 디바이스 에는 아래 그림과 같다.

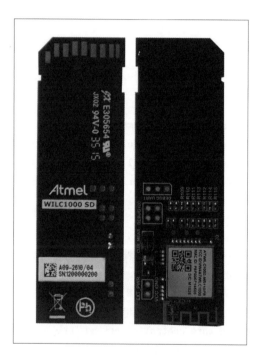

 위 이미지는 같은 디바이스의 윗면과 아랫면으로, 와이파이 칩은 우하단, SDIO 버스는 좌상단에서 볼 수 있다.

위 와이파이 디바이스는 SDIO 버스를 사용해 호스트 CPU와 통신하며, SAMA5D3 Xplained(MMC 슬롯 호환 보드)용으로 설계됐다. 이 디바이스는 SDIO 버스를 사용하기 때문에 같은 버스를 사용하는 마이크로 SD 카드에 저장된 데비안 이미지를 사용할 수 없다. 따라서 5장, '임베디드 OS 설치'의 'OpenWrt' 절 혹은 'Yocto' 절에서 설명했던 임베디드 배포판을 사용해야 하며, 적절한 드라이버를 반드시 설치해야 한다(최신 Yocto 릴리즈는 이 디바이스를 디폴트로 지원한다).

와이파이 동작 모드

WLAN 디바이스가 메인 CPU에 연결되고 동작한다면, 무선 네트워크에 연결하기 위해 해당 디바이스를 관리해야 한다. 여러 무선 연결 종류가 있다는 것을 알고 있지만, 중요한 두 가지는 스테이션^{STA} 모드와 액세스 포인트^{AP} 모드다. 첫 번째 모드는 클라이언트 모드로 알려져 있고, 일반적 기능을 하는 모드다(즉, 모든 무선 LAN 칩은 이 모드를 지원한다). 무선 디바이스가 이 모드를 사용할 때 컴퓨터는 스테이션으로 동작한다. 반면, 두 번째 모드는 특정 인증 데이터(credential)에 따라 여러 스테이션이 AP에 접속하도록 만들어 공통의 무선 네트워크에서 이 스테이션들이 서로 연결될 수 있도록 한다. 이 모드에서 컴퓨터는 무선 디바이스를 공통의 액세스 포인트로 사용하고, 이 액세스 포인트는 다른 디바이스를 승인하며, 공통의 네트워크에 접속할 수 있도록 한다(일부 암호화 방식을 사용해 다른 디바이스로부터 보호할 수 있다).

일반적으로 스테이션은 액세스 포인트에 새로운 연결을 요청하고, 액세스 포인트는 스테이션이 이미 연결된 다른 스테이션과 통신할 수 있게 한다.

 WLAN 모드 연결의 자세한 사항과 예제는 https://en.wikipedia.org/wiki/Wireless_access_point를 참고하기 바란다.

GNU/리눅스 기반 시스템에서는 특정 프로그램들이 STA와 AP 모드를 관리한다. 다음 절에서는 Wandboard를 사용해 STA 모드 동작 방식을 설명할 것이다(무선 디바이스를 설치한 다른 임베디드 보드에서도 이와 똑같은 단계를 실행할 수 있다).

▌ 무선 도구

무선 도구는 리눅스 무선 확장Linux wireless Extension을 사용해 WLAN 디바이스 설정 및 네트워킹 관련 기능을 지원하기 위해 작성된 사용자 영역 유틸리티의 집합이다.

 리눅스 무선 확장은 드라이버가 WLAN 디바이스 관련 설정 및 통계 정보를 사용자 영역에 노출하는 일반적인 API다. 자세한 정보는 http://www.labs.hpe.com/personal/Jean_Tourrilhes/Linux/Tools.html을 참고하기 바란다.

이 무선 도구는 wireless—tools 패키지에 포함돼 있고, Wandboard에는 이미 설치돼 있다(설치돼 있지 않다면 설치할 수도 있다).

이 패키지에서 가장 중요한 도구 중 하나인 iwconfig는 기본 무선 파라미터를 조작할 수 있다. 이 명령어의 설명 페이지에 나와 있듯이, iwconfig는 ifconfig와 매우 비슷하다. 실제로 WLAN의 기본 정보를 얻을 때 이와 비슷한 방식을 사용한다.

```
root@wb:~# iwconfig wlan0
wlan0 IEEE 802.11abgn ESSID:off/any
      Mode:Managed Access Point: Not-Associated
      Retry short limit:7 RTS thr:off Fragment thr:off
      Encryption key:off
      Power Management:on
```

이 도구를 사용하면 여러 WLAN 기본 정보를 얻거나 설정할 수 있다. 예를 들어, 아래와 같은 명령어를 사용하면 open_wireless_ESSID라는 이름의 개방 무선 네트워크(인증이 필요 없는)에 접속할 수 있다.

```
root@wb:~# iwconfig wlan0 essid <OPEN_WIRELESS_ESSID>
```

위 명령어는 네트워크의 이름을 알아야 실행할 수 있다(무선 네트워크의 이름은 보통 확장 서비스 집합 식별자Extended Service Set Identification, ESSID라고 불린다). 네트워크 이름을 모른다면, 어떤 네트워크에 접속해야 할까? 이런 경우, iwlist 무선 도구를 사용할 수 있다. 실제로 아래와 같은 명령어로 사용할 수 있는 네트워크를 스캔scan할 수 있다.

```
root@wb:~# iwlist wlan0 scan
```

 TIP 위 명령어로 아래와 같은 메시지를 보게 된다면 명령 실행 전에 네트워크 디바이스를 활성 상태로 만들어야 한다.

```
wlan0 Interface doesn't support scanning : Network is down
```

디바이스를 설정하기 위한 명령어는 아래와 같다(wlan0는 네트워크 디바이스라는 것을 기억하자).

```
root@wb:~# ifconfig wlan0 up
```

주변에 무선 네트워크가 존재한다면 아래와 같은 결과를 얻게 될 것이다.

```
wlan0 Scan completed :
    Cell 01 - Address: 64:D1:A3:40:C3:B5
      Channel:2
```

```
Frequency:2.417 GHz (Channel 2)
Quality=31/70 Signal level=-79 dBm
Encryption key:on
ESSID:"EnneEnne2"
Bit Rates:1 Mb/s; 2 Mb/s; 5.5 Mb/s; 11 Mb/s; 9 Mb/s
    18 Mb/s; 36 Mb/s; 54 Mb/s
Bit Rates:6 Mb/s; 12 Mb/s; 24 Mb/s; 48 Mb/s
Mode:Master
Extra:tsf=0000000000000000
Extra: Last beacon: 40ms ago
IE: Unknown: 0009456E6E65456E6E6532
IE: Unknown: 010882848B961224486C
IE: Unknown: 030102
IE: Unknown: 2A0104
IE: Unknown: 32040C183060
IE: Unknown: 2D1A0E1017FFFF00000
            100000000000000000000000000C0
IE: Unknown: 3D160205060000000000000000000000
            0000000000000000000
IE: IEEE 802.11i/WPA2 Version 1
    Group Cipher : CCMP
    Pairwise Ciphers (1) : CCMP
    Authentication Suites (1) : PSK
IE: Unknown: DD180050F2020101000003A40000
            27A4000042435E00620
IE: Unknown: 0B05040020127A
IE: Unknown: 4A0E14000A002C01C800140005001900
IE: Unknown: DD07000C4304000000
IE: Unknown: 0706434E20010D10
IE: Unknown: DDB90050F204104A0001101044000102
            103B00010310470
```

이 명령어의 출력은 주변에서 감지된 네트워크에 따라 위보다 훨씬 더 길 수 있지만, 각 네트
워크의 출력 포맷은 위 포맷과 비슷하다.

그리고 man 페이지에 기술된 것처럼, iwlist는 iwconfig보다 많은 정보를 제공한다.

iwconfig 명령이 거의 모든 네트워크 설정을 해결할 수 있지만, 이더넷 디바이스와 비슷하게, 더 많은 강력한 도구도 존재한다. 이런 도구 중 하나는 iw 명령어로(같은 이름의 패키지 안에 들어 있다), iwconfig로 실행할 수 있는 모든 작업 및 더 많은 작업에 사용할 수 있다.

간단한 예로, Wandboard에서 사용할 수 있는 무선 네트워크 디바이스를 출력해보자.

```
root@wb:~# iw dev
phy#0
    Interface wlan0
        ifindex 4
        wdev 0x1
        addr 44:39:c4:9a:96:24
        type managed
```

iw의 또 다른 사용 예로, 무선 디바이스의 모든 기능을 표시해보자.

```
root@wb:~# iw phy phy0 info
Wiphy phy0
    max # scan SSIDs: 10
    max scan IEs length: 2048 bytes
    Retry short limit: 7
    Retry long limit: 4
    Coverage class: 0 (up to 0m)
    Device supports roaming.
    Supported Ciphers:
        * WEP40 (00-0f-ac:1)
        * WEP104 (00-0f-ac:5)
        * TKIP (00-0f-ac:2)
        * CCMP (00-0f-ac:4)
        * CMAC (00-0f-ac:6)
    Available Antennas: TX 0 RX 0
```

```
Supported interface modes:
    * IBSS
    * managed
    * AP
    * P2P-client
    * P2P-GO
    * P2P-device
Band 1:
    Capabilities: 0x1020
        HT20
        Static SM Power Save
        RX HT20 SGI
        No RX STBC
        Max AMSDU length: 3839 bytes
        DSSS/CCK HT40
    Maximum RX AMPDU length 65535 bytes (exponent: 0x003)
    Minimum RX AMPDU time spacing: 16 usec (0x07)
    HT TX/RX MCS rate indexes supported: 0-7
    Bitrates (non-HT):
        * 1.0 Mbps
        * 2.0 Mbps (short preamble supported)
        * 5.5 Mbps (short preamble supported)
        * 11.0 Mbps (short preamble supported)
        * 6.0 Mbps
        * 9.0 Mbps
        * 12.0 Mbps
        * 18.0 Mbps
        * 24.0 Mbps
        * 36.0 Mbps
        * 48.0 Mbps
        * 54.0 Mbps
    Frequencies:
        * 2412 MHz [1] (20.0 dBm)
        * 2417 MHz [2] (20.0 dBm)
        * 2422 MHz [3] (20.0 dBm)
        * 2427 MHz [4] (20.0 dBm)
```

```
    * 2432 MHz [5] (20.0 dBm)
    * 2437 MHz [6] (20.0 dBm)
    * 2442 MHz [7] (20.0 dBm)
    * 2447 MHz [8] (20.0 dBm)
    * 2452 MHz [9] (20.0 dBm)
    * 2457 MHz [10] (20.0 dBm)
    * 2462 MHz [11] (20.0 dBm)
    ...
```

 이 명령어의 출력은 지면 관계상 일부 생략됐지만, 실제로는 몇 줄 더 있다.

그리고 위 메시지에서 Supported interface modes에 주목하자. 이 값은 무선 디바이스가 스테이션과 액세스 포인트, 와이파이 다이렉트(https://en.wikipedia.org/wiki/Wi-Fi_Direct)로 알려진 P2P와 같은 다른 모드로 동작할 수 있다는 것을 알려준다.

```
    * IBSS
    * managed
    * AP
    * P2P-client
    * P2P-GO
    * P2P-device
```

▌ WPA supplicant

무선을 관리하는 도구들은 설정을 간단히 하는 데 매우 유용하다. 그러나 일반 용도로는 부족한 점이 많다. 실제로 일반적인 무선 연결에서는 공중에 있는 데이터를 보호하기 위해 특정 암호화를 사용해야 한다. 이를 위해 이전에 설명했던 각 모드를 위한 특별한 도구가 필요하다. 암호화 방식으로 WPA를 사용해 Wandboard에서 스테이션으로 설정하는 방법을 알아보자.

스테이션, 즉 인증 프로토콜을 가진 무선 네트워크에 접속하려는 컴퓨터로 동작할 때, 무선 supplicant가 필요하다. supplicant는 로그인과 암호화 인증 데이터를 인증 서버(즉, 액세스 포인트)로 보내 무선 네트워크에 로그인 요청을 만드는 프로그램이다. GNU/리눅스 기반 시스템용 무선 supplicant에는 WPA-Supplicant가 있고, wpasupplicant 패키지를 받아 데비안에 쉽게 설치할 수 있다.

 WPA는 'Wi-Fi Protected Access'를 의미하며, 프로그램은 이 인증 방식을 지원하기 위해 작성됐다는 것을 나타낸다. 그러나 Wpa-Suplicant는 여러 오래된 무선 인증 방식에 관한 한 최신 WPA2를 지원한다. 관련 페이지는 https://en.wikipedia.org/wiki/Wpa_supplicant를 참고하기 바란다.

패키지를 설치하면, wpa_supplicant와 wpa_cli 2개의 메인 프로그램을 얻을 수 있다. wpa_supplicant는 supplicant고, wpa_cli는 supplicant를 제어하는 도구다.

이제 연결을 시도해보자. 패키지 설치 후 /etc/wpa_supplicant.conf 파일에 아래의 줄을 추가해 기본 설정 파일을 제공해야 한다.

```
ctrl_interface=/var/run/wpa_supplicant
update_config=1
```

그리고 아래와 같은 명령어로 supplicant를 실행해야 한다.

```
root@wb:~# wpa_supplicant -B -Dnl80211 -iwlan0 -c/etc/wpa_supplicant.conf
```

이때 wpa_cli를 사용해 wpa_supplicant를 제어할 수 있다. 주변의 연결할 수 있는 네트워크를 검색하기 위해 Wpa_supplicant에 무선 네트워크 스캔을 요청해보자.

```
root@wb:~# wpa_cli scan
Selected interface 'wlan0'
```

OK

그리고 아래와 같은 명령어로 scan 결과를 표시하자.

```
root@wb:~# wpa_cli scan_results
Selected interface 'wlan0'
bssid / frequency / signal level / flags / ssid
64:d1:a3:40:c3:b5 2417 -82 [WPA2-PSK-CCMP][WPS][ESS] EnneEnne2
```

 명령어를 수행할 때마다 supplicant는 Selected interface 'wlan0' 메시지를 보여준다. 그 이유는 디폴트 인터페이스를 설정하지 않았기 때문이다. 아래와 같은 명령어처럼 -i 옵션을 사용해 디폴트 인터페이스를 설정할 수 있다.

이제 EnneEnne2 네트워크에 아래와 같은 명령어로 연결을 시도해보자.

```
root@wb:~# wpa_cli -iwlan0 add_network
0
root@wb:~# wpa_cli -iwlan0 set_network 0 ssid '"EnneEnne2"'
OK
root@wb:~# wpa_cli -iwlan0 set_network 0 psk '"EnneEnne password"'
OK
root@wb:~# wpa_cli -iwlan0 select_network 0
OK
```

 '와 " 문자는 네트워크의 인증 데이터 문자열을 구분한다. 따라서 위 명령어는 0번 네트워크를 선택했는데, 0번은 add_network 명령어를 수행할 때 WPA-Supplicant가 해당 네트워크에 할당한 번호다.

모든 것이 정상 동작한다면, 무선 네트워크가 동작한다는 것을 알리는 아래 커널 메시지를 볼 수 있다.

```
IPv6: ADDRCONF(NETDEV_CHANGE): wlan0: link becomes ready
```

그리고 supplicant에 인터페이스 연결 상태를 요청할 수도 있다.

```
root@wb:~# wpa_cli -iwlan0 status
bssid=64:d1:a3:40:c3:b5
freq=2417
ssid=EnneEnne2
id=0
mode=station
pairwise_cipher=CCMP
group_cipher=CCMP
key_mgmt=WPA2-PSK
wpa_state=COMPLETED
p2p_device_address=44:39:c4:9a:96:24
address=44:39:c4:9a:96:24
uuid=9ccc6c2b-a494-52df-9676-fb423dc39728
```

이제 정상적으로 연결됐고, 다른 네트워크 디바이스에서 한 것처럼 네트워크 파라미터만 설정하면 된다. 이를 위해 LAN 파라미터를 안다면 ifconfig 사용하거나 DHCP 서비스를 사용할 수 있다.

```
root@wb:~# dhclient wlan0
```

이제 인터페이스가 설정돼야 한다.

```
root@wb:~# ifconfig wlan0
wlan0     Link encap:Ethernet HWaddr 44:39:c4:9a:96:24
```

```
inet addr:192.168.32.52 Bcast:192.168.32.255 Mask:255.255.255.0
inet6 addr: fe80::4639:c4ff:fe9a:9624/64 Scope:Link
UP BROADCAST RUNNING MULTICAST MTU:1500 Metric:1
RX packets:175 errors:0 dropped:59 overruns:0 frame:0
TX packets:30 errors:0 dropped:0 overruns:0 carrier:0
collisions:0 txqueuelen:1000
RX bytes:26451 (25.8 KiB) TX bytes:4927 (4.8 KiB)
```

▌ Hostapd 데몬

이전에 언급했듯이, 스테이션으로 동작하는 것은 일반 무선 디바이스 동작의 여러 방법 중 하나일 뿐이며, 다른 중요한 모드는 액세스 포인트일 것이다. 이 모드는 hostapd 프로그램으로 구현된 hostapd 데몬을 사용해 활성화할 수 있다.

hostapd 데몬(같은 이름의 패키지인 hostapd에 포함된)은 무선 액세스 포인트와 인증 서버를 위한 특별한 데몬이다. 이 데몬은 커널의 mac80211 하위 시스템(그리고 Host AP와 MadWifi, Prism54 등의 오래된 특정 드라이버)을 지원하는 호환 가능한 무선 인터페이스를 사용해 GNU/리눅스 기반 컴퓨터상에서 무선 핫스팟hot spot을 만들 때 사용한다.

 hostapd와 mac80211 하위 시스템에 대한 자세한 정보는 https://wireless.wiki.kernel.org/en/users/documentation/hostapd를 참고하기 바란다.

hostapd 데몬 사용법을 설명하기 위해 비글본 블랙과 위에서 살펴봤던 USB 장착형 무선 LAN 디바이스를 사용해보자. 간단한 액세스 포인트 디바이스를 만들어 와이파이 디바이스가 이 AP에 접속하고 인터넷 서핑이 가능하도록 할 수 있다. 이 트릭은 hostapd를 사용해 무선 클라이언트가 접속하도록 만들고, 이더넷 포트를 사용해 인터넷이 가능하도록 하며, 리눅스 브릿지 기능(12장, '이더넷 네트워크 디바이스 – ETH'의 '간단한 이더넷 브릿지' 절 참고)을 사용해 어떤 포트로부터 들어온 네트워크 패킷을 이더넷 패킷으로 교환하고, 그 반대로도 동작한다.

먼저 hostapd와 bridge-utils, iw 패키지 등 필요한 소프트웨어를 일반적인 방식(apt-get나 aptitude 명령)을 통해 설치해야 한다. 그리고 USB 무선 LAN 디바이스가 AP 모드를 지원하는지 iw 명령어를 통해 검증해보자.

```
root@bbb:~# iw dev
phy#0
    Interface wlx801f028f758d
        ifindex 4
        wdev 0x1
        addr 80:1f:02:8f:75:8d
        type managed
```

비글본 블랙이 이 무선 디바이스를 지원하며, 이 디바이스의 정보를 아래와 같이 확인할 수 있다.

```
root@bbb:~# iw phy phy0 info
Wiphy phy0
    max # scan SSIDs: 4
    max scan IEs length: 2257 bytes
    RTS threshold: 2347
    Retry short limit: 7
    Retry long limit: 4
    Coverage class: 0 (up to 0m)
    Device supports RSN-IBSS.
    Supported Ciphers:
        * WEP40 (00-0f-ac:1)
        * WEP104 (00-0f-ac:5)
        * TKIP (00-0f-ac:2)
        * CCMP (00-0f-ac:4)
        * 00-0f-ac:10
```

```
        * GCMP (00-0f-ac:8)
        * 00-0f-ac:9
        * CMAC (00-0f-ac:6)
        * 00-0f-ac:13
        * 00-0f-ac:11
        * 00-0f-ac:12
Available Antennas: TX 0 RX 0
Supported interface modes:
        * IBSS
        * managed
        * AP
        * AP/VLAN
        * monitor
        * mesh point
        * P2P-client
        * P2P-GO
        ...
```

지원 인터페이스 모드 중 하나가 AP다. 이제 hostapd 데몬 설정을 해보자.

 이 무선 디바이스용으로 사용된 드라이버는 rt18192cu.ko 모듈 안에 있고, 리눅스 설정 메뉴의 Device Drivers › Network device support › Wireless LAN › RTL8723AU/RTL8188[CR]U/RTL819[12]CU (mac80211) support에서 활성화할 수 있다.

hostapd.conf 설정 파일은 /etc/hostapd/ 디렉터리에 있고, 아래와 같은 내용을 갖는다.

```
ssid=BBBAccessPoint
wpa_passphrase=BBBpassphrase

ctrl_interface=/var/run/hostapd
interface=wlx801f028f758d
```

```
bridge=br0
driver=nl80211
hw_mode=g
channel=6
wpa=2

beacon_int=100
hw_mode=g
ieee80211n=1
wme_enabled=1
ht_capab=[SHORT-GI-20][SHORT-GI-40][HT40+]
wpa_key_mgmt=WPA-PSK
wpa_pairwise=CCMP
max_num_sta=8
wpa_group_rekey=86400
```

 이 파일은 이 책의 예제 코드 저장소에 있는 chapter_13/hostapd.conf 파일에서 볼 수 있다.

위 리스트에서 아래와 같은 관련 설정을 볼 수 있다.

- interface는 wlx801f028f758d 값으로 설정됐고, 이는 액세스 포인트로 사용하기를 원하는 무선 디바이스의 이름이다.
- ssid는 새 무선 네트워크의 이름이다. 이 디바이스가 정상 동작한다면 스마트폰의 무선 선택 패널에서 이 이름을 볼 수 있다.
- wpa_passphrase는 새 무선 네트워크에 연결하기 위해 입력해야 하는 문장이다.
- wpa는 WPA 암호화 프로토콜을 설정(강제)한다.
- driver는 cfg80211(그리고 mac80211) 기반 드라이버를 선택한다.

마지막으로 브릿지 설정에 대해 설명을 추가하면, hostapd 데몬이 동작할 때 이 데몬은 자동으로 무선 인터페이스를 br0라는 이름의 브릿지에 추가해야 한다. 이제 아래와 같은 명령어로 데몬을 시작하자.

```
root@bbb:~# hostapd /etc/hostapd/hostapd.conf &
[1] 2427
root@bbb:~# Configuration file: /etc/hostapd/hostapd.conf
[ 755.090539] rtl8192cu: MAC auto ON okay!
[ 755.129917] rtl8192cu: Tx queue select: 0x05
[ 755.689681] IPv6: ADDRCONF(NETDEV_UP): wlx801f028f758d: link is notready
[ 755.721302] device wlx801f028f758d entered promiscuous mode
wlx801f028f758d: interface state UNINITIALIZED->HT_SCAN
20/40 MHz operation not permitted on channel pri=6 sec=10 based on overlapping
BSSes
Using interface wlx801f028f758d with hwaddr 80:1f:02:8f:75:8d and ssid
"BBBAccessPoint"
[ 757.557555] IPv6: ADDRCONF(NETDEV_CHANGE): wlx801f028f758d: link becomes
ready
wlx801f028f758d: interface state HT_SCAN->ENABLED
wlx801f028f758d: AP-ENABLED
```

위 메시지는 AP가 이제 활성화된다는 것을 알려준다.

 데몬 메시지를 보여주기 위해 bash와 옵션으로 데몬을 백그라운드로 실행한다. 실제로 데몬을 실행하는 가장 좋은 방법은 -B 옵션을 사용해 자동으로 백그라운드 모드로 실행하는 것이다.

위 명령어를 실행하고 정상 동작한다면 이미 장착된 무선 디바이스와 새로운 브릿지를 볼 수 있다(brctl 명령어에 대한 자세한 정보는 12장, '이더넷 네트워크 디바이스 – ETH'의 '간단한 이더넷 브릿지' 절 참고)

```
root@bbb:~# brctl show br0
bridge name bridge id        STP enabled interfaces
br0         8000.801f028f758d no           wlx801f028f758d
```

스마트폰의 패킷이 무선 AP와 이더넷 포트를 통해 인터넷으로 전송되도록 하려면 eth0
인터페이스를 추가해야 한다. 명령어는 아래와 같다.

```
root@bbb:~# brctl addif br0 eth0
```

다시 show 명령어를 실행하면 아래와 같은 올바른 (최종) 브릿지 설정을 볼 수 있다.

```
root@bbb:~# brctl show br0
bridge name     bridge id          STP enabled     interfaces
br0             8000.78a504cac9fe  no              eth0
                                                   wlx801f028f758d
```

 사용자는 eth0 인터페이스와 연관된 SSH 연결로 이 명령어를 실행하지 않아야 한다. 실행
한다면 해당 연결은 끊어진다.

네트워크에서 비글본 블랙에 접근하려면 IP 주소를 아래와 같이 브릿지에 할당해야
한다.

```
root@bbb:~# ifconfig br0 192.168.32.25
br0: port 2(eth0) entered forwarding state
br0: port 2(eth0) entered forwarding state
br0: port 1(wlx801f028f758d) entered forwarding state
br0: port 1(wlx801f028f758d) entered forwarding state
br0: port 2(eth0) entered forwarding state
br0: port 1(wlx801f028f758d) entered forwarding state
```

`ifconfig` 명령어 이후 표시된 위의 커널 메시지는 브릿지가 동작한다는 것을 보여준다.

이제 일반 스마트폰으로 인터넷 서핑을 하기 위해 새로운 AP를 사용할 수 있도록 DHCP 서버를 설정해 IP 주소와 이름 서버, 게이트웨이 등의 유효한 네트워크 설정을 넘겨줄 수 있어야 한다. 이를 위해 1장, '개발 시스템 설치'의 '개발 시스템 설정' 절에서 이미 설치한 udhcpd DHCP 데몬을 사용할 수 있다. 이 데몬은 한 번에 한 인터페이스만 지원하므로 사용자 정의 설정 파일을 사용해야 하고, 아래와 같은 명령어로 데몬의 다른 인스턴스를 실행해야 한다.

```
root@bbb:~# udhcpd -f udhcpd.conf.br0
```

udpcpd.conf.br0 파일의 내용은 이 책의 예제 코드 저장소에 있는 chapter_13/ udhcpd.conf.br0 파일에서 볼 수 있다. 해당 파일의 일부를 살펴보자.

```
# 브리징을 위한 udhcpd 설정 파일

start 192.168.32.100
end 192.168.32.200

interface br0
max_leases 10

option dns 8.8.8.8 8.8.4.4
option subnet 255.255.255.0
option router 192.168.32.41
option lease 864000 # 10 days of seconds
```

start와 end 옵션은 무선 클라이언트가 사용 가능한 IP 주소의 범위를 정의하고, interface 설정은 DHCP 응답을 보낼 수 있는 브릿지 인터페이스를 지정한다.

모든 준비가 끝났다. 이제 새 액세스 포인트를 사용해 스마트폰으로 인터넷 서핑을 해보자. BBBAccessPoint 무선 네트워크를 선택하고 BBBpassphrase 문장을 입력해 비글본 블랙에 연결하자. 그러면 아래의 로깅 메시지를 볼 수 있다.

```
hostapd: wlx801f028f758d: STA c4:9a:02:46:5a:3f
IEEE 802.11: authenticated
hostapd: wlx801f028f758d: STA c4:9a:02:46:5a:3f
IEEE 802.11: associated (aid 1)
hostapd: wlx801f028f758d: STA c4:9a:02:46:5a:3f
RADIUS: starting accounting session 7428D613-00000000
hostapd: wlx801f028f758d: STA c4:9a:02:46:5a:3f WPA:
pairwise key handshake completed (RSN)
```

또한 udhcpd 파일의 출력 메시지를 보면 기대한 것처럼 해당 데몬이 IP 주소를 스마트폰에 제공했다는 것을 볼 수 있다.

```
Sending OFFER of 192.168.32.129
Sending ACK to 192.168.32.129
```

▌ 요약

WLAN 디바이스는 여러 컴퓨터를 다른 컴퓨터와 선 없이 통신할 수 있게 해주고, 장애물 없이 움직일 수 있게 하는 다재다능한 디바이스다. 이런 사실에도 불구하고 무선 디바이스 관리는 이더넷 포트보다 약간 더 복잡하고, 관리를 위해 특히 보호된 연결이 필요할 경우, 추가 도구들이 필요하다. 그러나 GNU/리눅스 기반 시스템은 이 모든 것에 대한 전용 도구를 모두 갖고 있다.

14장에서는 자동차 산업에서 많이 사용하는 중요한 네트워크 디바이스 클래스인 CAN 버스를 살펴본다. 이 버스는 복잡한 컴퓨터와 간단한 마이크로 컨트롤러 간 데이터 교환을 위해 프로토콜을 사용하는 다른 종류의 네트워킹 메커니즘이다.

14

제어기 영역 네트워크

원격 디바이스(혹은 원격 컴퓨터)와 데이터를 교환하는 가장 많이 사용하는 버스를 살펴봤으므로 이제 자동차 산업(물론 다른 분야에서도 많이 사용하는)에서 널리 사용하는 또 다른 통신 버스인 CAN 버스를 살펴보자.

원래 자동차 내의 멀티플렉스^Multiplex 전기 배선을 위해 구현된 이 버스는 마이크로 컨트롤러나 컴퓨터, 디바이스들이 메시지 기반 프로토콜을 사용해 호스트 컴퓨터 없는 애플리케이션에서 서로 통신할 수 있도록 설계됐다. 이 버스는 이더넷이나 와이파이처럼 유명하지는 않지만, 임베디드 세계에서 사용하고 있고, 디폴트로 이 버스를 지원하는 SoC를 찾는 것이 어려운 일은 아니다.

▌ CAN 버스

제어기 영역 네트워크^{Controller Area Network, CAN}는 전자 제어 장치^{Electronic Control Units, ECU} 연결을 위해 설계된 반이중, 멀티 마스터, 멀티 슬레이브, 비동기 시리얼 데이터 특성을 가진 버스로, 노드^{nodes}라고 알려진 2개의 회선을 사용한다. 전기적인 관점에서 보면, 데이터는 차동^{differential} 모드로 두 회선에 보내지기 때문에(USB 버스도 이와 동일하다) 먼 거리에 연결된 여러 디바이스에 정보를 보낼 수 있다.

각 노드는 메시지를 주고받을 수 있지만, 동시에는 가능하지 않고, 메시지(혹은 프레임)는 식별자(혹은 ID, 메시지의 우선순위를 나타낸다)와 최대 8바이트(혹은 확장 메시지인 경우 64바이트)의 데이터로 구성되며, 응답 필드와 다른 제어 데이터가 뒤따른다. 이를 위해 각 노드는 아래와 같은 사항이 필요하다.

- **CPU(마이크로 프로세서나 호스트 프로세서)**: 받은 메시지의 의미가 무엇인지와 어떤 메시지를 보낼 것인지를 결정한다.
- **CAN 제어기**: 보통 CPU의 필수 부품이다(그러나 외부 주변 장치로 추가될 수 있다).
- **송수신기(Transceiver)**: CAN 버스 레벨(차동 수준)의 데이터 스트림을 CAN 제어기가 사용하는 레벨(보통 TXD와 RXD 커플)로 변경한다. 이 송수신기에는 CAN 제어기를 보호하는 보호 회로가 있다.

 CAN 버스 동작 방식에 대한 자세한 설명은 이 책의 범위를 벗어난다. 이 주제에 흥미가 있다면 https://en.wikipedia.org/wiki/CAN_bus를 참고하기 바란다.

전기 회선

CAN 버스 회선은 아래 표와 같다.

이름	설명
CAN-Hi	양극 데이터 레벨
CAN-Low	음극 데이터 레벨

여러 디바이스가 연결되는 경우에는 반드시 아래 다이어그램과 같이 병렬로 연결돼야
한다.

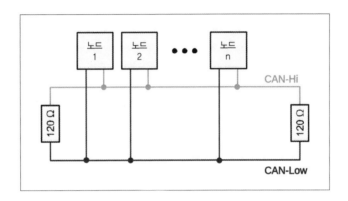

 버스의 양끝에 있는 2개의 저항은 종단 저항이며, 이 버스 배선의 길이에 따라 필요하다(자세한 이유는 통신 회선 이론 때문이다).

이전 다이어그램의 차동 신호(CAN-Hi와 CAN-Low)는 긴 회선 사용을 가능하게 한다. 그러나 이 책에서는 송수신기를 사용하지 않고 짧은 통신 거리(《1m)에서 사용하는 특별한 CAN 통신 방식을 사용한다. 이를 위해 송수신기에 대한 약간의 지식이 필요하다. 송수신기는 하이 혹은 로우 레벨의 신호를 버스로 내보내고(1이나 0 심볼로 표현), 0이 1을 이길수 있다. 따라서 2개의 송수신기가 동시에 신호를 내보낼 경우, 한쪽은 1을 내보내고, 다른 쪽은 0을 내보내면 0이 이긴다.

아래 다이어그램처럼 몇 개의 다이오드를 사용하면 간단히 이와 같은 상황을 만들 수 있다.

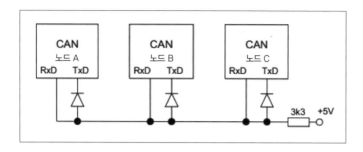

저항값은 공급 전압(Vcc) 값과 사용된 제어기의 내부 구현에 따라 다르다. 따라서 위 다이어
그램은 단지 예제의 동작으로만 사용해야 한다.

이 경우, 전기 회로는 아래 표와 같다.

이름	설명
RxD	데이터 수신 회선
TxD	데이터 송신 회선
GND	일반 그라운드

좀 더 자세한 정보는 http://www.mikrocontroller.net/attachment/28831/siemens_
AP2921.pdf를 참고하기 바란다.

비글본 블랙의 CAN 포트

비글본 블랙은 can0와 can1이라는 2개의 사용 가능한 CAN 제어기가 있다(송수신기 제외).
그러나 can0는 케이프 관리를 바꿔야 사용할 수 있으므로 이 책에서는 사용하지 않는다.
따라서 사용할 수 있는 버스는 아래 표와 같다.

이름	RxD	TxD
can1	P9.24	P9.26

can1 신호를 활성화하기 위한 주요 DTS 설정 부분은 아래와 같다. 첫 번째 부분은 핀 설정을 정의하고, 두 번째 부분은 CAN 제어기를 활성화한다.

```
# 핀 사용법 정의
exclusive-use =
    /* the pin header P9 uses */
    "P9.24",
    "P9.26",
    /* Hardware IP cores in use */
    "uart1";
fragment@0 {
    target = <&am33xx_pinmux>;

    __overlay__ {
        dcan1_pins_s0: dcan1_pins_s0 {
        pinctrl-single,pins = <
            0x180 0x12 /* d_can1_tx, SLEWCTRL_FAST | INPUT_PULLUP | MODE2 */
            0x184 0x32 /* d_can1_rx, SLEWCTRL_FAST | RECV_ENABLE | INPUT_
            PULLUP| MODE2 */
            >;
        };
    };
};
fragment@1 {
    target = <&dcan1>;

    __overlay__ {
        #address-cells = <1>;
        #size-cells = <0>;
        status = "okay";
```

```
        pinctrl-names = "default";
        pinctrl-0 = <&dcan1_pins_s0>;
    };
};
```

 완전한 DTS 설정은 이 책의 예제 코드 저장소에 있는 chapter_14/BBDCAN1—00A0.dts 파일에서 볼 수 있다.

이제 DTS 파일은 아래와 같은 명령어로 컴파일하고 설치할 수 있다.

```
root@bbb:~# dtc -O dtb -o /lib/firmware/BB-DCAN1-00A0.dtbo -b 0 -@ BB-DCAN1-
00A0.dts
root@bbb:~# echo BB-DCAN1 > /sys/devices/platform/bone_capemgr/slots
bone_capemgr bone_capemgr: part_number 'BB-DCAN1', version 'N/A'
bone_capemgr bone_capemgr: slot #5: override
bone_capemgr bone_capemgr: Using override eeprom data at slot 5
bone_capemgr bone_capemgr: slot #5: 'Override Board Name,00A0, Override
Manuf,BB-DCAN1'
bone_capemgr bone_capemgr: slot #5: dtbo 'BB-DCAN1-00A0.dtbo' loaded;overlay id
#1
CAN device driver interface
c_can_platform 481d0000.can: c_can_platform device registered (regs=fa1d0000,
irq=186)
```

 위 출력 메시지에서는 관련 커널 메시지도 포함돼 있다.

이제 새로운 네트워크 디바이스를 볼 수 있다.

```
root@bbb:~# ifconfig can0
can0  Link encap:UNSPEC HWaddr 00-00-00-00-00-00-00-00-00-00-00-00
      NOARP MTU:16 Metric:1
      RX packets:0 errors:0 dropped:0 overruns:0 frame:0
      TX packets:0 errors:0 dropped:0 overruns:0 carrier:0
      collisions:0 txqueuelen:10
      RX bytes:0 (0.0 B) TX bytes:0 (0.0 B)
      Interrupt:186
```

SAMA5D3 Xplained의 CAN 포트

SAMA5D3 Xplained는 can0와 can1이라는 2개의 사용 가능한 CAN 제어기가 있다(송 수신기 제외). 그러나 can0만 디폴트로 활성화돼 있고, can1은 DTS 파일을 적절히 수정 해야 활성화할 수 있다(그러나 이 책에서는 can1을 사용하지 않으므로 DTS 수정법은 설명하지 않 는다). 따라서 사용 가능한 버스는 아래 표와 같다.

이름	RxD	TxD
can0	J21.8–CANRX0	J21.8–CANTX0

부팅 시, 커널 메시지에서 아래 정보를 읽을 수 있다.

```
at91_can f000c000.can: device registered (reg_base=d0982000, irq=50)
```

그리고 can0 인터페이스가 이미 존재한다는 것을 아래와 같은 명령어로 확인할 수 있다.

```
root@a5d3:~# ifconfig can0
can0    Link encap:UNSPEC HWaddr 00-00-00-00-00-00-00-00-00-00-00-00
        NOARP MTU:16 Metric:1
```

```
RX packets:0 errors:0 dropped:0 overruns:0 frame:0
TX packets:0 errors:0 dropped:0 overruns:0 carrier:0
collisions:0 txqueuelen:10
RX bytes:0 (0.0 B) TX bytes:0 (0.0 B)
Interrupt:50
```

Wandboard의 CAN 포트

Wandboard는 사용 가능한 CAN 버스 제어기가 없다.

▌ 리눅스의 CAN 버스

앞에서 살펴본 것처럼 모든 CAN 제어기는 네트워크 디바이스로 시스템에 나타나며, ifconfig 명령어를 사용해 일반 이더넷 혹은 와이파이 디바이스처럼(혹은 비슷한 디바이스) 볼 수 있다. CAN 버스는 LAN에서 서로 통신할 수 있는 여러 장치의 네트워크기 때문이다.

따라서 이전에 살펴본 것처럼, CAN 디바이스에 모든 네트워크 명령어를 사용할 수 있다. 아래 ifconfig와 ip 명령어를 사용한 두 가지 예제를 참고하자.

```
root@a5d3:~# ifconfig can0
can0      Link encap:UNSPEC HWaddr 00-00-00-00-00-00-00-00-00-00
          NOARP MTU:16 Metric:1
          RX packets:0 errors:0 dropped:0 overruns:0 frame:0
          TX packets:0 errors:0 dropped:0 overruns:0 carrier:0
          collisions:0 txqueuelen:10
          RX bytes:0 (0.0 B) TX bytes:0 (0.0 B)
          Interrupt:50
root@a5d3:~# ip link show can0
```

```
2: can0: <NOARP,ECHO> mtu 16 qdisc noop state DOWN mode
DEFAULT group default qlen 10
    link/can
```

특히 ip 명령어를 사용해 특별한 종류의 CAN 인터페이스인 가상 인터페이스를 추가할 수 있다.

```
root@a5d3:~# ip link add dev vcan0 type vcan
```

 위 명령어는 아래와 같은 에러를 발생시킬 수 있다.

RTNETLINK answers: Operation not supported

그 이유는 커널에서 가상 CAN 디바이스 지원되지 않기 때문이다. 이 경우, 아래와 같은 명령어로 해당 커널 모듈을 로딩할 수 있다.

```
root@a5d3:~# modprobe vcan
```

이후에도 에러 메시지가 발생한다면 커널 설정 메뉴로 가서 Networking support > CAN bus subsystem support > CAN Device Drivers > Virtual Local CAN Interface (vcan)를 설정해 가상 CAN 디바이스 지원 컴파일을 활성화해야 한다. 재시작 후, modprobe 명령어를 실행해야 한다.

이제 새로운 CAN 디바이스가 생성됐다.

```
root@a5d3:~# ip link show vcan0
7: vcan0: <NOARP> mtu 16 qdisc noop state DOWN mode
DEFAULT group default qlen 1
    link/can
```

이 디바이스는 가상 CAN 디바이스(혹은 vcan 디바이스)이며, 메모리에서 CAN 프레임이라는 것을 보낼 수 있다. 이런 디바이스는 시뮬레이션과 테스트 시 유용하다. 실제로 다음 절에서 이 디바이스를 일반 CAN 디바이스로 사용해본다.

 이 디바이스는 루프백(loopback) 이더넷 디바이스와 비슷하다. 실제로 이 디바이스는 시스템 메모리에서만 할당된다.

▌ can-utils 패키지

CAN 디바이스에 읽고 쓸 때 C 언어를 사용하는 것이 가장 좋은 방식이다. 그러나 can-utils 패키지를 사용하면 더 빠르게 읽거나 쓸 수 있다. 이 패키지는 다른 패키지처럼 설치할 수 있으며, CAN 디바이스를 관리하기 위한 여러 유용한 프로그램을 갖고 있다.

 이 패키지의 저장소는 https://gitorious.org/linux-can/can-utils다.

기본 CAN 버스 사용을 위한 두 가지 중요한 유틸리티는 cansend와 candump다. cansend는 단일 CAN 프레임이라는 것을 CAN 디바이스를 통해 보낼 수 있고, 문법은 아래와 같다.

```
# cansend --help
Usage: cansend <device> <can_frame>
```

불행하게도 CAN 도구는 man 페이지가 없고, 모든 관련 문서는 인터넷이나 내부 도움말을 참고해야 한다.

아래 can0 인터페이스를 통해 0x5AA 식별자와 0xde와 0xad, 0xbe, 0xef 데이터 바이트를 보내는 예제를 살펴보자(이 도구는 항상 값이 16진수라는 것을 가정한다).

cansend can0 5AA#deadbeef

또한 데이터를 0xde와 0xad, 0xbe, 0xef, 0x11, 0x22, 0x33, 0x22로 확장할 수도 있다.

cansend can0 5AA#deadbeef11223344

반면, 버스에 있는 데이터를 읽기 위해 candump를 사용할 수 있으며, can0 디바이스의 실시간 데이터를 표시하려면, 아래와 같은 명령어를 사용해야 한다.

candump can0

이 명령어는 도움말이 좀 더 정리돼 있어 이 명령어를 통해 가능한 작업을 알 수 있다.

```
Usage: candump [options] <CAN interface>+
(use Ctrl-C to terminate candump)
Options: -t <type> (timestamp: (a)bsolute/(d)elta/(z)ero/(A)bsolute w date)
         -c (increment color mode level)
         -i (binary output - may exceed 80 chars/line)
         -a (enable additional ASCII output)
         -S (swap byte order in printed CAN data[] - marked with '`' )
         -s <level> (silent mode - 0: off 1: animation 2: silent)
         -b <can> (bridge mode - send received frames to <can>)
         -B <can> (bridge mode - like '-b' with disabled loopback)
```

```
-u <usecs> (delay bridge forwarding by <usecs> microseconds)
-l (log CAN-frames into file.Sets '-s 2' by default)
-L (use log file format on stdout)
-n <count> (terminate after receipt. of <count> CAN frames)
-r <size> (set socket receive buffer to <size>)
-d (monitor dropped CAN frames)
-e (dump CAN error frames in human-readable format)
-x (print extra message infos, rx/tx brs esi)
-T <msecs> (terminate after <msecs> without any reception)
```
Up to 16 CAN interfaces with optional filter sets can be specified on the
commandline in the form: <ifname>[,filter]*
Comma separated filters can be specified for each given CAN interface:
 <can_id>:<can_mask> (matches when <can_id> & mask == can_id & mask)
 <can_id>~<can_mask> (matches when <can_id> & mask != can_id & mask)
 #<error_mask> (error filter, see include/linux/can/error.h)
CAN IDs, masks and data content are given and expected in hexadecimal values.
When can_id and can_mask are both 8 digits, they are assumed to be 29 bit EFF.
Without any given filter all data frames are received ('0:0' default filter).
Use interface name 'any' to receive from all CAN interfaces.

위 메시지에서 흥미로운 부분은 각 CAN 인터페이스에 대해 콤마로 분리된 필터를 지정
할 수 있다는 것이다. 실제로 CAN 버스를 통해 전송된 유용한 메시지를 선택할 수 있다.
예를 들어, 0x123 식별자를 가진 메시지만 표시하려면, 아래와 같은 명령어를 사용해야
한다.

```
# candump can0, 0x123:0x7FF
```

0x123이나 0x456 식별자를 가진 메시지를 표시할 때는 아래와 같은 명령어를 사용할 수
있다.

```
# candump can0, 0x123:0x7FF, 0x456:0x7FF
```

candump 명령어는 1개 이상의 CAN 디바이스를 읽을 수도 있다.

```
# candump can0, 0x123:0x7FF, 0x456:0x7FF can2, 0x5AA:0x7FF can3 can8
```

위 명령어는 can0와 can2, can3, can8에 여러 필터를 적용한 메시지를 덤프하기 위해 사용한다.

can_mask와 error_mask의 사용법도 기억하자. 실제로 이 파라미터를 사용해 비트와 메시지 타입당 비트가 선택된 여러 식별자를 선택할 수 있다. 예를 들어, 아래와 같은 명령어를 사용해 데이터 프레임은 제외하고 에러 프레임만 덤프할 수 있다.

```
# candump any,0~0,#FFFFFFFF
```

반면, 아래와 같은 명령어를 통해 에러 프레임과 모든 데이터 프레임이라는 것을 덤프할 수도 있다.

```
# candump any,0:0,#FFFFFFFF
```

▌ 원시 CAN 버스

리눅스 기반 시스템에서 SocketCAN 구현을 사용해 CAN 디바이스를 관리하고 디바이스 간 데이터를 교환할 수 있다. 이 구현은 버클리 소켓 API와 리눅스 네트워크 스택(그리고 원시 소켓)을 사용해 CAN 디바이스 드라이버를 네트워크 인터페이스로 구현하며, 이는 네트워크 프로그래밍과 친숙한 프로그래머들이 CAN 소켓을 쉽게 사용할 수 있도록 해준다.

커널 저장소의 Documentation/networking/can.txt에서 더 많은 정보를 볼 수 있다.

SocketCAN 소켓을 여는 방법에 대한 C 언어 예제는 아래와 같다.

```c
int s;
char *ifname;
struct sockaddr_can addr;
struct can_frame frame;
struct ifreq ifr;
int ret;

/* Open the PF_CAN socket */
s = socket(PF_CAN, SOCK_RAW, CAN_RAW);
if (s < 0) {
    perror("Error while opening socket");
    exit(-1);
}

/* Find the CAN device */
strcpy(ifr.ifr_name, ifname);
ret = ioctl(s, SIOCGIFINDEX, &ifr);
if (ret < 0) {
    perror("ioctl");
    exit(-1);
}
printf("%s: %s at index %d\n", NAME, ifname, ifr.ifr_ifindex);

/* Bind the socket */
addr.can_family = AF_CAN;
addr.can_ifindex = ifr.ifr_ifindex;
ret = bind(s, (struct sockaddr *)&addr, sizeof(addr));
if (ret < 0) {
    perror("bind");
```

```
    exit(-1);
}
```

 소켓은 모든 CAN 인터페이스와 묶일 수 있고(이 경우 인터페이스 인덱스는 0이어야 한다), 소켓은 모든 활성화된 CAN 인터페이스에서 CAN 프레임이라는 것을 받는다. 이런 특별한 조건에서 발신 CAN 인터페이스를 찾기 위해 recvfrom() 시스템 콜을 read() 콜 대신 사용할 수 있다. 반면, 이런 소켓에서 sendto() 시스템 콜을 호출하려면, 데이터를 보내는 인터페이스를 지정해야 한다.

이제 struct can_frame에 정의된 CAN 프레임을 보내고 받을 수 있다.

```
struct can_frame {
    canid_t can_id; /* 32 bit CAN_ID + EFF/RTR/ERR flags */
    __u8 can_dlc; /* frame payload length in byte (0 .. 8) */
    __u8 __pad; /* padding */
    __u8 __res0; /* reserved / padding */
    __u8 __res1; /* reserved / padding */
    __u8 data[8] __attribute__((aligned(8)));
};
```

이 프로그램에서는 아래와 같이 설정한다.

```
/* Fill the frame data */
frame.can_id = 0x123;
frame.can_dlc = 2;
frame.data[0] = 0x11;
frame.data[1] = 0x22;
```

그리고 write( )은 아래와 같다.

```
/* Send the frame */
n = write(s, &frame, sizeof(struct can_frame));
if (ret < 0) {
    perror("write");
    exit(-1);
}
printf("%s: wrote %d bytes\n", NAME, n);
```

 이 책의 예제 코드 저장소에 있는 chapter_14/socketcan/socketcan_send.c 파일에서
완전한 코드를 볼 수 있고, 제공된 Makefile을 사용해 타깃 장치에서 컴파일할 수 있다.

코드 테스트를 위해, 아래와 같은 명령어를 터미널에서 실행해 이전에 생성한 가상 CAN
인터페이스를 활성화하고, 새로운 메시지를 기다리자.

root@a5d3:~# sudo ip link set up vcan0
root@a5d3:~# candump vcan0

그리고 다른 터미널에서 아래와 같이 vcan0 인터페이스에서 이 프로그램을 실행하자.

root@a5d3:~# ./socketcan_send vcan0
socketcan_send: vcan0 at index 7
socketcan_send: wrote 16 bytes

위에서 볼 수 있듯이, 이 명령어는 vcan0 인터페이스를 찾았고, 16바이트를 해당 인터페
이스에 썼다. 이전 터미널에서는 candump의 출력으로 아래와 같은 메시지를 볼 수 있다.

root@a5d3:~# candump vcan0
  vcan0 123 [2] 11 22

▌ CAN 버스를 통한 데이터 교환

이번에는 송수신기 없는 연결을 사용해 임베디드 보드에서 CAN 버스 사용법을 살펴본다(사실 송수신기를 사용하는 것은 간단하다. 다른 소프트웨어 수정 없이 단지 송수신기만 추가하면된다). 이제 탑재된 제어기와 SPI를 통해 메인 CPU에 연결된 제어기 사용법을 살펴보자.

탑재된 제어기 사용

탑재된 제어기로 송수신기 없이 통신하기 위해 아래 다이어그램처럼 비글본 블랙과 SAMA5D3 Xplained를 연결해야 한다. 이 회로는 송수신기가 없을 때 발생하는 문제를 고려해 구현됐다.

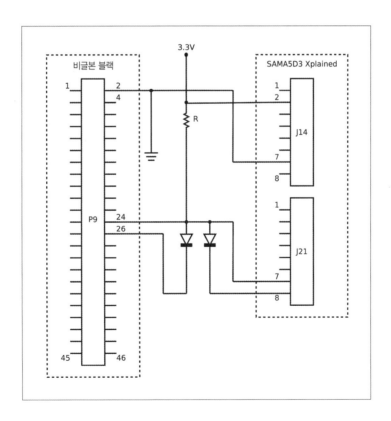

저항은 R=100KΩ으로 설정된다.

이제 이전에 언급한 것처럼 비글본 블랙과 SAMA5D3 Xplained의 CAN 인터페이스를 활성화해야 한다. 먼저 비글본 블랙은 인터페이스를 아래와 같이 설정할 수 있다.

```
root@bbb:~# ip link set can0 up type can bitrate 50000
                       loopback off triple-sampling on
```

 이 설정을 하기 위해 디바이스는 비활성화돼야 한다. 비활성화를 위해 아래와 같은 명령어를 사용하자.

```
root@bbb:~# ifconfig can0 down
```

그리고 아래와 같은 명령어로 새로운 상태를 검사할 수 있다.

```
root@bbb:~# ip -details -statistics link show can0
4: can0: <NOARP,UP,LOWER_UP,ECHO> mtu 16 qdisc pfifo_fast state
UNKNOWN mode DEFAULT group default qlen 10
    link/can promiscuity 0
    can <TRIPLE-SAMPLING> state ERROR-ACTIVE
    (berr-counter tx 0 rx 0) restart-ms 0
        bitrate 50000 sample-point 0.875
        tq 1250 prop-seg 6 phase-seg1 7 phase-seg2 2 sjw 1
        c_can: tseg1 2..16 tseg2 1..8 sjw 1..4 brp 1..1024 brp-inc 1
        clock 24000000
        re-started bus-errors arbit-lost error-warn error-pass bus-off
        0         0          0          0          0         0
    RX: bytes packets errors dropped overrun mcast
```

```
        0         0    0    0        0    0
   TX: bytes packets errors dropped carrier collsns
        0         0    0    0        0    0
```

이제 CAN 디바이스를 활성화하자.

```
root@bbb:~# ifconfig can0 up
```

이제 다른 보드에서 비슷한 과정, 즉 아래와 같이 네트워크 디바이스를 설정해야 한다.

```
root@a5d3:~# ip link set can0 up type can bitrate 50000
                        triple-sampling on
```

 이 설정을 위해 디바이스는 반드시 비활성화돼야 한다. 그리고 위 명령어는 이전에 사용했던 명령어와 약간 다른데, 그 이유는 SAMA5D3 Xplained 제어기가 loopback off 옵션을 지원하지 않기 때문이다.

이제 디바이스 설정을 살펴보자.

```
root@a5d3:~# ip -details -statistics link show can0
2: can0: <NOARP,UP,LOWER_UP,ECHO> mtu 16 qdisc pfifo_fast
state UNKNOWN mode DEFAULT group default qlen 10
    link/can promiscuity 0
    can <TRIPLE-SAMPLING> state ERROR-ACTIVE
    (berr-counter tx 0 rx 0) restart-ms 0
        bitrate 50000 sample-point 0.866
        tq 1333 prop-seg 6 phase-seg1 6 phase-seg2 2 sjw 1
        at91_can: tseg1 4..16 tseg2 2..8 sjw 1..4 brp 2..128 brp-inc 1
        clock 66000000
        re-started bus-errors arbit-lost error-warn error-pass bus-off
```

```
        0       0       0       0        0        0
RX: bytes packets errors dropped overrun mcast
    0       0       0       0       0        0
TX: bytes packets errors dropped carrier collsns
    0       0       0       0       0        0
```

그리고 디바이스를 활성화해야 한다.

```
root@a5d3:~# ifconfig can0 up
```

이제 모든 것이 올바르게 설정됐다면 두 보드 간 데이터 통신이 가능해야 한다. 비글본 블랙에서 can0 인터페이스에서 데이터를 받고, 0x5AA 식별자를 가진 데이터를 필터링 하자.

```
root@bbb:~# candump can0,5AA:7FF
```

이제 SAMA5D3 Xplained에서 올바른 식별자와 랜덤 데이터(아래 예제에서는 16진수 0xdeadbeef)를 사용해 데이터를 보내자.

```
root@a5d3:~# cansend can0 5AA#deadbeef
```

이제 비글본 블랙에서는 아래와 같은 출력을 볼 수 있다.

```
root@bbb:~# candump can0,5AA:7FF
    can0 5AA [4] DE AD BE EF
```

외부 제어기 사용

CAN 제어기가 없는 시스템에서는 전용 버스로 CPU로 연결된 외부 칩을 사용해 제어기를 추가할 수 있다. 예를 들어, SPI 버스(10장, '시리얼 주변 장치 인터페이스 −SPI' 참고)로 Wandboard에 연결되는 외부 CAN 제어기인 MCP2515를 설치하고 사용하는 방법을 살펴보자.

MCP2515 칩의 이미지는 아래와 같다.

> ℹ️ 이 디바이스는 여러 패키지 종류가 있고, 회로를 간단히 하기 위해 18핀 PDIP/SOIC 패키지를 선택해야 한다(그림 참고). 이 패키지는 브레드 보드에 쉽게 꽂을 수 있다. 데이터 시트는 http://ww1.microchip.com/downloads/en/DeviceDoc/21801G.pdf를 참고하기 바란다.

이 칩을 사용해 Wandboard와 비글본 블랙 간 송수신기 없는$^{transceiver-less}$ 통신 채널을 만들어보자. MCP2515와 Wandboard 간 연결은 아래 다이어그램과 같고, SAMA5D3 Xplained에서 했던 것처럼 RxD와 TxD 신호를 CAN 버스에 연결하는 방법은 이전 장을 참고하자.

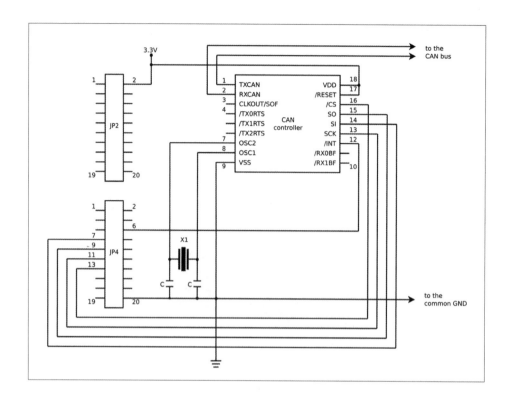

 커패시터는 C=27pF로 설정하고, 크리스털 X1은 F=4MHz 주파수를 갖는다. 그라운드(일반 GND)는 비글본 블랙의 그라운드와 연결돼야 한다.

위 회로에서 크리스털을 사용해 MCP2515에서 필요한 클럭을 생성했다. 그러나 이 방식은 브레드 보드에서 어려울 수 있다. 따라서 이 문제를 해결하기 위해 트릭을 사용할 수 있다. 실제로 아래 다이어그램과 같이 외부 오실레이터 대신 비글본 블랙의 PWM 생성기 중 하나를 사용할 수 있다(좀 더 자세한 정보는 18장, '펄스 폭 변조 – PWM'의 '비글본 블랙의 PWM' 절 참고).

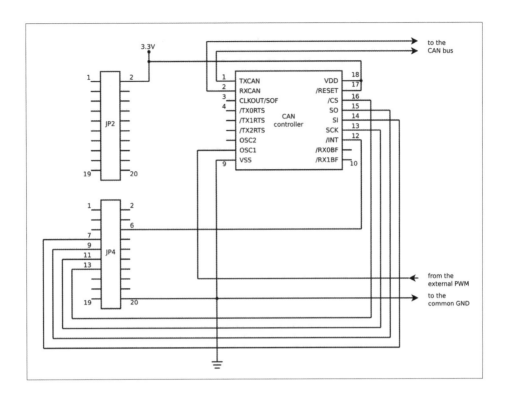

위 회로에서 from the external PWM 신호가 비글본 블랙의 P9.22 핀에서 생성된 PWM 신호며, MCP2515 칩의 OSC1 핀으로 직접 연결된다. 이제 CAN 제어기에서 사용하는 비글본 블랙의 4MHz PWM 신호를 활성화하려면 비글본 블랙에서 아래와 같은 명령어를 순서대로 실행해야 한다.

```
root@bbb:~# echo BB-PWM0 > /sys/devices/platform/bone_capemgr/slots
root@bbb:~# echo 0 > /sys/class/pwm/pwmchip0/export
root@bbb:~# echo 250 > /sys/class/pwm/pwmchip0/pwm0/period
root@bbb:~# echo 125 > /sys/class/pwm/pwmchip0/pwm0/duty_cycle
root@bbb:~# echo 1 > /sys/class/pwm/pwmchip0/pwm0/enable
```

비글본 블랙의 PWM은 아주 정확하지 않기 때문에 생성된 PWM 신호가 요청된 주파수인지 확인해야 한다. 그렇지 않으면 시스템이 정상 동작하지 않을 수 있다. 예를 들어, 오실로스코프를 사용해 period를 240으로 맞춰야 정확한 4MHz PWM 신호가 얻어진다는 것을 발견할 수도 있다. 따라서 생성된 신호의 실제 값을 확인하고, 해당 값을 period 값에 넣어야 한다.

이제 제어기의 드라이버를 활성화하기 위해 해당 드라이버를 설정하고 Wandboard의 DTS 파일에서 커널 설정을 적절히 수정해야 한다. 제어기를 관리하는 드라이버는 표준 커널 배포판에 포함돼 있어야 한다. 이를 확인하기 위해 아래 디렉터리에서 find 명령어로 mcp251x.ko를 검색해볼 수 있다.

```
root@wb:~# find /lib/modules/$(uname -r)/kernel/drivers -name mcp251x.ko
/lib/modules/4.4.7-armv7-x6/kernel/drivers/net/can/spi/mcp251x.ko
```

find 명령어로 찾을 수 없다면 1장, '개발 시스템 설치'의 '개발 시스템 설정' 절에서 설명한 것처럼 없는 드라이버(물론 정적 링크가 되지 않는다면)를 추가하기 위해 커널을 재컴파일해야 한다. 드라이버 컴파일을 활성화하려면 커널 설정 메뉴로 들어가 Networking support > CAN bus subsystem support > CAN Device Drivers > CAN SPI interfaces > Microchip MCP251x SPI CAN controllers 설정을 활성화해야 한다. DTS 설정 시 SPI 절의 아래와 같은 수정도 포함해야 한다.

```
&ecspi1 {
    fsl,spi-num-chipselects = <1>;
    cs-gpios = <&gpio2 30 0>;
    pinctrl-names = "default";
    pinctrl-0 = <&pinctrl_ecspi1_1>, <&pinctrl_can_int>;
    status = "okay";

    can@0 {
```

```
        compatible = "microchip,mcp2515";
        reg = <0>;
        spi-max-frequency = <1000000>;
        clocks = <&clk_4MHz>;
        interrupt-parent = <&gpio3>;
        interrupts = <27 IRQ_TYPE_EDGE_FALLING>;
    };
};
```

이때에는 1개의 칩 선택을 사용하고, pinctrl-0 설정은 아래와 같이 나타나야 하며,
pinctrl_can_int IRQ 회선도 추가해야 한다.

```
pinctrl_ecspi1_1: ecspi1grp-1 {
    fsl,pins = <
        MX6QDL_PAD_EIM_D17__ECSPI1_MISO 0x100b1
        MX6QDL_PAD_EIM_D18__ECSPI1_MOSI 0x100b1
        MX6QDL_PAD_EIM_D16__ECSPI1_SCLK 0x100b1
        MX6QDL_PAD_EIM_EB2__GPIO2_IO30 0x000f0b0
    >;
};
pinctrl_can_int: cangrp-1 {
    fsl,pins = <
        MX6QDL_PAD_EIM_D27__GPIO3_IO27 0x80000000
    >;
};
```

 DTS 설정에 대한 패치는 이 책의 예제 코드 저장소에 있는 chapter_14/imx6qdl-wand
board-mcp2515.dtsi.patch 파일을 참고하자.

드라이버가 정상적으로 설정되면(그리고 올바른 클럭이 공급되면 – 위 참고), Wandboard에
can0 디바이스가 보일 것이다.

```
root@wb:~# ifconfig can0
can0  Link encap:UNSPEC HWaddr 00-00-00-00-00-00-00-00-00-00-00
      NOARP MTU:16 Metric:1
      RX packets:0 errors:0 dropped:0 overruns:0 frame:0
      TX packets:0 errors:0 dropped:0 overruns:0 carrier:0
      collisions:0 txqueuelen:10
      RX bytes:0 (0.0 B) TX bytes:0 (0.0 B)
```

이제 이전 절에서 한 것처럼 이 디바이스를 설정하고 비글본 블랙과 데이터 교환을 시도해보자. 사용할 명령어는 아래와 같다.

```
root@wb:~# ip link set can0 up type can bitrate 50000 loopback off
                        triple-sampling on
root@wb:~# ifconfig can0 up
root@wb:~# candump can0,5AA:7FF
can0 5AA [4] DE AD BE EF
```

▌ 요약

14장에서 CAN 버스와 이 책의 임베디드 보드와 연결해 데이터 교환하는 방법을 배웠다. CAN 버스에 빠르게 접근하기 위해 사용할 수 있는 CAN 유틸리티와 단거리 통신을 위한 송수신기 없는 연결법도 살펴봤다.

15장에서는 과거에 임베디드 컴퓨터에서 거의 사용하지 않았던 디바이스들을 살펴본다. 최근 들어 점점 임베디드 시스템이 가져야 할 중요한 주변 장치로 변하고 있는 이 디바이스는 바로 멀티미디어 디바이스다.

15

사운드 디바이스 - SND

컴퓨터는 초창기부터 오디오를 관리하는 기능이 있었으며, 이는 사운드가 사용자의 동작에 대한 피드백을 주기 위해 인간 대화부터 더 복잡한 메커니즘에 이르기까지 알람을 울리고, 심지어 명령어를 입력하기 위해 음성 인식까지 수행하는 좋은 통신 수단이기 때문이다. 또한 매우 큰 시장을 형성하는 게임도 잊으면 안 된다.

임베디드 컴퓨터는 일반 컴퓨터 같이 이 사운드 기술에 대한 모든 혁신을 따라간다. 일부제품의 오디오 음질은 표준 PC보다 좋다. 실제로 일부 임베디드 디바이스는 하이파이Hi-Fi 사운드 시스템으로 사용된다.

15장에서는 사운드 디바이스를 사용해 간단하고 저가인 오실로스코프를 어떻게 구현할수 있는지 보여주기 위해 임베디드 보드의 사운드 디바이스와 사운드 디바이스 사용법을 설명한다.

▌ 사운드 디바이스

사운드(혹은 오디오) 디바이스는 특정 프로그램이 제어하는 컴퓨터로 오디오를 입출력할 수 있는 컴퓨터 주변 장치다. 사운드 카드는 일반적으로 음악과 같은 멀티미디어 애플리케이션용 오디오 컴포넌트 제공을 위해 사용하며, 입력 디바이스(음성 인식을 위해), 대규모 공장용 복잡한 오디오 방송, 제어 자동화용 음성 인식 시스템, 음악/오디오 처리, 보안 시스템, 전기 신호를 정교하게 만드는 복잡한 ADC/DAC 시스템(오실로스코프처럼 동작한다. 좀 더 자세한 정보는 17장, '아날로그-디지털 변환기- ADC' 참고)에도 사용된다.

디바이스로 보내는 출력 데이터나 사운드 디바이스에서 모인 데이터는 여러 형태로 파일에 저장되거나 오디오 스트림(음악 혹은 라디오 스트리밍) 형태로 네트워크에 보내진다.

이 작업이 쉬운 것처럼 보이지만, 오디오 신호를 관리하는 것은 그리 쉽지 않다. 그 이유는 보통 사용자들이 컴퓨터가 만드는(캡처하는) 오디오의 높은 음질 수준을 요구하기 때문이다. 따라서 오디오 신호를 관리하기 위해 일반 DAC/ADC가 필요하더라도 전용 주변 장치를 사용하는 것을 선호한다. 그리고 이 오디오 신호 처리를 내부 주변 장치보다 외부 주변 장치로 하는 것이 일반적이다. 그리고 특정 표준 형태(일반적으로 PCM)로 외부 디바이스에서 데이터를 보내는 용도인 엔진을 가진 CPU를 갖고 있다. 실제로 오디오 재생이나 캡처 과정은 여러 처리 단계가 연관돼 있다.

- 노이즈를 줄이거나 오디오 품질(예를 들어, 균등화 같은)을 향상시키기 위한 오디오 필터 적용
- 여러 오디오 소스 믹싱mixing(이 작업은 재생 시 매우 흔하다)
- 신호를 정확하게 샘플링sampling하기 위해 정확한 DAC/ADC 타이밍 사용(인간의 귀는 오디오를 약간 감지할 수 있다)

이러한 단계는 오디오 코덱이라 불리는 외부 디바이스가 수행하며, 마이크 또는 큰 스피커와 물리적으로 연결돼 있다. 따라서 오디오 데이터는 CPU 오디오 인터페이스를 사용해 사용자 영역으로 왔다갔다 한다.

이 디바이스가 어떻게 구현되는지 알기 위해 아래의 단순화한 블록 회로도를 살펴보자.

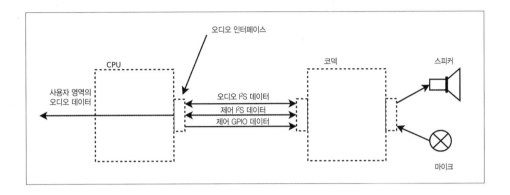

오디오 코덱이 어떻게 구성되는지 알기 위해 임베디드 CPU에 연결할 수 있는 통합 오디오 코덱인 Maxim MAX98090 칩의 데이터 시트를 살펴보자. 아래 그림은 해당 데이터 시트에서 코덱의 구성요소를 설명하는 블록 다이어그램이다.

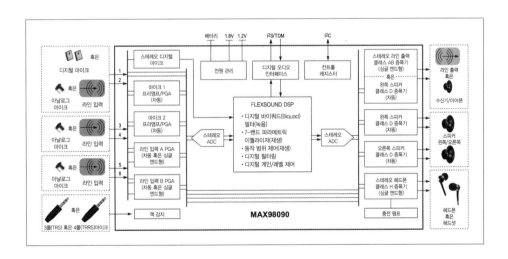

> ⓘ 이 코덱의 데이터 시트는 https://datasheets.maximintegrated.com/en/ds/
> MAX98090.pdf를 참고하기 바란다.

CPU는 Inter-IC Sound(I2S)라고 불리는 시리얼 버스인 특별한 오디오 버스를 통해 오디오 데이터를 코덱으로 보내거나 받고, 오디오 코덱을 제어하기 위해 CPU는 GPIO와 함께 I²C를 사용한다(자세한 사항은 아래 다이어그램 참고). 아래 그림은 MAX98090의 데이터 시트에서 발췌한 오디오 코덱 내의 데이터와 제어 경로를 간단히 표현한 것이다(농담이 아니라 진짜로 간단하게 표현한 버전이다).

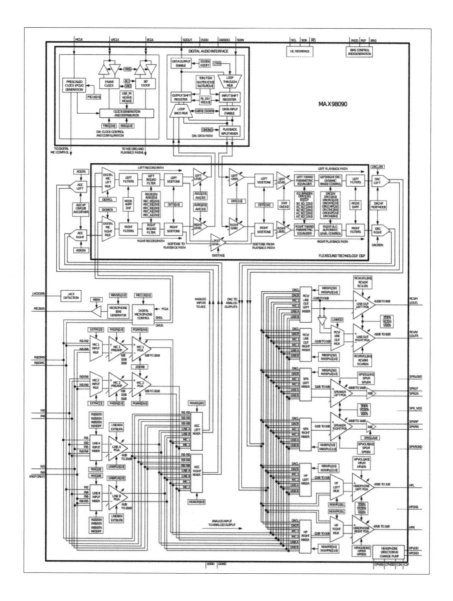

위 그림에서 볼 수 있듯이 사용자를 위해서는 오디오 품질이 매우 중요하고, 특히 애플리케이션이 하이파이용이라면 품질이 더욱 중요하기 때문에 오디오 코덱 내에는 1개 이상의 ADC/DAC 커플이 존재한다. 따라서 샘플 레이트와 양자화 비트 수 외에도 다른 부분을 제어해야 한다.

전기 회선

앞에서 살펴본 것처럼, 오디오 코덱을 CPU의 오디오 포트에 연결하는 것은 CPU의 오디오 포트가 어떻게 구성됐는지에 따라 여러 다른 회선을 사용하는 것을 의미한다. 일반적인 설정은 GPIO와 I²C, I²S로 구성하는 것이다. GPIO와 I²C는 6장, '범용 입출력 신호 – GPIO'와 9장, 'I²C'에서 설명했다. 아래에서 I²S에 대해 간단히 살펴보자.

I2S 버스는 디지털 오디오 디바이스를 서로 연결하기 위해 사용하는 시리얼 버스로, 클럭과 시리얼 데이터가 분리돼 있고, 보통 3개의 라인에 한 라인이 추가로 구성된다.

- 공식적으로 연속적인 시리얼 클럭^{SCK}으로 불리지만, 보통 '비트 클럭^{BCLK}'이라고 불리는 비트 클럭 회선이 있다. 이 회선은 데이터 라인상의 각 이산^{discrete} 비트에 대해 한 번씩 펄스를 생성한다. 이 클럭은 오디오 샘플 레이트와 채널당 비트 수, 채널 수를 곱한 값이다. 예를 들어, 스테레오 오디오가 44.1kHz, 16비트로 샘플링됐다면 BCLK 주파수는 아래와 같은 식으로 계산된다.

  Bit Clock frequency = 44100 * 16 * 2 = 1412200Hz = 1.4122MHz

- 공식적으로 워드 선택$^{Word\ Select,\ WS}$이라 불리고, 보통 좌우 클럭$^{Left-Right\ Clock,\ LRCLK}$이라고 불리는 워크 클럭 회선이 있다. 이 회선은 어떤 채널(왼쪽 혹은 오른쪽)이 현재 통신에 관련돼 있는지 선택하는 데 사용한다.

- 공식적으로 데이터 라인$^{DATA\ SD}$이라고 불리는 데이터 회선이 있다. 이 회선은 가끔 2개의 분리된 회선으로 나뉘고, DAC 회선^{DACL} 혹은 ADC 회선^{ADCL}이라고 불리며, 오디오 데이터를 보내거나 받는 데 사용된다.

- 프로토콜에는 정의되지 않았지만, 일반적인 I²S 구현에서는 '마스터 클럭MCLK'이라고 불리는 또 하나의 회선을 포함하는데, 이 회선은 보통 ADC/DAC 변환기의 내부 연산을 동기화하기 위해 포함된다.

 I²S에 대한 좀 더 자세한 정보는 http://www.semiconductors.philips.com/acrobat_download/various/I2SBUS.pdf를 참고하기 바란다.

책의 간결함을 위해 임베디드 보드에 정의된 각 오디오 포트에 대한 I²S 회선만 설명한다.

비글본 블랙의 사운드

비글본 블랙은 1개의 I²S 포트가 확장 커넥터에 있고, 핀은 아래 표와 같다.

이름	핀
MCLK	P9.25
LRCK	P9.29
BCLK	P9.31
DATA	P9.28

SAMA5D3 Xplained의 사운드

SAMA5D3 Xplained는 1개의 I²S 포트가 확장 커넥터에 있고, 핀은 아래 표와 같다.

이름	핀
TF0/WS	J19.5

이름	핀
TK0/SCK	J19.4
TD0/DATA	J17.1
RF0	J21.1
RK0	J21.3
RK0	J21.2

위 표는 이전에 언급한 4개의 회선이 아닌 6개 회선을 설명하고 있다. 이는 SAMA5D3 Xplained의 CPU상에서 동기식 시리얼 제어기Synchronous Serial Controller, SSC라는 디바이스가 I^2S 버스를 에뮬레이션하기 때문이고, 이 디바이스는 오디오와 통신 애플리케이션에서 일반적으로 사용하는 많은 다른 시리얼 프로토콜도 에뮬레이션할 수 있다. 위 표에서는 관련 신호의 관계를 표시하기 위해 I^2S 신호 이름도 함께 표시했다.

 SSC 디바이스에 대한 더 많은 정보는 SAMA5D3 Xplained 데이터 시트인 http://www.atmel.com/Images/Atmel-11121-32-bit-Cortex-A5-Microcontroller-SAMA5D3_Datasheet.pdf를 참고하기 바란다.

Wandboard의 사운드

Wandboard는 디폴트로 즉시 사용할 수 있는 오디오 코덱을 기본 보드에 탑재하고 있다. 사용된 코덱은 SGTL5000이며, 메인 CPU에 I^2C와 I^2S 버스로 연결돼 있고, 일부 클럭 소스도 연결돼 있다. http://www.wandboard.org/images/downloads/wand-rev-c1.pdf에서 Wandboard 회로도를 참고하자.

아래 해당 코덱의 데이터 시트인 http://www.nxp.com/assets/documents/data/en/data-sheets/SGTL5000.pdf에서 발췌한 코덱 내부에 대한 회로도를 참고하자.

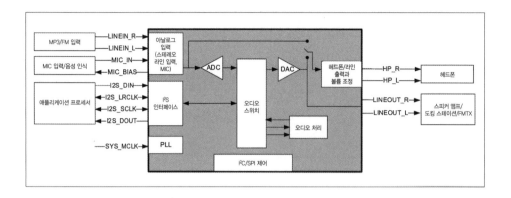

 다른 코덱을 테스트하기 위해 직접 전기 회선에 직접 접근할 수는 없으므로 이 책에서는 전기 회선을 설명하지 않는다.

Wandboard의 사운드 카드에 관한 좀 더 자세한 정보를 보기 위해 아래와 같은 명령어를 수행하면 SGTL5000 오디오 코덱뿐 아니라 다른 사운드 디바이스도 이 보드에서 사용할 수 있다는 것을 알 수 있다. 실제로 아래와 같은 명령어로 사용할 수 있는 사운드 디바이스 리스트를 얻을 수 있다.

```
root@wb:~# cat /proc/asound/cards
0 [DWHDMI ]:          dw-hdmi-ahb-aud - DW-HDMI
                      DW-HDMI rev 0x0a, irq 19
1 [imx6wandboardsg]:  imx6-wandboard- - imx6-wandboard-sgtl5000
                      imx6-wandboard-sgtl5000
2 [imxspdif ]:        imx-spdif - imx-spdif
                      imx-spdif
```

SGTL5000 칩 말고 2개의 사운드 디바이스를 더 볼 수 있다. DWHDMI는 HDMI 인터페이스와 관련이 있고(이 책에서 다루지 않는다), imx6wandboardsg는 SGTL5000 칩이며, imxspdif는 S/PDIF 인터페이스와 관련 있다(이 책에서는 다루지 않는다).

HDMI 인터페이스에 대한 자세한 정보는 https://en.wikipedia.org/wiki/HDMI에서 S/
PDIF는 https://en.wikipedia.org/wiki/S/PDIF에서 볼 수 있다.

사운드 카드 리스트는 sysfs와 아래와 같은 명령어를 사용해도 볼 수 있다.

```
root@wb:~# ls /sys/class/sound/card*
/sys/class/sound/card0:
controlC0 device id number pcmC0D0p power subsystem uevent

/sys/class/sound/card1:
controlC1 device id number pcmC1D0c pcmC1D0p power subsystem uevent

/sys/class/sound/card2:
controlC2 device id number pcmC2D0p power subsystem uevent
```

그리고 각 cardN 디렉터리의 id 파일을 읽으면 각 카드의 모든 이름을 다시 찾을 수
있다.

```
root@wb:~# cat /sys/class/sound/card*/id
DWHDMI
imx6wandboardsg
imxspdif
```

▌ 리눅스의 사운드

리눅스의 사운드 지원은 Open Sound System(OSS)과 함께 시작됐지만, OSS는 1998년
경부터 MIDI 하드웨어 지원이나 여러 오디오 채널 믹싱, 전이중 연산 등 좋은 사운드 시

스템이 갖고 있는 중요한 기능에는 부족한 점이 드러났다. 따라서 이런 문제를 해결하기 위해 새로운 API인 Advanced Linux Sound Architecture(ALSA)가 등장했다.

커널 버전 2.6부터 OSS에 여러 개선 사항이 포함됐지만, ALSA는 OSS를 대체했다.

ALSA 구조는 하드웨어 MIDI 지원과 여러 오디오 채널 믹싱, 전이중 연산 등을 지원하며, 스레드 보안Thread safe이 되므로 멀티 프로세스 시스템에서 잘 동작하도록 설계됐다. ALSA API는 매우 복잡하지만(특히, OSS와 비교했을 때), 개발자가 사용자 영역 라이브러리인 alsa-lib과 ALSA 플러그인을 사용해 엄청난 일을 할 수 있게 해준다(15장에서 간단한 예제를 소개할 것이다).

ALSA가 OSS를 완전히 대체했지만, OSS를 사용해 작성된 프로그램이 동작하도록 ALSA는 옵션으로 OSS 에뮬레이션 계층을 갖고 있다. 이 계층은 alsa-oss 패키지 내의 aoss라는 특별한 도구로 사용할 수 있다(이 도구 사용에 대한 예제는 15장의 마지막 부분 참고).

ALSA 시스템에서 0부터 시작하는 여러 카드card가 있다(보통 최대 8까지). 각 카드는 입출력 오디오 데이터를 처리할 수 있는 물리적(혹은 논리적) 커널 디바이스다. 이 디바이스들은 하드웨어와 1:1로 매핑되고, 주소가 인덱스 번호나 ID(일반 문자열)로 지정된다. 그리고 각 카드는 1개 이상의 디바이스(0부터 시작하는)를 가지며, 오디오 재생과 오디오 캡처, 제어, 타이머, 믹서 시퀀서sequencer 등의 특정 기능을 수행할 수 있다. 또한 각 디바이스는 스피커나 마이크와 같은 관련 사운드 엔드포인트endpoint를 나타내는 하위 디바이스(0부터 시작하는)를 가질 수 있다.

오디오 재생이나 오디오 캡처 기능은 이름 그대로의 기능을 가지며, 제어는 사운드 카드를 설정하는 데 사용된다. 예를 들어, 샘플링 레이트나 상태를 읽고, 사용할 수 있는 값을 요청하는 데 사용할 수 있다. 타이머는 사운드 카드의 시간 관련 하드웨어에 접근할 수 있게 한다. 믹서는 사운드 카드의 입출력 소스와 볼륨(고수준 제어 인터페이스임)을 선택하고, 시퀀서는 MIDI 계층과 관련이 있다.

Wandboard와 aplay/arecord 명령어를 사용해 식별 방법에 대한 간단한 예제를 볼 수 있다(설치법과 사용법 참고). 이 명령어는 시스템에 정의된 재생과 캡처 디바이스의 리스트를 표시할 때 사용할 수 있다.

```
root@wb:~# aplay -l
**** List of PLAYBACK Hardware Devices ****
card 0: DWHDMI [DW-HDMI], device 0: DW HDMI [dw-hdmi-ahb-audio]
  Subdevices: 1/1
  Subdevice #0: subdevice #0
card 1: imx6wandboardsg [imx6-wandboard-sgtl5000], device 0: HiFi sgtl 5000-0 []
  Subdevices: 1/1
  Subdevice #0: subdevice #0
card 2: imxspdif [imx-spdif], device 0: S/PDIF PCM snd-soc-dummy-dai-0 []
  Subdevices: 1/1
  Subdevice #0: subdevice #0

root@wb:~# arecord -l
**** List of CAPTURE Hardware Devices ****
card 1: imx6wandboardsg [imx6-wandboard-sgtl5000], device 0: HiFi sgtl 5000-0 []
  Subdevices: 1/1
  Subdevice #0: subdevice #0
```

이 애플리케이션은 보통 아래의 형태로 여러 사양을 결합해 사운드 출력을 설명한다(대소문자 구분).

- 〈interface〉:〈card〉,〈device〉,〈subdevice〉
- 〈interface〉:CARD=X,DEV=Y,SUBDEV=Z

위에서 CARD와 DEV, SUBDEV는 이전에 설명한 개념이고, interface는 사운드 카드에 접근하기 위한 ALSA 프로토콜을 나타낸다. 또한 plugin이라는 이름으로도 알려져 있고, 다른 가능한 이름으로는 hw와 plughw, dmix 등이 있다. 소프트웨어 믹싱이나 스트림 적용 지원 없이 커널 디바이스에 직접 접근할 때 hw가 사용되며, plughw는 믹싱이나 채널 복제가 필요하거나 샘플 값 변환 혹은 필요시 재샘플링이 필요할 때 사용한다.

dmix 플러그인(여러 다른 플러그인과 함께)은 오디오 데이터를 믹싱할 때 사용하며, 보통 같은 장치에 2개의 오디오 스트림을 빠르고 쉽게 믹싱하고자 할 때 활성화된다. 간단한 예제로 1개의 사운드 카드를 가진 시스템에서 동시에 2개의 오디오 파일을 재생할 때 dmix를 어떻게 사용하는지 살펴보자(아래와 같은 명령어 어떻게 동작하는지는 다음 문단을 참고하자). 단순화를 위해, 같은 파일을 동시에 두 번 실행할 것이다. 이 테스트는 다른 2개의 파일로도 똑같이 진행할 수 있다. 아래의 두 명령어를 차례로 실행하면(& 옵션을 추가해 첫 번째 실행은 백그라운드로 진행) 아래와 같은 에러를 얻게 된다.

```
root@bbb:~# aplay tone-sine-1000hz.wav &
[1] 1216
Playing WAVE 'tone-sine-1000hz.wav' : Signed 16 bit Little Endian, Rat
e 44100 Hz, Stereo
root@bbb:~# aplay tone-sine-1000hz.wav
aplay: main:722: audio open error: Device or resource busy
```

aplay 명령어의 첫 번째 인스턴스instance는 디폴트 서비스를 잠근다lock. 따라서 두 번째 인스턴스가 해당 서비스를 요청하면 에러를 반환한다. 그 이유는 한 번에 1개의 디바이스만 오디오 디바이스에 접근할 수 있기 때문이다. 그러나 이 오디오 디바이스 위에 dmix 플러그인을 추가하면 이 문제를 해결할 수 있다. 이를 위해 사용자 홈 디렉터리의 .asoundrc ALSA 설정 파일을 아래와 같이 수정해야 한다.

```
pcm.!default {
    type plug
    slave.pcm "dmixer"
}
pcm.dmixer {
    type dmix
    ipc_key 1024
```

```
    slave {
        pcm "hw:1,0"
        period_time 0
        period_size 1024
        buffer_size 4096
        rate 44100
    }
    bindings {
        0 0
        1 1
    }
}
ctl.dmixer {
    type hw
    card 1
}
```

이 설정은 dmix 플러그인을 추가하고 디폴트 오디오 카드를 dmixer로 재정의한다.

> **TIP** 원본 .asoundrc 내용은 아래와 같다.
>
> ```
> pcm.!default {
>     type hw
>     card 1
> }
> ctl.!default {
>     type hw
>     card 1
> }
> ```
>
> 이 설정은 card 0 대신 card 1을 디폴트 서비스로 정의한다.
>
> .asoundrc 파일(시작의 점(.) 유의)과 이 파일의 사용법에 대한 자세한 정보는 ALSA 프로젝트 사이트인 http://www.alsa-project.org/main/index.php/Asoundrc에서 볼 수 있다.

이제 위의 두 명령어를 다시 실행하면 에러 없이 원하는 출력을 얻을 수 있다.

```
root@bbb:~# aplay tone-sine-1000hz.wav &
[1] 1231
Playing WAVE 'tone-sine-1000hz.wav' : Signed 16 bit Little Endian, Rate 44100
Hz, Stereo

root@bbb:~# aplay tone-sine-1000hz.wav
Playing WAVE 'tone-sine-1000hz.wav' : Signed 16 bit Little Endian, Rate 44100
Hz, Stereo
```

 다른 ALSA 플러그인들도 존재하고, ALSA와 관련된 많은 주제가 있지만, 이 책의 범위를
벗어나므로 설명하지 않는다. ALSA 프로젝트 웹 사이트인 http://www.alsa-project.org
에서 ALSA 구조에 관한 좀 더 자세한 정보를 살펴보길 바란다.

▌ 오디오 도구

리눅스의 오디오 지원 관련 코드는 매우 방대하다. 이제 거의 모든 GNU/리눅스 기반 시
스템에서 볼 수 있는 오디오 관리 및 조작 시 사용하는 매우 유명한 도구 몇 가지를 살펴
보자.

ALSA 유틸리티

오디오 디바이스를 관리하는 첫 번째 유틸리티(ALSA 명세서에 기반을 둔 도구)는 alsa-
utils다. 이 유틸리티는 같은 이름의 패키지 안에 들어 있으며, 이 책의 임베디드 보드
에 설치될 수 있다. 이 유틸리티는 여러 프로그램으로 구성돼 있으며, 그중 aplay와

arecord(이전에 사용했던)가 중요하다. 따라서 이 두 프로그램이 어떻게 동작하는지 좀 더 자세히 살펴보자.

두 프로그램의 이름에서 연상할 수 있듯이, 이 프로그램의 기본 사용법은 오디오 파일을 재생하고 저장하는 것이다. 그러나 이 프로그램은 시스템의 재생과 캡처가 가능한 ALSA 사운드 카드를 찾는 데도 사용한다.

Wandboard에서 aplay 프로그램을 실행하면, 아래와 같은 리스트를 얻을 수 있다는 것을 이미 살펴봤다.

```
root@wb:~# aplay -l
**** List of PLAYBACK Hardware Devices ****
card 0: DWHDMI [DW-HDMI], device 0: DW HDMI [dw-hdmi-ahb-audio]
  Subdevices: 1/1
  Subdevice #0: subdevice #0
card 1: imxspdif [imx-spdif], device 0: S/PDIF PCM snd-soc-dummy-dai-0[]
  Subdevices: 1/1
  Subdevice #0: subdevice #0
card 2: imx6wandboardsg [imx6-wandboard-sgtl5000], device 0:HiFi sgtl5000-0 []
  Subdevices: 1/1
  Subdevice #0: subdevice #0
```

Wandboard에 탑재돼 있는 3개의 사운드 카드를 위 메시지에서 확인할 수 있으며, 사용하고자 하는 카드의 주소를 지정하기 위해 필요한 정보도 alsa-utils 프로그램에서 얻을 수 있다. 예를 들어, arecord 명령어를 사용해 HiFi sgtl5000-0 ID를 가진 사운드 카드 디바이스의 캡처 하드웨어 설정 리스트를 볼 수 있다.

```
root@wb:~# arecord -D hw:2 --dump-hw-params
Recording WAVE 'stdin' : Unsigned 8 bit, Rate 8000 Hz, Mono HW Params
of device "hw:2":
--------------------
ACCESS:  MMAP_INTERLEAVED RW_INTERLEAVED
```

```
FORMAT: S16_LE S24_LE S20_3LE
SUBFORMAT: STD
SAMPLE_BITS: [16 32]
FRAME_BITS: [16 64]
CHANNELS: [1 2]
RATE: [8000 96000]
PERIOD_TIME: (166 2048000)
PERIOD_SIZE: [16 16384]
PERIOD_BYTES: [128 65535]
PERIODS: [2 255]
BUFFER_TIME: (333 4096000)
BUFFER_SIZE: [32 32768]
BUFFER_BYTES: [128 65536]
TICK_TIME: ALL
--------------------
arecord: set_params:1233: Sample format non available
Available formats:
- S16_LE
- S24_LE
- S20_3LE
```

이 카드의 오디오 믹서를 표시하려면 아래와 같은 명령어를 사용해야 한다.

```
root@wb:~# alsamixer -c imx6wandboardsg
```

사운드 카드의 내부 믹서에 접근할 수 있는 alsamixer 명령어는 카드를 지정하기 위해 아래 두 가지 형태로 사용된다.

```
root@wb:~# alsamixer -c 2
root@wb:~# alsamixer -D hw:2
```

-c 옵션은 카드 번호(혹은 식별자)를 지정하기 위해 사용하고, -D 옵션은 디바이스 식별자를 지정하기 위해 사용된다는 점에 유의하자. 디폴트 오디오 디바이스를 재정의하기 위

해 간단한 트릭을 사용하면 이 옵션들을 생략할 수 있다. 실제로 모든 명령어에서 옵션을 지정하지 않으면 디폴트 디바이스를 열고, 디폴트 오디오를 재정의한다. 이를 위해 .asoundrc 파일(혹은 시스템 버전인 /etc/asound.conf 파일)을 사용해 아래와 같은 값을 설정할 수 있다.

```
pcm.!default {
    type hw
    card 2
}
ctl.!default {
    type hw
    card 2
}
```

지금부터는 -c나 -D 옵션이 없는 모든 명령어를 디폴트로 카드 번호 2를 지정한다. 예를 들어, 아래와 같은 명령어는 두 번째 디바이스에서 오디오를 재생할 것이다.

```
root@wb:~# aplay tone-sine-1000hz.wav
```

이제 alsamixer man 페이지의 MIXER VIEWS 부분을 자세히 살펴보자. 실제로 이 부분은 믹서가 표준 터미널에서 어떻게 렌더링^{rendering}되는지와 믹서를 어떻게 관리하는지를 매우 잘 설명하고 있다.

믹서 뷰

alsamixer 좌상단은 카드 이름과 믹서 칩 이름, 현재 뷰 모드, 현재 선택된 믹서 아이템 등 기본 정보를 보여준다. 믹서 아이템이 꺼져 있을 때는 이름에 [off]가 표시된다.

볼륨 바^{volume bar}는 기본 정보 영역의 밑에 있다. 단일 화면에 모든 컨트롤을 표시할 수 없다면 왼쪽/오른쪽으로 스크롤할 수 있다. 각 컨트롤의 이름은 볼륨 바 아래 영역에 보여진다. 현재 선택된 아이템은 빨간색으로 강조 표시된다.

볼륨 기능이 있는 각 믹서 컨트롤은 박스와 해당 박스를 채운 현재 볼륨을 표시한다. 볼륨 퍼센트는 좌/우 채널에 대해 볼륨 바 밑에 표시된다. 모노 컨트롤의 경우에는 1개의 값만 표시된다.

믹서 컨트롤이 꺼져 있을 때 M(조용히, mute)이 볼륨 바 밑에 나타난다. 믹서 컨트롤이 켜지면 녹색의 O가 대신 나타난다. m 키를 사용해 스위치할 수 있다.

믹시 컨트롤에 캡처 기능을 있는 경우, 캡처 플래그가 볼륨 비 밑에 나타난다. 캡처가 꺼지면 −−−−−, 켜지면 빨간색의 CAPTURE가 나타난다. 또한 왼쪽 채널과 오른쪽 채널이 켜졌다는 것을 나타내기 위해 왼쪽과 오른쪽에 L과 R 문자가 표시된다.

일부 컨트롤은 열거^{enumeration} 리스트를 가지며, 박스로 보이지 않고 대신 현재 활성화된 아이템을 나타내는 문자열을 표시한다. 이 아이템은 위/아래 키로 변경할 수 있다.

아래 그림은 alsamixer 명령어를 실행했을 때 볼 수 있는 HiFi sgtl5000−0 사운드 카드 디바이스 정보다.

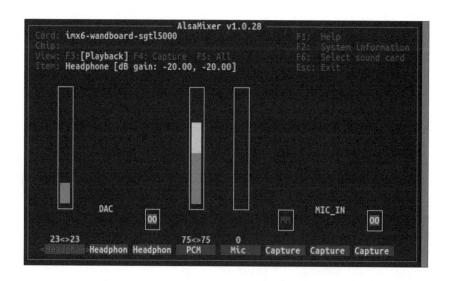

alsamixer 도구는 직접 사운드 카드의 믹싱 컨트롤을 관리할 때 매우 유용하다. 그러나 스크립트로 믹싱 컨트롤을 수정할 수 있는 더 유연한 믹서 도구도 존재하는데, 이것이 바로 amixer다. 이 도구는 man 페이지에 서명된 것처럼 명령어 라인에서 사용하도록 설계됐다.

설명

amixer는 ALSA 사운드 카드 드라이버용 믹서를 명령어 라인으로 제어하게 한다. amixer는 여러 사운드 카드를 지원한다.

옵션 없이 amixer를 실행하면 디폴트 사운드 카드와 디바이스의 현재 믹서 설정을 보여준다. 이 방식은 사용할 수 있는 간단한 믹서 컨트롤의 리스트를 볼 수 있는 좋은 방법이다.

amixer 명령어를 이전에 했던 것처럼 Wandboard의 같은 사운드 카드에서 실행하면, 아래의 출력과 비슷하게 카드의 컨트롤 리스트를 볼 수 있다.

```
root@wb:~# amixer -c 2 scontrols
Simple mixer control 'Headphone',0
Simple mixer control 'Headphone Mux',0
Simple mixer control 'Headphone Playback ZC',0
Simple mixer control 'PCM',0
Simple mixer control 'Mic',0
Simple mixer control 'Capture',0
Simple mixer control 'Capture Attenuate Switch (-6dB)',0
Simple mixer control 'Capture Mux',0
Simple mixer control 'Capture ZC',0
```

그리고 아래와 같은 명령어를 사용해 PCM 컨트롤의 현재 설정된 값을 얻을 수 있고, 그 값을 변경할 수도 있다.

```
root@wb:~# amixer -c 2 sget 'PCM'
Simple mixer control 'PCM',0
```

```
   Capabilities: pvolume
   Playback channels: Front Left - Front Right
   Limits: Playback 0 - 192
   Mono:
   Front Left: Playback 144 [75%]
Front Right: Playback 144 [75%]

root@wb:~# amixer -c 2 sset 'PCM' 25,25
Simple mixer control 'PCM',0
   Capabilities: pvolume
   Playback channels: Front Left - Front Right
   Limits: Playback 0 - 192
   Mono:
   Front Left: Playback 25 [13%]
   Front Right: Playback 25 [13%]
```

 25, 25 쌍을 지정하면 왼쪽과 오른쪽 채널을 한 번에 설정할 수 있다.

다른 유용한 도구는 speaker-test로 핑크 노이즈[pink noise]나 사인파[sine wave], 인간의 목소리 등의 테스트 신호를 생성해 사운드 카드를 테스트하는 데 사용할 수 있다. 간단한 예제로서 아래와 같은 명령어로 1kHz의 사인파를 재생해 HiFi sgtl5000-0 디바이스를 테스트할 수 있다.

```
root@wb:~# speaker-test -D hw:2 --test sine --frequency 1000 --nloops 1
--channels 2
speaker-test 1.0.28
Playback device is hw:2
Stream parameters are 48000Hz, S16_LE, 2 channels
Sine wave rate is 1000.0000Hz
Rate set to 48000Hz (requested 48000Hz)
Buffer size range from 64 to 16384
```

```
Period size range from 32 to 8192
Using max buffer size 16384
Periods = 4
was set period_size = 4096
was set buffer_size = 16384
  0 - Front Left
  1 - Front Right
Time per period = 5.647299
```

처음으로 되돌아가보면, aplay를 사용해 오디오 파일을 재생할 수 있었다. 실제로 WAV 파일을 아래와 같이 재생할 수 있다.

```
root@wb:~# aplay -D hw:2 tone-sine-1000hz.wav
Playing WAVE 'tone-sine-1000hz.wav' : Signed 16 bit Little Endian, Rate 44100
Hz, Stereo
```

 이 WAV 파일은 이 책의 예제 코드 저장소에 있는 chapter_15/tone-sine-1000hz.wav다.

한편, 아래와 같은 명령어를 사용해 Ctrl + C를 누를 때까지 사운드 파일을 저장할 수 있다.

```
root@wb:~# arecord -D hw:2 --rate=44100 --format S16_LE mic.wav
Recording WAVE 'mic.wav' : Signed 16 bit Little Endian, Rate 44100 Hz, Mono
```

 저장 시간을 –d 옵션으로 지정할 수도 있다.

MIC 입력으로 들어온 오디오를 저장하려면 위 명령어를 수행하기 전에 믹서를 아래와 같이 설정해야 한다.

```
root@wb:~# amixer -c 2 sget 'Mic'
Simple mixer control 'Mic',0
  Capabilities: volume volume-joined
  Playback channels: Mono
  Capture channels: Mono
 Limits: 0 - 3
  Mono: 3 [100%] [40.00dB]

root@wb:~# amixer -c 2 sget 'Capture'
Simple mixer control 'Capture',0
  Capabilities: cvolume
  Capture channels: Front Left - Front Right
  Limits: Capture 0 - 15
  Front Left: Capture 12 [80%]
Front Right: Capture 12 [80%]

root@wb:~# amixer -c 2 sget 'Capture Mux'
Simple mixer control 'Capture Mux',0
  Capabilities: enum
  Items: 'MIC_IN' 'LINE_IN'
  Item0: 'MIC_IN'

root@wb:~# amixer -c 2 sget 'Mic' 'Capture Mux'
Simple mixer control 'Mic',0
  Capabilities: volume volume-joined
  Playback channels: Mono
  Capture channels: Mono
  Limits: 0 - 3
  Mono: 3 [100%] [40.00dB]
```

이 절을 끝내기 전에 이 명령들의 흥미로운 사용법 하나를 설명하면, 현재 녹음하는 것을 직접 들을 수 있도록 동시에 이 두 명령어를 사용할 수도 있다.

```
root@wb:~# arecord -D hw:2 --rate=44100 --format S16_LE --channels=2 | \
          aplay -D hw:2 --rate=44100 --format S16_LE
Recording WAVE 'stdin' : Signed 16 bit Little Endian, Rate 44100 Hz, Stereo
Playing WAVE 'stdin' : Signed 16 bit Little Endian, Rate 44100 Hz, Stereo
```

 모노 입력을 2개의 채널로 변환하기 위해 --channels=2를 사용한다는 점에 유의하자. 그렇지 않을 경우, 헤드폰에서 한쪽 채널의 소리만 들릴 것이다.

Madplay

aplay와 arecord 프로그램은 하드웨어 관련 (그리고 기본) 사운드 포맷만 지원한다. 예를 들어, MP3 파일을 재생하면 아래와 같은 에러가 발생한다.

```
root@wb:~# aplay -D hw:2 tone-sine-1000hz.mp3
Playing raw data 'tone-sine-1000hz.mp3' : Unsigned 8 bit, Rate 8000Hz, Mono
aplay: set_params:1233: Sample format non available
Available formats:
- S16_LE
- S24_LE
- S20_3LE
```

 이 MP3 파일은 이 책의 예제 코드 저장소에 있는 chapter_15/tone-sine-1000hz.mp3다.

aplay 명령어는 MP3 파일 포맷을 인식하지 못한다. 이 문제를 해결하기 위해 madplay 라는 유용한 도구를 사용할 수 있고, 이 도구는 같은 이름의 패키지 안에 있다.

madplay를 사용해 MP3 파일을 재생할 수 있다. 그러나 쉽지는 않다. 실제로 아래와 같은 명령어를 사용하면 대부분 스피커에서 어떤 소리도 나지 않을 것이다.

```
root@wb:~# madplay tone-sine-1000hz.mp3
```

---

madplay 유틸리티는 파일 재생 시 사용자가 어떤 사운드 카드를 사용할지 지정할 수 없도록 하기 때문이다. 이 유틸리티는 언제나 시스템에 정의된 디폴트 사운드 기드를 사용한다. 이를 해결하기 위해 madplay의 출력을 stdout 파이프로 보내는 아래와 같은 명령어를 사용한 후 aplay를 사용해 이 오디오 스트림을 올바른 오디오 디바이스로 보낼 수 있다.

```
root@wb:~# madplay tone-sine-1000hz.mp3 -o wave:- | aplay -D hw:2
MPEG Audio Decoder 0.15.2 (beta) - Copyright (C) 2000-2004 Robert Leslie et al.
Playing WAVE 'stdin' : Signed 16 bit Little Endian, Rate 44100 Hz, Stereo
```

/etc/asound.conf 파일로 이전에 사용했던 트릭은 madplay에서는 동작하지 않는데, 그 이유는 madplay가 해당 파일을 사용하지 않기 때문이다.

 madplay 명령어의 홈페이지는 http://www.underbit.com/products/mad/다.

Mplayer

거의 모든 오디오(그리고 비디오) 파일 포맷을 재생할 수 있는 또 다른 유용한 도구는 mplayer다. 이 프로그램은 mplayer2 패키지에 있고, 다른 패키지 설치 방식과 같이 설치할 수 있다.

해당 패키지 설치가 완료된 후 패키지가 어떻게 동작하는지 보려면 man 페이지(매우 길다)를 확인하자. 간단한 예제로 Wandboard에서 M4A 파일을 재생하려면, 아래와 같은 명령어를 사용해야 한다.

```
root@wb:~# mplayer --ao=alsa:device=hw=2 tone-sine-1000hz.m4a
```

 이 M4A 파일은 이 책의 예제 코드 저장소에 있는 chapter_15/tone-sine-1000hz.m4a 파일이다.

아래 수많은 다른 명령어와 여러 사용법을 가진 mplayer man 페이지의 일부를 살펴 보자.

```
mplayer [options] [file|URL|playlist|-]
mplayer [options] file1 [specific options] [file2] [specific options]
mplayer [options] {group of files/options} [group-specific options]
mplayer [br]://[title][/device] [options]
mplayer [dvd|dvdnav]://[title|[start_title]-end_title][/device][opts]
mplayer vcd://track[/device]
mplayer tv://[channel][/input_id] [options]
mplayer radio://[channel|frequency][/capture] [options]
mplayer pvr:// [options]
mplayer dvb://[card_number@]channel [options]
mplayer mf://[filemask|@listfile] [-mf options] [options]
mplayer [cdda|cddb]://track[-endtrack][:speed][/device] [options]
mplayer cue://file[:track] [options]
mplayer [file|mms[t]|http|http_proxy|rt[s]p|ftp|udp|unsv|icyx|noicyx|s
mb]:// [user:pass@]URL[:port] [options]
mplayer sdp://file [options]
mplayer mpst://host[:port]/URL [options]
mplayer tivo://host/[list|llist|fsid] [options]
```

마지막으로 mplayer는 ALSA 설정 파일인 /etc/asound.conf에 영향을 받는다. 따라서 이전에 이 파일을 정의하면 --ao 옵션 없이 이 명령어를 실행하더라도 정상적으로 실행될 것이다.

 mplayer의 홈페이지는 http://www.mplayerhq.hu다.

SoX

마지막으로 살펴볼 도구는 SoX^{Swiss Army knife of audio manipulation}로, 같은 이름의 패키지에 있다. 이 도구가 설치되면 man 페이지를 볼 수 있는데, 이 곳에서 이 도구로 오디오 파일 재생이 가능하고, 조작도 가능하다는 것을 알 수 있다. 아래 man 페이지의 일부를 참고하자.

SoX는 대부분의 유명한 포맷의 오디오 파일을 읽고 쓰며, 옵션으로 효과를 줄 수도 있다. 여러 입력 소스를 결합하고 오디오를 합성할 수 있으며, 많은 시스템에서 범용 오디오 재생기나 멀티 트랙 오디오 녹음기로 동작한다. 또한 입력을 여러 출력 파일로 분리할 수 있는 제한된 기능도 갖고 있다.

모든 SoX 기능은 sox 명령어로 사용할 수 있다. 오디오 재생과 녹음을 단순화하기 위해 SoX가 재생으로 설정되면 출력 파일은 자동으로 디폴트 사운드 디바이스가 되도록 설정되며, 녹음으로 설정되면 디폴트 사운드 디바이스는 입력 소스로 사용된다.

추가로 soxi(1) 명령어는 오디오 파일 헤더 정보를 알기 위한 편리한 방식을 제공한다.

SoX의 꽃은 libSoX라고 불리는 라이브러리다. SoX를 확장하거나 다른 프로그램에서 사용하려면 libSoX 매뉴얼 페이지 libsox(3)를 참고하자.

SoX는 빠르고 간단한 편집 및 배치 처리에 적합한 명령어 라인 오디오 처리 도구며, 만약 상호작용할 수 있는 시각적인 오디오 편집기가 필요하면 audacity(1)을 사용하자.

위 설명에서 볼 수 있듯이, sox는 오디오 파일을 조작하기 위해 수많은 방식으로 사용할 수 있다. 간단한 예로 일반적인 사용법 몇 가지를 살펴보자.

먼저 아래와 같은 명령어를 사용해, 지원되는 오디오 파일 포맷을 재생해보자.

```
root@wb:~# sox tone-sine-1000hz.wav -t alsa hw:2
tone-sine-1000hz.wav:

 File Size: 1.76M Bit Rate: 1.41M
   Encoding: Signed PCM
   Channels: 2 @ 16-bit
   Samplerate: 44100Hz
   Replaygain: off
   Duration: 00:00:10.00
In:78.9% 00:00:07.89 [00:00:02.11] Out:348k [====|====] Hd:2.4 Clip:0
```

 디폴트 오디오 디바이스를 정의하는 /etc/asound.conf를 사용하면 hw:2를 생략하거나 −d 옵션을 직접 사용할 수 있다.

명령어를 사용할 때는 옵션 순서가 중요하다. 실제로 필수가 아닌 옵션을 제외하면 명령 형식은 아래와 같다.

```
sox infile1 [[infile2] ...] outfile
```

이전 명령어에서 infile1 인자는 tone−sine−1000hz.wav고, outfile은 −t alsa hw:2, 즉 사운드 디바이스다. 실제로 일반 파일을 지정하면 sox는 오디오 입력 파일을 출력 파일 확장자에 따라 다른 파일로 생성할 것이다. 예를 들어, 아래와 같은 명령어는 WAV 파일을 Sun/NeXT 오디오 데이터 파일로 변환한다.

```
root@wb:~# sox tone-sine-1000hz.wav tone-sine-1000hz.au
root@wb:~# file tone-sine-1000hz.au
tone-sine-1000hz.au: Sun/NeXT audio data: 16-bit linear PCM, stereo, 44100 Hz
```

 입력된 파일의 확장자가 없다면, 아래와 같이 -t 옵션 인자를 사용해 오디오 파일을 만들 수 있다.

```
root@wb:~# sox tone-sine-1000hz.wav -t au tone-sine-1000hz
root@wb:~# file tone-sine-1000hz
tone-sine-1000hz: Sun/NeXT audio data: 16-bit linear PCM, stereo,
44100 Hz
```

sox는 특정 오디오 파일을 생성하는 데도 사용할 수 있다. 예를 들어, 아래 8kHz, 16비트로 샘플링되며, 100에서 1000Hz 사인파를 포함하는 5.5초 길이의 오디오 파일을 생성하는 명령어를 살펴보자.

```
root@wb:~# sox -r 8000 -e unsigned -b 16 -n output.wav synth 00:00:05.5 sine
100-1000
root@wb:~# file output.wav
output.wav: RIFF (little-endian) data, WAVE audio, Microsoft PCM, 16bit, mono
8000 Hz
```

그리고 이 파일은 아래와 같은 명령어로 재생할 수 있다.

```
root@wb:~# sox output.wav -t alsa hw:2
output.wav:
```

```
File Size: 88.0k Bit Rate: 128k
Encoding: Signed PCM
Channels: 1 @ 16-bit
Samplerate: 8000Hz
Replaygain: off
Duration: 00:00:05.50
In:100% 00:00:05.50 [00:00:00.00] Out:44.0k [ | ]
Hd:0.0 Clip:0
Done.
```

아래와 같은 명령어로 이 파일의 스펙트로그램spectrogram을 표시할 수도 있다.

```
root@wb:~# sox output.wav -n spectrogram
```

출력 그래프는 아래와 같다.

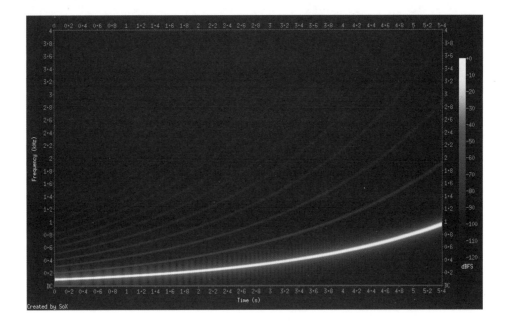

SoX는 오디오 파일을 믹싱할 수도 있다. 이번에는 500에서 2kHz 주파수를 갖는 또 다른 파일을 생성하고, 이 파일을 아래와 같은 명령어로 믹싱하면 다음 그림의 스펙트로그램을 얻을 수 있다.

```
root@wb:~# sox -r 8000 -e unsigned -b 16 -n output2.wav synth 00:00:05.5 sine 500-2000
root@wb:~# sox --combine mix output.wav output2.wav output-mix.wav
root@wb:~# sox output-mix.wav -n spectrogram
```

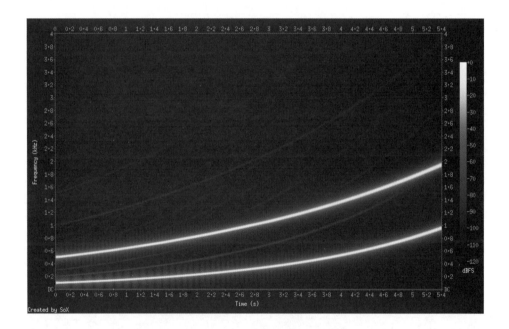

믹싱된 오디오 파일을 들어보면 원본들이 서로 섞여 있다는 것을 확인할 수 있다. 그러나 오디오가 모노다. 하지만 걱정하지 마라! SoX는 아래와 같은 명령어로 모노를 스테레오로 바꿀 수 있다.

```
root@wb:~# sox output-mix.wav -c 2 output-mix-stereo.wav
```

그리고 파일을 듣거나 새로운 스펙트로그램을 생성해보자.

```
root@wb:~# sox output-mix-stereo.wav -n spectrogram
```

아래와 같은 출력 그림이 있다.

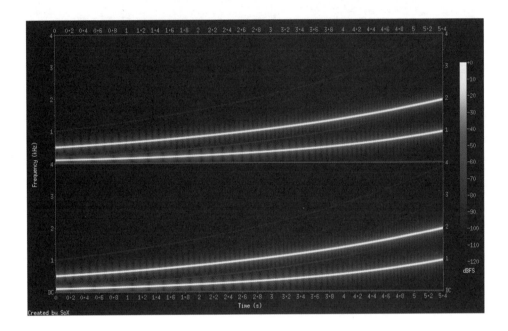

또한 아래와 같은 두 파일을 믹싱하지 않고 한 채널에 1개씩 2개의 원본 파일을 결합할 수도 있다.

```
root@wb:~# sox --combine merge output.wav output2.wav output-mer.wav
```

그리고 위 결과물의 스펙트로그램은 아래와 같다.

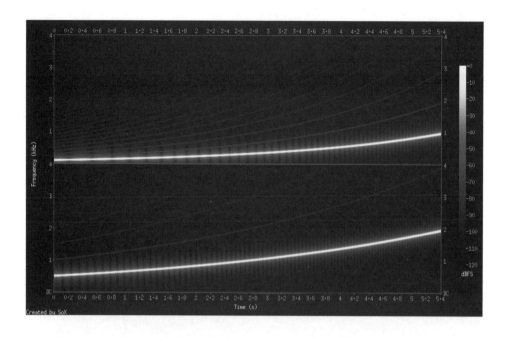

반대의 동작, 즉 스테레오에서 모노로 변환하는 것도 여러 방식으로 할 수 있다.

- 두 채널의 평균을 사용

```
root@wb:~# sox output-mer.wav output-mono.wav remix 1-2
```

- 한 번에 한 채널을 사용

```
root@wb:~# sox output-mer.wav output-mono.wav remix 1
root@wb:~# sox output-mer.wav output-mono.wav remix 2
```

 마지막 파일의 스펙트로그램은 이전 그림의 복사판이므로 표시하지 않는다.

오디오 신호를 녹음하기 위해 아래와 같은 명령어를 사용할 수 있다.

```
root@wb:~# sox --rate=44100 --channels=1 -t alsa hw:2 mic.wav trim 0 10
Input File      : 'hw:2' (alsa)
Channels     : 1
Sample Rate  : 44100
Precision       : 16-bit
Sample Encoding: 16-bit Signed Integer PCM
In:0.00% 00:00:10.03 [00:00:00.00] Out:441k [ ===|=== ] Hd:4.6 Clip:0
Done.
```

 명령 끝의 trim 0 10 효과는 10초 동안 녹음하기 위한 트릭으로 사용됐고, 이 옵션을 넣지 않으면 Ctrl + C를 눌러야 한다.

이제 이 녹음된 파일로 재미있는 작업을 할 수 있다. 먼저 잘못된 오디오 볼륨 수준을 발견한 경우, -v 옵션 인자를 사용해 볼륨을 높이거나 낮출 수 있다. 예를 들어, 아래와 같은 명령어로 파일을 재생하면서 볼륨을 낮출 수 있다.

```
root@wb:~# sox -v 0.1 mic.wav -t alsa hw:2
```

또는 샘플레이트를 변경할 수 있다.

```
root@wb:~# sox mic.wav --rate=8000 mic-8000.wav
sox WARN rate: rate clipped 36398 samples; decrease volume?
sox WARN dither: dither clipped 31940 samples; decrease volume?
root@wb:~# file mic-8000.wav
mic-8000.wav: RIFF (little-endian) data, WAVE audio, Microsoft PCM, 16bit, mono
8000 Hz
```

 경고는 클리핑(clipping)이 발생할 수도 있는 새로운 샘플링 레이트 때문이다.

그리고 재생 속도 변경이나 뒤로 재생을 할 수 있다.

```
root@wb:~# sox mic.wav -t alsa hw:2 speed 2.0
root@wb:~# sox mic.wav -t alsa hw:2 reverse
```

옵션들이 많아 여러 변경을 적용해볼 수 있다.

 SoX의 홈페이지는 http://sox.sourceforge.net다.

▌ USB 오디오 디바이스 클래스

USB 오디오 디바이스 클래스는 특별한 오디오 디바이스 클래스로, 오디오를 스트리밍할 수 있는 디바이스다. 이 클래스는 단일 드라이버가 시중의 다양한 USB 사운드 디바이스 및 인터페이스와 동작한다는 점에서 매우 중요하다(그러나 많은 USB 사운드 카드는 표준을 따르지 않으므로 제조사의 드라이버가 필요하다). 리눅스 커널은 이 디바이스 클래스와 드라이버를 지원한다. 동작 중인 커널에서 이 클래스가 활성화되지 않았다면 커널 설정 메뉴의 Device Drivers ❯ Sound card support ❯ Advanced Linux Sound Architecture ❯ USB sound devices ❯ USB Audio/MIDI driver 항목을 활성화해야 한다.

이 디바이스 중 하나를 비글본 블랙에 연결해보자. 이 클래스 디바이스는 인터넷상에서 쉽게 찾을 수 있으며, 다음 예제에서는 아래 이미지의 디바이스를 사용할 것이다.

디바이스가 임베디드 보드에 연결되면, 아래와 같은 커널 메시지를 볼 수 있다.

```
usb 1-1: new full-speed USB device number 2 using musb-hdrc
usb 1-1: New USB device found, idVendor=0d8c, idProduct=013c
usb 1-1: New USB device strings: Mfr=1, Product=2, SerialNumber=0
usb 1-1: Product: USB PnP Sound Device
input: USB PnP Sound Device as /devices/platform/ocp/47400000.usb/ 474
01c00.usb/musb-hdrc.1.auto/usb1/1-1/1-1:1.3/0003:0D8C:013C.0001/input/input1
hid-generic 0003:0D8C:013C.0001: input,hidraw0: USB HID v1.00 Device [
USB PnP Sound Device] on usb-musb-hdrc.1.auto-1/input3
usbcore: registered new interface driver snd-usb-audio
```

 이 디바이스는 오디오 디바이스와 입력 디바이스를 구현하고 있어 꽤 완벽하다. 이 입력 디바이스는 볼륨을 변경하거나 스피커 음소거를 위한 특별한 동작 버튼으로서 추가적인 기능을 지원하는 데 사용된다.

이제 aplay 명령어를 사용해 새로운 디바이스를 살펴보자.

```
root@bbb:~# aplay -l
**** List of PLAYBACK Hardware Devices ****
card 1: Device [USB PnP Sound Device], device 0: USB Audio [USB Audio]
  Subdevices: 1/1
  Subdevice #0: subdevice #0
```

그리고 alsamixer 도구를 사용해 아래와 같이 믹서 설정을 살펴보자.

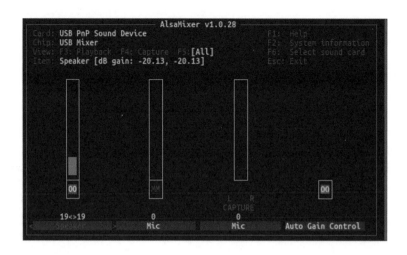

이 디바이스는 매우 간단하기 때문에 위에 표시된 믹싱 컨트롤이 이 디바이스에서 사용할 수 있는 컨트롤의 전부다. 또 다른 컨트롤 검증 방법은 아래와 같이 amixer 도구를 사용하는 것이다.

```
root@bbb:~# amixer -c 1 scontrols
Simple mixer control 'Speaker',0
```

```
Simple mixer control 'Mic',0
Simple mixer control 'Auto Gain Control',0
```

▌ 사운드 디바이스 관리

이제 사운드 디바이스를 관리하는 방법과 CPU 오디오 인터페이스를 직접 사용해 시스템에 오디오 코덱을 추가하는 방법을 살펴볼 시간이다.

오디오 코덱 추가

코덱을 임베디드 보드와 어떻게 연결하는지 설명하기 위해 WM8731 칩을 기반으로 하는 아래 이미지의 개발 보드를 사용할 수 있다.

> ⓘ 이 디바이스는 http://www.cosino.io/product/audio-codec-i2si2c 사이트나 인터넷 서핑을 통해 구매할 수 있다. 이 디바이스의 데이터 시트는 http://download.mikroe.com/documents/add-on-boards/other/audio-and-voice/audio-codec-proto/audio-codec-proto-manual-v100.pdf에서 찾을 수 있고, WM8731 코덱 칩의 데이터 시트는 here: https://www.cirrus.com/jp/pubs/proDatasheet/WM8731_v4.9.pdf다.

이 디바이스 테스트를 위해 SAMA5D3 Xplained를 사용하며, 보드를 연결하기 위해 필요한 회로는 아래와 같다.

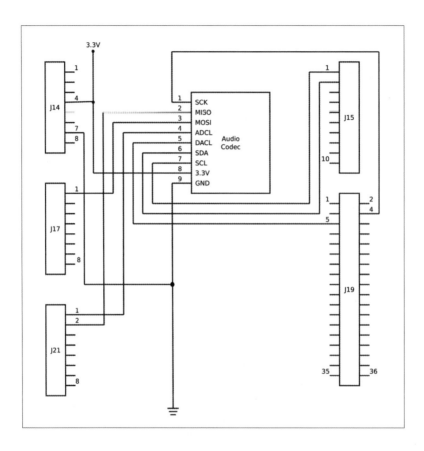

그리고 SAMA5D3 Xplained의 DTS 파일에 아래 내용을 수정해야 한다.

```
--- a/arch/arm/boot/dts/at91-sama5d3_xplained.dts
+++ b/arch/arm/boot/dts/at91-sama5d3_xplained.dts
@@ -61,6 +61,12 @@
        status = "okay";
    };
+           ssc0: ssc@f0008000 {
+               pinctrl-0 = <&pinctrl_ssc0_tx &pinctrl_ssc0_rx>;
```

```
+                status = "okay";
+            };
+
+

            can0: can@f000c000 {
                status = "okay";
};
@@ -68,6 +74,11 @@
        i2c0: i2c@f0014000 {
                pinctrl-0 = <&pinctrl_i2c0_pu>;
                status = "okay";
+
+                wm8731: wm8731@1a {
+                    compatible = "wm8731";
+                    reg = <0x1a>;
+                };
        };
        i2c1: i2c@f0018000 {
@@ -333,4 +344,17 @@
                gpios = <&pioE 24 GPIO_ACTIVE_HIGH>;
        };
    };
+
+ sound {
+     compatible = "atmel,sam9x5-wm8731-audio";
+     atmel,model = "wm8731 @ SAMA5D3 Xplained";
+     atmel,audio-routing =
+         "Headphone Jack", "RHPOUT",
+         "Headphone Jack", "LHPOUT",
+         "LLINEIN", "Line In Jack",
+         "RLINEIN", "Line In Jack";
+
+     atmel,ssc-controller = <&ssc0>;
+     atmel,audio-codec = <&wm8731>;
+ };
};
```

이 패치는 이 책의 예제 코드 저장소에 있는 chapter_15/audio-codecwm8731.patch 파일이다.

이 패치에서 오디오 데이터 교환을 위해 CPU가 사용하는 오디오 인터페이스인 ssc0 디바이스를 활성화했고, I²C 버스 i2c0의 0x1a 번지에 새로운 칩을 정의했다(이 연결은 믹서 설정과 다른 설정 컨트롤을 제어하기 위해 사용된다). 마지막 단계로 scc0과 WM8731을 연결하는 sound 부분을 정의했다. 특별한 커널 코드가 이 마지막 부분을 읽고, 커널에 새로운 오디오 디바이스를 실제로 정의하게 된다.

이 연결glue 코드는 디바이스마다 다르므로 시스템에서 사용하고자 하는 코덱마다 특정 파일이 필요하다. 이 예제에서는 SSC 드라이버고, sound/soc/atmel/atmel_ssc_dai.c 파일인 CPU의 오디오 인터페이스의 드라이버와 이 예제에서 sound/soc/codecs/wm8731.c 파일인 코덱의 드라이버를 연결해 사운드 드라이버를 올바르게 설정하는 것이 필요하다. 다행히 이 특별한 코드가 커널 트리에 sound/soc/atmel/sam9x5_wm8731.c로 이미 존재한다. 아래 sam9x5_wm8731_driver_probe( ) 함수의 관련 부분을 살펴보자.

```
card->dev = &pdev->dev;
card->owner = THIS_MODULE;
card->dai_link = dai;
card->num_links = 1;
card->dapm_widgets = sam9x5_dapm_widgets;
card->num_dapm_widgets = ARRAY_SIZE(sam9x5_dapm_widgets);
dai->name = "WM8731";
dai->stream_name = "WM8731 PCM";
dai->codec_dai_name = "wm8731-hifi";
dai->init = sam9x5_wm8731_init;
dai->dai_fmt = SND_SOC_DAIFMT_DSP_A | SND_SOC_DAIFMT_NB_NF
        | SND_SOC_DAIFMT_CBM_CFM;

ret = snd_soc_of_parse_card_name(card, "atmel,model");
```

```
if (ret) {
    dev_err(&pdev->dev, "atmel,model node missing\n");
    goto out;
}

ret = snd_soc_of_parse_audio_routing(card, "atmel,audio-routing");

if (ret) {
    dev_err(&pdev->dev, "atmel,audio-routing node missing\n");
    goto out;
}

codec_np = of_parse_phandle(np, "atmel,audio-codec", 0);
if (!codec_np) {
    dev_err(&pdev->dev, "atmel,audio-codec node missing\n");
    ret = -EINVAL;
    goto out;
}

dai->codec_of_node = codec_np;

cpu_np = of_parse_phandle(np, "atmel,ssc-controller", 0);
if (!cpu_np) {
    dev_err(&pdev->dev, "atmel,ssc-controller node missing\n");
    ret = -EINVAL;
    goto out;
}
dai->cpu_of_node = cpu_np;
dai->platform_of_node = cpu_np;

priv->ssc_id = of_alias_get_id(cpu_np, "ssc");

ret = atmel_ssc_set_audio(priv->ssc_id);
if (ret != 0) {
    dev_err(&pdev->dev,
        "ASoC: Failed to set SSC %d for audio: %d\n",
```

```
        ret, priv->ssc_id);
    goto out;
}
of_node_put(codec_np);
of_node_put(cpu_np);

ret = snd_soc_register_card(card);
if (ret) {
    dev_err(&pdev->dev,
        "ASoC: Platform device allocation failed\n");
    goto out_put_audio;
}
dev_dbg(&pdev->dev, "ASoC: %s ok\n", __func__);
return ret;
```

탐색probing 코드는 먼저 드라이버의 이름과 스트림과 디지털 오디오 인터페이스DAI, 디지털 인터페이스 포맷 등 몇 가지 기본 설정을 정의한다. 그리고 snd_soc_of_parse_card_name( )과 snd_soc_of_parse_audio_routing( ), of_parse_phandle( ) 함수를 사용해 이전에 sound 부분에서 정의했던 DTS 설정을 파싱한다. 마지막으로 snd_soc_register_card( )를 호출해 새로운 사운드 카드를 시스템에 등록한다.

이제 커널을 재컴파일하고, 설치한 후 재시작해야 한다. 모든 것이 정상 동작한다면, 부팅 시 아래와 같은 커널 메시지를 볼 수 있다.

```
sam9x5-snd-wm8731 sound: wm8731-hifi <-> f0008000.ssc mapping ok
...
ALSA device list:
#0: wm8731 @ SAMA5D3 Xplained
```

아래와 같은 에러가 발생할 수도 있다.

```
ssc f0008000.ssc: Missing dma channel for stream: 0
ssc f0008000.ssc: ASoC: pcm constructor failed: -22
sam9x5-snd-wm8731 sound: ASoC: can't create pcm WM8731 PCM :-22
sam9x5-snd-wm8731 sound: ASoC: failed to instantiate card -22
sam9x5-snd-wm8731 sound: ASoC: Platform device allocation failed
sam9x5-snd-wm8731: probe of sound failed with error -22
```

이 경우, 사운드 인터페이스용으로 최소 2개의 DMA 채널을 예약하기 위해 다른 일부 DMA 채널을 비활성화하면 문제가 해결된다. 이는 SPI 제어기처럼 DMA 채널 없이는 오디오가 동작하지 않기 때문이다. 패치는 아래와 같다.

```
--- a/arch/arm/boot/dts/at91-sama5d3_xplained.dts
+++ b/arch/arm/boot/dts/at91-sama5d3_xplained.dts
@@ -58,6 +58,7 @@
spi0: spi@f0004000 {
    cs-gpios = <&pioD 13 0>, <0>, <0>, <&pioD 1
    6 0>;
+    dmas = <0>, <0>; /* disable audio DMAs */
    status = "okay";
};
```

이제 아래와 같이 새로운 사운드 디바이스를 볼 수 있다.

```
root@a5d3:~# aplay -l
**** List of PLAYBACK Hardware Devices ****
card 0: Xplained [wm8731 @ SAMA5D3 Xplained], device 0: WM8731 PCM wm8731-
hifi-0 []
  Subdevices: 1/1
  Subdevice #0: subdevice #0
```

이제 헤드폰 출력을 위해 아래 amixer 명령어를 수행해야 한다.

```
root@a5d3:~# amixer sset 'Output Mixer HiFi' on
Simple mixer control 'Output Mixer HiFi',0
  Capabilities: pswitch pswitch-joined
  Playback channels: Mono
  Mono: Playback [on]
```

이세 오니오 파일을 재생할 준비가 끝났다.

```
root@a5d3:~# aplay tone-sine-1000hz.wav
Playing WAVE 'tone-sine-1000hz.wav' : Signed 16 bit Little Endian, Rate 44100
Hz, Stereo
```

오디오 톤이 보통보다 약간 높을 수도 있다. 이 경우, time 명령어를 사용해 정상인지 검증해야 한다.

```
Playing WAVE 'tone-sine-1000hz.wav' : Signed 16 bit Little Endian,
Rate 44100 Hz, Stereo
real 0m7.755s
user 0m0.220s
sys 0m0.040s
```

tone-sine-1000hz.wav 오디오 파일이 10초 길이이므로 위 메시지처럼 7.755초라면 무엇인가 잘못된 것이다. 이는 대부분 테스트를 위해 사용한 오디오 보드가 정상적인 12.288MHz 대신 16.9344MHz 탑재된 크리스털을 갖고 있기 때문이다. 따라서 이 경우, MCLK_RATE 정의를 아래와 같이 수정해 문제를 해결할 수 있다.

```
--- a/sound/soc/atmel/sam9x5_wm8731.c
+++ b/sound/soc/atmel/sam9x5_wm8731.c
@@ -32,7 +32,7 @@
```

```
#include "atmel_ssc_dai.h"
-#define MCLK_RATE 12288000
+#define MCLK_RATE 16934400
 #define DRV_NAME "sam9x5-snd-wm8731"
```

간단한 오실로스코프

이제 사운드 카드를 사용하는 환상적인 방법을 살펴보자. 사운드 카드는 기본적으로
DAC이므로 일반 오실로스코프처럼 사운드 카드를 사용해 전기 신호를 샘플링하고 보여
줄 수 있다고 추측할 수 있다. 물론 사운드 카드가 인간이 들을 수 있는 신호와 제한된 주
파수 영역에만 적합하도록 설계돼 있는 특정 회로를 갖고 있어 실제 오실로스코프를 에
뮬레이션할 수는 없다. 그러나 흥미로운 애플리케이션을 만들어볼 수는 있다.

예제로 오실로스코프를 구현하기 위해 Wandboard와 xoscope라는 특별한 프로그램을
사용할 수 있다. 또한 Wandboard의 ALSA imx6wandboardsg 디바이스를 OSS 디바
이스로 인식하게 하는 래퍼^{wrapper}로 사용하는 도구가 필요하다. 이는 xoscope 프로그램
이 약간 오래돼 디폴트로 ALSA API를 지원하지 않기 때문이다. aoss 도구는 alsa-oss
패키지에 있고, 필요 프로그램을 설치하려면 아래와 같은 명령어를 사용해야 한다.

```
root@wb:~# aptitude install alsa-oss xoscope
```

설치가 끝나면 aoss의 man 페이지를 통해 이 도구의 사용법을 볼 수 있다(아래 도움말 일
부 참고)

> aoss는 ALSA OSS 호환 라이브러리를 사용할 수 있게 해주는 간단한 스크립
> 트다. 이 스크립트는 적절한 LD_PRELOAD를 설정하고 명령어를 실행한다.

이 스크립트는 라우팅 설정(.asoundrc 파일에서 설정할 수 있는)이 OSS API를 사용하는 명령어에 적용돼야 할 때 유용하다.

asoundrc 설정의 예제

```
pcm.dsp0 { type plug slave.pcm "hw:0,0" }
```

혹은

```
pcm.dsp0 { type plug slave.pcm "dmix" }
```

위 설정 예제에서 pcm.dsp0 정의는 /dev/dsp0 호출을 감추기 위해 사용된다. 또한 pcm.dsp1, pcm.dsp2 등을 사용해 /dev/dsp1, /dev/dsp2 등의 사용을 감출 수도 있다.

열어야 할 PCM 이름은 명시적으로 ALSA_OSS_PCM_DEVICE 환경 변수를 통해 제공될 수 있다. 이 값은 기본 dsp0보다 우선이다.

mmap 관련: aoss mmap 지원은 버그가 많다. OSS 디바이스 파일에 접근하는 mmap을 사용하는 애플리케이션을 사용하면 출력은 매번 다를 수 있다.

이 도구를 사용하기 위해서는 잘 알려진 .asoundrc 파일에 적합한 설정이 필요하다. 따라서 Wandboard에서 아래와 같은 명령어를 사용해 파일을 설정해야 한다.

```
root@wb:~# echo 'pcm.dsp0 { type plug slave.pcm "hw:2,0" }' > ~/.asoundrc
```

그리고 신호 소스를 Wandboard에 연결해야 한다. 이전에 한 것처럼 마이크를 연결하거나 잘 알려진 파형을 생성하는 다른 보드를 사용해도 된다. 예를 들어, USB 사운드 디바이스를 장착하고 있는 비글본 블랙을 사용해 비글본 블랙의 헤드폰 출력을 Wandboard의 MIC 입력으로 연결할 수 있다. 이때 SoX 도구를 사용해 100Hz 사인 파형을 생성할 수 있다.

```
root@bbb:~# sox -r 44100 -e signed -b 16 -n -t alsa hw:1 synth 01:00:00.0 sin
100
  Encoding: Signed PCM
  Channels: 1 @ 16-bit
  Samplerate: 44100Hz
  Replaygain: off
  Duration: unknown
In:0.00% 00:00:18.02 [00:00:00.00] Out:791k [!=====|=====!] Hd:0.0 Clip:291
```

 위 명령어에서 모든 테스트를 하기에 충분한 시간은 1시간으로 설정했다.

이제 준비가 끝났다. xoscope 프로그램은 아래와 같이 실행할 수 있다.

```
root@wb:~# aoss xoscope
```

 이 도구는 X 윈도우 프로토콜을 사용해 사용자 인터페이스의 차트에 마킹하므로 그래픽 환경에서 실행해야 한다. 그러나 이 책에서 그래픽 출력에 대해 사용한 적이 없기 때문에 xoscope의 GUI를 그리는 방법이 필요하다. SSH 터널을 사용해 Wandboard에서 호스트 PC로 네트워크를 통해 X 윈도우 프로토콜을 전달할 수 있다. 이를 위해 아래와 같이 −X 옵션 인자를 사용해 로그인할 수 있다(4장, '스크립트와 시스템 데몬을 사용한 빠른 프로그래밍' 참고)

```
$ ssh -X root@192.168.9.2
```

이 방식으로 그래픽이 있는 X 윈도우 호환 디스플레이가 필요한 모든 도구는 Wandboard 에서 실행되지만, 호스트 PC에서 그려질 수 있다.

준비가 완료되면 아래와 비슷한 그림을 볼 수 있다.

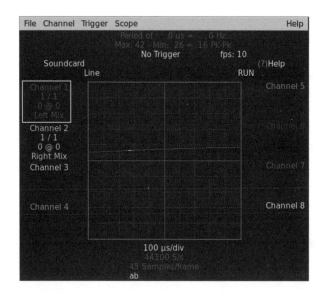

일반 오실로스코프처럼 사인파를 디스플레이에 고정시키려면 트리거^{trigger}를 사용해 시간 축을 조절해야 한다. 따라서 5ms/div가 될 때까지 Scope ▶ Slower Time Base 메뉴 엔트리를 사용하고, 트리거 활성화를 위해 Trigger ▶ Rising를 사용하자.

이제 아래와 같이 사인파가 고정되고, 잘 보여야 한다.

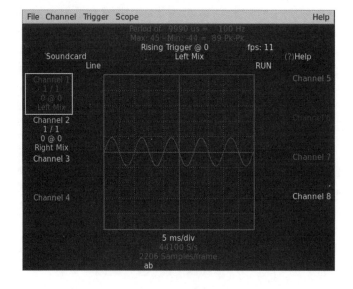

이제 이 오실로스코프의 설정을 변경하거나 다른 신호를 표시해보자. 예를 들어, 비글본 블랙에서 위 명령어를 멈추고 아래와 같은 명령어를 실행하면 구형파square waveform를 볼 수 있다.

```
root@bbb:~# sox -r 44100 -e signed -b 16 -n
                -t alsa hw:1 synth 01:00:00.0 square 100
```

그리고 디스플레이는 아래 그림처럼 보일 것이다.

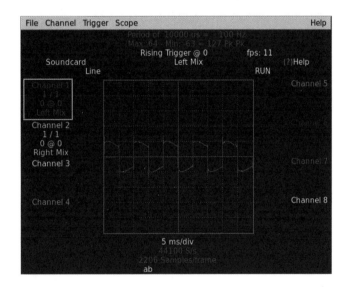

 구형파가 정확하게 표시되지 않는 이유를 추측할 수 있을 것이다. 이는 Wandboard와 비글본 블랙의 사운드 카드가 인간이 들을 수 있는 신호용으로 설계됐기 때문에 구형파가 통과하기 위한 모든 필요한 주파수를 허용할 수 없다.

▌ 요약

오디오 디바이스는 매우 간단해 보이지만, 15장에서 살펴본 것처럼 매우 복잡하고, 임베디드 디바이스는 여러 다른 용도로 이 디바이스를 사용할 수 있다. 15장에서 많은 다른 신호 조작에 유용한 모든 클래스의 오디오 도구를 살펴봤다. 또한 ALSA 드라이버를 사용해 다른 오디오 디바이스에서도 같은 방식으로 해당 도구를 사용할 수 있다는 것을 확인했다.

16장에서는 또 다른 주요한 디바이스 클래스를 살펴본다. 개발자가 이미지를 관리할 수 있도록 해주는 디바이스 클래스인 비디오 디바이스 클래스다.

16

비디오 디바이스 - V4L

널리 사용하지는 않지만, 원격 모니터링이나 비디오 감시, 이미지 처리 등의 여러 다른 작업을 수행하기 위해 비디오 비디오 이미지 캡처나 비디오 녹화 기능을 임베디드 디바이스에 통합할 수 있다.

16장에서는 비디오 디바이스가 GNU/리눅스 시스템에 어떻게 정의돼 있는지에 대해 간단하게 설명한 후, 일반 비디오 획득 장치의 사용법과 이 책의 임베디드 보드의 감시 카메라나 원격 이미지 녹화기를 켜는 방법을 살펴본다.

■ 비디오 디바이스

비디오 캡처 디바이스는 아날로그 비디오 시그널(비디오 카메라나 아날로그 TV 튜너, 다른 아날로그 소스들)을 디지털 비디오로 바꿀 수 있는 디바이스다. 그리고 이 결과물인 디지털 데이터를 파일(AVI나 MJPEG, 다른 이미지 포맷 등)에 저장할 수 있고, 비디오 스트림(MJPEG이나 H264)을 네트워크에 보내거나 로컬 디스플레이 장치에서 단순히 표시할 수 있다.

> 다음 절에서 설명할 내용이지만, 비디오 디바이스가 디지털이나 아날로그 디바이스인지에 관계없이 리눅스에서 비디오 디바이스는 비디오 이미지(디지털 TV 튜너처럼)를 생성할 수 있는 디바이스다.

임베디드 디바이스는 여러 이유로 비디오 디바이스를 탑재할 수 있다. 그러나 가장 중요한 이유는 비디오 감시나 비디오 모니터링 때문이다. 이 디바이스의 기본적인 사용법은 단순히 이미지를 원격 사용자에게 보내는 것이지만, 최근 들어 임베디드 시스템이 비디오 스트림을 분석해 움직임이나 관련 상황을 감지하는 경우도 있다.

아날로그 비디오 소스에서 비디오를 캡처하려면 특별한 전자 회로가 필요하며, 임베디드 시스템에서 이 회로는 보통 CPU 안에 있다(드물게, 외부에 위치할 수도 있다). 어떤 경우라도 비디오 획득의 마지막 단계인 표준 색상 공간 포맷(RGB나 YCbCr)의 비디오 데이터를 수집하고 고수준 비디오 포맷(MJPEG이나 H264)으로 최종 변환이 가능한 비디오 엔진이 존재한다. 실제로 비디오 캡처 단계는 여러 처리 단계를 포함한다.

1. 보통 전하 결합 소자^{charge-coupled device, CCD} 이미지 센서의 아날로그 신호를 아날로그-디지털 변환기를 사용해 새로운 디지털 데이터 스트림으로 생성하는 아날로그 신호의 디지털화

2. 휘도와 색차의 분리와 색차 비디오 데이터를 생성하기 위한 복조^{demodulation}

3. 밝기와 대비, 채도 및 색조 조정

4. RGB 및 YCbCr과 같은 표준 색상 공간 변환

이 단계는 '비디오 코덱'이라 불리는 외부 디바이스가 수행하고, 물리적으로 CCD 이미지 센서와 연결돼 있다. 그리고 비디오 데이터는 CPU의 비디오 인터페이스로 넘겨지며, 이후 사용자 영역에서 사용할 수 있다. SAMA5D3 Xplained CPU의 이미지 센서 인터페이스(ISI) 제어기와 같은 간단한 비디오 인터페이스의 경우, 비디오 데이터는 있는 그대로 (약간의 처리 단계를 거쳐) 사용자 영역으로 넘겨지거나 사용자가 볼 수 있도록 LCD 제어기로 넘어간다. 반면, Wandboard CPU의 이미지 처리 유닛IPU(CAMERA1 인터페이스) 제어기와 같은 좀 더 복잡한 비디오 인터페이스의 경우, 비디오 데이터는 하드웨어 엔진에 의해 다시 샘플링될 수 있고, 네트워크상으로 스트리밍하기 위해 MJPEG나 H264로 변환될 수 있다(이 동작은 소프트웨어로도 가능하지만, 이 경우 메인 CPU의 부하가 더 생긴다).

이 디바이스가 어떻게 구현되는지에 대한 아이디어를 제공하기 위해 아래 다이어그램은 간단한 블록 회로도를 보여준다.

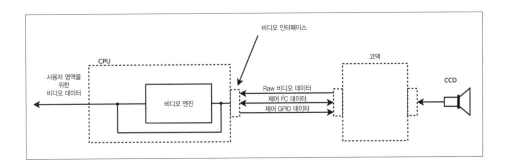

CPU는 직접 비디오 코덱을 제어하고, 비디오 코덱은 비디오 CCD 이미지 센서를 제어한다. CPU는 보통 I2C 버스인 비디오 데이터 버스와 일부 GPIO를 사용해 비디오 코덱을 제어해야 한다.

비디오 코덱 내부 구현을 살펴보기 위해 임베디드 CPU에 연결하기 좋은 비디오 코덱인 Omnivision OV7740 칩의 제품 설명서를 살펴보자. 아래 그림은 이 설명서에서 발췌한 비디오 코덱의 블록 다이어그램이다.

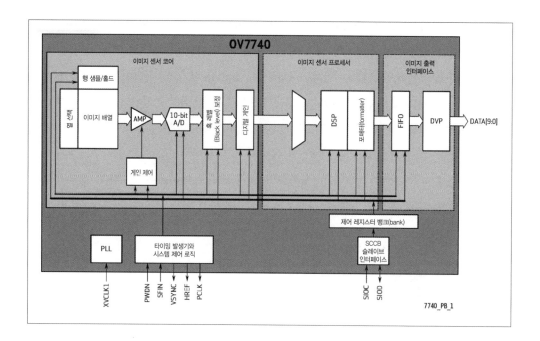

 이 문서는 http://www.ovt.com/download/sensorpdf/83/OmniVision_OV7740.pdf 에서 찾을 수 있다.

이 다이어그램은 이 코덱이 어떻게 동작하는지 설명한다. CPU는 원시 비디오 데이터를 병렬 버스(DATA[9:0])을 통해 코덱으로부터 받으며, 앞서 설명한 것처럼(SCCB 슬레이브 인터페이스는 I²C 인터페이스다) 일부 제어 신호를 사용해 코덱을 제어한다.

재미있는 다른 그림은 이전에 언급한 2개의 비디오 엔진의 내부를 나타내는 블록 다이어그램이다. 첫 번째 다이어그램은 Wandboard CPU 데이터 시트에서 발췌해 단순화한 IPU 회로도다.

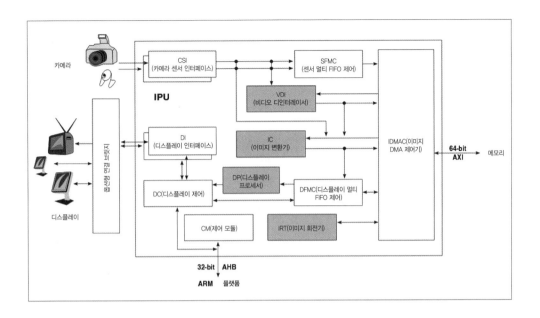

 이 데이터 시트는 http://www.nxp.com/assets/documents/data/en/reference-manuals/IMX6DQRM.pdf에서 찾을 수 있다.

이 다이어그램은 카메라(혹은 비디오) 인터페이스가 비디오 엔진 기능을 구현하는 여러 블록과 어떻게 연결되는지 보여준다. 또한 비디오 인터페이스가 디스플레이 인터페이스(컴퓨터 디스플레이를 제어하는)와 어떻게 관련되는지를 명백히 보여준다. 이는 캡처한 이미지가 저장되거나 원격 표시될 수 있고, 특정 보정(색상 보정이나 사이즈 조정, 자르기 등) 후 로컬 컴퓨터 화면에 표시될 수도 있기 때문이다.

그리고 두 번째 다이어그램은 SAMA5D3 Xplaioned CPU 데이터 시트에서 발췌해 단순한 ISI 회로도다.

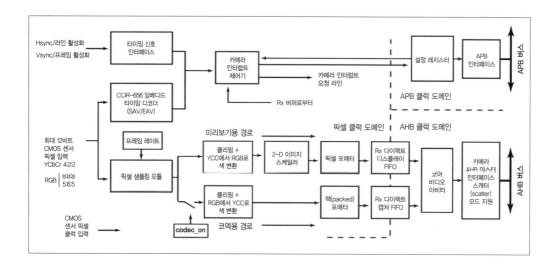

이 다이어그램에서 CMOS 센서[CCD]는 원시 비디오 데이터를 비디오 엔진으로 보내면, 비디오 엔진은 일부 간단한 계산(클리핑[clippling]과 색상 변환)을 처리하고, 데이터는 사용자 영역에서 사용할 수 있다. 이 코덱이 (더 제한된) 비디오 스트리밍이나 저장용으로 적합함에도 불구하고 비디오 인터페이스는 이전보다 단순하다.

이런 기능들은 사용하는 CPU에 매우 종속적이며, 보드에서 어떻게 동작하는지 이해하려면 사용하는 시스템의 데이터 시트를 읽어보는 것이 최선이라는 점을 기억해야 한다.

전기 회선

다른 비디오 회선은 세 가지 이유로 이 책에서 설명하지 않는다. 처음 두 가지 이유는 다른 장에서 설명한 일반적인 것이다.

- 고속 통신 주파수와 관련이 있기 때문에 선으로 CCD를 연결하면 시스템이 비정상적으로 동작할 수 있다.
- 비디오 디바이스가 동작하는 방식을 이해하는 데 관련이 없거나 쓸모 없다.

세 번째(마지막으로 중요한) 이유는 모든 시스템(혹은 가 SoC)이 자신의 전기 회선을 갖고 있다는 것이다. 실제로 제조사들은 공통의 해법을 찾고 있지만, 아직 많은 차이가 존재한다(하드웨어뿐 아니라).

따라서 논의를 간단히 하기 위해 이 책의 임베디드 보드 CPU에 구현된 특정 솔루션을 설명하지 않고, USB 카메라 디바이스를 사용하는 표준 솔루션을 설명할 것이다. 실제로 이 디바이스가 모든 시스템에서 동일하게 동작하는 유일한 비디오 디바이스다.

비글본 블랙의 비디오

비글본 블랙은 비디오 입력이 없다.

SAMA5D3 Xplained의 비디오

SAMA5D3 Xplained 보드는 확장 커넥터에서 사용할 수 있는 ISI라는 비디오 입력이 있고, 관련 핀은 아래 표와 같다.

이름	핀	이름	핀
D0	J19.12	D8	J18.1
D1	J19.5	D9	J18.5
D2	J19.14	D10	J20.1
D3	J19.11	D11	J20.2
D4	J19.16	Hsync	J15.10
D5	J19.13	Vsync	J15.9
D6	J19.18	PCK	J15.2
D7	J19.15		

D0–D11핀은 이미지 데이터고, Hsync(수평 동기화)와 Vsync(수직 동기화), PCK(픽셀 클럭)은 제어 신호다.

ISI 지원을 활성화하려면 Device Drivers ❯ Multimedia support ❯ V4L platform devices ❯ ATMEL Image Sensor Interface (ISI) 지원에서 해당 드라이버를 활성화해야 하고, 정상 동작하면 /dev/video0 파일로 매핑된 새로운 비디오 디바이스를 볼 수 있다.

Wandboard의 비디오

Wandboard는 CAMERA1이라는 이름의 전용 입력 비디오 커넥터(카메라 인터페이스 혹은 카메라 헤더)가 있다(1장, '개발 시스템 설치'의 'Wandboard' 절 참고). 이 커넥터는 아래와 같은 복잡한 핀을 갖고 있다.

이름	핀	이름	핀
CSI_CLK0P	1	DSI_D1P	16
CSI_CLK0M	2	DSI_D1M	17
CSI_D0P	4	DSI_D0P	19
CSI_D0M	5	DSI_D0M	20
CSI_D1P	7	DSI_CLK0P	22
CSI_D1M	8	DSI_CLK0M	23
CSI_D2P	10	I2C2_SCL	25
CSI_D2M	11	I2C2_SDA	26
CSI_D3P	13	GPIO_3_CLK02	29
CSI_D3M	14	GPIO6	30

위에서 볼 수 있듯이 신호가 SAMA5D3 Xplained의 신호와는 꽤 다르다. 그러나 커널의 하드웨어 추상화 덕분에 카메라 보드를 연결하고 해당 드라이버를 활성화하면 /dev/video0 파일에 매핑된 새로운 비디오 디바이스를 볼 수 있다.

이 커넥터에서 GPIO와 I²C 신호와 같은 다른 신호들도 볼 수 있다. 이는 이전에 살펴본 것처럼 비디오 디바이스는 보통 비디오 데이터 버스와 제어 버스며, GPIO(비디오 시스템을 활성화/비활성화 혹은 재시작하기 위해)와 비디오 설정(비디오 사이즈와 포맷, 다른 설정 등)을 위한 I²C 신호로 구성돼 있기 때문이다.

▌ 리눅스의 비디오

모든 비디오 디바이스는 GNU/리눅스 기반 시스템에서 실시간 비디오 캡처를 지원하는 디바이스 드라이버의 집합인 Video4Linux^Video for Linux 표준 API로 관리된다. 이 API는 많은 USB 웹캠과 TV 튜너, 이와 비슷한 디바이스들을 지원하며, 공통의 인터페이스를 갖고 있어 사용자가 동일한 방식으로 기본 하드웨어에 대한 접근 권한을 얻을 수 있고, 프로그래머가 비디오 지원을 쉽게 애플리케이션에 추가할 수 있다. Video4Linux(V4L2) API는 현재 두 번째 버전이며, Video4Linux2로 불리기도 한다. 이 API의 첫 번째 버전이 커널 메인 라인에서 몇 년 전에 없어졌기[drop] 때문에 Video4Linux 이름을 사용하는 것이 문제가 되지는 않는다.

GNU/리눅스 기반 시스템에서 각 Video4Linux 디바이스는 /dev/video0과 /dev/video1로 시스템에 나타난다. 예를 들어, 비글본 블랙에서 웹캠을 연결하면 비디오 파일은 아래와 같다.

```
root@bbb:~# ls -l /dev/video*
crw-rw---- 1 root video 81, 0 Oct 10 12:03 /dev/video0
```

사용할 수 있는 비디오 디바이스의 간단한 리스트는 아래와 같이 sysfs에서 얻을 수 있다.

```
root@bbb:~# ls /sys/class/video4linux/
video0
```

각 videoX 디렉터리에서 해당 디바이스에 대한 몇 가지 정보를 얻을 수 있다.

```
root@bbb:~# cat /sys/class/video4linux/video0/name
Microsoft LifeCam VX-800
```

▌ 비디오 도구

sysfs 인터페이스를 사용해 비디오 디바이스를 더 효율적인 방식으로 관리할 수 있지만, v4l-utils라는 이름을 가진 전용 도구를 사용할 수도 있다. 이 도구는 같은 이름의 패키지 안에 있으며, 없는 경우 시스템에 설치할 수 있다.

이 패키지의 주요 프로그램은 v4l2-ctl이며, 비디오 디바이스에 관한 많은 정보를 얻는데 사용한다. 이 명령어의 강점을 보이기 위해 어떤 정보도 없는 비디오 디바이스의 모든 기능을 살펴보자. 먼저 아래에 나타낸 것처럼 --list-devices 옵션 인자를 사용하면 연결된 비디오 디바이스를 찾을 수 있다.

```
root@bbb:~# v4l2-ctl --list-devices
USB 2.0 Camera (usb-musb-hdrc.1.auto-1):
```

```
/dev/video0
/dev/video1
```

위 출력 메시지에서 이 디바이스는 /dev/video0과 /dev/video1 파일로 시스템에서 매
핑된 2개의 비디오 디바이스로 구성된다는 것을 확인할 수 있다. 그리고 이 디바이스를
관리하기 위해 현재 사용하는 디바이스 드라이버에 관한 정보를 얻을 수 있다. 이를 위해
아래와 같이 --info 옵션 인자를 사용할 수 있다.

```
root@bbb:~# v4l2-ctl -d /dev/video0 --info
Driver Info (not using libv4l2):
    Driver name : uvcvideo
    Card type : USB 2.0 Camera
    Bus info : usb-musb-hdrc.1.auto-1
    Driver version: 4.4.7
    Capabilities : 0x84200001
        Video Capture
        Streaming
        Extended Pix Format
        Device Capabilities
    Device Caps : 0x04200001
        Video Capture
        Streaming
        Extended Pix Format
```

 TIP /dev/video0나 /dev/video1 디바이스가 같은 하드웨어에 의존하므로 위 출력은 어떤 디
바이스를 사용해도 똑같다.

위에서 일부 비디오 정보가 밝혀졌지만, 더 많은 완전한 리스트를 얻기 위해 --all 옵션
인자를 사용해야 한다.

```
root@bbb:~# v4l2-ctl -d /dev/video0 --all
Driver Info (not using libv4l2):
    Driver name    : uvcvideo
    Card type      : USB 2.0 Camera
    Bus info       : usb-musb-hdrc.1.auto-1
    Driver version : 4.4.7
    Capabilities   : 0x84200001
        Video Capture
        Streaming
        Extended Pix Format
        Device Capabilities
    Device C   aps : 0x04200001
        Video Capture
        Streaming
        Extended Pix Format
Priority: 2
Video input         : 0 (Camera 1: ok)
Format Video Capture:
    Width/Height   : 1920/1080
    Pixel Format   : 'MJPG'
    Field : None
    Bytes per Line: 0
    Size Image     : 4147789
    Colorspace     : Unknown (00000000)
    Flags          :
Crop Capability Video Capture:
    Bounds    : Left 0, Top 0, Width 1920, Height 1080
    Default   : Left 0, Top 0, Width 1920, Height 1080
    Pixel Aspect: 1/1
Selection: crop_default, Left 0, Top 0, Width 1920, Height 1080
Selection: crop_bounds, Left 0, Top 0, Width 1920, Height 1080
Streaming Parameters Video Capture:
    Capabilities       : timeperframe
    Frames per second  : 25.000 (25/1)
    Read buffers       : 0
```

```
                       brightness (int)    : min=-64 max=64 step=1
                                             default=0 value=0
                         contrast (int)    : min=0 max=64 step=1
                                              default=32 value=32
                       saturation (int)    : min=0 max=128 step=1
                                             default=60 value=60
                              hue (int)    : min=-40 max=40 step=1
                                             default=0 value=0
white_balance_temperature_auto (bool)    : default=1 value=1
                            gamma (int)    : min=72 max=500
                                             step=1 default=100
                                             value=100
                             gain (int)    : min=0 max=100 step=1
                                             default=0 value=0
             power_line_frequency (menu)    : min=0 max=2 default=1
                                             value=1
     white_balance_temperature (int)    : min=2800 max=6500 step=1
                                             default=4600 value=4600
                                             flags=inactive
                        sharpness (int)    : min=0 max=6 step=1
                                             default=3 value=3
           backlight_compensation (int)    : min=0 max=2 step=1
                                             default=1 value=1
                    exposure_auto (menu)    : min=0 max=3 default=3
                                             value=3
                exposure_absolute (int)    : min=1 max=5000 step=1
                                             default=156 value=156
                                             flags=inactive
           exposure_auto_priority (bool)    : default=0 value=0
                       brightness (int)    : min=-64 max=64 step=1
                                             default=0 value=0
                         contrast (int)    : min=0 max=64 step=1
                                             default=32 value=32
                       saturation (int)    : min=0 max=128 step=1
                                             default=60 value=60
                              hue (int)    : min=-40 max=40 step=1
```

```
                                            default=0 value=0
white_balance_temperature_auto (bool)   : default=1 value=1
                        gamma (int)     : min=72 max=500 step=1
                                            default=100 value=100
                        gain (int)      : min=0 max=100 step=1
                                            default=0 value=0
        power_line_frequency (menu)     : min=0 max=2 default=1
                                            value=1
    white_balance_temperature (int)     : min=2800 max=6500 step=1
                                            default=4600
                                            value=4600 flags=inactive
                    sharpness (int)     : min=0 max=6 step=1
                                            default=3
                                            value=3
        backlight_compensation (int)    : min=0 max=2 step=1
                                            default=1
                                            value=1
```

같은 명령어를 두 번째 디바이스에 사용하면 다른 출력을 얻을 수 있다. 실제로 /dev/
video1 디바이스에 위 명령어를 사용하면 아래와 같은 차이를 볼 수 있다.

```
...
Format Video Capture:
    Width/Height : 1920/1080
    Pixel Format : 'H264'
    Field : None
    Bytes per Line: 3840
    Size Image : 0
    Colorspace : SRGB
    Flags :
...
```

이는 비디오 디바이스 /dev/video0은 MJPEG 픽셀 포맷을 생성할 수 있고, /dev/
video1은 픽셀 포맷이 H264라는 것을 알려준다.

v4l2-ctl를 사용하면 정보를 얻는 것뿐 아니라 비디오 디바이스에 설정할 수도 있다. 예를 들어, 현재 0으로 설정된 /dev/video0 디바이스의 밝기를 변경하려면, 아래와 같은 명령어를 사용해야 한다.

```
root@bbb:~# v4l2-ctl -d /dev/video0 --get-ctrl=brightness
brightness: 0
root@bbb:~# v4l2-ctl -d /dev/video0 --set-ctrl=brightness=10
root@bbb:~# v4l2-ctl -d /dev/video0 --get-ctrl=brightness
brightness: 10
```

▌USB 비디오 클래스 디바이스

특별한 비디오 클래스 디바이스는 USB 비디오 클래스^{USB Video class, UVC} 디바이스로 표현되고, 웹캠이나 디지털 캠코더와 같은 비디오를 스트리밍할 수 있는 디바이스를 나타내는 USB 디바이스 클래스다. 이 디바이스 클래스는 매우 중요하고 널리 사용하므로 이 클래스 설명만을 위한 특별한 절이 존재할 가치가 있다.

이전에 언급한 것처럼 대부분의 임베디드 시스템에서 사용하는 CPU는 보통 내부 비디오 인터페이스를 갖고 있지만, 일부 환경에서는 이 인터페이스를 사용할 수 없다. 비디오 관련 일을 CPU에 너무 할당하지 않아야 하는 경우나 CCD 센서가 CPU로부터 너무 멀고 사용된 병렬 버스 때문에 데이터 통신이 어려운 경우가 바로 그렇다. 이런 경우, 이 표준을 지원하는 웹캠을 사용할 수 있다.

리눅스 커널은 이 디바이스 클래스를 커널 영역(uvcvideo 디바이스 드라이버)과 uvcdynctrl 유틸리티를 사용해 사용자 영역에서 지원한다. 동작 중인 커널에 이 드라이버가 활성화돼 있지 않다면, 커널 설정 메뉴에서 Device Drivers > Multimedia support > Media USB Adapters > USB Video Class (UVC) 설정을 활성화해야 한다.

uvcdynctrl 유틸리티는 같은 이름의 패키지를 설치해야 한다.

UVC 디바이스를 사용해 이 도구를 사용하는 방법을 설명하기 위해서는 이 클래스 명세서에 기반을 둔 일반 웹캠을 사용해야 한다(이 명세서는 인터넷에서 아주 쉽게 찾을 수 있다). 이 웹캠을 비글본 블랙의 USB 호스트 포트에 연결하면, 아래와 같은 커널 메시지를 볼 수 있다.

```
usb 1-1: new high-speed USB device number 2 using musb-hdrc
usb 1-1: New USB device found, idVendor=05a3, idProduct=9422
usb 1-1: New USB device strings: Mfr=2, Product=1, SerialNumber=3
usb 1-1: Product: USB 2.0 Camera
usb 1-1: Manufacturer: Sonix Technology Co., Ltd.
usb 1-1: SerialNumber: SN0001
uvcvideo: Found UVC 1.00 device USB 2.0 Camera (05a3:9422)
input: USB 2.0 Camera as /devices/platform/ocp/47400000.usb/47401c00.usb/musb-
hdrc.1.auto/usb1/1-1/1-1:1.0/input/input1
usbcore: registered new interface driver uvcvideo USB Video Class driver (1.1.1)
usbcore: registered new interface driver snd-usb-audio
```

 여기서 설명하는 디바이스는 비디오 디바이스와 입력 디바이스 사운드 디바이스까지 구현하고 있으므로 완벽하다. 이 추가 디바이스들은 보통 특별한 동작 버튼이나 외부 사운드 녹음과 같은 추가 기능을 지원하기 위해 사용된다.

독자의 디바이스는 이런 추가 기능이 없을 수도 있다. 그러나 중요한 것은 USB 비디오 디바이스만 있으면 되고, 비디오 디바이스가 있으면 uvcvideo는 Found UVC 1.00 device USB 2.0 Camera (XXXX:YYYY) 메시지를 출력할 것이다.

이제 UVC 디바이스는 어쨌든 비디오 디바이스이므로 v4l2-ctl을 사용해 이 디바이스를 검색할 수 있다.

```
root@bbb:~# v4l2-ctl --list-devices
USB 2.0 Camera (usb-musb-hdrc.1.auto-1):
```

```
/dev/video0
/dev/video1
```

이제 이전에 봤던 모든 명령어를 사용할 수 있지만, 지금은 uvcdynctrl 유틸리티를 사용해보자. UVC 웹캠을 검색하기 위해 해당 유틸리티를 아래와 같이 사용하자.

```
root@bbb:~# uvcdynctrl --list
Listing available devices:
video1 USB 2.0 Camera
Media controller device /dev/media1 doesn't exist
ERROR: Unable to list device entities: Invalid device or device cannot be
opened. (Code: 5)
video0 USB 2.0 Camera
Media controller device: /dev/media0
Entity 1: USB 2.0 Camera. Type: 65537, Revision: 0, Flags: 1, Group-id: 0,
Pads: 1, Links: 0
Device node
Entity: 1, Pad 0, Flags: 1
Entity 2: USB 2.0 Camera. Type: 65537, Revision: 0, Flags: 0, Group-id: 0,
Pads: 1, Links: 0
Device node
Entity: 2, Pad 0, Flags: 1
Entity 3: Extension 4. Type: 131072, Revision: 0, Flags: 0, Groupid:0, Pads: 2,
Links: 2
Subdevice: Entity: 3, Pad 0, Flags: 1
Entity: 3, Pad 1, Flags: 2
Out link: Source pad { Entity: 3, Index: 1, Flags: 2 } => Sink pad { Entity: 1,
Index: 0, Flags: 1 }
Out link: Source pad { Entity: 3, Index: 1, Flags: 2 } => Sink pad { Entity: 2,
Index: 0, Flags: 1 }
Entity 4: Extension 3. Type: 131072, Revision: 0, Flags: 0, Groupid:0, Pads: 2,
Links: 1
Subdevice: Entity: 4, Pad 0, Flags: 1
Entity: 4, Pad 1, Flags: 2
```

```
Out link: Source pad { Entity: 4, Index: 1, Flags: 2 } => Sink pad { Entity: 3,
Index: 0, Flags: 1 }
Entity 5: Processing 2. Type: 131072, Revision: 0, Flags: 0, Group-id: 0, Pads:
2, Links: 1
Subdevice: Entity: 5, Pad 0, Flags: 1
Entity: 5, Pad 1, Flags: 2
Out link: Source pad { Entity: 5, Index: 1, Flags: 2 } => Sink pad { Entity: 4,
Index: 0, Flags: 1 }
Entity 6: Camera 1. Type: 131072, Revision: 0, Flags: 0, Group-id:0, Pads: 1,
Links: 1
Subdevice: Entity: 6, Pad 0, Flags: 2
Out link: Source pad { Entity: 6, Index: 0, Flags: 2 } => Sink pad { Entity: 5,
Index: 0, Flags: 1 }
```

위 리스트에서 웹캠에 관한 많은 정보를 얻을 수 있다. 특히 /dev/video0과 /dev/
video1 2개의 디바이스와 함께 이 도구는 미디어 제어기 디바이스인 /dev/media0과 /
dev/media1이라는 2개의 다른 디바이스를 찾고 있다. /dev/video0과 /dev/video1이
같은 하드웨어 디바이스에 의존하기 때문에 /dev/media1 파일은 찾을 수 없고, /dev/
media0을 사용해 2개의 디바이스를 관리할 수 있다.

이 책에서는 지면 관계상 미디어 제어기 디바이스를 설명하지 않으며, 약간의 설명만 하
고 자세한 정보는 리눅스 하위 시스템 문서인 https://linuxtv.org/downloads/v4l-
dvb-apis/index.html을 참고하기 바란다.

미디어 디바이스는 엄격히 비디오 디바이스와 관련돼 있으며, 미디어 디바이스는 비디
오 디바이스가 갖고 있는 여러 서브 파트subpart 간 관계를 소개하는 문제를 해결하기 위
해 제안됐다. 실제로 UVC 카메라는 최근에 마이크와 비디오 캡처 하드웨어 등을 포함하
고, SoC 카메라 인터페이스는 비디오 코덱처럼 메모리 간memory to memory 연산을 수행하기
때문에 각 하위 디바이스를 분리된 디바이스(ALSA와 입력 등)로 모델링하는 현재의 방식
은 확장에 제한이 있을 수 있고, 미디어 디바이스는 이 문제를 해결하는 데 목적이 있다.
리눅스 미디어 하위 시스템 문서인 https://linuxtv.org/downloads/v4l-dvb-apis/

uapi/mediactl/media−controller−intro.html에서 이 문제를 설명하고 있다.

v4l2−ctl의 media−ctl 유틸리티는 이 미디어 디바이스를 쉽게 관리할 수 있다(이전 절 참고). 위 디바이스는 아래와 같은 명령어를 사용해 정보를 더 얻을 수 있다.

```
root@bbb:~# media-ctl -d /dev/media0 --print-topology
Media controller API version 0.1.0
Media device information
------------------------
driver          uvcvideo
model           USB 2.0 Camera
serial          SN0001
bus info        1
hw revision     0x100
driver version  4.4.7
Device topology
- entity 1:   USB 2.0 Camera (1 pad, 1 link)
              type Node subtype V4L flags 1
              device node name /dev/video0
      pad0:   Sink
              <- "Extension 4":1 [ENABLED,IMMUTABLE]
- entity 2:   USB 2.0 Camera (1 pad, 1 link)
              type Node subtype V4L flags 0
              device node name /dev/video1
      pad0:   Sink
              <- "Extension 4":1 [ENABLED,IMMUTABLE]
- entity 3:   Extension 4 (2 pads, 3 links)
              type V4L2 subdev subtype Unknown flags 0
      pad0:   Sink
              <- "Extension 3":1 [ENABLED,IMMUTABLE]
      pad1:   Source
              -> "USB 2.0 Camera":0 [ENABLED,IMMUTABLE]
              -> "USB 2.0 Camera":0 [ENABLED,IMMUTABLE]
- entity 4:   Extension 3 (2 pads, 2 links)
              type V4L2 subdev subtype Unknown flags 0
```

```
    pad0:   Sink
            <- "Processing 2":1 [ENABLED,IMMUTABLE]
    pad1:   Source
            -> "Extension 4":0 [ENABLED,IMMUTABLE]
- entity 5:   Processing 2 (2 pads, 2 links)
            type V4L2 subdev subtype Unknown flags 0
    pad0:   Sink
            <- "Camera 1":0 [ENABLED,IMMUTABLE]
    pad1:   Source
            -> "Extension 3":0 [ENABLED,IMMUTABLE]
- entity 6:   Camera 1 (1 pad, 1 link)
            type V4L2 subdev subtype Unknown flags 0
    pad0:   Source
            -> "Processing 2":0 [ENABLED,IMMUTABLE]
```

이제 /dev/video0 디바이스에 사용할 수 있는 모든 컨트롤의 리스트를 얻으려면, uvcdynctrl 명령어를 아래와 같이 사용해야 한다.

```
root@bbb:~# uvcdynctrl -d /dev/video0 --clist
Listing available controls for device /dev/video0:
    Brightness
    Contrast
    Saturation
    Hue
    White Balance Temperature, Auto
    Gamma
    Gain
    Power Line Frequency
    White Balance Temperature
    Sharpness
    Backlight Compensation
    Exposure, Auto
    Exposure (Absolute)
    Exposure, Auto Priority
```

아래와 같은 명령어를 사용해 사용할 수 있는 비디오 포맷을 얻을 수도 있다.

```
root@bbb:~# uvcdynctrl -d /dev/video0 --formats
Listing available frame formats for device /dev/video0:
Pixel format: MJPG (Motion-JPEG; MIME type: image/jpeg)
    Frame size: 1920x1080
        Frame rates: 30, 25, 20, 15, 10, 5
    Frame size: 1280x720
        Frame rates: 30, 25, 20, 15, 10, 5
    Frame size: 640x480
        Frame rates: 30, 25, 20, 15, 10, 5
    Frame size: 640x360
        Frame rates: 30, 25, 20, 15, 10, 5
    Frame size: 320x240
        Frame rates: 30, 25, 20, 15, 10, 5
    Frame size: 320x180
        Frame rates: 30, 25, 20, 15, 10, 5
    Frame size: 1920x1080
        Frame rates: 30, 25, 20, 15, 10, 5
Pixel format: YUYV (YUYV 4:2:2; MIME type: video/x-raw-yuv)
    Frame size: 1920x1080
        Frame rates: 5
    Frame size: 1280x720
        Frame rates: 10, 5
    Frame size: 640x480
        Frame rates: 30, 25, 20, 15, 10, 5
    Frame size: 640x360
        Frame rates: 30, 25, 20, 15, 10, 5
    Frame size: 320x240
        Frame rates: 30, 25, 20, 15, 10, 5
    Frame size: 320x180
        Frame rates: 30, 25, 20, 15, 10, 5
    Frame size: 1920x1080
        Frame rates: 5
```

이 유틸리티는 v4l2-ctl 명령어처럼 현재 디바이스 설정을 변경할 수 있다. 실제로 이전에 한 것처럼 아래와 같은 명령어를 사용해 밝기를 설정할 수 있다.

```
root@bbb:~# uvcdynctrl -d /dev/video0 --get=Brightness
0
root@bbb:~# uvcdynctrl -d /dev/video0 --set=Brightness 10
root@bbb:~# uvcdynctrl -d /dev/video0 --get=Brightness
10
```

▌ 비디오 디바이스 관리

이제 2개의 흥미로운 소프트웨어 도구와 일반 USB 카메라를 사용해(이 책의 임베디드 보드는 탑재된 CCD 센서가 없기 때문에) 몇 가지 가능한 비디오 디바이스 사용법을 살펴보자.

웹으로 비디오 스트리밍하기

이 절은 비글본 블랙과 UVC 카메라를 사용해 네트워크상으로 비디오 데이터를 어떻게 스트리밍하는지 설명한다. 필요한 소프트웨어는 mjpg-streamer고, 임베디드 보드에서 컴파일돼야 한다. 먼저 아래와 같은 명령어로 소스를 설치하자.

```
root@bbb:~# svn checkout svn://svn.code.sf.net/p/mjpg-streamer/code/ mjpg-
streamer-code
```

 svn 도구(subversion)는 subversion 패키지에 있고, 다른 도구처럼 설치할 수 있다.

소스 다운로드가 끝나면, 이 도구를 성공적으로 컴파일하기 위한 몇 가지 패키지를 설치해야 한다.

```
root@bbb:~# apt-get install libjpeg-dev imagemagick libv4l-dev
```

그리고 새로 생성된 디렉터리로 들어가 make와 특정 명령어를 사용하면 된다.

```
root@bbb:~# cd mjpg-streamer-code/mjpg-streamer/
root@bbb:~/mjpg-streamer-code/mjpg-streamer# make USE_LIBV4L2=true
```

컴파일이 끝나면 이 도구를 설치하기 위해 아래와 같은 명령어를 사용할 수 있다.

```
root@bbb:~/mjpg-streamer-code/mjpg-streamer# make install DESTDIR=/usr/
```

이제 도구가 성공적으로 설치됐으므로 명령어 도움말을 살펴보자.

```
root@bbb:~# mjpg_streamer -h
-----------------------------------------------------------------------
Usage: mjpg_streamer
-i | --input "<input-plugin.so> [parameters]"
-o | --output "<output-plugin.so> [parameters]"
[-h | --help ]........: display this help
[-v | --version ].....: display version information
[-b | --background]...: fork to the background, daemon mode
-----------------------------------------------------------------------
Example #1:
To open an UVC webcam "/dev/video1" and stream it via HTTP:
mjpg_streamer -i "input_uvc.so -d /dev/video1" -o "output_http.so"
-----------------------------------------------------------------------
Example #2:
To open an UVC webcam and stream via HTTP port 8090:
mjpg_streamer -i "input_uvc.so" -o "output_http.so -p 8090"
```

```
-----------------------------------------------------------------------
Example #3:
To get help for a certain input plugin:
mjpg_streamer -i "input_uvc.so --help"
-----------------------------------------------------------------------
In case the modules (=plugins) can not be found:
* Set the default search path for the modules with:
export LD_LIBRARY_PATH=/path/to/plugins,
* or put the plugins into the "/lib/" or "/usr/lib" folder,
* or instead of just providing the plugin file name, use a complete
path and filename:
mjpg_streamer -i "/path/to/modules/input_uvc.so"
-----------------------------------------------------------------------
```

위 메시지를 통해 이 도구는 UVC 디바이스를 지원하므로 사용하기 적합하다는 것을 알
수 있다. 그리고 아래와 같은 명령어를 사용할 수 있다.

```
root@bbb:~# mjpg_streamer -i "input_uvc.so -d /dev/video0 -n -f 30 -r VGA" -o
"output_http.so -p 80 -w /usr/www/"
MJPG Streamer Version: svn rev: 3:172
  i: Using V4L2 device.: /dev/video0
  i: Desired Resolution: 640 x 480
  i: Frames Per Second.: 30
  i: Format...........: MJPEG
  o: www-folder-path...: /usr/www/
  o: HTTP TCP port.....: 80
  o: username:password.: disabled
  o: commands..........: enabled
```

 아래와 같은 에러가 발생할 수도 있다.

```
bind: Address already in use
```

이 에러는 위 명령어에서 사용한 TCP 포트 80번이 다른 프로그램(대부분 디폴트 웹 서버)에 의해 사용되고 있기 때문에 발생한다. 이를 검증하기 위해 아래와 같은 명령어를 사용할 수 있다.

```
root@bbb:~# netstat -lnp | grep '\<80\>'
tcp6 0 0 :::80 :::* LISTEN 789/apache2
```

여기서 apache2 프로그램이 80번 포트를 사용한다는 것을 알 수 있다. 이를 해결하기 위해 4장, '스크립트와 시스템 데몬을 사용한 빠른 프로그래밍'의 '시스템 데몬 관리' 절에서 설명한 것처럼 해당 프로그램을 비활성화하거나 다른 사용 가능한 포트를 선택하기 위해 -p 옵션 인자를 사용할 수 있다.

더 진행하기 전에, 위 명령어를 자세히 살펴보자. -i 옵션 인자는 입력 플러그인을 지정하며, -o는 출력 플러그인을 지정한다. 입력 플러그인으로 input_uvc.so를 지정했고, UVC 디바이스는 이 플러그인을 사용해야 한다. 다른 옵션 인자의 의미는 아래와 같은 명령어로 알 수 있다.

```
root@bbb:~# mjpg_streamer -i "input_uvc.so --help"
MJPG Streamer Version: svn rev: 3:172
-----------------------------------------------------------------
Help for input plugin..: UVC webcam grabber
-----------------------------------------------------------------
The following parameters can be passed to this plugin:
[-d | --device ].......: video device to open (your camera)
[-r | --resolution ]...: the resolution of the video device,
                         can be one of the following strings:
                         QSIF QCIF CGA QVGA CIF VGA
                         SVGA XGA SXGA
                         or a custom value like the following
                         example: 640x480
[-f | --fps ]..........: frames per second
[-y | --yuv ]..........: enable YUYV format and disable MJPEG mode
[-q | --quality ]......: JPEG compression quality in percent
```

```
                         (activates YUYV format, disables MJPEG)
[-m | --minimum_size ].: drop frames smaller then this limit, useful
                         if the webcam produces small-sized garbage
                         frames may happen under low light conditions
[-n | --no_dynctrl ]...: not initalize dynctrls of Linux-UVC driver
[-l | --led ].........: switch the LED "on", "off", let it "blink"
                         or leave it up to the driver using the value
                         "auto"
-------------------------------------------------------------
```

위 메시지를 통해 input_uvc.so 플러그인을 위해 사용하는 거의 모든 옵션 인자를 볼 수 있고, -n은 아래 표시된 것과 같은 에러 메시지를 반환하는 불필요한 명령 실행을 억제하는 데 사용한다.

```
Adding control for Pan (relative)
UVCIOC_CTRL_ADD - Error: Inappropriate ioctl for device
```

출력 플러그인을 살펴보면 output_http.so를 사용하고, 옵션 인자의 의미를 알기 위해 위와 비슷한 방식을 사용할 수 있다.

```
root@bbb:~# mjpg_streamer -o "output_http.so --help"
MJPG Streamer Version: svn rev: 3:172
-------------------------------------------------------------
Help for output plugin..: HTTP output plugin
-------------------------------------------------------------
The following parameters can be passed to this plugin:
[-w | --www ]..........: folder that contains webpages in
                         flat hierarchy (no subfolders)
[-p | --port ].........: TCP port for this HTTP server
[-c | --credentials ]..: ask for "username:password" on connect
[-n | --nocommands ]...: disable execution of commands
-------------------------------------------------------------
```

이제 명령어가 어떤 역할을 하는지 알아봤으므로 웹 브라우저에 비글본 블랙의 IP 주소를 넣어 아래 그림과 같은 출력이 나타나도록 하자.

 mjpg_streamer의 최신 버전은 버그가 많아 이미지가 전혀 보이지 않을 수 있다. 이런 경우, 이 책의 예제 코드 저장소에 있는 chapter_16/input_uvc.patch 패치 파일을 적용하면 된다.

```
root@bbb:~/mjpg-streamer-code/mjpg-streamer# patch -p0 < input_uvc.
patch
```

그리고 도구를 다시 컴파일하고, 설치해야 한다.

```
root@bbb:~/mjpg-streamer-code/mjpg-streamer#
        make clean &&
        make USE_LIBV4L2=true &&
        make install DESTDIR=/usr/
```

mjpg_streamer 홈페이지는 mjpg_streamer가 얼마나 강력한지 보여준다. 실제로 HTML 페이지를 사용해 웹캠에서 캡처되는 이미지를 볼 수 있다. 화면을 업데이트하기 위해 페이지를 다시 불러들이기만 하면 된다. 입력 이미지에서 단일 그림을 요청하는 이 동작은 GET 파라미터에 action=snapshot을 넣은 HTTP 요청을 사용해 이뤄진다.

비디오 스트림을 하기 위해 좌상단 메인 메뉴에서 Stream 항목을 클릭해야 한다. 아래는 클릭하면 나타나는 화면이다.

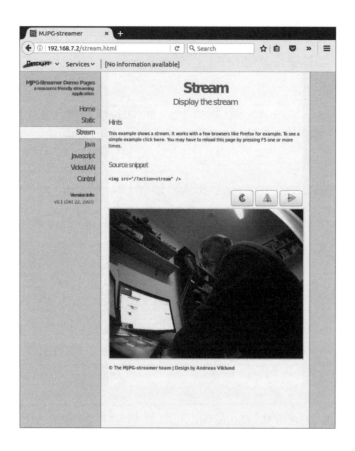

스트리밍되는 비디오를 얻기 위해 해야 할 일을 설명하는 HTML 페이지를 볼 수 있다.
단지 아래 코드만 추가하면 된다.

```
<img src="/?action=stream" />
```

단순히 아래 두 URL을 사용하면 HTML 페이지를 사용하지 않고도 비디오 스트림이나
단일 이미지를 얻을 수 있다는 것을 기억하자.

- 단일 이미지는 http://192.168.7.2/?action=snapshot 사용
- 비디오 스트리밍은 http://192.168.7.2/?action=stream 사용

위에서 사용한 IP 주소는 USB 이더넷 연결로 사용하는 주소며, 독자가 다른 주소를 사용한다면 그 주소에 맞게 수정해야 한다.

동작 캡처

임베디드 디바이스에서 구현될 수 있는 또 다른 비디오 디바이스의 사용법은 동작^{motion} 캡처(혹은 감지) 기능을 설명한다. 비디오 카메라(혹은 간단히 웹캠)를 사용해 방을 모니터링하고 원격 관리자에게 캡처된 비디오를 보내는 환경에서 캡처된 비디오 프레임이라는 것을 분석해 화면이 변하는 것을 자동으로 감지해 알람을 울리는 장면을 상상해볼 수 있다.

이런 특별한 작업을 위해 이전에 설명한 웹캠을 사용하는 motion이라는 프로그램을 이용할 수 있다. 실제로 이 프로젝트의 홈페이지는 아래와 같이 설명하고 있다.

Motion은 카메라에서 비디오 시그널을 모니터링하는 프로그램이다. 캡처된 사진의 많은 부분이 바뀌면 감지할 수 있다. 다시 말해 동작을 감지할 수 있다 [Motion WebHome].
이 프로젝트 홈페이지는 http://www.lavrsen.dk/foswiki/bin/view/Motion/WebHome이다.

이 프로그램은 Video4Linux 인터페이스와 C로 작성된 명령어 기반 도구다. 작은 사이즈와 낮은 CPU 사용률을 보이며, 데몬으로 동작할 수 있고, 특정 이벤트가 발생할 때 사용자가 설정 가능한 트리거^{trigger}를 호출할 수도 있다. 이 트리거를 사용해 이미지(jpeg나 netpbm)나 비디오(mpeg나 avi)를 생성할 수도 있다. motion 프로그램은 주로 설정 파일로 동작하지만 마지막 비디오 스트림은 웹 브라우저에서 볼 수 있다.

이 도구는 같은 이름의 패키지에 있으며, Wandboard에 다른 도구처럼 설치될 수 있다.

```
root@wb:~# aptitude install motion
```

도구가 설치되면 아래와 같은 시스템 로그 메시지를 볼 수 있다.

```
wb motion[869]: Not starting motion daemon, disabled
via /etc/default/motion ... (warning).
```

데몬이 활성화되기 전 올바르게 설정돼야 하므로 디폴트로 비활성화돼 있다. 이 데몬을 설정하기 위해 적어도 /etc/motion/motion.conf 파일은 수정해야 하며, 여러 비디오 디바이스가 있는 경우, /etc/motion/thread1.conf, /etc/motion/thread2.conf와 같이 비디오 디바이스별로 수정해야 한다. 실제로 데몬은 사용한 입력 비디오 디바이스마다 1개의 스레드^{thread}를 생성하며, 모든 특별한 설정은 해당 파일 안에서 이뤄져야 한다.

이 예제에서는 1개의 웹캠만 있으므로 아래와 같은 명령어로 데몬을 디버깅 모드로 동작시키면 이 프로그램이 웹캠을 감지하는 것을 알 수 있다.

```
[0] [NTC] [ALL] conf_load: Processing thread 0 - config file /etc/motion/
motion.conf
[0] [ALR] [ALL] conf_cmdparse: Unknown config option "sdl_threadnr"
[0] [NTC] [ALL] motion_startup: Motion 3.2.12+git20140228 Started
[0] [NTC] [ALL] motion_startup: Logging to syslog
[0] [NTC] [ALL] motion_startup: Using log type (ALL) log level (NTC)
[0] [NTC] [ENC] ffmpeg_init: ffmpeg LIBAVCODEC_BUILD 3670272 LIBAVFORMAT_BUILD
3670272
[0] [NTC] [ALL] main: Motion running in setup mode.
[0] [NTC] [ALL] main: Thread 1 is from /etc/motion/motion.conf
[0] [NTC] [ALL] main: Thread 1 is device: /dev/video0 input -1
[0] [NTC] [ALL] main: Stream port 8081
[0] [NTC] [ALL] main: Waiting for threads to finish, pid: 911
[1] [NTC] [ALL] motion_init: Thread 1 started , motion detection Enabled
[1] [NTC] [VID] vid_v4lx_start: Using videodevice /dev/video0 and input -1
[0] [NTC] [STR] httpd_run: motion-httpd testing : IPV4 addr: 127.0.0.1port:
8080
[0] [NTC] [STR] httpd_run: motion-httpd Bound : IPV4 addr: 127.0.0.1 port: 8080
```

[0] [NTC] [STR] httpd_run: motion-httpd/3.2.12+git20140228 running, accepting connections
[0] [NTC] [STR] httpd_run: motion-httpd: waiting for data on 127.0.0.1 port TCP 8080
[1] [NTC] [VID] v4l2_get_capability:
----
cap.driver: "uvcvideo"
cap.card: "Microsoft LifeCam VX-800"
cap.bus_info: "usb-ci_hdrc.1-1"
cap.capabilities=0x84200001
----
[1] [NTC] [VID] v4l2_get_capability: - VIDEO_CAPTURE
[1] [NTC] [VID] v4l2_get_capability: - STREAMING
[1] [NTC] [VID] v4l2_select_input: name = "Camera 1", type 0x00000002, status 00000000
[1] [NTC] [VID] v4l2_select_input: - CAMERA
[1] [WRN] [VID] v4l2_select_input: Device doesn't support VIDIOC_G_STD
[1] [NTC] [VID] v4l2_set_pix_format: Config palette index 17 (YU12) doesn't work.
[1] [NTC] [VID] v4l2_set_pix_format: Supported palettes:
[1] [NTC] [VID] v4l2_set_pix_format: (0) YUYV (YUYV 4:2:2)
[1] [NTC] [VID] v4l2_set_pix_format: 0 - YUYV 4:2:2 (compressed : 0) (0x56595559)
[1] [NTC] [VID] v4l2_set_pix_format Selected palette YUYV
[1] [NTC] [VID] v4l2_do_set_pix_format: Testing palette YUYV (320x240)
[1] [NTC] [VID] v4l2_do_set_pix_format: Using palette YUYV (320x240)
bytesperlines 640 sizeimage 153600 colorspace 00000000
[1] [NTC] [VID] v4l2_scan_controls: found control 0x00980900, "Brightness", range -10,10
[1] [NTC] [VID] v4l2_scan_controls: "Brightness", default 2, current 2
[1] [NTC] [VID] v4l2_scan_controls: found control 0x00980901, "Contrast", range 0,20
[1] [NTC] [VID] v4l2_scan_controls: "Contrast", default 10, current 10
[1] [NTC] [VID] v4l2_scan_controls: found control 0x00980902, "Saturation", range 0,10
[1] [NTC] [VID] v4l2_scan_controls: "Saturation", default 4, current 4
[1] [NTC] [VID] v4l2_scan_controls: found control 0x00980903, "Hue", range -5,5

```
[1] [NTC] [VID] v4l2_scan_controls: "Hue", default 0, current 0
[1] [NTC] [VID] v4l2_scan_controls: found control 0x00980910, "Gamma",range
100,200
[1] [NTC] [VID] v4l2_scan_controls: "Gamma", default 130, current130
[1] [NTC] [VID] v4l2_scan_controls: found control 0x00980913, "Gain",range
32,48
[1] [NTC] [VID] v4l2_scan_controls: "Gain", default 34, current 34
[1] [NTC] [VID] vid_v4lx_start: Using V4L2
[1] [NTC] [ALL] image_ring_resize: Resizing pre_capture buffer to 1 items
[1] [NTC] [STR] http_bindsock: motion-stream testing : IPV4 addr: 127.0.0.1
port: 8081
[1] [NTC] [STR] http_bindsock: motion-stream Bound : IPV4 addr: 127.0.0.1 port:
8081
[1] [NTC] [ALL] motion_init: Started motion-stream server in port 8081 auth
Disabled
```

위 메시지에서 데몬 상태에 관한 많은 유용한 정보를 얻을 수 있다. 먼저 각 줄은 네모 괄호 안에 스레드 출력을 지정하는 번호로 시작한다. 0번은 motion 메인 스레드고, 1번은 웹캠(/dev/video0)에 연결되는 첫 번째 스레드며, 입력 비디오 디바이스가 많으면 번호가 증가한다. 그리고 데몬이 웹캠에 관한 정보를 출력하는 것도 볼 수 있다.

```
[1] [NTC] [VID] v4l2_get_capability:
------------------------
cap.driver: "uvcvideo"
cap.card: "Microsoft LifeCam VX-800"
cap.bus_info: "usb-ci_hdrc.1-1"
cap.capabilities=0x84200001
------------------------
[1] [NTC] [VID] v4l2_get_capability: - VIDEO_CAPTURE
[1] [NTC] [VID] v4l2_get_capability: - STREAMING
[1] [NTC] [VID] v4l2_select_input: name = "Camera 1", type 0x00000002,status
00000000
[1] [NTC] [VID] v4l2_select_input: - CAMERA
[1] [WRN] [VID] v4l2_select_input: Device doesn't support VIDIOC_G_STD
```

```
[1] [NTC] [VID] v4l2_set_pix_format: Config palette index 17 (YU12) doesn't
work.
[1] [NTC] [VID] v4l2_set_pix_format: Supported palettes:
[1] [NTC] [VID] v4l2_set_pix_format: (0) YUYV (YUYV 4:2:2)
[1] [NTC] [VID] v4l2_set_pix_format: 0 - YUYV 4:2:2 (compressed : 0) (0x56595559)
[1] [NTC] [VID] v4l2_set_pix_format Selected palette YUYV
[1] [NTC] [VID] v4l2_do_set_pix_format: Testing palette YUYV (320x240)
[1] [NTC] [VID] v4l2_do_set_pix_format: Using palette YUYV (320x240)
bytesperlines 640 sizeimage 153600 colorspace 00000000
```

현재 팔레트 설정(YU12)이 사용하는 웹캠에 맞지 않아 시스템은 YUYV를 사용할 것이다. 이것은 에러가 아니다. 그러나 이런 경고를 없애기 위해 올바른 비디오 팔레트를 설정하고 싶을 수 있다. 이를 위해 /etc/motion/motion.conf 파일에서 아래와 같은 설정을 살펴보자(아래는 매우 긴 전체 파일의 일부분이다).

```
# 캡처를 위해 사용할 비디오 디바이스(디폴트 /dev/video0)
# FreeBSD에서 디폴트는 /dev/bktr0다.
videodevice /dev/video0
# v4l2_palette는 캡처 시 motion이 사용해야 하는 팔레트를  비디오 디바이스에서 지원하는 팔레트 중
에서 선택할 수 있게 해준다(디폴트: 17).
# 예: 비디오 디바이스가 V4L2_PIX_FMT_SBGGR8와 V4L2_PIX_FMT_MJPEG를 지원하면, motion은 기
본적으로 V4L2_PIX_FMT_MJPEG를 사용할 것이다.
# v4l2_palette를 2로 설정하면, motion은 V4L2_PIX_FMT_SBGGR8를 사용한다.
#
# 값 :
# V4L2_PIX_FMT_SN9C10X : 0 'S910'
# V4L2_PIX_FMT_SBGGR16 : 1 'BYR2'
# V4L2_PIX_FMT_SBGGR8 : 2 'BA81'
# V4L2_PIX_FMT_SPCA561 : 3 'S561'
# V4L2_PIX_FMT_SGBRG8 : 4 'GBRG'
# V4L2_PIX_FMT_SGRBG8 : 5 'GRBG'
# V4L2_PIX_FMT_PAC207 : 6 'P207'
# V4L2_PIX_FMT_PJPG : 7 'PJPG'
# V4L2_PIX_FMT_MJPEG : 8 'MJPEG'
```

```
# V4L2_PIX_FMT_JPEG : 9 'JPEG'
# V4L2_PIX_FMT_RGB24 : 10 'RGB3'
# V4L2_PIX_FMT_SPCA501 : 11 'S501'
# V4L2_PIX_FMT_SPCA505 : 12 'S505'
# V4L2_PIX_FMT_SPCA508 : 13 'S508'
# V4L2_PIX_FMT_UYVY : 14 'UYVY'
# V4L2_PIX_FMT_YUYV : 15 'YUYV'
# V4L2_PIX_FMT_YUV422P : 16 '422P'
# V4L2_PIX_FMT_YUV420 : 17 'YU12'
#
v4l2_palette 17
# 소스로서 튜너를 이용해 캡처에 사용하기 위한 튜너 디바이스(디폴트 /dev/tuner0)
# 이 값은 FreeBSD에서만 사용된다. 리눅스에서는 주석으로 남겨 놓자.
; tunerdevice /dev/tuner0
# 사용할 비디오 입력(디폴트: -1)
# 보통 비디오/TV 카드를 위해 0 이나 1로 설정하고 USB 카메라는 -1로 설정해야 해야 한다.
input -1
```

videodevice와 input 설정은 올바르지만, v4l2_palette 설정은 잘못됐다. 따라서 17을 더 적합한 15로 변경해야 한다. 이제 이전에 한 것처럼 데몬을 다시 실행하면 설정 에러는 없어질 것이다.

이제 웹캠이 캡처하는 비디오를 비디오 스트림으로 직접 볼 수 있다. 이를 위해 motion은 메인 스레드(0번)와 카메라 스레드(1부터 N번)를 모니터링하는 여러 웹 서버를 설정한다. 이 예제는 1개의 웹캠이 있으므로 스레드 0번에 관한 아래의 설정을 볼 수 있는 메인 설정 파일만 확인하면 된다.

```
##########################################################
# HTTP 기반 제어
##########################################################
# http 서버가 리스닝 하기 위한 TCP/IP port(디폴트: 0 = 비활성화)
webcontrol_port 8080
# 제어 연결을 로컬 호스트로만 한정(디폴트: on)
```

```
webcontrol_localhost on
# http 서버 출력, raw 텍스트를 선택하려면 off 선택
# (디폴트: on)
webcontrol_html_output on
# http 기반 제어를 위한 인증. 문법 사용자 이름:암호
# 디폴트: 정의되지 않음(비활성화).
; webcontrol_authentication username:password
```

데몬에의 HTTP 접근을 활성화하기 위해 webcontrol_localhost를 off로 수정해 원격
제어 연결을 허용해야 한다. 그리고 1번 스레드(그리고 다음 번 스레드들)와 관련된 아래와
같은 설정을 갖는다.

```
######################################################
# 실시간 스트림 서버
######################################################
# 미니 http 서버는 이 포트로 요청을 리스닝한다.
# (디폴트: 0 = 비활성화)
stream_port 8081
# 생성할 jpeg 품질(퍼센트 단위) (디폴트: 50)
stream_quality 50
# 움직임이 감지되지 않았을 때 1fps이고, 움직임이 감지되면 stream_maxrate로 지정된 비율로 증가되는
출력 프레임
#(디폴트: off)
stream_motion off
# 스트림의 최대 프레임 레이트(디폴트: 1)
stream_maxrate 1.
# 스트림 연결을 로컬 호스트로만 제한(디폴트: on)
stream_localhost on
# 연결당 이미지의 개수 제한(디폴트: 0 = 무제한)
# 개수는 실제 스트림 레이트와 요청한 시간을 곱해 정의된다.
# 실제 스트림 레이트는 프레임 레이트와 stream_maxrate 중 작은 값이다.
stream_limit 0
# 인증 방법 설정(디폴트: 0)
# 0 = 비활성화
```

```
# 1 = 기본 인증
# 2 = MD5 digest(더 안전한 인증)
stream_auth_method 0
# 스트림용 인증. 문법 사용자 이름:암호
# 디폴트: 정의되지 않음(비활성화).
; stream_authentication username:password
```

HTTP 접근을 활성화하려면 다시 stream_localhost를 off로 수정해야 하다. 이제 데몬
을 재동작시킨 후 2개의 motion 웹 시비가 8080 포트와 8081 포트에서 동작하고 있다
는 것을 검증하기 위해 다른 터미널에서 아래와 같은 명령어를 사용해보자.

```
root@wb:~# netstat -pnl | grep motion
tcp  0  0 0.0.0.0:8080  0.0.0.0:*  LISTEN  1037/motion
tcp  0  0 0.0.0.0:8081  0.0.0.0:*  LISTEN  1037/motion
```

 TIP 8081 포트는 디폴트로 사용하고, 두 번째 카메라가 있다면 8082 포트를 사용하게 될 것이
다. 그러나 이 번호 순서는 카메라 설정 파일로 변경할 수 있다.

이제 일반 웹 브라우저를 사용해 메인 스레드(0번 스레드)에 연결할 수 있다. 가장 중요한
것은 아래 그림과 같이 http://192.168.9.2:8081에서 웹캠의 비디오 스트림을 확인하는
것이다.

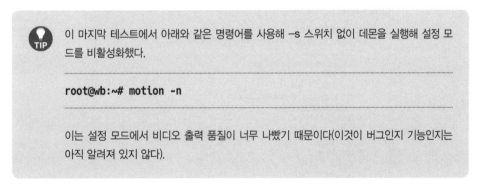

이 마지막 테스트에서 아래와 같은 명령어를 사용해 –s 스위치 없이 데몬을 실행해 설정 모드를 비활성화했다.

```
root@wb:~# motion -n
```

이는 설정 모드에서 비디오 출력 품질이 너무 나빴기 때문이다(이것이 버그인지 기능인지는 아직 알려져 있지 않다).

반면, 제어 스레드는 웹 브라우저로 http://192.168.9.2:8080 페이지에 들어가면 제어할 수 있다. 아래 그림이 메인 페이지다.

그리고 All ❯ Config ❯ list 메뉴 엔트리를 클릭하면 아래 그림과 같이 메인 스레드의 모든 설정이 있는 페이지를 볼 수 있는 http://192.168.9.2:8080/0/config/list로 이동한다.

 관련 링크를 클릭하고 새로운 값을 넣으면 이 설정을 변경할 수 있다. 그러나 이 책에서는 시스템 구성을 위해 이 인터페이스를 사용하지 않는다.

이제 동작 감지 시스템이 준비됐다. 실제로 웹캠을 방으로 향하게 한 후, 그 앞에서 움직이면, 데몬은 관련 이미지의 여러 이벤트를 아래와 같이 생성한다.

```
[1] [NTC] [EVT] event_newfile: File of type 8 saved to: /var/lib/
motion/01-20161024204255.avi
[1] [NTC] [ALL] motion_detected: Motion detected - starting event 1
[1] [NTC] [EVT] event_newfile: File of type 1 saved to: /var/lib/
motion/01-20161024204255-00.jpg
[1] [NTC] [EVT] event_newfile: File of type 1 saved to: /var/lib/
motion/01-20161024204255-01.jpg
[1] [NTC] [EVT] event_newfile: File of type 1 saved to: /var/lib/
motion/01-20161024204256-00.jpg
[1] [NTC] [EVT] event_newfile: File of type 1 saved to: /var/lib/
motion/01-20161024204256-01.jpg
[1] [NTC] [ALL] motion_loop: End of event 1
```

이제 주요 설정은 끝났고, 동작 이벤트가 발생할 때마다 첨부된 그림을 이메일 메시지로 보내는 것과 같은 일부 미세 설정만 남았다. 그러나 이런 작업은 독자의 필요에 맞게 해보길 바란다.

▌ 요약

비디오 디바이스는 여러 제어나 감시 프로그램 그리고 산업용이나 가정용 자동화를 위한 자동화 시스템에서 사용하는 비디오 스트림을 관리하는 복잡한 디바이스다. 16장에서는 GNU/리눅스 기반 시스템에서 이 디바이스를 정의하는 방법과 CPU가 전용 비디오 인터페이스가 없을 때 임베디드 컴퓨터에 비디오 디바이스를 쉽게 추가하는 방법을 살펴봤다.

17장에서는 주변 환경과 상호작용하는 모든 제어 자동화 디바이스가 가져야 하는 중요한(그렇지만 매우 간단한) 디바이스인 ADC를 살펴본다.

17

아날로그-디지털 변환기 - ADC

17장에서는 주변 환경으로부터 아날로그 신호를 얻는 데 사용하는 특정 주변 장치 종류를 설명한다. 이 책의 임베디드 보드는 디지털 디바이스고, 주변 환경과 상호작용하기 위해 실제 세계(아날로그 세계)의 정보를 디지털 세계의 정보로 바꾸는 기능이 필요하다.

특히, 산업용 I/O$^{Industrial\ I/O,\ IIO}$ 디바이스와 특정 sysfs 인터페이스에 속하는 ADC 클래스를 살펴본다. 특정 시간이나 어떤 이벤트가 발생할 때 이 변환을 시작하기 위해 어떻게 특별한 소프트웨어와 하드웨어 트리거를 사용하는지도 살펴본다.

아날로그-디지털 변환 디바이스

아날로그-디지털 변환기[ADC]는 아날로그 신호를 디지털 신호로 바꾸는 디바이스다. 이 변환은 입력의 양자화와 관련돼 있고, 지속적인 변환을 수행하지 않으며, ADC는 특정 순간에 입력을 샘플링하면서 주기적으로 변환한다. 이 변환의 결과물은 일련의 디지털 값(잘 정의된 해상도, 즉 변환된 디지털 값을 나타내는 데 사용하는 비트 수를 가진)이며, 이 값은 연속적인 시간과 진폭인 아날로그 신호를 이산적인 시간과 진폭인 디지털 신호로 바꾼 것이다.

예를 들어, 아래 그래프에서 입력 신호 Vin이 Vref 신호(최대 허용 입력값)와 같이 표현되고, 2진수로 인코딩되는 8 레벨 ADC 코딩 방식을 보여준다.

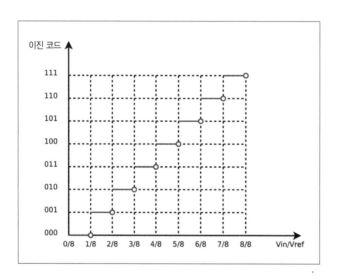

 작은 원은 1/8이나 2/8 등의 아날로그 값이 더 큰 값을 사용해 매핑된 것을 의미한다. 예를 들어, Vin/Vref = 1/8인 경우, 해당 2진 코드는 000이 아닌 001이다.

이 코딩 방식에서 Vin/Vref = 1 입력값은 허용되지 않는다는 점에 유의하자.

이 예제에서 해상도 res는 3비트고, 입력 신호의 2진 표현 코드 N(10진수)는 아래와 같은 식으로 계산된다. Integer( ) 함수는 인자의 정수 부분을 반환한다.

$$N = Integer(Vin/Vref * 2res)$$

 이 식은 **ADC** 디바이스의 실제 전송 함수를 단순화한 것이므로 제품 양산 환경에는 사용할 수 없다. 제품 양산 시 실제 변환기 디바이스의 데이터 시트를 참고해야 한다.

이 변환은 또 다른 중요한 인자인 샘플링 레이트(혹은 샘플링 주파수)의 영향을 받는다. 실제로 연속적이며 매우 다양한(밴드 제한적인) 신호는 샘플링 시간(샘플링 주파수의 역수)인 T초 간격으로 샘플링될 수 있고, 원본 신호는 보간법^{interpolation formula}을 사용해 이산 시간 값에서 정확히 다시 만들어낼 수 있다. 이 샘플링 시간을 정확히 지정하려면 두 가지 모드를 사용해야 한다.

- 소프트웨어를 사용해(소프트웨어 트리거), 특정 시간에 프로그램 스스로 ADC 변환을 수행
- 하드웨어를 사용해(하드웨어 트리거), ADC 변환기가 자동으로 샘플링 주파수를 생성할 수 있도록 프로그램이 해당 변환기를 설정

이 두 번째 샘플링 모드는 두 가지 기능으로 나눌 수 있다.

- ADC 변환이 내부 클럭에 따라 트리거되는 내부 트리거
- ADC 변환이 외부 신호에 따라 트리거되는 외부 트리거. ADC 변환 이벤트를 트리거하기 위해 사용할 수 있는 고정된 시간 신호(PWM 신호 같은 – 18장, '펄스 폭 변조 – PWM' 참고)를 연결할 수 있는 임베디드 디바이스에서 전용 입력 핀을 찾는 것은 매우 쉽다.

https://en.wikipedia.org/wiki/Analog-to-digital_converter에서 ADC에 관한 자세한 정보를 볼 수 있다.

전기 회선

ADC 변환기 회선은 아래 표와 같다.

이름	설명
ADC 입력	ADC 입력 신호
ADC 트리거	ADC 트리거 신호(선택 사항)
GND	일반 그라운드

비글본 블랙의 ADC

비글본 블랙은 확장 커넥터에 사용할 수 있는 7개의 ADC가 있고, 관련 핀은 아래 표에 요약돼 있다.

이름	ADC 출력
ain0	P9.39
ain1	P9.40
ain2	P9.37
ain3	P9.38
ain4	P9.33
ain5	P9.36
ain6	P9.35

ADC를 활성화하려면, 아래와 같은 명령어를 사용해야 한다.

```
root@bbb:~# echo BB-ADC > /sys/devices/platform/bone_capemgr/slots
bone_capemgr: part_number 'BB-ADC', version 'N/A'
bone_capemgr: slot #5: override
bone_capemgr: Using override eeprom data at slot 5
bone_capemgr: slot #5: 'Override Board Name,00A0,Override Manuf,BB-ADC
bone_capemgr: slot #5: dtbo 'BB-ADC-00A0.dtbo' loaded; overlay id #1
```

 위 메시지는 관련 커널 메시지도 표시돼 있다.

모든 준비가 완료되면 iio:device0라는 이름의 새로운 디렉터리를 /sys/bus/iio/devices/에서 볼 수 있다.

```
root@bbb:~# ls /sys/bus/iio/devices/
iio:device0
```

 비글본 블랙의 ADC에 관한 한 가지 중요한 사실은 각 입력 핀에 적용할 수 있는 최대 전압이다. 실제로 이 전압은 반드시 0과 1.8V 기준 전압 사이에 있어야 한다. 그렇지 않으면 CPU에 심각한 손상을 줄 수 있다.

SAMA5D3 Xplained의 ADC

SAMA5D3 Xplained는 확장 커넥터에 10개의 사용할 수 있는 ADC가 있고, 관련 핀이 아래 표에 요약돼 있다(TRG는 트리거 핀이다).

이름	ADC 출력	이름	ADC 출력
TRG	J21.6	ain5	J17.6
ain0	J17.1[*]	ain6	J17.7
ain1	J17.2	ain7	J17.8
ain2	J17.3	ain8	J21.1[*]
ain3	J17.4	ain9	J21.2[*]
ain4	J17.5		

> [*]로 표시된 핀은 보드의 하드웨어 수정 후 확장 커넥터에서 사용할 수 있다(저항이 옮겨져
> 야 한다. 좀 더 자세한 정보는 SAMA5D3 Xplained 사용자 가이드 참고)
>
> 또한 SAMA5D3 Xplained는 이 ADC의 일부를 사용해 저항성(resistive) 터치스크린 디
> 바이스를 관리할 수 있고, 이 경우 최대 사용 가능한 ADC의 수는 더 줄어든다(이 부분도
> SAMA5D3 Xplained 사용자 가이드 참고하기 바란다).

ADC는 디폴트로 이미 활성화돼 있고, /sys/bus/iio/devices/ 디렉터리에서 iio:device0 라는 이름의 디렉터리를 볼 수 있다.

```
root@a5d3:~# ls /sys/bus/iio/devices/
iio:device0 trigger0 trigger1 trigger2 trigger3
```

trigger0나 trigger1과 같은 다른 파일은 데이터 캡처를 시작하기 위해 ADC에서 사용할 트리거와 관련된 것이다(이 파일의 사용법에 대한 좀 더 자세한 정보는 다음 절 참고).

Wandboard의 ADC

Wandboard는 확장 커넥터에 사용할 수 있는 ADC가 없다.

리눅스의 ADC

GNU/리눅스 기반 시스템에서 ADC의 기능을 설명하기 위해 비글본 블랙보다 ADC 지원이 좋은 SAMA5D3 Xplained를 사용하자(그러나 비글본 블랙과의 차이는 설명할 것이다).

SAMA5D3 Xplained에서 iio:device0 디렉터리의 내용을 살펴보면, 아래와 같은 리스트를 볼 수 있다.

```
root@a5d3:~# ls /sys/bus/iio/devices/iio\:device0/
buffer            in_voltage1_raw in_voltage6_raw  name       trigger
dev               in_voltage2_raw in_voltage7_raw  of_node    uevent
in_voltage0_raw   in_voltage3_raw in_voltage8_raw  power
in_voltage10_raw  in_voltage4_raw in_voltage9_raw  scan_elements
in_voltage11_raw  in_voltage5_raw in_voltage_scale subsystem
```

in_voltageX_raw 형태의 파일은 특정 채널에서 단일 ADC 입력을 읽기 위해 사용된다. 이 인터페이스는 아래와 같이 사용할 수 있다.

```
root@a5d3:~# cat /sys/bus/iio/devices/iio\:device0/in_voltage0_raw
1662
```

 각 ADC 채널에서 읽기 동작을 할 때 아래와 같은 에러가 발생할 수 있다.

```
root@a5d3:~# cat /sys/bus/iio/devices/iio\:device0/in_voltage0_raw
cat: /sys/bus/iio/devices/iio:device0/in_voltage0_raw: Connection
timed out
```

그 이유는 현재 사용된 보드에서 디폴트 PMIC 설정으로는 올바른 전원이 공급되지 않아 CPU의 ADC 전원 부분(VDDANA)에 초기화 버그가 있기 때문이다. 이 문제를 해결하려면 몇 가지 I²C 명령어를 PMIC로 보내 PMIC의 output5 핀을 3.3V로 설정해야 한다.

```
root@a5d3:~# i2cset -y 1 0x5b 0x54 0x39 && i2cset -y 1 0x5b 0x55
0xc1
```

i2cset 명령어의 사용법은 9장, 'I²C'를 참고하자.

반환된 숫자는 실제 읽혀진 전압의 원시값이다. 이 값을 볼트로 변환하려면, in_voltageX _raw에 적용돼야 하는 스케일 팩터를 갖고 있는 in_voltage_scale의 내용을 사용해야 하고, 마이크로 볼트를 얻기 위한 in_voltageX_offset(만약 있다면)을 더해야 한다(in_voltageX_offset이 없다면 0이다).

in_voltageX 입력에 대한 식은 아래와 같다.

in_voltageX = in_voltage_scale * in_voltageX_raw + in_voltageX_offset

 비글본 블랙은 이 파일이 없어서 마이크로 볼트의 ADC 데이터를 얻기 위한 식은 아래와 같고, R은 읽혀진 원시값이다.

$V = 3300 * R/4095$

ADC에서 데이터를 읽는 이런 모드를 '원샷one-shot 모드'라고 한다(혹은 소프트웨어 트리거). 그러나 ADC에서 데이터를 얻는 더 흥미로운 모드는 연속 모드다(혹은 하드웨어 트리거). 이 모드를 사용하는 데 있어 중요한 파일은 buffer와 scan_elements 디렉터리에 있다. buffer 디렉터리에서 아래와 같은 파일을 찾을 수 있다.

```
root@a5d3:~# ls /sys/bus/iio/devices/iio\:device0/buffer/
enable length watermark
```

이 파일을 사용해 ADC의 연속 모드상에서 샘플이 저장되는 버퍼를 관리할 수 있다. 실제로 length에서 버퍼가 포함하는 스캔의 수를 저장할 수 있고, enable 파일로 버퍼 캡처를 시작할 수 있다. watermark 파일로 기다려야 할 스캔 엘리먼트의 최대 수(양수)를 지정할 수 있다. 따라서 샘플링된 데이터를 얻기 위해 블로킹^{blocking} 함수인 read( )를 호출할 때, 이 함수는 읽기 요청된 양과 낮은 워터마크 값 중 낮은 값의 데이터를 사용할 수 있을 때까지 기다린다.

scan_elements 디렉터리에서는 아래와 같은 파일을 찾을 수 있다.

```
root@a5d3:~# ls /sys/bus/iio/devices/iio\:device0/scan_elements/
in_timestamp_en        in_voltage1_index      in_voltage5_type
in_timestamp_index     in_voltage1_type       in_voltage6_en
in_timestamp_type      in_voltage2_en         in_voltage6_index
in_voltage0_en         in_voltage2_index      in_voltage7_en
in_voltage0_index      in_voltage2_type       in_voltage7_index
in_voltage0_type       in_voltage3_en         in_voltage7_type
in_voltage10_en        in_voltage3_type       in_voltage8_en
in_voltage10_index     in_voltage4_en         in_voltage8_index
in_voltage10_type      in_voltage4_index      in_voltage8_type
in_voltage11_index     in_voltage4_type       in_voltage9_en
in_voltage11_type      in_voltage5_en         in_voltage9_index
in_voltage1_en         in_voltage5_index      in_voltage9_type
```

여기서 각 ADC는 각기 3개의 파일들을 가진다.

- in_voltageX_en: X 채널을 활성화할 것인지 정의한다.
- in_voltageX_index: 버퍼의 청크^{chunk}에서 채널 X의 인덱스를 정의한다.
- in_voltageX_type: ADC가 채널 X의 데이터를 버퍼에 어떻게 저장하는지 설명한다.

이 마지막 파일을 읽으면 아래와 같은 문자열을 반환한다.

```
root@a5d3:~# cat /sys/bus/iio/devices/iio\:device0/scan_elements/in_voltage0_
type
le:u12/16>>0
```

le는 데이터 엔디안을 나타내고(여기서는 리틀 엔디안), u는 반환된 값의 부호며(부호가 없을 때는 u, 있을 때는 s다), 숫자 12는 관련 정보 비트 수를 나타내고, 16은 데이터를 저장하기 위해 사용한 실제 비트 수를 나타낸다. 마지막으로 0은 버퍼 내의 데이터를 올바르게 얻기 위해 필요한 오른쪽 시프트shift의 수다.

 IIO 디바이스의 ADC 인터페이스에 관한 좀 더 자세한 정보는 리눅스 트리 저장소의 Documentation/ABI/testing/sysfs-bus-iio 파일을 참고하기 바란다.

그리고 다른 3개의 파일인 in_timestamp_en과 in_timestamp_index, in_timestamp_type을 볼 수 있다. 이 파일들은 각 캡처된 파일의 타임스탬프timestamp 기능에 관련된 것이다. 이 파일의 내용은 이전의 전압 파일과 비슷하다. 그러나 해상도는 약간 다르다.

```
root@a5d3:~# cat /sys/bus/iio/devices/iio\:device0/scan_elements/in_ti
mestamp_type
le:s64/64>>0
```

간단한 예제로 이 ADC에서 타임스탬프를 가진 연속 데이터(즉, 하드웨어 트리거를 사용한)를 읽어보자. 이를 위해서는 사용할 버퍼와 채널을 활성화해야 한다.

```
root@a5d3:~# echo 1 > /sys/bus/iio/devices/iio\:device0/scan_elements/in_
timestamp_en
root@a5d3:~# echo 1 > /sys/bus/iio/devices/iio\:device0/scan_elements/in_
voltage0_en
root@a5d3:~# echo 1 > /sys/bus/iio/devices/iio\:device0/scan_elements/in_
```

```
voltage2_en
root@a5d3:~# echo 1 > /sys/bus/iio/devices/iio\:device0/scan_elements/in_
voltage4_en
```

그리고 버퍼 길이를 100, 워터마크를 버퍼의 절반으로 설정한다.

```
root@a5d3:~# echo 100 > /sys/bus/iio/devices/iio\:device0/buffer/length
root@a5d3:~# echo 50 > /sys/bus/iio/devices/iio\:device0/buffer/watermark
```

이제 buffer 디렉터리의 enable 파일에 1로 쓰면 캡처를 간단히 활성화할 수 있다. 그리고 모든 캡처는 /dev/iio:device0 문자 디바이스에서 볼 수 있다. 캡처를 멈추려면 같은 파일에 0을 써야 한다.

명령어 라인에서 버퍼를 빠르게 테스트하기 위해 리눅스 소스 저장소의 tools/iio/ 디렉터리에 있는 도구를 사용할 수 있다. SAMA5D3 Xplained 보드에서 해당 디렉터리의 내용을 복사하고 make를 사용하면 된다.

```
root@a5d3:~# cd iio/
root@a5d3:~/iio# make
```

 컴파일 중 아래와 같은 에러가 발생하면, 필요한 파일이 없다는 것이다.

```
iio_event_monitor.c:28:30: fatal error: linux/iio/e
vents.h: No such file or directory
#include <linux/iio/events.h>
                            ^
compilation terminated.
```

이 문제를 해결하기 위해 /usr/include/linux/iio를 생성하고, 사용하는 호스트 PC에서 필요한 파일을 복사해 수동으로 설치하면 된다.

```
root@a5d3:~# mkdir /usr/include/linux/iio
root@a5d3:~# scp giometti@192.168.32.54:BBB/bb-kern
el/KERNEL/include/uapi/linux/iio/{events,types}.h /
usr/include/linux/iio/
```

모든 준비가 완료되면 2개의 새로운 프로그램을 볼 수 있다. 첫 번째는 시스템에 현재 정의된 IIO 디바이스 리스트를 얻는 데 사용하는 lsiio다.

```
root@a5d3:~/iio# ./lsiio
Device 000: f8018000.adc
Trigger 000: f8018000.adc-dev0-external-risin"
Trigger 001: f8018000.adc-dev0-external-falli"
Trigger 002: f8018000.adc-dev0-external-any
Trigger 003: f8018000.adc-dev0-continuous
```

두 번째 프로그램은 연속 모드로 ADC를 테스트할 수 있는 generic_buffer다. 아래 도움말 메시지를 살펴보자.

```
root@a5d3:~/iio# ./generic_buffer
Device name not set
Usage: generic_buffer [options]...
Capture, convert and output data from IIO device buffer
-c <n> Do n conversions
-e Disable wait for event (new data)
-g Use trigger-less mode
-l <n> Set buffer length to n samples
-n <name> Set device name (mandatory)
```

812

```
-t <name> Set trigger name
-w <n> Set delay between reads in us (event-less mode)
```

연속 트리거(위의 Trigger 003)를 사용해 iio：device0(사용 중인 ADC)에서 10개 샘플을 얻는
명령어와 출력 메시지는 아래와 같다.

```
root@a5d3:~/iio# ./generic_buffer -n f8018000.adc -t f8018000.adc-dev0-
continuous -l 10 -c 1
iio device number being used is 0
iio trigger number being used is 3
/sys/bus/iio/devices/iio:device0 f8018000.adc-dev0-continuous
1178.466797 279.052734 103.271484 1478100858118937669
270.996094 279.052734 103.271484 1478100858118993305
270.996094 159.667969 103.271484 1478100858119010638
270.996094 159.667969 94.482422 1478100858119032638
225.585938 159.667969 94.482422 1478100858119052214
225.585938 156.005859 94.482422 1478100858119074820
225.585938 156.005859 93.017578 1478100858119096032
222.656250 156.005859 93.017578 1478100858119115790
222.656250 156.005859 93.017578 1478100858119136699
222.656250 156.005859 94.482422 1478100858119157729
```

 비글본 블랙에서 사용하는 위와 동일한 명령어는 아래와 같다.

```
root@bbb:~/iio# ./generic_buffer -n TI-am335x-adc
                       -g -l 10 -c 1
```

이 경우, 비글본 블랙은 사용할 수 있는 트리거가 없으므로 -g 옵션 인자를 사용한다는 점에
유의하자.

위 출력 메시지에서 타임스탬프 열(마지막 열)을 살펴보면, 주기는 약 20밀리 초^{millisecond}이며, 이 값은 직접 변경할 수 있다. 실제로 새 읽기 동작은 이전 동작이 끝날 때 시작한다. 이 경우, 이 샘플링은 쓸모가 없지만(디버깅 목적을 제외하고), 이 문제를 해결하기 위한 해법은 존재한다. 바로 트리거 핀으로 연결된 PWM 신호를 사용해 외부 하강^{falling} 트리거 (Trigger 001)를 선택하는 것이다. 이 트릭으로 PWM 주기를 설정해 샘플링 주기를 설정할 수 있다(다음 절의 예제 참고).

다음 절로 넘어가기 전에 데이터를 어떻게 수집하는지 이해하기 위해 이전 프로그램의 관련 코드를 살펴보자. 초기화 함수와 메인 함수는 아래와 같다.

```
/* 링버퍼 파라미터 설정 */
ret = write_sysfs_int("length", buf_dir_name, buf_len);
if (ret < 0)
    goto error;

/* 버퍼 활성화 */
ret = write_sysfs_int("enable", buf_dir_name, 1);
if (ret < 0) {
    fprintf(stderr, "Failed to enable buffer: %s\n", strerror(-ret));
    goto error;
}

scan_size = size_from_channelarray(channels, num_channels);
data = malloc(scan_size * buf_len);
if (!data) {
    ret = -ENOMEM;
    goto error;
}

ret = asprintf(&buffer_access, "/dev/iio:device%d", dev_num);
if (ret < 0) {
    ret = -ENOMEM;
    goto error;
```

```
}

/* 논블로킹(non blocking) 디바이스 열기 시도 */
fp = open(buffer_access, O_RDONLY | O_NONBLOCK);
if (fp == -1) { /* TODO: If it isn't there make the node */
    ret = -errno;
    fprintf(stderr, "Failed to open %s\n", buffer_access);
    goto
 error;
}
for (j = 0; j < num_loops; j++) {
    if (!noevents) {
        struct pollfd pfd = {
            .fd = fp,
            .events = POLLIN,
        };

        ret = poll(&pfd, 1, -1);
        if (ret < 0) {
            ret = -errno;
            goto error;
        } else if (ret == 0) {
            continue;
        }
        toread = buf_len;
    } else {
        usleep(timedelay);
        toread = 64;
    }

    read_size = read(fp, data, toread * scan_size);
    if (read_size < 0) {
        if (errno == EAGAIN) {
            fprintf(stderr, "nothing available\n");
            continue;
        } else {
```

```
            break;
        }
    }
    for (i = 0; i < read_size / scan_size; i++)
        process_scan(data + scan_size * i, channels, num_channels);
}
```

위 코드에서는 링 버퍼 초기화 및 활성화한 후에 사용할 ADC에 접근할 수 있는 /dev/
iio:device 문자 디바이스를 연다. 그리고 poll( ) 시스템 콜을 사용해 읽을 준비가 된 데
이터가 있는지 감지하고, read( ) 함수로 해당 데이터를 읽는 루프를 시작한다.

▌ 가스 감지기

간단한 ADC 사용법(PWM 소스 도움말도 함께)을 설명하기 위해 아래 그림의 아날로그 센
서로 위험한 가스를 감지하는 방법을 살펴보자.

> ⓘ 이 디바이스는 http://www.cosino.io/product/mq-2-gas-sensor 페이지나 인터넷 서
> 핑으로 구입할 수 있다. 또한 http://gas-sensor.ru/pdf/combustible-gas-sensor.pdf
> 에서는 가스 센서의 데이터 시트를 얻을 수 있다.

이 센서는 가스 농도에 따라 가변 저항으로 동작하므로 일반 ADC로 쉽게 읽을 수 있다. 이 가스 센서의 데이터 시트를 자세히 들여다보면, 이 센서가 가스 농도에 따라 내부 저항을 어떻게 변경하는지를 알 수 있다(실제로는 주변 환경 습도와 온도에도 영향을 받지만 실내에서 이 값은 상수로 생각할 수 있다). 따라서 이 센서를 저항과 직렬로 연결하고 일정한 전압을 가하면 실제 가스 농도와 비례하는 출력 전압을 얻을 수 있다.

아래 다이어그램은 이 가스 센서가 SAMA5D3 Xplained 보드의 3.3V 전원 공급기와 연결되며, $R_L \approx 20K\Omega$을 갖기 위해 각 $6.8K\Omega$을 가진 3개의 저항으로 구성된 R_L 저항이 있는 회로도다.

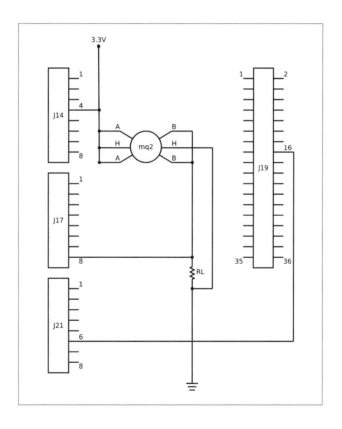

TIP 이 가스 센서는 A와 B, H 쌍으로 된 6개의 핀을 가지며, A와 B 쌍의 핀은 쇼트(short)돼 있고, H 쌍의 한쪽 핀은 입력 전압에 연결돼 있으며(이 경우 3.3V), 다른 한쪽은 GND에 연결돼 있다(좀 더 자세한 정보는 데이터 시트를 참고하자).

이 센서와 관련한 또 다른 중요한 문제는 이 센서 사용 전에 수행해야 하는 보정이다. 마지막 보정은 매우 중요하다. 실제로 MQ-2 데이터 시트는 아래와 같은 권장 사항을 설명한다.

> MQ-2의 저항값은 다양한 가스 종류와 다양한 가스 농도에 따라 다르다. 따라서 이 센서를 사용할 때 감도 조정은 필수다. 공기 중 1,000ppm 액화 석유 가스(LPG)나 1,000ppm 이소부탄(i-i-C4H10)에 대해 이 감지기를 보정하고, 약 20K(5K에서 47K) 부하 저항(RL) 값을 사용하길 권장한다.

이 단계는 R_L을 배리스터^{varistor}로 바꾸고, 저항을 미세 조정하면 된다. 그러나 예제에서는 논의를 간단히 하기 위해 약 20KΩ 일반 저항을 사용한다.

위 회로에 대한 마지막으로 언급할 내용은 19.16 핀과 J21.6 핀 사이의 연결에 관한 것이다. 이 회로는 M 신호를 사용해 ADC의 샘플링 주파수를 조정한다. 실제로 T=0.5s(0.5초)의 주기고, 듀티 사이클이 50퍼센트인 PWM 신호를 사용할 수 있다. 그리고 ADC의 외부 폴링 트리거(이전의 사용 가능한 리스트 참고)를 사용해 2Hz 샘플링 레이트를 가질 수 있다(이 디바이스에 관한 좀 더 자세한 정보는 18장, 펄스 폭 변조 – PWM' 참고).

이제 모든 것이 준비됐고, PWM을 설정할 수 있다. 먼저 pwm0 디바이스를 echo 명령어로 활성화하자.

```
root@a5d3:~# echo 0 > /sys/class/pwm/pwmchip0/export
```

그리고 적절한 값을 period와 duty_cycle 파일에 써야 한다(모든 값의 단위는 나노초며, 듀티 사이클은 퍼센트가 아닌 시간으로 지정된다).

```
root@a5d3:~# echo 500000000 > /sys/class/pwm/pwmchip0/pwm0/period
root@a5d3:~# echo 250000000 > /sys/class/pwm/pwmchip0/pwm0/duty_cycle
```

그리고 PWM 출력을 활성화하면 된다.

```
root@a5d3:~# echo 1 > /sys/class/pwm/pwmchip0/pwm0/enable
```

이제 2Hz PWM 신호가 ADC 트리거 핀에 보이고, 하드웨어 트리거를 사용하기 위해 ADC를 올바르게 설정만 하면 된다.

```
root@a5d3:~# echo 1 >
    /sys/bus/iio/devices/iio\:device0/scan_elements/in_timestamp_en
root@a5d3:~# echo 1 >
    /sys/bus/iio/devices/iio\:device0/scan_elements/in_voltage7_en
root@a5d3:~/iio# ./generic_buffer -n f8018000.adc
                    -t f8018000.adc-dev0-external-falling
                    -l 20 -c 100
```

마지막으로 이전에 설명했던 generic_buffer 도구를 사용하자. 연속 트리거를 사용하지 않고, 외부 하강 트리거를 사용한다. -c 옵션 인자에 100 값을 지정하고 100개의 샘플, 즉 50초에 대한 센서 데이터를 얻을 것이다.

아래와 같은 출력을 확인해보자.

```
root@a5d3:~/iio# ./generic_buffer -n f8018000.adc
                    -t f8018000.adc-dev0-external-falling
                    -l 20 -c 100
iio device number being used is 0
iio trigger number being used is 26478
/sys/bus/iio/devices/iio:device0 f8018000.adc-dev0-external-falling
804.931641 1478100875444651544
```

```
796.142578  1478100875944588271
803.466797  1478100876444588392
804.199219  1478100876944585786
792.480469  1478100877444585120
802.734375  1478100877944584210
799.804688  1478100878444583301
794.677734  1478100878944582816
799.072266  1478100879444581483
800.537109  1478100879944583119
796.875000  1478100880444578392
799.804688  1478100880944578331
801.269531  1478100881444580331
798.339844  1478100881944576088
867.919922  1478100882444575603
1676.513672  1478100882944574634
2184.814453  1478100883444573300
2302.001953  1478100883944572391
2330.566406  1478100884444570997
2334.960938  1478100884944573360
2310.791016  1478100885444569663
2277.832031  1478100885944568936
2243.408203  1478100886444571239
2215.576172  1478100886944565966
2190.673828  1478100887444564996
2167.968750  1478100887944564027
2146.728516  1478100888444563057
2123.291016  1478100888944562693
2105.712891  1478100889444562087
2079.345703  1478100889944560632
2057.373047  1478100890444559541
2033.935547  1478100890944558996
2011.230469  1478100891444557905
1987.792969  1478100891944556389

...
```

TIP

generic_buffer 도구를 실행할 때 아래와 같은 에러가 발생할 수도 있다.

```
root@a5d3:~/iio# ./generic_buffer -n f8018000.adc
              -t f8018000.adc-dev0-external-falling
              -l 20 -c 100
iio device number being used is 0
iio trigger number being used is 26478
/sys/bus/iio/devices/iio:device0 f8018000.adc-dev0-external-falling
Failed to write current_trigger file
```

이는 데이터 획득이 계속 실행 중이기 때문이다. 여러 가지 이유가 있을 수 있지만, Ctrl + C 를 사용해 명령이 끝나기 전에 generic_buffer가 멈췄을 가능성이 있다. 이 경우, 프로그램 은 데이터 획득을 비활성화하지 않고, 에러가 발생한다. 이 문제를 해결하기 위해 현재 동작 중인 데이터 획득을 비활성화하고 프로그램을 재시작하면 된다.

```
root@a5d3:~/iio# echo 0 > /sys/bus/iio/devices/iio\
:device0/buffer/enable
```

먼저 타임스탬프를 통해 샘플링 간격은 매우 일정하다는 것을(시간은 나노초로 표시된다) 알 수 있다. 그리고 공기 중의 어떤 가스가 없을 때 원시값은 약 800이라는 것을 알 수 있다 (이 값은 이전에 언급한 것처럼 전압이나 센서의 데이터 시트에 따라 ppm으로 변환할 수 있다). 그러 나 라이터를 이 센서에 가까이 가져가서 켜면 2,000이 넘으며, 라이터를 끄면 천천히 값 이 떨어짐을 볼 수 있다.

이 기능은 매우 명확하다. 그러나 읽은 데이터를 보기 쉽도록 위 출력값을 gnuplot을 사 용해 차트로 만들 수 있다.

```
$ gnuplot mq2.plot
    Rectangular grid drawn at x y tics
    Major grid drawn with lt 0 linewidth 1.000
```

```
Minor grid drawn with lt 0 linewidth 1.000
Grid drawn at default layer
```

 이 명령어를 실행하려면 일반 설치 명령어를 통해 설치할 수 있는 gnuplot이 필요하다.

```
# aptitude install gnuplot
```

또한 gnuplot 홈페이지인 http://gnuplot.sourceforge.net에서 이 도구의 좀 더 자세한
정보를 볼 수 있다.

이 유틸리티는 입력으로 mq2.plot 파일을 받는다. 이 파일은 아래와 같이 차트 지시어를
정의한다.

```
set terminal png size 800,600 enhanced font "Helvetica,20"
set output 'mq2.png'
set xdata time
set autoscale
set nokey
set grid lw 1
show grid
set xlabel "\nTime"
set ylabel 'raw'
set format x "%.9f"
set xtics rotate
plot "mq2.log" using ($2/1000000000):($1) with lines
```

 mq2.plot 파일은 이 책의 예제 코드 저장소에 있는 chapter_17/mq2.plot 파일이다.

위 코드의 마지막 줄은 차트로 만들어질 데이터가 있는 mq2.log 파일을 가리킨다. 이 파일을 생성하려면 generic_buffer의 출력을 파일로 복사하거나 Bash의 출력 리다이렉션 지시어를 사용해야 한다. 파일이 정상적으로 생성되면, 아래와 같은 차트를 볼 수 있다.

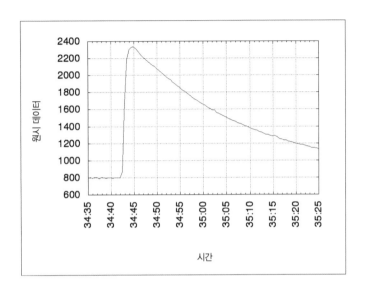

▌ 요약

17장에서는 ADC 변환기와 가스 센서를 사용해 위험한 가스를 감지하는 실제 애플리케이션에서 ADC 사용법을 살펴봤다. 단일 아날로그-디지털 변환을 있는 그대로 사용하거나 소프트웨어 나 하드웨어 클럭(혹은 이벤트) 소스를 사용해 연속 변환으로 ADC를 사용하는 방법도 배웠다.

18장에서는 디지털 출력에서 아날로그 출력을 생성해, 비록 구형파라도 여러 디바이스를 제어하는 데 유용하고 중요한 디바이스 클래스인 PWM 디바이스를 설명할 것이다.

18

펄스 폭 변조 – PWM

PWM 기술을 사용하면 메시지를 펄스 신호(보통 구형파)로 인코딩할 수 있기 때문에 마이크로 컨트롤러처럼 디지털 소스를 사용해 아날로그 소스를 생성할 수 있다. 그리고 이 메시지는 전기 모터나 다른 전자 장치 등에 공급된 전원을 제어하거나 18장에서 설명하는 서보 모터의 위치를 제어할 수 있다.

약간의 Bash 명령어를 사용해 임베디드 개발자가 서보 모터의 특정 축 위치를 설정하기 위해 GNU/리눅스 시스템에서 사용할 수 있는 PWM 생성기를 사용하는 방법을 살펴본다.

▌ PWM 디바이스

PWM 생성기는 내부 설정에 따라 PWM 신호를 생성할 수 있는 디바이스다. PWM 생성기의 출력은 잘 정의된 특성을 가진 구형파로서 연속된 펄스 신호다.

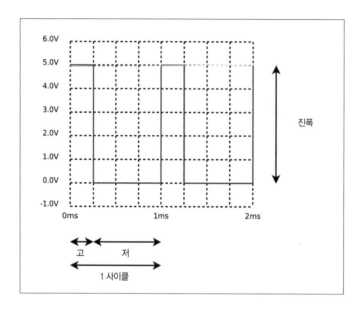

간단한 PWM 파형을 가진 위 그래프를 참고해 아래 파라미터를 정의할 수 있다.

- **진폭(Amplitude, A)**: 최대 출력값(y_{max})과 최소 출력값(y_{min})의 차이다.
- **주기(T)**: 출력 구형파의 한 사이클 지속 시간이다.
- **듀티 사이클(Duty-cycle, dc)**: 하이(high) 상태의 시간(t_{high})과 주기(T) 사이의 퍼센트 단위의 비율이다.

위 그래프에서 진폭은 5V(y_{max} = 5V고, y_{min} = 0V)며, 주기는 1ms(파형이 주기적이며, 0.001초마다 반복된다), 듀티 사이클은 25%(t_{high} = 0.25ms고, T = 1ms)다.

> ℹ️ PWM에 관한 자세한 정보는 https://en.wikipedia.org/wiki/Pulse-width_modulation 을 참고하기 바란다.

전기 회선

PWM 생성기 회선은 아래 표와 같다.

이름	설명
PWM 출력	PWM 출력 신호
GND	일반 그라운드

비글본 블랙의 PWM

비글본 블랙은 확장 커넥터에 사용할 수 있는 8개의 PWM 생성기가 있고, 관련 핀은 아래 표에 요약돼 있다.

PWM 생성기	PWM 칩	PWM 이름	PWM 출력
ehrpwm0A	pwmchip0	pwm0	P9.22(혹은 P9.31)
ehrpwm0B	pwmchip0	pwm1	P9.21(혹은 P9.29)
ehrpwm1A	pwmchip2	pwm0	P9.14(혹은 P8.36)
ehrpwm1B	pwmchip2	pwm1	P9.16(혹은 P8.34)
ehrpwm2A	pwmchip4	pwm0	P8.19(혹은 P8.45)
ehrpwm2B	pwmchip4	pwm1	P8.13(혹은 P8.46)
ecappwm0			P9.42
ecappwm2			P9.28

PWM 생성기를 활성화하려면, 아래 DTS 파일 중 하나를 사용해야 한다.

```
root@bbb:~# ls /lib/firmware/BB-*PWM*.dtbo
/lib/firmware/BB-PWM0-00A0.dtbo /lib/firmware/BB-PWM2-00A0.dtbo
/lib/firmware/BB-PWM1-00A0.dtbo
```

BB-PWM0-00A0.dtbo 파일은 ehrpwm0A와 ehrpwm0B라는 이름을 가진 생성기를 나타내고, BB-PWM1-00A0.dtbo는 ehrpwm1A와 ehrpwm1B, BB-PWM2-00A0.dtbo는 ehrpwm2A와 ehrpwm2B를 나타낸다.

예제로 아래와 같은 명령어를 사용해 첫 번째 PWM을 활성화해보자.

```
root@bbb:~# echo BB-PWM0 > /sys/devices/platform/bone_capemgr/slots
bone_capemgr: part_number 'BB-PWM0', version 'N/A'
bone_capemgr: slot #5: override
bone_capemgr: Using override eeprom data at slot 5
bone_capemgr: slot #5: 'Override Board Name,00A0,Override Manuf,BB-PWM
bone_capemgr: slot #5: dtbo 'BB-PWM0-00A0.dtbo' loaded; overlay id #1
```

 관련 커널 메시지도 위 메시지에 포함돼 있다.

그러면 pwmchip0라는 이름을 가진 새로운 디렉터리가 아래와 같이 나타난다.

```
root@bbb:~# ls /sys/class/pwm/
pwmchip0
```

SAMA5D3 Xplained의 PWM

SAMA5D3 Xplained는 확장 커넥터에 4개의 PWM 생성기가 있고, 관련 핀은 아래 표에 요약돼 있다.

PWM 생성기	PWM 칩	PWM 이름	PWM 출력
0	pwmchip0	pwm0	J19.16
1	pwmchip0	pwm1	J19.15[*]
2	pwmchip0	pwm2	J19.18
3	pwmchip0	pwm3	J19.17[*]

 [*] 마크가 있는 핀은 DTS에서 이미 활성화돼 있고, 다른 2개는 그렇지 않다. 따라서 비활성화된 핀이 필요하면 DTS를 수정해야 한다(좀 더 자세한 정보는 SAMA5D3 Xplained 사용자 가이드를 참고하자).

PWM 생성기는 DTS 파일에 디폴트로 활성화돼 있으므로 pwmchip0 디렉터리는 아래와 같이 볼 수 있다.

```
root@a5d3:~# ls /sys/class/pwm/
pwmchip0
```

Wandboard의 PWM

Wandboard는 확장 커넥터에 사용할 수 있는 PWM이 없다.

▌ 리눅스의 PWM 디바이스

비글본 블랙을 사용해 PWM 디바이스가 어떻게 동작하는지 살펴보자(아래 단계는 이 디바이스를 지원하는 SAMA5D3 Xplained와 다른 GNU/리눅스에서도 거의 비슷하다). 위에서 살펴본 것처럼 각 PWM 생성기는 /sys/class/pwm/에 잘 정의된 디렉터리가 있다. 비글본 블랙의 경우, pwmchip0 디렉터리가 있으며, 내부의 내용을 살펴보면 아래와 항목들을 볼 수 있다.

```
root@bbb:~# ls /sys/class/pwm/pwmchip0/
device/    export    npwm      power/      subsystem/    uevent      unexport
```

내부 내용이 6장, '범용 입출력 신호 – GPIO'의 '리눅스의 GPIO' 절에서 살펴본 GPIO 제어기와 매우 비슷하다는 것을 알 수 있다. export와 unexport 파일은 PWM을 내보내거나 내보내기를 취소하는 데 사용하고, npwm은 이 PWM 칩으로 관리하는 PWM 회선의 개수다. 아래와 같은 명령어는 pwmchip0 제어기로 2개의 PWM 신호를 관리한다는 것을 알 수 있다.

```
root@bbb:~# cat /sys/class/pwm/pwmchip0/npwm
2
```

첫 번째 PWM 회선을 활성화하려면, 아래와 같은 명령어를 사용해야 한다.

```
root@bbb:~# echo 0 > /sys/class/pwm/pwmchip0/export
```

그리고 GPIO와 똑같이, 새로운 파일이 나타난다.

```
root@bbb:~# ls /sys/class/pwm/pwmchip0/pwm0/
duty_cycle    enable  period  polarity  power  uevent
```

period 파일은 PWM 신호의 주기를 나노초로 정의하고, duty_cycle은 하이(high) 상태의 시간(t_{high})을 설정하는 듀티 사이클을 정의한다. 마지막으로 enable 파일은 PWM 파형을 생성하는 제어기를 활성화하는 데 사용한다. 아래와 같은 명령어는 250ns와 50%의 듀티 사이클(t_{high}=125ns)을 갖는 PWM 신호를 정의한다.

```
root@bbb:~# echo 250 > /sys/class/pwm/pwmchip0/pwm0/period
root@bbb:~# echo 125 > /sys/class/pwm/pwmchip0/pwm0/duty_cycle
root@bbb:~# echo 1 > /sys/class/pwm/pwmchip0/pwm0/enable
```

polarity 파일에 inversed 문자열을 써서(normal이 디폴트 설정임) 파형의 극성을 바꿀 수도 있다(즉, high 상태와 low 상태를 바꾼다).

 PWM 인터페이스에 관한 좀 더 자세한 정보는 리눅스 트리 저장소의 Documentation/pwm.txt 파일을 참고하기 바란다.

▌ 서보 모터 관리

주변 장치를 관리할 때 PWM 생성기를 어떻게 사용하는지 설명하기 위해 서보 모터를 사용해보자. 이 간단한 모터는 PWM 신호의 듀티 사이클을 적절히 설정해 특정 기어^{gear} 위치로 설정할 수 있다(클럭 시그널을 생성하기 위해 PWM을 사용하는 또 다른 예제는 14장, '제어기 영역 네트워크'와 17장, '아날로그-디지털 변환기 – ADC'에서 살펴봤다).

아래 그림은 이 예제에서 사용할 서보 모터다.

> ⓘ 이 디바이스는 http://www.cosino.io/product/nano-servo-motor 사이트나 인터
> 넷 서핑을 통해 구입할 수 있다. 이 디바이스의 데이터 시트는 http://hitecrcd.com/files/
> Servomanual.pdf에서 찾을 수 있다.

먼저 보드와 연결해보자. 아래 그림은 비글본 블랙의 핀과 서보 모터의 케이블 연결을 표
현한 것이다.

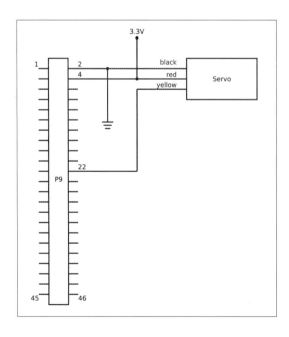

데이터 시트를 살펴보면 서보 모터는 20ms 주기와 0.9ms 및 2.1ms 사이(중간이 1.5ms)의 하이high 상태 시간을 가진 주기적인 구형파를 사용해 관리할 수 있다. 연결 후 아래와 같은 설정으로 센터 위치를 설정할 수 있다.

```
root@bbb:~# echo 20000000 > /sys/class/pwm/pwmchip0/pwm0/period
root@bbb:~# echo 1500000 > /sys/class/pwm/pwmchip0/pwm0/duty_cycle
root@bbb:~# echo 1 > /sys/class/pwm/pwmchip0/pwm0/enable
```

그리고 아래와 같은 명령어를 통해 기어를 시계 방향으로 움직일 수 있다.

```
root@bbb:~# echo 2100000 > /sys/class/pwm/pwmchip0/pwm0/duty_cycle
```

시계 반대 방향으로는 아래와 같은 명령어를 사용할 수 있다.

```
root@bbb:~# echo 900000 > /sys/class/pwm/pwmchip0/pwm0/duty_cycle
```

▌ 요약

18장에서는 PWM 신호가 무엇이며, 몇 개의 Bash 명령어만으로 PWM 생성기를 사용해 PWM 신호를 생성하는 방법을 설명했다. 또한 리눅스가 제공하는 sysfs 인터페이스를 사용해 서보 모터를 관리하는 예제도 살펴봤다.

19장에서는 임베디드 GNU/리눅스 개발자가 전문 분야에서 마주칠 수 있는 여러 다양한 종류의 디바이스와 이 책의 임베디드 보드를 사용해 쉽게 관리하는 방법을 설명하며 이 책을 마무리할 것이다.

19

기타 장치

이 책에서는 잘 정의된 클래스로 나뉜 여러 디바이스 종류를 소개했다. 그러나 완벽을 기하기 위해 이 클래스들 중 1개로 적용할 수 있지만, 가독성을 위해 설명하지 않은, 임베디드 보드에서 사용할 수 있는 다른 주변 장치들이 있다. 따라서 19장에서는 모니터링이나 제어 시스템에서 볼 수 있는 추가적인 주변 장치들을 설명한다.

19장에서 설명할 디바이스는 인터페이스에 따라 이전 챕터에 설명한 것처럼, 이 책의 임베디드 보드에 연결할 수 있다. 적어도 1개의 보드와 연결되는 회로는 설명할 것이므로 다른 보드와의 연결에 관한 정보는 해당 회로를 참고하기 바란다.

▌ 디지털 센서

디지털 센서는 측정된 개체의 상태에 따라 두 가지 가능한 상태인 on 혹은 off로 GPIO 입력 상태를 설정할 수 있는 디바이스다. 그리고 이 두 가지 상태는 적절한 회로로 로직 1과 0으로 변환돼야 한다.

물 센서

물Water 센서는 물 전도도conductivity를 사용해 회로 근처의 물이 있는지를 감지할 수 있는 디바이스다. 아래 그림에서 물 센서 디바이스 중 하나를 볼 수 있다.

 이 디바이스는 http://www.cosino.it/product/water-sensor 사이트나 인터넷 서핑을 통해 구입할 수 있다.

이 디바이스는 물이 회로 근처에 있을 때 전류를 제한하기 위해 저항(R)을 추가한 아래 다이어그램의 회로를 구현하는 정말 간단한 디바이스다.

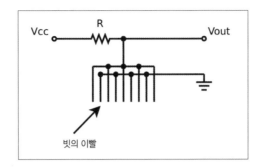

한 방울의 물이 회로도의 2개 이상의 빗의 이빨에 접촉되면 회로는 닫히고, 출력 전압 (V_{out})은 Vcc(로직 1)에서 거의 0V(로직 0)까지 떨어진다.

SAMA5D3 Xplained로 이 디바이스를 테스트하려면, 아래의 간단한 회로를 구현해야 한다.

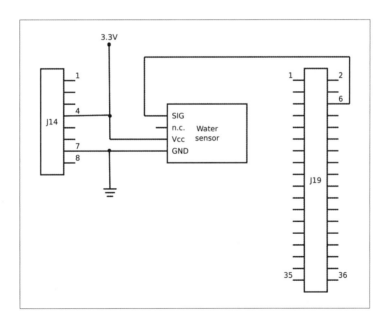

모든 연결이 완료되면 아래와 같은 명령어로 GPIO 입력 회선이고 SIG 신호와 연결된, PB25핀을 활성화해야 한다(6장, '범용 입출력 신호 – GPIO'의 '리눅스의 GPIO' 절 참고).

```
root@a5d3:~# echo 57 > /sys/class/gpio/export
root@a5d3:~# echo in > /sys/class/gpio/pioB25/direction
```

그리고 센서가 물에 있을 때와 그렇지 않을 때 아래와 같은 명령어를 사용해 GPIO의 상태를 읽으면 된다.

```
root@a5d3:~# cat /sys/class/gpio/pioB25/value
0
root@a5d3:~# cat /sys/class/gpio/pioB25/value
1
```

이제 디바이스 근처의 누수가 있는지 볼 수 있다.

적외선 센서

적외선 센서는 적외선을 감지할 수 있는 디바이스다. 여러 종류의 적외선 디바이스가 있지만, 이 책에서는 포토트랜지스터^{phototransistor}를 설명한다.

 이 디바이스의 좀 더 자세한 정보는 https://en.wikipedia.org/wiki/Photodiode#Other_modes_of_operation을 참고하기 바란다.

여기서 사용할 포토트랜지스터는 아래 그림과 같다(사실 포토트랜지스터는 빨간색 점을 가진 디바이스(위)고, 다른 디바이스는 여기서 설명하지 않는 적외선 에미터^{emitter}다).

포토트랜지스터의 기능은 아래 다이어그램에 있다. 적외선(IR)이 없으면, 트랜지스터는 off 상태고, 열린 회로로 동작하므로 Vout는 Vcc(로직 1)로 설정된다. 그러나 적외선이 도착하면, 트랜지스터는 on 상태가 되고, Vout는 거의 0V 값(로직 0)으로 떨어진다.

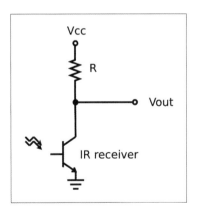

이 센서를 사용하기 위해 필요한 SAMA5D3 Xplained와의 연결을 아래 다이어그램에서 볼 수 있다.

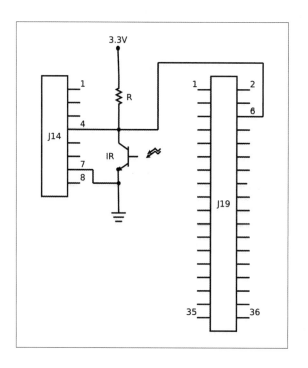

 IR은 빨간색 점을 가진 트랜지스터고, 긴 핀이 콜렉터이며, 짧은 핀이 에미터다. 저항 R은 6.8KΩ이다.

기능을 테스트하려면 이전 절에서 한 것처럼 GPIO 입력으로 PB25 핀을 활성화해야 한다. 그러나 이제 아래와 같은 명령어로 하강 엣지를 감지할 수 있도록 설정해야 한다(6장, 범용 입출력 신호 – GPIO'의 '리눅스의 GPIO' 절 참고).

```
root@a5d3:~# echo falling > /sys/class/gpio/pioB25/edge
```

그리고 6장, 범용 입출력 신호 – GPIO'의 'PHP' 절에서 사용했던 gpio-poll.php 스크립트를 사용해 IR 감지로 인해 high 상태에서 low 상태로 변하는 GPIO 상태를 select( ) 시스템 콜로 기다릴 수 있다. GPIO 스트림이 정의하는 시작 부분이 바뀐 아래 스크립트를 살펴보자.

```php
#!/usr/bin/php
<?php
    define("gpio24", "/sys/class/gpio/pioB25/value");

    # GPIO 스트림 얻기
    $stream24 = fopen(gpio24, 'r');

    while (true) {
        # select( )를 위해 스트림 집합 설정
        $read = NULL;
        $write = NULL;
        $exept = array($stream24);

        # IRQ 기다림(타임아웃 없이)...
        $ret = stream_select($read, $write, $exept, NULL);
        if ($ret < 0)
            die("stream_select: error");

        foreach ($exept as $input => $stream) {
            # GPIO 상태 읽기
            fseek($stream, 0, SEEK_SET);
            $status = intval(fgets($stream));

            # "/sys/class/gpio/gpioXX/value"에서 파일 이름 읽기
            $meta_data = stream_get_meta_data($stream);
            $gpio = basename(dirname($meta_data["uri"]));

            printf("$gpio status=$status\n");
        }
```

```
        }
?>
```

IR 신호를 생성하기 위해 일반 TV 리모컨을 IR 센서를 가리켜 사용할 수 있다. 리모컨 버튼을 누르면 각 상태 변화가 출력되는 아래와 같은 메시지를 볼 수 있다.

```
root@a5d3:~# ./gpio-poll.php
pioB25 status=1
pioB25 status=1
pioB25 status=1
pioB25 status=1
pioB25 status=0
pioB25 status=0
pioB25 status=1
pioB25 status=1
pioB25 status=1
pioB25 status=0
pioB25 status=1
...
```

스크립트를 멈추려면 Ctrl + C를 눌러야 한다.

■ 아날로그 센서

아날로그 센서는 측정된 개체에 비례하는 아날로그 신호를 반환할 수 있는 디바이스다. 그리고 아날로그 신호는 AD나 적당한 회로를 사용해 디지털 신호로 바꿔야 한다.

습도 센서

습도 센서는 토양 수분의 젖은 정도에 따라 내부 저항을 변화시키는 디바이스다.

ℹ️ 이 디바이스는 http://www.cosino.io/product/moisture-sensor 사이트나 인터넷 서핑을 통해 구입할 수 있다. 이 디바이스의 사용자 가이드는 http://seeedstudio.com/wiki/Grove_-_Moisture_Sensor에서 찾을 수 있다.

이 디바이스는 물 전도도를 기반으로 동작하기 때문에 앞 절에서 설명한 물 센서와 거의 비슷하다. 그러나 물이 있는지를 판단하는 것 대신 토양의 습기 정도를 알아야 하므로 디바이스 모양이 다르다.

SAMA5D3 Xplained와 이 디바이스 연결은 아래 다이어그램을 참고하자.

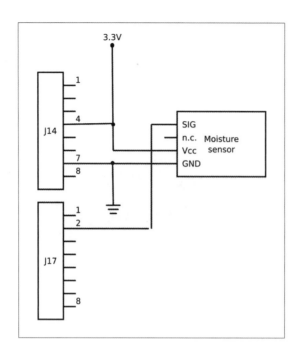

모든 연결이 완료되면, 센서를 물속에 넣고 아래와 같은 명령어를 실행하면 물속의 습도 (최대 습도)를 읽을 수 있다.

```
root@a5d3:~# cat /sys/bus/iio/devices/iio\:device0/in_voltage1_raw
1309
```

센서를 물에서 빼고 이전 명령어를 다시 실행하면, 공기 중의 습도를 볼 수 있다.

```
root@a5d3:~# cat /sys/bus/iio/devices/iio\:device0/in_voltage1_raw
0
```

위에서 볼 수 있듯이 습도가 높을수록 반환값도 크다.

압력 센서

압력(힘) 센서는 압력이 가해질 때 내부 저항을 변경시키는 디바이스로, 감압 저항^{force-} ^{sensitive register, FSR}으로 알려져 있다.

 이 디바이스에 대한 더 많은 정보는 https://en.wikipedia.org/wiki/Force-sensing_resistor를 참고하기 바란다.

아래 그림에서 압력 센서 중 하나를 볼 수 있다.

 이 디바이스는 http://www.cosino.io/product/pressure-sensor 사이트나 인터넷 서핑을 통해 구입할 수 있다. 이 디바이스의 사용자 가이드는 https://www.pololu.com/file/download/fsr_datasheet.pdf?file_id=0J383에서 찾을 수 있다.

앞서 설명한 것처럼, 이 디바이스는 디바이스 표면에 가해지는 힘(압력)을 감지할 수 있다. 간단히 말해, 내부 저항을 변화시켜 압력 강도를 알려준다. 데이터 시트를 보면, 이 저항은 압력이 없을 때 1MΩ에서 시작해 압력이 가해지면 몇 백 옴^{ohm}까지 변경된다는 것을 알 수 있다.

이 디바이스를 테스트하기 위한 SAMA5D3 Xplained와 이 디바이스 연결은 아래 그림과 같다.

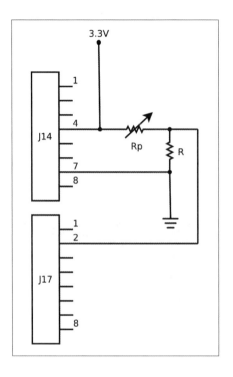

 위 다이어그램에서 R은 6.8KΩ이고, Rp는 변경 가능한 저항을 나타내는 압력 센서의 내부 저항이다.

이 회로는 간단히 압력 센서와 SAMA5D3 Xplained의 ADC 입력 ain1을 연결한 것으로 센서에 어떤 것도 없을 때는 Rp는 R보다 매우 큰 값을 가지며, 측정된 값은 0V에 가까운 값이 된다. 반면, 센서에 어떤 것이 있으면, 내부 저항 Rp는 작은 옴으로 떨어지고, Vcc 정도의 높은 값이 측정된다.

준비가 완료되고 센서에 아무것도 없다면 ADC를 읽을 때 아래와 같은 출력을 얻게 된다.

```
root@a5d3:~# cat /sys/bus/iio/devices/iio\:device0/in_voltage1_raw
0
```

그러나 센서 위에 간단히 손가락을 얹고, 센서를 다시 읽으면 위 출력보다 높은 값이 나온다.

```
root@a5d3:~# cat /sys/bus/iio/devices/iio\:device0/in_voltage1_raw
3704
```

위에서 볼 수 있듯이 센서의 압력이 높아지면 반환값이 커진다.

광센서

광센서$^{Light Sensor}$는 센서로 오는 빛의 강도를 감지할 수 있는 디바이스다. 광센서의 종류에는 여러 가지가 있지만, 19장에서는 포토레지스터라는 광센서에 대해 설명한다. 포토레지스터는 입사광의 세기에 따라 내부 저항을 변경시키는 디바이스다. 다른 말로 하면, 이 디바이스는 광 전도성을 나타내며, 더 많은 빛이 있으면 더 적은 저항이 측정된다.

 포토레지스터에 대한 좀 더 자세한 정보는 https://en.wikipedia.org/wiki/Photoresistor 에서 얻을 수 있다.

아래는 이런 디바이스 중 하나에 대한 그림이다.

이 디바이스는 http://www.cosino.io/product/photoresistor 사이트나 인터넷 서핑을 통해 구입할 수 있다. 이 디바이스의 사용자 가이드는 https://www.sparkfun.com/datasheets/Sensors/Imaging/SEN-09088-datasheet.pdf에서 찾을 수 있다.

이 디바이스 기능은 앞서 설명한 압력 센서와 거의 비슷하다. 따라서 이 경우에도 SAMA5D3 Xplained 보드에 연결하기 위해 이전에 사용했던 같은 회로를 사용할 수 있다(압력 센서를 광센서로 바꾸기만 하면 된다).

연결이 완료되면 아래와 같은 명령어로 일반 빛 세기를 측정할 수 있다.

```
root@a5d3:~# cat /sys/bus/iio/devices/iio\:device0/in_voltage1_raw
2381
```

이제 센서를 손가락이나 컵으로 가려 내부 저항을 변경한 후, ADC에서 다시 값을 읽어 보자.

```
root@a5d3:~# cat /sys/bus/iio/devices/iio\:device0/in_voltage1_raw
469
```

이와 반대로 센서에 전구를 켜면, 아래와 같은 값을 얻을 수 있다.

```
root@a5d3:~# cat /sys/bus/iio/devices/iio\:device0/in_voltage1_raw
3685
```

위에서 볼 수 있듯이 주변 빛이 밝으면 반환값이 커진다.

█ GSM/GPRS 모뎀

GSM/GPRS 모뎀은 GSM/GPRS 시스템을 사용해 두 컴퓨터 간 통신을 구성하는 데 사용하는 디바이스다. 모바일 통신을 위한 글로벌 시스템Global system for mobile communication, GSM은 대부분의 국가에서 사용하는 구조다. 반면, 일반 패킷 라디오 서비스General packet radio service, GPRS는 더 높은 데이터 통신 속도를 지원하는 GSM 확장판이다. 보통 이 디바이스들은 전원 공급 회로와 RS-232나 USB와 같은 통신 인터페이스 등과 함께 조립된다.

이 디바이스들은 네트워크 통신을 활성화하기 위해 모바일폰처럼 가입자 신원 모듈subscriber identity module, SIM이 필요하고, SIM이 삽입되면 아래와 같은 주요 기능을 실행할 수 있다.

- SMS 메시지 관리
- 음성 통화
- 인터넷 연결 구성

위 기능을 수행하기 위해 이 디바이스들은 AT 명령어를 사용해 시리얼 통신(혹은 USB 에뮬레이션된 시리얼 회선)을 통해 프로세서나 제어기와 상호 동작한다. 제어기/프로세서가 이 명령어를 보내고, 모뎀은 명령어를 받은 후 결과를 다시 돌려준다.

 TIP AT 명령어에 대한 좀 더 자세한 정보는 https://en.wikipedia.org/wiki/Hayes_command _set을 참고하기 바란다.

Wandboard에서 사용할 디바이스는 아래 그림의 USB 디바이스다.

ⓘ 이 디바이스는 http://www.cosino.it/product/usb-gsmgprs-module-2 사이트나 인터넷 서핑을 통해 구입할 수 있다. 이 디바이스용 AT 명령어는 http://simcom.ee/documents/SIM800H/SIM800%20Series_AT%20Command%20Manual_V1.09.pdf에서 확인할 수 있다.

이 디바이스가 비표준 USB 커넥터를 사용하므로 Wandboard에 연결하기 위해 트릭을 찾아야 한다. 임시방편으로 USB 플러그 형태를 사용할 수 있다. 이 형태는 아래 그림과 같이 오래된 USB 디바이스의 어댑터며, 수 커넥터가 납땜돼 있어 각 신호 회선을 필요한 입력 핀에 꽂을 수 있다.

보드의 USB 커넥터와 Wandboard로 연결돼야 하는 관련 USB 신호가 아래 다이어그램에 표시돼 있다.

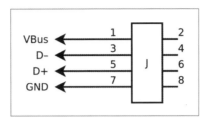

 pinout 커넥터는 https://en.wikipedia.org/wiki/USB 페이지의 오른쪽에 있는 pin out 박스에서 볼 수 있다.

연결이 완료되고, 이 디바이스를 Wandboard의 USB 호스트 포트에 연결하면 아래와 같은 출력을 얻을 수 있다.

```
usb 1-1: new full-speed USB device number 2 using ci_hdrc
usb 1-1: New USB device found, idVendor=0403, idProduct=6015
usb 1-1: New USB device strings: Mfr=1, Product=2, SerialNumber=3
usb 1-1: Product: FT230X Basic UART
usb 1-1: Manufacturer: FTDI
usb 1-1: SerialNumber: DN017HQF
usbcore: registered new interface driver usbserial
usbcore: registered new interface driver usbserial_generic
usbserial: USB Serial support registered for generic
usbcore: registered new interface driver ftdi_sio
usbserial: USB Serial support registered for FTDI USB Serial Device
ftdi_sio 1-1:1.0: FTDI USB Serial Device converter detected
usb 1-1: Detected FT-X
usb 1-1: FTDI USB Serial Device converter now attached to ttyUSB0
```

USB 연결이 정상 동작한다. 이제 GSM을 관리할 몇 가지 패키지가 필요하다. 이 패키지들을 설치하려면 아래와 같은 명령어를 사용해야 한다.

```
root@wb:~# aptitude install gsm-utils ppp libftdi-dev
```

그리고 이 디바이스의 전원을 관리하기 위한 코드를 다운로드해야 한다. 코드를 다운로드하고 컴파일하는 명령어는 아래와 같다.

```
root@wb:~# git clone https://github.com/cosino/peripherals.git
root@wb:~# cd peripherals/WI400/
root@wb:~/peripherals/WI400# make
```

컴파일이 끝나면 새로운 도구는 아래 예제에서 설명하듯이 실행할 수 있다.

```
root@wb:~/peripherals/WI400# ./wi400_ctrl -h
usage: wi400_ctrl [on | off]
```

어떤 인자도 없이 도구를 실행하면 현재 모뎀의 상태를 반환한다.

```
root@wb:~/peripherals/WI400# ./wi400_ctrl
modem is off
```

TIP 시리얼 콘솔에서 위 명령어를 실행하면 위 메시지와 새로운 시리얼 디바이스가 있다는 것을 알려주는 아래와 같은 커널 메시지가 섞여 보일 것이다.

```
ftdi_sio ttyUSB0: FTDI USB Serial Device converter now disconnected
ftdi_sio 1-1:1.0: device disconnected
ftdi_sio 1-1:1.0: FTDI USB Serial Device converter
```

```
usb 1-1: Detected FT-X
usb 1-1: FTDI USB Serial Device converter now attached to ttyUSB0
```

이 모뎀은 USB 버스상의 시리얼 회선으로 스스로를 나타낸다(보통 /dev/ttyUSB0 디바이스임). 그러나 이 통신 회선으로 몇 개의 명령어를 보내면 모뎀이 꺼져 있기 때문에 응답이 없을 것이다. 따라서 먼저 모뎀을 켜야 한다.

```
root@wb:~/peripherals/WI400# ./wi400_ctrl on
modem is on
```

이제 모뎀이 준비됐고, 모뎀을 켜기 전에 삽입한 SIM 카드 정보를 얻어 해당 모뎀과 통신을 시도해보자. 이를 위해 GSM 디바이스를 관리하도록 설계된 gsmctl 도구를 사용할 수 있다. 모뎀에서 가능한 많은 정보를 얻기 위한 명령어를 아래에서 살펴보자.

```
root@wb:~# gsmctl -X -d /dev/ttyUSB0 ALL
```

 위 명령어는 응답을 위해 시간이 걸릴 수 있다. 만약, 아래 답변을 얻는다면 SIM 카드를 모뎀에 삽입해야 한다.

```
gsmctl[ERROR]: ME/TA error 'SIM not inserted' (code 10)
```

만약, 아래와 같은 메시지를 얻는다면 SIM을 언락(unlock)하기 위해 PIN 번호를 제공해야 한다.

```
gsmctl[ERROR]: ME/TA error 'SIM PIN required' (code 11)
```

이 경우, 아래와 같은 명령어로 PIN 번호를 제공할 수 있다.

```
root@wb:~# gsmctl -X -d /dev/ttyUSB0 -I "+CPIN=NNNN"
```

NNNN 문자열 대신 해당 SIM 카드의 PIN 번호를 넣어야 한다. PIN 삽입 후 SIM busy 에러를 얻을 수도 있다. 그러나 이는 에러가 아니며, 아래와 같은 명령어를 통해 READY 메시지를 본다면 모든 것이 정상이라는 것을 검증할 수 있다.

```
root@wb:~# gsmctl -X -d /dev/ttyUSB0 PIN
<PIN0> READY
```

이 명령어의 출력은 아래와 같다.

```
root@wb:~# gsmctl -X -d /dev/ttyUSB0 ALL
<ME0> Manufacturer: SIMCOM_Ltd
<ME1> Model: SIMCOM_SIM800H
<ME2> Revision: Revision:1308B02SIM800H32
<ME3> Serial Number: 862950023936530
<FUN> Functionality Level: 1
```

 이 명령 실행 중 아래와 같은 에러를 볼 수도 있다.

```
gsmctl[ERROR]: expected ')' (at position 26 of std::string
'(2,"I TIM","TIM","22201"),(1,"vodafone IT" ,"voda
IT","22210"),(1,"22288","22288","22288"),,(0-4),(0-2)')
```

이 에러는 무시해도 된다.

이제 GSM 모뎀이 동작하며, SMS 메시지를 전송하도록 설계된 다른 도구를 사용해 메시지를 보낼 수 있다. 이 도구는 gsmsendsms고, Hello world!를 SMS로 보내는 명령어는 아래와 같다. NNNNNNNNNNNN은 올바른 전화번호로 바꿔야 한다.

```
root@wb:~# gsmsendsms -X -d /dev/ttyUSB0 +NNNNNNNNNNNN 'Hello world!'
```

이 모뎀을 사용하는 또 다른 방법은 인터넷 연결을 구성하는 것이다. 이를 위해 또 다른 도구인 점대점 프로토콜Point to point protocol, PPP 데몬을 사용해야 하며, 이 데몬은 ppp 패키지 안에 있다.

 지면 관계상 PPP 프로토콜은 설명하지 않으며, https://en.wikipedia.org/wiki/Point-to-Point_Protocol 사이트에서 관련 정보를 확인할 수 있다.

데몬이 설치되면, 아래와 같이 /etc/ppp/peers/ 디렉터리에 myisp(혹은 인터넷 서비스 제공자를 위한 더 적합한 이름) 파일을 추가해 데몬을 설정해야 한다.

```
# 네트워크 APN 값 설정
connect "/usr/sbin/chat -v -f /etc/chatscripts/gprs -T my_APN_value"

# GSM 디바이스
/dev/ttyUSB0

# 시리얼 라인 속도
115200

# ISP가 동적으로 IP 주소를 할당하도록 가정
noipdefault

# ISP에서 이름 서버 주소를 얻도록 시도
usepeerdns
```

```
# 이 연결을 인터넷 디폴트 라우트로 사용
defaultroute

# 연결이 끊겼을 때 PPPD 재다이얼 수행
persist

# 인증을 원격에 요청하지 않기
noauth

# 시리얼 링크가 하드웨어 흐름 제어 없음.
nocrtscts

# 모뎀 제어 라인 없음.
local

# 디버깅 메시지 활성화
debug
```

 이 파일은 이 책의 예제 코드 저장소에 있는 chapter_19/gsm/myisp 파일이다.

my_APN_value 문자열을 ISP에 따라 올바른 액세스 포인트 이름Access point name, APN으로 수정해야 한다.

이제 연결이 정상 동작하는지 검증하기 위해 활성화하기 전에 다른 터미널에서 아래와 같은 명령어를 사용해 메시지 모니터를 설정할 수 있다.

```
root@wb:~# tail -f /var/log/syslog | grep pppd
```

이런 방식으로 pppd 프로그램이 로그 시스템으로 보내는 모든 메시지를 볼 수 있다. 이제 아래와 같은 명령어로 연결을 활성화할 수 있다.

```
root@wb:~# pon myisp
```

그리고 메시지 모니터에서 아래와 같은 메시지를 볼 수 있다.

```
pppd[10320]: pppd 2.4.6 started by root, uid 0
pppd[10320]: Script /usr/sbin/chat -v -f /etc/chatscripts/gprs -T ibox
.isp.it finished (pid 10321), status = 0x0
pppd[10320]: Serial connection established.
pppd[10320]: using channel 4
pppd[10320]: Using interface ppp0
pppd[10320]: Connect: ppp0 <--> /dev/ttyUSB0
```

이 메시지는 GSM 시리얼 포트가 ppp0 인터페이스와 연결됐다는 것을 알려주고, 메시지를 더 읽어보면, 마지막으로 아래와 같은 메시지를 보게 된다.

```
pppd[10320]: local IP address 10.69.201.218
pppd[10320]: remote IP address 10.64.64.64
pppd[10320]: primary DNS address 10.205.41.16
pppd[10320]: secondary DNS address 10.204.57.104
pppd[10320]: Script /etc/ppp/ip-up started (pid 10329)
pppd[10320]: Script /etc/ppp/ip-up finished (pid 10329), status = 0x0
```

위 메시지에서 새로 생성된 네트워크 설정을 쉽게 읽을 수 있다. 실제로 ifconfig 명령(혹은 ip, 12장, '이더넷 네트워크 디바이스 – ETH' 참고)을 사용해 ppp0 인터페이스가 동작하고 있다는 것을 검증할 수 있다.

```
root@wb:~# ifconfig ppp0
ppp0      Link encap:Point-to-Point Protocol
          inet addr:10.69.201.218 P-t-P:10.64.64.64 Mask:255.255.255.255
          UP POINTOPOINT RUNNING NOARP MULTICAST MTU:1500 Metric:1
          RX packets:11 errors:0 dropped:0 overruns:0 frame:0
```

```
TX packets:12 errors:0 dropped:0 overruns:0 carrier:0
collisions:0 txqueuelen:3
RX bytes:542 (542.0 B) TX bytes:496 (496.0 B)
```

또한 새로운 인터넷 연결도 예상한 것처럼 동작하고 있으며, ping으로 확인할 수 있다.

```
root@wb:~# ping www.google.com
PING www.google.com (216.58.214.132) 56(84) bytes of data.
64 bytes from fra16s06-in-f132.1e100.net (216.58.214.132): icmp_seq=1 ttl=50
time=641 ms
64 bytes from fra16s06-in-f132.1e100.net (216.58.214.132): icmp_seq=2 ttl=50
time=575 ms
64 bytes from fra16s06-in-f132.1e100.net (216.58.214.132): icmp_seq=3 ttl=50
time=533 ms
```

PPP 데몬을 멈추려면, poff 명령어를 사용해야 한다.

```
root@wb:~# poff
```

이때 메시지 모니터에서 데몬 종료를 알려주는 아래와 같은 메시지를 읽을 수 있다.

```
pppd[10320]: Exit.
```

▌ 스마트카드 리더

스마트카드와 스마트카드 리더는 신용카드에서부터 스마트폰까지 어느 곳에서나 사용하는 복잡한 디바이스다. 스마트카드라는 단어는 스마트카드의 핵심인 마이크로 칩을 만들기 위해 같은 집적 회로에 집적 회로와 마이크로 프로세서, 메모리, 안테나 등을 포함하는 여러 기술을 의미한다. 반면, 스마트카드 리더는 스마트카드와 통신하고, 데이터를 저장하거나 컴퓨터에 데이터를 반환하는 복잡한 디바이스다.

이 디바이스들은 식별을 위해 신용카드(혹은 비슷한 것)를 넣어 식별이 되는 곳에서 사용할 수 있다. 이 디바이스는 무선이 아니다.

 https://en.wikipedia.org/wiki/Smart_card 사이트에서 스마트카드에 관한 더 많은 정보를 얻을 수 있다.

Wandboard에서 사용할 디바이스는 아래 그림의 스마트카드를 꽂을 수 있는, 슬롯이 있는 USB 디바이스다.

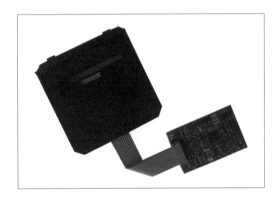

이 디바이스는 http://www.cosino.io/product/smartcard-reader-isoiec-7816 사이트나 인터넷 서핑을 통해 구입할 수 있다. 이 디바이스는 Maxim 73S1215F 칩을 기반으로 하며, 데이터 시트는 http://datasheets.maximintegrated.com/en/ds/73S1215F.pdf 에서 볼 수 있다.

이전 절의 GSM처럼 이 디바이스는 비표준 USB 커넥터를 가지므로 Wandboard에 연결하기 위해 이전에 사용한 비슷한 트릭을 사용해야 한다. 전기 회선 연결은 이전에 했던

것과 똑같다. 이 디바이스를 Wandboard의 USB 호스트 포트에 연결하면, 아래와 같은
메시지를 얻을 수 있다.

```
usb 1-1: New USB device found, idVendor=1862, idProduct=0001
usb 1-1: New USB device strings: Mfr=1, Product=2, SerialNumber=3
usb 1-1: Product: TSC12xxF CCID-DFU Version 2.10
usb 1-1: Manufacturer: Teridian Semiconductors
usb 1-1: SerialNumber: 123456789
```

연결이 완료되면, 이제 스마트카드 리더를 관리하는 몇 가지 패키지가 필요하다. 따라서
아래와 같은 명령어로 해당 패키지들을 설치하자.

```
root@wb:~# aptitude install pcsc-tools pcscd libccid
```

설치가 완료되면, pcsc 도구를 사용할 수 있다.

 pcsc 도구의 사용법은 http://ludovic.rousseau.free.fr/softwares/pcsc-tools/에서 볼
수 있다.

도구 설치 후, 연결된 디바이스를 감지하기 위해 pcsc_scan를 실행해야 한다.

```
root@wb:~# pcsc_scan
PC/SC device scanner
V 1.4.23 (c) 2001-2011, Ludovic Rousseau <ludovic.rousseau@free.fr>
Compiled with PC/SC lite version: 1.8.11
Using reader plug'n play mechanism
Scanning present readers...
Waiting for the first reader...
```

데몬이 정상적으로 실행됐다. 그러나 위 디바이스를 아직 인식하지 않고 있으므로 아래
와 같이 /etc/libccid_Info.plist 설정 파일을 수정해야 한다.

```
--- /etc/libccid_Info.plist.orig 2016-10-24 17:48:15.956215450 +0000
+++ /etc/libccid_Info.plist 2016-10-24 17:51:50.106215475 +0000
@@ -377,6 +377,7 @@
        <string>0x08C3</string>
        <string>0x15E1</string>
        <string>0x062D</string>
+       <string>0x1862</string>
</array>
   <key>ifdProductID</key>
@@ -652,6 +653,7 @@
        <string>0x0402</string>
        <string>0x2007</string>
        <string>0x0001</string>
+       <string>0x0001</string>
</array>
   <key>ifdFriendlyName</key>
@@ -927,6 +929,7 @@
        <string>Precise Biometrics Precise 200 MC</string>
        <string>RSA RSA SecurID (R) Authenticator</string>
        <string>THRC Smart Card Reader</string>
+       <string>TSC12xxF Reader</string>
</array>
```

이 패치는 이 책의 예제 코드 저장소에 있는 chapter_19/smartcard/add_TSC12xxF_ reader.patch 파일이다.

위 수정 사항을 적용한 후 데몬을 재시작하면 나타나는 출력 메시지는 아래와 같다.

```
root@wb:~# /etc/init.d/pcscd restart
Restarting pcscd (via systemctl): pcscd.service.
```

이제 pcsc_scan 명령어를 다시 시작하면 출력 메시지는 아래와 같이 바뀐다.

```
root@wb:~# pcsc_scan
PC/SC device scanner
V 1.4.23 (c) 2001-2011, Ludovic Rousseau <ludovic.rousseau@free.fr>
Compiled with PC/SC lite version: 1.8.11
Using reader plug'n play mechanism
Scanning present readers...
0: TSC12xxF Reader (123456789) 00 00
1: TSC12xxF Reader (123456789) 00 01
2: TSC12xxF Reader (123456789) 00 02
3: TSC12xxF Reader (123456789) 00 03
4: TSC12xxF Reader (123456789) 00 04
Mon Oct 24 17:52:15 2016
Reader 0: TSC12xxF Reader (123456789) 00 00
    Card state: Card removed,
Reader 1: TSC12xxF Reader (123456789) 00 01
    Card state: Card removed,
Reader 2: TSC12xxF Reader (123456789) 00 02
Card state: Card removed,
    Reader 3: TSC12xxF Reader (123456789) 00 03
Card state: Card removed,
    Reader 4: TSC12xxF Reader (123456789) 00 04
Card state: Card removed,
```

디바이스를 감지했다. 이제 카드를 소켓에 삽입해 아래와 같은 출력 메시지를 통해 리더
가 동작하는지를 확인할 수 있다.

```
Mon Oct 24 17:55:47 2016
Reader 0: TSC12xxF Reader (123456789) 00 00
  Card state: Card inserted,
  ATR: 3B BE 11 00 00 41 01 38 00 00 00 00 00 00 00 01 90 00
ATR: 3B BE 11 00 00 41 01 38 00 00 00 00 00 00 00 01 90 00
+ TS = 3B --> Direct Convention
+ TO = BE, Y(1): 1011, K: 14 (historical bytes)
  TA(1) = 11 --> Fi=372, Di=1, 372 cycles/ETU
    10752 bits/s at 4 MHz, fMax for Fi = 5 MHz => 13440 bits/s
  TB(1) = 00 --> VPP is not electrically connected
 TD(1) = 00 --> Y(i+1) = 0000, Protocol T = 0
-----
+ Historical bytes: 41 01 38 00 00 00 00 00 00 00 00 01 90 00
  Category indicator byte: 41 (proprietary format)
Possibly identified card (using /usr/share/pcsc/smartcard_list.txt):
3B BE 11 00 00 41 01 38 00 00 00 00 00 00 00 01 90 00
ACS (Advanced Card System) ACOS-1
```

디바이스가 동작하고 있다. 실제로 관련 ATR 식별자로 카드 삽입/제거를 감지할 수
있다.

그러나 pcsc_scan 도구는 양산 제품에는 적합하지 않으므로 카드 읽기를 잘 관리할 수
있는 다재다능한 파이썬 프로그램을 사용해보자. 이를 위해서는 python-pyscard와
python-daemon 프로그램을 설치해야 한다. 그리고 아래 코드의 일부분을 살펴보자.

```
#
# 스마트 카드 감시기
#
class printobserver(CardObserver):
    def update(self, observable, (addedcards, removedcards)):
```

```
            for card in addedcards:
                logging.info("->] " + toHexString(card.atr))
            for card in removedcards:
            logging.info("<-] " + toHexString(card.atr))
#
# 데몬 구현부
#
def daemon_body():
    # 메인 루프
    logging.info("INFO waiting for card... (hit Ctrl-C to stop)")
    try:
        cardmonitor = CardMonitor()
        cardobserver = printobserver()
        cardmonitor.addObserver(cardobserver)
        while True:
            sleep(1000000) # sleep forever
    except:
        cardmonitor.deleteObserver(cardobserver)
```

 전체 코드는 이 책의 예제 코드 저장소에 있는 chapter_19/smart_card/smart_card.py 파일이다.

이 프로그램은 카드 삽입 혹은 제거 시 호출되는 cardmonitor 객체를 정의하고, **addOb server()** 함수로 observer를 추가한다.

프로그램을 실행하면, 아래와 같은 메시지를 출력한다.

```
root@wb:~# ./smart_card.py
INFO:root:INFO waiting for card... (hit Ctrl-C to stop)
```

카드 삽입 시 아래와 같은 출력을 볼 수 있다.

864

```
INFO:root:->] 3B BE 11 00 00 41 01 38 00 00 00 00 00 00 00 00 01 90 00
```

반면, 카드 제거 시 아래와 같은 출력을 볼 수 있다.

```
INFO:root:<-] 3B BE 11 00 00 41 01 38 00 00 00 00 00 00 00 00 01 90 00
```

이런 방식으로 해당 ATR 파라미터와 관련된 사용자 동작을 감지할 수 있다.

> ATR 파라미터를 제한적으로 사용하는 이 책의 구현 때문에 모든 환경의 스마트카드를 식별
> 할 수는 없다.

▌ RFID 리더

라디오 주파수 식별^{Radio frequency identification, RFID} 디바이스는 스마트카드의 진보된 버전이고, 몇 센티미터에서 몇 미터까지 비접촉식으로 사람이나 객체를 식별하는 데 사용할 수 있다. RFID 리더와 관련 태그(혹은 트랜스폰더)는 식별 작업을 수행하기 위해 서로 데이터를 교환하는 첨단 기술 라디오 디바이스다.

> RFID에 관한 더 많은 정보는 https://en.wikipedia.org/wiki/Radio-frequency_
> identification를 참고하기 바란다.

RFID 리더는 동작하는 주파수에 따라 몇 가지 종류로 나뉜다.

- RFID 저주파(LF) 리더는 선 없이 식별 작업이 필요한 곳에서 사용할 수 있으며, 식별할 객체와 리더의 거리가 몇 센티미터 내에 있어야 한다. 이 디바이스는 7

장, '시리얼 포트와 TTY 디바이스 – TTY'에서 설명한 디바이스처럼 매우 간단하다. 리더는 시리얼 포트로 호스트와 연결돼 있고, 태그가 감지될 때마다 문자열을 반환한다.

- RFID 초고주파(UHF) 리더는 LF 리더처럼 무선 모드로 태그를 감지하지만, 태그와 리더의 거리가 몇 미터까지 할 수 있다. 이 디바이스는 LF보다 복잡하다. 리더는 호스트와 통신하기 위해 시리얼 연결을 사용하지만, 데이터를 교환하기 위한 좀 더 상세한 프로토콜을 구현한다.

데이터를 시리얼 포트를 이용해 TTL 3.3V 수준으로 보내는 아래의 RFID UHF 리더를 사용할 수 있다.

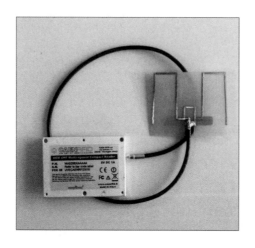

 이 디바이스는 http://www.cosino.io/product/uhf–rfid–long–range–reader 사이트나 인터넷 서핑을 통해 구입할 수 있다. 이 제품의 정보는 http://www.caenrfid.it/en/CaenProd.jsp?mypage=3&parent=59&idmod=818에서 얻을 수 있다.

리더는 아래와 같은 연결을 사용해 SAMA5D3 Xplained에 직접 연결할 수 있다.

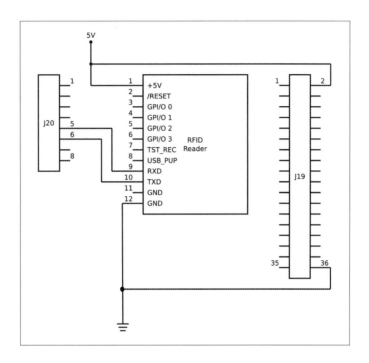

 이 회로에 사용된 RFID 리더는 높은 입력 전류가 필요하므로 시스템이 정상 동작하려면 SAMA5D3 Xplained 보드에 외부 전원 공급 장치를 사용해야 한다.

모든 핀이 연결된 후 태그의 데이터는 /dev/ttyS1 디바이스에서 얻을 수 있지만, 이를 위해서는 다른 소프트웨어가 필요하다. 실제로 이 리더는 호스트와 통신하기 위한 특별한 프로토콜이 필요하고, 이를 위해 특별한 C 라이브러리를 설치해야 한다.

따라서 libmsgbuff와 libavp, libcaenrfid 라이브러리를 다운로드하고 컴파일, 설치까지 해야 한다.

위 라이브러리 설치 전 아래 필요 패키지들을 설치하자.

```
root@a5d3:~# apt-get install debhelper dctrl-tools
```

이제 아래와 같은 명령어로 첫 번째 라이브러리를 다운로드할 수 있다.

```
root@a5d3:~# git clone http://github.com/cosino/libmsgbuff.git
```

 이 패키지의 압축 파일은 이 책의 예제 코드 저장소에 있는 chapter_19/rfid/libmsgbuff.tgz 파일이다.

이제 새 디렉터리 libmsgbuff에 들어가 아래와 같이 autogen.sh를 실행해야 한다.

```
root@a5d3:~/libmsgbuff# ./autogen.sh
```

그리고 아래와 같은 명령어로 컴파일하자.

```
root@a5d3:~/libmsgbuff# ./debian/rules binary
...
dpkg-deb: building package `libmsgbuff0' in `../libmsgbuff0_0.60.0_armhf.deb'.
dpkg-deb: building package `libmsgbuff-dev' in `../libmsgbuff-dev_0.60.0_armhf.deb'.
```

이제 패키지가 준비됐고, dpkg 명령어로 설치할 수 있다.

```
root@a5d3:~/libmsgbuff# dpkg -i ../libmsgbuff0_0.60.0_armhf.deb ../libmsgbuff-dev_0.60.0_armhf.deb
...
Setting up libmsgbuff0 (0.60.0) ...
Setting up libmsgbuff-dev (0.60.0) ...
```

이제 두 번째 라이브러리 차례다. 과정은 첫 번째 라이브러리와 동일하다. 먼저 소스를 다운로드하자.

```
root@a5d3:~# git clone http://github.com/cosino/libavp.git
```

 이 패키지의 압축 파일은 이 책의 예제 코드 저장소에 있는 chapter_19/rfid/libavp.tgz 파일이다.

그리고 라이브러리 디렉터리의 autogen.sh 스크립트를 실행하자.

```
root@a5d3:~/libavp# ./autogen.sh
```

이후 컴파일을 시작하자.

```
root@a5d3:~/libavp# ./debian/rules binary
...
dpkg-deb: building package `libavp0' in `../libavp0_0.80.0_armhf.deb'.
dpkg-deb: building package `libavp-dev' in `../libavp-dev_0.80.0_armhf.deb'.
```

마지막으로 dpkg 명령어로 패키지를 설치하자.

```
root@a5d3:~/libavp# dpkg -i ../libavp0_0.80.0_armhf.deb ../libavp-dev_0.80.0_
armhf.deb
```

이제 마지막 라이브러리는 이전 과정과 비슷하지만 몇 가지 주의할 사항이 있다. 먼저 코드를 다운로드하고 autogen.sh 스크립트를 실행하자.

```
root@a5d3:~# git clone http://github.com/cosino/libcaenrfid.git
root@a5d3:~# cd libcaenrfid/
root@a5d3:~/libcaenrfid# ./autogen.sh
```

이 패키지의 압축 파일은 이 책의 예제 코드 저장소에 있는 chapter_19/rfid/libcaenrfid.tgz이다.

이제 비글본 블랙 구조(데미안의 armhf)를 위해 2개의 새로운 파일을 생성해야 한다. 명령어는 아래와 같다.

```
root@a5d3:~/libcaenrfid# cp src/linux-gnueabi.c src/linux-gnueabihf.c
root@a5d3:~/libcaenrfid# cp src/linux-gnueabi.h src/linux-gnueabihf.h
```

이제 아래와 같이 패키지 생성 명령어를 실행 후 설치까지 할 수 있다.

```
root@a5d3:~/libcaenrfid# ./debian/rules binary
...
dpkg-deb: building package `libcaenrfid0' in `../libcaenrfid0_0.91.0_armhf.deb'.
dpkg-deb: building package `libcaenrfid-dev' in `../libcaenrfid-dev_0.91.0_armhf.deb'.
root@a5d3:~/libcaenrfid# dpkg -i ../libcaenrfid0_0.91.0_armhf.deb ../libcaenrfid-dev_0.91.0_armhf.deb
```

이제 필요한 라이브러리가 준비됐고, 이제 RFID UHF 리더에 접근하기 위한 프로그램을 컴파일할 수 있다. main( ) 함수의 코드 일부분인 아래를 살펴보자.

```
int main(int argc, char *argv[])
{
    int i;
    struct caenrfid_handle handle;
    char string[] = "Source_0";
    struct caenrfid_tag *tag;
    size_t size;
```

```
char *str;
int ret;
if (argc < 2)
    usage( );
/* Start a new connection with the CAENRFIDD server */
ret = caenrfid_open(CAENRFID_PORT_RS232, argv[1], &handle);
if (ret < 0)
    usage( );
/* Set session "S2" for logical source 0 */
ret = caenrfid_set_srcconf(&handle, "Source_0",
CAENRFID_SRC_CFG_G2_SESSION, 2);
if (ret < 0) {
    fprintf(stderr, "cannot set session 2 (err=%d)\n", ret);
    exit(EXIT_FAILURE);
}
while (1) {
    /* Do the inventory */
    ret = caenrfid_inventory(&handle, string, &tag, &size);
    if (ret < 0) {
        fprintf(stderr, "cannot get data (err=%d)\n", ret);
        exit(EXIT_FAILURE);
    }
    /* Report results */
    for (i = 0; i < size; i++) {
        str = bin2hex(tag[i].id, tag[i].len);
        if (!str) {
            fprintf(stderr,
            "cannot allocate data (err=%d)\n", ret);
            exit(EXIT_FAILURE);
        }
        printf("%.*s %.*s %.*s %d\n",
            tag[i].len * 2, str,
            CAENRFID_SOURCE_NAME_LEN, tag[i].source,
            CAENRFID_READPOINT_NAME_LEN,
            tag[i].readpoint,
            tag[i].type);
```

```
            free(str);
        }
        /* Free inventory data */
        free(tag);
    }
    caenrfid_close(&handle);
    return 0;
}
```

 위 코드의 전체 파일은 이 책의 예제 코드 저장소에 있는 chapter_19/rfid/rfid_uhf.c다.

이 프로그램은 caenrfid_open( ) 함수를 사용해 리더와 통신을 구성하고, caenrfid_ inventory( ) 함수로 태그를 감지한다. caenrfid_set_srcconf( ) 함수는 같은 태그를 여 러 번 읽지 않도록 하기 위해 내부의 특별한 기능(session S2)를 설정하는 데 사용된다. while 루프에서 태그의 리스트를 계속 만들고, 만약 출력할 결과(size가 0보다 크면)가 있다면, 태그 데이터에 따라 표시할 출력 포맷을 처리한다.

이 프로그램은 아래와 같이 make 명령어로 컴파일할 수 있다.

```
root@a5d3:~# ./rfid_uhf /dev/ttyS1
```

이 프로그램은 리더의 안테나 근처에 태그가 없다면 출력이 없고, 태그가 다가오면 아래 와 같이 출력한다.

```
root@a5d3:~# ./rfid_uhf /dev/ttyS1
e2801130200020d1dda500ab Source_0 Ant0 3
e280113020002861dd9100ab Source_0 Ant0 3
e2801130200020491ddbc00ab Source_0 Ant0 3
e2801130200020441ddbc00ab Source_0 Ant0 3
```

```
e2801130200024a1ddbc00ab Source_0 Ant0 3
e280113020002431ddbc00ab Source_0 Ant0 3
e2801130200028011dd9100ab Source_0 Ant0 3
```

위 코드에서 3번째, 4번째 줄의 끝부분 숫자는 원본 확인이 필요합니다.

▮ Z-Wave

Z-Wave 기술은 가정 제어와 자동화 시장을 위해 설계됐고, 주요 목표는 전력 소모를 최소화하는 것이다. 이는 대부분의 Z-Wave 디바이스가 배터리로 동작하기 때문이다. 이러한 사실에도 불구하고 Z-Wave는 최대 100Kbit/s까지의 전송 속도로 작은 데이터 패킷을 안정적이고 낮은 지연latency으로 보낼 수 있다.

Z-Wave 통신 프로토콜은 적절한 제어기를 사용해 여러 가정 자동화 센서와 액추에이터를 무선으로 관리할 수 있게 해주므로 기존 시스템을 수정할 필요가 없다. 또한 실제 가정의 레이아웃에 거의 영향이 없이 전원 소모 측정 시스템이나 여러 주변 환경 센서를 추가할 수 있도록 해준다.

 Z-Wave의 더 많은 정보는 https://en.wikipedia.org/wiki/Z-Wave에서 얻을 수 있다.

Z-Wave 제어기

여러 종류의 Z-Wave 제어기가 존재한다. 그러나 가장 많이 사용하는 것은 아래 그림과 같은 USB 동글dongle 형태다.

 이 디바이스는 http://www.cosino.io/product/usb-z-wave-controller 사이트나 인터넷 서핑을 통해 구입할 수 있다. 이 디바이스의 레퍼런스 디자인은 http://z-wave. sigmadesigns.com/wp-content/uploads/UZB_br.pdf에서 볼 수 있다.

이 디바이스를 비글본 블랙의 USB 호스트 포트에 연결하면 아래 커널 메시지를 볼 수 있다.

```
usb 1-1: new full-speed USB device number 2 using musb-hdrc
usb 1-1: New USB device found, idVendor=0658, idProduct=0200
usb 1-1: New USB device strings: Mfr=0, Product=0, SerialNumber=0
cdc_acm 1-1:1.0: ttyACM0: USB ACM device
usbcore: registered new interface driver cdc_acm
cdc_acm: USB Abstract Control Model driver for USB modems and ISDN adapters
```

마지막에서 세 번째 줄을 보면, Z-Wave 제어기가 /dev/ttyACM0 디바이스 파일에 연결됐다는 것을 볼 수 있다. 따라서 디바이스가 정상적으로 연결됐다는 것을 볼 수 있지만, 실제로 테스트하기 위해서는 적절한 관리 프로그램이 필요하다. 이를 위해 Open Z-Wave라는 Z-Wave 프로토콜을 구현한 오픈소스 구현을 사용할 수 있다. 이 구현에는 Z-Wave 네트워크를 테스트하기 위한 많은 소프트웨어가 있다.

Z-Wave 오픈소스 프로젝트 홈페이지는 http://www.openzwave.com이다.

아래와 같은 명령어로 프로토타입에 필요한 코드를 다운로드할 수 있다.

```
root@bbb:~# git clone https://github.com/OpenZWave/open-zwave
```

 이 패키지의 압축 파일은 이 책의 예제 코드 저장소에 있는 chapter_19/zwave/open-zwave.tgz다.

그리고 필요한 도구를 컴파일하기 위해 몇 가지 다른 패키지도 필요하다. 이를 위해 아래 설치 명령어를 사용하자.

```
root@bbb:~# aptitude install libudev-dev libjson0 libjson0-dev libcurl4-gnutls-dev
```

이제 openwave 디렉터리로 들어가 아래와 같이 make 명령어를 실행하자.

```
root@bbb:~/open-zwave# make
```

 컴파일은 시간이 꽤 걸리므로 참고 기다리자.

컴파일이 끝나면, 상위 디렉터리로 가서 아래와 같은 명령어로 다른 저장소를 다운로드하자.

```
root@bbb:~# git clone https://github.com/OpenZWave/open-zwave-controlpanel
```

 이 패키지의 압축 파일은 이 책의 예제 코드 저장소에 있는 chapter_19/zwave/open-zwave-control-panel.tgz다.

패키지를 다운로드한 후 컴파일을 위해 다른 패키지를 설치해야 하는데, 다시 aptitude 를 사용해 설치하자.

```
root@bbb:~/openzwave# aptitude install libmicrohttpd-dev
```

이제 open-zwave-control-panel 디렉터리로 들어가 아래와 같이 Makefile을 수정 하자.

```
--- Makefile.orig 2016-10-10 13:45:16.590209754 +0000
+++ Makefile 2016-10-10 13:46:43.660209764 +0000
@@ -34,15 +34,15 @@
# for Linux uncomment out next three lines
LIBZWAVE := $(wildcard $(OPENZWAVE)/*.a)
-#LIBUSB := -ludev
-#LIBS := $(LIBZWAVE) $(GNUTLS) $(LIBMICROHTTPD) -pthread $(LIBUSB) -
lresolv
+LIBUSB := -ludev
+LIBS := $(LIBZWAVE) $(GNUTLS) $(LIBMICROHTTPD) -pthread $(LIBUSB) -lresolv
# for Mac OS X comment out above 2 lines and uncomment next 5 lines
#ARCH := -arch i386 -arch x86_64
#CFLAGS += $(ARCH)
#LIBZWAVE := $(wildcard $(OPENZWAVE)/cpp/lib/mac/*.a)
-LIBUSB := -framework IOKit -framework CoreFoundation
-LIBS := $(LIBZWAVE) $(GNUTLS) $(LIBMICROHTTPD) -pthread $(LIBUSB) $(ARCH)
-lresolv
```

```
+#LIBUSB := -framework IOKit -framework CoreFoundation
+#LIBS := $(LIBZWAVE) $(GNUTLS) $(LIBMICROHTTPD) -pthread $(LIBUSB) $(ARCH)
-lresolv
  %.o : %.cpp
    $(CXX) $(CFLAGS) $(INCLUDES) -o $@ $<
```

그리고 make를 실행하자.

root@bbb:~/openzwave/openzwave-control-panel# make

컴파일이 끝나면 ozwcp 프로그램이 사용할 수 있고, 아래와 같은 명령어로 실행해보자.

```
root@bbb:~/open-zwave-control-panel# ln -s ../open-zwave/config .
root@bbb:~/open-zwave-control-panel# ./ozwcp -d -p 8080
2016-10-10 13:49:35.752 Always, OpenZwave Version 1.4.2277 Starting Up
webserver starting port 8080
```

in 명령어는 open-zwave 디렉터리에 있는 Open Z-Wave 설정 디렉터리인 config와 링크를 만들기 위해 한 번 사용한다.

프로그램 실행 시 아래와 같은 에러가 발생하면, 이는 대부분 웹 서버가 8080 포트를 사용하는 것이므로 해당 웹 서버를 비활성화해야 한다.

```
Failed to bind to port 8080: Address already in use
```

이제 아래 그림과 같이 호스트 PC의 웹 브라우저에 http://192.168.7.2:8080 주소를 입력하자.

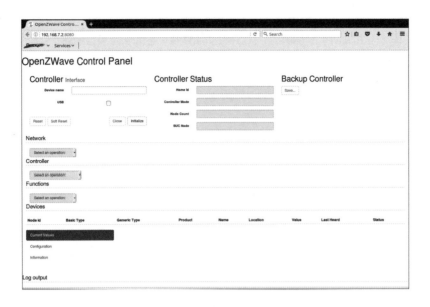

이제 Device name 필드에 /dev/ttyACM0 경로 이름을 입력하고 Initialize 버튼을 눌러 통신을 시작해야 한다. 정상 동작한다면 아래 그림과 같이 새로운 디바이스가 device 탭에 보여야 한다.

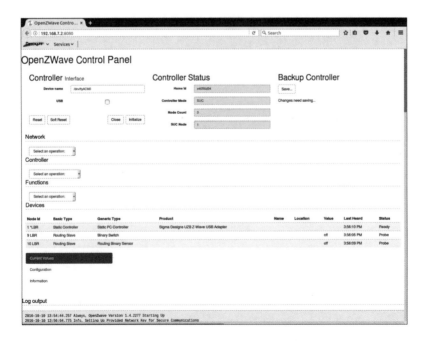

이제 제어기가 동작하며, Z-Wave 슬레이브를 설치할 수 있다.

Z-Wave 벽면 센서

첫 번째 Z-Wave 슬레이브는 아래 그림의 벽면 플러그다.

> ℹ️ 이 디바이스는 http://www.cosino.io/product/z-wave-wall-plug나 인터넷 서핑을 통해 구매가능하다. 레퍼런스 매뉴얼은 http://www.fibaro.com/manuals/en/FGWPx-101/FGWPx-101-EN-A-v1.00.pdf에서 찾을 수 있다.
>
> 이 디바이스는 무선이고, 전원 플러그에 연결되면 전원이 스스로 들어가므로 설정을 위한 다른 특별한 연결이 필요치 않다. 단, 아래 그림처럼 전력 소모 측정을 위해 이 디바이스에 연결되는 가전제품은 필요하다.

이 디바이스와 제어기와의 통신을 테스트하기 위해 ozwcp 프로그램을 다시 사용할 수 있다. Controller 탭의 Select an operation 메뉴 엔트리를 클릭하고, **Go** 버튼을 누르자. 화면 왼쪽에서 Add Device: waiting for a user action 메시지가 보여야 하며, 벽면 플러그에 이 디바이스를 꽂아 전원을 넣고 이 디바이스의 버튼을 눌러 페어링을 시작하자 (블루투스 디바이스와 비슷하다).

 이 디바이스의 새로운 버전은 페어링(pairing) 과정을 시작하기 위해 버튼을 누를 필요가 없다. 플러그를 꽂으면 자동으로 페어링이 시작된다.

모든 것이 정상 동작한다면 아래 그림처럼 새로운 디바이스는 **Devices** 탭에 보일 것이다.

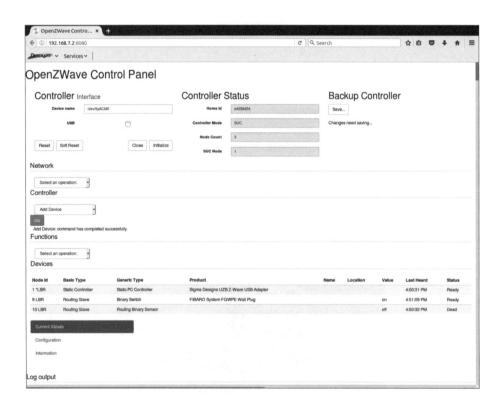

이제 새로운 디바이스를 선택하고 디바이스 리스트 탭의 Configuration 옵션을 클릭하면
디바이스들의 설정을 변경할 수 있다. 아래 그림과 같은 설정창이 나타날 것이다.

Z-Wave 멀티 센서

두 번째 Z-Wave 슬레이브는 아래 그림의 멀티 센서다.

이 디바이스의 전원을 위해 아래의 그림처럼 4개의 배터리를 사용하거나 USB 케이블
을 연결해야 한다. 그리고 디바이스와 제어기와의 통신을 테스트하기 위해 ozwcp 프
로그램을 다시 사용해 Controller 탭의 Select an operation 메뉴 엔트리를 클릭하고 Add
Device 엔트리를 선택하자. 그리고 Go 버튼을 눌러 페어링 과정을 다시 반복하자(페어링
버튼은 배터리 팩 덮개 아래의 감도 조절기 근처에 있는 검은색 버튼이다).

정상 동작한다면 아래 그림처럼 Devices 탭에서 새로운 디바이스가 나타난다.

이제 새로운 디바이스를 선택한 후 **디바이스 리스트** 탭의 Configuration 옵션을 클릭하면
디바이스들의 설정을 변경할 수 있다.

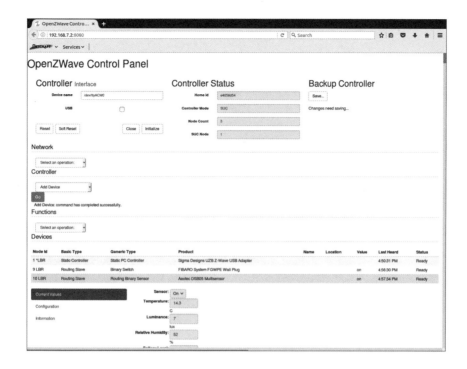

▌ 요약

19장의 앞부분에서는 이전 장에서 설명한 기법을 사용해 이 책의 임베디드 보드에 연결될 수 있는 몇 개의 주변 장치 디바이스를 살펴봤다.

여러분은 이제 GNU/Linux 기반 임베디드 시스템에서 사용하고 연결할 수 있는 몇 가지 컴퓨터 주변 장치의 기본 예제를 알 수 있을 것이다.

| 찾아보기 |

886

에이콘출판의 기틀을 마련하신 故 정완재 선생님 (1935-2004)

GNU/Linux 쾌속 임베디드 프로그래밍

보드를 활용한 임베디드 시스템 개요 및 주변 장치 사용법

발 행 | 2018년 6월 28일

지은이 | 로돌포 지오메티
옮긴이 | 정 병 혁

펴낸이 | 권 성 준
편집장 | 황 영 주
편 집 | 이 지 은
디자인 | 박 주 란

에이콘출판주식회사
서울특별시 양천구 국회대로 287 (목동)
전화 02-2653-7600, 팩스 02-2653-0433
www.acornpub.co.kr / editor@acornpub.co.kr

한국어판 ⓒ 에이콘출판주식회사, 2018, Printed in Korea.
ISBN 979-11-6175-166-5
ISBN 978-89-6077-210-6 (세트)
http://www.acornpub.co.kr/book/gnu-linux-embedded

이 도서의 국립중앙도서관 출판시도서목록(CIP)은 서지정보유통지원시스템 홈페이지(http://seoji.nl.go.kr)와
국가자료공동목록시스템(http://www.nl.go.kr/kolisnet)에서 이용하실 수 있습니다.(CIP제어번호: CIP2018018617)

책값은 뒤표지에 있습니다.